高考生物　全面搞定

主编　李林

德叔生物　满分高考

首都师范大学出版社
CAPITAL NORMAL UNIVERSITY PRESS

图书在版编目(CIP)数据

李林生物笔记/李林主编. —北京:首都师范大学出版社, 2021.7 (2022.7 重印)

ISBN 978-7-5656-6635-3

Ⅰ. ①李… Ⅱ. ①李… Ⅲ. ①生物课—高中—升学参考资料 Ⅳ. ①G634.913

中国版本图书馆 CIP 数据核字(2021)第 135683 号

LILIN SHENGWU BIJI

李林生物笔记

李 林 主 编

责任编辑 李瑞萍
封面设计 碧 君
首都师范大学出版社出版发行
地 址 北京西三环北路 105 号
邮 编 100048
电 话 68418523(总编室) 68982468(发行部)
网 址 http://cnupn.cnu.edu.cn
印 刷 三河市中晟雅豪印务有限公司
经 销 全国新华书店
版 次 2021 年 7 月第 1 版
印 次 2022 年 7 月第 3 次印刷
开 本 880mm×1230mm 1/16
印 张 30
字 数 1033 千
定 价 99.00 元

再版序言

生物笔记起稿于 2014 年，那一年是我大学毕业后工作的第四年，也是第一年带高三毕业班。是的，在我职业生涯的第四年，才有机会教高三，一个老师在公立学校的成长速度会比在机构慢很多，很多机构的老师第一年就带高三毕业班的学生，而我则等了三年之久。

在我看来，带毕业班是一种莫大的荣誉，是对个人能力的肯定，也对个人有着更高的要求。

所以虽然等了很久，但是长时间的积累让人慢慢地成长，也让人慢慢地去领悟知识。在高一、高二摸索了三年时间，我更熟悉知识的细节，熟悉课本的设计，熟悉课后题目的信息。所以在第一年教高三的时候，我其实基本上已经有了一套完整的教学方案。

当然，高三是不一样的，高三要更深入、更有逻辑、更应试、更高效，所以在这一年，我付出了比高一、高二多几倍的努力，期间买了很多高三一轮复习的书，比如当时就已经流行的五三、王后雄；我跟着教研组长听课，几乎每节课都把自己当成一个学生，学习老教师的上课思路和内容设计。我认认真真地研究当时的高考试卷，比较新课标全国卷和地方卷，总结考点和命题规律，并把这些分享给学生，帮助他们找到备考的重难点。我也把所有学习到的东西，总结成文档，一篇篇积累起来。

一晃三年，到了 2017 年，我不知不觉带了三届毕业班，这期间资料积累得越来越多，每篇内容都越来越全面，随手打印出来，居然有厚厚一叠。这套资料内容规整，拓展性强，题型全面，夹杂着一些个人的分析和领悟，上课用起来感觉顺手极了，于是我把它们整理成册，取了一个名字，叫做《李林生物复习讲义——一轮体系构建》。

这就是《生物笔记》的前身，整理成册后我就动了心思：生物重知识，但是市面上的资料，很多对知识的讲解不足，要不太过于精炼缺少拓展，要不体系感不强，内容零散。而这本书，虽然还有很多细节需要打磨，但是体系完整，拓展性强，还归类了题型，实际上已经有它独有的优势了，何不出版呢？

但是那时候的我是个无名小卒，也没有网课的加持，出版图书谈何容易，好在我的父亲——一个教了一辈子语文、发表过很多文章的初中老师——鼓励我说："没事，读书人能有自己的作品太重要了，我帮你"。在父亲的鼓励下，所有稿件最终付梓出版。《复习讲义》改名《生物笔记》，从此在市面上的一轮复习书籍多了一个选择，也帮助了很多高三的学生更好地进行生物的复习。

如今一晃又过了多年，境遇已是完全不同。我离开了帮助我成长的公立学校，进入了在线教育行业；在《生物笔记》之后，我陆陆续续又写作出版了七本书，覆盖了高中生物复习的方方面面；在多年教学中，也有了"德叔"的名号，影响了比在公立校里多了几百几千倍的学生；乃至于我从去年开始独立运营安德生物工作室，希望能通过我自己的方式帮助更多的同学提高学习的效率，提高自己的成绩。而《生物笔记》也经过一轮又一轮的微调和修改，去适应每一年的新的考试趋势。

2020 年，新版教材全面铺开使用，我想，是时候再次修改了。

从 2020 年下半年，我一边运营工作室，一边挑灯夜战，对笔记的内容进一步拓展和延伸，对题型重新归类，将所有的例题，都调整为近几年的高考真题，然后比较、总结、归纳、构建模型。这个过程比我想象的要困难得多，因为很多内容修改的幅度很大，以至于一个小点我有时都要写很久，所以这个工作一直到 2021 年上半年才完成。

感谢这次合作方"育甲教育"，他们提供了很多的支持，让这个版本的笔记更为专业、好看；感谢一直以来支持我的可爱的同学们，我极少为《生物笔记》打广告，但是它却在网络上源源不断地销售；感谢为我提供反馈的同学们，你们的支持让我有不断走下去的动力；感谢每一个人，你们让我认识到，教育行业不只是挣钱吃饭，更是为人师表，共同成长。

2017 年，我还有些许迷茫，所以写出了第一版序言那么茫然的文字，现在的我早已不那么手足无措，我有明确的目标和规划，有坚强的意志力，在努力地向前。

我们一起加油，未来会更好！

2021 年 5 月 26 日

李林

原版序言

苏格拉底说:我只知道一件事,就是我一无所知。

早已不记得咿呀学语的孩提时代,但从有记忆开始,就处在不断的经历和改变,经历小学时候的懵懂无知,经历中学时候的青涩稚嫩,经历大学时代的思想冲击和改变,到如今已经工作多年,在社会和生活中跌跌撞撞,似乎更成熟,似乎不那么茫然了。

然而每每回首之前的路,都会感觉自己宛若一个“智障”。

因为每当有一段经历,就若有所思,于是立个 Flag,于是有个新的想法,很多想法集合在一起,就构成了人生观、价值观、世界观,于是就觉得自己似乎是个三观正的好青年。

然而每当再有一段经历,就发现自己的观点似乎被打了脸,然后灰溜溜地收起 Flag,当这种事情反复发生的时候,就不知道该如何让今后的自己面对过去和未来。

罗素说:我不会为了我的信仰而献出自己的生命,因为我可能是错的。

罗素没有这个信心,我也没有。

三十而立,面对马上到来的而立之年,我手足无措,四顾而茫然。

唯一值得庆幸的,或许是我依旧在听,依然在看,依旧在探索,寻找所谓的真。年轻的朋友们,或许每个人的认知都有时代的局限性,都有经历的局限性,但是,至少在寻找,至少还在路上。

路漫漫其修远兮,少说,多做。

祝好。

2017 年 10 月

使用说明

本书的重点在于《生物笔记》中的笔记属性，是对高中生物知识的完整梳理和框架构建。现在的高考生物极其注重知识的理解深度，需要学生在备考过程中，牢固掌握基础知识并深入理解记忆。但是遗忘率高一直是学生遇到的主要问题，通过这一本《生物笔记》，我们可以不断学习和复习相关知识，减少记笔记的负担，增加知识的理解深度，拓展视野，训练题型，以便能更好的应对高考。

同时，每个重点模块中，均配有针对性练习，并附有详细解析和答案，但是没有单独的习题集，应对高考还需要大量的练习。已经出版的《李林生物真题分类全刷·基础1000题》和《李林生物真题分类全刷·培优400题》可以作为本书的配套刷题工具，完成完整的一轮复习。

本系列书还有两本配套书籍，一本为《30天速记高中生物知识》，是知识的精简，是考前速记的利器，是课本文字的还原，这本书已经出版；还有一本是《生物读本》，是知识的拓展，是开阔视野、增加知识理解深度的工具，是做信息类题目的助手，但是这本书什么时候能出来……说实话我也没信心。

本书配有音频讲解，请在“网易云音乐”或“喜马拉雅云听书”上搜索“德叔生物伴读”，正在更新中。

祝本书的读者，学习进步，在高考中高效发挥，考出水平！

每天都有很多的学生会问我学习的问题，有些是知识内的，有些是知识外的，诸如提高分数问题、学习方法问题、试卷分析问题等等，不一而足。其实知识之外确实有很多需要注意的小问题，成绩不仅看学习的努力程度，也看学习的方式和效率。所以我选择了几个被问到最多的问题，希望对大家有所帮助。还有更多的问题，可以私聊德叔，我会尽量回复你。

老师，我考了××分，怎么能提高呢？

分数这个东西能体现一个人的学习水平，但是体现不了出现问题的原因，只有分数的话，我和任何一个老师一样，都给不了解决问题的建议。这就类似于我肚子疼，于是找到一个大夫，想要大夫立即找到一个妙法把肚子治好，但是医生不知道我是来“姨妈”了，还是吃饱了撑的，他要是随随便便开个药，那反倒是不负责任。每个人都不一样，怎么会有十全大补的良药，来医治百病呢？

所以解决学习的问题这事，还真的主要靠自己找到问题的本源，而本源就在自己的错题上。

重温做过的题目和试卷，不仅是对知识的巩固和对解题能力的提升，也是找到问题最好的办法。一个题目做对了，未必能真正掌握题目的知识和逻辑，但是一个题目做错了，就一定存在问题，所以对错题的收集、整理、分析是提升学习能力的核心。

是知识理解和记忆的问题，还是题目信息获取的问题；是解题方法的问题，还是文字表述的问题，抑或是考试状态的问题，通过错题才能发现，然后针对性地制定计划、提升，有的放矢，不急不躁，才是成绩提升的密码。

老师，一轮复习应该怎么做笔记呀？

不少同学会因为高三没有坚持做笔记而觉得自己不够努力，说实话我也是，当年读高三的时候，开学前我准备了漂漂亮亮的笔记本，认真地写上自己的名字，还写上一句中二的鸡汤，发誓高三干它个轰轰烈烈，但是开学没几天就忘了这事，等到想起来的时候，再看笔记本上的笔记，前几页整整齐齐，后几页逐渐凌乱，再后面就横七竖八，恰似睡觉前的几分钟，慢慢失去了意识，啥时候睡着的真的是一点都想不起来。

但其实大家真不用为这个事有压力，笔记有必要，但笔记重要的是对记忆的帮助，而不是那漂亮的形式。

只要你不是个整理强迫症，笔记好看一点难看一点无所谓，颜色丰富一点朴素一点无所谓，甚至记在书上或者记在笔记本上也无所谓，重要的是，它能补充必要的知识，增强记忆，方便复习。怎么高效怎么来，怎么方便怎么来，功能最重要，形式真的不重要。

而且，咱们这本书，不就是笔记嘛，这本书已经收集了足够多需要补充记忆的东西，有了它，还怕啥?

生物大题怎么写的呀?真的不会写那些长文字表述。

文字表述的问题，其实是生物学科和语文学科的综合，生物决定你能不能想明白，语文决定你能不能说明白。

这也就是文字表述的两个核心，一个是逻辑的构建，一个是文字的表述。前者来自于对题目信息的分析和对生物知识的应用，后者来自于对文字的整理和输出。所以你可以分析一下过去错的那些文字表述题，是题目本身没有理解，还是懂得了原理，但是话没说明白。

如果是题目理解的问题，还得看是某个知识掌握的问题还是题目信息获取或者逻辑分析的问题，而如果是文字表述的问题，就简单了，常规的句式无非就是“因为××，所以××”“××会导致××”，诸如此类，注意尽可能用专有名词，避免口语化表述，基本就八九不离十了。

对了，实验设计有些固定的文字表述，这个体系比较大，可以参考我出版的其他书籍，有详细的归纳总结。

老师，学生物是靠背的吗?

问这个问题的同学，多数可能挣扎在学习努力但无法提高分数的沼泽中，因为学习方式如果靠的还是背诵，那么显然不适合高中各个科目的学习思维。

在这个世界上，除了银行卡的密码、父母的生日、钥匙放在什么地方诸如此类的事情之外，没有多少事情是靠死记硬背的。这个世界是个有逻辑的世界，所有的事情都存在着逻辑关系，懂得因果，才懂得知识的内涵，才学会了知识。

当然这不是让你去学佛，学什么“百因必有果”，你需要学的是知识逻辑体系和逻辑内涵。

譬如：内环境不是机械地记什么细胞生活的直接环境，而是细胞内和人体外的联系，是一个媒介了外界和细胞内的场所，所以什么物质属于内环境、内环境的功能和性质什么的，都从这个逻辑点出发，就是个体系。再比如：有氧呼吸是彻底的氧化分解，无氧呼吸是不彻底的氧化分解，所以它们共同的第一阶段都是不彻底，而有氧呼吸的第二阶段实现了 C 彻底氧化分解变成了 CO_2，第三阶段实现了 H 彻底氧化分解变成了 H_2O。这样能轻松地记住有氧呼吸三个阶段的过程和目的。

所以生物靠背吗？学习需要背但不依赖背，背只是建立体系和理解了逻辑之后的学习的最后一步。那有什么学习主要靠背吗？虽然我对高中其他学科的学习已经不如你们掌握得好，但是以我的观点来看，所有的学科，包括文科，都要理解学科的思维模式，掌握知识的体系和逻辑的内涵，才能学好它。

选一和选三哪个好学一点，我应该选哪个？

由于新教材和新高考的原因，有不少地方其实已经不区分选一和选三了，而需要都学习，只有部分地方是选考，在选三和选一中选一个。但其实这个问题也问到了一个学习的本质问题：难和易的本质是什么。

其实这个世界没有什么难易的问题，只有会与不会的问题，对一个人而言，会的东西自然都是简单的，而不会的问题就是难的。

所以常常有些同学觉得数学难而英语简单，而有些同学觉得数学很容易而英语学的都是天文符号。本质上就是有些同学数学学得好，而没找到英语学科的思维方式；而另一些同学对英语运用得流畅自如但是不知道数学的学科特点。

学会了，就都不难，不会，那还需要努力找到学科的学习方法，理解知识内容，提高解题能力，把不会变成会的，就把难的问题变成简单的问题了。

努力克服困难，什么都很简单，加油吧少年！

不过如果非要在选一和选三中做个选择，那么选一知识不成体系，细节较多较杂，适合记忆能力强，比较细心的同学；而选三逻辑严谨，体系庞大，适合思维能力强的同学。

老师，我是××省的，需要做别的省的题目吗？

理论上来说，题做得越多越好，见过各种考点，熟悉了各种不同的题型，对新的题目解决起来肯定容易得多，所以多做是最好的。但是高中是六个学科，也确实需要考虑时间规划和学习效率，对于一些自己考不到的题目也着实不需要花太多的时间，好钢用在刀刃上，毕竟还有一些成绩不好的科目需要补起来。

所以，多练自己会考的题目，少练自己不考的题目，就是选择的核心。

那啥样的题目自己会考呢？有些省份之间确实题目也比较相似，根据目前的考试状态，我大致可以把各省的命题难度分成三个梯队，理论上，和自己一个梯队的省份，命题总是比较相似的。

第一梯队：魔鬼模式，题目信息量大，逻辑复杂，文字表述多，难度相当大，包括北京、山东、河北和江苏四个省市。

第二梯队：努力模式，题目没有第一梯队那么难，但是题量也不小，也有相当的信息获取、逻辑分析、文字表述的要求，同时考点往往比较综合，包括各自主命题的省市，如广东、福建、辽宁、重庆、湖南、湖北、浙江等省市。

第三梯队：休闲模型，题目量小、难度低，通常没有太多的文字量，也就出个实验设计吓唬一下，还经常考课本的文字，主要是新课标Ⅰ、Ⅱ、Ⅲ卷各省份和海南省，海南题量比较大，但是没难度。

最后剩一个上海，因为最近几年都不公开高考试卷了，所以难度不好判断，根据过去的经验，大致是中等偏难的水平。

选择和自己难度相近的省份，训练题目就 OK。

2021 年初，我在 b 站上发了一个动态，希望大家说说自己在考试中遇到过的偏、难、怪的知识点和踩过的坑，结果异常火爆。生物的知识很碎，但群众的力量是伟大的。感谢那条动态下的一千多条评价，以下摘选一部分，希望对你有所帮助。

水稻因为自花传粉、花小难以去雄等问题很难杂交，三系杂交水稻是在突变型雄性不育株（不能产生花粉只能做母本）“野败”发现后建立起来的。

网友：NorthernGnar 北方纳

光合大题要看清楚“植株”和“叶肉细胞”。当植株光合＝呼吸时，叶肉细胞光合大于呼吸。它要供应全家人的！

网友：__白线流

同一物种之间的“大鱼吃小鱼”不叫捕食，而是种内斗争，捕食必须是不同物种之间的关系。

网友：hhhhh 低调低调

^{18}O 和 ^{15}N 没有放射性。

网友：氵san 曜

蚜虫吸取植物的汁液是寄生关系。

网友：沈情ゞ

胞吞胞吐（属于跨膜运输）穿过 0 层膜。

网友：以椿为楸

进行过预实验之后就无需进行空白对照。

网友：白酒新

内环境除了血浆、淋巴、组织液，还有脑脊液！！！

网友：司政

雌雄同株的植物没有性染色体，去年刚错完［傲娇］。

网友：客观的吃瓜群众

还有就是 s 型肺炎双球菌造成小鼠死亡的原因是坏血症，在人体内是肺炎。导致硅肺的原因是吞噬细胞的溶酶体破裂并非肺部细胞的溶酶体破裂。

网友：氰酸

就地保护比易地保护更有效。（澳大利亚山火那种特殊情况易地保护更有效）

网友：-工业酒精蕾克斯

黑藻为高等植物，没有中心体。

网友：哇风油精

半保留复制的那个实验，不是检测 ^{15}N 和 ^{14}N 的放射性，而是密度差异。

网友：反正我超酷

抗利尿激素(ADH),又称血管升压素,有升高血压的效果,所以它不仅作用于肾小管和集合管,也作用于动脉。

网友:可燃冰有多燃

螟蛉有子,蜾蠃负之,是捕食关系。

网友:Luke 的 wildflower

金鱼无氧呼吸产生酒精。

网友:每天睡一百次

癌细胞大多进行无氧呼吸[doge]。

网友:200 斤嘤国大里石

葡萄糖主动运输进入小肠绒毛上皮细胞,协助扩散进入人体大部分组织细胞。(这条真的考烂了)

网友:金泰亨发光的大辣椒_21

地球上几乎所有的生物体都共用同一套密码子。

网友:城南旧事、已过

甲状腺激素和性激素受体都在细胞内部。

网友:浩浩的老公

0.9%的氯化钠溶液和5%的葡萄糖溶液是等渗的(相对人的渗透压)。

网友:环四亚甲基四硝酸胺

细胞膜上无脂肪。说酶的高效性一定要将酶与无机催化剂对比,只是有酶与无酶对比无法判断高效性。

网友:贴地飞行 NO1

海拔高度不是垂直结构!而是地缘性分布(高中我们老师说是水平结构)。反正不是垂直结构就对了。

网友:蓝桥遗梦 JoseMourinho

有丝分裂不一定有同源染色体,雄蜂有丝分裂就没有,雄蜂本身是单倍体没有同源染色体。

网友:司政

刺激达到一定强度才会产生兴奋。

网友:_告一白_

肾上腺素不仅是激素(促进产热和升血糖),同时还是神经递质。

网友:冰魄わゼ

人的第一极体不进行减数第二次分裂。

网友:是 lgz 吗

接种疫苗不能预防系统性红斑狼疮,因为它是自身免疫病。

网友:瑶月戍华

双缩脲试剂不能在酸性条件下检测蛋白质。

网友:长鲸吞九洲

果蝇……精神抖擞……去世![doge][doge]

网友:卖棵油菜

给考选一的同学们:常用的接种方法除了稀释涂布平板法和平板划线法,还有斜面接种和穿刺接种。

网友:暮重啊

RNA 也是有螺旋结构的(指 tRNA)[脱单 doge]。

网友:碳氺_化合物

多肉植物(景天科)白天关闭气孔,夜晚利用储存的二氧化碳进行光合作用[妙啊]。

网友:天子笑分你一坛の

PCR 原料是 dNTP!(三模刚考的点)

网友:企鹅 200 名冲冲冲

丙酮酸的作用不只进去线粒体有氧呼吸供能，还有合成其他物质的原料。（原因：丙酮酸有氧二转为乙酰 CoA 参与三羧酸循环，是糖、脂、蛋白质转换的核心）2019 年新课标 I，当时第二空应该难住了不少人。

网友： 是 lgz 吗

能与双缩脲试剂发生紫色反应的化合物分子中至少含有两个肽键。因此，二肽无法用它来检验。蛋白质变性破坏了蛋白质的空间结构，并没有深层次地破坏肽键，仍然能够发生双缩脲反应。

网友： 小勇好好学习

胃酸能杀死胃内大部分微生物，不属于内环境，属于非特异性免疫的第一道防线。

网友： 咕叽小晔

同化量＝用于自身生长发育和繁殖的能量＋呼吸作用以热能形式散失的能量[doge][doge]。

网友： 万物初发清净明_

PCR 至少要三次才能得到所需的链。

网友： 醋拌柠檬酱 qwq

ES 细胞（胚胎干细胞，也称 EK 细胞）的形态特点是体积较小，细胞核大，核仁明显。

网友： 准心真差

土壤中的无机盐必须溶解在水中才能被根吸收。

网友： 和小张奔赴未来

细胞癌变后不是所有糖蛋白含量都减少，比如甲胎蛋白和癌胚蛋白，可以用来检测癌细胞。

网友： IGrieved7

精原细胞形成精细胞是细胞分裂，精细胞形成精子是细胞分化。

网友： Kazmu_mika

无细胞核的有成熟红细胞和筛管细胞（植物）。

网友： Kazmu_mika

光合＝呼吸时，植物不能正常生存，说是要供养其他器官，同化大于异化[doge]今天刚踩坑。

网友： 人无两度少年

阳光、空气、水属于生命系统。

网友： 夏树梦璃

泪腺分泌溶菌酶是第一道防线。

网友： 社会熊呀

脱落酸浓度可影响气孔开度。看图判断是否主动运输一定回到逆浓度运输来判断，因为可能图上不给 ATP（即利用的能量非 ATP 供给），利用的可能是离子电化学梯度。

网友： 贴地飞行 NO1

多聚体水解不耗能。

网友： 兜兜 iiii

细胞液指液泡里的液体，中心体包括中心粒与周边物质。

网友： 为美好的世界献上冰菓

对于植物而言，体内最多的干物质不是 pro（蛋白质）而是糖类[打 call]。

网友： FeasibleSolution

色素的作用：吸收、传递和转化光能。

网友： 你我都是追梦人呀

神经递质通过胞吞胞吐形式运输是为了快速释放。

网友： 生者长存

细胞骨架是蛋白质纤维组成的。

网友：Kazmu_mika

病毒不是生命系统，但它居然属于消费者。

网友：泠风铃是小小

摇床两个目的，增大溶氧，充分接触。

网友：70023753252_bili

T_2 噬菌体专注寄生大肠杆菌。

网友：罗兰一温布顿

生长素最初从尿液中提取出来。

网友：Health--

叶绿体和线粒体内也有核糖体。

网友：冰山寒雪

tRNA 不是只有 3 个碱基。

网友：格林的青色小奇

淀粉在酸性条件下分解。

网友：时间之暮

用性引诱剂诱杀×××，属于生物防治。

网友：好き加藤惠

单细胞生物没有神经调节，只有体液调节。

网友：卧鳖寺

能量在营养级之间的传递效率是10%～20%。

网友：长鲸吞九洲

一定要注意是营养级之间，两个具体的生物之间不一定是10%～20%。

网友：醋拌柠檬酱 qwq

环状 DNA 没有游离的磷酸基团。

网友：杨英豪 hero

模块一 细胞的结构

模块二 物质的跨膜运输

模块三 细胞代谢

模块四 细胞的生命历程

模块五 经典遗传学

模块六 现代遗传学

模块七　变异、育种和进化

模块八　内环境的稳态和调节

模块九 植物的激素调节

模块十 生态学

模块十一 选修一:生物技术实践

模块十二 选修三:现代生物技术

模块十三 基础实验

重点知识细目

模块一

细胞的结构

核心概要

1. 细胞中的元素和化合物——元素、水和无机盐、糖类和脂质、蛋白质、核酸

2. 生命系统的结构层次，细胞的多样性和统一性，真核细胞、原核细胞和病毒

3. 细胞的结构——细胞核、细胞质（细胞器、细胞质基质、细胞骨架）、细胞膜、生物膜系统

德叔寄语

高考是一个终点，也是一个起点，18岁的你也已经成熟，要学会对自己负责，未来的路还很远很长，很美的也很曲折。做好准备，享受未来的一分一秒。

李林·Ander

内容导读

致同学：

本模块是高中生物的第一个模块，是整个高中生物的体系基础。在生命系统的结构层次中，建立了从细胞到生物圈、从微观到宏观的理论体系，构成了高中生物的知识框架。其后重点介绍了生物的基本组成——构成细胞的元素、分子和细胞结构，这些内容难度不大，但是既有独立的体系，又和之后的绝大部分知识相关联，如DNA和遗传的联系；蛋白质和代谢、稳态调节的联系；线粒体和呼吸作用、发酵；叶绿体和光合作用；中心体和细胞分裂等。对这个模块的深入理解及前后联系对高中生物的体系构建和后期知识学习都大有裨益。总体而言，本部分内容所涉及知识难度不大，结构清晰，高考要求不高且题目往往较为基础，许多内容需在理解后增强记忆。同时注意病毒模块，虽然高中没有单独的章节系统地介绍病毒，但是病毒的知识散落在高中生物的各个模块之中，而与病毒相关的疫情又是这几年的热点话题，导致病毒知识在高考中占据了极其重要的地位，要加深对病毒知识的理解和掌握。

李林

知识详解

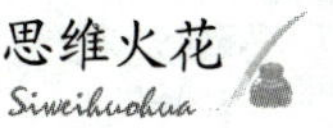

一、细胞中的元素和化合物

1 元素

(1)大量元素:C、H、O、N、P、S、K、Ca、Mg。

(2)微量元素:Fe、Mn、Zn、Cu、B、Mo 等 17 种元素。

(3)元素含量问题拓展

①以上元素的划分是根据其在生物体内的含量,生物体内含量大于万分之一的元素为大量元素,小于万分之一的元素为微量元素。

②大量元素和微量元素的划分是依据生物界中生物的整体情况,具体到某一种生物可能有差别,如水稻含有较多的硅(Si),且会通过主动运输吸收硅酸盐。

③Na 和 Cl 在生物体内含量也较多,但通常存在于细胞外液中,用于维持细胞外液渗透压。

④微量元素共 17 种,教材仅展示部分元素,其他常用如 I(碘)、Se(硒)、F(氟)等也是某些生物的微量元素。

⑤大量元素和微量元素都是组成生物体的必需元素。微量元素含量很少,但其生理作用却不可替代,如缺铁会导致缺铁性贫血,缺碘会导致地方性甲状腺肿。

⑥其他元素为非必需元素,如 Li(锂)、He(氦)等,对生物体无用甚至有害。

(4)基本元素:C、H、O、N。

①在生物体内以上四种元素含量最多,故称为基本元素;同时也是蛋白质、核酸、磷脂等重要分子的组成元素。

②细胞中元素的含量排序为鲜重:O>C>H>N;干重:C>O>N>H;原因是代表鲜重的活细胞自由水的含量较多,而代表干重的烘干细胞自由水含量较少。

(5)最基本元素:C;在干重中,C 含量最多,且生物大分子以碳链为基本骨架。

(6)存在形式:在生物体内,元素大多数以化合物的形式存在。

部分元素参与形成的化合物

物质种类	元素组成
糖类、脂肪、固醇	C、H、O
蛋白质	C、H、O、N(少量 S)
核酸、磷脂、ATP、[H]	C、H、O、N、P
叶绿素	C、H、O、N、Mg
胡萝卜素/叶黄素	C、H/C、H、O

(7)来源:生物体有选择地从无机环境中获得。

(8)生物界和非生物界的统一性和差异性

①统一性:从元素种类看,组成生物体的化学元素在无机自然界都能找到,没有一种元素为生物体所特有。

思维火花 Siweihuohua

②差异性：从元素含量看，组成生物体的化学元素在生物体内和无机自然界中含量差异很大。

(9)动物、植物元素比较：动植物干重相比，由于植物含淀粉、纤维素等糖类(含大量O)较多，动物含蛋白质(N、S)、磷脂(P)、脂肪(H)较多，故植物体中含O较多，动物体中含N、H、S较多，另外动物含P、Ca元素也比植物多，这个点可用于判断细胞种类。注意这是相对而言，某些植物的部分器官含脂肪也较多，如花生种子。

(10)同位素标记法

①本质：同一元素的不同原子，具有相同数目的质子，但中子数目不同。

②核心：具有相同的化学性质，不同的物理性质，包括质量和放射性。如果某同位素是有放射性的话，会被称为放射性同位素。

③功能：放射性同位素可以被准确地定位、定量，用放射性同位素替代普通元素，可对化学物质追踪定位，研究其生理功能。

④原理：同位素及它们的化合物与相应普通元素及其化合物之间的化学性质和生物学性质是相同的，具有相同的电子排布，而放射性同位素可以被准确地定位、定量，因此在生物实验中，用放射性同位素替代普通元素，即可实现对某一类化学物质的追踪或定位，并研究其生理功能，也称同位素示踪法。

⑤常用同位素：$^{14}C(^{12}C)$、$^{3}H(^{1}H)$、$^{18}O(^{16}O)$、$^{15}N(^{14}N)$、$^{32}P(^{31}P)$、$^{35}S(^{32}S)$。

⑥易错提醒：有些同位素不具有放射性，如^{15}N、^{18}O，有些题目对其放射性强度变化进行探讨是错误的。

(11)实验技能：植物必需元素的确定方法——缺素培养法。

德叔批注

实验分析能力是高考生物最重要的能力，在一轮复习的时候，就需要培养对变量、对照、结果与结论的分析能力，熟悉实验设计的逻辑，对高考提分很有帮助。

①对照组：植物+完全培养液→正常生长

②实验组：

植物+缺X的缺素培养液 ↗ 正常生长 ⇒ 不是必需元素

植物+缺X的缺素培养液 ↘ 生长不正常 —加入X盐→ 生长正常 ⇒X是必需元素

③实验的设计原理：本实验严格遵循了实验的对照原则，设计了空白对照和自身对照两组对照，同时需要注意实验过程中的无关变量如温度、pH等保持相同且适宜。

真题真练

例1 (2012·海南)关于植物细胞中元素的叙述，错误的是 ( )

A. 番茄和水稻根系吸收Si元素的量相等

B. 细胞中含量最多的四种元素是C、O、H和N

C. 植物根系通过主动运输吸收无机离子需要ATP

D. 与豆科植物共生的根瘤菌可为豆科植物生长提供N元素

例2 (2012·江苏)下列关于细胞中化学元素的叙述，正确的是 ( )

A. 细胞中一种元素的作用能被其他元素替代

B. 细胞中的脱氧核苷酸和脂肪酸都不含有氮元素

思维火花
Siweihuohua

C. 主动运输机制有助于维持细胞内元素组成的相对稳定

D. 细胞中的微量元素因含量极少而不如大量元素重要

例 3 (2020·江苏·20)同位素可用于追踪物质的运行和变化规律。在生物科学史中，下列科学研究未采用同位素标记法的是 ( )

A. 卡尔文(M.Calvin)等探明 CO_2 中的碳在光合作用中的转化途径

B. 赫尔希(A.D.Hershey)等利用 T_2 噬菌体侵染大肠杆菌证明 DNA 是遗传物质

C. 梅塞尔森(M.Meselson)等证明 DNA 进行半保留复制

D. 温特(F.W.Went)证明胚芽鞘产生促进生长的化学物质

例 4 (2019·天津·1)用 ^3H 标记胸腺嘧啶后合成脱氧核苷酸，注入真核细胞，可用于研究 ( )

A. DNA 复制的场所　　B. mRNA 与核糖体的结合

C. 分泌蛋白的运输　　D. 细胞膜脂质的流动

例 5 (2008·江苏)下列各组物质中，由相同种类元素组成的是 ( )

A. 胆固醇、脂肪酸、脂肪酶　　B. 淀粉、半乳糖、糖原

C. 氨基酸、核苷酸、丙酮酸　　D. 性激素、生长激素、胰岛素

例 6 回答下列问题：

(1)(2019·新课标Ⅲ·29)植物细胞内，在核糖体上合成的含氮有机物是________，在细胞核中合成的含氮有机物是________，叶绿体中含氮的光合色素是________。

(2)(2019·海南·26)金属元素________是合成血红蛋白的必需原料。

(3)(2010·全国Ⅱ·31)氮、磷、镁 3 种元素中，构成生命活动所需直接能源物质的元素是________，构成细胞膜的元素是________。缺镁时植物叶片发黄，其原因是____。

2 化合物

(1)种类

①无机化合物：水和无机盐。

②有机化合物：蛋白质、脂质、糖类、核酸等。

(2)含量

化合物	质量分数/%
水(鲜重含量最多)	70～90
无机盐	1～1.5
蛋白质(干重含量最多)	7～10
脂质	1～2
糖类	1～1.5
核酸	

3 水

(1)水的特点

①水分子的空间结构和电子分布不对称，是极性分子，带电分子和极性分子都可以和水互溶，使水成为良好的溶剂。

②水分子之间可以形成氢键，氢键比较弱，容易被破坏，氢键的不断断裂和形成可以维持水的

液体状态，具有流动性，同时氢键使水分子具有较高的比热容，温度较为稳定。

(2)水的种类

	存在形式	含量	生理作用
自由水	细胞中自由流动、游离状态存在	约 95.5%	①良好溶剂 ②作为反应物，参与反应 ③提供细胞生活的液体环境 ④有利于物质运输
结合水	与其他物质结合在一起	约 4.5%	细胞结构的重要组成成分
联系	自由水和结合水在一定条件下存在着动态转化，转化受代谢强度和温度等因素的影响。细胞所处的温度越高，则会有越多的结合水转化为自由水，反之则反		

(3)水和细胞代谢强度、抗逆性的关系

①关系

自由水/结合水的比例	代谢强度	抗逆性
升高	增强	减弱
降低	减弱	增强

②和代谢的关系举例

结构	代谢过程	消耗水	产生水
叶绿体	光合作用	水的光解	
线粒体	呼吸作用	有氧呼吸第二阶段	有氧呼吸第三阶段
细胞质基质	ATP 的合成和分解	ATP 的分解	ATP 的合成
大分子	大分子的合成和分解	多聚体的水解	单体的脱水缩合

③案例

新鲜花生	自由水含量较多，代谢较强，微生物易繁殖导致腐败，不利于储存
晒干花生	自由水减少，代谢减慢，微生物不易繁殖，有利于种子的储存，播种时需要补水
炒制花生	自由水、结合水均减少，细胞结构被破坏，细胞死亡

(4)应用

①种子呼吸作用的强度在一定范围内与自由水的含量成正比。种子储存前应晒干以降低呼吸作用；萌发时需大量吸水，呼吸作用加强，为萌发提供充足的能量。

②秋冬季节，蒸腾作用弱，吸水减少，结合水含量相对升高，有利于提高植物抗寒性。

(5)生物的含水量问题

①水是细胞中含量最多的化合物，远高于其他物质。

②不同的生物体内水的含量差别很大，如生活在海洋中的水母含水量约为 97%，高于其他生物。

③生物体不同的生长发育阶段水的含量不同，幼儿时期>成年时期，幼嫩部分>成熟部分。

④同一生物不同器官水的含量也不同，如心肌含水量 79%，血液含水量 82%。

真题真练

例 7 (2021·新课标乙·3) 植物在生长发育过程中，需要不断从环境中吸收水。下列有关植物体内水的叙述，错误的是 ( )

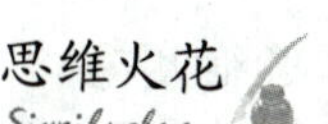

A. 根系吸收的水有利于植物保持固有姿态

B. 结合水是植物细胞结构的重要组成成分

C. 细胞的有氧呼吸过程不消耗水但能产生水

D. 自由水和结合水比值的改变会影响细胞的代谢活动

例 8 (2018·新课标Ⅱ·4) 有些作物的种子入库前需要经过风干处理,与风干前相比,下列说法错误的是 ( )

A. 风干种子中有机物的消耗减慢　　B. 风干种子上微生物不易生长繁殖

C. 风干种子中细胞呼吸作用的强度高　　D. 风干种子中结合水与自由水的比值大

4 无机盐

(1)形式:主要是离子形式,溶解在体液中;少数是化合物形式,如骨骼中的 $CaCO_3$。

(2)常见离子

①阳离子:Na^+、K^+、Ca^{2+}、Mg^{2+}、Fe^{2+}、Fe^{3+}等。

②阴离子:Cl^-、SO_4^{2-}、PO_4^{3-}、HCO_3^- 等。

(3)含量:很少,仅占细胞鲜重的 1%~1.5%。

(4)功能

①某些复杂化合物的组成成分

无机盐	参与形成的复杂化合物
Fe^{2+}	动物血红蛋白,缺铁导致缺铁性贫血
Mg^{2+}	叶绿素,缺镁导致叶片发黄
I^-	甲状腺激素,缺碘导致地方性甲状腺肿

②维持细胞和生物体的正常生命活动

无机盐	功能
Ca^{2+}	调节肌肉收缩和血液凝固,血钙过高会造成肌无力,血钙过低会引起抽搐
Na^+、K^+	参与可兴奋细胞(如神经细胞、肌细胞等)的兴奋性变化
B	促进植物花粉的萌发和花粉管的伸长,植物缺硼会导致“花而不实”

③维持生物体的平衡

无机盐	功能
HCO_3^-、HPO_4^{2-}	维持血浆 pH 稳定
Na^+、Cl^-	维持细胞外液渗透压稳定

(5)知识拓展

①区分缺铁性贫血和镰刀型细胞贫血症:前者是环境导致的非遗传疾病,后者是基因突变导致的遗传病。

②区分肌无力和重症肌无力:前者是钙过多导致,后者是自身免疫病,抗体结合神经递质乙酰胆碱受体时,突触功能异常导致的。

真题真练

例 9 (2019·海南·8) 植物细胞中水和矿质元素离子会表现出某些特点。下列叙述错误

思维火花 Siweihuohua

的是 （　　）

A. 根细胞中的 K^+ 不能以自由扩散的方式进入土壤溶液中

B. 矿质元素离子在细胞内积累可引起外界溶液中的水进入细胞

C. 根细胞吸收的矿质元素能够以离子的形式贮存在液泡中

D. 叶肉细胞中参与光合作用光反应阶段的水分子属于结合水

例 10 （2020·江苏·1）下列关于细胞中无机化合物的叙述，正确的是 （　　）

A. 自由水是生化反应的介质，不直接参与生化反应

B. 结合水是细胞结构的重要组成成分，主要存在于液泡中

C. 无机盐参与维持细胞的酸碱平衡，不参与有机物的合成

D. 无机盐多以离子形式存在，对维持生命活动有重要作用

5 糖类

(1)定义糖类

①化学概念：糖类物质是多羟基的醛类（醛糖）或酮类（酮糖）化合物。

②生物概念：由碳、氢和氧三种元素组成的一类化合物，通常它所含的氢、氧的比例为 2∶1，和水一样，同时含有碳元素，故称为碳水化合物。但脱氧核糖等糖类不符合此比例。

③糖的还原性：糖的还原性与醛基（羰基）还原性有关，高中所学习的单糖都有还原性，但在脱水缩合形成多糖的过程中，醛基被破坏，还原性改变，可简单记为：单糖全部为还原性糖、二糖中只有蔗糖不是还原性糖、多糖全都不是还原性糖。

(2)糖类的种类

种类		结构	举例	分子式	功能	备注
单糖	五碳糖	不能水解的糖	核糖	$C_5H_{10}O_5$	是核酸的组成成分	构成 RNA
			脱氧核糖	$C_5H_{10}O_4$		构成 DNA
	六碳糖		葡萄糖	$C_6H_{12}O_6$	细胞中最重要的能源物质	互为同分异构体
			果糖			
			半乳糖			
二糖	植物	水解后能生成两分子单糖的糖	蔗糖（葡萄糖＋果糖）	$C_{12}H_{22}O_{11}$	能源物质	动物需通过消化分解后才能吸收
			麦芽糖（葡萄糖＋葡萄糖）			
	动物		乳糖（葡萄糖＋半乳糖）			
多糖	植物	水解后能生成许多单糖的糖，最终水解产物均为葡萄糖	淀粉	$[(C_6H_{10}O_5)_n]$	储能物质	光合产物
			纤维素		细胞壁成分	不易消化
	动物		肝糖原		储能物质	存在于肝脏
			肌糖原			存在于肌肉
		葡萄糖胺构成的多糖衍生物	几丁质（壳多糖）		甲壳动物外骨骼、真菌细胞壁	新教材加入

思维火花 Siweihuohua

(3)知识拓展

①果糖本身无还原性,但可在碱性条件下转化为葡萄糖,因此在生物学中认为其具有还原性。

②二糖和多糖均需要分解成单糖才能被生物体吸收,其中淀粉的分解步骤为淀粉→麦芽糖→葡萄糖。

③肝糖原可水解为葡萄糖,肌糖原不能水解,只能氧化分解为乳酸后,通过体液运输到肝脏,转化为肝糖原。

④除五碳糖和六碳糖之外,光合作用中还会形成三碳糖,即 C_3 化合物。

真题真练

例 11 (2019·海南·2)下列关于淀粉和纤维素的叙述,正确的是 ( )

A. 淀粉是植物细胞壁的主要成分　　B. 淀粉与纤维素中所含的元素不同

C. 分解淀粉与纤维素所需的酶不同　　D. 纤维素是由果糖聚合而成的多糖

例 12 (2018·江苏·1)下列关于糖类的叙述,正确的是 ( )

A. 单糖可以被进一步水解为更简单的化合物

B. 构成淀粉、糖原和纤维素的单体均为果糖

C. 细胞识别与糖蛋白中的蛋白质有关,与糖链无关

D. 糖类是大多数植物体干重中含量最多的化合物

6 脂质

(1)脂质的定义

①化学概念:不溶于水而易溶于有机溶剂(醇、醚、氯仿、苯)的物质。

②要点:脂质是根据可溶性定义的一类物质,但脂溶性物质种类繁多,所以其结构和功能差异较大,分类也就比较多,且磷脂除具有疏水尾部之外,还具有亲水的头部。

(2)脂质的种类和比较

种类	结构	特点	生理功能
脂肪	甘油三酯 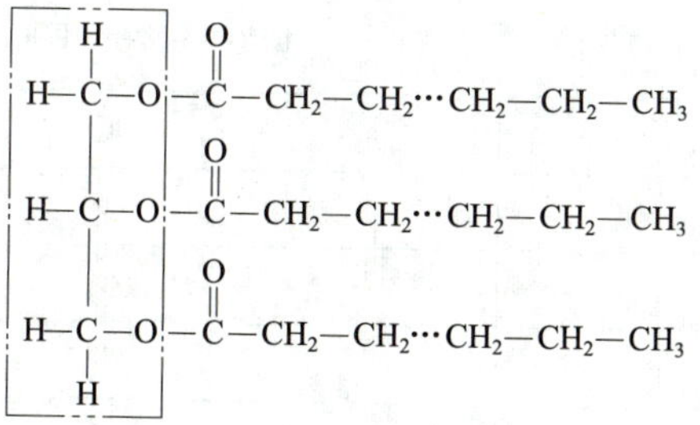 H $H-C-O-\overset{O}{\overset{\|\|}{C}}-CH_2-CH_2\cdots CH_2-CH_2-CH_3$ $H-C-O-\overset{O}{\overset{\|\|}{C}}-CH_2-CH_2\cdots CH_2-CH_2-CH_3$ $H-C-O-\overset{O}{\overset{\|\|}{C}}-CH_2-CH_2\cdots CH_2-CH_2-CH_3$ H	H含量高、O含量低,能量密度大	生物体内的储能物质,同时具有保温、缓冲和减压的作用
磷脂	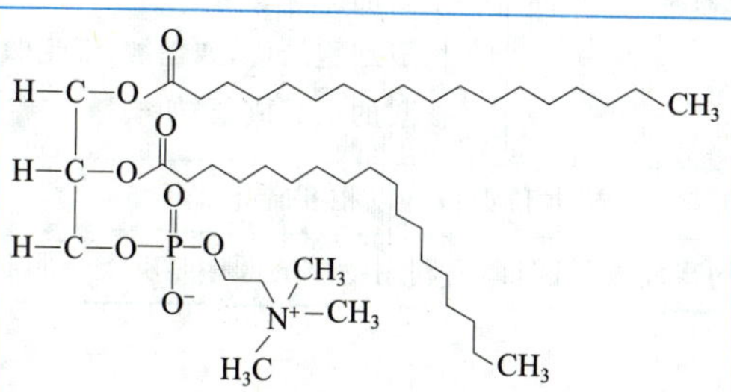 H—C—O—C(=O)～～～CH₃ H—C—O—C(=O)～～～CH₃ H—C—O—P(=O)(O⁻)—O—CH₂CH₂—N⁺(CH₃)₃	亲水头部和疏水尾部	构成细胞膜的重要成分

续表

种类		结构	特点	生理功能
固醇类	胆固醇		可相互转化	构成动物细胞膜的重要成分，在人体内还参与血液中脂质的运输
	性激素			促进人和动物生殖器官的发育以及生殖细胞的形成
	维生素 D			促进人和动物肠道对钙和磷的吸收

(3)知识拓展

①葡萄糖的能量密度为 16 kJ/g(2 870 kJ/mol)，糖原的能量密度为 17 kJ/g，脂肪的能量密度为 39 kJ/g。

②脂肪在代谢过程中，消耗更多氧气，产生更多的酮体，影响细胞代谢，因此不能以脂肪作为主要的能源物质。

③糖类和脂肪、蛋白质可以通过细胞呼吸的三羧酸循环相互转化。

④脂质的合成场所为内质网。

(4)脂质和糖类的总结比较

			脂质	糖类
相同点	元素组成		都含有 C、H、O 三种元素	
	物质代谢		彻底氧化分解产物为二氧化碳和水	
	能量代谢		氧化分解过程中都有能量的释放	
不同点	种类		脂肪、磷脂、固醇	单糖、二糖、多糖
	合成部位		内质网	淀粉：叶绿体 纤维素：高尔基体 糖原：主要是肝脏、肌肉
	相同质量时 H 比例		高	低
	相同质量彻底氧化分解	消耗氧气	多	少
		产生的水	多	少
		释放能量	多	少
	主要功能		①细胞内的主要储能物质 ②缓冲、减压 ③保温	①主要的能源物质 ②构成细胞结构，如糖被、细胞壁 ③核酸的组成成分，如核糖
联系			糖类和脂肪可以相互转化	
能源物质供能顺序			体内有机物分解均释放能量，但体内利用物质的顺序是糖类→脂肪→蛋白质	

思维火花 Siweihuohua

真题真练

例 13 (2020·海南·1)下列关于人体脂质的叙述,正确的是 ( )

A. 组成脂肪与糖原的元素种类不同

B. 磷脂水解的终产物为甘油和脂肪酸

C. 性激素属于固醇类物质,能维持人体第二性征

D. 维生素 D 是构成骨骼的主要成分,缺乏维生素 D 会影响骨骼发育

例 14 (2018·江苏·2)脂质与人体健康息息相关,下列叙述错误的是 ( )

A. 分布在内脏器官周围的脂肪具有缓冲作用

B. 蛇毒中的磷脂酶因水解红细胞膜蛋白而导致溶血

C. 摄入过多的反式脂肪酸会增加动脉硬化的风险

D. 胆固醇既是细胞膜的重要组分,又参与血液中脂质的运输

例 15 (2019·浙江 4 月选考·7)脂质在细胞中具有独特的生物学功能。下列叙述正确的是 ( )

A. 油脂可被苏丹Ⅲ染液染成紫色

B. 磷脂主要参与生命活动的调节

C. 胆固醇使动物细胞膜具有刚性

D. 植物蜡是细胞内各种膜结构的组成成分

例 16 (2017·海南·3)关于哺乳动物体内脂质与糖类的叙述,错误的是 ( )

A. 固醇在动物体内可转化成性激素

B. C、H、O、P 是构成脂质和糖原的元素

C. 脂肪与糖原都是细胞内储存能量的物质

D. 胆固醇是细胞膜的组分,也参与血脂运输

(5)种子萌发过程中的质量变化问题

德叔批注

种子萌发是个略奇怪的知识点,这个点在高中生物教材中没有独立的介绍,也少有涉及,但是高考中却常有出现,这里德叔给大家做系统的总结,解题时以此小节的规律为准。

①小麦、水稻、玉米等单子叶植物的种子中的储能物质主要是淀粉,我们称之为糖类种子,在萌发过程中,从整个种子来看,有机物质量不断降低,种类增加,储藏物质如淀粉、脂肪、蛋白质等有机物质经历了一系列水解、运输和重建等代谢转变过程,生成各种有机物。

②大豆、花生等双子叶植物的种子主要储能物质为脂肪,我们称之为脂质类种子,在萌发过程中,从整个种子来看,其有机物质量一般先增加、后减少,主要原因是其代谢过程中,有脂肪转化为糖类,导致 O 比例增加,质量增加。

③若考虑鲜重,则所有种子整体质量不断增加,因细胞通过吸胀作用或渗透作用吸水,导致其鲜重不断增加。

④以上过程,直到幼苗由异养,也就是胚乳或子叶提供养料转为自养,即子叶进行光合作用制造有机物后,干重才能增加。

思维火花 Siweihuohua

真题真练

例 17 (2011·四川·4)如图表示油菜种子在成熟过程中种子质量和有机物相对含量的变化趋势,下列相关叙述不正确的是 ( )

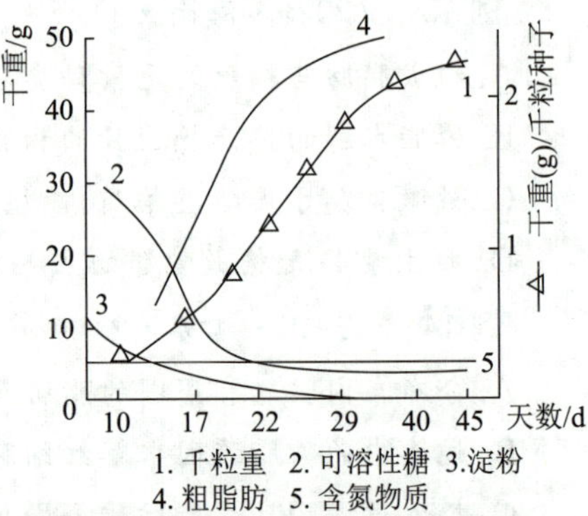

A. 大量糖类输入并参与代谢,导致种子质量不断增加

B. 细胞代谢利用大量糖类,导致淀粉含量降低

C. 糖类不断转化为脂质,导致脂质含量持续增加

D. 糖类不转化为蛋白质,导致含氮物质含量不变

例 18 (2013·新课标Ⅰ·29)某油料植物的种子中脂肪含量为种子干重的70%。为探究该植物种子萌发过程中干重及脂肪含量的变化,某研究小组将种子置于温度、水分(蒸馏水)、通气等条件适宜的黑暗环境中培养,定期检测萌发种子(含幼苗)的脂肪含量和干重。结果表明:脂肪含量逐渐减少,到第11 d时减少了90%,干重变化如图所示。回答下列问题:

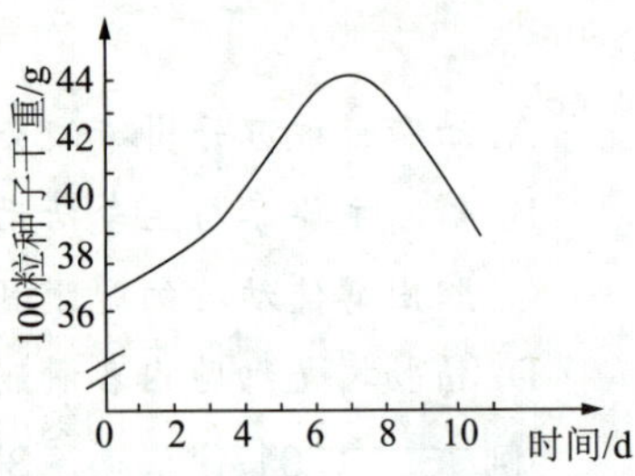

(1)为了观察胚乳中的脂肪,常用________染液对种子胚乳切片染色,然后在显微镜下观察,可见________色的脂肪颗粒。

(2)实验过程中,导致萌发种子干重增加的主要元素是________(填"C""N"或"O")。

(3)实验第 11 d 后,如果要使萌发种子(含幼苗)的干重增加,必须提供的条件是____________和______________。

例 19 (2016·海南·26)水在植物的生命活动中具有重要作用。风干种子只有吸收足够的水才能进行旺盛的代谢活动,使胚生长。小麦种子萌发过程中吸水量随时间变化的趋势如图所示。回答下列问题:

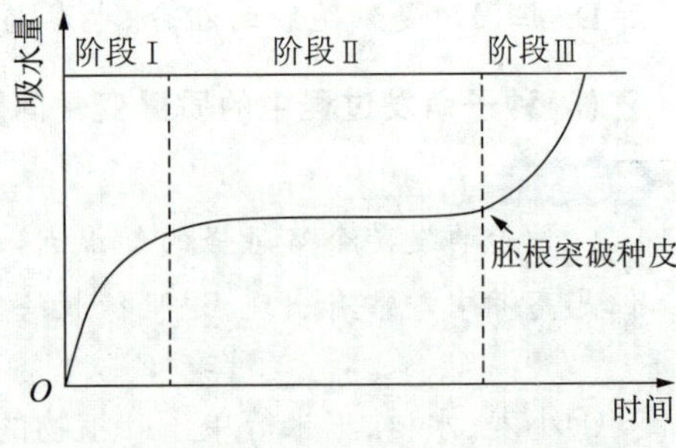

(1)植物细胞中的水通常以结合水和自由水两种形式存在,风干种子细胞中的水主要以________的形式存在。经阶段Ⅰ吸水后,种子中的水主要是以________的形式存在。

(2)在阶段Ⅱ,种子吸水速率________(填"大于""小于"或"等于")阶段Ⅰ,呼吸速率________(填"大于""小于"或"等于")阶段Ⅰ。

例 20 (2012·新课标·29)将玉米种子置于25 ℃、黑暗、水分适宜的条件下萌发,每天定时取相同数量的萌发种子,一半直接烘干称重,另一半切取胚乳烘干称重,计算每粒的平均干重,结果如图所示。若只考虑种子萌发所需的营养物质来源于胚乳,据图回答下列问题:

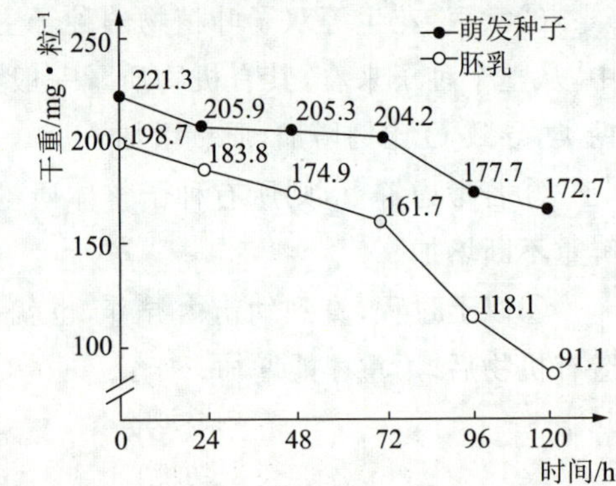

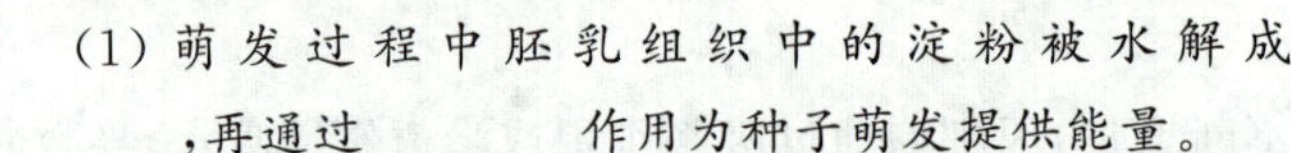

(1)萌发过程中胚乳组织中的淀粉被水解成________,再通过________作用为种子萌发提供能量。

(2)萌发过程中在________小时之间种子的呼吸速率最大,在该时间段内每粒种子呼吸消耗的平均干重为________mg。

(3)萌发过程中胚乳的部分营养物质转化成幼苗的组成物质,其最大转化速率为________mg·粒$^{-1}$·d^{-1}。

(4)若保持实验条件不变,120 小时后萌发种子的干重变化趋势是________,原因是________
________________________。

思维火花 Siweihuohua

7 蛋白质

(1)蛋白质的结构单位——氨基酸

①组成元素(主要):C、H、O、N;氨基酸合成的蛋白质元素组成往往比较复杂,除主要的 C、H、O、N 之外,甲硫氨酸和半胱氨酸含 S,硒代半胱氨酸含 Se,一些加工后的蛋白质还含有 Fe、Cu、Zn、P 等元素。

②结构通式

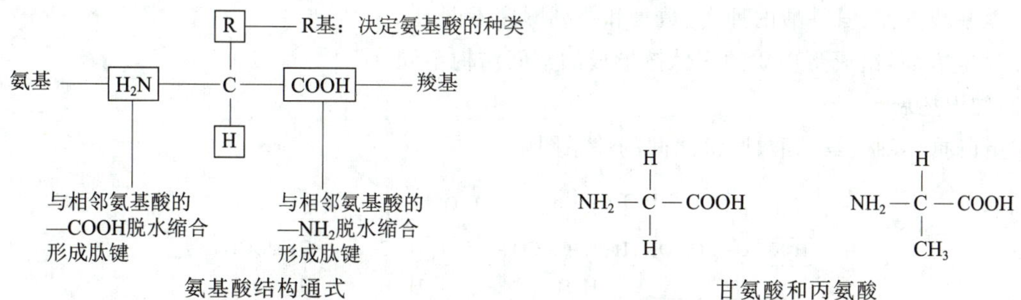

氨基酸结构通式　　　　甘氨酸和丙氨酸

③结构特点:每种氨基酸分子至少含有一个氨基和一个羧基,并且都有一个氨基和一个羧基连接在同一个碳原子上,不同的氨基酸的侧链基团(R 基)不同,可通过 R 基判断氨基酸的种类。

④种类:构成蛋白质的氨基酸约有 21 种,即 21 种氨基酸就有 21 种不同的 R 基;其中必需氨基酸 8 种(苏苯赖色缬甲异亮),非必需氨基酸 13 种,婴儿必需氨基酸为 9 种,多的一种为婴儿不能合成的组氨酸。

⑤知识拓展

a. 并非所有蛋白质都含"S",但蛋白质的特征元素是"S",也就是说,只有蛋白质含有 S 元素,且 S 和其他 C、H、O、N 之外的元素一定存在于 R 基团上。

b. 氨基酸分子中的氨基和羧基数目至少为一个,也可以是几个,因为 R 基中可能含有氨基或羧基。含有—NH_2 和—COOH,但不连在同一个碳原子上则不是构成蛋白质的氨基酸,例如:H_2N—CH_2—CH_2—COOH;同时在 R 基上的氨基和羧基不参与脱水缩合。

c. 生物体内和自然界中也有其他氨基酸,但这些氨基酸不能构成蛋白质,如 γ-氨基丁酸。

(2)蛋白质的结构及其多样性

①蛋白质的结构层次:氨基酸$\xrightarrow{\text{脱水缩合}}$多肽$\xrightarrow{\text{盘曲折叠}}$蛋白质

②脱水缩合:一个氨基酸分子的羧基与另一个氨基酸分子的氨基相连接形成肽键,同时脱去一分子水,形成二肽;多个氨基酸脱水缩合形成多肽链,肽键可表示为—NH—CO—,脱水缩合场所在核糖体上。

$$NH_2-\underset{H}{\overset{H}{C}}-\overset{O}{\overset{\|}{C}}-OH+H-\overset{H}{N}-\underset{H}{\overset{CH_3}{C}}-COOH \xrightarrow{\text{i}} H_2N-CH_2-\overset{O}{\overset{\|}{C}}-NH-\overset{CH_3}{CH}-COOH+H_2O$$

(ii、iii 为图中虚线框标注)

脱水缩合图示

③盘曲折叠:一条或几条多肽链在细胞质基质或通过内质网加工、高尔基体加工,通过一定的化学键如二硫键,盘曲折叠形成特定的空间结构,才能行使功能;同一多肽链的不同折叠方式,可以形成不同的空间结构,从而形成不同种类的蛋白质,执行不同的功能;而破坏蛋白质的空间结构会导致蛋白质变性失活,失去功能。

思维火花 Siweihuohua

④空间结构

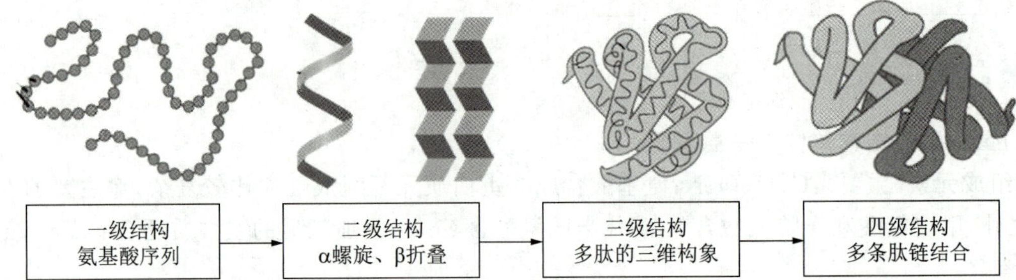

⑤蛋白质多样性的原因

a. 氨基酸方面：氨基酸的种类、数量和排列顺序不同。

b. 肽链方面：组成蛋白质的多肽链形成的空间结构不同。

(3)知识拓展

①蛋白质、多肽、氨基酸、肽键之间的关系图解

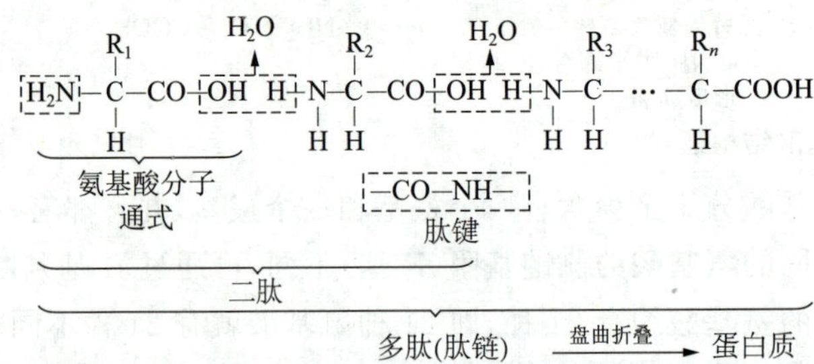

②脱水缩合形成的肽键的正确写法是—CO—NH—或—NH—CO—；注意不要遗忘两边的短线"—"；脱去的水分子中，H来自氨基和羧基，O来自羧基；多肽由几个氨基酸组成就称为几肽。

③高温、过酸、过碱和重金属盐会使蛋白质变性，变性时没有破坏氨基酸之间的肽键，而是通过破坏其他价键如氢键破坏肽链盘曲折叠形成的空间结构，此过程一般是不可逆的；而盐析可析出蛋白质，但不改变蛋白质的结构从而保持蛋白质活性。

④蛋白质和多肽必须经过消化变成氨基酸才能被人体吸收，参与消化的酶包括胃蛋白酶、胰蛋白酶和肠肽酶等。

(4)蛋白质的功能

①结构蛋白：构成细胞和生物体的重要物质，如人和动物的肌肉主要是蛋白质。

②催化作用：如参与生物体各种生命活动的绝大多数酶。

③运输作用：如细胞膜上的载体、红细胞中的血红蛋白。

④调节作用：如胰岛素和生长激素都是蛋白质，能够调节人体的新陈代谢和生长发育。

⑤免疫作用：如动物和人体的抗体能清除外来蛋白质对身体生理功能的干扰，起着免疫作用。

⑥高中常见蛋白整理

类别	说明
大部分酶	除少数的酶是RNA外，绝大多数的酶是蛋白质
部分激素	大部分激素如胰岛素、生长激素等成分为蛋白质
载体蛋白	位于生物膜上进行物质的运输；除膜蛋白质还有血红蛋白，可运输氧气
受体蛋白	神经递质和激素等依靠受体蛋白传递信息
部分抗原	抗原具有大分子性，大部分抗原是蛋白质
抗体	由浆细胞产生的、能与抗原发生特异性结合的具有免疫功能的球蛋白

思维火花 Siweihuohua

续表

糖被	位于细胞膜的外表面,由蛋白质和寡糖组成,有保护、润滑、识别等作用
含蛋白材料	黄豆研磨液、蛋清、蛋白胨、牛肉膏、酵母膏等
其他	细胞骨架、细胞因子、纤维蛋白、胞间连丝等也都是由蛋白质组成

真题真练

例 21 (2020·天津·2)组成下列多聚体的单体的种类最多的是 ( )

A. 血红蛋白　B. DNA　C. 淀粉　D. 纤维素

例 22 (2018·新课标Ⅱ·1)下列关于人体中蛋白质功能的叙述,错误的是 ( )

A. 浆细胞产生的抗体可结合相应的病毒抗原

B. 肌细胞中的某些蛋白质参与肌肉收缩的过程

C. 蛋白质结合 Mg^{2+} 形成的血红蛋白参与 O_2 运输

D. 细胞核中某些蛋白质是染色体的重要组成成分

例 23 (2018·天津·3)生物膜上不同类型的蛋白质行使不同的功能。下表中依据膜蛋白功能,对其类型判断错误的是 ( )

选项	膜蛋白的位置、功能	膜蛋白的类型
A	位于突触后膜,识别并结合神经递质	受体
B	位于靶细胞膜,识别并结合激素	载体
C	位于类囊体膜,催化 ATP 合成	酶
D	位于癌细胞膜,引起特异性免疫	抗原

例 24 (2016·江苏·4)蛋白质是决定生物体结构和功能的重要物质。下列相关叙述错误的是 ( )

A. 细胞膜、细胞质基质中负责转运氨基酸的载体都是蛋白质

B. 氨基酸之间脱水缩合生成的 H_2O 中,氢来自氨基和羧基

C. 细胞内蛋白质发生水解时,通常需要另一种蛋白质的参与

D. 蛋白质的基本性质不仅与碳骨架有关,而且与功能基团相关

(5)和蛋白质有关的计算

德叔批注

高考实际上没考过蛋白质计算类的难题,作为一轮复习体系构建的内容,这个模块需要去训练,也能帮助你更好地理解蛋白质结构,但是二、三轮就无需深入研究了。

①蛋白质中肽键数及相对分子质量的计算

假设氨基酸的平均相对分子质量为 a,由 n 个氨基酸分别形成 1 条肽链或 m 条肽链。

形成肽链数	形成肽键数	脱去水分子数	氨基数目	羧基数目	多肽相对分子质量
1	$n-1$	$n-1$	至少 1 个	至少 1 个	$na-18(n-1)$
m	$n-m$	$n-m$	至少 m 个	至少 m 个	$na-18(n-m)$

注意　有时还要考虑其他化学变化过程,如二硫键(—S—S—)的形成等,在肽链上出现二硫键时,与二硫键结合的部位要脱去两个 H,如图形成三个二硫键。

思维火花 Siweihuohua

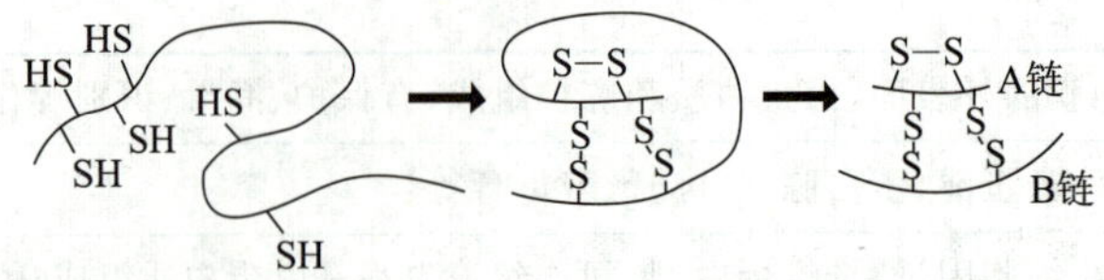

②有关氨基数和羧基数的计算

a. 蛋白质中氨基数=肽链数+R基上的氨基数=各氨基酸中氨基的总数－肽键数。

b. 蛋白质中羧基数=肽链数+R基上的羧基数=各氨基酸中羧基的总数－肽键数。

c. 在不考虑R基上的氨基数时，氨基酸脱水缩合形成的一条多肽链中，至少含有的氨基数为1，蛋白质分子由多条肽链构成，则至少含有的氨基数等于肽链数。

d. 在不考虑R基上的羧基数时，氨基酸脱水缩合形成的一条多肽链中，至少含有的羧基数为1，蛋白质分子由多条肽链构成，则至少含有的羧基数等于肽链数。

③有关蛋白质中各原子数的计算

a. 一个氨基酸中的各原子的数目计算

技巧 $C_2H_4O_2N$—R

C原子数=R基团中的C原子数+2；H原子数=R基团中的H原子数+4；O原子数=R基团中的O原子数+2；N原子数=R基团中的N原子数+1。

b. 蛋白质中各原子数的计算

C原子数=氨基酸数×2+R基上的C原子数=各氨基酸中C原子的总数

N原子数=氨基酸数+R基上的N原子数=各氨基酸中N原子的总数

H原子数=(氨基酸分子个数+肽链数)×2+R基上的H原子数

=各氨基酸中H原子的总数－脱去的水分子数×2

O原子数=氨基酸分子个数+肽链数+R基上的O原子数

=各氨基酸中O原子的总数－脱去的水分子数

=肽键数+肽链数×2+R基上的O原子数

特别提醒 N原子的数目往往是原子平衡计算的突破点。

④蛋白质分子水解

a. 彻底水解，产物为氨基酸：计算时可参照脱水缩合过程，简单理解为脱水缩合的“逆反应”，即加入水分子数=氨基酸数－肽键数。

b. 不彻底水解，产物为几段短肽链：如某三十九肽中共有丙氨酸4个，现去掉其中的丙氨酸可得到4条长短不等的多肽，如右图所示。

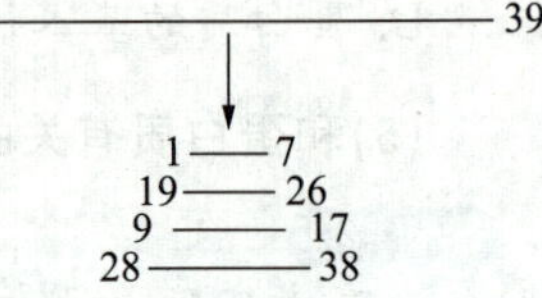

⑤有关多肽种类的计算

假设有 $n(0<n\leqslant 21)$ 种、m 个氨基酸，任意排列构成多肽(这里 $m\leqslant n$)：

a. 若每种氨基酸数目无限(允许重复)的情况下，可形成肽类化合物的种类有 n^m 种。

b. 若每种氨基酸只有一个(不允许重复)的情况下，可形成肽类化合物的种类有 $n\times(n-1)\times(n-2)\cdots\times(n-m+2)\times(n-m+1)=A_n^m$ 种。

⑥蛋白质中氨基酸数目与核酸中碱基数的计算

a. DNA基因的碱基数(至少)∶mRNA的碱基数(至少)∶氨基酸的数目=6∶3∶1。

b. 肽键数(得失水数)+肽链数=氨基酸数=基因(DNA)碱基数/6=mRNA碱基数/3。

c. 解题时看清是“碱基数”还是“碱基对数”，二者关系为：碱基数=碱基对数×2；在题目提及特殊情况时，可能需要考虑终止密码子和内含子等情况，注意对题目的分析。

思维火花 Siweihuohua

⑦环肽的特殊情况

以上规律既适用于“链状肽”的相关计算，也适用于“环状肽”的相关计算，因为是链状肽首尾相接得到，比链状肽多了一个肽键，只需将肽链数设为零，再进行相关计算即可。但若题目无明确说明，则不考虑环肽的情况。

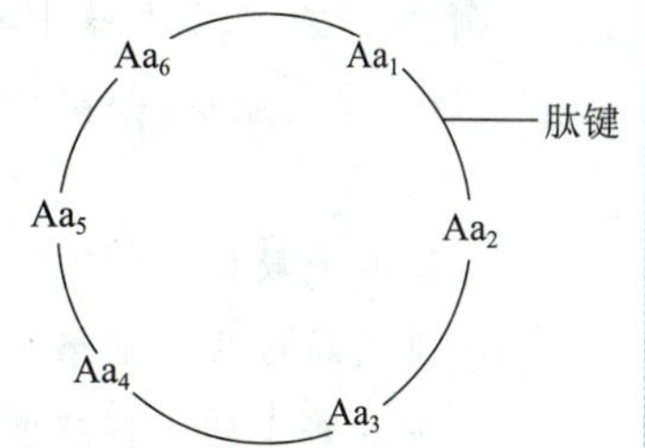

由此可知：肽键数=脱去水分子数=氨基酸数；同时环状多肽主链中无氨基和羧基，其氨基或羧基数目取决于构成环状肽氨基酸R基中的氨基和羧基的数目，环状多肽的相对分子质量$=m(a-18)$（m表示氨基酸数目；a表示氨基酸平均相对分子质量）。

典题示例

例25 现有一蛋白质分子由两条多肽链组成，共有肽键98个，此蛋白质的相对分子质量减少了 （ ）

A. 1 280 B. 1 254 C. 11 036 D. 1 764

例26 现有氨基酸801个，其中氨基总数为811个，羧基总数为809个，则由这些氨基酸合成的含有2条肽链的蛋白质，该蛋白质中含有的肽键、氨基和羧基的数目依次为 （ ）

A. 798、2和2 B. 798、1和1 C. 799、11和9 D. 799、12和10

例27 丙氨酸的R基为$-CH_3$，谷氨酸的R基为$-CH_2-CH_2-COOH$，它们缩合形成的二肽分子中，C、H、O的原子比例为 （ ）

A. 7∶16∶6 B. 7∶14∶5 C. 8∶12∶5 D. 8∶14∶5

例28 某细菌能产生一种“毒性肽”，其分子式是$C_{55}H_{70}O_{19}N_{10}$，将它彻底水解后得到下列四种氨基酸：甘氨酸($C_2H_5O_2N$)、丙氨酸($C_3H_7O_2N$)、苯丙氨酸($C_9H_{11}O_2N$)、谷氨酸($C_5H_9O_4N$)，则该多肽是 （ ）

A. 四肽 B. 九肽 C. 十肽 D. 不能确定

例29 某直链多肽的分子式为$C_{22}H_{34}O_{13}N_6$，其水解后共产生下列3种氨基酸，相关叙述正确的是 （ ）

$$\underset{\text{甘氨酸}}{\underset{\displaystyle NH_2}{\overset{|}{CH_2}}-COOH} \qquad \underset{\text{丙氨酸}}{CH_3-\underset{\displaystyle NH_2}{\overset{|}{CH}}-COOH} \qquad \underset{\text{谷氨酸}}{\underset{\displaystyle COOH}{\overset{|}{CH_2}}-CH_2-\underset{\displaystyle NH_2}{\overset{|}{CH}}-COOH}$$

A. 合成1分子该物质将产生6个水分子

B. 在细胞中合成该物质时只需要3种tRNA

C. 该多肽分子中含1个氨基和1个羧基

D. 每个该多肽分子水解后可以产生3个谷氨酸

例30 如果有足量的三种氨基酸，分别为甲、乙、丙，则它们能形成的三肽种类以及包含三种氨基酸的三肽种类最多是 （ ）

A. 9种、9种 B. 6种、3种 C. 27种、6种 D. 3种、3种

例31 已知丙氨酸的R基是$-CH_3$，某多肽链含有1个丙氨酸，如果去掉丙氨酸，剩余的产物与原多肽相比，下列有关氧原子的数量变化中，不正确的是 （ ）

A. 如果丙氨酸在多肽链的氨基端，氧原子数量减少1

B. 如果丙氨酸在多肽链的中间，氧原子的数量减少1

C. 如果丙氨酸在多肽链的羧基端，氧原子的数量减少1

思维火花 Siweihuohua

D. 剩余的产物中氧原子的数量减少1或0

例32 某三十九肽中共有丙氨酸4个，现去掉其中的丙氨酸得到4条长短不等的肽链，如图所示，则下列有关该过程的叙述，错误的是 （ ）

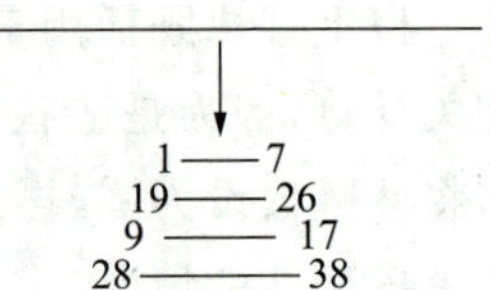

A. 氧原子数目减少1

B. 氨基和羧基分别增加3个

C. 如果新生的4条肽链总共有5个羧基，那么其中必有1个羧基在R基上

D. 肽键数目减少了8个

例33 已知20种氨基酸的平均分子量是128，现有一蛋白质分子由两条环肽链组成，共有肽键100个，此蛋白质的分子量接近 （ ）

A. 12 800　B. 12 544　C. 11 036　D. 11 000

例34 某双链DNA分子含102个碱基，控制一环状多肽的合成，经分析发现此环肽含3个谷氨酸残基(R基为$-CH_2CH_2COOH$)，不考虑终止密码子的情况下，关于此环肽分子的叙述正确的是 （ ）

A. 至多由17种氨基酸组成　B. 至少含23个氧原子

C. 可能没有游离的氨基和羧基　D. 至多需61种tRNA参与翻译

8 核酸

(1)核酸的结构单位——核苷酸

①化学元素：C、H、O、N、P。

②核苷酸的结构

结构组成	分类	连接位置	结构示意图
五碳糖	核糖 脱氧核糖		磷酸 + 五碳糖 + 含氮碱基 → 核苷酸（P 5 4 1 含氮碱基 3 2）；五碳糖、含氮碱基 → 核苷；磷酸 + 核苷 → 核苷酸
含氮碱基	A(腺嘌呤) T(胸腺嘧啶) C(胞嘧啶) G(鸟嘌呤) U(尿嘧啶)	1号碳	
磷酸基团	磷酸	5号碳	

③核苷酸的种类

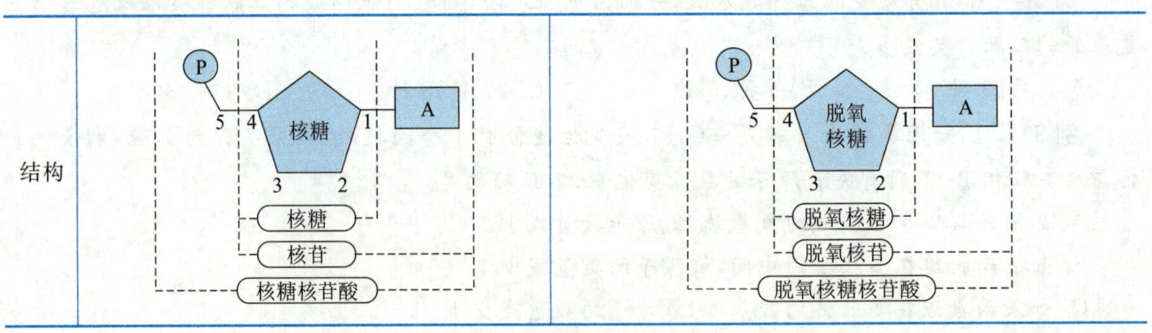

思维火花 Siweihuohua

续表

名称	腺嘌呤核糖核苷酸 鸟嘌呤核糖核苷酸 胞嘧啶核糖核苷酸 尿嘧啶核糖核苷酸	腺嘌呤脱氧核糖核苷酸 鸟嘌呤脱氧核糖核苷酸 胞嘧啶脱氧核糖核苷酸 胸腺嘧啶脱氧核糖核苷酸
功能	构成 RNA	构成 DNA

(2)DNA 的双螺旋结构模型

①沃森、克里克提出双螺旋结构模型

a. DNA 分子是由两条链组成的,这两条链按反向平行方式盘旋成双螺旋结构。

b. DNA 分子中的脱氧核糖和磷酸交替连接,排列在外侧,构成基本骨架;碱基排列在内侧。

c. 两条链上的碱基通过氢键连接碱基对,并且碱基配对有一定的规律:A(腺嘌呤)一定与 T(胸腺嘧啶)配对;G(鸟嘌呤)一定与 C(胞嘧啶)配对。碱基之间的这种一一对应的关系,叫做碱基互补配对原则。

②DNA 结构的逻辑层次

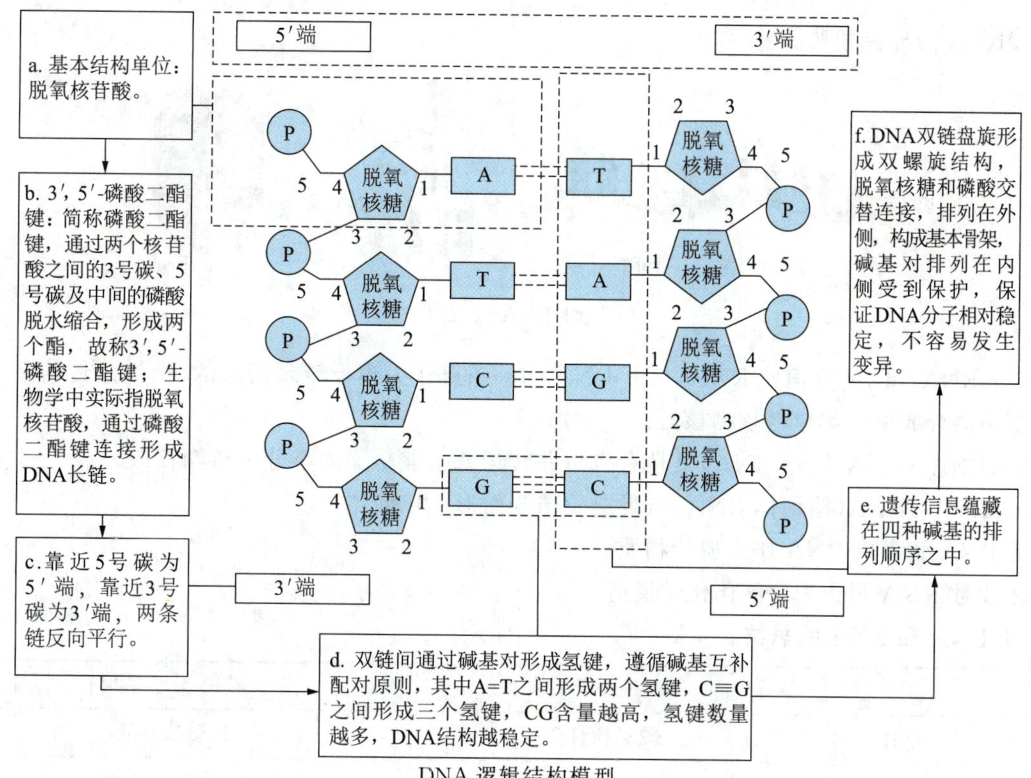

DNA 逻辑结构模型

③DNA 的结构特点

a. 稳定性:磷酸和脱氧核糖交替连接,排列在外侧构成基本骨架。

b. 多样性:碱基对多种多样的排列次序。通常计算为若某 DNA 分子中有 n 个碱基对,则排列顺序有 4^n 种,但实际数目少于这个数字。

c. 特异性:每种 DNA 分子都有特定的碱基对排列顺序,代表了特定的遗传信息。

④DNA 的功能:生物的遗传物质,决定细胞的代谢和遗传。

(3)RNA 的结构

①RNA 的结构模型

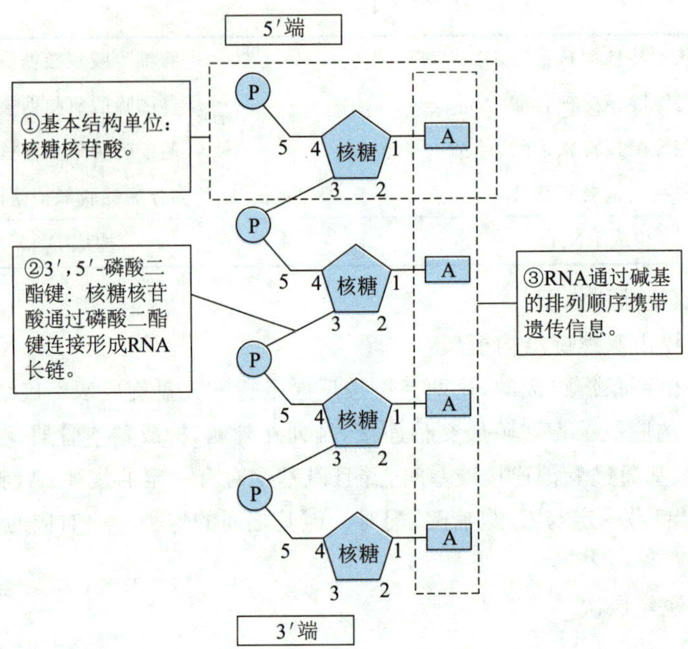

②RNA 的种类和功能

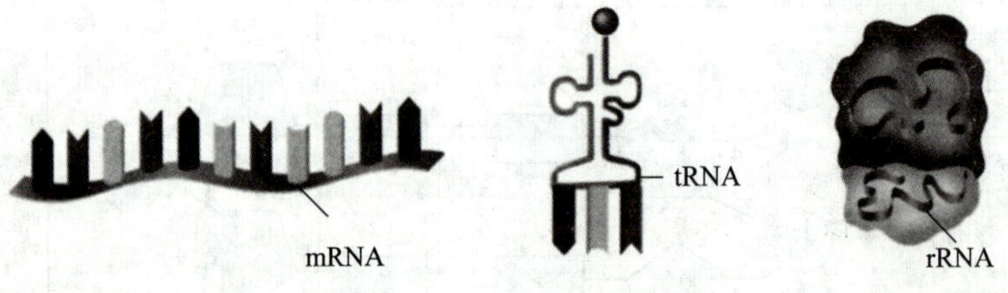

三种 RNA 示意图

a. mRNA：mRNA(信使 RNA)是由 DNA 的一条链作为模板转录而来的、携带遗传信息的、能指导蛋白质合成的一类单链核糖核酸。

b. tRNA：tRNA(转运 RNA)是具有携带并转运氨基酸功能的小分子核糖核酸。

c. rRNA：rRNA(核糖体 RNA)与蛋白质结合而形成核糖体。

d. RNA 病毒以 RNA 作为遗传物质。

e. 少数 RNA 可作为酶催化化学反应。

(4)DNA 和 RNA 的总结

		DNA 分子结构	RNA 分子结构
基本单位	单体	脱氧核苷酸	核糖核苷酸
	碱基、核苷酸种类	A、T、C、G(4 种)	A、U、C、G(4 种)
	五碳糖种类	脱氧核糖	核糖
	连接方式	1 号碳连接碱基，5 号碳连接磷酸基团；3 号碳将形成 3′,5′-磷酸二酯键	
	碱基总种类	5 种	
	核苷酸种类	8 种	

思维火花 Siweihuohua

续表

		DNA 分子结构	RNA 分子结构
平面结构	基本骨架	磷酸、脱氧核糖(核糖)交替连接而成的反向平行长链，由脱氧核苷酸(核糖核苷酸)通过 3′，5′-磷酸二酯键连接	
	链的条数	一般 2 条	一般 1 条
	碱基配对方式	A=T、T=A、G≡C、C≡G 碱基对通过氢键连接；A=T 之间两个氢键，G≡C 之间三个氢键；氢键越多，分子结构越稳定	除 tRNA 通过链内氢键形成三叶草结构外，一般没有碱基互补配对
空间结构		规则的双螺旋结构	除 tRNA 是三叶草结构外，一般没有固定的空间结构
水解产物	初步水解	四种脱氧核苷酸	四种核糖核苷酸
	彻底水解	四种含氮碱基、磷酸、脱氧核糖	四种含氮碱基、磷酸、核糖
分布		主要在细胞核、线粒体、叶绿体	主要在细胞质
功能		携带遗传信息，控制性状	①作为遗传物质(有些病毒) ②作为酶，具有催化功能 ③传递遗传信息(mRNA)，运输氨基酸(tRNA)，组成核糖体(rRNA)

(5)不同生物的核酸、核苷酸及碱基的情况

生物类别	核酸	核苷酸	碱基	遗传物质	举例
原核生物和真核生物	含有 DNA 和 RNA 两种核酸	8	5	DNA	细菌、人等
病毒	只含 DNA	4	4	DNA	噬菌体
	只含 RNA	4	4	RNA	烟草花叶病毒

(6)知识拓展

①核苷酸、ATP 和 DNA、RNA 中“A”的含义辨析

A 核糖	A–P–P~P	A G G T T C C A
核苷酸分子中的 A 是腺嘌呤	ATP 中的 A 是腺苷，由腺嘌呤和核糖组成	DNA 和 RNA 结构图中的 A 是腺嘌呤脱氧核苷酸和腺嘌呤核糖核苷酸

②DNA 呈双螺旋结构，外侧有脱氧核糖和磷酸交替连接形成的骨架结构，碱基排列在内侧，结构较为稳定；而 RNA 一般呈单链，碱基暴露，结构不稳定，更容易发生变异。

③同一生物的不同细胞中，正常体细胞核 DNA 都相同，而 mRNA 和蛋白质则不同，这与基因的选择性表达有关，只有特殊细胞如没有细胞核的哺乳动物成熟红细胞、基因突变的癌细胞、基因减半重组的生殖细胞的 DNA 会有所不同。

思维火花 Siweihuohua

④形成肽键、磷酸二酯键以及多糖的糖苷键时都要产生水，都是脱水缩合的过程。

⑤核酸与蛋白质在不同生物体中具有物种的特异性，因而可以从分子水平上，通过分析核酸与蛋白质的相似程度来推断物种亲缘关系的远近，为生物进化、亲子鉴定、案件侦破等提供依据；其中DNA、mRNA的鉴别常用分子杂交技术；蛋白质的鉴别常用抗原—抗体杂交技术。

真题真练

例 35 (2013·新课标Ⅱ·1) 关于DNA和RNA的叙述，正确的是 ( )

A. DNA有氢键，RNA没有氢键　　B. 一种病毒同时含有DNA和RNA

C. 原核细胞中既有DNA，也有RNA　　D. 叶绿体、线粒体和核糖体都含有DNA

例 36 (2019·江苏·1) 下列关于细胞内蛋白质和核酸的叙述，正确的是 ( )

A. 核酸和蛋白质的组成元素相同　　B. 核酸的合成需要相应蛋白质的参与

C. 蛋白质的分解都需要核酸的直接参与　　D. 高温会破坏蛋白质和核酸分子中的肽键

例 37 (2020·北京·2) 蛋白质和DNA是两类重要的生物大分子，下列对两者共性的概括，不正确的是 ( )

A. 组成元素含有C、H、O、N　　B. 由相应的基本结构单位构成

C. 具有相同的空间结构　　D. 体内合成时需要模板、能量和酶

(7)碱基计算类题目

德叔批注

高考中碱基计算的题目也极少出现，以下计算公式理解核心即可，没有必要做大量的相关训练。

这一类题目通过碱基互补配对的数量相等关系，给出某些碱基数目，计算另一些碱基数目，掌握以下三个公式可迅速解出此类题目。

公式推导基础　设α链和β链是一条DNA分子中互补的两条链，如下所示。

α链　—A—G—C—T—T—C—C—……m

β链　—T—C—G—A—A—G—G—……m

根据A=T，G=C，则有以下关系：$A_\alpha=T_\beta$；$T_\alpha=A_\beta$；$G_\alpha=C_\beta$；$C_\alpha=G_\beta$，以此可推出如下三个公式：

①$\left(\frac{A+T}{G+C}\right)_\alpha=\left(\frac{A+T}{G+C}\right)_\beta=\left(\frac{A+U}{G+C}\right)_{RNA}=\left(\frac{A+T}{G+C}\right)_{双链}$

简记为“DNA两互补链中，配对的两碱基之和在单、双链中所占比例相等”。

②设$\left(\frac{A+G}{T+C}\right)_\alpha=n$，则$\left(\frac{A+G}{T+C}\right)_\beta=\frac{1}{n}$；且以α链为模板合成的RNA中$\left(\frac{A+G}{U+C}\right)_{RNA}=\frac{1}{n}$。

简记为“DNA两互补链中，不配对的两碱基之和的比值乘积为1(或互为倒数)”。

③$\frac{A}{总}=\frac{\frac{A_\alpha}{\alpha}+\frac{A_\beta}{\beta}}{2}$；即在一个双链DNA分子中，某碱基占碱基总数的百分数等于每条链中该碱基所占比例的平均值。

注意　上述所涉及的关系是针对双链DNA而言的，单链DNA无上述关系。

思维火花 Siweihuohua

真题真练

例 38 (2014·山东)某研究小组测定了多个不同双链DNA分子的碱基组成,根据测定结果绘制了DNA分子的一条单链与其互补链、一条单链与其所在DNA分子中碱基数目比值的关系图,下列正确的是 ( )

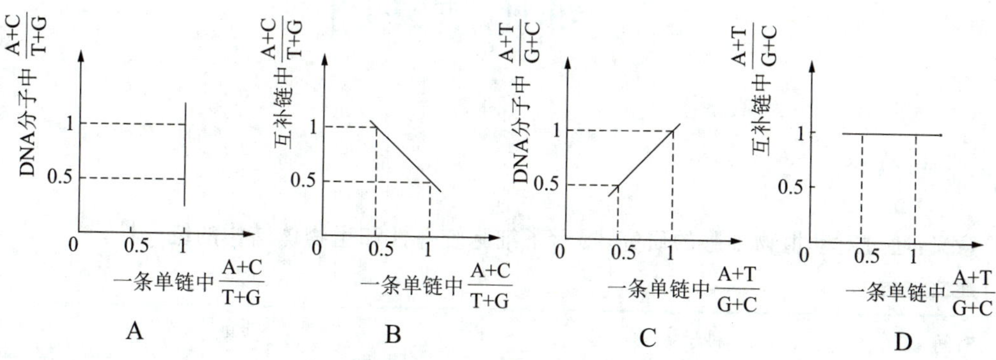

9 生物大分子

(1)生物大分子:具有较高分子量的生物分子,大多由单体构成,包括蛋白质、核酸、多糖,分别由氨基酸、核苷酸和单糖构成。脂质不具有单体,不纳入生物大分子范畴。

(2)单体结构:大分子的每一个单体都由若干相连的碳原子构成的碳链为基本骨架,由若干单体构成多聚体;不同生物体内各种化学元素的含量差异较大,同一生物体内不同元素的含量也相差很大,但"C"却是所有生物体的最基本的元素。

(3)单体连接方式:脱水缩合。多糖、核酸和蛋白质,均由其单体脱水缩合得到。

(4)生物大分子分解问题

①初步水解和彻底水解:核酸初步水解产物是核苷酸,彻底水解产物是磷酸、核糖/脱氧核糖和五种含氮碱基。大分子中,仅有核酸的单体核苷酸可以继续水解,而蛋白质的单体氨基酸、多糖的单体单糖都不能继续水解;但蛋白质和多糖往往也不能通过一次水解直接变成单体,如淀粉等物质的水解过程为淀粉→麦芽糖→葡萄糖;纤维素→纤维二糖→葡萄糖;蛋白质→多肽→氨基酸。

②氧化分解:通常分子中的C彻底氧化分解产物为CO_2,H彻底氧化分解产物为H_2O,N和P的氧化分解产物是其他物质,所以糖类彻底氧化分解产物,即有氧呼吸产物为CO_2和H_2O;不彻底氧化分解产物,即无氧呼吸产物可能是酒精或乳酸;蛋白质的彻底氧化分解产物为H_2O、CO_2、尿素;DNA的彻底氧化分解产物为H_2O、CO_2、尿酸。

真题真练

例 39 (2020·江苏)下列关于细胞中生物大分子的叙述,错误的是 ( )

A. 碳链是各种生物大分子的结构基础

B. 糖类、脂质、蛋白质和核酸等有机物都是生物大分子

C. 细胞利用种类较少的小分子脱水合成种类繁多的生物大分子

D. 细胞中生物大分子的合成需要酶来催化

例 40 (2021·新课标甲·1)已知①酶、②抗体、③激素、④糖原、⑤脂肪、⑥核酸都是人体内有重要作用的物质。下列说法正确的是 ( )

A. ①②③都是由氨基酸通过肽键连接而成的

B. ③④⑤都是生物大分子，都以碳链为骨架

C. ①②⑥都是由含氮的单体连接成的多聚体

D. ④⑤⑥都是人体细胞内的主要能源物质

二、细胞学基础

1 细胞学说

(1)意义：通过对动植物细胞的研究，揭示了细胞统一性和生物体结构的统一性。

(2)建立过程

时间	科学家	成就
1665 年	虎克	发现并命名细胞
	列文虎克、马尔比基	观察到活细胞
19 世纪 30 年代	施莱登和施旺	创立细胞学说
1858 年	耐格里、魏尔肖	提出细胞通过分裂产生新细胞，修正细胞学说第三条

(3)内容

①细胞是一个有机体，一切动植物都由细胞发育而来，并由细胞和细胞产物所构成。

②细胞是一个相对独立的单位，既有它自己的生命，又对与其他细胞共同组成的整体的生命起作用。

③新细胞可以从老细胞中产生。

德叔批注

细胞学说仅涉及动植物细胞，不涉及原核细胞、真菌和病毒。

2 细胞的多样性和统一性

(1)细胞多样性

①表现：细胞的形态、大小、种类、结构等各不相同。

②直接原因：构成细胞的蛋白质分子不同，蛋白质是生命活动的主要承担者。

③根本原因

不同生物细胞	基因不同
同一生物不同细胞	基因相同，基因选择性表达不同

(2)细胞统一性

①化学组成：组成细胞的元素和化合物种类基本一致。

②结构：都具有细胞膜、细胞质、核糖体。

③遗传物质：都以 DNA 作为遗传物质，且遗传密码子通用。

④能源物质：以 ATP 作为直接能源物质。

思维火花 Siweihuohua

⑤增殖：都是通过细胞分裂等方式增殖。

(3)常考特殊细胞

德叔批注

这些细胞非常重要，是很多选择判断的基础，是常见的例外情况，要深入理解和掌握。

常考细胞		考点
红细胞	哺乳动物成熟红细胞	无细胞核和众多细胞器 ①制备细胞膜/提取血红蛋白 ②无氧呼吸 ③贫血的根本原因
	鸡红细胞	提取 DNA
	蛙红细胞	观察无丝分裂
神经元		表面形成突起，高尔基体丰富，是产生和传导兴奋的功能细胞
干细胞		分化程度低，全能性高，诱导可分化产生其他功能细胞
癌细胞		遗传物质改变，无限增殖的细胞，易发生分散和转移
精子/花粉/卵细胞		成熟的生殖细胞；经过了减数分裂和基因重组
次级卵母细胞		细胞核移植的受体细胞

真题真练

例 41 (2019·浙江 4 月选考·3) 细胞学说认为：所有的生物都是由一个或多个细胞组成的；细胞是所有生物的结构和功能的单位；所有的细胞必定是由已存在的细胞产生的。据此分析，下列叙述错误的是 ( )

A. 生物具有多样性　　B. 生物具有遗传性

C. 生物能定向变异　　D. 生物具有统一性

例 42 (2017·浙江 11 月选考·3) 动物和植物都由真核细胞组成，它们的细胞结构十分相似。这说明生物具有 ( )

A. 适应性　　B. 统一性　　C. 遗传性　　D. 特异性

3 生命系统的结构层次

(1)结构层次顺序：细胞→组织→器官→系统→个体→种群和群落→生态系统→生物圈

(2)概念

①细胞：除病毒外的所有生物均由细胞所组成，细胞是生物体结构和功能的基本单位。

②组织：由形态相似、功能相同的一群细胞和细胞间质组合起来，称为组织，如肌肉细胞构成肌肉组织。

③器官：是动物或植物由不同的细胞和组织构成的结构，用来完成某些特定功能，如动物的心、肾；植物的叶、花。

④系统：能够完成一种或者几种生理功能的多个器官按照一定的次序组合在一起的结构叫做系统，如由骨髓和胸腺等器官构成免疫系统。

⑤个体：分为多细胞生物和单细胞生物，多细胞生物指若干个器官和系统协同完成复杂生命活

思维火花 Siweihuohua

动的单个生物；单细胞生物是指一个细胞构成的个体。

⑥种群：在一定的自然区域内，同种生物的全部个体；群落：同一时间内聚集在一定区域中的各种生物种群的集合。

⑦生态系统：由生物群落与它的无机环境相互作用而形成的统一整体。

⑧生物圈：地球上所有的生物与其环境的总和就叫生物圈；生物圈是地球上最大的生态系统。

(3)地球上最基本的生命系统是细胞；病毒没有细胞结构，不属于生命系统；单细胞生物如草履虫、变形虫仅由一个细胞构成个体，其生命结构层次既为细胞又为个体；植物没有系统层次，植物由六种器官，包括营养器官根、茎、叶和生殖器官花、果实、种子，直接构成个体。

4 原核细胞与真核细胞

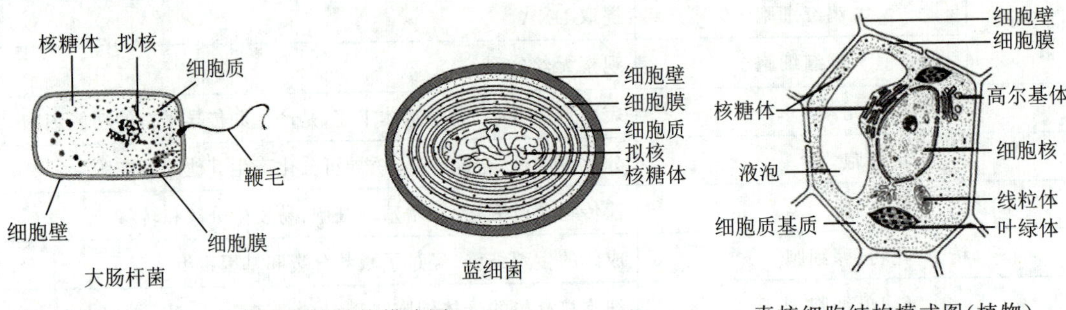

原核细胞结构模式图　　　　真核细胞结构模式图(植物)

(1)原核细胞和真核细胞

比较项目	原核细胞	真核细胞
大小	较小	较大
主要区别	无以核膜为界限的细胞核，有拟核	有以核膜为界限的细胞核
DNA存在形式	拟核中的DNA：大型、环状、裸露 质粒中的DNA：小型、环状、裸露	细胞核中：链状，和蛋白质结合形成染色体 细胞质中：在线粒体、叶绿体中裸露存在，类似原核细胞的拟核
细胞壁	主要成分：肽聚糖	植物细胞：纤维素和果胶 真菌细胞：几丁质 动物细胞：无细胞壁
细胞质	有核糖体，无其他细胞器	有核糖体和其他细胞器
增殖方式	主要是二分裂	有丝分裂、无丝分裂、减数分裂
可遗传变异方式	基因突变	基因突变、基因重组、染色体变异

(2)原核生物代谢

①蓝细菌细胞中无叶绿体，但它也能进行光合作用，原因是细胞中含有藻蓝素和叶绿素及光合作用所需的酶，色素存在的场所是光合片层。

②好氧菌无线粒体，但它也能进行有氧呼吸，原因是细胞中含有与有氧呼吸有关的酶；其中，有氧呼吸第三阶段在细胞膜上完成，细胞膜也是很多细菌唯一具有的生物膜。

思维火花 Siweihuohua

(3)易混原核生物和真核生物的判断方法

常见的原核生物	易与之混淆的真核生物
细菌类：细菌名称常带有“杆”字(结核杆菌)、“球”字(链球菌)、“螺旋”及“弧”字(霍乱弧菌)	酵母菌、霉菌(如青霉菌、根霉、曲霉等)
蓝细菌类：颤蓝细菌、色球蓝细菌、念珠蓝细菌、发菜等	绿藻(如衣藻)、褐藻、红藻、黑藻等

注意 有个别特殊情况如乳酸菌和醋酸菌，其全称为乳酸杆菌和醋酸杆菌，故为原核菌。

真题真练

例 43 (2020·北京·3)丰富多彩的生物世界具有高度的统一性。以下对于原核细胞和真核细胞统一性的表述，不正确的是 ( )

A. 细胞膜的基本结构是脂双层　　B. DNA 是它们的遗传物质

C. 在核糖体上合成蛋白质　　D. 通过有丝分裂进行细胞增殖

例 44 (2020·江苏·3)下列关于真核细胞的结构与功能的叙述，正确的是 ( )

A. 根据细胞代谢需要，线粒体可在细胞质基质中移动和增殖

B. 细胞质基质、线粒体基质和叶绿体基质所含核酸的种类相同

C. 人体未分化的细胞中内质网非常发达，而胰腺外分泌细胞中则较少

D. 高尔基体与分泌蛋白的合成、加工、包装和膜泡运输紧密相关

例 45 (2021·湖南·1)关于下列微生物的叙述，正确的是 ( )

A. 蓝藻细胞内含有叶绿体，能进行光合作用

B. 酵母菌有细胞壁和核糖体，属于单细胞原核生物

C. 破伤风杆菌细胞内不含线粒体，只能进行无氧呼吸

D. 支原体属于原核生物，细胞内含有染色质和核糖体

例 46 (2017·海南)下列关于原核生物的叙述，错误的是 ( )

A. 大肠杆菌的细胞内有核糖体　　B. 细胞对物质的吸收具有选择性

C. 拟核区中含有环状的 DNA 分子　　D. 蓝藻细胞的叶绿体中含有叶绿素

5 病毒

德叔批注

病毒是极其重要的一个知识点，尤其在 2020 年疫情大流行的社会背景下，而课本又没有针对病毒做单独的介绍，因此以下这个模块是为数不多的对病毒单独介绍的模块，务必形成知识体系，深入理解和记忆。

(1)**概念**：病毒是一种由一种核酸分子 DNA 或 RNA 与蛋白质构成的生物，个体微小，结构简单，没有细胞结构，只有通过电子显微镜才能观察到。由于没有实现新陈代谢所必需的基本系统，

病毒自身不能复制，只有依赖活细胞才能生存。同时由于其没有细胞结构，不属于生命系统，但又可借助宿主细胞代谢和遗传，因此属于生物。

(2)病毒的分类

按遗传物质分类	按寄主类型分类
DNA 病毒:绝大部分噬菌体 RNA 病毒:多数动物病毒和植物病毒 注:朊粒已经不属于病毒,因此不再有蛋白质病毒	细菌病毒:噬菌体 植物病毒:如烟草花叶病毒 动物病毒:如 HIV、SARS 病毒、天花病毒等

(3)常见病毒结构

①T_2 噬菌体结构:由头部和尾部构成,尾部和头部的外壳为蛋白质,头部内部有遗传物质 DNA。

②HIV 结构:外侧具有来自宿主细胞的囊膜,膜上有蛋白质,可以起到识别和感染的作用。中间具有蛋白质构成的衣壳结构,内部含有遗传物质 RNA 和酶(如逆转录酶)以及其他来自宿主细胞的成分。

③烟草花叶病毒结构:杆状结构,外侧由蛋白质构成,内部含有遗传物质 RNA。

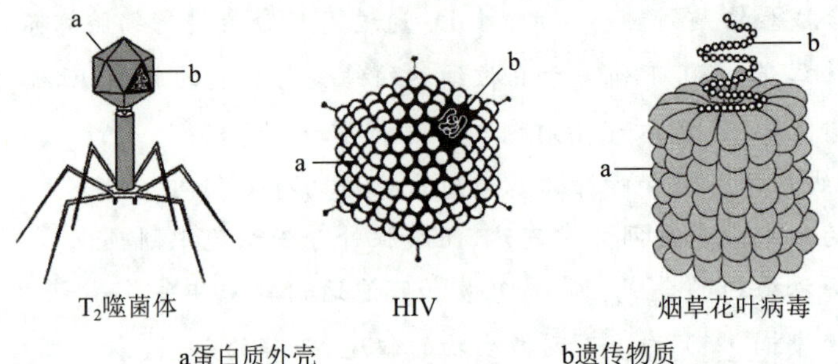

(4)病毒的代谢和繁殖

①在离体条件下,能以无生命的生物大分子状态存在,并长期保持其侵染活力。

②在宿主细胞内,可借助宿主细胞的能量、原料、工具酶进行代谢和增殖,繁殖后代。

③噬菌体的增殖

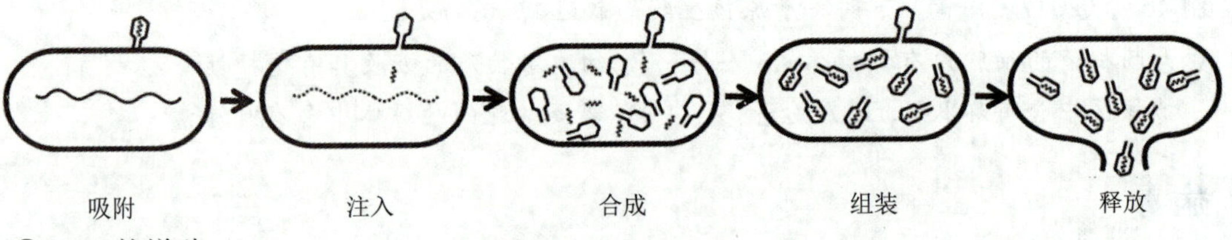

④HIV 的增殖

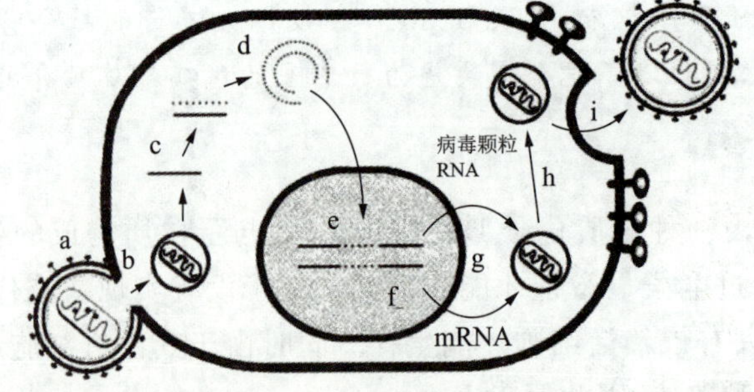

a 识别　b 侵染　c 逆转录　d DNA 合成　e 整合基因组　f 转录　g 合成蛋白质　h 包装　i 释放

(5)高中生物对病毒的应用

①T_2 噬菌体侵染实验:通过同位素标记法,证明 DNA 是遗传物质,用放射性同位素标记病毒

时，应先用含有放射性的普通培养基培养寄主细胞，再用寄主细胞培养病毒。

②免疫学的应用：HIV 导致获得性免疫缺陷；减毒或灭活的病毒，可作为疫苗使生物体进行主动免疫，起到免疫预防的效果。

③中心法则：补充了中心法则的遗传信息流动方向，通过 HIV 病毒补充 RNA 逆转录，通过烟草花叶病毒补充 RNA 自我复制。

④基因工程和细胞工程应用：灭活的病毒促进动物细胞融合；λ 噬菌体、动植物病毒可作为基因工程的载体；来自噬菌体的 T_4 DNA 连接酶是基因工程中连接 DNA 片段的工具；病毒外壳基因等目的基因，可使转基因植物获得抗病毒性状；Rous 肉瘤病毒是导致癌症的生物因素；用含病毒较少的分生区进行组织培养可获得脱毒苗。

(6)知识拓展

①病毒只有在活细胞中才能表现出代谢活动，所以病毒的出现应该在细胞之后。

②RNA 病毒的遗传物质一般是 RNA 单链，碱基暴露，容易发生基因突变，因此 RNA 病毒如 HIV、SARS 病毒的疫苗研制比较困难。

真题真练

例 47 (2020·新课标Ⅰ·1) 新冠肺炎疫情警示人们要养成良好的生活习惯，提高公共卫生安全意识。下列相关叙述错误的是 ( )

A. 戴口罩可以减少病原微生物通过飞沫在人与人之间的传播

B. 病毒能够在餐具上增殖，用食盐溶液浸泡餐具可以阻止病毒增殖

C. 高温可破坏病原体蛋白质的空间结构，煮沸处理餐具可杀死病原体

D. 生活中接触的物体表面可能存在病原微生物，勤洗手可降低感染风险

例 48 (2020·新课标Ⅱ·1) 新冠病毒(SARS-CoV-2)和肺炎双球菌均可引发肺炎，但二者的结构不同，新冠病毒是一种含有单链 RNA 的病毒。下列相关叙述正确的是 ( )

A. 新冠病毒进入宿主细胞的跨膜运输方式属于被动运输

B. 新冠病毒与肺炎双球菌均可利用自身的核糖体进行蛋白质合成

C. 新冠病毒与肺炎双球菌二者遗传物质所含有的核苷酸是相同的

D. 新冠病毒或肺炎双球菌的某些蛋白质可作为抗原引起机体免疫反应

例 49 (2020·浙江 7 月选考·15) 下列关于病毒的叙述，错误的是 ( )

A. 有的病毒经灭活处理后，可用于细胞工程中介导动物细胞的融合

B. 适当增加机体内参与免疫的细胞数量与活性，可提高对新型冠状病毒的抵御能力

C. 在某人的分泌物中检测到新型冠状病毒，推测该病毒的增殖不依赖于宿主细胞

D. 用高温高压处理病毒使其失去感染能力，原因之一是病毒的蛋白质发生了热变性

例 50 (2020·新课标Ⅲ·5) 新冠病毒是一种 RNA 病毒。新冠肺炎疫情给人们的生活带来了巨大影响。下列与新冠肺炎疫情防控相关的叙述，错误的是 ( )

A. 新冠病毒含有核酸和蛋白质，通过核酸检测可排查新冠病毒感染者

B. 教室经常开窗通风可以促进空气流动，降低室内病原微生物的密度

C. 通常新冠肺炎患者的症状之一是发烧，因此可以通过体温测量初步排查

D. 每天适量饮酒可以预防新冠肺炎，因为酒精可以使细胞内的病毒蛋白变性

三、细胞的结构

1 细胞膜(质膜)

(1)细胞膜的制备

①实验原理:细胞吸水涨破获得细胞膜。

②材料:人或其他哺乳动物的成熟红细胞。

③选材原因:

a. 无细胞核和众多细胞器,易制得纯净的细胞膜。

b. 无细胞壁,细胞易吸水涨破。

人的正常红细胞　人的圆涨的红细胞　人的涨破的红细胞

(2)细胞膜的成分

①脂质:约 50%,主要是磷脂。动物细胞还含有胆固醇。

②蛋白质:约 40%,与细胞膜的功能密切相关;功能越复杂的细胞膜,蛋白质的种类和数量越多。

③糖类:约 2%~10%,主要用于构成糖蛋白和糖脂,具有识别、传递信息的功能。

④不同细胞膜的成分种类相同,即都含有脂质、蛋白质和少量的糖类,但每种成分的含量却不同。

(3)生物膜的结构:流动镶嵌模型

①探究历程

a. 19 世纪末,欧文顿,细胞的通透性实验:溶于脂质的物质,比不溶于脂质的物质更容易通过,由此推出细胞膜是由脂质组成的。

b. 20 世纪初,提取哺乳动物红细胞的细胞膜,进行化学分析,膜的主要成分是磷脂和胆固醇。

c. 1925 年,荷兰的两位科学家,从人红细胞中提取脂质,在空气—水界面上铺成单分子层,测得单分子层面积为红细胞表面积的两倍,细胞中的脂质分子必然为连续的两层。

d. 1959 年,罗伯特森,电子显微镜观察到细胞膜暗—亮—暗的三层结构,推出所有细胞膜都是由蛋白质—脂质—蛋白质三层结构构成的静态结构。

e. 20 世纪 60 年代以后,对生物膜的静态结构提出质疑,新的技术发现膜蛋白并不是都铺在脂质表面,有的蛋白质是镶嵌在脂质双分子层中的。

f. 1970 年,荧光蛋白标记和细胞融合技术证明细胞膜具有流动性。

g. 1972 年,辛格、尼克尔森提出流动镶嵌模型。

②流动镶嵌模型的内容

a. 磷脂双分子层构成了膜的基本骨架,具有流动性。

b. 蛋白质有的镶在磷脂双分子层表面,有的部分或全部嵌入磷脂双分子层中,有的贯穿整个磷脂双分子层,大多数蛋白质也是可以运动的。

思维火花 Siweihuohua

c. 在细胞膜的外表面,有一层由细胞膜上的蛋白质和糖类结合形成的糖蛋白,称为糖被,具有保护、润滑和细胞识别的功能。

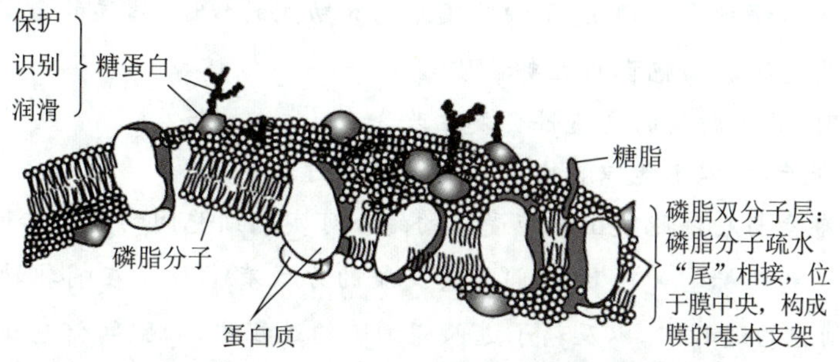

d. 补充:细胞膜中的脂质除磷脂外,还有一些糖脂和胆固醇;糖脂功能和糖蛋白类似,都分布于细胞膜的外表面。胆固醇为动物细胞膜特有,可以调节动物细胞膜的流动性。

③流动镶嵌模型适用于一切生物膜,包括细胞膜、细胞器膜、核膜。

④细胞膜的结构特点——具有一定的流动性

a. 原因:膜结构中的磷脂分子和大多数蛋白质分子是可以运动的。

b. 影响因素:主要受温度影响,适当温度范围内,随外界温度升高,膜的流动性增强,但温度高出一定范围,则导致膜的破坏。

c. 体现细胞膜具有流动性的实例:细胞的融合、胞吞、胞吐、变形虫变形、吞噬细胞吞噬病菌、分泌蛋白的分泌、精卵结合、植物细胞的质壁分离与复原等。

(4)细胞膜的功能

①将细胞与外界环境分隔开,保障细胞内部环境的相对稳定。膜的出现是生物起源过程中的重要阶段。

②控制物质进出细胞,包括需要的营养物质进入;抗体、激素等分泌物的排出;细胞代谢废物的排出等。但细胞膜的控制作用是相对的,有害物质和病毒也可能侵入细胞。

③进行细胞间的信息交流,方式如下:

途径	方式	过程	举例
间接	物质传递	通过细胞分泌的化学物质,即细胞→物质→细胞	内分泌细胞分泌激素→进入体液→体液运输→靶细胞
直接	接触传递	通过相邻两细胞的细胞膜接触,即细胞←→细胞	杀伤性T淋巴细胞和靶细胞、精子与卵细胞之间的识别和结合
	通道传递	通过相邻两细胞间形成通道,即细胞←→通道←→细胞	高等植物细胞间通过胞间连丝相互连接,有信息交流和物质运输的功能
功能基础		细胞间的信息交流或细胞识别,均由细胞膜上的糖蛋白或糖脂来完成	

④细胞膜物质运输和信息交流的功能均由其膜上蛋白体现,膜上蛋白主要包括载体蛋白和特异性受体蛋白。载体蛋白作用是物质运输,包括主动运输和协助扩散,其特异性和数量的多少,决定了其运输物质的种类和数量,体现了细胞膜的选择透过性;特异性受体蛋白的作用是传递信息,如与激素分子或神经递质结合传递相应信息,受体蛋白都是糖蛋白。

⑤细胞膜的功能特点:选择透过性。

(5)细胞膜的特点补充:结构是功能的基础,所以细胞膜的流动性是选择透过性的基础,膜只有具有流动性,才能实现选择透过性。只有活细胞才具有膜的流动性和选择透过性,死细胞将失去流动性和膜的选择透过性。

思维火花 Siweihuohua

真题真练

例 51 （2014 · 新课标Ⅰ · 1）关于细胞膜结构和功能的叙述，错误的是 （ ）

A. 脂质和蛋白质是组成细胞膜的主要物质

B. 当细胞衰老时，其细胞膜的通透性会发生改变

C. 甘油是极性分子，所以不能以自由扩散的方式通过细胞膜

D. 细胞产生的激素与靶细胞膜上相应受体的结合可实现细胞间的信息传递

例 52 （2017 · 新课标Ⅰ · 1）细胞间信息交流的方式有多种。在哺乳动物卵巢细胞分泌的雌激素作用于乳腺细胞的过程中，以及精子进入卵细胞的过程中，细胞间信息交流的实现分别依赖于 （ ）

A. 血液运输，突触传递 B. 淋巴运输，突触传递

C. 淋巴运输，胞间连丝传递 D. 血液运输，细胞间直接接触

例 53 （2018 · 浙江 11 月选考）质膜的流动镶嵌模型如图所示，①～④表示其中的物质。下列叙述正确的是 （ ）

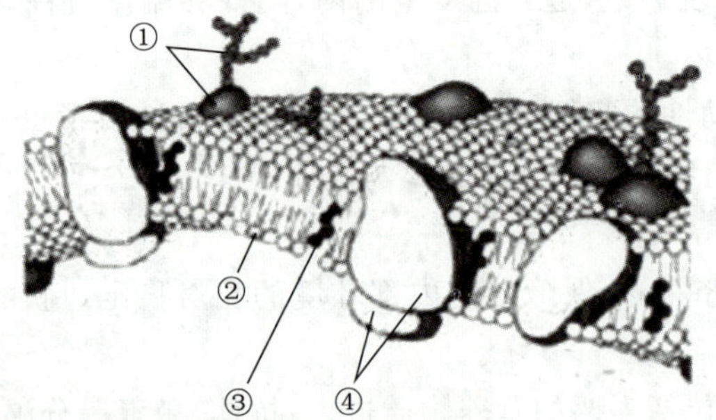

A. ①在质膜的内外侧均有分布，与细胞间的识别有关

B. ②可自发形成双层结构，与核糖体的形成有关

C. ③分布于质膜中，能催化质膜中发生的生化反应

D. ④有脂溶性和水溶性两部分，可控制某些离子出入细胞

2 细胞壁

(1)位置：位于细胞膜的外面。

(2)结构与功能

生物种类	植物	细菌	真菌
有无	有	有	有
成分	纤维素、果胶	肽聚糖	几丁质
功能	支持和保护		

(3)特点：细胞壁不具有生命活性，而且是全透性的，因此细胞“系统的边界”是细胞膜而不是细胞壁。

3 细胞质及细胞器

(1)细胞器的分离：差速离心法

①离心技术：生物样品悬浮液在高速旋转下，由于巨大的离心力作用，使悬浮的微小颗粒如细

思维火花 Siweihuohua

胞器、生物大分子的沉淀等以一定的速度沉降，从而与溶液得以分离。

②差速离心法：沉降速度取决于颗粒的质量、大小和密度。所以在不同转速下，不同质量和密度的细胞器可以沉淀下来，从而把不同的细胞器分离开。

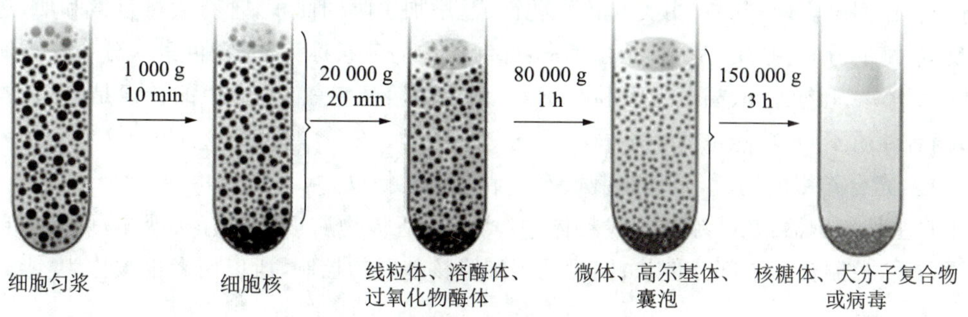

差速离心法示意图

③显微结构和亚显微结构：光学显微镜下能够观察到的细胞器是线粒体、叶绿体、液泡，细胞结构是细胞核和细胞壁，这些结构归入显微结构；其余的细胞器及结构需要通过电子显微镜才能看到，属于亚显微结构。此外，叶绿体基粒、线粒体内膜等微小结构不同于叶绿体，也属于亚显微结构。

(2)细胞器的分工

①线粒体

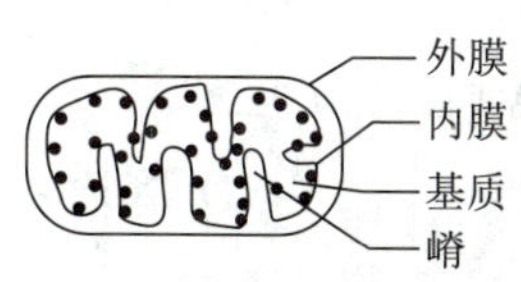

线粒体结构简图

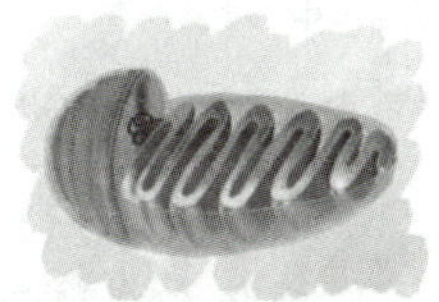

线粒体立体结构图

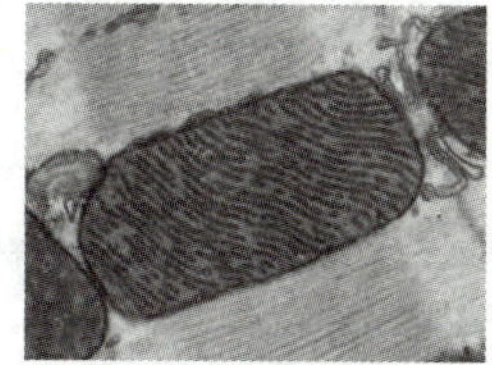

线粒体的电子显微镜图

a. 形状：短线状、颗粒状（“线粒体”的名字来自于对其形状的形容）。

b. 分布：动、植物细胞中，除特殊细胞如红细胞外，真核细胞都有。

c. 结构

外膜：平滑，不能进行细胞呼吸；内膜：向内折叠形成嵴，增加膜面积，从而增加酶附着，促进有氧呼吸第三阶段的进行；基质：内膜内液态部分，含有有氧呼吸第二阶段有关的酶；酶：酶分布在基质和内膜上，参与细胞呼吸等反应。

d. 功能：有氧呼吸的主要场所，对丙酮酸进行彻底氧化分解，细胞的动力车间。

e. 分布：通常线粒体在新陈代谢旺盛的细胞中分布较多，在一个细胞中，线粒体一般是均匀地分布在细胞质中，但它在活细胞中能自由移动，往往在细胞内新陈代谢旺盛的部位比较集中。

②叶绿体

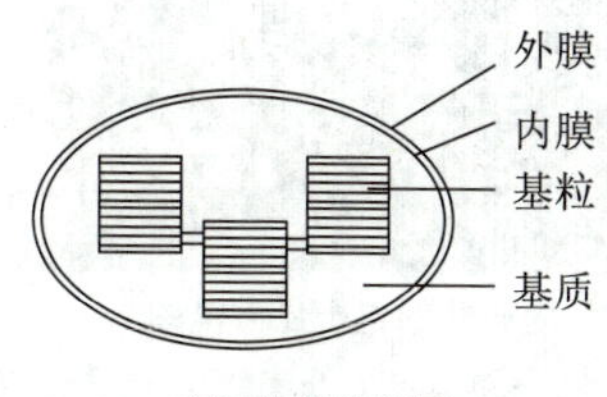

叶绿体结构简图

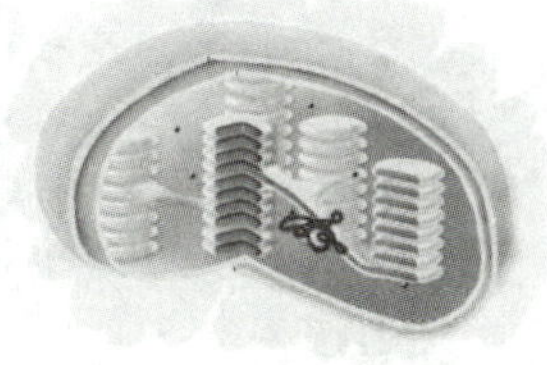

叶绿体立体结构图

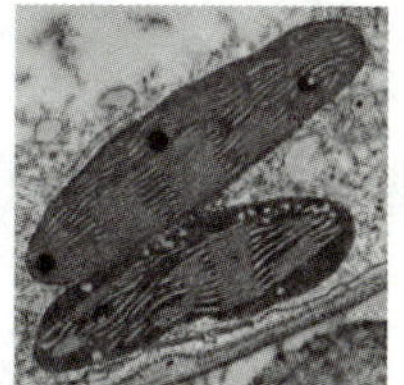

叶绿体的电子显微镜图

a. 形状：扁平的椭球形或球形。

b. 分布：叶肉细胞或幼茎的皮层细胞，即植物的绿色部位；叶绿体是植物特有的细胞器，但并非

思维火花 Siweihuohua

所有植物细胞都有叶绿体，除叶肉细胞外，绝大部分细胞没有叶绿体，如根尖细胞。

c. 结构

外膜：平滑，无光合功能；内膜：平滑，无光合功能；基质：内膜和基粒之间液态部分，含有大量酶，进行光合作用暗反应；基粒：由类囊体堆叠而成，增加了膜的面积，含有大量色素和酶，进行光合作用光反应；酶的分布：基质、基粒；光合色素：叶绿体中的色素称为"光合色素"，分布在类囊体薄膜上，包括叶绿素a、叶绿素b、胡萝卜素和叶黄素，均为脂溶性色素；液泡中的色素是"花青素"，是水溶性的；两者性质不同，功能也完全不同。

d. 功能：光合作用的场所，是养料制造车间和能量转换站。

e. 半自主性细胞器：在叶绿体和线粒体中，均含有遗传物质DNA，有核糖体，可表达自己的基因获得蛋白质，控制自己的部分性状；同时受到细胞核基因的控制，所以两者也被称为"半自主性细胞器"。

真题真练

例54 （2020·海南·3）细胞可以清除功能异常的线粒体，线粒体也可以不断地分裂和融合，以维持细胞内线粒体的稳态。下列有关线粒体的叙述，错误的是 （　　）

A. 线粒体具有双层膜结构，内、外膜上所含酶的种类相同

B. 线粒体是真核细胞的"动力车间"，为细胞生命活动提供能量

C. 细胞可通过溶酶体清除功能异常的线粒体

D. 细胞内的线粒体数量处于动态变化中

例55 （2020·北京·1）在口腔上皮细胞中，大量合成ATP的细胞器是 （　　）

A. 溶酶体　　B. 线粒体　　C. 内质网　　D. 高尔基体

例56 （2012·全国·2）下列关于叶绿体和线粒体的叙述，正确的是 （　　）

A. 线粒体和叶绿体均含有少量的DNA

B. 叶绿体在光下和黑暗中均能合成ATP

C. 细胞生命活动所需的ATP均来自线粒体

D. 线粒体基质和叶绿体基质所含酶的种类相同

例57 （2014·安徽·1）下列关于线粒体的叙述，正确的是 （　　）

A. 线粒体外膜上的蛋白质含量比内膜的高

B. 葡萄糖分解为丙酮酸的过程发生在线粒体基质中

C. 成人心肌细胞中的线粒体数量比腹肌细胞的多

D. 哺乳动物精子中的线粒体聚集在其头部和尾的基部

③内质网

滑面内质网

粗面内质网

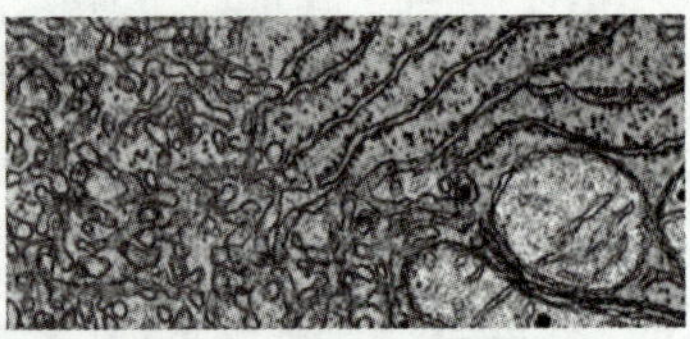
内质网的电子显微镜图

a. 结构：单层膜围成的管状、泡状或扁平囊状结构连接形成一个连续的内腔相通的膜性管道系统，简单来说就是一个网状的单层膜结构；膜上附着酶；与核膜、细胞膜、线粒体外膜等直接联系；内质网是细胞内膜面积最大的细胞器。

b. 功能：细胞内蛋白质的合成和加工，以及脂质合成的“车间”；同时可增大内膜面积，为细胞内各种反应提供场所。

c. 种类

粗面内质网：附着核糖体，主要和分泌蛋白的合成、加工、运输有关。

滑面内质网：不附着核糖体，主要和脂质如性激素、糖类如糖蛋白中的糖链的合成有关。

④高尔基体

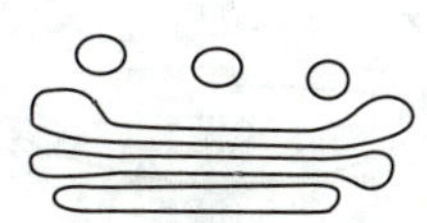

高尔基体结构模式图

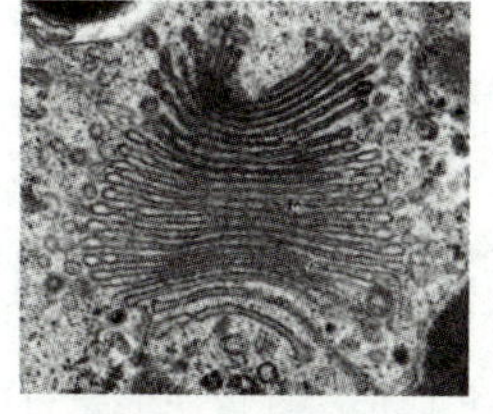

高尔基体的电子显微镜图

a. 结构：单层膜，含有扁平囊状结构和大小囊泡。

b. 功能：蛋白质加工、分类、包装、转运的“车间”及“发送站”，即与细胞分泌物的形成有关。

c. 高中涉及的高尔基体五大功能：

蛋白质加工、分类、包装、转运；

与植物细胞壁的形成有关；

与突触小泡的形成有关；

与溶酶体的形成有关；

精子变形过程中形成顶体。

⑤核糖体

a. 成分：rRNA、蛋白质，无膜结构。

b. 分布：真核细胞、原核细胞均有，是分布最广泛的细胞器，也是原核细胞唯一具有的细胞器。

核糖体结构模式图

c. 功能：蛋白质的合成场所，即氨基酸的脱水缩合，是生产蛋白质的机器。

d. 存在部位

附着在粗面内质网上：主要和分泌蛋白的合成有关。游离在细胞质基质中：主要与胞内蛋白的合成有关。

e. 新的观点认为核糖体是一个较大的酶，催化蛋白质的合成，这种观点是非常合理的。

真题真练

例 58 （2019·新课标Ⅱ·1）在真核细胞的内质网和细胞核中能够合成的物质分别是 （　　）

A. 脂质、RNA　　B. 氨基酸、蛋白质

C. RNA、DNA　　D. DNA、蛋白质

例 59 （2015·安徽·1）血浆中的抗体是浆细胞产生的分泌蛋白，下表列出的抗体肽链合成与抗体加工的场所，正确的是 （　　）

选项	抗体肽链合成场所	抗体加工场所
A	游离的核糖体	细胞质基质、内质网

思维火花 Siweihuohua

续表

选项	抗体肽链合成场所	抗体加工场所
B	游离的核糖体	溶酶体、高尔基体
C	内质网上的核糖体	溶酶体、内质网
D	内质网上的核糖体	内质网、高尔基体

⑥中心体

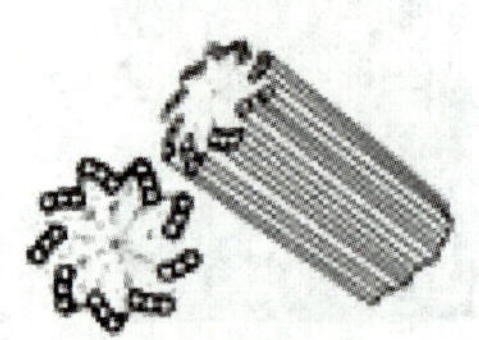

中心体结构模式图

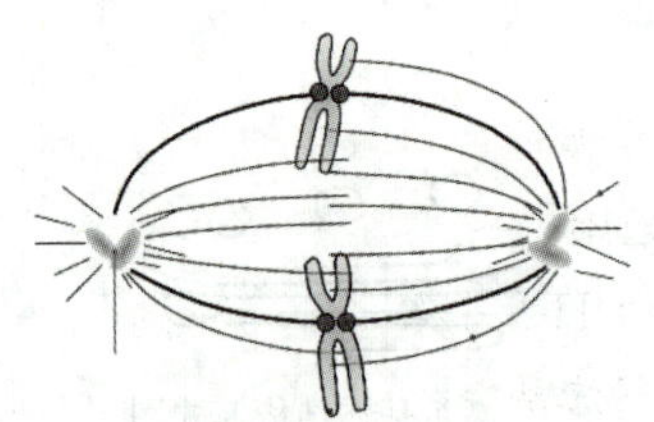

中心体形成纺锤体

a. 成分:蛋白质。

b. 结构:无膜;由两个互相垂直排列的中心粒及周围组织组成。

c. 分布:动物和低等植物细胞。

d. 功能:在不分裂的细胞中构成细胞骨架;在分裂的细胞中发出星射线形成纺锤体,牵引染色体运动,使染色体平均分配到细胞两极。

e. 了解低等植物:泛指为最早演化出来的植物;这些植物在形态、结构和生活方式上较简单,在进化过程中处于较低级的植物。它们一般没有根、茎、叶的分化,整个植物体呈叶状或丝状,甚至一个植物体只由单个细胞形成。通常包括地衣和部分藻类等。

⑦液泡

a. 结构:单层膜,包裹细胞液构成,所以细胞液指液泡中的液体,细胞内全部液体称之为细胞内液。

b. 成分:糖类、无机盐、色素、蛋白质、生物碱、有机酸等。

c. 分布:主要存在于植物细胞,幼嫩的植物细胞不含或含有多个小液泡,成熟的细胞具有一个中央大液泡;此外,酵母菌等细胞也含有液泡。

d. 功能:调节植物细胞内的环境;充盈的液泡还可以使植物细胞保持坚挺;使植物呈现绿色以外的颜色;储存物质等。

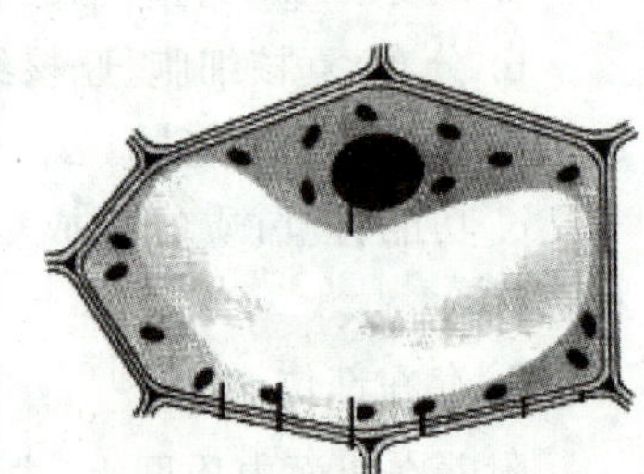

液泡结构模式图

e. 应用:高中生物对液泡的应用主要是在质壁分离和复原的实验中。

⑧溶酶体

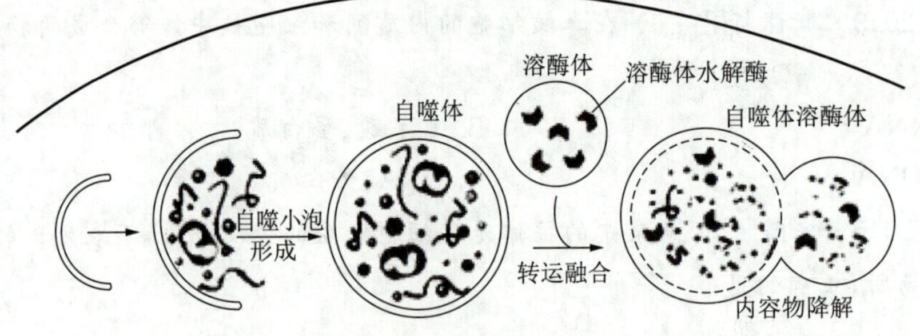

溶酶体及其功能示意图

a. 结构:单层膜。

思维火花 Siweihuohua

b. 成分:含有多种酸性水解酶。

c. 分布:主要分布在动物细胞中。

d. 功能:能分解衰老、损伤的细胞器,吞噬并杀死入侵细胞的病毒或病菌,在细胞凋亡中起到重要作用。

真题真练

例60 (2010·山东·5)溶酶体具有细胞内消化功能,其内部水解酶的最适pH在5.0左右。下列叙述错误的是 ( )

A. 溶酶体内的水解酶是由核糖体合成的

B. 溶酶体执行功能时伴随其膜组分的更新

C. 细胞质基质中的H^+被转运到溶酶体内需消耗能量

D. 正常生理状态下溶酶体对自身机体的细胞结构无分解作用

例61 (2016·海南·8)下列关于植物细胞中液泡的叙述,错误的是 ( )

A. 植物细胞中的液泡是一种细胞器

B. 液泡大小会随细胞的吸水或失水而变化

C. 液泡中含有糖和无机盐,不含有蛋白质

D. 花瓣细胞液泡中色素种类和含量可影响花色

例62 (2014·广东·1)以下细胞结构中,RNA是其结构组成的是 ( )

A. 液泡　　B. 核糖体　　C. 高尔基体　　D. 溶酶体

例63 (2020·浙江7月选考·4)溶酶体是内含多种酸性水解酶的细胞器。下列叙述错误的是 ( )

A. 高尔基体断裂后的囊泡结构可形成溶酶体

B. 中性粒细胞吞入的细菌可被溶酶体中的多种酶降解

C. 溶酶体是由脂双层构成的内、外两层膜包被的小泡

D. 大量碱性物质进入溶酶体可使溶酶体中酶的活性发生改变

(3)细胞骨架

①结构:真核细胞中由蛋白质纤维组成的网架结构。

②分布:在真核细胞中广泛存在。

③功能:它与细胞的形态、运动、分裂、分化以及细胞内物质的运输、能量转换、信息传递等生命活动密切相关。

(4)细胞质基质(细胞溶胶)

①成分:细胞质中除去细胞器和内容物以外较为均质、半透明的液态胶状物质,含有水、无机盐、脂质、糖类、氨基酸、核苷酸、酶等。

②功能:进行多种化学反应。

真题真练

例64 (2019·浙江4月选考·13)细胞质中有细胞溶胶(细胞质基质)和多种细胞器。下列叙述正确的是 ( )

A. 液泡在有丝分裂末期时分泌囊泡

B. 光面内质网是合成蛋白质的主要场所

C. 叶绿体内膜向内折叠若干层利于色素附着

思维火花 Siweihuohua

D. 细胞溶胶中有与细胞呼吸糖酵解有关的酶

例 65 (2013·北京·1)下列真核细胞结构与成分,对应有误的是 ( )

A. 细胞膜:脂质、蛋白质、糖类 B. 染色体:核糖核酸、蛋白质

C. 核糖体:蛋白质、核糖核酸 D. 细胞骨架:蛋白质

(5)细胞结构基本观点

生物的结构和功能相适应,不同细胞的差别主要体现在细胞器的种类和数量上,需要理解和记住不同细胞结构的特点及其对应功能,如:

①在代谢旺盛的细胞内线粒体含量较多。

②在合成旺盛的细胞内,核糖体含量较多,此外其细胞核核仁也较大,核孔较多。

③叶肉细胞中含大量叶绿体,而根细胞内不含叶绿体。

④原核生物细胞中只有一种细胞器:核糖体。

(6)细胞器结构和功能总结

依据	特点	细胞器名称
分布	动植物都有的细胞器	线粒体、核糖体、内质网、高尔基体
	主要分布于高等植物中的细胞器	叶绿体、液泡
	主要分布于动物中的细胞器	中心体、溶酶体
	分布最广泛的细胞器	核糖体(真、原核细胞均具有)
结构	不具膜结构的细胞器	核糖体、中心体
	具单层膜结构的细胞器	高尔基体、内质网、液泡、溶酶体
	具双层膜结构的细胞器	线粒体、叶绿体
成分	含 DNA 的细胞器	线粒体、叶绿体
	含 RNA 的细胞器	线粒体、叶绿体、核糖体
	含色素的细胞器	叶绿体、液泡(但种类不同)
功能	能产生 ATP 的细胞器	线粒体、叶绿体
	能半自主复制的细胞器	线粒体、叶绿体
	与有丝分裂有关的细胞器	核糖体(间期蛋白质合成)、中心体、高尔基体、线粒体
	与蛋白质的合成、加工、运输、分泌有关的细胞器	核糖体、内质网、高尔基体、线粒体
	与主动运输有关的细胞器	核糖体(合成载体蛋白)、线粒体(提供能量)
	能进行碱基互补配对的细胞器	叶绿体、线粒体(DNA 复制、转录、翻译)、核糖体(翻译)

真题真练

例 66 (2016·新课标Ⅰ·1)下列与细胞相关的叙述,正确的是 ( )

A. 核糖体、溶酶体都是具有膜结构的细胞器

B. 酵母菌的细胞核内含有 DNA 和 RNA 两类核酸

C. 蓝藻细胞的能量来源于其线粒体有氧呼吸过程

D. 在叶绿体中可进行 CO_2 的固定但不能合成 ATP

例 67 (2012·海南·3)关于细胞中细胞器的叙述,错误的是 ( )

A. 大肠杆菌无线粒体,有核糖体　　B. 水稻叶肉细胞有叶绿体,也有液泡
C. 酵母菌有线粒体,也有叶绿体　　D. 小鼠肝细胞有线粒体,也有内质网

例 68　(2016·四川·2)下列有关细胞共性的叙述,正确的是　(　　)

A. 都具有细胞膜但不一定具有磷脂双分子层
B. 都具有细胞核但遗传物质不一定是 DNA
C. 都能进行细胞呼吸但不一定发生在线粒体中
D. 都能合成蛋白质但合成场所不一定是核糖体

例 69　(2018·北京·2)哺乳动物肝细胞的代谢活动十分旺盛,下列细胞结构与对应功能表述有误的是　(　　)

A. 细胞核:遗传物质储存与基因转录　　B. 线粒体:丙酮酸氧化与 ATP 合成
C. 高尔基体:分泌蛋白的合成与加工　　D. 溶酶体:降解失去功能的细胞组分

4 细胞核

(1)细胞核的结构

结构	功能	模式图
核膜	双层膜,把核内物质与细胞质分开	核膜 染色质 核仁 核孔
染色质	由 DNA 和蛋白质构成,是 DNA 的主要载体	
核仁	与 rRNA 的合成以及核糖体的形成有关	
核孔	实现核质之间频繁的物质交换和信息交流	

补充:染色质和染色体是同一物质在细胞不同时期的两种状态。染色质是极细的丝状物,由 DNA 和组蛋白紧密结合形成,因容易被碱性染料染成深色而得名。在分裂间期,染色质丝方便基因复制和表达,但在分裂时,丝状结构不易分离,所以细胞分裂时,细胞核解体,染色质丝高度螺旋化,缩短变粗,成为光学显微镜下清晰可见的圆柱状或杆状的染色体。细胞分裂结束时,染色体解螺旋,重新成为细丝状的染色质丝,被包围在新形成的细胞核里。因此,染色质和染色体是同样的物质在细胞不同时期的两种存在状态。

(2)细胞核的功能

①是遗传信息库,是遗传物质储存和复制的主要场所。

②是细胞代谢和遗传的控制中心。

注意:DNA 的主要载体是染色体或染色质,但除此之外,线粒体和叶绿体中也含有少量的 DNA。

(3)细胞核要点

①细胞核是细胞结构中最重要的部分,凡是无核的细胞既不能生长,也不能分裂,如人体内成熟的红细胞,人工去核的细胞,一般也不能存活太久。

②核膜和核孔都具有选择透过性。核孔虽然可以允许大分子物质通过,但仍然是具有选择性的,如细胞核中的 DNA 就不能通过核孔进入细胞质。

③核孔的数量、核仁的大小与细胞代谢有关,如代谢旺盛、蛋白质合成量大的细胞,核孔数多、核仁较大。

④核仁不是遗传物质的储存场所。细胞核中的遗传物质分布在染色体或染色质上。

⑤染色体和染色质是同一种结构在不同时期的不同形态,只是形态不同而已,成分完全相同,

思维火花 Siweihuohua

核膜、核仁在细胞周期中周期性地消失和重建。

⑥细胞核和细胞质相互依存不可分割，分离后都不能存活太久。

(4)细胞核功能的实验探究

实验内容	实验过程	实验结论	实验分析
两种美西螈细胞核移植	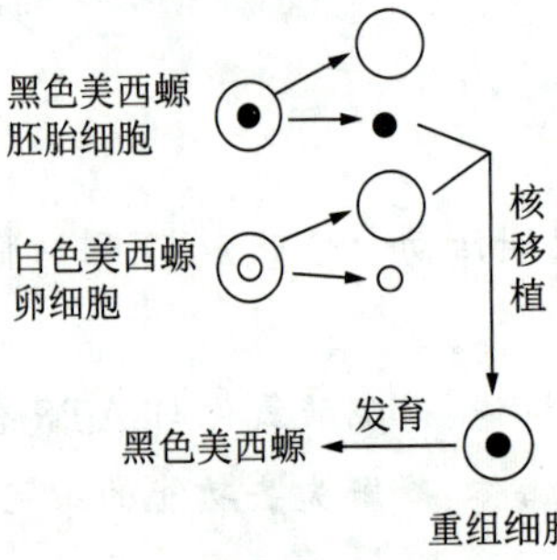 黑色美西螈胚胎细胞；白色美西螈卵细胞；核移植；重组细胞；发育；黑色美西螈	美西螈皮肤颜色的遗传是由细胞核控制的	无对照组，可将白色美西螈胚胎细胞的细胞核移植到黑色美西螈去核的卵细胞中，对形成的重组细胞进行培养作为对照
横缢蝾螈受精卵	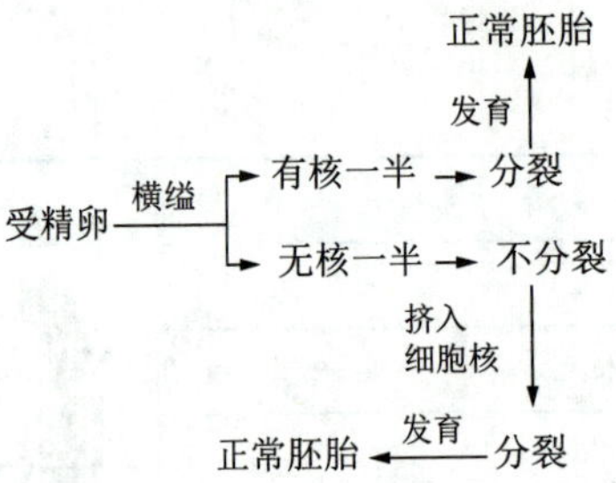 受精卵 横缢 → 有核一半 → 分裂 → 发育 → 正常胚胎；无核一半 → 不分裂 → 挤入细胞核 → 分裂 → 发育 → 正常胚胎	蝾螈的细胞分裂和分化是由细胞核控制的	既有相互对照，又有自身对照
变形虫切割实验	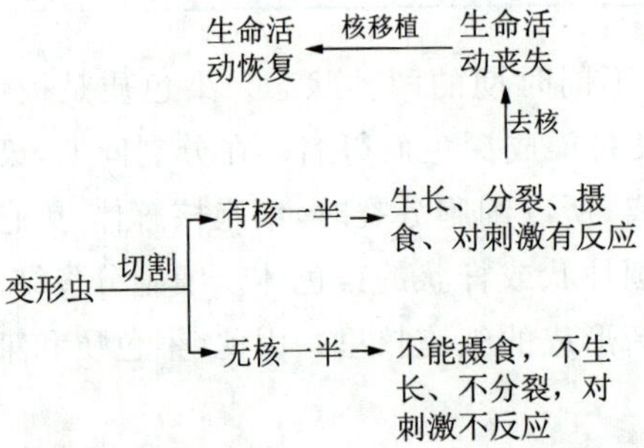 变形虫 切割 → 有核一半 → 生长、分裂、摄食、对刺激有反应；无核一半 → 不能摄食，不生长、不分裂，对刺激不反应；有核一半 去核 → 生命活动丧失 → 核移植 → 生命活动恢复	变形虫的分裂、生长、再生、应激性是由细胞核控制的	既有相互对照，又有自身对照
伞藻嫁接与核移植	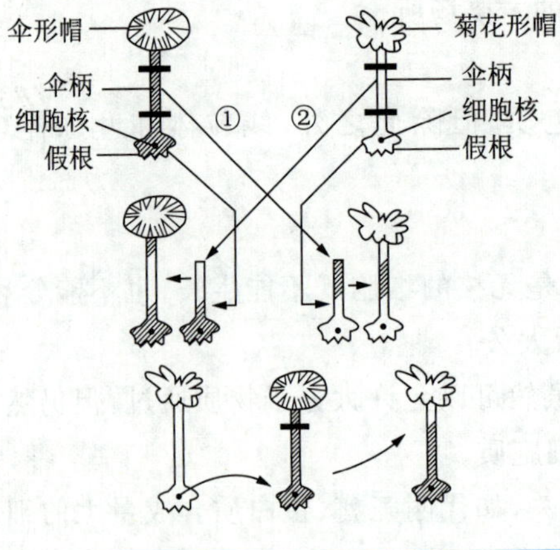 伞形帽；伞柄；细胞核；假根；菊花形帽；伞柄；细胞核；假根；①；②	伞藻“帽”的形状是由细胞核控制的	第一组实验有相互对照，伞藻核移植实验可排除假根中其他物质的影响，从而证明实验结论

思维火花 Siweihuohua

真题真练

例 70 (2019·新课标Ⅲ·2)下列与真核生物细胞核有关的叙述,错误的是 ( )

A. 细胞中的染色质存在于细胞核中 B. 细胞核是遗传信息转录和翻译的场所

C. 细胞核是细胞代谢和遗传的控制中心 D. 细胞核内遗传物质的合成需要能量

例 71 (2017·浙江 11 月选考·9)细胞核的模式图如图所示,①～④表示其中的结构。下列叙述正确的是 ( )

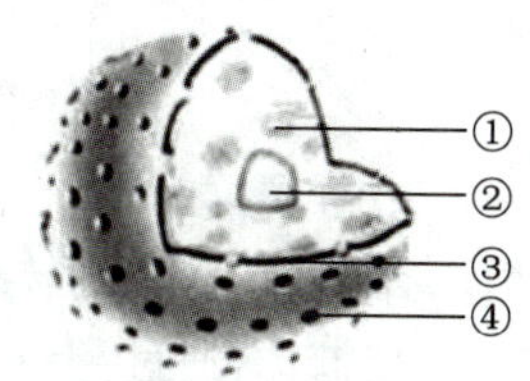

A. ①由 DNA、蛋白质和少量 RNA 构成

B. ②是形成 mRNA 和核糖体的场所

C. ③是由四层单位膜构成的核被膜

D. ④是蛋白质和 DNA 分子出入细胞核的通道

5 生物膜系统

(1)组成:细胞器膜、细胞膜和核膜等。

(2)结构:均符合流动镶嵌模型。

(3)功能

①保证内部环境的相对稳定,对物质运输、能量转换和信息传递的过程起决定性作用。

②为多种酶提供附着位点,是许多重要的化学反应进行的场所。

③分隔各种细胞器,保证细胞生命活动高效、有序地进行。

(4)细胞器间的协调配合:分泌蛋白的合成和运输

分泌蛋白:是指在细胞内合成后,分泌到细胞外起作用的蛋白质;常考分泌蛋白包括抗体、消化酶、蛋白质类激素等。除分泌蛋白外还有胞内蛋白,即在细胞内合成后,留在细胞内起作用的蛋白质,包括呼吸酶、血红蛋白、染色体的组蛋白等。

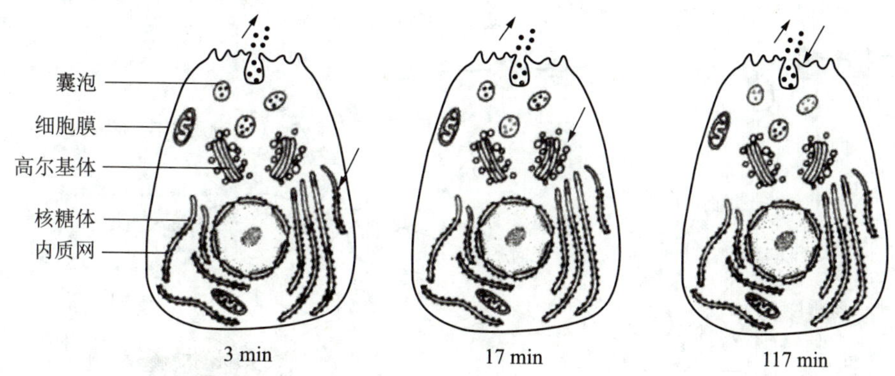

同位素标记法研究分泌蛋白形成过程示意图,箭头表示放射性

(5)各种生物膜之间的联系

①成分上的联系:各种生物膜组成成分基本相似,均由脂质、蛋白质和少量糖类组成,体现生物膜系统的统一性;但各种生物膜中每种成分所占的比例不同,体现了生物膜系统的差异性。

②结构上的联系:内质网膜和细胞膜、线粒体外膜等直接相连;在加工和分泌分泌蛋白的过程中,内质网膜和高尔基体膜、细胞膜通过囊泡间接相连;生物膜可以相互转化,这是由于各种膜的化学组成成分和结构基本相同,在间接转化的过程中,高尔基体是转化的“枢纽”。

思维火花 Siweihuohua

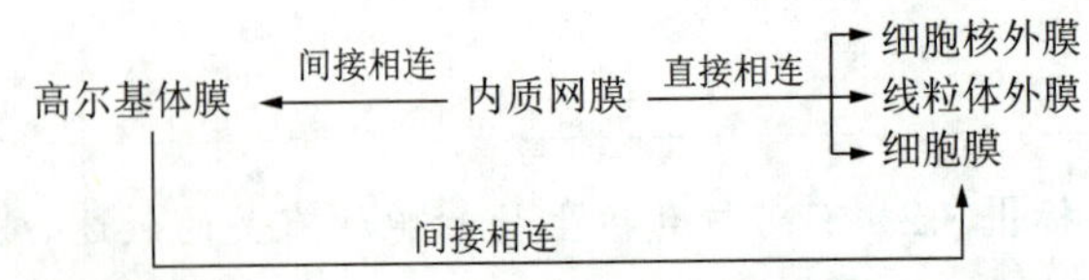

③功能上的联系:分泌蛋白的合成和加工需要多种细胞器的协调配合,如图所示。

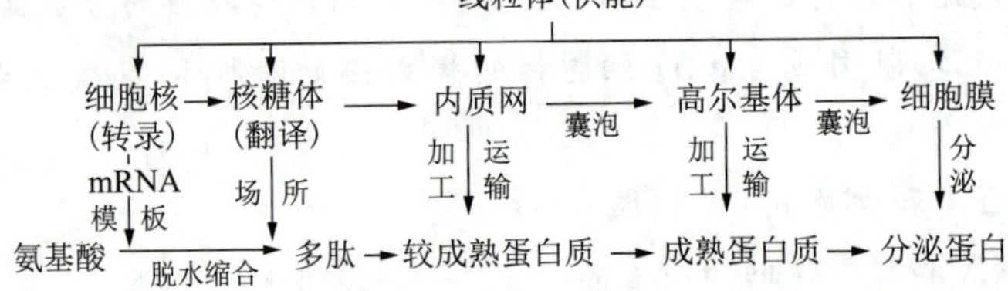

过程解读

细胞核:基因的转录,将遗传信息从细胞核传递到细胞质。

核糖体:通过翻译将氨基酸合成为多肽。

内质网:对多肽进行初步加工,如折叠、糖基化等,形成较成熟的蛋白质,再以囊泡的方式运送至高尔基体。

高尔基体:将较成熟的蛋白质再加工为成熟的蛋白质,并以囊泡的方式运输到细胞膜与之融合。

细胞膜:胞吐作用,将蛋白质分泌到细胞外成为分泌蛋白。

线粒体:为各项过程提供能量。

④分泌蛋白的合成和分泌需要多种细胞器的协作:核糖体只是分泌蛋白肽链的合成场所,肽链需在内质网中加工,盘曲、折叠形成特定空间结构,经高尔基体进行最后的“加工、分类与包装”形成具“生物活性”的蛋白质,分泌到细胞外。一般简要形容为核糖体:合成场所;内质网:加工场所;高尔基体:转运场所;细胞膜:分泌场所;线粒体:提供能量。

⑤知识补充:除分泌蛋白外,溶酶体酶、膜蛋白两类蛋白也需要经内质网和高尔基体加工。

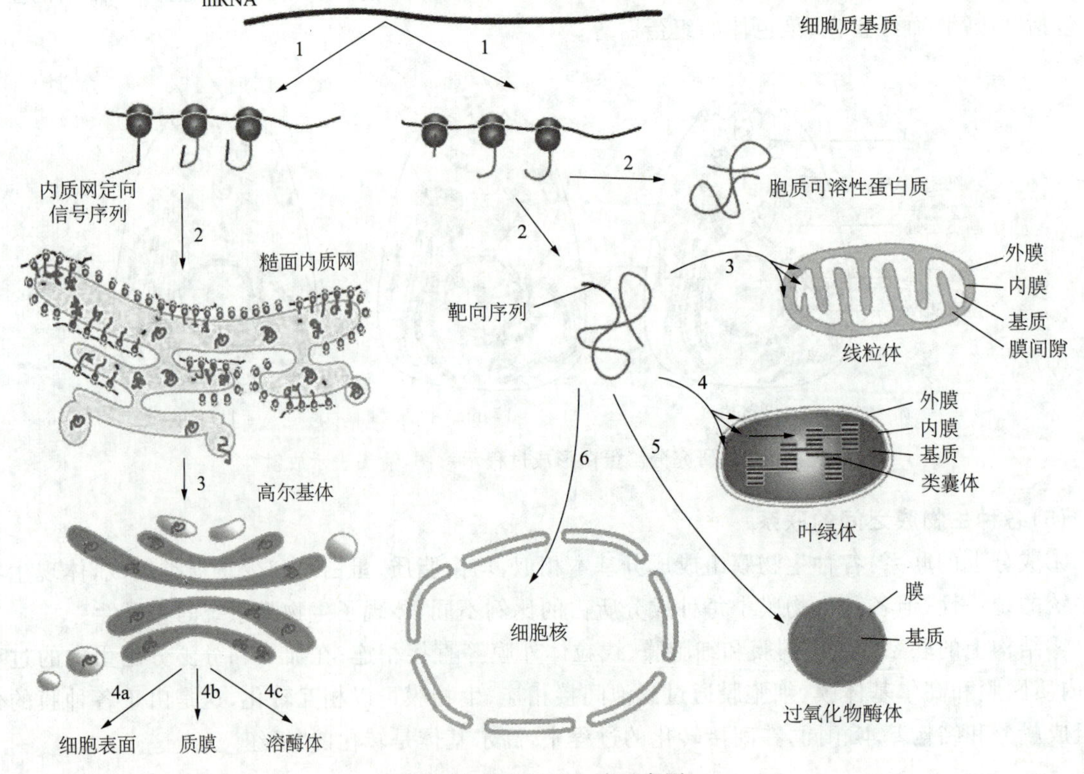

蛋白质合成加工去路示意图

思维火花 Siweihuohua

真题真练

例 72 (2018·新课标Ⅰ·1)生物膜的结构与功能存在密切的联系。下列有关叙述错误的是 ( )

A. 叶绿体的类囊体膜上存在催化 ATP 合成的酶

B. 溶酶体膜破裂后释放出的酶会造成细胞结构的破坏

C. 细胞的核膜是双层膜结构,核孔是物质进出细胞核的通道

D. 线粒体 DNA 位于线粒体外膜上,编码参与呼吸作用的酶

例 73 (2016·新课标Ⅲ·1)下列有关细胞膜的叙述,正确的是 ( )

A. 细胞膜两侧的离子浓度差是通过自由扩散实现的

B. 细胞膜与线粒体膜、核膜中所含蛋白质的功能相同

C. 分泌蛋白分泌到细胞外的过程存在膜脂的流动现象

D. 膜中的磷脂分子是由胆固醇、脂肪酸和磷酸组成的

例 74 (2015·江苏·26)下图为真核细胞结构及细胞内物质转运的示意图。请回答下列问题:

(1)图中双层膜包被的细胞器有________(填序号)。

(2)若该细胞为人的浆细胞,细胞内抗体蛋白的合成场所有________(填序号),合成后通过________运输到________(填序号)中进一步加工。

(3)新转录产生的 mRNA 经一系列加工后穿过细胞核上的________转运到细胞质中,该结构对转运的物质具有________性。

(4)若合成的蛋白质为丙酮酸脱氢酶,推测该酶将被转运到________(填序号)发挥作用。

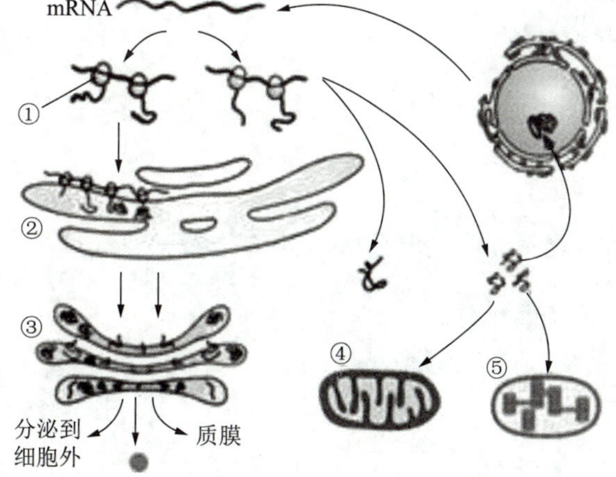

德叔批注

细胞结构是高中生物的基础,虽然细节多,但是逻辑结构很清晰,各位小朋友可以试着画一个知识导图,把涉及的元素、化合物、细胞结构串联起来,有利于知识理解和记忆哦。

the END

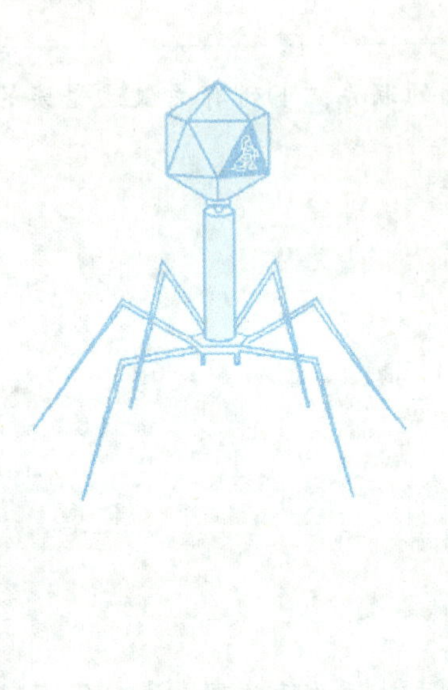

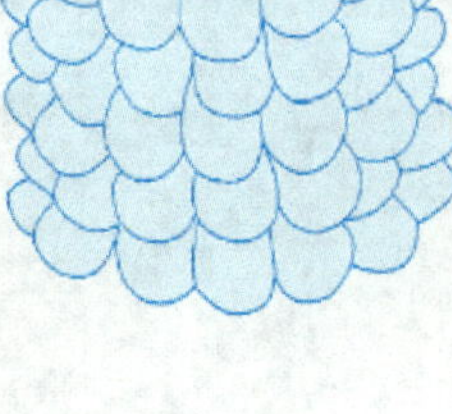
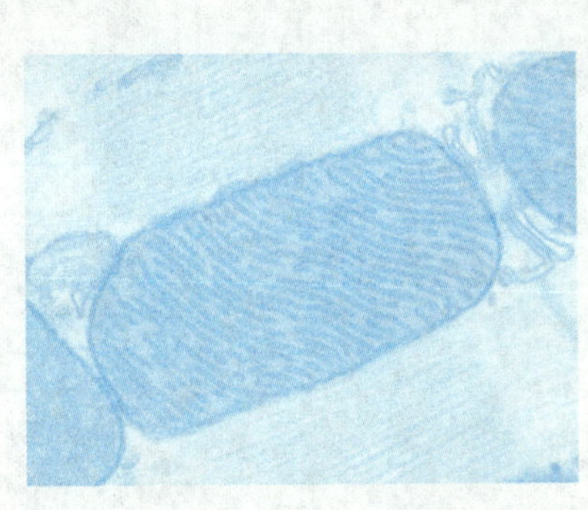

模块二

物质的跨膜运输

核心概要

1. 渗透作用的原理和方法
2. 动物细胞的吸水和失水
3. 植物细胞的质壁分离及复原
4. 物质运输的方式

德叔寄语

没什么难与不难，只有会与不会。会的知识都会变得简单，高三的目的，就是把难的都变简单。

内容导读

致同学：

本模块核心内容是物质进出细胞的方式，以渗透作用为基础，探讨营养物质进入细胞、代谢废物排出细胞的原理，是细胞代谢的物质基础，也是学习光合呼吸之前的重要铺垫。由于在考试中这个模块往往以选择题的方式独立命题，所以单列一章进行体系构建和知识学习。与其他模块相比，这个模块整体知识内容较少，体系结构清晰，大部分内容难度较低，高考中的命题形式多以简单的判断类选择题和信息类选择题为主，在学习过程中最为重要的是课本知识的梳理与记忆。其中质壁分离的知识内容常出现一定的逻辑分析，因此质壁分离的知识点需要拓展逻辑分析，此外物质跨膜运输中，有些题目会出现协同运输等新的信息，要注意对题目信息的提取和分析。

李林

知识详解

思维火花 Siweihuohua

一、渗透作用

1 现象

水分子或者其他溶剂分子通过半透膜，从低浓度一侧向高浓度一侧扩散的现象。

(1)低浓度和高浓度是溶质浓度，不是溶剂浓度。

(2)浓度是物质的量浓度，而非质量分数。

(3)高浓度、低浓度的相对关系：若针对溶质浓度，则流动方向从低浓度流向高浓度；若指溶剂浓度，则应为从高浓度流向低浓度。

蔗糖液上升液面 长颈漏斗 蔗糖液起始液面 蔗糖液 半透膜 清水 烧杯

2 条件

(1)有一层半透膜，常见如生物膜、玻璃纸、羊皮纸等。

(2)半透膜两侧的溶液具有浓度差。

3 实质

本质在于水分子的扩散，单位时间由清水进入蔗糖溶液中的水分子多于蔗糖溶液进入清水中的水分子，形成渗透压力，导致蔗糖溶液液面上升，渗透压力的大小与浓度差大小有关。

4 过程分析

(1)当 S_1 浓度>S_2 浓度时，由 S_2 进入 S_1 的水分子数多于由 S_1 进入 S_2 的水分子数，漏斗液面上升。

(2)当 S_1 浓度<S_2 浓度时，由 S_1 进入 S_2 的水分子数多于由 S_2 进入 S_1 的水分子数，漏斗液面下降。

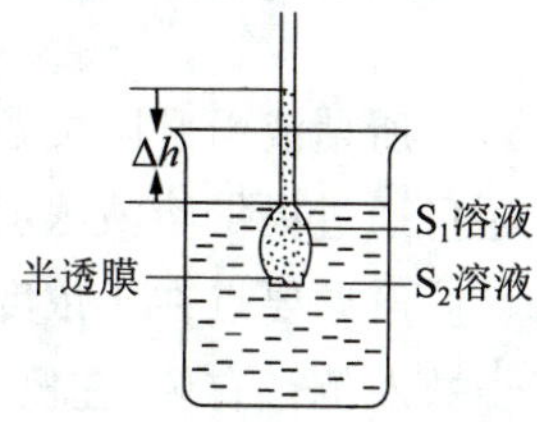

渗透作用的发生过程分析

5 结果分析

(1)力的平衡：在上图漏斗模型中，达到渗透的状态下，液面差 Δh 形成向下的重力，作用在半透膜上；同时半透膜两侧浓度差形成向上的渗透压力[$\pi=cRT$(π：渗透压，c：物质的量浓度，R 为气体常数，T 为绝对温度)]，两者维持力的平衡，达到稳定状态。

(2)浓度差问题：上图中，在达到渗透平衡后，只要存在液面差 Δh，就存在重力，需要渗透压力与之平衡，则 S_1 溶液的浓度仍大于 S_2 溶液的浓度。

(3)水分子的移动方向：双向移动，在渗透过程中，单位体积内水分子从低浓度溶液流向高浓度溶液，在达到平衡状态后，水分子进出速度相等。

(4)此实验因变量是漏斗内液面变化，不能用烧杯液面变化作描述指标，原因是现象不明显。

(5)除漏斗模型外，还常考“U”型管模型，如下图所示，其原理完全相同，在达到稳定状态时，亦

思维火花 Siweihuohua

有液面差 Δh 形成的重力和浓度差形成的渗透压力平衡的状态。

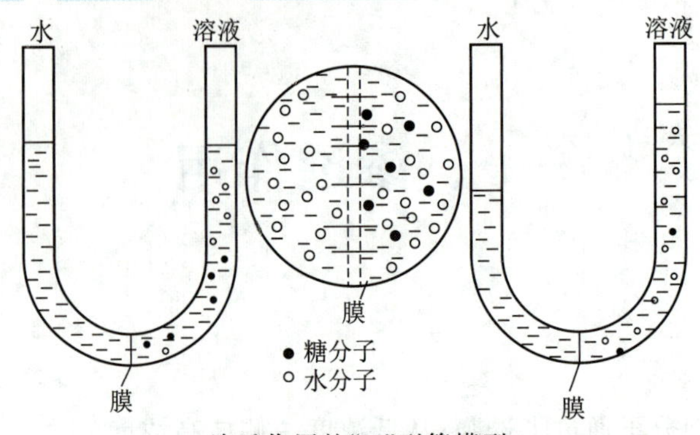

渗透作用的"U"型管模型

6 应用

(1)**血液透析**:透析疗法是使体液内的成分通过半透膜排出体外的治疗方法,通过小分子经过半透膜扩散到缓冲液的原理,将小分子与生物大分子分开。

(2)**RO膜(反渗膜)净水器**:原理是一般水的流动方式是由低浓度流向高浓度,水一旦加压之后,将由高浓度流向低浓度,即反渗透原理。

7 液面升降判断方法

德叔批注

这类题目是典型的"模拟专用题",即模拟考有时会出现,而且可能会出难题,但是高考基本上不可能考到的题目,以下两道试题是这类题型中为数不多的真题,且第1题关联性不强。这类题在一轮复习时深入分析,掌握原理,有利于整体知识体系的构建。二轮及之后的复习就可以不用关注了。

所谓液面升降类题目,指的是用漏斗模型或"U"型管模型,考查渗透作用的过程和结果。这类题目通过提供溶液浓度等信息,判断液面的升降。

解题要点在于浓度的判断,即单位溶剂的水分子数。若溶液物质的量浓度左侧>右侧,则水分子数左侧<右侧,左侧液面升高;反之亦然,所以判断的关键点,在于浓度关系的判断。

若题目提供特殊条件,如在"U"型管模型中,题目告知溶质分子能通过半透膜,则先是浓度高的一侧液面先升高,但因溶质可通过半透膜,导致另一侧浓度升高,则另一侧液面随后上升,最后两侧浓度和液面均相等,达到渗透平衡。在更为复杂的题目中,设计加酶导致浓度变化的,全看浓度关系,根据渗透压方向判断液面变化。

真题真练

例75 (2020·新课标Ⅱ·5)取某植物的成熟叶片,用打孔器获取叶圆片,等分成两份,分别放入浓度(单位为g/mL)相同的甲糖溶液和乙糖溶液中,得到甲、乙两个实验组(甲糖的相对分子质量约为乙糖的2倍)。水分交换达到平衡时,检测甲、乙两组的溶液浓度,发现甲组中甲糖溶液浓度升高。在此期间叶细胞和溶液之间没有溶质交换。据此判断下列说法错误的是 ( )

A. 甲组叶细胞吸收了甲糖溶液中的水使甲糖溶液浓度升高

B. 若测得乙糖溶液浓度不变,则乙组叶细胞的净吸水量为零

C. 若测得乙糖溶液浓度降低,则乙组叶肉细胞可能发生了质壁分离

思维火花 Siweihuohua

D. 若测得乙糖溶液浓度升高，则叶细胞的净吸水量乙组大于甲组

例 76 (2013·江苏·27) 如图为研究渗透作用的实验装置，请回答下列问题：

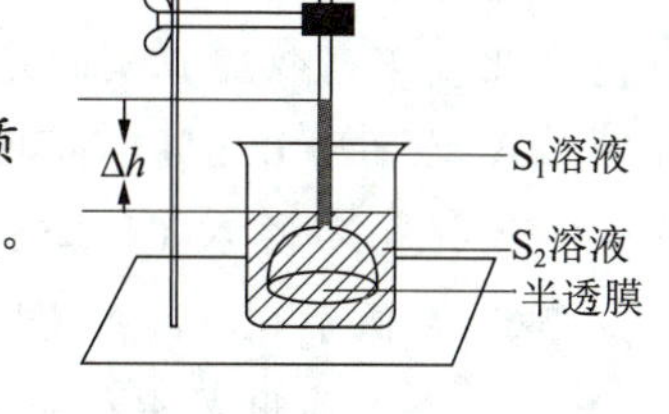

(1)漏斗内溶液(S_1)和漏斗外溶液(S_2)为两种不同浓度的蔗糖溶液，漏斗内外起始液面一致。渗透平衡时的液面差为 Δh，此时 S_1 和 S_2 浓度大小关系为________。

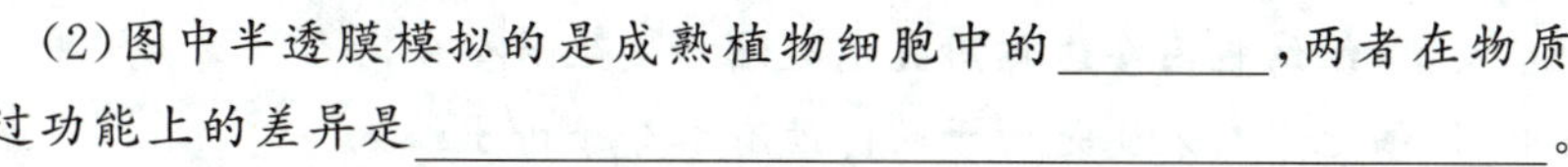

(2)图中半透膜模拟的是成熟植物细胞中的________，两者在物质透过功能上的差异是________________________________。

(3)为进一步探究两种膜的特性，某兴趣小组做了以下实验。

实验材料：紫色洋葱。

实验器具：如图所示的渗透装置(不含溶液)，光学显微镜，载玻片，盖玻片，镊子，刀片，吸水纸，擦镜纸，滴管，记号笔等。

实验试剂：蒸馏水，0.3 g/mL 的蔗糖溶液和与其等渗的 KNO_3 溶液。

部分实验步骤和结果如下：

①选两套渗透装置，标上代号 X 和 Y。在两个烧杯里均加入一定量的蒸馏水，分别在装置 X 和 Y 的漏斗内加入适量的蔗糖溶液和 KNO_3 溶液，均调节漏斗内外液面高度一致。渗透平衡时出现液面差的装置有________(填代号)。

②选两片洁净的载玻片，________，在载玻片中央分别滴加________，制作洋葱鳞片叶外表皮临时装片并分别观察装片中细胞的初始状态。

③观察临时装片中浸润在所提供的蔗糖溶液和 KNO_3 溶液中的洋葱鳞片叶外表皮细胞发生的变化，两者都能出现的现象是________。

(4)上述实验中最能体现两种膜功能差异的实验现象是________________________________。

二、动物细胞的吸水和失水

1 渗透作用的条件

(1)细胞膜相当于半透膜。

(2)细胞质与外界溶液之间存在浓度差。

2 动物细胞状态

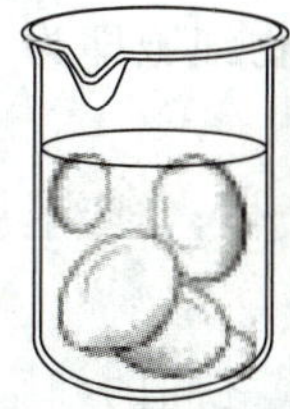
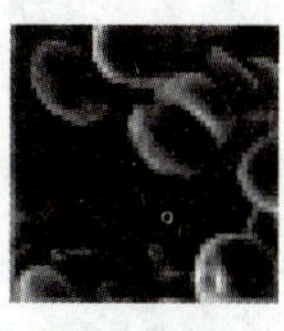

当外界溶液的浓度比细胞质的浓度低时，细胞吸水膨胀。

低渗溶液

当外界溶液的浓度比细胞质的浓度高时，细胞失水皱缩。

高渗溶液

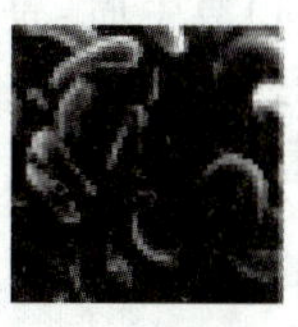

当外界溶液的浓度与细胞质的浓度相同时，水分进出细胞处于动态平衡。

等渗溶液

水分子进出哺乳动物红细胞的状况及相关概念

思维火花 Siweihuohua

真题真练

例 77 (2019·浙江 4 月选考·9)哺乳动物细胞在 0.9% NaCl 溶液中仍能保持其正常形态。将兔红细胞置于不同浓度 NaCl 溶液中,一段时间后制作临时装片,用显微镜观察并比较其形态变化。下列叙述正确的是 ( )

A. 在高于 0.9% NaCl 溶液中,红细胞因渗透作用失水皱缩并发生质壁分离

B. 在 0.9% NaCl 溶液中,红细胞形态未变是由于此时没有水分子进出细胞

C. 在低于 0.9% NaCl 溶液中,红细胞因渗透作用吸水膨胀甚至有的破裂

D. 渗透作用是指水分子从溶液浓度较高处向溶液浓度较低处进行的扩散

例 78 (2014·全国·32)小肠的吸收是指食物消化后的产物、水和无机盐等通过小肠上皮细胞进入血液和淋巴的过程。0.9%的 NaCl 溶液是与兔的体液渗透压相等的生理盐水。某同学将处于麻醉状态下的兔的一段排空小肠结扎成甲、乙、丙、丁 4 个互不相通、长度相等的肠袋(血液循环正常),并进行实验,实验步骤和实验结果如表。

实验组别 / 实验步骤	甲	乙	丙	丁
向肠袋中注入等量的溶液,使其充盈	0.7% NaCl 10mL	0.9% NaCl 10 mL	1.1% NaCl 10 mL	0.9% NaCl+微量 Na^+ 载体蛋白的抑制剂共 10 mL
维持正常体温半小时后,测肠袋内 NaCl 溶液的量	1 mL	3 mL	5 mL	9.9 mL

请根据实验结果回答问题:

(1)实验开始时,水在肠腔和血液之间的移动方向是甲组从________;丙组从________。在这一过程中水分子的运动方向是从溶液浓度______处流向溶液浓度______处。本实验中水分子的这种移动过程称为________。

(2)比较乙和丁的实验结果,可推测小肠在吸收 Na^+ 时,需要________的参与。

三、植物细胞的质壁分离和复原

1 相关概念及拓展

(1)**原生质**:是细胞内的生命物质,分为细胞质、细胞核、细胞膜。一个动物细胞即为一团原生质,植物细胞去除细胞壁后也是原生质。

(2)**原生质体**:植物细胞工程中去掉细胞壁后剩余的植物细胞称为原生质体,实际上就是植物细胞的原生质。

(3)**原生质层**:植物细胞中的特有名词,指的是细胞膜、液泡膜以及两层膜之间的细胞质,原生质层不包括细胞核。由于细胞膜和液泡膜均为选择透过性膜,所以原生质层具有选择透过性,也相当于一层半透膜。当成熟的植物细胞与外界溶液接触时,如果存在浓度差,就具备了渗透作用的两个条件,细胞液就会和外界溶液发生渗透作用。

(4)**原生质滴**:精子变形的过程中,细胞核变为精子的头,高尔基体发育成头部的顶体,中心体

演变成精子的尾,线粒体演变成线粒体鞘。细胞内的其他物质浓缩为球状,叫做原生质滴。原生质滴随着精子的成熟向后移动,最后脱落。

思维火花
Siweihuohua

2 现象

(1)质壁分离:把含中央大液泡的植物细胞放在浓度较高的溶液(如 0.3 g/mL 的蔗糖溶液)中,会发现原生质层和细胞壁逐渐分离开。

(2)质壁分离复原:把质壁分离的细胞放在清水中,可以发生质壁分离复原。

3 原理

(1)外因:原生质层相当于半透膜,当细胞液与外界溶液之间存在浓度差时,则可发生渗透吸水或渗透失水,若细胞液浓度<外界溶液浓度,细胞通过渗透作用失水,发生质壁分离,若细胞液浓度>外界溶液浓度,细胞通过渗透作用吸水,发生质壁分离复原。

(2)内因:细胞壁均有全透性,且细胞壁的伸缩性小于原生质层的伸缩性,所以原生质层收缩时,两者发生分离。

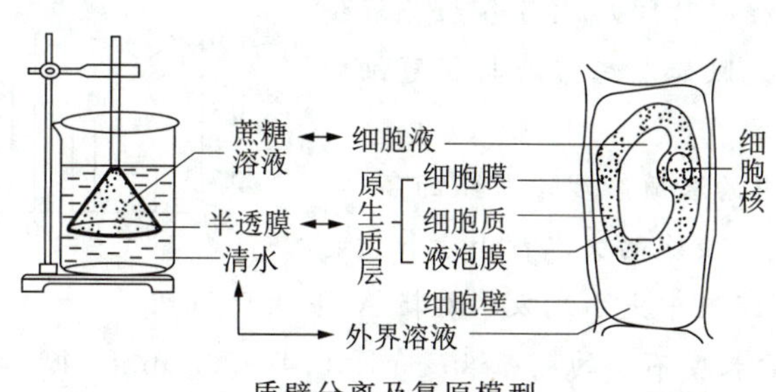

质壁分离及复原模型

4 拓展

(1)外界溶液浓度大于细胞液浓度时,细胞失水,发生质壁分离现象;外界溶液浓度小于细胞液浓度时,细胞吸水,发生质壁分离复原现象;而外界溶液浓度等于细胞液浓度时,细胞有水分进出,但吸水和失水达到平衡,不发生渗透作用。

(2)细胞液浓度越大,吸水能力越强,所以在质壁分离过程中,吸水能力逐渐增强,同时液泡颜色变深。质壁分离复原过程中,吸水能力逐渐减弱。

(3)不同物质的质壁分离现象

①浓度过高的溶液会导致细胞失水过多死亡,如浓度为 0.5 g/mL 的蔗糖溶液。

②可以进入细胞的物质可导致质壁分离的自动复原,如一定浓度的 KNO_3 溶液、葡萄糖溶液可被植物主动运输吸收;一定浓度的甘油、尿素可自由扩散进入细胞液。

③可导致细胞死亡的溶液不会发生质壁分离和复原的现象,如 HCl 溶液、酒精溶液等。

5 应用

(1)判断成熟植物细胞的死活:能发生质壁分离和复原的是活细胞,不发生质壁分离和复原的是死细胞。

(2)测定细胞液浓度范围:待测细胞加一系列浓度梯度的蔗糖溶液分别镜检,细胞液浓度范围介于使细胞未发生质壁分离和刚刚发生质壁分离的外界溶液的浓度之间。

(3)比较不同植物细胞的细胞液浓度:不同植物细胞加同一浓度的蔗糖溶液分别镜检,观察比

思维火花 Siweihuohua

较刚发生质壁分离所需时间，判断质壁分离速度，从而比较不同细胞液浓度。

真题真练

例 79 (2017·新课标Ⅱ·4) 将某种植物的成熟细胞放入一定浓度的物质A溶液中，发现其原生质体(即植物细胞中细胞壁以内的部分)的体积变化趋势如图所示。下列叙述正确的是 ( )

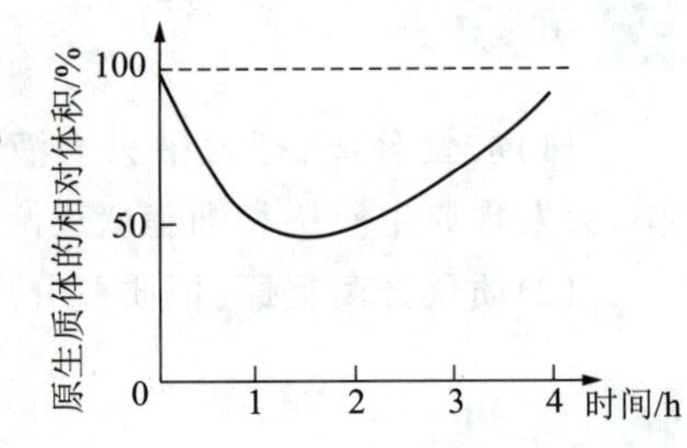

A. 0～4 h 内物质A没有通过细胞膜进入细胞内

B. 0～1 h 内细胞体积与原生质体体积的变化量相等

C. 2～3 h 内物质A溶液的渗透压小于细胞液的渗透压

D. 0～1 h 内液泡中液体的渗透压大于细胞质基质的渗透压

例 80 (2014·新课标Ⅱ·4) 将某植物花冠切成大小相等、形状相同的细条，分为a、b、c、d、e和f组(每组的细条数相等)，取上述6组细条分别置于不同浓度的蔗糖溶液中，浸泡相同时间后测量各组花冠细条的长度，结果如图所示。假如蔗糖溶液与花冠细胞之间只有水分交换，则 ( )

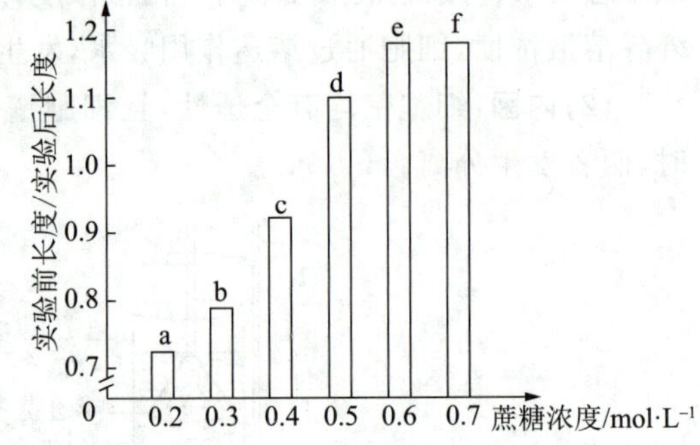

A. 实验后，a组液泡中的溶质浓度比b组的高

B. 浸泡导致f组细胞中液泡的失水量小于b组的

C. a组细胞放在蔗糖溶液中失水或吸水所耗ATP大于b组

D. 使细条在浸泡前后长度不变的蔗糖浓度介于0.4～0.5 mol·L^{-1}之间

例 81 (2011·重庆·5) 如图为某种植物幼苗(大小、长势相同)均分为甲、乙两组后，在两种不同浓度的KNO_3溶液中培养时鲜重的变化情况(其他条件相同且不变)。下列有关叙述，错误的是 ( )

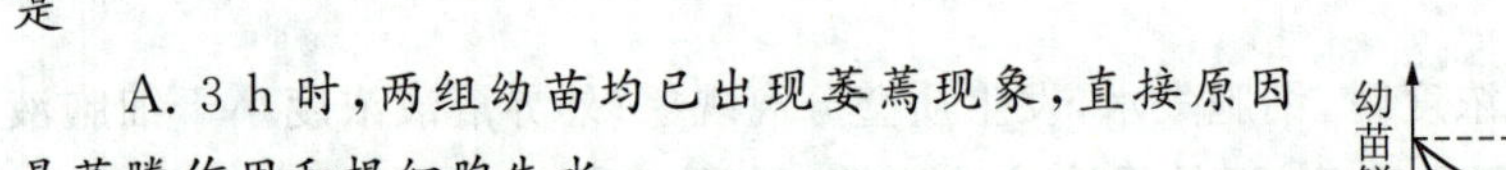

A. 3 h时，两组幼苗均已出现萎蔫现象，直接原因是蒸腾作用和根细胞失水

B. 6 h后，甲组幼苗因根系开始吸收K^+、NO_3^-，吸水能力增强，使鲜重逐渐提高

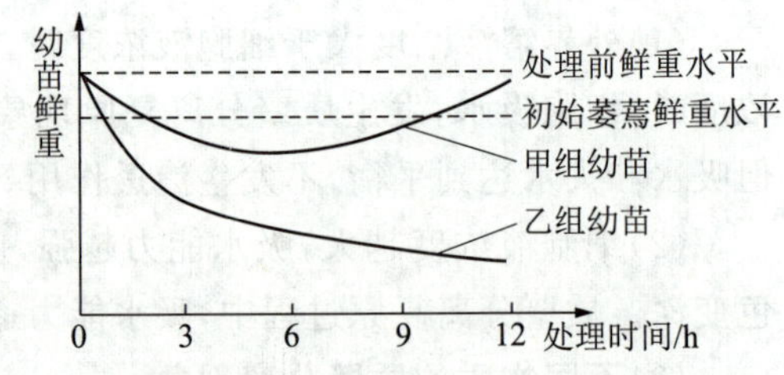

两组幼苗在KNO_3溶液中的鲜重变化

C. 12 h后，若继续培养，甲组幼苗的鲜重可能超过处理前，乙组幼苗将死亡

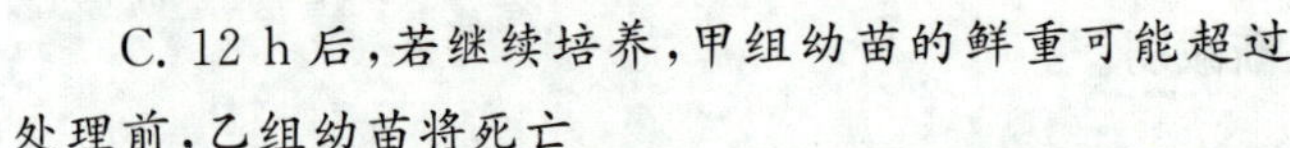

D. 实验表明，该植物幼苗对水分和矿质元素的吸收是两个相对独立的过程

例 82 (2015·海南·10) 取生理状态相同的某种植物新鲜叶片若干。去除主脉后剪成大小相同的小块，随机分成三等份，之后分别放入三种浓度的蔗糖溶液(甲、乙、丙)中，一定时间后得甲的浓度变小，乙的浓度不变，丙的浓度变大。假设蔗糖分子不进出细胞，则关于这一实验结果，下列说法正确的是 ( )

A. 实验前，丙的浓度＞乙的浓度＞甲的浓度

B. 乙的浓度不变是因为细胞内蔗糖浓度与乙的浓度相等

C. 实验中，细胞与蔗糖溶液间的水分移动属于协助扩散

D. 甲、丙的浓度变化是由水分在细胞与蔗糖溶液间移动引起的

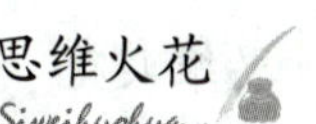

6 总结

(1)动植物细胞渗透系统的条件比较

	动物细胞	植物细胞
半透膜	细胞膜	原生质层
浓度差	细胞质与外界溶液	细胞液与外界溶液

(2)半透膜和选择透过性膜的比较

名称	性质	温度、pH	特性	共性
半透膜	物理性	无影响	是否透过取决于物质分子相对大小	水分子可以自由透过
选择透过性膜	生物活性	影响活性	是否透过具有选择性,不取决于物质分子大小,取决于膜结构本身	

(3)易错提醒

①渗透系统的溶液浓度指物质的量浓度而非质量浓度,如质量分数为10%葡萄糖溶液和10%蔗糖溶液的质量浓度相等,但蔗糖为二糖,葡萄糖是单糖,10%蔗糖溶液的渗透压小,故水可通过半透膜由蔗糖向葡萄糖溶液移动。

②渗透平衡只意味着半透膜两侧水分子移动达到平衡状态,既不可看作没有水分子移动,也不可看作两侧溶液浓度绝对相等,如漏斗模型中,平衡时半透膜两侧溶液浓度不同。

四、物质运输的方式

1 运输方式

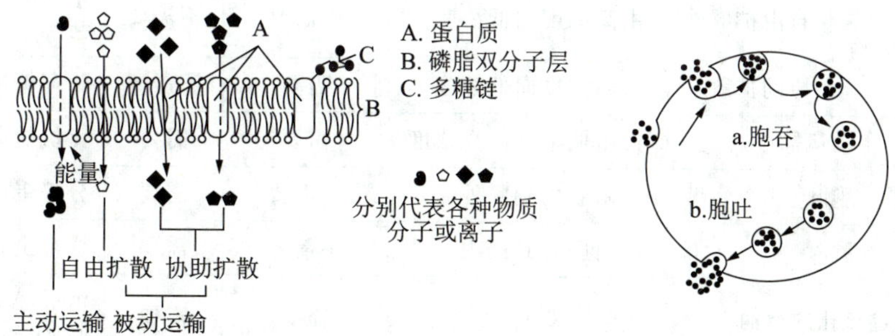

(1)被动运输

①自由扩散

a. 概念:物质通过简单的扩散进出细胞。

b. 物质类型:主要有两大类,较小的分子如水、氧气、二氧化碳等;脂溶性的分子如苯、甘油等。

c. 特点:不需要能量,不需要载体蛋白,只能从高浓度到低浓度。

d. 影响因素:浓度差。

②协助扩散

a. 概念：进出细胞的物质借助载体蛋白的扩散。

b. 物质类型：葡萄糖进出红细胞；神经冲动传导中，K^+借助钾离子通道顺浓度流出细胞及Na^+借助钠离子通道顺浓度进入细胞；水分子借助水通道的运输。

c. 特点：不需要能量，只能从高浓度到低浓度，但需要载体蛋白。

d. 影响因素：浓度差、载体蛋白数量。

(2)主动运输

①概念：可以从低浓度一侧运输到高浓度一侧，需要载体蛋白的协助，同时还需要消耗能量的运输方式。

②物质类型：一般是带电分子和极性分子，如植物根系吸收离子；小肠上皮细胞吸收葡萄糖、氨基酸等。

③特点：需要能量，需要载体蛋白，能从低浓度到高浓度。

④影响因素：浓度差、载体蛋白数量、能量。

(3)胞吞和胞吐

①胞吞：当细胞摄取大分子时，首先是大分子附着在细胞膜表面，这部分细胞膜内陷形成小囊，包围着大分子。然后小囊从细胞膜上分离下来，形成囊泡，进入细胞内部，这种现象叫胞吞。

②胞吐：细胞需要外排的大分子，先在细胞内形成囊泡，囊泡移动到细胞膜处，与细胞膜融合，将大分子排出细胞，这种现象叫胞吐。

③胞吞和胞吐进行的结构基础是细胞膜的流动性；胞吞和胞吐与主动运输一样也需要能量供应，如果细胞的ATP合成受阻，则胞吞和胞吐作用不能继续进行。

(4)通过核孔的运输：核孔是细胞核和细胞质进行物质交换的孔道，核孔上镶嵌着一种复杂结构的蛋白质，叫核孔复合体，在消耗能量的情况下，核孔在核质之间运输大分子物质，如蛋白质、RNA，这种运输也具有选择性，如DNA分子不能通过核孔进入细胞质。

2 表格总结

物质种类	运输方式		方向	转运蛋白	能量	实例
小分子物质	被动运输	自由扩散	由高浓度向低浓度	不需要	不需要	水、O_2、CO_2、甘油、乙醇、苯等
		协助扩散	由高浓度向低浓度	需要	不需要	葡萄糖进入红细胞
	主动运输		(可)由低浓度向高浓度	需要	需要	无机盐离子、氨基酸等
大分子物质	胞吐		由膜内到膜外	不需要	需要	分泌蛋白等
	胞吞		由膜外到膜内	不需要	需要	变形虫吞食绿脓杆菌
	通过核孔的运输		双向	需要	需要	mRNA从细胞核进入细胞质；组蛋白进入细胞核

3 知识拓展

(1)载体蛋白是细胞膜上的一种蛋白质，它具有特异性和饱和性。特异性指不同物质的载体蛋白不同，不同细胞膜上载体蛋白的种类和数量也不同；饱和性指细胞膜上的载体蛋白达到饱和时，细胞吸收该运载物质的速率不再随物质浓度的增大而增大。

(2)胞吐的不都是大分子，神经递质通过胞吐运出突触前膜，但神经递质都是小分子。

（3）胞吞和胞吐都是跨膜运输，但穿过了0层膜。

（4）同一种物质进出细胞时，运输方式可能不同，如红细胞吸收葡萄糖为协助扩散，小肠上皮细胞吸收葡萄糖则是主动运输；神经冲动传导中，K^+进入细胞是主动运输，排出细胞是协助扩散。

（5）主动运输消耗的未必是ATP中的化学能，也可能是其他形式的能量，如在协同转运中消耗的是钠离子的浓度势能。

4 曲线分析

（1）物质浓度、载体数量和能量综合分析

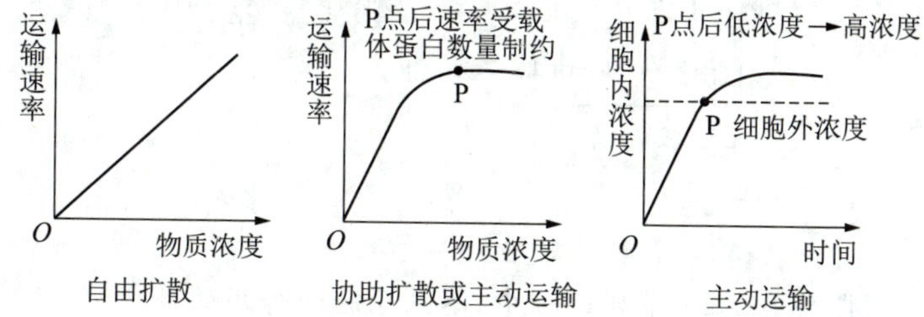

（2）氧气浓度

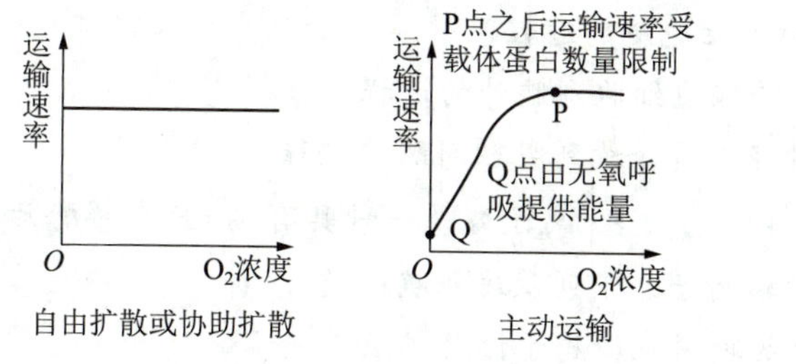

（3）温度

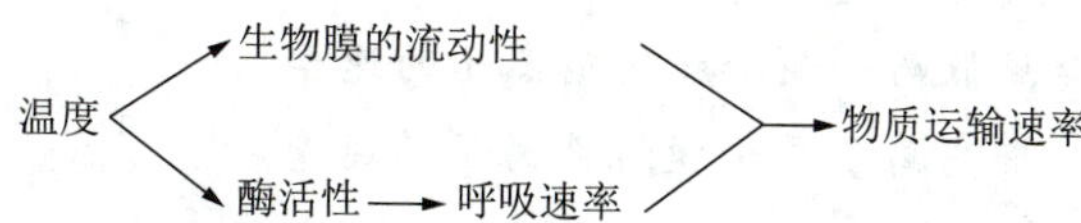

5 判断方法

（1）根据分子大小与载体蛋白、能量的需要判断

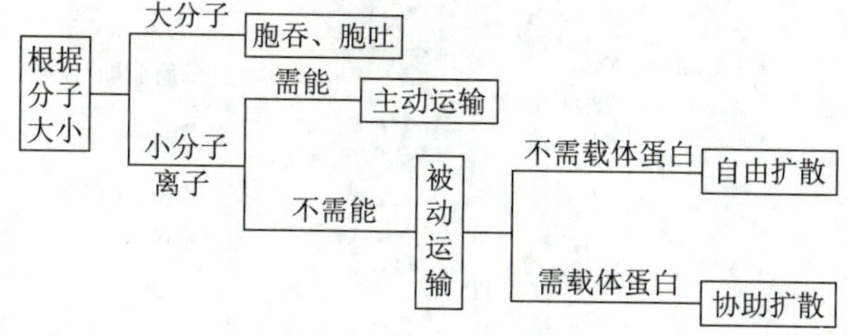

（2）根据曲线判断

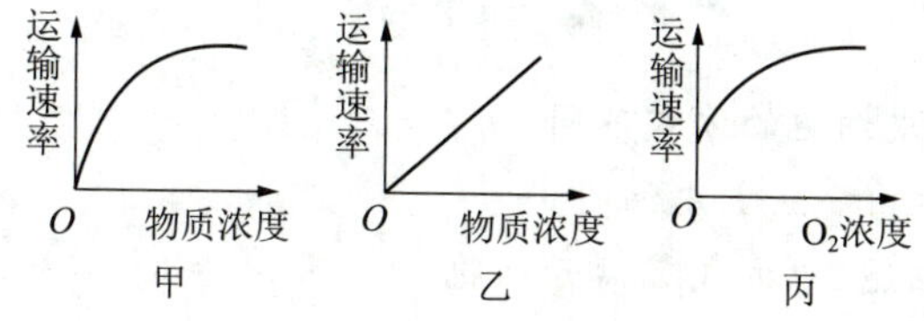

思维火花 Siweihuohua

①随物质浓度的增加,有饱和点的曲线表示协助扩散或主动运输,如图甲。

②成正比关系的曲线表示自由扩散,如图乙。

③与呼吸作用或氧浓度有关系的曲线表示主动运输,如图丙。

(3)根据运输方向判断:顺浓度梯度运输的一般是被动运输,逆浓度梯度运输的一般是主动运输,但个别情况下,主动运输也可以顺浓度进行。

(4)根据模式图判断:根据图中是否需要能量和载体蛋白可以进行直接判断。

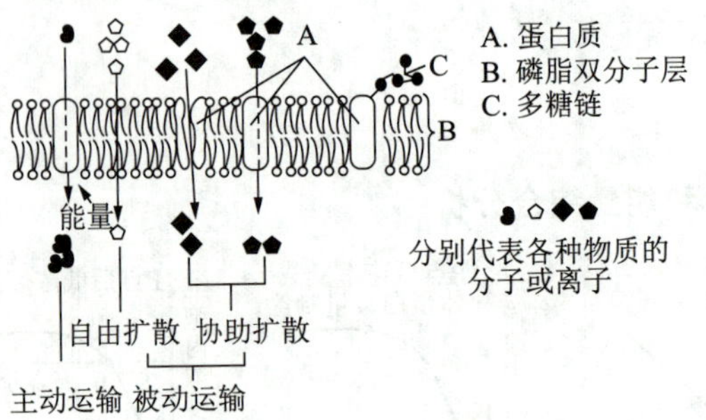

真题真练

例 83 (2015·新课标Ⅱ·3) 下列过程中,不属于胞吐作用的是 ( )

A. 浆细胞分泌抗体到细胞外的过程

B. mRNA 从细胞核到细胞质的过程

C. 分泌蛋白从胰腺的腺泡细胞到胞外的过程

D. 突触小泡中的神经递质释放到突触间隙的过程

例 84 (2016·新课标Ⅰ·2) 离子泵是一种具有 ATP 水解酶活性的载体蛋白,能利用水解 ATP 释放的能量跨膜运输离子。下列叙述正确的是 ( )

A. 离子通过离子泵的跨膜运输属于协助扩散

B. 离子通过离子泵的跨膜运输是顺着浓度梯度进行的

C. 动物一氧化碳中毒会降低离子泵跨膜运输离子的速率

D. 加入蛋白质变性剂会提高离子泵跨膜运输离子的速率

例 85 (2020·江苏·5) 如图①~⑤表示物质进、出小肠上皮细胞的几种方式,下列叙述正确的是 ( )

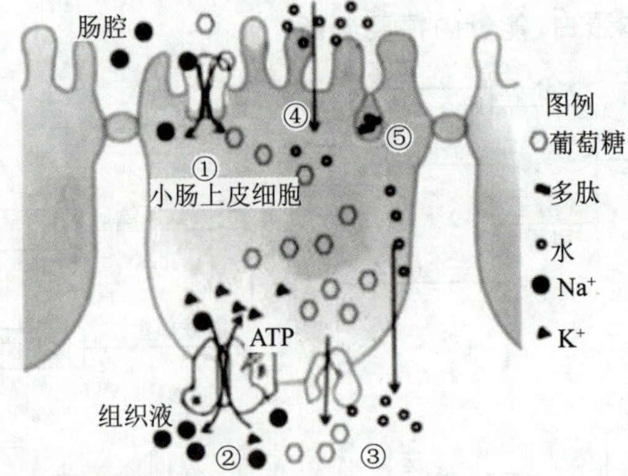

A. 葡萄糖进、出小肠上皮细胞的方式不同

B. Na^+ 主要以方式③运出小肠上皮细胞

C. 多肽以方式⑤进入细胞,以方式②离开细胞

D. 口服维生素D通过方式⑤被吸收

例 86 (2017·江苏·22·多选)如图为植物光合作用同化物蔗糖在不同细胞间运输、转化过程的示意图。下列相关叙述错误的是 ( )

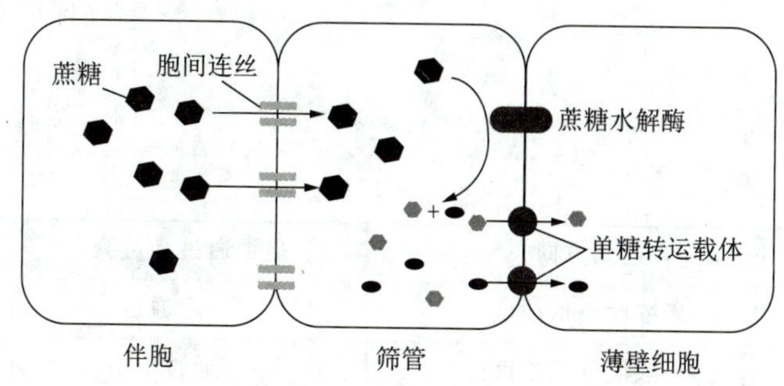

A. 蔗糖的水解有利于蔗糖顺浓度梯度运输

B. 单糖逆浓度梯度转运至薄壁细胞

C. ATP生成抑制剂会直接抑制图中蔗糖的运输

D. 蔗糖可通过单糖转运载体转运至薄壁细胞

例 87 (2014·安徽·2)如图为氨基酸和Na^+进出肾小管上皮细胞的示意图。下表选项中正确的是 ( )

选项	管腔中氨基酸→上皮细胞	管腔中Na^+→上皮细胞	上皮细胞中氨基酸→组织液
A	主动运输	被动运输	主动运输
B	被动运输	被动运输	被动运输
C	被动运输	主动运输	被动运输
D	主动运输	被动运输	被动运输

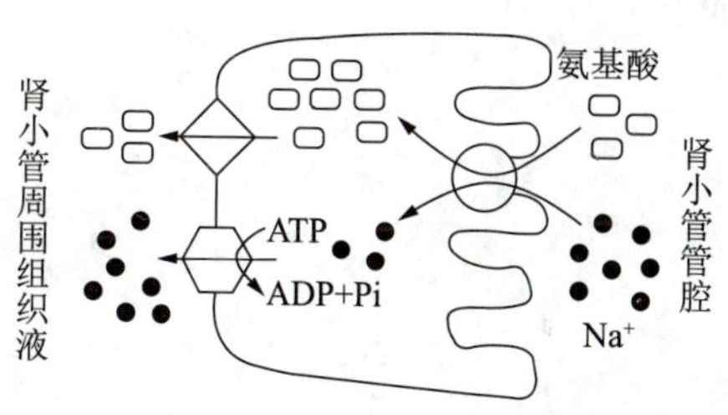

例 88 (2014·北京·3)比较生物膜和人工膜(双层磷脂)对多种物质的通透性,结果如图。据此不能得出的推论是 ( )

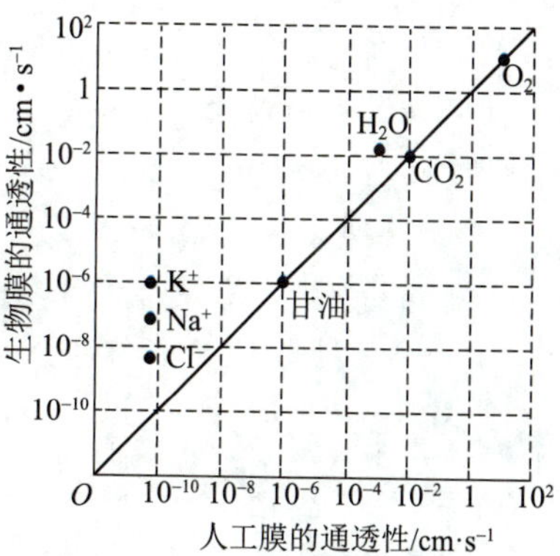

A. 生物膜上存在着协助H_2O通过的物质

B. 生物膜对K^+、Na^+、Cl^-的通透具有选择性

C. 离子以易化(协助)扩散方式通过人工膜

D. 分子的大小影响其通过人工膜的扩散速率

例 89 (2010·山东·3)图中曲线a、b表示物质跨膜运输的两种方式,下列表述正确的是 ( )

A. 脂溶性小分子物质不能通过方式a运输

B. 与方式a有关的载体蛋白覆盖于细胞膜表面

C. 方式b的最大转运速率与载体蛋白数量有关

D. 抑制细胞呼吸对方式a和b的转运速率均有影响

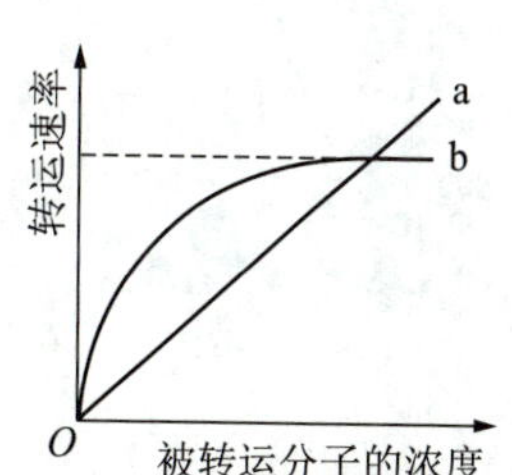

五、总结拓展

1 概念比较

	运动方向	是否通过半透膜	物质类型
扩散	高浓度→低浓度	不一定通过	溶质、溶剂
自由扩散	高浓度→低浓度	通过	溶质、溶剂
渗透	低浓度→高浓度	通过	溶剂

2 人工脂双层

人工脂双层没有载体蛋白；氧气、二氧化碳、氮气等小分子很容易通过脂双层；水、甘油、乙醇等较小的分子也可以通过；氨基酸、葡萄糖等较大的有机分子和带电荷的离子则不能通过合成的脂双层。

the END

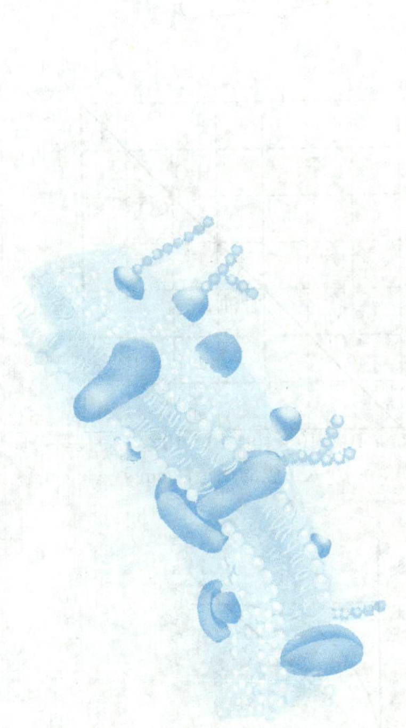

模块三

细胞代谢

核心概要

1. 酶和 ATP
2. 呼吸作用过程、影响因素和应用
3. 光合作用过程、影响因素和应用
4. 细胞呼吸、光合作用综合分析和应用

德叔寄语

高三是你人生知识的巅峰，你上知天文下知地理，数学会求空间向量，物理懂得电磁感应，生物会算性状分离、相信自己，你是最棒的，加油！

李林

内容导读

致同学：

细胞代谢本质是细胞内各种化学反应的集合，是细胞重要的生命活动，所以它既是高中生物的知识重点，也是高考的重要必考点，通常会设计一道大题和一至多道选择题，且涉及题目往往具有一定难度，其重要程度不言而喻。在学习上的要求也比较高，需要在理解逻辑核心的基础上，拓展代谢相关知识，了解常考题型命题角度，掌握解题方法。本模块将以化学反应作出发点，梳理以下几个内容：①加快化学反应的酶；②细胞的能量代谢中间产物 ATP；③两个具体的、对生命活动最重要的化学反应：细胞呼吸和光合作用，其中细胞呼吸为几乎所有需能生命活动提供 ATP，而光合作用是几乎所有能量的最终来源。同时利用重要的分析角度（能量代谢和物质代谢）来对两者进行逻辑上的分析，深入理解知识的内涵。最后归纳题型和解题技巧，提升解题能力。这个模块在体系上是个统一的整体，同学们务必构建出完整的知识体系，掌握内在的逻辑关系。本模块还有个拓展版，即德叔的专题书《满分之路·代谢》，这本书对知识的拓展度和题目数量都有所增加，适合于想对代谢模块做深入研究的同学。

李林

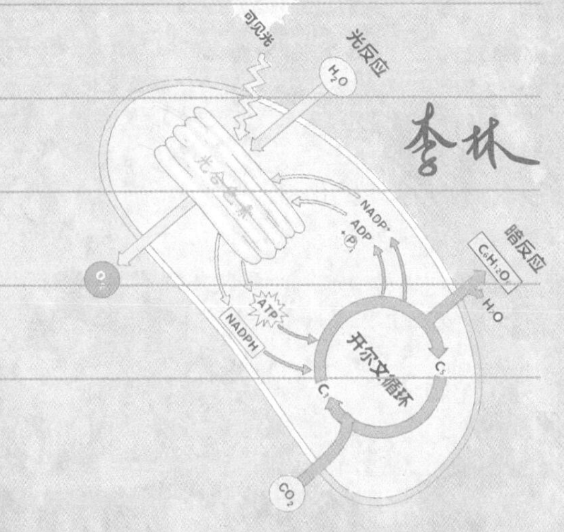

知识详解

一、细胞代谢

1 概念

细胞中每时每刻都进行着许多化学反应，统称为细胞代谢，细胞代谢是细胞生命活动的基础。

2 内容

(1)**物质代谢**:物质的合成、分解和转化。

(2)**能量代谢**:能量的固定、释放和转化。

3 示例

(1)**光合作用**:利用无机物合成有机物，同时把光能固定为有机物中的化学能。

(2)**细胞呼吸**:把有机物分解为无机物，同时释放能量供给需要的生命活动。

(3)**基因表达**:DNA 的复制、转录和翻译合成蛋白质。

(4)**物质的转化**:蛋白质、糖类、脂质的相互转化等。

(5)**稳态的调节**:激素、神经递质、抗体等的合成。

二、降低化学反应活化能的酶

1 作用和本质

(1)**作用**:也被称为生物催化剂，在常温常压下促进反应高效、有序的进行。

(2)**化学本质**:绝大多数为蛋白质，少数为 RNA，题目所涉及的有具体名字的酶，无特别说明的情况下默认为蛋白质。

(3)**作用原理**

①活化能:分子从常态转变为易发生化学反应的活跃状态所需要的能量。

②作用原理:显著降低化学反应活化能。

③原理图示:右图曲线表示在无催化条件、有酶催化条件和无机催化剂条件下某化学反应的能量变化过程。有酶条件下显著降低了反应活化能，化学反应所需能量减少，反应速度更快。

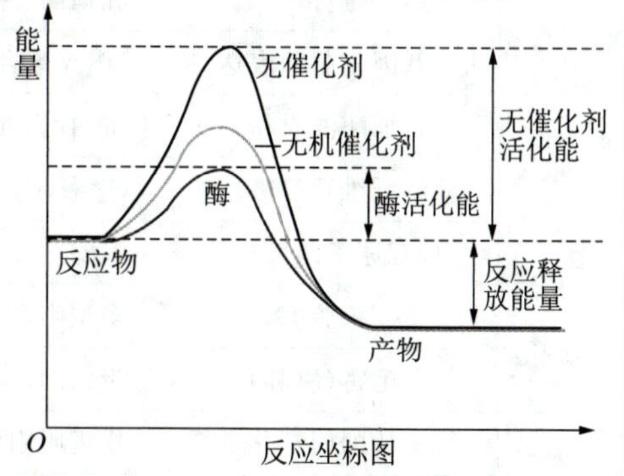

反应坐标图

(4)**知识拓展**

①酶通过空间结构催化反应的进行，具有活性的部位称为活性位点，所以蛋白质结构对酶活性

思维火花 Siweihuohua

非常重要，蛋白质发生变性时，酶的活性降低甚至失活。相关学说包括锁匙学说、诱导契合学说等均认为蛋白质的空间结构对催化反应的进行至关重要。

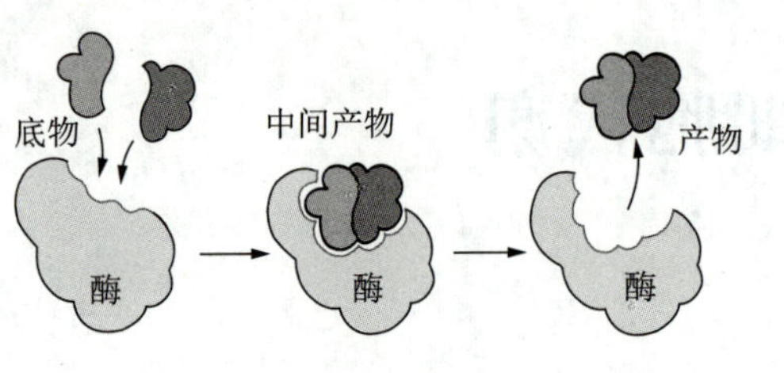

诱导契合学说中的反应原理

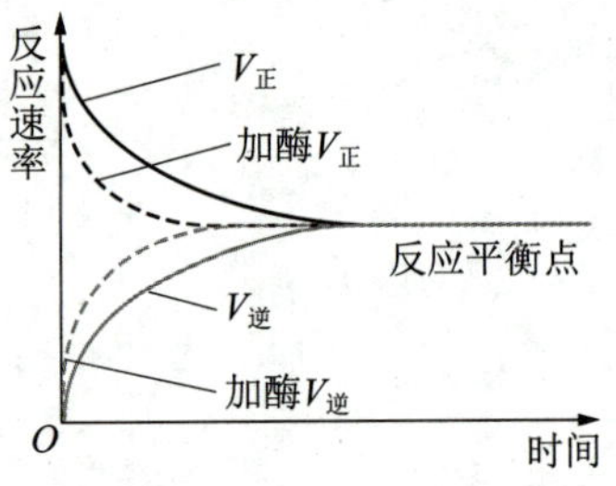

酶不改变化学反应的平衡点

②酶是一种生物催化剂，只能加快化学反应的速率，缩短化学反应达到平衡的时间，但不能改变化学反应的平衡点。

③酶并不只在细胞内发挥作用，酶由活细胞产生，可以在细胞内发挥作用，如细胞内的呼吸氧化酶；也可以分泌到细胞外发挥作用，如各种消化酶；在生物体外适宜的条件下也能发挥作用，如唾液淀粉酶水解淀粉实验和过氧化氢酶催化实验。

④酶的研究历程

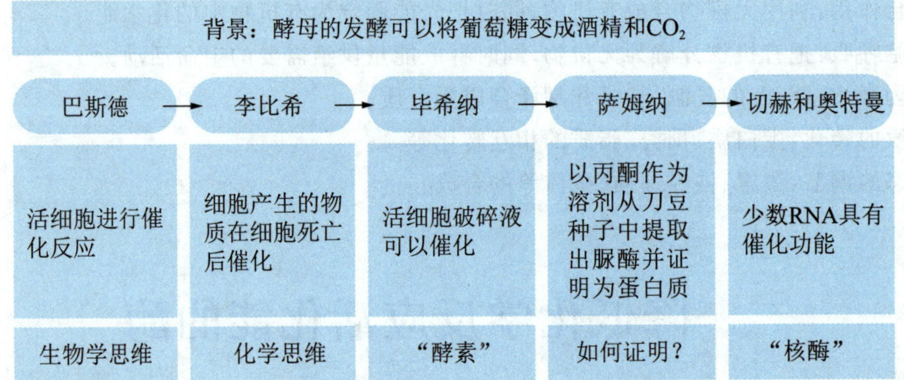

⑤高中常考酶整理总结

	涉及知识点	涉及酶
必修	代谢	唾液淀粉酶、α-淀粉酶、蔗糖酶、胃蛋白酶、胰蛋白酶、过氧化氢酶、溶酶体中的水解酶、呼吸酶、ATP合成/水解酶、溶菌酶
	遗传	乳糖酶、腺苷酸脱氨酶、支链淀粉酶、酪氨酸酶
	基因复制和表达	DNA聚合酶、RNA聚合酶、解旋酶
选修	加酶洗衣粉	蛋白酶、淀粉酶、脂肪酶、纤维素酶
	分解纤维素的微生物	C_1酶、C_X酶、葡萄糖苷酶
	分解尿素的微生物	脲酶
	果胶酶	多聚半乳糖醛酸酶、果胶分解酶、果胶酯酶
	毛霉(腐乳)	蛋白酶、脂肪酶
	酶的固定化	物理吸附法、化学结合法、包埋法
	动、植物细胞分离	纤维素酶和果胶酶、胰蛋白酶或胶原蛋白酶
	基因工程	限制酶、DNA连接酶、逆转录酶、RNA复制酶、Taq酶

思维火花 Siweihuohua

续表

	涉及知识点	涉及酶
分类	按位置分类	胞内酶、胞外酶(分泌蛋白)
	按化学本质分类	蛋白质类酶、RNA 类酶

2 酶的特征

(1)**高效性**:酶的催化效率大约是无机催化剂的 $10^7 \sim 10^{13}$ 倍。

(2)**专一性**:一种酶只能催化一种或一类化学反应,促进反应有序进行。

(3)**作用条件较温和**:在高温、过酸、过碱条件下,酶会变性失活;低温下酶活性降低但不失活,且此时结构更加稳定。

①最适温度:一般来说,动物体内酶的最适温度在 35 ℃～40 ℃之间,人体为 37 ℃,植物体内酶的最适温度在 40 ℃～50 ℃之间,细菌和真菌细胞内酶最适温度差别较大,PCR 实验中使用的 *Taq* 酶最适温度可达 72 ℃。

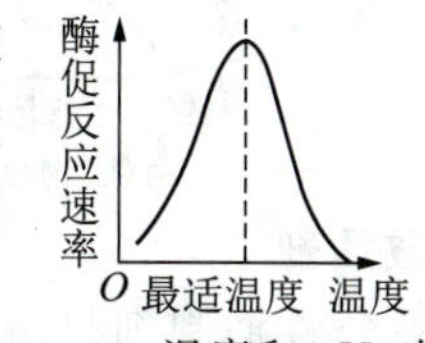

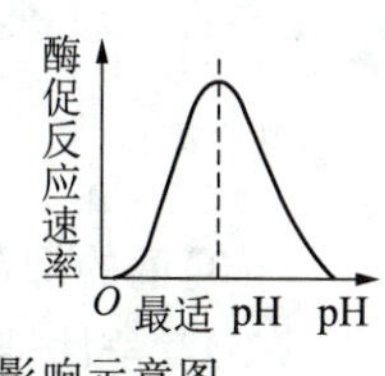

温度和 pH 对酶活性影响示意图

②最适 pH:动物体内酶最适 pH 大多在 6.5～8.0,接近中性状态,但有例外,如胃蛋白酶最适 pH 为 1.5,胰蛋白酶最适 pH 为 7.8～8.5;植物体内酶最适 pH 大多为 4.5～6.5。

③温度变化不影响最适 pH,pH 变化不影响最适温度。

④0 ℃下,酶活性很低,但酶的空间结构稳定,所以酶的保存条件为:低温、最适 pH。

真题真练

例 90 (2017·新课标Ⅱ·3)下列关于生物体中酶的叙述,正确的是 ( )

A. 在细胞中,核外没有参与 DNA 合成的酶

B. 由活细胞产生的酶在生物体外没有催化活性

C. 从胃蛋白酶的提取液中沉淀该酶可用盐析的方法

D. 唾液淀粉酶催化反应最适温度和保存温度是 37 ℃

例 91 (2018·浙江 11 月选考·7)酶是生物催化剂,其作用受 pH 等因素的影响。下列叙述错误的是 ( )

A. 酶分子有一定的形状,其形状与底物的结合无关

B. 绝大多数酶是蛋白质,其作用的强弱可用酶活性表示

C. 麦芽糖酶能催化麦芽糖的水解,不能催化蔗糖的水解

D. 将胃蛋白酶加入到 pH=10 的溶液中,其空间结构会改变

3 影响因素和曲线分析

(1)温度和 pH

①从甲图和乙图可以看出:在一定温度(pH)范围内,随温度(pH)的升高,酶的催化作用增强,超过这一范围,酶的催化作用逐渐减弱。在曲线甲中,因为高温失活,所以和横坐标相交;低温活性降低但不失活,所以和横坐标不相交。

②过酸、过碱、高温都会使酶变性失活,而低温只是抑制酶的活性,酶分子结构未被破坏,温度升高可恢复活性。

思维火花 Siweihuohua

③从丙图可以看出：温度也不影响酶的最适 pH。

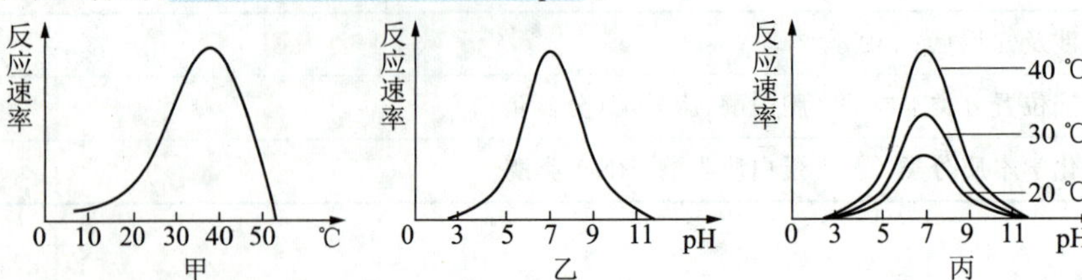

(2)底物浓度和酶浓度

①甲图：酶促反应速率与酶浓度成正比(底物充足)。

②乙图：酶促反应速率与底物浓度成正比(此时酶充足)，当底物达到一定浓度后，酶促反应速率不再增加(此时酶饱和)。

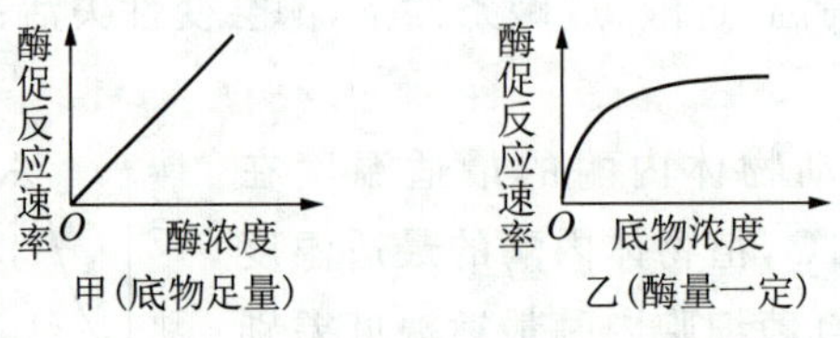

(3)酶的抑制剂和激活剂

①竞争性抑制剂：竞争性抑制剂与酶的活性部位结合，但不发生化学反应。

②非竞争性抑制剂：非竞争性抑制剂改变蛋白质构象使酶活性降低，抑制反应的进行。

③激活剂：与酶结合调节酶的空间结构，增加酶促反应速度。

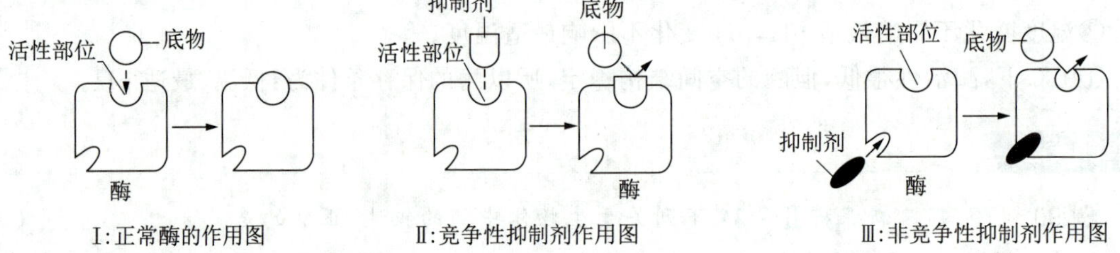

Ⅰ:正常酶的作用图　Ⅱ:竞争性抑制剂作用图　Ⅲ:非竞争性抑制剂作用图

(4)改变反应条件时的反应速率变化

①当底物充足时，酶促反应的限制因素是酶数量，增加底物，反应速度不变，增加酶数量，反应加快。

②当底物不足时，增加酶的数量，反应速度不变，增加底物数量，反应速度加快。

③当温度适宜时，改变温度，酶促反应速度减慢；当温度过低时，适当升高温度，反应速度加快。当温度过高时，酶失活，降低温度，酶促反应速度不变。

④当存在竞争性抑制剂时，增加底物数量，可以与竞争性抑制剂竞争酶的活性位点，从而加快酶促反应速度；当存在非竞争性抑制剂时，由于酶的结构改变，增加底物数量不能增加反应的速度。

真题真练

例 92 (2020·北京·4) 用新鲜制备的含过氧化氢酶的马铃薯悬液进行分解 H_2O_2 的实验，两组实验结果如图。第 1 组曲线是在 pH=7.0、20 ℃条件下，向 5 mL 1% 的 H_2O_2 溶液中加入 0.5 mL 酶悬液的结果。与第 1 组相比，第 2 组实验只做了一个改变，第 2 组实验提高了 (　　)

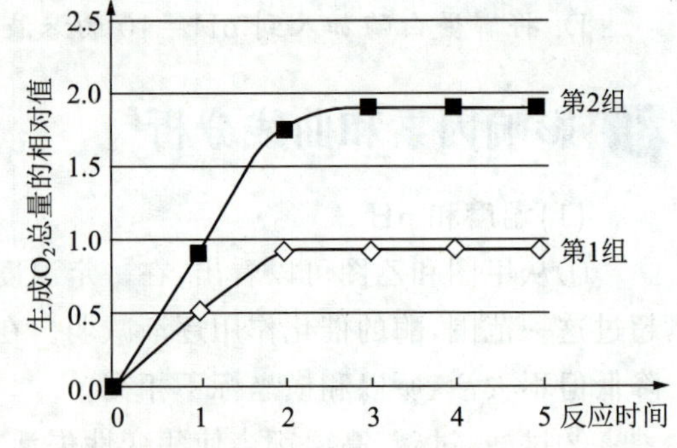

A. 悬液中酶的浓度　B. H_2O_2 溶液的浓度

C. 反应体系的温度　D. 反应体系的 pH

例 93 (2017·上海·6) 如图表示自然界中三种蛋白酶的活性与 pH 之间的关系，由图可推测 ( )

A. 木瓜蛋白酶不受 pH 影响

B. pH 不同，胰蛋白酶活性不可能相同

C. pH 由 10 降到 2 过程中，胃蛋白酶活性不断上升

D. pH 在 5 左右时，三种酶都有活性

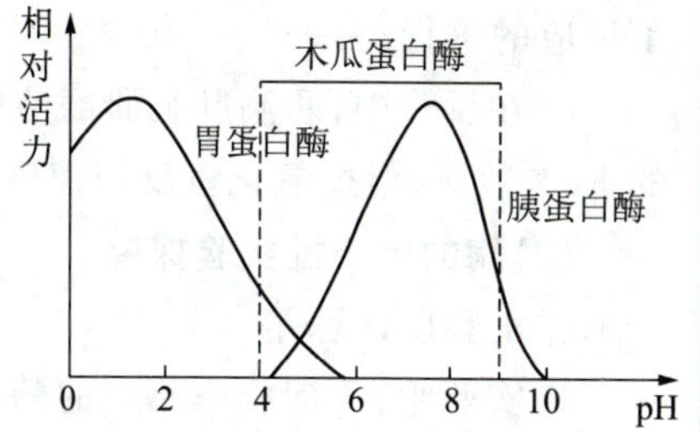

例 94 (2016·新课标Ⅱ·29) 为了研究温度对某种酶活性的影响，设置三个实验组：A 组(20 ℃)、B 组(40 ℃)和 C 组(60 ℃)，测定各组在不同反应时间内的产物浓度(其他条件相同)，结果如图。回答下列问题：

(1)三个温度条件下，该酶活性最高的是________组。

(2)在时间 t_1 之前，如果 A 组温度提高 10 ℃，那么 A 组酶催化反应的速度会________。

(3)如果在时间 t_2 时，向 C 组反应体系中增加 2 倍量的底物，其他条件保持不变，那么在 t_3 时，C 组产物总量________，原因是________________________________。

(4)生物体内酶的化学本质是______________，其特性有______________(答出两点即可)。

4 有关酶的实验设计

德叔批注

这是第一次系统的实验分析，实验的本质是合理性，通过合理的实验设计找到自变量和因变量之间的逻辑关系，同学们要仔细感受这些实验的设计内涵。

(1)酶的高效性实验探究

①实验原理

a. $2H_2O_2 \xrightarrow[\text{或}Fe^{3+}]{\text{过氧化氢酶}} 2H_2O+O_2$

b. 新鲜的肝脏中含有过氧化氢酶，比较过氧化氢酶和 Fe^{3+} 催化过氧化氢的分解速度，可知过氧化氢酶作用的高效性。

②实验方案

试管编号		1	2
滴加 3% H_2O_2 溶液		2 mL	2 mL
滴加催化剂		2 滴新鲜猪肝研磨液	2 滴 3.5% $FeCl_3$ 溶液
观察	产生的气泡	大、多、快	小、少、慢
	卫生香	复燃	发亮
结论		过氧化氢酶的催化效率比无机催化剂 Fe^{3+} 高，即过氧化氢酶具有高效性	

③注意事项

a. 实验中必须使用较为新鲜的肝脏作为实验材料，如果肝脏不新鲜、腐败变质，肝脏细胞内的酶会被细胞内的溶酶体或分解者分解，使其数量减少或活性降低，实验现象不明显。

b. 使用的肝脏必须研磨，由于酶是细胞内的大分子，细胞膜具有选择透过性，不经过研磨过氧化氢酶和底物过氧化氢不易接触，通过研磨，增加了过氧化氢酶与底物过氧化氢的接触面积，加速

思维火花 Siweihuohua

了反应的进行。

c. 在反应中，两滴肝脏研磨液中的过氧化氢酶分子数量，要远远少于两滴 3.5% $FeCl_3$ 溶液中的 Fe^{3+} 数量，但过氧化氢反应速度快，进一步印证了酶具有高效性的结论。

(2)酶的专一性实验探究

①实验设计思路

a. 实验组：反应物＋相应的酶溶液→底物被分解

b. 对照组Ⅰ：反应物＋另一种酶溶液→底物不被分解

c. 对照组Ⅱ：另一种反应物＋与实验组相同的酶溶液→底物不被分解

②结果分析：根据底物性质选用相应试剂检测，若实验组底物被分解，对照组不被分解，则证明酶具有专一性。

③注意事项：若选用淀粉、蔗糖和淀粉酶做酶的专一性实验，不能使用碘液检测，因为两组实验结果中，碘液均不能发生反应，无法检测底物是否被分解，可选用斐林试剂检测反应结果。

(3)探究温度对酶活性的影响

①实验方案

实验操作	试管编号			变量分析
	1	2	3	
加入 α-淀粉酶溶液	1 mL	1 mL	1 mL	无关变量
控制温度	60 ℃水浴	沸水浴	冰水浴	自变量
加入淀粉溶液	2 mL	2 mL	2 mL	无关变量
一段时间后	混合	混合	混合	无关变量
滴加碘液	1 滴	1 滴	1 滴	无关变量
实验现象	不变蓝	变蓝	变蓝	因变量
实验结论	高温、低温都影响酶的活性			

②注意事项

a. 在探究温度对酶活性影响的实验中，应先分别控制酶和底物的温度，再将酶与底物混合，而不能颠倒，否则酶会在调节温度的过程中，先将底物分解，导致实验失败。

b. 这个实验不能选用过氧化氢和过氧化氢酶作为实验材料，因过氧化氢本身在不同温度下分解速度不同，导致实验出现两个自变量：温度对酶活性的影响、温度对过氧化氢分解速度的影响，不符合单一变量原则。

c. 这个实验不能使用斐林试剂检测产物还原性糖的生成量，原因是斐林试剂检测需要加热，影响实验的自变量处理。

d. 本实验使用的 α-淀粉酶来自微生物，最适温度是 60 ℃，故有此实验设计，若使用唾液淀粉酶，则第一组实验温度应改为其最适的 37 ℃。

(4)探究 pH 对酶活性的影响

①实验方案

实验操作	试管编号			变量分析
	1	2	3	
加入过氧化氢酶溶液	2 滴	2 滴	2 滴	无关变量

思维火花 Siweihuohua

续表

实验操作		试管编号			变量分析
		1	2	3	
控制 pH		1 mL 蒸馏水	1 mL 5% HCl	1 mL 5% NaOH	自变量
加入 3%的 H_2O_2 溶液		2 mL	2 mL	2 mL	无关变量
实验现象	气泡量	多	少	少	因变量
	卫生香燃烧	猛烈	不燃烧	不燃烧	
实验结论		过酸、过碱都影响酶的活性			

②注意事项

a. 在探究 pH 对酶活性影响的实验中，应先分别控制酶和底物的 pH，再将酶与底物混合，而不能颠倒，否则酶会在调节 pH 的过程中，先将底物分解，导致实验失败。

b. 探究 pH 对酶活性影响的实验不能选用淀粉和淀粉酶作为实验材料，因为在酸性条件下，淀粉分解速度加快，影响反应结果，不符合单一变量原则。

真题真练

例 95 (2012·福建·26Ⅰ)大菱鲆是我国重要的海水经济鱼类。研究性学习小组尝试对大菱鲆消化道中蛋白酶的活性进行研究。

(1)查询资料得知，18 ℃时，在不同 pH 条件下大菱鲆消化道各部位蛋白酶活性如图。由图甲可知，在各自最适 pH 下，三种蛋白酶催化效率最高的是________。

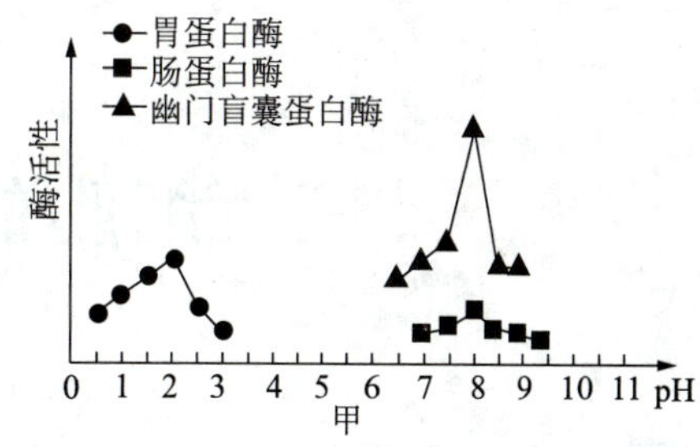

甲

(2)资料表明大菱鲆人工养殖温度常年在 15～18 ℃之间。学习小组假设：大菱鲆蛋白酶的最适温度在 15～18 ℃间。他们设置 15 ℃、16 ℃、17 ℃、18 ℃的实验温度，探究三种酶的最适温度。

①探究实验中以干酪素为底物。干酪素的化学本质是________，可用________试剂鉴定。

②胃蛋白酶实验组和幽门盲囊蛋白酶实验组的 pH 应分别控制在________。

③为了控制实验温度，装有酶和底物的试管应置于________中以保持恒温。单位时间内________可以表示蛋白酶催化效率的高低。

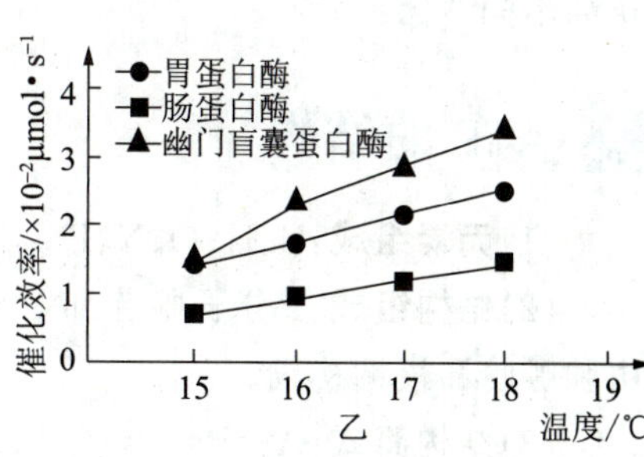

乙

④实验结果如图乙，据此能否确认该假设成立？________。理由是________________。

(3)研究还发现大菱鲆消化道淀粉酶和脂肪酶含量少、活性低，所以人工养殖投放的饲料成分中要注意降低________的比例，以减少对海洋的污染。

思维火花 Siweihuohua

5 高中生物物质比较

	酶	激素	神经递质	抗体	淋巴因子
来源	活细胞	内分泌细胞/器官	神经细胞的突触前膜	浆细胞	T 细胞
作用场所	细胞内或细胞外	细胞膜上或细胞内的特异性受体	突触后膜上的特异性受体	内环境，主要是血浆	内环境
作用对象	底物	靶细胞或靶器官	下一个神经细胞的树突或胞体	抗原	B 细胞
化学本质	绝大多数是蛋白质，少数是 RNA	蛋白质、多肽、固醇类、氨基酸衍生物	乙酰胆碱、多巴胺、氨基酸等	蛋白质	蛋白质
用后去向	重复利用	被水解	被水解或回收	和抗原形成抗原—抗体复合物，被吞噬细胞吞噬水解	被水解
生物功能	催化作用	稳态调节			

注意 (1)产生激素的细胞一定能产生酶，但产生酶的细胞不一定能产生激素。

(2)酶和激素均不直接参与物质或能量的转换，只是直接或间接地促进或抑制体内原有代谢过程。

三、细胞的能量“通货”——ATP

1 ATP 的功能

ATP 是细胞内的一种高能磷酸化合物，是细胞生命活动所需能量的直接来源，是体内能量转化的中间载体。

2 ATP 的结构

(1)元素组成：C、H、O、N、P。

(2)结构组成：1 分子腺苷和 3 分子磷酸基团，其中腺苷由腺嘌呤和核糖构成。

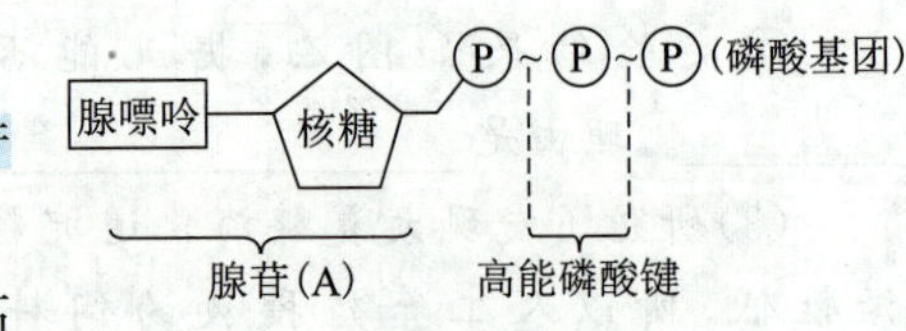

ATP 的结构模式图

(3)结构简式：A—P～P～P(“A”代表腺苷；“～”代表高能磷酸键)。

(4)ATP 和 RNA 的关系：ATP 去除两个磷酸后是腺嘌呤核糖核苷酸 AMP，是 RNA 的基本组成单位之一。

3 ATP 与 ADP 的相互转化

$$ATP \underset{ATP\text{合成酶}}{\overset{ATP\text{水解酶}}{\rightleftharpoons}} ADP + Pi + \text{能量}$$

思维火花 Siweihuohua

(1)ATP 末端磷酸基团水解时，释放出的能量是 30.54 kJ/mol；葡萄糖彻底氧化分解时，释放的能量是 2 870 kJ/mol；相同数量的 ATP 能量比葡萄糖少。

(2)化学中分解反应需要断键，往往是吸能反应，ATP 水解是放能反应，原因是分解释放的能量来自相邻的两个磷酸基团都带负电荷而相互排斥形成的转移势能。合成则需要克服势能，是吸能反应。

(3)ATP 的转化途径

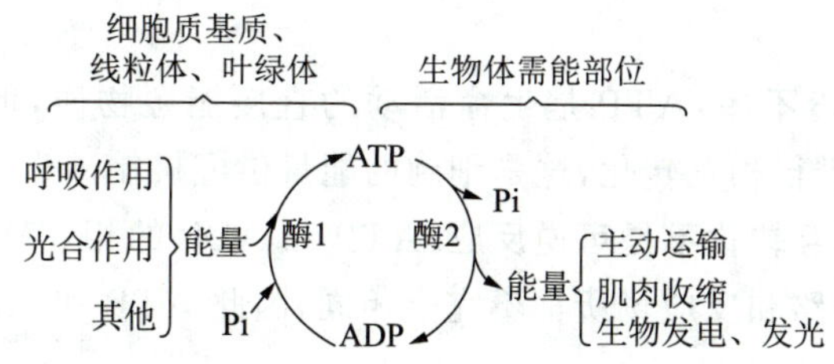

ATP 两个来源：光合作用和细胞呼吸

4 ATP 的结构拓展

(1)ATP 依次脱去三个磷酸基团，形成 ADP、AMP 和腺苷。

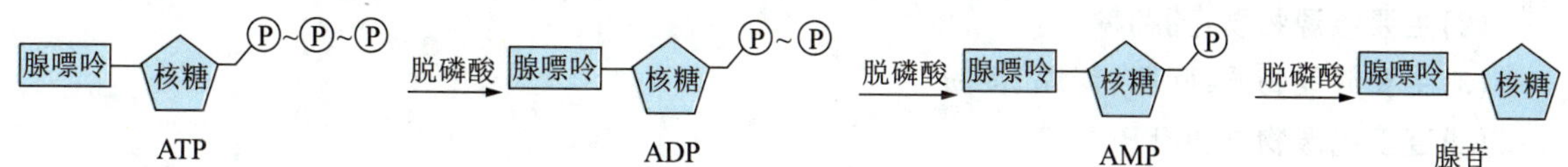

(2)RNA 的四个结构单位分别为AMP、GMP、CMP、UMP。

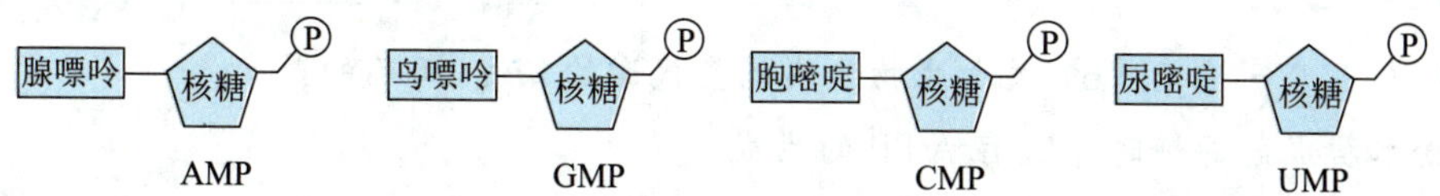

(3)脱氧核苷酸用 d-(deoxy，脱氧)表示 DNA 结构单位为dAMP、dGMP、dCMP、dTMP。

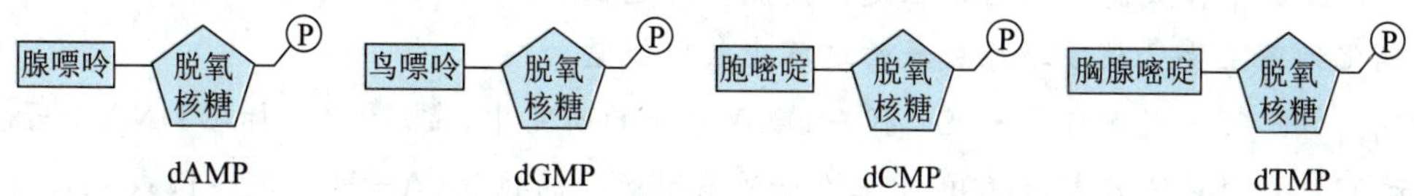

(4)“A”的含义辨析

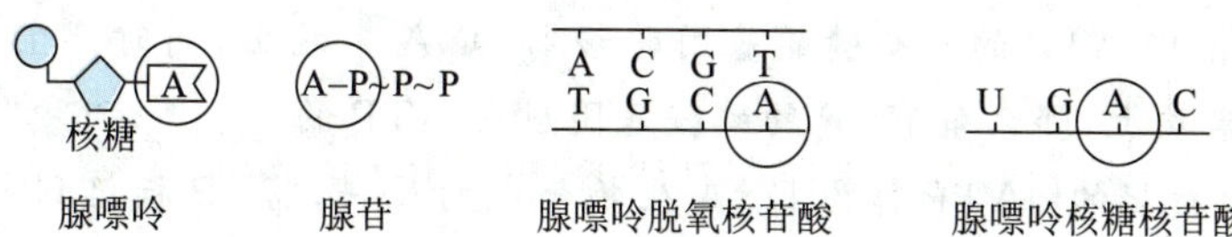

5 总结比较

	ATP 的合成	ATP 的水解
反应式	ADP+Pi+能量 $\xrightarrow{\text{ATP 合成酶}}$ ATP	ATP $\xrightarrow{\text{ATP 水解酶}}$ ADP+Pi+能量
所需酶	ATP 合成酶	ATP 水解酶
能量来源	①光合作用利用光能 ②细胞呼吸利用有机物中的化学能	储存在高能磷酸键中的能量

续表

	ATP的合成	ATP的水解
能量去路	储存于形成的高能磷酸键中	用于各项生命活动
反应场所	细胞质基质、线粒体、叶绿体	生物体的需能部位

6 易错提醒

(1)细胞中ATP的含量不多：ATP是生命活动的直接能源物质，但它在细胞中的含量很少。ATP与ADP时刻不停地进行相互转化，这是细胞的能量供应机制。

(2)ATP和ADP的相互转化不是可逆反应：ATP和ADP的相互转化过程中，反应类型、反应所需酶以及能量的来源、去路和反应场所都不完全相同，因此ATP和ADP的相互转化不是可逆反应，但物质是可循环利用的。

(3)ATP不等同于能量：ATP是一种高能磷酸化合物，是能量的载体，不能将两者等同起来。

7 能源物质总结

(1)根本能量来源：光能

(2)主要能源物质：葡萄糖

(3)主要储能物质：脂肪、糖原、淀粉

(4)直接能源物质：ATP

真题真练

例96 (2017·海南·5)关于生物体内能量代谢的叙述，正确的是 ( )

A. 淀粉水解成葡萄糖时伴随有ATP的生成

B. 人体大脑活动的能量主要来自脂肪的有氧氧化

C. 叶肉细胞中合成葡萄糖的过程是需要能量的过程

D. 硝化细菌主要从硝酸还原成氨的过程中获取能量

例97 (2016·新课标Ⅰ·29)有关DNA分子的研究中，常用^{32}P来标记DNA分子。用α、β和γ表示ATP或dATP(d表示脱氧)上三个磷酸基团所处的位置(A—$P_α$~$P_β$~$P_γ$或dA—$P_α$~$P_β$~$P_γ$)。回答下列问题：

(1)某种酶可以催化ATP的一个磷酸基团转移到DNA末端上，同时产生ADP。若要用该酶把^{32}P标记到DNA末端上，那么带有^{32}P的磷酸基团应在ATP的________(填"α""β"或"γ")位上。

(2)若用带有^{32}P标记的dATP作为DNA生物合成的原料，将^{32}P标记到新合成的DNA分子上，则带有^{32}P的磷酸基团应在dATP的________(填"α""β"或"γ")位上。

(3)将一个某种噬菌体DNA分子的两条链用^{32}P进行标记，并使其感染大肠杆菌，在不含有^{32}P的培养基中培养一段时间。若得到的所有噬菌体双链DNA分子都装配成噬菌体(n个)并释放，则其中含有^{32}P的噬菌体所占比例为$2/n$，原因是____。

思维火花
Siweihuohua

四、细胞呼吸的过程

1 概念

细胞呼吸指有机物在细胞内经过一系列的氧化分解，生成二氧化碳或其他产物，释放出能量并生成ATP的过程，也被称为呼吸作用。根据是否需要氧气及分解的程度，分为有氧呼吸和无氧呼吸。

2 有氧呼吸

(1)场所：细胞质基质和线粒体，主要在线粒体，但大肠杆菌等需氧细菌有氧呼吸不需要线粒体。

(2)本质：通过三个阶段对有机物彻底氧化分解，释放出有机物中的化学能，转化为ATP中的化学能和热能。

(3)条件：氧气充足。

(4)过程

①第一阶段：

a. 场所：发生在细胞质的基质中。

b. 本质：葡萄糖的不彻底氧化分解。

c. 物质变化：一分子葡萄糖分解成两分子丙酮酸，并且产生4个[H]。

d. 能量变化：释放出少量的能量，包括热能和少量ATP。

e. 反应方程式：$C_6H_{12}O_6 \xrightarrow{\text{酶}} 2C_3H_4O_3 + 4[H] +$ 少量能量

②第二阶段：

a. 场所：发生在线粒体的基质中。

b. 本质：C的彻底氧化分解。

c. 物质变化：两分子丙酮酸和水彻底分解成6分子CO_2和20个[H]。

d. 能量变化：释放出少量能量，包括热能和少量ATP。

e. 反应方程式：$2C_3H_4O_3 + 6H_2O \xrightarrow{\text{酶}} 6CO_2 + 20[H] +$ 少量能量

③第三阶段：

a. 场所：发生在线粒体的内膜上。

b. 本质：H的彻底氧化分解。

c. 物质变化：前两个阶段产生的24个[H]，经过一系列的反应，与6分子O_2结合形成12分子水。

d. 能量变化：释放出大量能量，包括热能和大量ATP。

e. 反应方程式：$24[H] + 6O_2 \xrightarrow{\text{酶}} 12H_2O +$ 大量能量

思维火花 Siweihuohua

④总反应式：$C_6H_{12}O_6+6H_2O+6O_2\xrightarrow{酶}6CO_2+12H_2O+$大量能量

⑤有氧呼吸各阶段变化总结

有氧呼吸	场所	物质变化		能量变化
		反应物	产物	放能
第一阶段	细胞质基质	主要是葡萄糖	丙酮酸、[H]	少量 ATP、少量能量
第二阶段	线粒体基质	丙酮酸、H_2O	CO_2、[H]	少量 ATP、少量能量
第三阶段	线粒体内膜	[H]、O_2	H_2O	大量 ATP、大量能量

⑥有氧呼吸过程图解

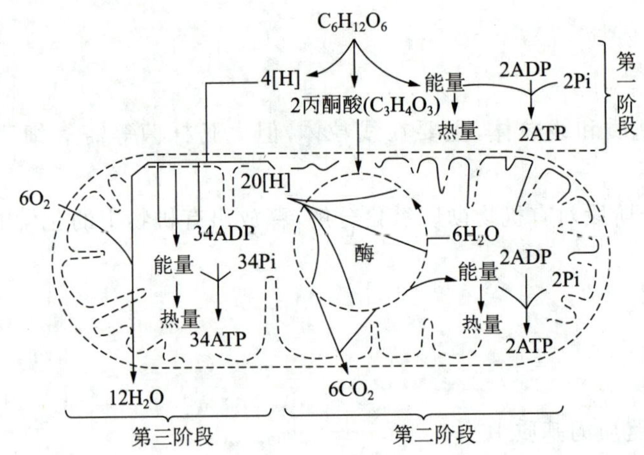

(5)知识拓展

①高中为方便配平，在反应中将[H]当作氢原子处理，实际是在有氧呼吸第一、二阶段，由氧化型辅酶Ⅰ(NAD^+)和氢原子结合形成还原型辅酶Ⅰ(NADH)，作为氢离子(H^+)和电子(e^-)载体，参与第三阶段反应。反应后形成 NAD^+ 重新参与第一、二阶段反应，在有氧呼吸第一、二阶段和第三阶段形成循环，如右图所示。即：呼吸作用中[H]的实质是还原型辅酶Ⅰ(NADH)。

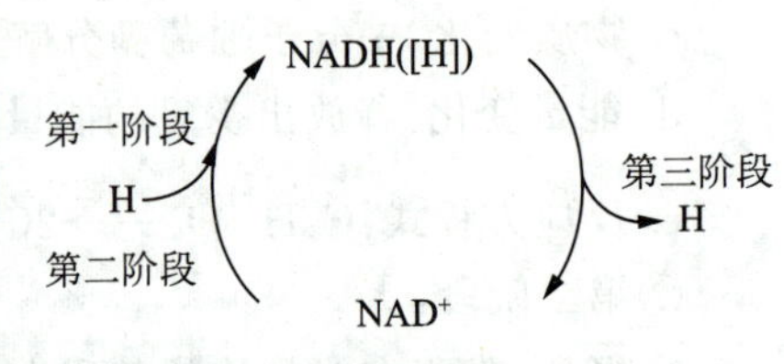

②过去的研究认为 1 mol 葡萄糖有氧呼吸释放 38 mol 的 ATP，新的研究发现实际的净 ATP 产量为 28 到 32 mol 不等，故此知识点需要谨慎对待。

③1 mol 葡萄糖彻底氧化分解，释放能量 2 870 kJ；其中储存在 ATP 中的能量约占 35%～40%，其余能量以热能的形式释放，实现了能量的高效利用。

④有氧呼吸的三个反应阶段在学术上的名称为：糖酵解、三羧酸循环、氧化磷酸化，其实际过程非常复杂，有些时候作为题目的背景信息出现，这部分内容在即将出版的新书《生物学知识读本》中有所呈现。

3 无氧呼吸

(1)场所：细胞质基质。

(2)本质：通过两个阶段对有机物不彻底氧化分解，能量未彻底释放，主要储存在反应产物酒精或乳酸中，仅生成少量 ATP。

(3)条件：无氧条件和无氧呼吸有关酶。

(4)过程：无氧呼吸反应过程分为两个阶段，第一阶段和有氧呼吸完全相同，第二阶段在细胞质基质，将第一阶段反应生成的丙酮酸和[H]在相应酶的催化下，转化为 C_2H_5OH（酒精）和 CO_2 或 $C_3H_6O_3$（乳酸）。

思维火花
Siweihuohua

		产物为酒精	产物为乳酸
第一阶段	场所	细胞质基质	
	物质变化	一分子葡萄糖分解成两分子丙酮酸，并且产生 4 个[H]	
	能量变化	释放出少量的能量，包括热能和少量 ATP	
	反应方程式	$C_6H_{12}O_6 \longrightarrow 2C_3H_4O_3+4[H]+$少量能量	
第二阶段	场所	细胞质基质	
	物质变化	两分子丙酮酸和四个[H]重新结合，生成两分子酒精和两分子 CO_2	两分子丙酮酸和四个[H]重新结合，生成两分子乳酸
	能量变化	释放出少量热能，不产生 ATP	
	反应方程式	$2C_3H_4O_3+4[H]\xrightarrow{酶}2C_2H_5OH+2CO_2+$少量热能	$2C_3H_4O_3+4[H]\xrightarrow{酶}2C_3H_6O_3+$少量热能
总反应方程式		$C_6H_{12}O_6\xrightarrow{酶}2C_2H_5OH+2CO_2+$少量能量	$C_6H_{12}O_6\xrightarrow{酶}2C_3H_6O_3+$少量能量
常见生物		几乎所有植物细胞，酵母菌等。微生物的产酒精无氧呼吸也称为酒精发酵	动物细胞，部分植物的特殊器官（马铃薯块茎、甜菜块根、玉米胚），乳酸菌等。微生物的产乳酸无氧呼吸也称为乳酸发酵

(5)特点

①葡萄糖没有彻底氧化分解。无氧呼吸中能量有三种存在形式，分别是少量热能、少量 ATP 中活跃的化学能，以及储存在有机物酒精或乳酸中未被释放的能量，葡萄糖中的能量没有被彻底释放出来。

②能量利用效率低。1 mol 葡萄糖酒精发酵释放总能量 225.94 kJ，生成约 2 mol ATP，对应能量 61.08 kJ；1 mol 葡萄糖乳酸发酵释放总能量 196.65 kJ，同样有 61.08 kJ 转移至 ATP，综合能量利用效率仅 61.08/2870≈2%，能量大部分保留在酒精或乳酸中未被释放，是一种效率较低的呼吸方式。

③O_2 可促进有氧呼吸的进行，但抑制无氧呼吸的进行，有 O_2 存在时，无氧呼吸受到抑制。

(6)有氧呼吸和无氧呼吸的总结

		有氧呼吸	无氧呼吸
区别	场所	细胞质基质和线粒体	细胞质基质
	条件	氧气，多种酶	无氧气，多种酶
	物质变化	葡萄糖彻底氧化分解，生成 CO_2 和 H_2O	葡萄糖分解不彻底，生成乳酸或酒精和 CO_2
	能量变化	释放大量能量，产生大量 ATP	释放少量能量，产生少量 ATP
	特点	受 O_2 和温度等因素的影响	有 O_2 存在时，无氧呼吸受抑制
联系	反应过程	二者第一阶段反应完全相同，并且都在细胞质基质中进行	
	实质	本质都是氧化分解有机物，释放能量，产生 ATP	
	意义	为生物体的各项生命活动提供能量	

思维火花 Siweihuohua

真题真练

例 98 （2011・海南・4）细胞内糖分解代谢过程如图，下列叙述错误的是（　　）

A. 植物细胞能进行过程①和③或过程①和④

B. 真核细胞的细胞质基质中能进行过程①和②

C. 动物细胞内，过程②比过程①释放的能量多

D. 乳酸菌细胞内，过程①产生[H]，过程③消耗[H]

例 99 （2012・江苏・23・多选）如图表示细胞呼吸作用的过程，其中①～③代表有关生理过程发生的场所，甲、乙代表有关物质。下列相关叙述正确的是（　　）

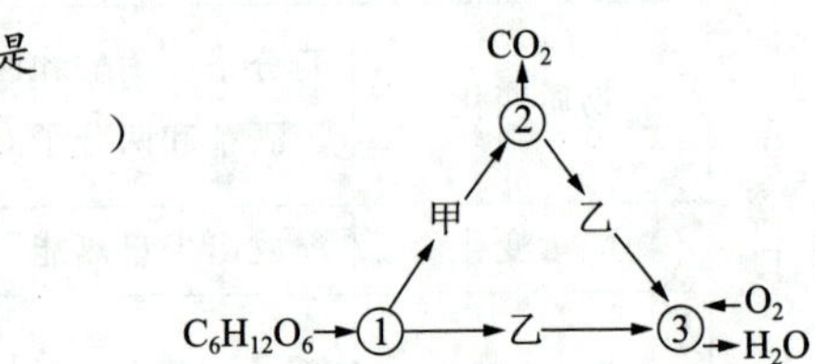

A. ①和③都具有双层生物膜

B. ①和②所含酶的种类不同

C. ②和③都能产生大量 ATP

D. 甲、乙分别代表丙酮酸、[H]

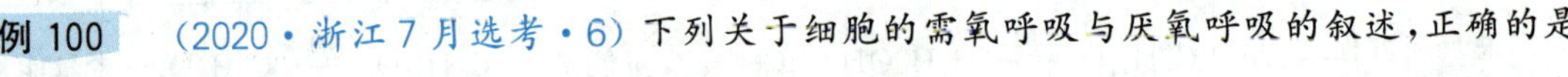

例 100 （2020・浙江7月选考・6）下列关于细胞的需氧呼吸与厌氧呼吸的叙述，正确的是（　　）

A. 细胞的厌氧呼吸产生的 ATP 比需氧呼吸的多

B. 细胞的厌氧呼吸在细胞溶胶和线粒体嵴上进行

C. 细胞的需氧呼吸与厌氧呼吸过程中都会产生丙酮酸

D. 若适当提高苹果果实贮藏环境中的 O_2 浓度会增加酒精的生成量

例 101 （2020・山东・2）癌细胞即使在氧气供应充足的条件下也主要依赖无氧呼吸产生 ATP，这种现象称为“瓦堡效应”。下列说法错误的是（　　）

A. “瓦堡效应”导致癌细胞需要大量吸收葡萄糖

B. 在癌细胞中丙酮酸转化为乳酸的过程会生成少量 ATP

C. 癌细胞呼吸作用过程中丙酮酸主要在细胞质基质中被利用

D. 消耗等量的葡萄糖，癌细胞呼吸作用产生的 NADH 比正常细胞少

五、细胞呼吸的影响因素和应用

1 呼吸作用强度

(1)核心

①概念：植物在单位时间内通过呼吸作用消耗有机物的量。

②意义：评价呼吸相对强度。

③指标：单位时间、单位质量的细胞，原料消耗的数量或产物生成的数量，一般以 CO_2 生成量、O_2 消耗量或有机物消耗量为指标。

(2)影响因素

①外界因素：O_2 浓度、温度、CO_2 浓度、水等。

思维火花 Siweihuohua

②内部因素:植物种类、发育时期、不同器官等。

2 氧气浓度(氧分压)

(1)原理:O_2 是有氧呼吸所必需的原料,O_2 浓度增大促进有氧呼吸的进行,同时 O_2 对无氧呼吸过程有抑制作用。

(2)曲线及曲线分析:O_2 浓度对有氧、无氧呼吸的影响趋势如右图所示,横坐标表示 O_2 浓度,纵坐标表示有氧呼吸和无氧呼吸 CO_2 释放量及其释放总量,代表有氧、无氧的相对强度,分析如下:

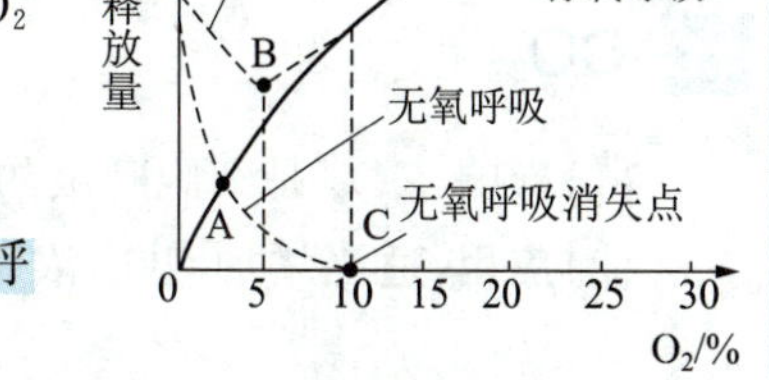

①O_2 浓度为零时,无氧呼吸最强,有氧呼吸为零。

②O_2 浓度百分比从零增加时,无氧呼吸逐渐减弱至零,有氧呼吸逐渐加强到饱和点。

③由于 O_2 对无氧呼吸的抑制作用明显,无氧呼吸下降速度较快,而有氧呼吸上升速度较慢,CO_2 总变化趋势为先下降后上升,低氧时 CO_2 产生量最低,有机物消耗量最少。

(3)特殊点分析

①A 点表示有氧呼吸和无氧呼吸释放 CO_2 相等点,此时有氧呼吸和无氧呼吸消耗的葡萄糖比值为 1∶3。

②B 点是 CO_2 释放量最低点,表示总呼吸强度最低点,有机物消耗量最少。

③C 点是无氧呼吸消失点,C 点后仅进行有氧呼吸。

④D 点表示有氧呼吸饱和点,D 点之后增加 O_2,有氧呼吸强度不再增加,此时限制因素为酶的数量、酶的活性、水等其他因素。

(4)相关应用

①中耕松土促进植物根部有氧呼吸,促进营养物质的主动运输。

②无氧发酵过程需要严格控制无氧环境,若封闭不严,氧气抑制了无氧呼吸,促进有氧呼吸,减少了酒精或乳酸产量。

③用透气的纱布包扎伤口,防止破伤风芽孢杆菌等厌氧微生物大量繁殖。

④低氧仓储粮食、水果和蔬菜,此时有机物消耗最少。

3 温度

(1)原理:细胞呼吸是一系列酶促反应,温度通过影响酶的活性而影响细胞呼吸速率。细胞呼吸的最适温度一般在 25 ℃～35 ℃之间。

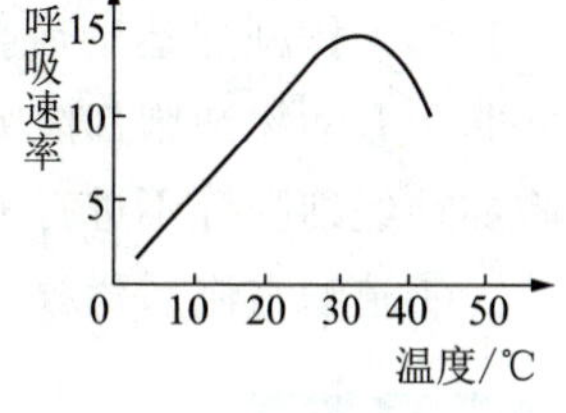

(2)应用

①低温储存食品,可以减弱食物和微生物细胞呼吸,减少食物有机物消耗,抑制微生物繁殖,减缓腐败变质。

②大棚栽培在夜间和阴天适当降温,减少有机物消耗,增加产量。

③恒温动物(如哺乳动物、鸟类)在低温下为保持体温恒定,细胞呼吸较强,耗氧量较大;变温动物(如两栖类、爬行类)在低温下体温较低,酶活性较低,细胞呼吸较弱,耗氧量较低。

4 水分

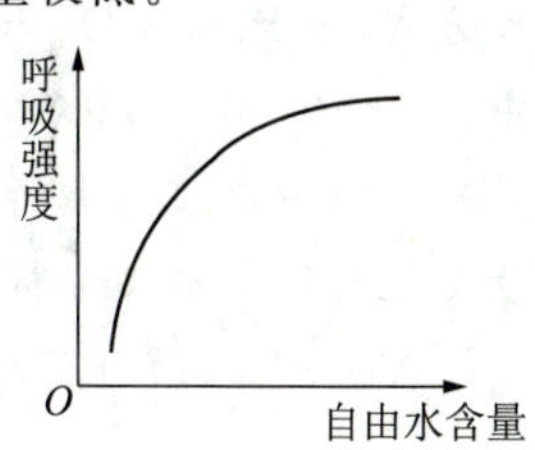

(1)原理:水既作为有氧呼吸的反应物直接参与反应,又可以作为生物化学反应的介质影响反应的进行,所以在一定范围内,细胞呼吸速率随含

思维火花 Siweihuohua

水量的增加而加快，随含水量的减少而减慢。但水过多可能导致植物水淹而影响氧气供应，使有氧呼吸速率下降。

(2)应用

①粮食在收仓前要进行晾晒处理，减少种子和微生物的细胞呼气，减少有机物的消耗和微生物的繁殖，防止腐败变质。

②干种子萌发前进行浸泡处理，增加自由水的含量，增强代谢，提供更多能量用于生长发育。

5 CO_2

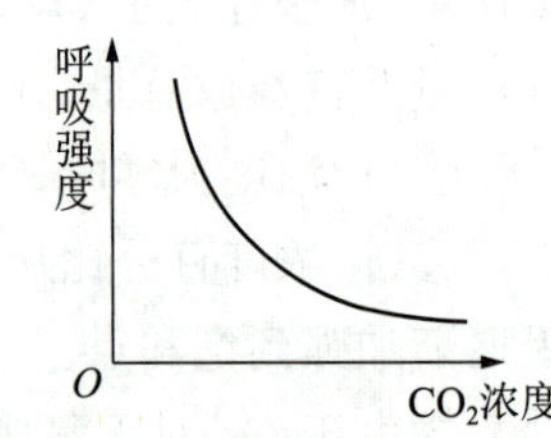

(1)影响：CO_2 是细胞呼吸的终产物，积累过多会抑制细胞呼吸。

(2)应用：适当增加 CO_2 浓度，有利于水果和蔬菜的保鲜。

6 内部因素

即遗传因素，通过基因及基因的选择性表达决定酶的种类和数量。

(1)不同种类的植物呼吸速率不同，如旱生植物小于水生植物，阴生植物小于阳生植物。

(2)同一植物在不同的生长发育时期呼吸速率不同，如幼苗、开花期呼吸速率升高，成熟期呼吸速率下降。

(3)同一植物的不同器官呼吸速率不同，如生殖器官大于营养器官。

7 知识拓展

(1)影响细胞呼吸的因素并不是单一的。若需要增强相关植物或器官的细胞呼吸强度可采取供水、升温、高氧等措施；若需降低细胞呼吸强度，可以采取干燥、低温、低氧等措施。

(2)储存蔬菜和水果时需要保鲜，因此其储存条件较为特殊，应为零上低温、低氧和一定的湿度。低温以不破坏植物组织为标准，一般为零上低温；低氧而非无氧可保持较低的呼吸水平；种子储存时应保持干燥，而蔬菜、水果储存时因保鲜需求应保持一定的湿度。

(3)呼吸作用的一些常见应用

①去除作物变黄的叶片可减少有机物的消耗以提高作物产量。

②大田中施用农家肥，可利用微生物分解作用，将有机物分解产生二氧化碳和无机盐，增强光合作用效率。

③人体剧烈运动后会肌肉酸痛，原因是肌肉细胞无氧呼吸产生乳酸，引起肌肉酸痛，但需注意并非所有动物细胞都能无氧呼吸，人体细胞中，仅骨骼肌细胞和成熟红细胞进行无氧呼吸，其他细胞如神经细胞等不进行无氧呼吸。

④植物水淹后烂根，原因是根细胞无氧呼吸产生酒精，酒精的毒害作用使根细胞死亡。

真题真练

例 102 (2018·天津·5) 为探究酵母菌的呼吸方式，在连通 CO_2 和 O_2 传感器的 100 mL 锥形瓶中，加入 40 mL 活化酵母菌和 60 mL 葡萄糖培养液，密封后在最适温度下培养。培养液中 O_2 和 CO_2 相对含量变化如图。有关分析错误的是 ( )

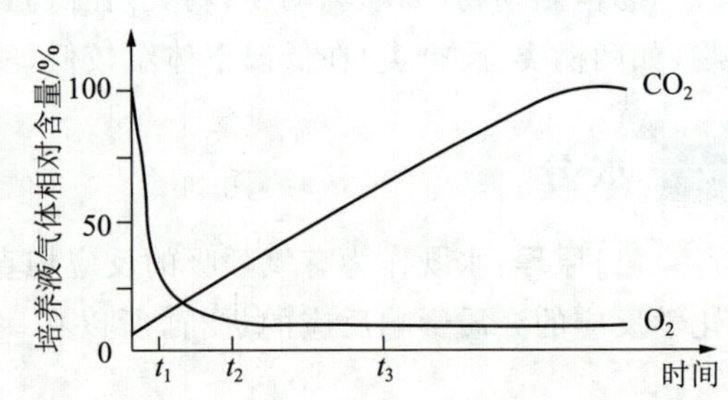

A. $t_1 \to t_2$，酵母菌的有氧呼吸速率不断下降

思维火花 Siweihuohua

B. t_3 时，培养液中葡萄糖的消耗速率比 t_1 时快

C. 若降低10 ℃培养，O_2 相对含量达到稳定所需时间会缩短

D. 实验后的培养液滤液加入适量酸性重铬酸钾溶液后变成灰绿色

例103 （2018·浙江11月选考·22）温度对某植物细胞呼吸速率影响的示意图如下。下列叙述正确的是 （　　）

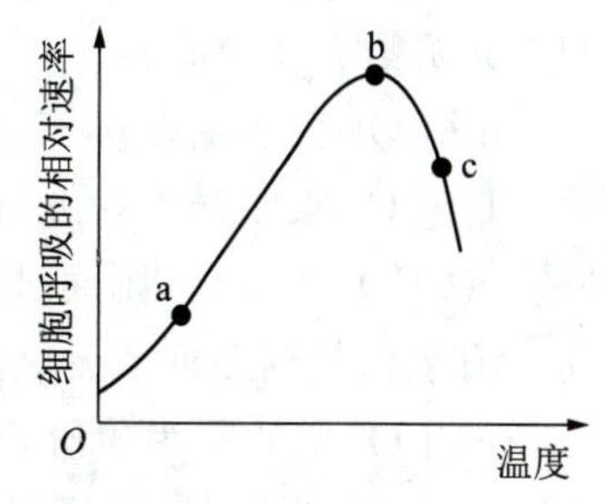

A. a～b段，温度升高促进了葡萄糖在线粒体内的分解

B. b～c段，与细胞呼吸有关的酶发生热变性的速率加快

C. b点时，氧与葡萄糖中的碳结合生成的二氧化碳最多

D. c点时，细胞呼吸产生的绝大部分能量贮存在ATP中

六、有氧呼吸和无氧呼吸的相对强度计算

德叔批注

这类题一般采取一种古老的命题方式，虽然现在的高考中已经很少遇到，但是技巧性较强，本节介绍其解题技巧，但是仅需在一轮复习中重点关注。

1 命题分析

通常这类题通过提供单位时间内，O_2 消耗量、酒精生成量、CO_2 生成量，三个数据中的两个，要求计算有氧呼吸和无氧呼吸的相对强度，即两者消耗的葡萄糖量之比。

例题：如图表示某植物的非绿色器官在氧浓度为a、b、c、d时，CO_2 释放量和 O_2 吸收量的变化。下列相关叙述，正确的是 （　　）

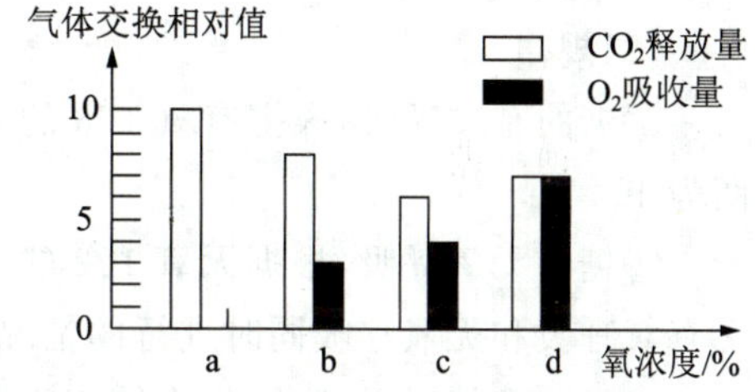

A. 氧浓度为a时，最适于贮藏该植物器官

B. 氧浓度为b时，无氧呼吸消耗葡萄糖的量是有氧呼吸的5倍

C. 氧浓度为c时，无氧呼吸最弱

D. 氧浓度为d时，有氧呼吸强度与无氧呼吸强度相等

2 解题分析

O_2 消耗量对应有氧呼吸强度，设为 X；酒精生成量对应无氧呼吸强度，设为 Y；CO_2 生成量包含来自有氧呼吸的 CO_2 和来自无氧呼吸的 CO_2，设为 Z。在忽略参数的情况下，则有 $X+Y=Z$。因此，三个数值中给出其中两个，即可求出有氧和无氧的相对强度。

3 解题过程

(1)口诀：有氧一六六，无氧一二二。

含义：在有氧呼吸时，消耗1 mol葡萄糖，需同时消耗6 mol O_2，并产生6 mol CO_2；例如题目中给出消耗12份 O_2，则会消耗2份葡萄糖，同时通过有氧呼吸产生12份 CO_2。在无氧呼吸时，消耗1 mol葡萄糖，则会产生2 mol CO_2，同时产生2 mol酒精；例如题目中给出产生4份酒精，则会消耗2份葡萄糖，同时通过无氧呼吸产生4份 CO_2。

思维火花 Siweihuohua

(2)分解题目数据进行计算

以上题为例，题目提供的条件为不同氧气浓度下 O_2 吸收量，吸收量代表有氧呼吸强度；同时给出 CO_2 的释放量，此 CO_2 包括有氧呼吸产生的 CO_2 和无氧呼吸产生的 CO_2 两部分。则通过(1)的口诀运算有：

a 组 O_2 吸收量为 0，有氧呼吸为 0；10 份 CO_2 均为无氧呼吸，其消耗葡萄糖为 10/2=5 份；

b 组 O_2 吸收量为 3 份，有氧呼吸消耗葡萄糖为 3/6=0.5 份，同时通过有氧呼吸产生的 CO_2 为 3 份；总 CO_2 为 8 份，则通过无氧呼吸产生的 CO_2 为 5 份，对应无氧呼吸消耗的葡萄糖为 5/2=2.5 份。有氧消耗葡萄糖∶无氧消耗葡萄糖=0.5∶2.5=1∶5；

c 组 O_2 吸收量为 4 份，有氧呼吸消耗葡萄糖为 4/6=2/3 份，同时通过有氧呼吸产生的 CO_2 为 4 份；总 CO_2 为 6 份，则通过无氧呼吸产生的 CO_2 为 2 份，对应无氧呼吸消耗的葡萄糖为 2/2=1 份。有氧消耗葡萄糖∶无氧消耗葡萄糖=2/3∶1=2∶3；

d 组 O_2 吸收量为 7 份，有氧呼吸消耗葡萄糖为 7/6 份，同时通过有氧呼吸产生的 CO_2 为 7 份；总 CO_2 为 7 份，则通过无氧呼吸产生的 CO_2 为 0，未进行无氧呼吸。

(3)选项分析

①氧浓度为 a 时，植物只进行无氧呼吸，会产生 CO_2 和酒精，此时有机物消耗量为 5 份，大于 b 时的 3 份，不适合储存。

②氧浓度为 b 时，无氧呼吸消耗葡萄糖的量为 2.5，而有氧呼吸消耗葡萄糖的量为 0.5，该浓度下无氧呼吸消耗葡萄糖的量是有氧呼吸的 5 倍，B 正确。

③氧浓度为 c 时还可进行无氧呼吸，而氧浓度为 d 时无氧呼吸停止，无氧呼吸最弱时的氧浓度是 d。

④氧浓度为 d 时，二氧化碳的释放量等于氧气的吸收量，植物只进行有氧呼吸，D 错误。

故答案选 B。

4 题型拓展：呼吸商问题

(1)内涵：单位时间内呼吸作用所释放的 CO_2 和吸收的 O_2 的分子比。

(2)规律

①糖的有氧呼吸：根据有氧 166 的分析方法，吸收氧气(6)等于释放的二氧化碳(6)，此时呼吸商为 1。

②糖的无氧呼吸：根据无氧 122 的分析方法，吸收氧气为 0，释放二氧化碳(2)，呼吸商无限大，在有氧呼吸和无氧呼吸同时进行的情况下，呼吸商大于 1。且呼吸商越大，无氧呼吸越强。

③脂肪有氧呼吸：脂肪作为储能物质，对比葡萄糖，含有更多的 H，而 O 更少，氧化分解时消耗更多的氧气，释放的 CO_2 较少，所以呼吸商小于 1，反之呼吸商小于 1 时，一定有脂肪作为底物进行细胞呼吸。

真题真练

例 104 (2020·新课标Ⅰ·2)种子贮藏中需要控制呼吸作用以减少有机物的消耗。若作物种子呼吸作用所利用的物质是淀粉分解产生的葡萄糖，下列关于种子呼吸作用的叙述，错误的是 ( )

A. 若产生的 CO_2 与乙醇的分子数相等，则细胞只进行无氧呼吸

B. 若细胞只进行有氧呼吸，则吸收 O_2 的分子数与释放 CO_2 的分子数相等

C. 若细胞只进行无氧呼吸且产物是乳酸，则无 O_2 吸收也无 CO_2 释放

D. 若细胞同时进行有氧和无氧呼吸，则吸收 O_2 的分子数比释放 CO_2 的分子数多

思维火花 Siweihuohua

例 105 (2019·浙江4月选考·27)生物利用的能源物质主要是糖类和油脂,油脂的氧原子含量较糖类中的少而氢的含量多。可用一定时间内生物产生 CO_2 的物质的量与消耗 O_2 的物质的量的比值来大致推测细胞呼吸底物的种类。下列叙述错误的是 ( )

A. 将果蔬储藏于充满氮气的密闭容器中,上述比值低于1

B. 严重的糖尿病患者与其正常时相比,上述比值会降低

C. 富含油脂的种子在萌发初期,上述比值低于1

D. 某动物以草为食,推测上述比值接近1

七、光合作用过程

1 场所

(1)叶绿体中的光合色素只吸收可见光,而对红外光和紫外光等不吸收。

(2)叶绿素对红光和蓝紫光的吸收量大,类胡萝卜素对蓝紫光的吸收量大,对其他波段的光并非不吸收,只是吸收量较少。

(3)某些叶绿素 a 是反应中心色素,在光反应中转化光能,相对更为重要,其他色素称为天线色素,吸收和传递光能,某些题目比较叶绿素 a 的含量或比例,可作为影响光合作用强度的一个指标。

(4)蓝细菌没有叶绿体也能进行光合作用,因为其具有光合片层及与光合作用有关的叶绿素和藻蓝素。

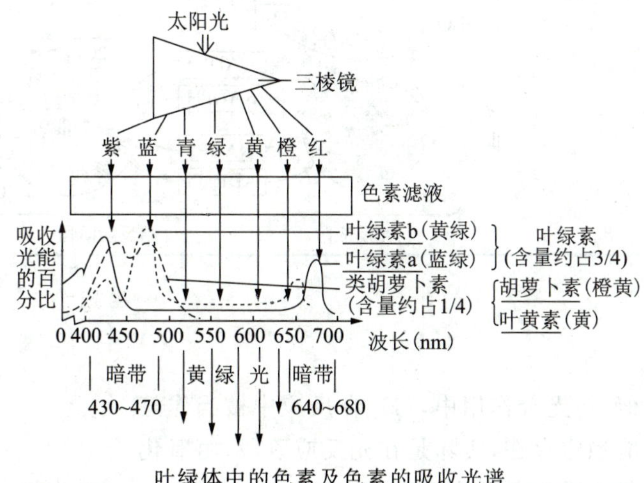

叶绿体中的色素及色素的吸收光谱

2 本质

通过光合作用固定 CO_2,将无机物合成有机物,同时固定光能变成有机物中的化学能,作为生物代谢的能量来源。

3 条件

适宜光照和充足 CO_2。

4 过程

比较项目		光反应	暗反应
区别	场所	叶绿体类囊体薄膜	叶绿体基质
	条件	色素、光和少量酶	多种酶
	物质变化	水的光解：$H_2O \xrightarrow{酶} 2[H]+O_2$	卡尔文循环：CO_2 的固定 $CO_2+C_5 \xrightarrow{酶} 2C_3$；$C_3$ 的还原 $2C_3 \xrightarrow{酶} C_5+(CH_2O)$
		ATP 的合成：$ADP+Pi+能量 \xrightarrow{酶} ATP$	ATP 的分解：$ATP \xrightarrow{酶} ADP+Pi+能量$
	能量变化	光能→ATP 中活跃的化学能	ATP 中活跃的化学能→糖类等有机物中稳定的化学能
	反应性质	光化学反应	酶促反应
	实质	光能转化为化学能，放出 O_2	同化 CO_2 生成有机物(CH_2O)
总反应式		①定性：$CO_2+H_2O \xrightarrow[叶绿体]{光能} (CH_2O)+O_2$ ②定量：$12H_2O+6CO_2 \xrightarrow[叶绿体]{光能} C_6H_{12}O_6+6O_2+6H_2O$	
联系		光反应和暗反应是一个整体，二者紧密联系。光反应是暗反应的能量的转化阶段，暗反应是物质的合成阶段。没有光反应，暗反应无法进行，没有暗反应，光反应同样无法进行。二者相辅相成、缺一不可。	
图示		H_2O 水在光下的分解 O_2；光能；叶绿体中的色素；ATP；NADPH；$NADP^+$；ADP+Pi；$2C_3$；CO_2；固定；多种酶参加催化；还原；C_5；(CH_2O)；光反应阶段；暗反应阶段	

5 知识拓展

(1)和细胞呼吸相似，在光合作用中，[H]在反应中被当作氢原子处理，但氢原子不能稳定存在，实际是在光反应阶段，由氧化型辅酶Ⅱ($NADP^+$)和氢原子结合形成还原型辅酶Ⅱ(NADPH)，携带氢离子(H^+)和电子(e^-)参与暗反应。反应后形成 $NADP^+$ 重新参与光反应，在光反应和暗反应之间形成循环，如图所示。也就是说，光合作用中[H]的实质是还原型辅酶Ⅱ(NADPH)。总结细胞呼吸和光合作用的[H]如下表。

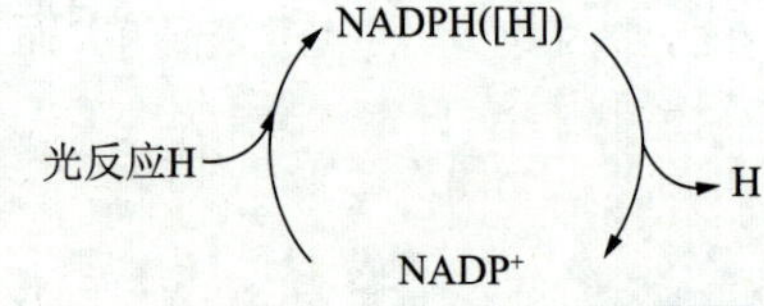

$NADP^+$ 与 NADPH 相互转化示意图

[H]总结	名称	简称	氧化形式
细胞呼吸	还原型辅酶Ⅰ	NADH	NAD^+
光合作用	还原型辅酶Ⅱ	NADPH	$NADP^+$

(2)C_3、C_5 变化规律问题

思维火花 Siweihuohua

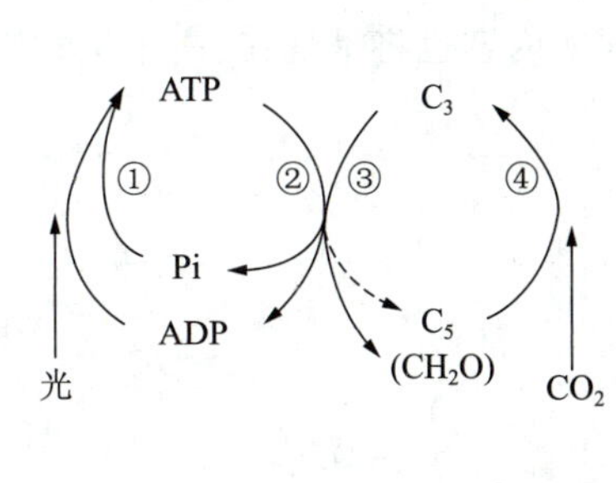

条件	过程变化	C_3	C_5	[H]和ATP
光照由强到弱，CO_2 供应不变	①过程减弱，②③过程减弱，④过程正常进行	增加	减少	减少
光照由弱到强，CO_2 供应不变	①过程增强，②③过程增强，④过程正常进行	减少	增加	增加
光照不变，CO_2 由充足到不足	④过程减弱，①②③过程正常进行，随 C_3 减少②③减弱，①过程正常	减少	增加	增加
光照不变，CO_2 由不足到充足	④过程增强，①②③正常进行，随 C_3 增加②③增强，①过程正常	增加	减少	减少

①口诀：光五碳三，即光反应增强和 C_5 增多呈正相关，CO_2 增多和 C_3 增多呈正相关。

②以上分析只表示条件改变后短时间内各物质相对含量的变化，长时间处于此状态下，C_3 和 C_5 将恢复平衡状态的相对浓度。

③以上分析表示的是含量变化，有些题目考到速度变化，此时考虑的是光合作用整体强度，整体强度增强，转化速度都变快，整体强度减弱，速度都变慢。

④以上各物质变化中，C_3 和 C_5 含量的变化是相反的，[H]和 ATP 含量变化是一致的。

(3)光反应为暗反应提供[H]、ATP，暗反应为光反应提供 ADP、Pi 和 $NADP^+$。没有光反应，暗反应无法获得 ATP 和[H]，暗反应无法进行；没有暗反应，不能为光反应提供 ADP、Pi 和 $NADP^+$，光反应也不能进行。总之，光反应是暗反应的物质和能量的准备阶段，暗反应是光反应的继续，是物质和能量转化的完成阶段。二者相辅相成、缺一不可。

(4)注意反应条件，在光反应中需要的条件为光能、色素和酶，为简便起见，将其反应条件书写为两个条件：光能和叶绿体，其中叶绿体包含了色素和酶；暗反应不需要光，反应条件为酶；总反应式反应条件为光能和叶绿体。过去有一种观点认为，水的光解仅需要色素和光能，而不需要酶，但 2019 版的官方教学参考用书显示，水的光解也需要酶。

(5)正常进行光合作用时，光反应速率等于暗反应速率，但若比较光反应和暗反应的反应能力，则光反应速度大于暗反应速度，原因是光反应较为简单，而暗反应的卡尔文循环实际过程较为复杂，涉及反应众多，整体速度较慢，如图所示。单位时间内，光反应产生的[H]和 ATP，暗反应不能立即消耗完毕，影响了光反应的继续进行。所以在光合作用中，光反应速度等于暗反应速度，但暗反应速度制约了整体的反应速度。

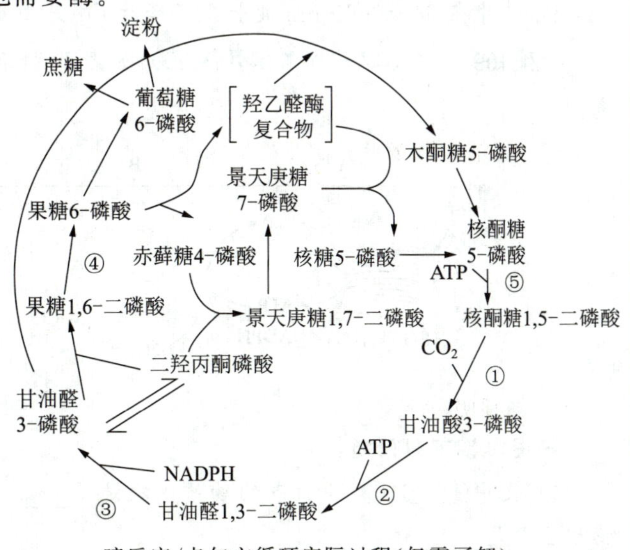

暗反应/卡尔文循环实际过程(仅需了解)

(6)光合作用总反应方程式可分为定性和定量两种写法，定性反应方程式展示反应的物质变化和能量变化，但不能用于计算；

思维火花 Siweihuohua

定量方程式以葡萄糖为例，定量展示物质的变化比例，但不严谨。其在物质上和有氧呼吸是可逆的，所以在光合作用和细胞呼吸强度相等时，有机物的合成和分解速率完全相同，没有物质积累和消耗。

(7)光反应的过程与光系统及ATP合成酶密切相关，涉及电子传递链和能量转化；暗反应的过程实际分三节阶段，分别是CO_2的固定、C_3的还原和C_5的再生，这些内容也将呈现在《高中生物知识读本》中。

真题真练

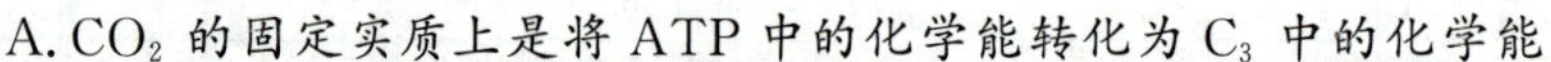

例 106 (2015·安徽·2) 如图为大豆叶片光合作用暗反应阶段的示意图，下列叙述正确的是 ( )

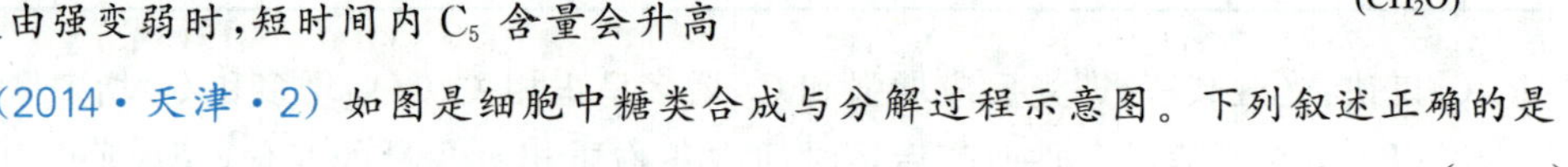

A. CO_2的固定实质上是将ATP中的化学能转化为C_3中的化学能

B. CO_2可直接被[H]还原，再经过一系列的变化形成糖类

C. 被还原的C_3在有关酶的催化作用下，可再形成C_5

D. 光照强度由强变弱时，短时间内C_5含量会升高

例 107 (2014·天津·2) 如图是细胞中糖类合成与分解过程示意图。下列叙述正确的是 ( )

$$(CH_2O)+O_2 \underset{②}{\overset{①}{\rightleftharpoons}} CO_2+H_2O+能量$$

A. 过程①只在线粒体中进行，过程②只在叶绿体中进行

B. 过程①产生的能量全部储存在ATP中

C. 过程②产生的(CH_2O)中的氧全部来自H_2O

D. 过程①和②中均能产生[H]，二者还原的物质不同

例 108 (2017·新课标Ⅲ·3) 植物光合作用的作用光谱是通过测量光合作用对不同波长光的反应(如O_2的释放)来绘制的。下列叙述错误的是 ( )

A. 类胡萝卜素在红光区吸收的光能可用于光反应中ATP的合成

B. 叶绿素的吸收光谱可通过测量其对不同波长光的吸收值来绘制

C. 光合作用的作用光谱也可用CO_2的吸收速率随光波长的变化来表示

D. 叶片在640～660 nm波长光下释放O_2是由叶绿素参与光合作用引起的

例 109 (2017·新课标Ⅱ·29) 如图是表示某植物叶肉细胞光合作用和呼吸作用的示意图。

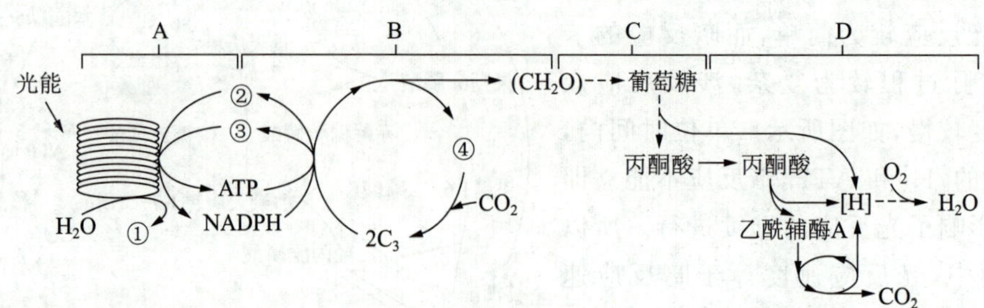

据图回答下列问题：

(1)图中①、②、③、④代表的物质依次是________、________、________、________，[H]代表的物质主要是________。

(2)B代表一种反应过程，C代表细胞质基质，D代表线粒体，则ATP合成发生在A过程，还发

思维火花 Siweihuohua

生在________（填“B和C”“C和D”或“B和D”）。

（3）C中的丙酮酸可以转化成酒精，出现这种情况的原因是________________。

八、光合作用的影响因素

1 光合作用强度

（1）核心

①概念：植物在单位时间内通过光合作用制造糖类的数量。

②意义：评价光合作用相对强度的指标。

③指标：单位时间、单位质量的细胞，原料消耗的数量或产物生成的数量。一般以CO_2消耗量、O_2生成量、有机物积累量为指标，这其中CO_2的消耗量又是最常用指标。H_2O因受蒸腾作用等因素影响，一般不作为光合作用强度指标。

（2）影响因素

①五大环境因素：光照强度、CO_2浓度、温度、水分和矿质元素。

②内部因素：色素的含量、酶的种类等。

2 光照

（1）光照强度

①原理：光是光合作用的能量来源，通过影响光反应，影响光合作用的进行，在一定范围内，随着光照强度的增加，光合作用强度逐渐增强。

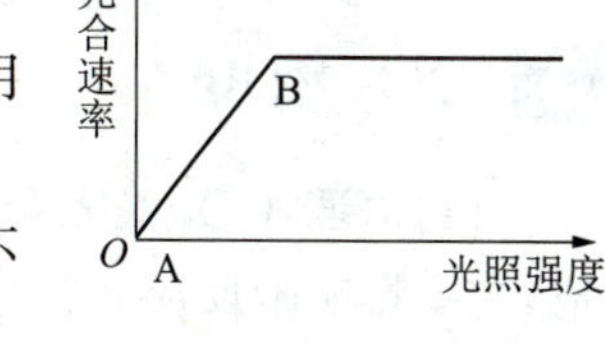

②曲线分析：如图所示（此图不考虑呼吸作用，以上影响因素均不考虑）。

A点	光照强度为0，没有光照，光反应不能正常进行，光合作用强度为0
AB段	光照强度由0开始逐渐增大，光合作用逐渐加强，叶绿体CO_2吸收量逐渐增加，此时限制光合作用的主要因素是光照强度
B点	出现光饱和现象，即此时CO_2浓度、温度等限制光合作用继续增强，光照强度不再是限制因素，增加光照强度，光合作用强度不再继续增强。B点对应的光照强度为光饱和点。环境因素的改变会影响光饱和点的位置，例如在光饱和时，增加CO_2浓度，可增强光合作用，使光饱和点右移

③应用：适宜的光照强度可以增加光合作用强度，从而增加产量，光照不足时产量降低，因此阴天和夜晚可以适当补充光照。达到光饱和点后，光能不能被充分利用，造成能量浪费，因此需要提供足够的CO_2、水等其他条件，促进光合作用的进行。

（2）光照频率

①原理

光反应速度较快，可以产生较多的[H]和ATP，此时突然停止光照，尽管光反应停止，但是暗反应可以继续进行，因此使用一定频率的光线和黑暗照射植物时，光反应是间断的，但是暗反应是可以连续进行的，如图所示。

思维火花 Siweihuohua

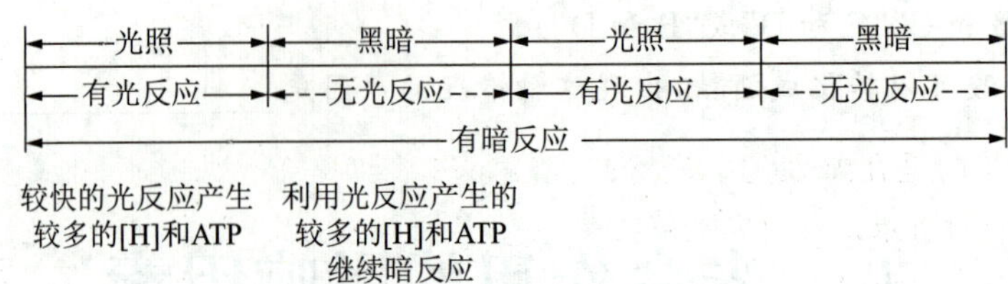

光照频率较高时光合作用示意图

同时，ATP 和[H]在体内含量有限，不能维持暗反应的持续进行，在光照和黑暗频率较低的情况下，长时间黑暗导致暗反应停止，此时光合作用速率降低。

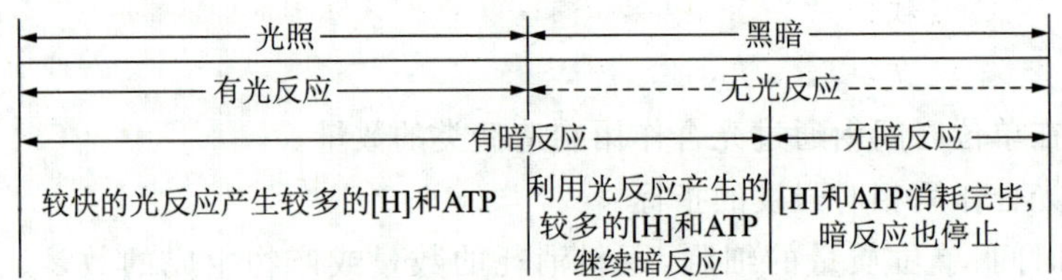

光照频率较低时光合作用示意图

②应用：补充光照时，增加光照频率可提高光合作用效率。

(3)光质

①原理：光质即光的波长或颜色，叶绿素主要吸收红光和蓝紫光，类胡萝卜素主要吸收蓝紫光，红光和蓝紫光比绿光和黄光对光合作用有更好的促进效果。

②应用：夜晚利用电能补充光照时，应选取红光或蓝紫光补充光照，实现光能的利用最大化。但如果是自然光，不要钱的，则多多益善，任何颜色都可以。

3 CO_2 浓度

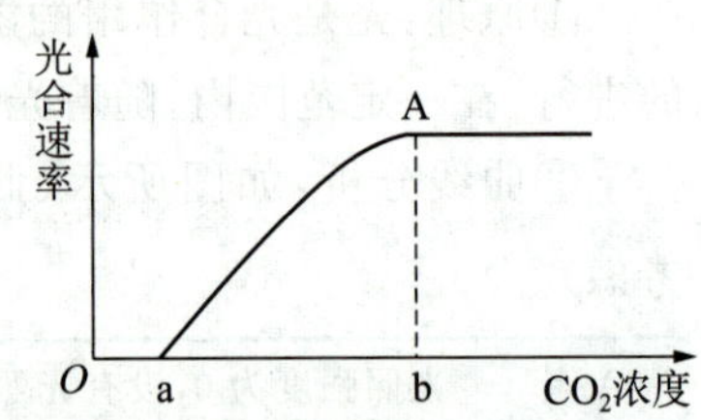

(1)原理：CO_2 是光合作用的原料，在暗反应中参与有机物的合成，主要影响暗反应。在一定范围内，随着 CO_2 增多，光合作用逐渐增强，其曲线变化与光照强度对光合作用强度的影响相似。

(2)曲线分析

Oa 段	由于 CO_2 浓度过低，无法被固定，光合作用不能进行
a 点	CO_2 浓度足够，开始进行光合作用
ab 段	CO_2 浓度逐渐增大，光合作用逐渐加强，叶绿体 CO_2 吸收量逐渐增加，此时限制光合作用的主要因素是 CO_2 浓度
b 点	出现 CO_2 饱和现象，即此时光照强度、温度等限制光合作用继续增强，CO_2 浓度不再是限制因素，增加 CO_2 浓度，光合作用强度不再继续增强。b 点对应的 CO_2 浓度为 CO_2 饱和点。在一定范围内，CO_2 越多，光合作用速率越快，但到 A 点时，即 CO_2 到饱和时，就不再增加了

(3)应用

植物栽培时需要"正其行，通其风"，在栽种较为整齐的情况下，有利于通风，增加植物 CO_2 的供应。

温室内是较为密闭的空间，较容易发生 CO_2 缺乏的情况，需要及时补充 CO_2，增加产量，如使用农家肥、施用干冰、农作物和动物混合养殖等。

思维火花 Siweihuohua

4 温度

(1)**原理**:光合作用是在酶催化下进行的,温度直接影响酶的活性。

(2)**曲线分析**:如图所示,一般植物在10 ℃～35 ℃下正常进行光合作用,其中AB段(10 ℃～35 ℃)随温度的升高而逐渐加强,B点(35 ℃)以上光合酶活性下降,光合作用速率开始下降,50 ℃左右由于酶失活导致光合作用停止。

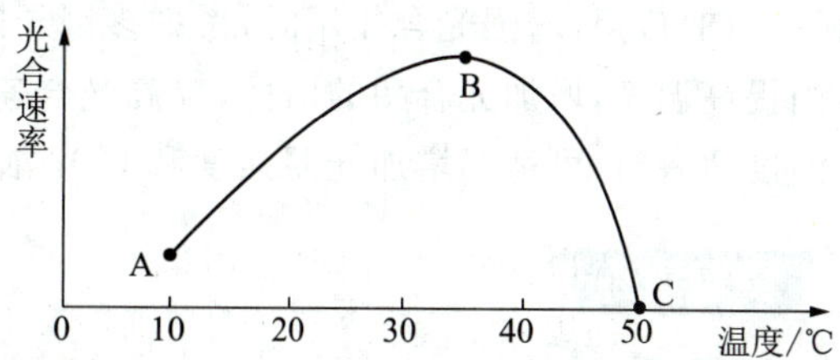

(3)**应用**:植物要适时栽种;冬天,温室栽培可适当提高温度;夏天,温室栽培可适当降低温度。白天调到光合作用最适温度,以提高光合作用;晚上适当降低温室温度,以降低细胞呼吸,保证有机物的积累。

5 水分

(1)**原理**:水分通过两个因素影响光合作用速率。

①自由水是光合作用的原料,也是光合作用反应的溶剂,当自由水含量增加时,可促进光合作用的进行,当自由水含量减少时,光合作用减弱。

②缺水时,为减少水分散失,植物会关闭气孔减弱蒸腾作用,影响 CO_2 进入叶肉细胞,从而影响暗反应的进行,光合作用减弱。

光合速率 / O / 水分(湿度)

(2)**曲线分析**:如图所示,在一定范围内,随着水分(湿度)增加,植物光合作用增强,超过一定范围,其他因素限制光合作用强度,增加水分不能增加光合作用强度。

(3)**应用**:合理灌溉,增加植物自由水含量,促进植物打开气孔,可增强光合作用;同时注意避免水分过多导致根部淹水,使植物根部进行无氧呼吸。

6 矿质元素

(1)**原理**:矿质元素如 Mg^{2+} 是光合色素的组成成分,N、P等元素是光合作用所需酶或叶绿体DNA的组成成分,矿质元素通过影响DNA、酶、色素等的合成,影响光合作用。

(2)**曲线分析**:如图所示,在一定范围内,随着矿质元素增加,植物光合作用增强,超过一定范围,其他因素限制光合作用强度,增加矿质元素不能增加光合作用强度。且当土壤中的矿质元素浓度过高时,植物会因渗透失水而萎蔫。

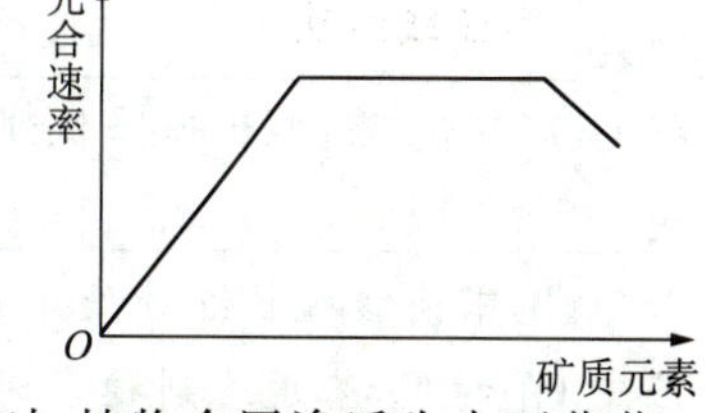

(3)**应用**:合理施肥可以促进叶面积增大,促进叶绿素合成,促进光合产物的运输和转化,提高光合作用速率。

7 多因子分析

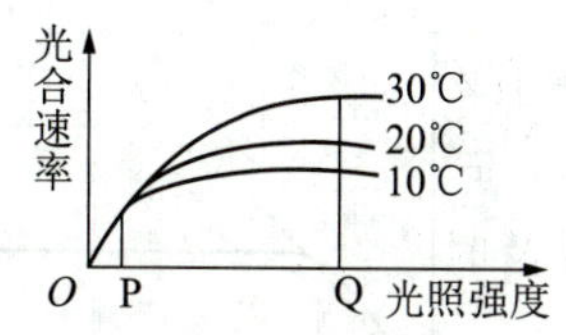

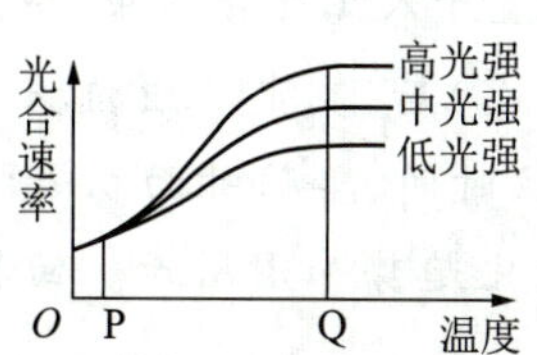

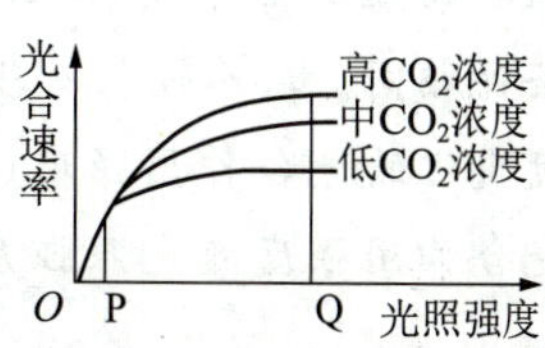

(1)P点:限制光合速率的因素应为横坐标所表示的因子,随着因子的不断加强,光合速率不断

思维火花 Siweihuohua

提高。

(2)Q点：横坐标所表示的因素不再是影响光合速率的因子，影响因素主要为各曲线所表示的因子。

(3)应用：增强光合作用时，考虑多因子的共同作用，如温室栽培时，在一定光照强度下，白天适当提高温度，增加光合酶的活性，提高光合速率，也可同时适当增加 CO_2，进一步提高光合速率，当温度适宜时，可适当增加光照强度和 CO_2 浓度以提高光合速率。

真题真练

例 110 (2014·新课标Ⅰ·2) 正常生长的绿藻，照光培养一段时间后，用黑布迅速将培养瓶罩上，此后绿藻细胞的叶绿体内不可能发生的现象是 ( )

A. O_2 的产生停止　　B. CO_2 的固定加快

C. ATP/ADP 比值下降　　D. $NADPH/NADP^+$ 比值下降

例 111 (2013·重庆·6) 如图是水生植物黑藻在光照等环境因素影响下光合速率变化的示意图。下列有关叙述，正确的是 ( )

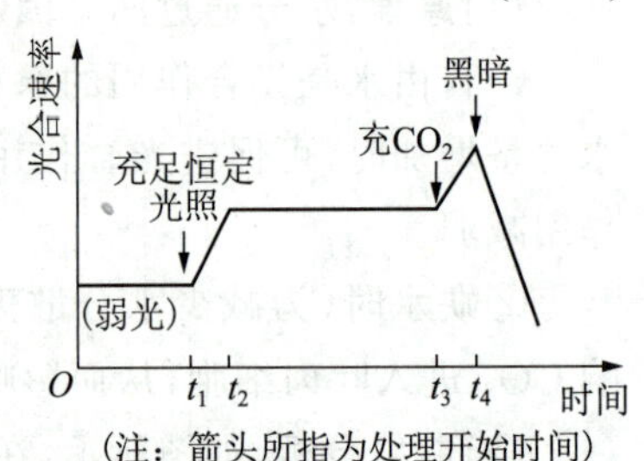

A. $t_1 \sim t_2$，叶绿体类囊体膜上的色素吸收光能增加，基质中水光解加快，O_2 释放增多

B. $t_2 \sim t_3$，暗反应(碳反应)限制光合作用，若在 t_2 时刻增加光照，光合速率将提高

C. $t_3 \sim t_4$，光照强度不变，光合速率的提高是由于光反应速率不变、暗反应速率增强

D. t_4 后短暂时间内，叶绿体中 ADP 和 Pi 含量升高，C_3 化合物还原后的直接产物含量降低

例 112 (2011·新课标·29) 在光照等适宜条件下，将培养在 CO_2 浓度为1%环境中的某植物迅速转移到 CO_2 浓度为0.003%的环境中，其叶片暗反应中 C_3 和 C_5 微摩尔浓度的变化趋势如图。回答问题：

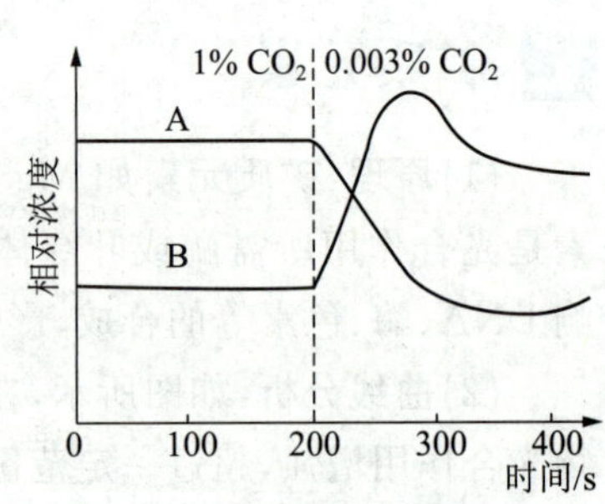

(1)图中物质 A 是________(填“C_3 化合物”或“C_5 化合物”)。

(2)在 CO_2 浓度为1%的环境中，物质 B 的浓度比 A 的低，原因是________________________；将 CO_2 浓度从1%迅速降低到0.003%后，物质 B 浓度升高的原因是________________________。

(3)若使该植物继续处于 CO_2 浓度为0.003%的环境中，暗反应中 C_3 和 C_5 浓度达到稳定时，物质 A 的浓度将比 B 的________(填“低”或“高”)。

(4) CO_2 浓度为0.003%时，该植物光合速率最大时所需要的光照强度比 CO_2 浓度为1%时的________(填“高”或“低”)，其原因是________________________。

例 113 (2016·新课标Ⅰ·30) 为了探究生长条件对植物光合作用的影响，某研究小组将某品种植物的盆栽苗分成甲、乙两组，置于人工气候室中，甲组模拟自然光照，乙组提供低光照，其他培养条件相同。培养较长一段时间(T)后，测定两组植株叶片随光照强度变化的光合作用强度(即单位时间、单位叶面积吸收 CO_2 的量)，光合作用强度随光照强度的变化趋势如图所示。回答下列问题：

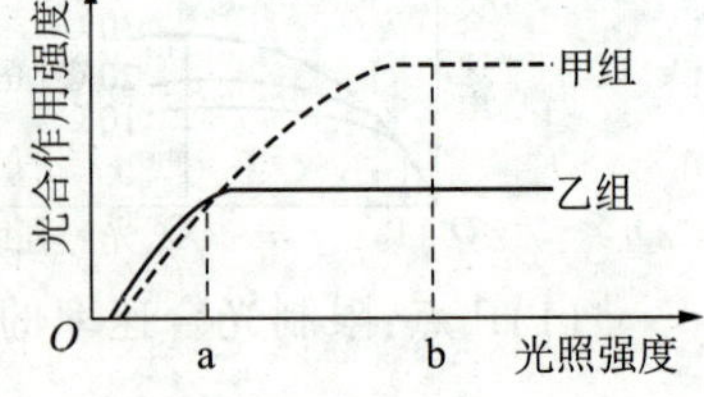

(1)据图判断，光照强度低于 a 时，影响甲组植物光合作用的限

制因子是________。

(2)b 光照强度下，要使甲组的光合作用强度升高，可以考虑的措施是提高________(填"CO_2浓度"或"O_2浓度")。

(3)播种乙组植株产生的种子，得到的盆栽苗按照甲组的条件培养 T 时间后，再测定植株叶片随光照强度变化的光合作用强度，得到的曲线与甲组的相同。根据这一结果能够得到的初步结论是____。

九、光合呼吸的综合计算

1 基本概念

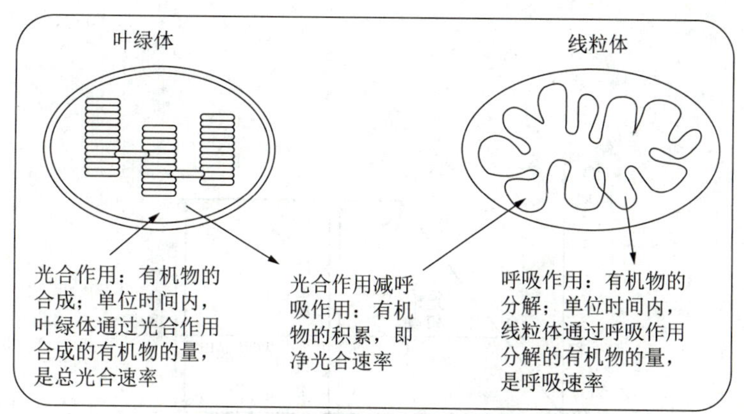

总光合速率、净光合速率及呼吸速率图示

(1)呼吸速率

①概念：一定温度下，单位质量的活细胞在单位时间内吸收氧或释放二氧化碳的量，表示的是植物细胞呼吸的强度，在和光合作用一起考虑时，一般仅考虑有氧呼吸，不考虑无氧呼吸。

②表述方式：呼吸速率仅与细胞呼吸有关，与光合无关，当题目描述的变量仅涉及细胞呼吸时，即为呼吸速率，在题目中，一般强调在黑暗条件下，植物不进行光合作用，只进行呼吸作用，这时的气体变化即植物的呼吸作用强度。

(2)总光合速率

①概念：植物单位叶面积单位时间光合作用实际吸收的二氧化碳量或产生氧气量，即叶绿体光合作用的真正强度，也称为真正光合速率。

②表述方式：总光合速率仅和光合作用有关，与呼吸作用无关，在题目表述中，仅涉及光合作用时，指的即为总光合速率，例如叶绿体/植物"固定"CO_2 量；叶绿体/植物"产生"O_2 量；叶绿体/植物"产生、制造或合成"葡萄糖量，这些量仅与光合作用有关，即为总光合速率。

(3)净光合速率

①概念：植物单位叶面积单位时间光合作用测得叶片吸收二氧化碳量或释放氧气量，亦等于总光合速率减去呼吸速率之差值，也称为表观光合速率。

②表述方式：净光合速率既与光合有关，也与呼吸有关，当题目中的变量涉及光合和呼吸的综合作用时，即为净光合速率。例如植物/叶片"吸收"CO_2 量或实验容器内 CO_2 的减少量，CO_2 的吸

思维火花 Siweihuohua

收量为光合作用吸收量减去细胞呼吸释放量，故为净光合作用。其他如植物/叶片"释放"O_2 量或实验容器内 O_2 的增加量，植物/叶片"积累"葡萄糖量或植物有机物增加量也是净光合作用速率。

2 相互关系

(1)**关系**：总光合速率=净光合速率+呼吸速率。

(2)**解读**：也可写成"净光合速率=总光合速率-呼吸速率"。总光合速率即通过光合作用合成的有机物的量，仅与光合作用有关；呼吸速率即通过细胞呼吸消耗有机物的量；通过光合作用合成的有机物不能全部保留，其中一部分会通过呼吸作用消耗，剩下的才是积累的有机物，即净光合速率，它既与光合作用有关，也与细胞呼吸有关，等于光合作用和细胞呼吸的差值。

(3)**表示方式**

①氧气消耗：光合作用产氧量=氧气释放量+细胞呼吸耗氧量。

②CO_2 固定：光合作用固定 CO_2 量=CO_2 吸收量+细胞呼吸释放 CO_2 量。

③有机物生成：光合作用葡萄糖产生量=葡萄糖积累量+细胞呼吸消耗葡萄糖量。

3 光照模型

(1)**曲线关系**

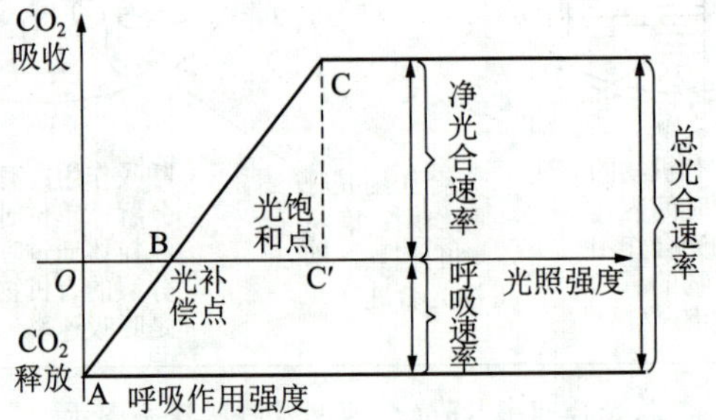

(2)**曲线分析**

	生理过程	细胞状态
A点	光照强度为0，此时只进行细胞呼吸，CO_2 释放量表明此时的呼吸强度	CO_2 O_2 A点：只进行细胞呼吸
AB段	光照强度增大，光合作用逐渐加强，CO_2 的释放量逐渐减少，此段细胞呼吸强度大于光合作用强度	CO_2 CO_2 O_2 O_2 AB段：光合作用<细胞呼吸

续表

思维火花 Siweihuohua

	生理过程	细胞状态
B点	此时光合作用强度＝细胞呼吸强度，植物对 CO_2 的吸收和释放速率刚好相等，称为光补偿点	 B点：光合作用=细胞呼吸
BC段	随着光照强度不断加强，光合作用不断加强，到 C 点不再加强，称 C 点对应的光照强度，即 C′点为光饱和点	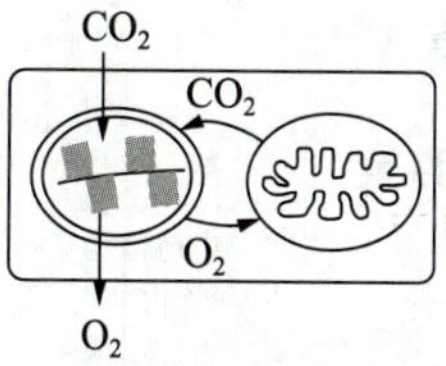 BC段：光合作用>细胞呼吸

(3)应用

阳生植物的光补偿点和光饱和点比较高，阴生植物的光补偿点和光饱和点比较低，如图所示。间作套种时农作物的种类搭配，林带树种的配置，需要考虑阳生植物和阴生植物相互搭配，合理利用光源。

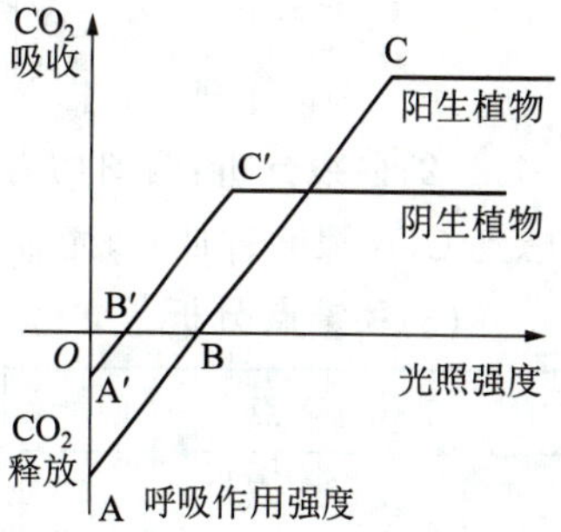

4 温度模型

(1)曲线关系

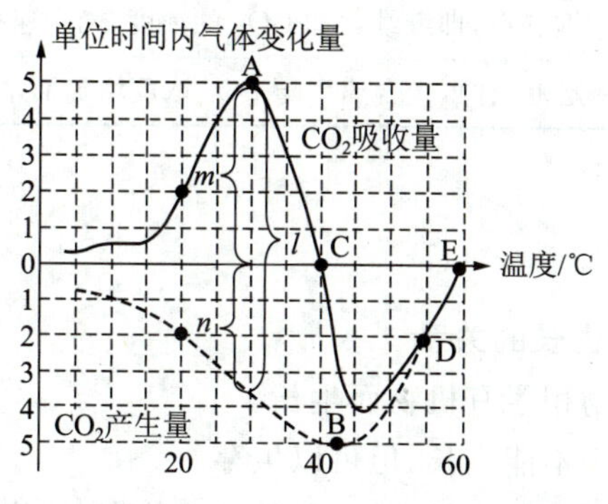

(2)曲线分析

图示		含义
曲线分析	实线	CO_2 吸收量表示净光合速率变化
	虚线	CO_2 产生量表示呼吸速率变化
数量分析	m	某温度下 CO_2 吸收量表示净光合作用强度
	n	某温度下 CO_2 产生量表示呼吸作用强度
	l	l＝净光合作用强度＋呼吸作用强度＝总光合作用强度

续表

图示		含义
关键点分析	A	l 最大，表示光合作用最强点，其温度为光合作用最适温度
	B	n 最大，表示细胞呼吸最强点，其温度为细胞呼吸最适温度
	C	净光合速率为零，表示光补偿点，此时光合作用强度等于呼吸作用强度
	D	l 为 0，表示光合作用停止，细胞仅进行细胞呼吸
	E	光合、呼吸均为零，表示细胞因温度过高导致死亡

5 CO_2 模型

(1)曲线关系

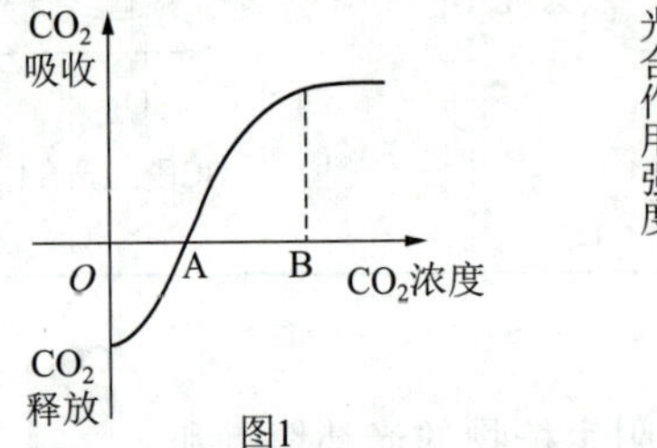

图1

光合作用强度

O A′ B′ CO_2浓度

图2

(2)曲线分析：两图均为 CO_2 对光合作用影响曲线，其中图 1 和光合作用影响曲线相似，图 2 考虑到 CO_2 浓度过低时，光合作用往往不能正常进行，所以 A′点才开始进行光合作用。

(3)关键点分析

A 点	光合速率等于细胞呼吸速率时的 CO_2 浓度，即 CO_2 补偿点
A′点	进行光合作用所需 CO_2 的最低浓度
B 和 B′点	CO_2 饱和点，即继续增加 CO_2 的浓度，光合速率不再增加
AB 段和 A′B′段	在一定范围内，光合速率随 CO_2 浓度增加而增大

6 应用

(1)研究净光合速率与植物生长的关系

①当净光合速率>0 时，植物积累有机物而生长。

②当净光合速率=0 时，植物不能生长，但可以生存。

③当净光合速率<0 时，植物不能生长，长时间处于此状态时，将会死亡。

(2)适宜的光照强度可以增加光合作用强度，从而增加产量，光照不足时产量降低，因此阴天和夜晚可以适当补充光照。

7 点的移动分析

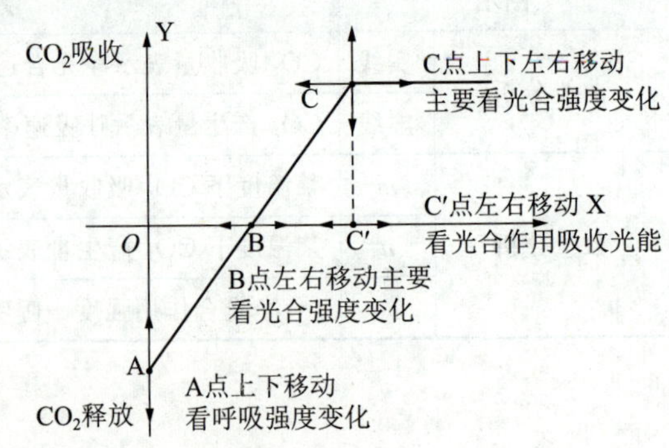

(1)点的移动图示

(2)点的移动分析

①A 点在 Y 轴上，代表呼吸速率，仅与呼吸有关。当环境因素影响呼吸时，导致 A 点上下移动，其中呼吸作用增强，则 A 点下移，呼吸作用减弱，则 A 点

思维火花 Siweihuohua

上移。

②C 点在第一象限，代表光合作用强度，仅与光合作用强度有关。当环境因素影响光合作用时，可以上下左右移动，其中左右移动代表其能够利用的光能多少，上下移动代表能够固定的 CO_2 量，例如当光合增强时，可以吸收更多光能进行更强的光合作用，C 点向右上方移动；当光合减弱时，吸收光能更少，光合作用强度更弱，C 点向左下方移动。

③C′点是 C 点在 X 轴上的投影，表示光饱和点，随光合作用强度变化而在 X 轴上左右移动，原理和第②点相同，当光合作用强度增强时，C′向右移动，当光合作用强度减弱时，C′向左移动。

④B 点是光补偿点，其大小与光合作用和细胞呼吸均有关，在确定新的 A 点位置后，根据光合作用强度变化绘制出新的曲线，即可确定 B 点移动方向。

⑤阴生植物与阳生植物相比，CO_2(或光)补偿点和饱和点都应向左移动。

真题真练

例 114 (2018·江苏·18)如图为某一植物在不同实验条件下测得的净光合速率，下列假设条件中能使图中结果成立的是 ( )

A. 横坐标是 CO_2 浓度，甲表示较高温度，乙表示较低温度

B. 横坐标是温度，甲表示较高 CO_2 浓度，乙表示较低 CO_2 浓度

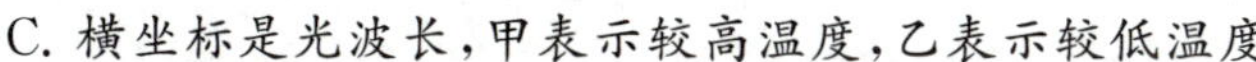

C. 横坐标是光波长，甲表示较高温度，乙表示较低温度

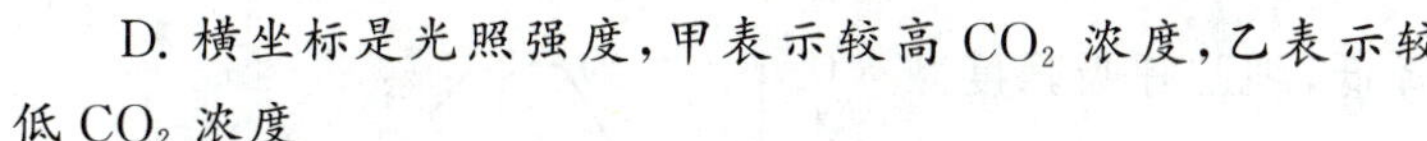

D. 横坐标是光照强度，甲表示较高 CO_2 浓度，乙表示较低 CO_2 浓度

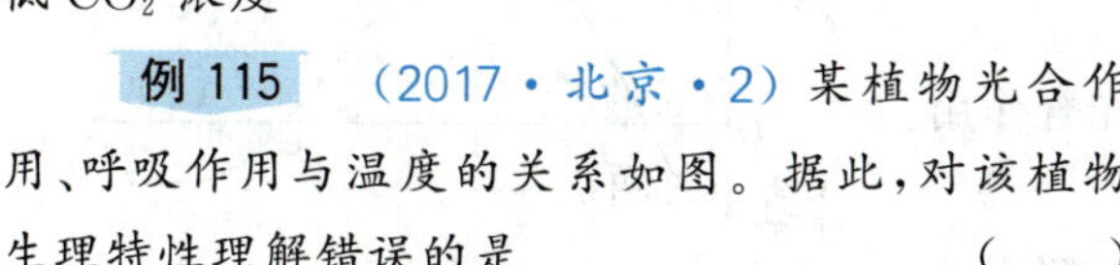

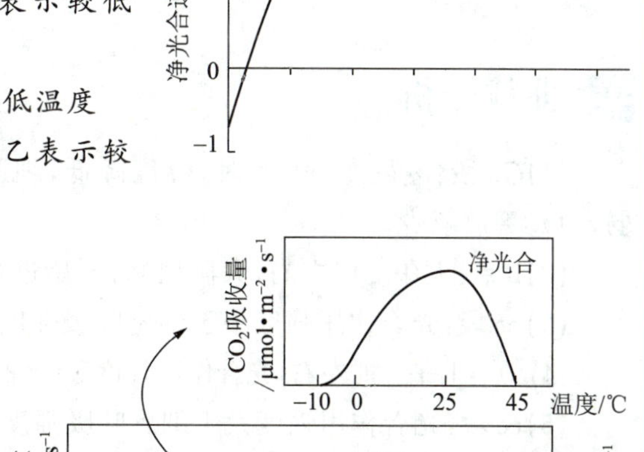

例 115 (2017·北京·2)某植物光合作用、呼吸作用与温度的关系如图。据此，对该植物生理特性理解错误的是 ( )

A. 呼吸作用的最适温度比光合作用的高

B. 净光合作用的最适温度约为 25 ℃

C. 在 0～25 ℃范围内，温度变化对光合速率的影响比对呼吸速率的大

D. 适合该植物生长的温度范围是 10～50 ℃

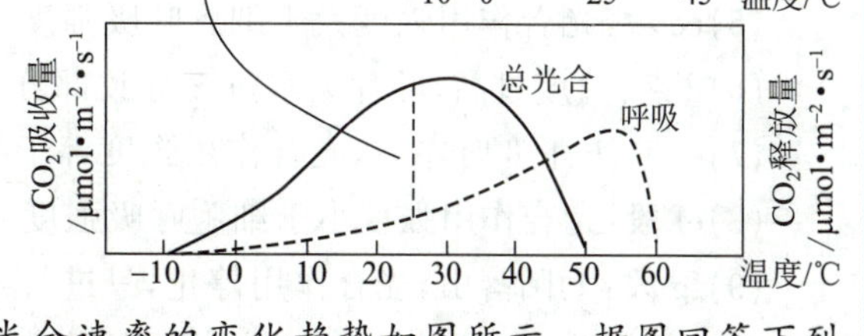

例 116 (2014·新课标Ⅱ·29)某植物净光合速率的变化趋势如图所示。据图回答下列问题：

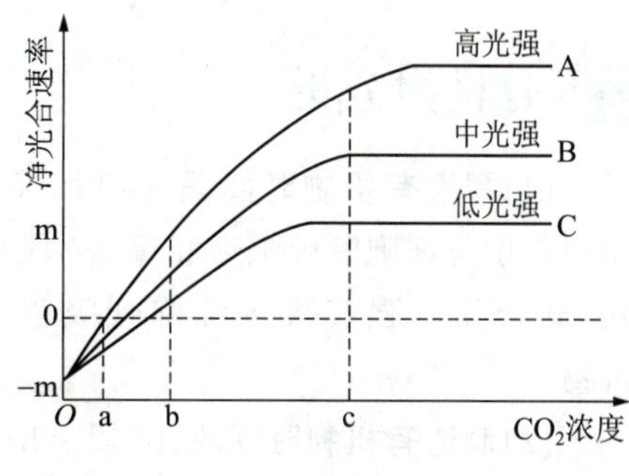

(1)当 CO_2 浓度为 a 时，高光强下该植物的净光合速率为________。CO_2 浓度在 a～b 之间时，曲线________表示了净光合速率随 CO_2 浓度的增高而增高。

(2)CO_2 浓度大于 c 时，曲线 B 和 C 所表示的净光合速率不再增加，限制其增加的环境因素是________。

(3)当环境中 CO_2 浓度小于 a 时，在图示的 3 种光强下，该植物呼吸作用产生的 CO_2 量________(填“大于”“等于”或“小于”)光合作用吸收的 CO_2 量。

(4)据图可推测，在温室中，若要采取提高 CO_2 浓度的措施来提高该种植物的产量，还应该同

思维火花 Siweihuohua

时考虑________这一因素的影响,并采取相应措施。

例 117 (2018·新课标Ⅲ·29)回答下列问题:

(1)高等植物光合作用中捕获光能的物质分布在叶绿体的________上,该物质主要捕获可见光中的________________。

(2)植物的叶面积与产量关系密切,叶面积系数(单位土地面积上的叶面积总和)与植物群体光合速率、呼吸速率及干物质积累速率之间的关系如图所示,由图可知:当叶面积系数小于 a 时,随叶面积系数增加,群体光合速率和干物质积累速率均________。当叶面积系数超过 b 时,群体干物质积累速率降低,其原因是________________________________。

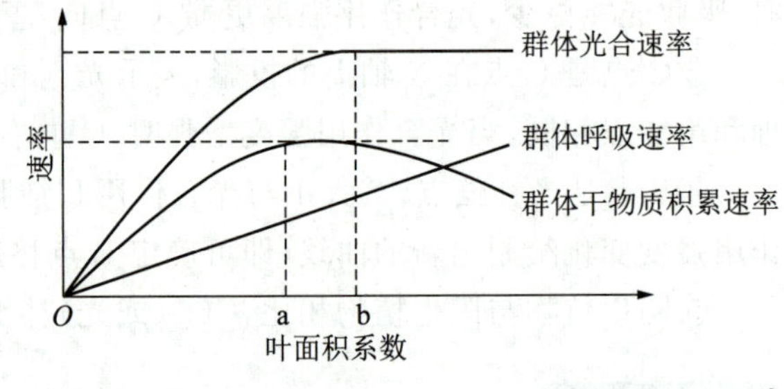

(3)通常,与阳生植物相比,阴生植物光合作用吸收与呼吸作用放出的 CO_2 量相等时所需要的光照强度________(填"高"或"低")。

十、光合呼吸日变化问题

1 曲线分析

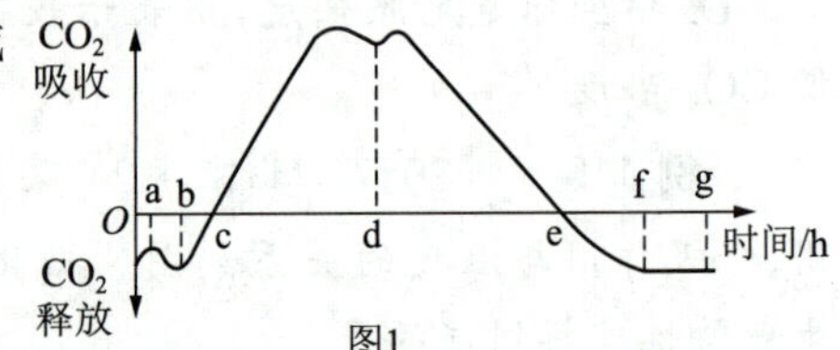

图1

(1)Oa 段:凌晨 3 时～4 时,温度降低,细胞呼吸强度减弱,CO_2 释放减少。

(2)b 点:上午 6 时左右,太阳出来,开始进行光合作用。

(3)bc 段:光合作用强度小于细胞呼吸强度。

(4)c 点:上午 7 时左右,光合作用强度等于细胞呼吸强度。

(5)ce 段:光合作用强度大于细胞呼吸强度。

(6)d 点:温度过高,叶片失水过多导致部分气孔关闭,出现"午休"现象。

(7)e 点:下午 6 时左右,光合作用强度等于细胞呼吸强度。

(8)ef 段:光合作用强度小于细胞呼吸强度。

(9)fg 段:太阳落山,光合作用停止,只进行细胞呼吸。

(10)**午休现象**:由于中午气温过高,植物失水过多,为避免失水,植物关闭气孔,同时导致吸收的 CO_2 减少、光合作用受阻。

2 有机物分析

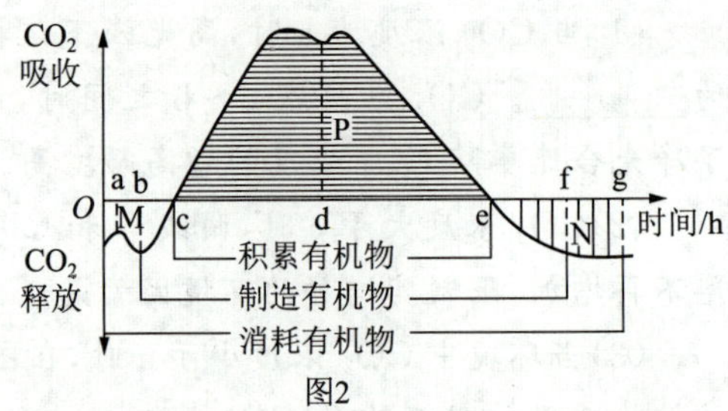

图2

(1)**积累有机物时间段**:ce 段。c 点和 e 点时,光合作用强度与细胞呼吸强度相等,ce 段由于光照强度的增强,光合作用强度大于细胞呼吸强度,故不断积累有机物。

(2)**制造有机物时间段**:bf 段。b 点大约为早上 6 点,太阳升起,有光照,开始进行光合作用;f 点大约为下午 6 点,太阳落山,无光照,停止光合作用。

(3)**消耗有机物时间段**:Og 段。一天 24 小时,细胞的生命活动时刻在进行,即不停地消耗能

思维火花 Siweihuohua

量，故细胞呼吸始终进行。

(4)一天中有机物积累最多的时间点：e点。白天，光合作用强度大于细胞呼吸强度，积累有机物；e点后，随着光照的减弱，细胞呼吸强度大于光合作用强度，故e点时积累的有机物最多。

(5)一昼夜有机物的净积累量表示：$S_P-S_M-S_N$。S_P表示白天的净积累量，S_M和S_N表示夜晚的净消耗量，故$S_P-(S_M+S_N)$为一昼夜的净积累量。

3 CO_2 总量分析

(1)A点：起始点，对应时间为午夜十二点。

(2)AC段：夜晚无光合作用，呼吸作用使密闭空间的CO_2含量不断上升。

(3)BC段：由于凌晨温度降低，呼吸作用减弱，CO_2浓度增加减慢。

(4)C点：开始进行光合作用，由于早晨温度较低、光照较弱，光合作用小于呼吸作用，CO_2依然不断增加。

图3

(5)D点：曲线切线斜率为0，CO_2增速为0(此时CO_2既不增加也不减少)，故此点光合作用等于呼吸作用。

(6)DH段：白天光照强烈的时间段，光合作用大于呼吸作用，CO_2浓度不断减少。

(7)FG段：发生午休现象。

(8)H点之后：光照减弱，光合作用小于呼吸作用，CO_2浓度增加。

(9)经过一天24小时后：CO_2总浓度降低，说明植物积累了有机物。

4 总结比较

(1)注意区分图1和图3纵坐标的含义，前者表示细胞吸收或释放二氧化碳的量，后者表示容器内二氧化碳的浓度，两者变量不同。

(2)图中曲线的坡度表示反应速率的大小，坡度越大，表明光合作用或呼吸作用速率越大。

(3)图3中的D、H点是曲线的拐点，表明光合作用强度等于细胞呼吸强度，分别对应于图1中的c、e点。

真题真练

例118 (2016·四川·5)三倍体西瓜由于含糖量高且无籽，备受人们青睐。如图是三倍体西瓜叶片净光合速率(Pn，以CO_2吸收速率表示)与胞间CO_2浓度(Ci)的日变化曲线，以下分析正确的是 ( )

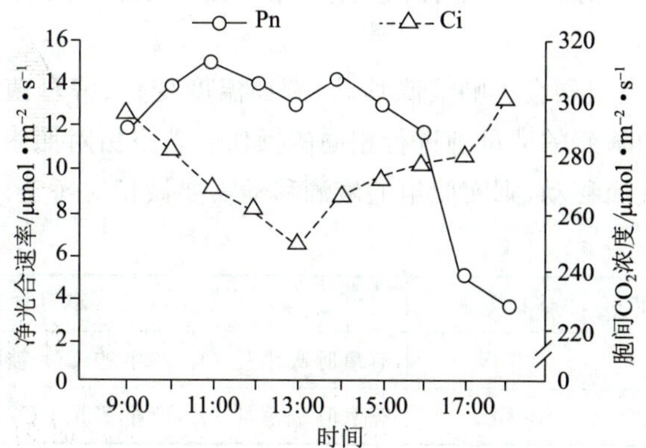

思维火花 Siweihuohua

A. 与 11:00 时相比，13:00 时叶绿体中合成 C_3 的速率相对较高

B. 14:00 后叶片的 Pn 下降，导致植株积累有机物的量开始减少

C. 17:00 后叶片的 Ci 快速上升，导致叶片暗反应速率远高于光反应速率

D. 叶片的 Pn 先后两次下降，主要限制因素分别是 CO_2 浓度和光照强度

例 119 (2012·山东·2) 夏季晴朗的一天，甲、乙两株同种植物在相同条件下 CO_2 吸收速率的变化如图所示。下列说法正确的是 ( )

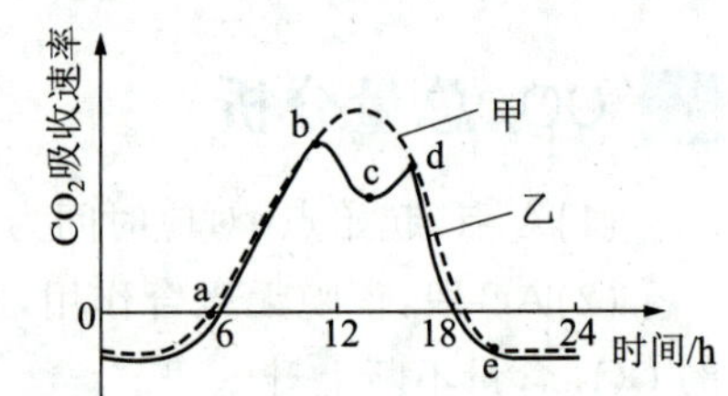

A. 甲植株在 a 点开始进行光合作用

B. 乙植株在 e 点有机物积累量最多

C. 曲线 bc 段和 de 段下降的原因相同

D. 两曲线 bd 段不同的原因可能是甲植株气孔无法关闭

十一、实验类问题

1 液滴类实验

(1)模型一：有氧呼吸和无氧呼吸液滴模型

①模型图示

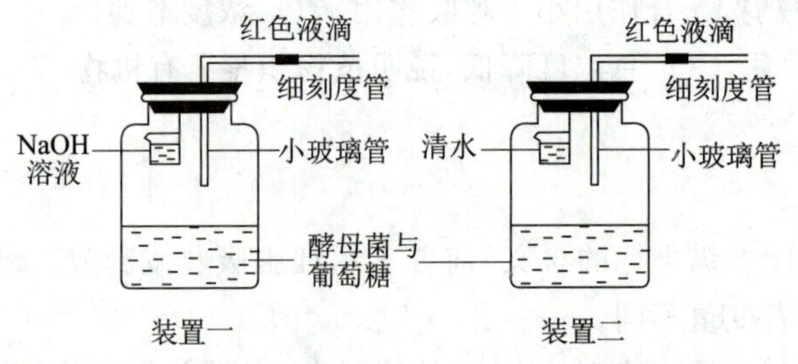

②模型分析

a. 图示为一密封小瓶，有酵母菌及其培养液，可进行有氧呼吸或无氧呼吸，酵母菌也可替换为乳酸菌、动物、绿色植物等，但不同生物呼吸产物和对应条件有差异。

b. 酵母菌有氧呼吸吸收 O_2，产生 CO_2，由第六节口诀可知：有氧一六六，吸收氧气量等于释放二氧化碳量。酵母菌无氧呼吸不吸收氧气，直接释放二氧化碳。

c. 红色液滴可以移动，其移动方向和距离代表气体变化量。

d. 这一组对照实验中，装置一中的 NaOH 可以吸收 CO_2，所以引起装置一液滴移动的原因是 O_2 含量的改变，在装置二中，清水不影响任何气体，所以引起装置二液滴移动的原因是 CO_2 和 O_2 的综合变化。

e. 由于环境因素和其他因素会影响液滴移动，例如温度变化、酵母菌污染等，此实验还需要设置空白对照试验，用等量的杀死的酵母菌进行相同的操作。若空白对照组液滴不移动，则实验组实验结果准确，若对照组的液滴移动，则实验组的液滴移动需要做相应矫正。

③常规思路

呼吸方式	加入溶液	移动方向	移动原因
只进行有氧呼吸	碱液	左移	有氧呼吸消耗 O_2，产生的 CO_2 被吸收，装置中气体量减少
	清水	不移动	有氧呼吸消耗 O_2，产生等量 CO_2，装置中气体量不变

思维火花 Siweihuohua

续表

呼吸方式	加入溶液	移动方向	移动原因
只进行酒精发酵	碱液	不移动	酒精发酵不消耗 O_2，产生的 CO_2 被吸收，装置中气体量不变
	清水	右移	酒精发酵不消耗 O_2，但产生 CO_2，装置中气体量增多
有氧呼吸和酒精发酵同时进行	碱液	左移	有氧呼吸消耗 O_2，产生的 CO_2 被吸收，酒精发酵产生的 CO_2 被吸收，装置中气体量减少
	清水	右移	有氧呼吸消耗 O_2，产生等量 CO_2，不引起气体体积变化；酒精发酵产生 CO_2，装置中气体量增多
只进行乳酸发酵	碱液	不移动	无气体的产生与消耗，装置中气体量不变
	清水	不移动	

④口诀

解题口诀：清水看无氧，强碱看有氧，乳酸看不出。

(2)模型二：有氧呼吸和光合作用液滴模型

①模型图示

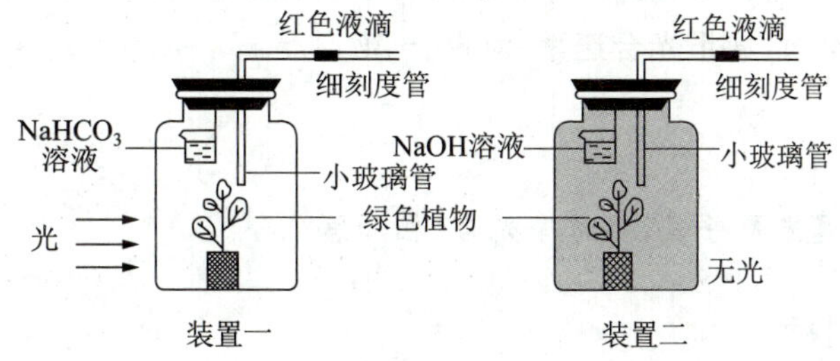

②模型分析

a. 装置一中，提供的 $NaHCO_3$ 溶液也被称为“CO_2 缓冲液”，既能吸收 CO_2，也能释放 CO_2，在植物吸收或释放 CO_2 时，保持气体中 CO_2 浓度维持不变，此时引起气体体积改变的是 O_2 浓度。

b. O_2 浓度与光合作用和细胞呼吸的相对强度有关，当光合作用大于细胞呼吸时，即净光合作用＞0，O_2 增加，图示液滴右移；当光合作用小于细胞呼吸时，即净光合作用＜0，O_2 减少，图示液滴左移；当光合作用等于细胞呼吸时，即净光合作用＝0，O_2 不变，图示液滴不动。

c. 以上分析中，液滴移动距离代表的即是细胞呼吸相对强度。

d. 装置二中，在黑暗条件下，植物只能进行细胞呼吸，因 NaOH 吸收 CO_2，导致液滴移动的是 O_2 吸收量，因此其代表有氧呼吸的强度。

e. 注意此模型考虑光合作用，一般只与有氧呼吸做比较，通常不考虑无氧呼吸的情况。

③常规思路

相对强度	加入溶液	移动方向	移动原因
光合大于呼吸	$NaHCO_3$	右移	净光合作用＞0，O_2 增加，图示液滴右移
	碱液	左移	有氧呼吸消耗 O_2，产生的 CO_2 被吸收，装置中气体量减少
光合等于呼吸	$NaHCO_3$	不移动	光合作用作用等于细胞呼吸，即净光合作用＝0，O_2 不变
	碱液	左移	有氧呼吸消耗 O_2，产生的 CO_2 被吸收，装置中气体量减少
光合小于呼吸	$NaHCO_3$	左移	净光合作用＜0，O_2 减少，图示液滴左移
	碱液	左移	有氧呼吸消耗 O_2，产生的 CO_2 被吸收，装置中气体量减少

思维火花 Siweihuohua

④口诀

德叔批注

解题口诀：$NaHCO_3$ 看光合，强碱看有氧。

2 半叶法/黑白瓶实验

(1)模型一：半叶法模型

①模型图示

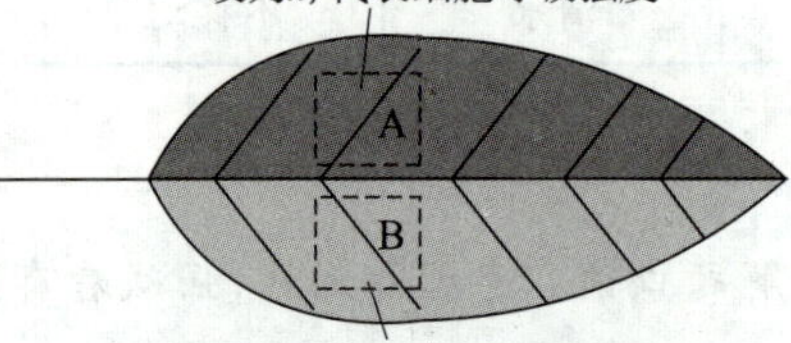

②模型分析

在同一片叶主脉两侧对称位置取等大的两部分A、B。若给B照光，A取下并放置在与B温度、湿度等条件相同，但无光的环境中保存，一段时间后，与取下的B同时烘干、称重，二者质量差值与时间的比值表示真正光合速率。

假设最初A、B初始质量为 X g，实验处理 t 时间后A、B称重分别为 W_A、W_B，则 $(X-W_A)$ 表示呼吸消耗量，(W_B-X) 表示净光合量，真正光合量 $=(W_B-X)+(X-W_A)$，真正光合速率 $=(W_B-W_A)/t$。

③解题口诀

德叔批注

解题口诀：遮光是呼吸，照光净光合，相加总光合。

(2)模型二：黑白瓶模型

①模型图示

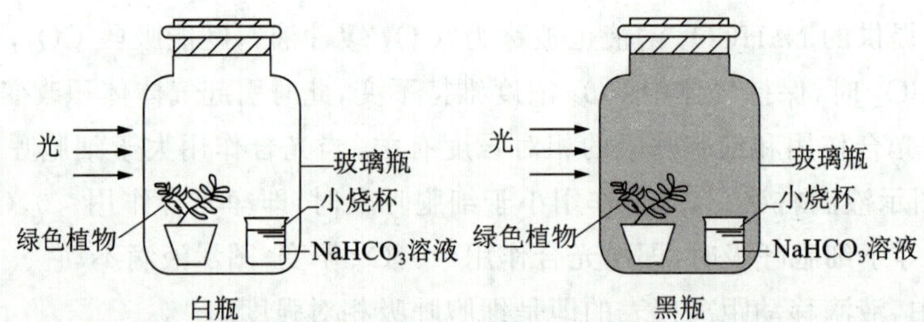

②模型分析

以池塘某水深处藻类光合呼吸的测定为例，如图取两个相同的透明玻璃瓶a、b，将b先包以黑胶布即黑瓶，a瓶内可正常光照，即白瓶。用a、b瓶从待测深度取水样，测定氧含量，设为 x。将a瓶、b瓶密封再沉入待测水体深度，经24小时取出，测两瓶氧含量，设a瓶为 n，b瓶为 m，可知其呼吸速率为 $x-m$，净光合速率为 $n-x$；其总光合速率为：$x-m+n-x=n-m$。

③解题口诀

此实验实质上和半叶法没有区别，因此口诀相同。

德叔批注

解题口诀：遮光是呼吸，照光净光合，相加总光合。

思维火花 Siweihuohua

真题真练

例 120 (2013·安徽·30Ⅱ)合理密养、立体养殖是提高池塘养殖经济效益的有效措施。

(1)某池塘中有水草、绿藻、草鱼、鳙鱼(主要摄食浮游动物)和鳜鱼(肉食性),以及水蚤、轮虫等浮游动物。请按主要捕食关系,绘出该池塘生态系统的食物网。

(2)轮虫和水蚤的种间关系是____________。

(3)研究池塘生态系统不同水层光合速率,对确定鱼的放养种类和密度有参考价值。从池塘不同深度采集水样,分别装入黑白瓶中(白瓶为透明玻璃瓶,黑瓶为黑布包裹的玻璃瓶)并封闭。然后将黑白瓶对应悬挂于原水样采集位置,同时测定各水层剩余水样溶氧量,作为初始溶氧量。24 h后,测定各黑白瓶中溶氧量。若测得某水层初始溶氧量为 A mg·L^{-1},白瓶溶氧量为 B mg·L^{-1},黑瓶溶氧量为 C mg·L^{-1},则该水层总光合速率为______ mg·L^{-1}·d^{-1}。

若上午黑白瓶被悬挂于水深 25 cm 处时,白瓶意外坠落至池塘底部,短时间内,该瓶内绿藻叶绿体重 C_3 含量______。

(4)从群落结构的角度分析,立体养殖可以____________________。从能量流动的角度分析,合理密养可以______________________________。

例 121 (2019·新课标Ⅱ·31)回答下列与生态系统相关的问题。

(1)在森林生态系统中,生产者的能量来自于______,生产者的能量可以直接流向____________(答出 2 点即可)。

(2)通常,对于一个水生生态系统来说,可根据水体中含氧量的变化计算出生态系统中浮游植物的总初级生产量(生产者所制造的有机物总量)。若要测定某一水生生态系统中浮游植物的总初级生产量,可在该水生生态系统中的某一水深处取水样,将水样分成三等份,一份直接测定 O_2 含量(A);另两份分别装入不透光(甲)和透光(乙)的两个玻璃瓶中,密闭后放回取样处,若干小时后测定甲瓶中的 O_2 含量(B)和乙瓶中的 O_2 含量(C)。据此回答下列问题。

在甲、乙瓶中生产者呼吸作用相同且瓶中只有生产者的条件下,本实验中 C 与 A 的差值表示这段时间内______________;C 与 B 的差值表示这段时间内______________;A 与 B 的差值表示这段时间内______________。

十二、细胞代谢知识总结和拓展

1 总结

	光合作用	有氧呼吸
物质变化	无机物→有机物	有机物→无机物

思维火花 Siweihuohua

续表

	光合作用	有氧呼吸
能量变化	光能→稳定的化学能	稳定的化学能→ATP中活跃的化学能、热能
实质	合成有机物、储存能量	分解有机物、释放能量,供细胞利用
场所	叶绿体	活细胞(主要在线粒体)
条件	只在光下进行	有光、无光都能进行
意义	①制造有机物 ②将光能转化为化学能,储存在有机物中 ③维持大气中 O_2 与 CO_2 含量相对稳定	①为生物体各项生命活动提供能量 ②为体内的其他化合物的合成提供原料 ③维持恒温动物的体温

2 化能合成作用

某些细菌可以利用体外无机物氧化释放的能量将二氧化碳和水合成有机物,即化能合成作用。例如硝化细菌利用氨氧化成亚硝酸、硝酸的能量合成有机物。和光合作用一样可以将二氧化碳和水合成有机物,但两者能量来源不一样。

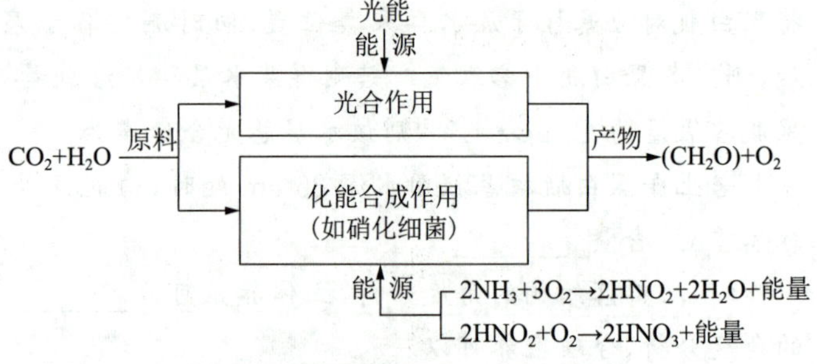

光合作用、化能合成作用示意图

3 代谢方式

(1)同化作用:又叫做合成代谢,是指生物体把从外界环境中获取的营养物质转变成自身的组成物质,并且储存能量的变化过程。根据生物体在同化作用过程中能不能利用无机物制造有机物,新陈代谢类型可以分为自养型和异养型两种。

①自养型生物:绿色植物和硝化细菌都能将无机物合成有机物,并且储存能量,因此属于自养生物。自养型生物又可分为光能自养型和化能自养型。

光能自养型:利用光合作用合成有机物,如绿色植物。

化能自养型:利用体外环境中某些无机物氧化所释放的能量合成有机物,即化能合成作用,如硝化细菌、硫化细菌。

②异养型生物:人、动物、真菌以及大多数细菌只能利用环境中的有机物来维持自身的生命活动,属于异养生物。

(2)异化作用:又叫做分解代谢,是指生物体能够把自身的一部分组成物质加以分解,释放出其中的能量,并且把分解的终产物排出体外的变化过程。根据生物体在异化作用过程中对氧的需求情况,新陈代谢的基本类型可以分为需氧型和厌氧型两种。

①需氧型/好氧型:可以进行有氧呼吸的生物,如人、大部分动物和植物。

②厌氧型:只能进行无氧呼吸的生物,如破伤风杆菌、蛔虫(成虫)。当暴露于有氧气的环境之下,有些厌氧生物会死亡。

③兼性厌氧型:既能进行有氧呼吸,又能进行无氧呼吸的生物,如酵母菌。

the END

模块四

细胞的生命历程

核心概要

1. 细胞增殖的方式和意义
2. 有丝分裂的过程和逻辑
3. 减数分裂的过程和逻辑
4. 细胞分裂题型及方法
5. 细胞的分化、衰老、凋亡、坏死和癌变

德叔寄语

高考是人生的第二次大考，上一次是受精，你在几亿个精子中脱颖而出，成为NO.1，相信我，这次你也可以！

李林

内容导读

致同学：

细胞的生命历程是高中生物承上启下的关键，其主要内容是有丝分裂和减数分裂，不仅是必修一细胞体系的完结，同时也是孟德尔经典遗传学及分子遗传学的重要基础，所以此模块非常重要。就知识而言，细胞生命历程的知识内容在教材中以过程描述为主，涵盖有丝分裂的过程、减数分裂的过程，但是理解有丝和减数分裂的逻辑内涵更为重要，各类题型如分裂图像判断、染色体和DNA的数量变化、配子种类以及分裂异常等，都建立在对逻辑的分析理解之上，这些逻辑也是深入理解遗传学知识内容的基础，所以本节的重点是理解有丝分裂、减数分裂的逻辑关系。除分裂外，分化、衰老、凋亡和癌变等内容也是高考常考点，其难度较低，但需要理解和记忆。本节对知识的梳理和逻辑的分析都非常彻底，同学们需要注意理解深度。

李林

知识详解

一、细胞增殖

1 细胞不能无限长大

(1)细胞表面积与体积的比值即表体比的关系限制了细胞的长大:细胞越大,表面积和体积的比例越小,物质运输速度越慢。

(2)细胞核对细胞质的控制作用即核质比限制了细胞的长大:细胞越大,细胞核的相对体积就越小,细胞核控制遗传和代谢的能力就越弱。

德叔批注

细胞不能太大,但也不能太小,进行正常生命活动需要细胞具有完整的结构,包括各种物质和细胞器,太小的结构如病毒是无法独立完成生命活动的。

2 增殖方式

(1)方式:有丝分裂、减数分裂、无丝分裂、二分裂生殖等。

(2)过程:包括物质准备(分裂间期)和细胞分裂(分裂期),是连续的过程。

(3)意义:是生物体生长、发育、繁殖、遗传的基础。

3 细胞周期

(1)概念:连续分裂的细胞,从一次分裂完成时开始,到下一次分裂完成时为止,为一个细胞周期。

①条件:连续分裂的细胞,如干细胞、根尖分生区细胞;而高度分化的细胞如叶肉细胞、红细胞等,没有分裂能力,不具有细胞周期;减数分裂不能连续进行,也没有细胞周期。

②组成:细胞周期包括分裂间期和分裂期,其中分裂间期时间较长、在前,分裂期时间较短、在后。

(2)细胞周期的表示方法

细胞周期有不同表示方法,包括曲线图、扇形图等不同形式,但无论哪种表示方法,都需要满足以下条件:周期包含分裂间期和分裂期。分裂间期历时长,分裂期历时短,分裂间期在前,分裂期在后。常见表示方法如下:

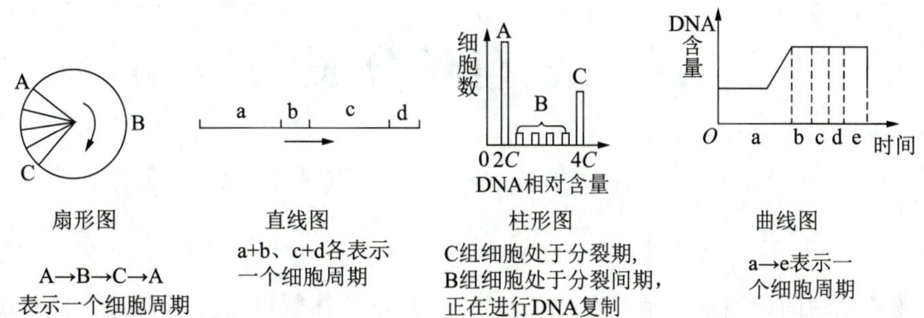

思维火花 Siweihuohua

4 细胞去向

(1)**继续分裂**:始终处于细胞周期中,保持连续分裂状态,如动物红骨髓细胞、植物形成层细胞等。

(2)**暂不分裂**:仍具有分裂能力,在一定条件下可回到细胞周期中继续分裂,如肝脏细胞、骨髓造血干细胞等。

(3)**细胞分化**:失去分裂能力,分化为其他组织器官细胞,如骨骼肌细胞、洋葱表皮细胞等。

5 知识拓展

(1)细菌个体微小,表体比很大,所以物质运输速度较快,代谢旺盛,分裂较快。

(2)较大的细胞有各自的方式解决表体比和核质比的问题,比如卵细胞储存了大量营养物质,不需要进行物质运输;成熟植物有大液泡,原生质层只有很薄的一层;双小核草履虫和肌肉细胞有多个细胞核等。

(3)不同细胞的细胞周期时长不同,细胞周期中分裂期和分裂间期所占的比例也不同,可以根据不同时期的细胞比例,确定细胞周期中,不同时期的时长所占比例。

真题真练

例 122 (2016·海南·6)下列与细胞周期有关的叙述,正确的是 ( )

A. 等位基因的分离发生在细胞周期的分裂间期

B. 在植物细胞的细胞周期中纺锤丝出现在分裂间期

C. 细胞周期中染色质 DNA 比染色体 DNA 更容易复制

D. 肝细胞的细胞周期中染色体存在的时间比染色质的长

例 123 (2020·山东·5)CDK1 是推动细胞由分裂间期进入分裂期的关键蛋白。在 DNA 复制开始后,CDK1 发生磷酸化导致其活性被抑制,当细胞中的 DNA 复制完成且物质准备充分后,磷酸化的 CDK1 发生去磷酸化而被激活,使细胞进入分裂期。大麦黄矮病毒(BYDV)的 M 蛋白通过影响细胞中 CDK1 的磷酸化水平而使农作物患病。正常细胞和感染 BYDV 的细胞中 CDK1 的磷酸化水平变化如图所示。下列说法错误的是 ( )

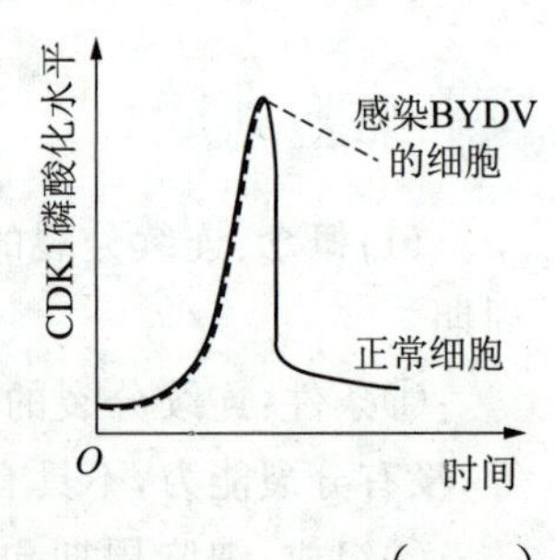

A. 正常细胞中 DNA 复制未完成时,磷酸化的 CDK1 的去磷酸化过程受到抑制

B. 正常细胞中磷酸化的 CDK1 发生去磷酸化后,染色质螺旋化形成染色体

C. 感染 BYDV 的细胞中,M 蛋白通过促进 CDK1 的磷酸化而影响细胞周期

D. M 蛋白发挥作用后,感染 BYDV 的细胞被阻滞在分裂间期

二、有丝分裂

1 本质

有丝分裂是生物的体细胞增殖或进行无性繁殖时,染色体数目保持不变的分裂方式,在有丝分

裂过程中，染色体及DNA复制一次，其后细胞分裂一次，子细胞的染色体数目和DNA数目与亲代细胞保持一致，遗传信息基本相同，保证了遗传的稳定性。

思维火花
Siweihuohua

2 过程

细胞分裂过程为：间期→前期→中期→后期→末期。其中，“前中后末”四个时期合称分裂期；细胞分裂期的分裂是个连续的过程，但被人为分成“前中后末”四个时期。分裂期本身较分裂间期短，但变化明显，容易研究，以植物细胞为例，分析其分裂过程。

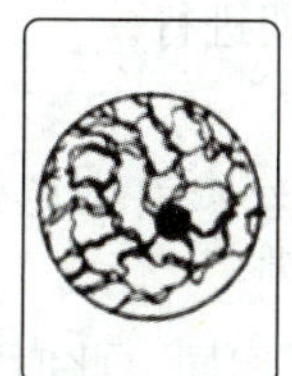
1. 间期

2. 前期

3. 中期

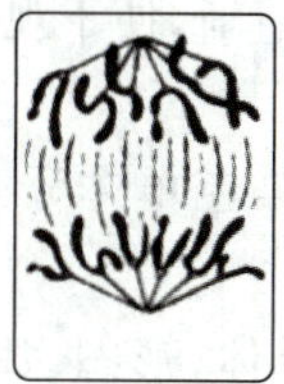
4. 后期

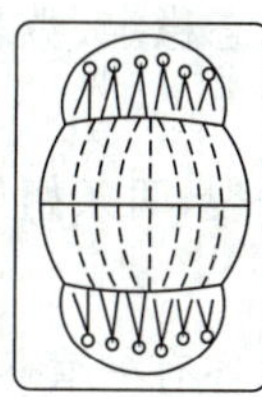
5. 末期

植物细胞有丝分裂图例

(1)间期

①主要变化：DNA分子的复制、有关蛋白的合成、细胞适度的生长。

②间期的划分

a. G_1期：又称DNA合成前期，从有丝分裂开始到DNA复制前的一段时期，此时期有物质如蛋白质、RNA等的合成，为DNA的复制做准备，如合成解旋酶、DNA聚合酶。

b. S期：即DNA合成期，此时期主要进行DNA的复制。

c. G_2期：又称DNA合成后期，是有丝分裂的准备期。此时期有物质如蛋白质、RNA等的合成，为细胞分裂做准备。

d. G_0期：也称休眠期细胞，这些细胞可暂时脱离细胞周期，不进行增殖，但在适当刺激下可重新进入细胞周期。

③知识拓展

a. M期：也就是分裂期，是稍后重点分析的对象，M期的时间很短，但是染色体是显微结构，容易观察，因此研究得较为详细。此时G_1→S→G_2→M构成一个完整的细胞周期；细胞通过M期一分为二时，有的可继续分裂进行周期循环，有的转入G_0期。

b. 这里的M指的是有丝分裂(Mitosis)的首字母；由于减数分裂(Meiosis)的首字母也是M，所以减数分裂的分裂期也可简称为M，并分为减数第一次分裂(MⅠ)和减数第二次分裂(MⅡ)。

④间期染色体的变化特点：染色体复制，但不加倍。

a. 在计数染色体时，为方便计数，一般把间期的染色质丝当作染色体计数。

b. 一条染色体经过复制，得到两条染色单体，其DNA分子经过半保留复制得到两个完全相同的DNA分子，所以两条染色单体具有相同的遗传信息。实质是一个染色质丝复制得到两个染色质丝。

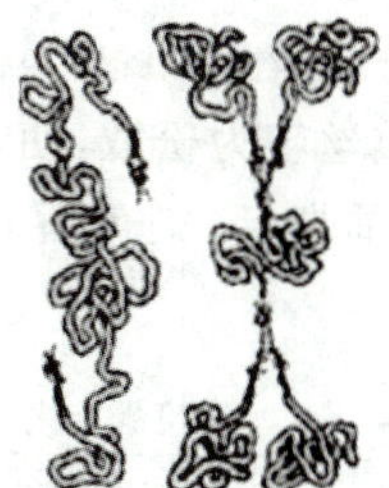
染色质丝的复制

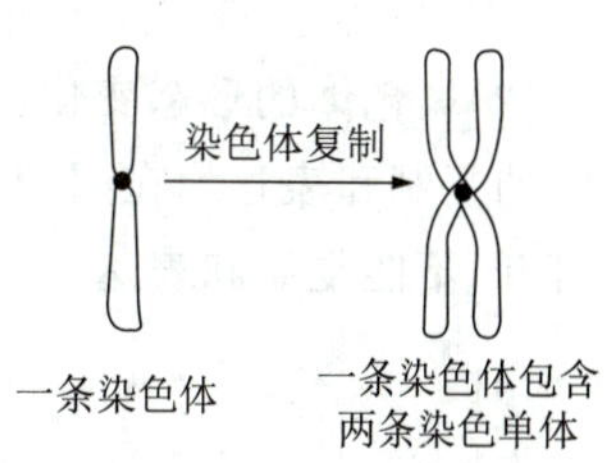

将染色质丝复制看作染色体的复制

c. 染色体的计数通过着丝粒的个数计数，故染色体复制但没有加倍；染色体加倍发生在有丝分裂后期，着丝点分裂时，此时染色体并没有复制，因此染色体数目口诀为：间期复制不加倍、后期加倍不复制。

思维火花 Siweihuohua

(2)前期

①染色质变成染色体。

②细胞两极发出的纺锤丝形成纺锤体。

③核仁解体,核膜消失。

④染色体散乱地分布在纺锤体中央。

(3)中期

①纺锤丝牵引染色体运动,着丝点排列在赤道板上。

②染色体形态稳定、数目清晰,便于观察,对染色体的观察通常在中期进行。

(4)后期

①着丝点分裂,两条姐妹染色单体分开成为两条子染色体,由纺锤丝牵引染色体向细胞两极运动。

②细胞两极各有一套染色体,形态、数目完全相同,与亲代染色体也相同。此时染色体数目加倍,但未复制。

(5)末期

①染色体形成染色质。

②纺锤丝消失,出现新的核膜、核仁,形成新的细胞核。

③赤道板的位置出现细胞板,由中央向四周扩展,形成新的细胞壁,成为两个子细胞。细胞板的形成和高尔基体有关。

(6)分裂过程记忆口诀:膜仁消失现两体,形定数晰赤道齐;点裂数增均两极,两消两现重开始。

3 分析

(1)染色体的行为变化:有丝分裂的主要目的是实现染色体和DNA的复制及平均分配,因此其染色体变化是分裂过程的核心点。

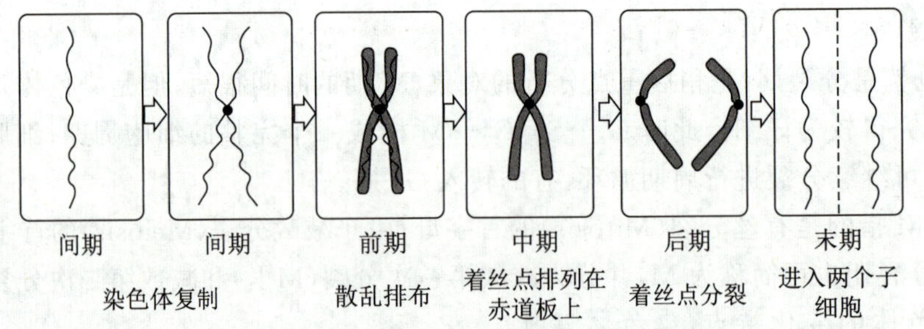

有丝分裂过程中染色体的行为变化

(2)染色体的形态变化:染色质丝较为松散,使DNA容易解螺旋进行基因的复制和表达;因此基因的复制和表达均在间期;进入前期后,染色质高度螺旋化,缩短变粗形成染色体,DNA双链不能打开,不能复制和表达。

染色质 ⇄ 染色体(高度螺旋化、缩短变粗 → ;← 解螺旋,变成细丝状)

有丝分裂过程中染色体的形态变化

(3)有丝分裂过程中的其他变化

①纺锤体的变化:前期形成→末期解体。

②核仁、核膜的变化:前期解体→末期重建,染色体、纺锤体与核膜、核仁形成和消失的时期刚好相反。

思维火花 Siweihuohua

③动物和低等植物中心体的变化：间期(主要是S期)复制，由一对中心粒构成的中心体经过复制变成两对中心粒构成的两个中心体，前期分开移向两极，末期平均进入子细胞。

④在有丝分裂过程中，各个时期始终都有同源染色体存在，但它们既不配对，也不分开。

⑤赤道板是一种假想平面，不是细胞结构，在光学显微镜下看不到；细胞板是一种真实结构，在光学显微镜下能看到，属于显微结构，出现在植物细胞有丝分裂的末期。

(4)动物和高等植物细胞有丝分裂的区别

	纺锤体形成方式	细胞分开方式
对应时期	间期、前期	末期
高等植物细胞	间期无中心体的复制，两极发出纺锤丝构成纺锤体	细胞板扩展形成细胞壁分割细胞质
动物细胞	间期有中心体的复制，中心体发出星射线构成纺锤体	细胞膜中央凹陷缢裂细胞
图示	前期；纺锤体形成方式；植物(植物两极发出纺锤丝)；动物(中心体发出星射线)	末期；胞质分裂方式；植物(形成细胞板)；动物(细胞膜缢裂)

4 意义

在有丝分裂过程中，染色体复制1次，细胞分裂1次，分裂结果是染色体平均分配到两个子细胞中去。子细胞具有和亲代细胞数目、形态相同的染色体。这保证了亲代与子代细胞间的遗传的稳定性。

真题真练

例124 (2018·浙江4月选考·21)如表所示为实验测得离体培养的胡萝卜根尖细胞的细胞周期各阶段时间。

周期	G_1	S	G_2	M	合计
时间(h)	1.3	2.7	2.9	0.6	7.5

下列叙述正确的是 (　　)

A. G_1期的细胞中主要进行有关蛋白质的合成及核糖体的增生

B. 用含DNA合成抑制剂的培养液培养1.3h后，细胞都被阻断在S期

C. G_2期的细胞中每个染色体含2条并列的染色单体，导致染色体数目加倍

D. 胡萝卜各组织细胞周期时间长短相同，但G_1、S、G_2和M期的时间长短不同

例125 (2017·浙江11月选考·14)下列关于观察小鼠骨髓细胞有丝分裂的叙述，正确的是 (　　)

A. 前期，分开的中心体之间有纺锤丝相连　　B. 中期，伸展延长的染色质排列在赤道面上

C. 后期，可观察到核被膜逐渐解体形成小泡　　D. 末期，可观察到由许多囊泡聚集形成的细胞板

思维火花 Siweihuohua

例 126 (2014·天津·1)二倍体生物细胞正在进行着丝点分裂时,下列有关叙述正确的是( )

A. 细胞中一定不存在同源染色体

B. 着丝点分裂一定导致 DNA 数目加倍

C. 染色体 DNA 一定由母链和子链组成

D. 细胞中染色体数目一定是其体细胞的 2 倍

例 127 (2020·浙江 7 月选考·8)高等动物胚胎干细胞分裂过程中,发生在同一时期的是( )

A. 核糖体的增生和环沟的形成　　B. 染色体的出现和纺锤体的出现

C. 染色单体的形成和着丝粒的分裂　　D. 中心体的复制和染色体组数的加倍

5 无丝分裂

(1)**概念**:某些真核细胞处于间期的细胞核不经过任何有丝分裂时期,而分裂为大小大致相等的两部分的细胞分裂方式,因为分裂时没有纺锤丝与染色体的变化,所以叫做无丝分裂。无丝分裂也有 DNA 的复制和细胞核的分裂,所以亲子代细胞也基本保持稳定。

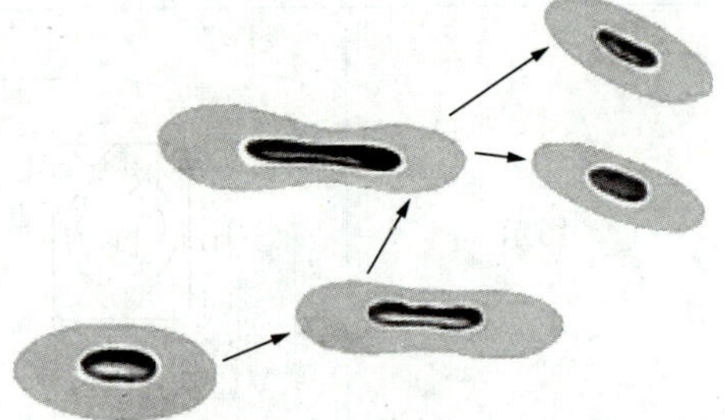

蛙红细胞无丝分裂示意图

(2)**过程**:细胞核延长→核中央向内凹陷,缢裂成两个细胞核→整个细胞中央凹陷→缢裂成两个子细胞。

(3)**特点**:没有出现纺锤丝和染色体的变化。

(4)**实例**:无丝分裂普遍存在,除蛙红细胞的分裂外,很多植物细胞和动物细胞均可进行无丝分裂。

6 二分裂生殖

(1)**概念**:原核细胞裂殖的方式之一,通过 DNA 复制之后,直接进行二分裂生殖。

(2)**过程**:细菌没有核膜,只有一个大型的环状 DNA 分子,细菌细胞分裂时,DNA 分子附着在细胞膜上并复制为两个相同的 DNA 分子,然后随着细胞膜的延长,复制而成的两个 DNA 分子彼此分开;同时,细胞中部的细胞膜和细胞壁向内生长,形成隔膜,将细胞质分成两半,形成两个子细胞。

(3)**比较**:注意二分裂和无丝分裂是两个不同的概念,无丝分裂是真核细胞特有的分裂方式,无染色体和纺锤体出现;而二分裂是细菌和低等生物的生殖方式,包括有丝分裂等分裂方式。

三、减数分裂

1 本质和拓展

(1)**本质**:进行有性生殖的生物,在产生成熟生殖细胞的时候进行的染色体数目减半的细胞分裂。在减数分裂过程中,染色体和 DNA 只复制一次,而细胞连续分裂两次。减数分裂的结果是,成

熟生殖细胞中的染色体数目和 DNA 数目比原始生殖细胞的减少一半。

(2)重点

①范围:有性生殖的生物。

②时期:从原始生殖细胞到成熟生殖细胞。

③特点:染色体复制一次,细胞连续分裂两次。

④结果:成熟生殖细胞中的染色体数目和 DNA 数目是原始生殖细胞中的一半。

(3)有性生殖和无性生殖

①有性生殖:一般指经过两性生殖细胞结合,产生合子,由合子发育成新个体的生殖方式。如动物的精卵结合,植物的花粉卵细胞结合。但是单性生殖也是特殊的有性生殖方式:如花药离体培养是孤雄生殖、雄蜂由未受精的卵细胞发育是孤雌生殖。有性生殖的共同特点是要经过减数分裂和基因重组,后代具有多样性。

②无性生殖:不经过减数分裂和生殖细胞的结合,而由亲本直接产生子代的生殖方式;如动物核移植技术、植物体细胞的组织培养。无性繁殖一般是有丝分裂,没有基因重组,后代和亲本在遗传物质上基本保持一致。

(4)原始生殖细胞和成熟生殖细胞

①原始生殖细胞指的是精原细胞和卵原细胞;成熟生殖细胞指的是精子和卵细胞。

②原始生殖细胞经有丝分裂获得更多的原始生殖细胞,包括精原细胞和卵原细胞,经减数分裂分别获得初级精/卵母细胞、次级精/卵母细胞、精细胞/卵细胞而成为成熟生殖细胞,其中精细胞还要经过变形才能成为精子。

2 过程

(1)精子的形成

场所:精巢,哺乳动物称睾丸。

过程:

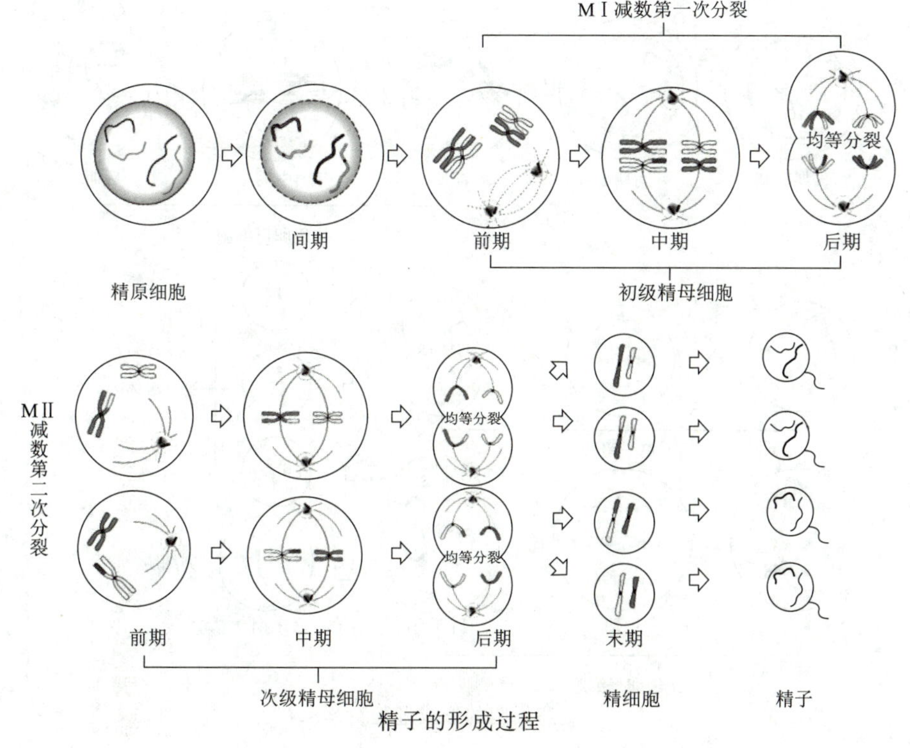

精子的形成过程

思维火花 Siweihuohua

①减数第一次分裂(MⅠ)

a. 间期:染色体复制。

b. 前期:同源染色体两两配对,进行联会,形成四分体,四分体中的非姐妹染色单体之间常常发生交叉互换。

c. 中期:同源染色体成对排列在赤道板两侧。

d. 后期:同源染色体分离;非同源染色体自由组合。

e. 末期:细胞质分裂,形成2个子细胞,即次级精母细胞。

②减数第二次分裂(MⅡ)

a. 间期:通常没有间期或间期很短,染色体不再进行复制。

b. 前期:染色体散乱排布在纺锤体中央。

c. 中期:每条染色体的着丝点都排列在赤道板上。

d. 后期:着丝点分裂,姐妹染色单体分开,成为两条子染色体,并分别移向细胞两极,染色体数目短暂加倍。

e. 末期:细胞缢裂,每个次级精母细胞形成2个子细胞,最终共形成4个子细胞,即四个精细胞。

③精子的变形:精细胞需要经过变形才能形成精子,变形有五个主要变化,如下:细胞核→精子头部的主要部分;高尔基体→顶体;中心体→尾部;线粒体→线粒体鞘;其他部分→原生质滴脱落。

(2)卵细胞的形成

场所:卵巢。

过程:从本质上讲,卵细胞形成过程中,染色体的行为变化和精子形成过程完全相同,既有减数第一次分裂的联会、交叉互换、分离和自由组合等现象,也有染色体数目减半的结果,保证了精子和卵细胞的染色体数目相同。但卵细胞需要为受精卵提供营养物质,所以在分裂时,主要进行不均等分裂,过程如下。

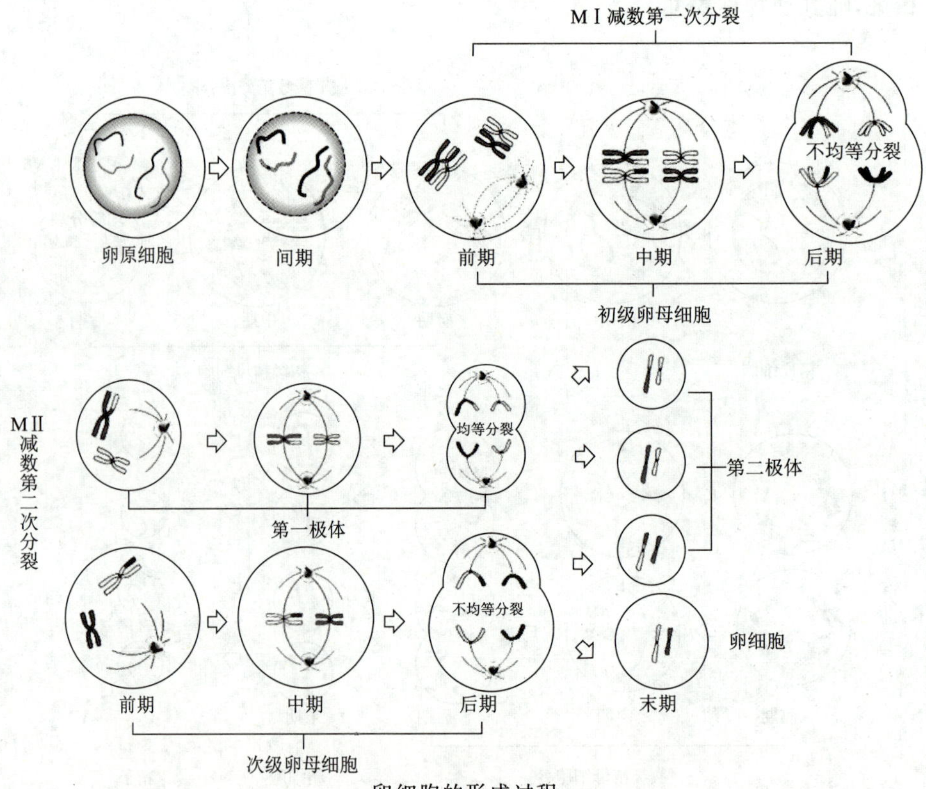

卵细胞的形成过程

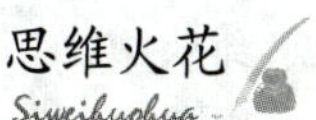

(3)精子与卵细胞的形成过程比较

		精子的形成	卵细胞的形成
不同点	形成部位	精巢,即哺乳动物的睾丸	卵巢
	过程	变形	不变形
	细胞质分裂方式	均等	两次不均等,一次均等
	子细胞数	一个精原细胞形成 4 个精子	一个卵原细胞形成 1 个卵细胞+3 个极体
相同点		精子和卵细胞中染色体数目都是体细胞的一半	

(4)同源染色体内容补充

①概念:在二倍体生物细胞中,形态、结构基本相同的染色体,并在减数第一次分裂的四分体时期中彼此联会,最后分开到不同的生殖细胞(即精子、卵细胞)的一对染色体,在这一对染色体中一条来自母方,另一条来自父方,在模式图中通常用一黑一白的两条大小相同的染色体表示。

②特点:除性染色体外,形态、大小基本相同;一条来自父方,一条来自母方,具有等位基因,含有相同或相似的遗传信息。

③和染色体组的关系:一个染色体组是一组非同源染色体,不含同源染色体。

④和可遗传变异的关系:若是三倍体及其他奇数倍体生物细胞,联会时会发生紊乱,不能产生可育的配子,则个体是不育的,如无子西瓜。

⑤四分体:同源染色体联会时形成四分体,一个四分体含 1 对同源染色体,2 条染色体,4 条染色单体,4 个 DNA 分子。

(5)减数分裂和孟德尔遗传学、基因重组的关系

①MⅠ后期同源染色体分离时,导致等位基因分离,如下图所示,这是孟德尔分离定律的原理。

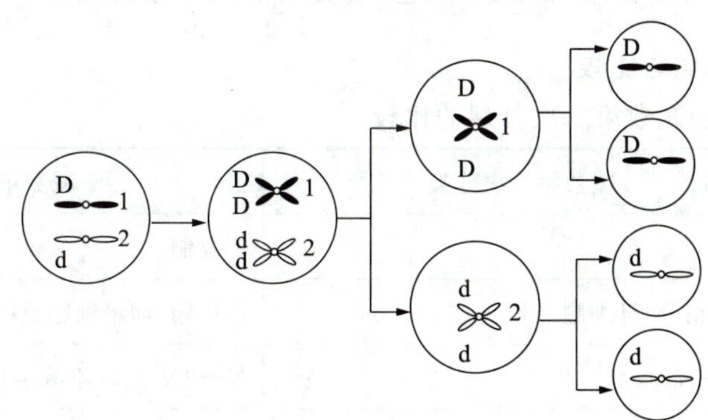

同源染色体分离导致等位基因分离

②MⅠ后期同源染色体分离时,非同源染色体的自由组合可导致基因重组,如下图所示,这是基因重组的第一种形式,也是孟德尔自由组合定律的原理。

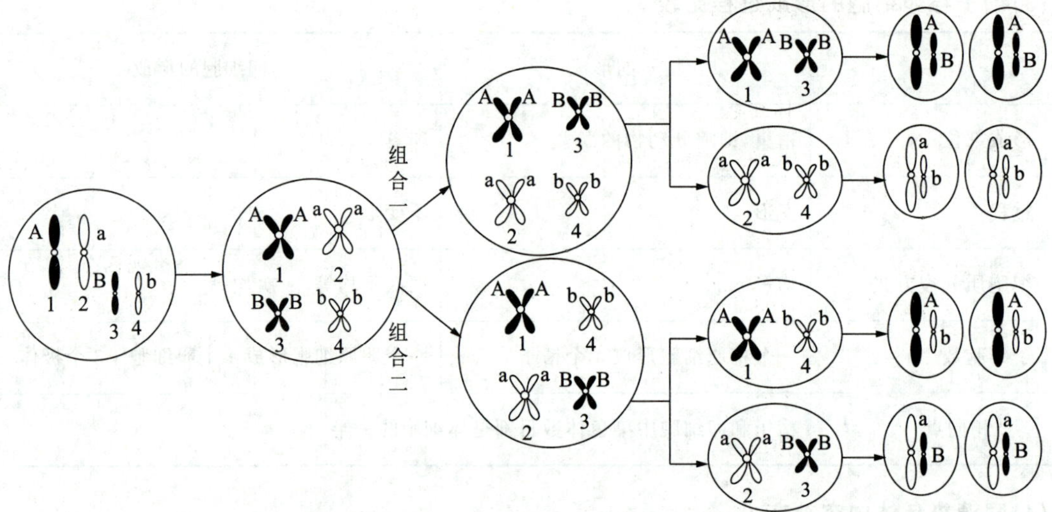

非同源染色体自由组合导致的基因重组

③MⅠ前期的交叉互换可导致等位基因的互换，导致同源染色体上的非等位基因的重新组合，如下图所示，这是基因重组的第二种形式，也是遗传学连锁交换定律的原理。

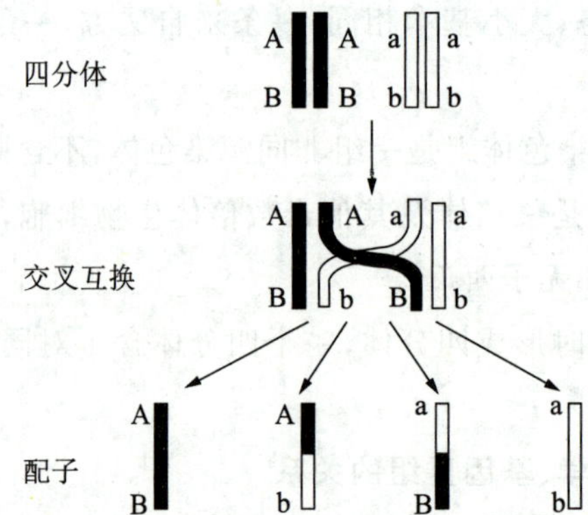

同源染色体的非姐妹染色单体交叉互换导致的基因重组

(6)减数分裂相关总结与比较

①减数第一次分裂和减数第二次分裂的比较

	减数第一次分裂	减数第二次分裂
分裂前是否复制	复制	不复制
起始细胞名称	初级精/卵母细胞	次级精/卵母细胞或第一极体
染色体数目变化	$2N\rightarrow N$(减半)	$N\rightarrow 2N\rightarrow N$(不减半)
核 DNA 数目变化	$4N\rightarrow 2N$(减半)	$2N\rightarrow N$(减半)
染色体主要行为	联会形成四分体、交叉互换、同源染色体分离、非同源染色体自由组合	着丝点分裂，姐妹染色单体分开
同源染色体	有 N 对同源染色体	无
子细胞名称	次级精/卵母细胞或第一极体	精细胞、卵细胞及第二极体

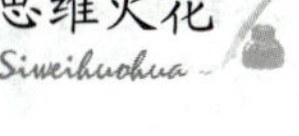

②有丝分裂和减数分裂的比较

		有丝分裂	减数分裂
不同点	分裂细胞类型	体细胞	生殖细胞
	部位、场所	几乎所有组织器官	精巢或卵巢
	分裂次数	1次	2次
	同源染色体行为	无联会	同源染色体有联会现象，出现四分体，同源染色体的非姐妹染色单体间发生交叉互换以及同源染色体的分离
	子细胞数	2个	4个
	子细胞类型	体细胞	生殖细胞
	意义	在细胞的亲代和子代之间保持了遗传性状的稳定性，对于生物的遗传有重要意义	对于进行有性生殖的生物来说，减数分裂与受精作用，既可以维持生物前后代细胞中染色体数目的恒定，又能产生一定的遗传变异，使生物适应新的环境
	主要特征	染色体复制和平均分配	染色体复制一次，细胞连续分裂两次
相同点		染色体复制一次，出现纺锤体，减数第二次分裂与有丝分裂相似	

四、受精作用

1 概念

指精子和卵细胞相互识别、融合形成受精卵的过程。

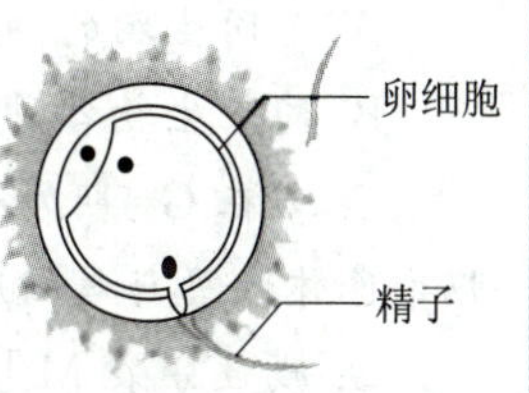

受精过程示意图

2 场所

输卵管。

3 过程

(1)细胞膜相互识别并融合。

(2)精子的头部进入卵细胞，尾部留在外面。

(3)卵细胞的细胞膜发生复杂的生理反应，以阻止其他精子再进入。

(4)精子和卵细胞的细胞核相互融合。

(5)形成受精卵。

4 结果

受精卵中的染色体数目又恢复到体细胞中的染色体数目，其中有一半染色体来自精子(父方)，另一半来自卵细胞(母方)，但细胞质中的遗传物质几乎都来自母方。

5 特点

配子的结合具有随机性，具有正常受精能力的精子和卵细胞都能结合；在减数分裂形成的配子中，染色体组成具有多样性，不同配子遗传物质有差异，加上受精过程中卵细胞和精子结合的随机性，同一双亲的后代必然呈现多样性。

6 意义

(1)后代多样性有利于生物在自然选择中进化，体现了有性生殖的优越性。

(2)减数分裂和受精作用对于维持每种生物前后代体细胞中染色体数目的恒定，对于生物的遗传和变异，都是十分重要的。

真题真练

例 128 (2018·新课标Ⅲ·4) 关于某二倍体哺乳动物细胞有丝分裂和减数分裂的叙述，错误的是 ( )

A. 有丝分裂后期与减数第二次分裂后期都发生染色单体分离

B. 有丝分裂中期与减数第一次分裂中期都发生同源染色体联会

C. 一次有丝分裂与一次减数分裂过程中染色体的复制次数相同

D. 有丝分裂中期和减数第二次分裂中期染色体都排列在赤道板上

例 129 (2018·浙江4月选考·19) 下列关于基因和染色体的叙述，错误的是 ( )

A. 体细胞中成对的等位基因或同源染色体在杂交过程中保持独立性

B. 受精卵中成对的等位基因或同源染色体一半来自母方，另一半来自父方

C. 减数分裂时，成对的等位基因或同源染色体彼此分离分别进入不同配子

D. 雌雄配子结合形成合子时，非同源染色体上的非等位基因自由组合

例 130 (2015·浙江·2) 下列有关细胞周期和细胞分裂的叙述，正确的是 ( )

A. 不同生物的细胞大小和数目不同，但细胞周期长短相同

B. 同一生物各种组织的细胞周期长短相同，但 G_1、S、G_2 和 M 期长短不同

C. 若在 G_2 期加入 DNA 合成抑制剂，则有丝分裂前期每个染色体仍含有 2 条染色单体，子细胞染色体数目与母细胞的相同

D. 减数分裂 MⅠ前期同源染色体配对，每个染色体含有 4 条染色单体，子细胞染色体数目为母细胞的一半

例 131 (2016·浙江·3) 下列关于高等动物细胞增殖的叙述，错误的是 ( )

A. 有丝分裂前的间期和减数分裂前的间期，都进行 1 次染色质 DNA 的复制

B. 细胞周期的 G_2 期已经形成了 1 对中心体，在有丝分裂前期形成纺锤体

C. 染色体数为 $2n=24$ 的性原细胞进行减数分裂，MⅡ中期染色体数和染色体 DNA 分子数分别为 12 和 24

D. 若在 G_2 期某染色质的 1 个 DNA 分子发生片段缺失，则该细胞有丝分裂产生的 2 个子细胞均含有该异常 DNA

思维火花 Siweihuohua

五、题型归纳

1 分裂时期图像判断

德叔批注

细胞分裂图像判断是一种特别常见的题目，在很多资料中有多种不同的解法，但是其解法往往比较复杂，可操作性不强，而德叔习惯利用经验快速分辨，其中用到的规律如下：

(1)记忆方法

有丝、减数分裂图例如下表所示。

方式＼时期		前期	中期	后期
有丝分裂	有同源染色体		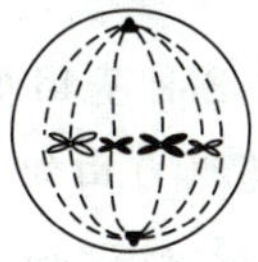	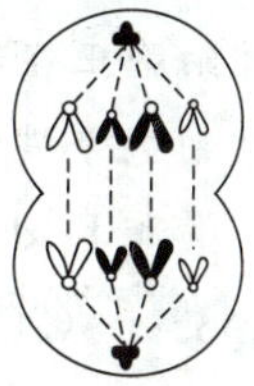
减数第一次分裂	有同源染色体			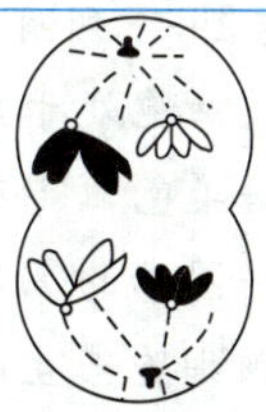
减数第二次分裂	无同源染色体			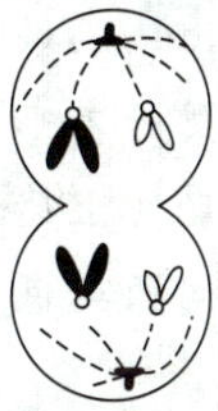

①首先记忆，MⅠ分裂特点：前期联会、中期排列在赤道板两侧、后期染色体分离时，着丝点不分裂；这三个点都是MⅠ特有的行为，看到此特征即为MⅠ特定时期。

②有丝分裂和MⅡ的判断：对于二倍体生物而言，有丝分裂有同源染色体，MⅡ没有同源染色体，也可以迅速做判断。

以上两点可以应对大部分分裂图像分析类题。

(2)判断特例补充

①初级精母细胞MⅠ、次级精母细胞MⅡ都是均等分裂；初级卵母细胞MⅠ、次级卵母细胞MⅡ是不均等分裂；但第一极体的分裂是均等分裂。所以MⅠ均等一定是初级精母细胞的分裂，不均等一定是初级卵母细胞的分裂；MⅡ不均等一定是次级卵母细胞的分裂，但均等可能是次级精母细胞的分裂，也可能是第一极体的分裂。

②对二倍体而言，MⅡ没有同源染色体；但对四倍体等多倍体而言，经过一次染色体数目减半，其MⅡ依然具有同源染色体；对于单倍体而言，有丝分裂和MⅠ也没有同源染色体。

思维火花 Siweihuohua

③在对同源染色体或染色体组进行计数时，寻找形态大小相同的染色体即可，有几个相同的染色体即有几个染色体组，但注意性染色体作为同源染色体可能不同。

④若题目提供的是细胞分裂显微镜实拍图，则无法看到同源染色体黑白颜色的差异，此时通过细胞的数目判断时期，即一个细胞分裂成两个细胞时，是减数第一次分裂；由两个细胞分裂成四个细胞时，是减数第二次分裂。

MⅠ前期

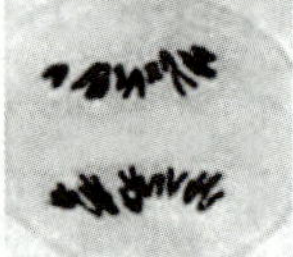
MⅠ后期

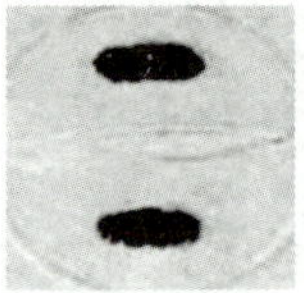
MⅠ末期

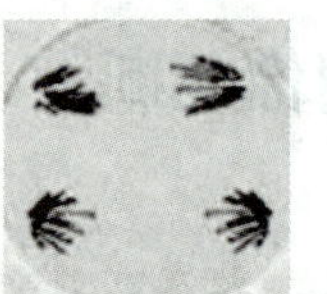
MⅡ后期

真题真练

例 132 （2020·北京·7）如图是雄性哺乳动物体内处于分裂某时期的一个细胞的染色体示意图。相关叙述不正确的是（　　）

A. 该个体的基因型为AaBbDd

B. 该细胞正在进行减数分裂

C. 该细胞分裂完成后只产生2种基因型的精子

D. A、a和D、d基因的遗传遵循自由组合定律

例 133 （2017·江苏·16）假设如图是某生物体（$2n=4$）正常的细胞分裂示意图，下列有关叙述错误的是（　　）

A. 该细胞处于减数第二次分裂后期

B. 若染色体①有基因A，则④有基因A或a

C. 若图中的②表示X染色体，则③表示Y染色体

D. 该细胞产生的子细胞中有2对同源染色体

例 134 （2015·天津·4）低温诱导可使二倍体草鱼卵原细胞在减数第一次分裂时不形成纺锤体，从而产生染色体数目加倍的卵细胞，此卵细胞与精子结合发育成三倍体草鱼胚胎。上述过程中产生下列四种细胞，如图所示四种细胞的染色体行为（以二倍体草鱼体细胞含两对同源染色体为例）可出现的是（　　）

初级卵母细胞
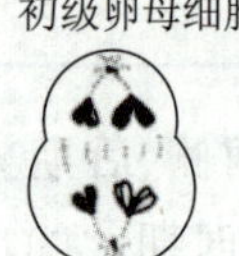
A

次级卵母细胞
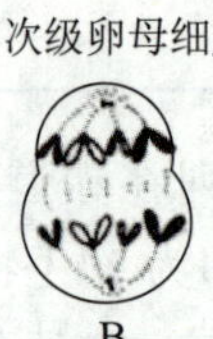
B

卵细胞
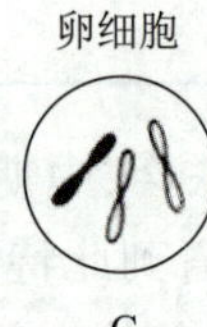
C

胚胎细胞
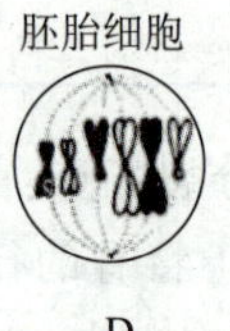
D

例 135 （2017·新课标Ⅱ·1）已知某种细胞有4条染色体，且两对等位基因分别位于两对同源染色体上。某同学用示意图表示这种细胞在正常减数分裂过程中可能产生的细胞。其中表示错误的是（　　）

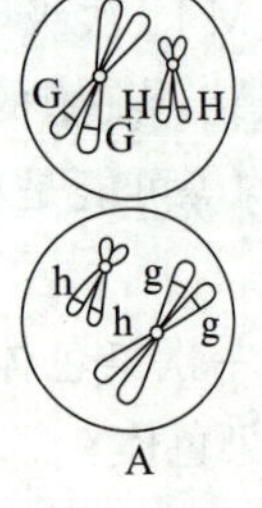
A

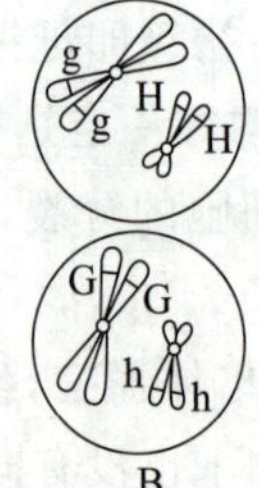
B

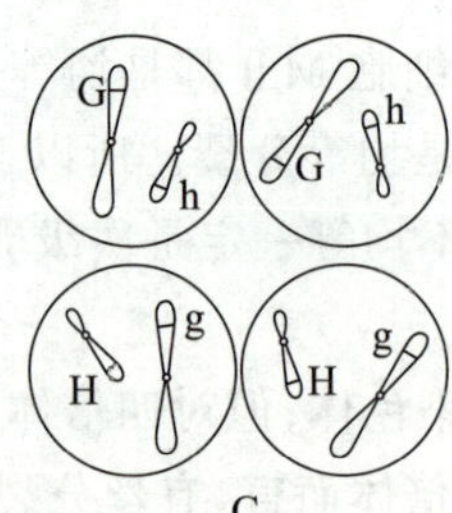
C

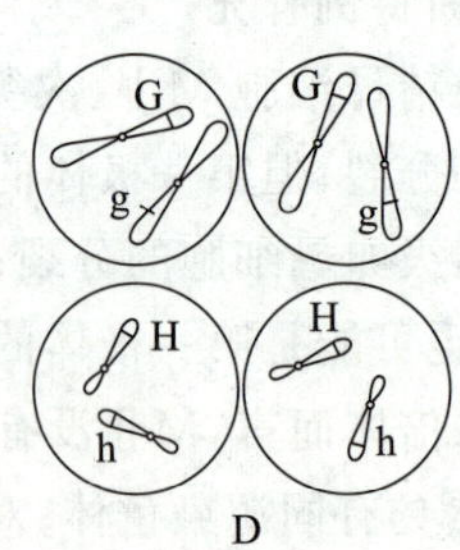
D

思维火花 Siweihuohua

例 136 (2014·安徽·4) 某种植物细胞减数分裂过程中几个特定时期的显微照片如图。下列叙述正确的是 ( )

甲
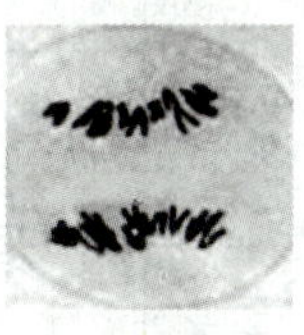
乙
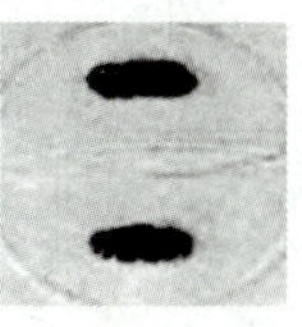
丙
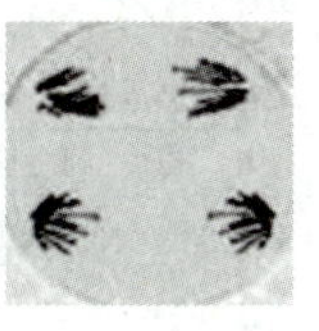
丁

A. 图甲中,细胞的同源染色体之间发生了基因重组

B. 图乙中,移向细胞两极的染色体组成相同

C. 图丙中,染色体的复制正在进行,着丝点尚未分裂

D. 图丁中,细胞的同源染色体分离,染色体数目减半

例 137 (2013·江苏·8) 如图为某生物一个细胞的分裂图像,着丝点均在染色体端部,图中 1、2、3、4 各表示一条染色体。下列表述正确的是( )

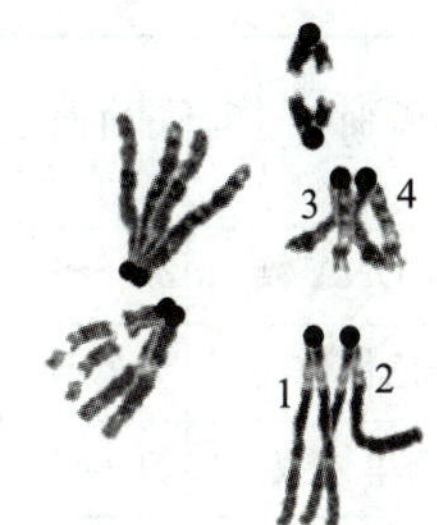

A. 图中细胞处于减数第二次分裂前期

B. 图中细胞的染色体数是体细胞的 2 倍

C. 染色体 1 与 2 在后续的分裂过程中会相互分离

D. 染色体 1 与 3 必定会出现在同一子细胞中

2 分裂折线图判断

德叔批注

折线图看起来数量巨多,图形复杂,但其实只要理解了"两点"分析逻辑,再记忆和应用轻而易举,这两点就是加倍点(出现点)和减半点(消失点)。以下分析以二倍体生物($2N$)为例,对其有丝分裂和减数分裂过程中,染色体、染色单体、DNA 数目变化进行分析。

(1)有丝分裂折线图

①表格分析

时期	分裂间期	分裂期			
		前期	中期	后期	末期
染色体行为	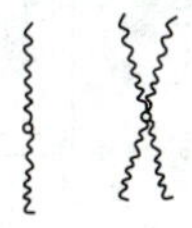	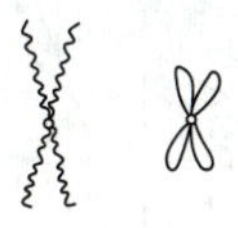		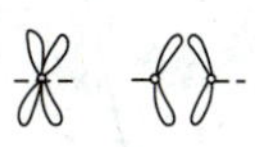	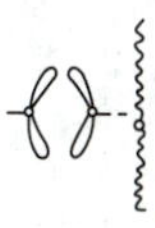
细胞 DNA 数	$2N \to 4N$	$4N$	$4N$	$4N$	$4N \to 2N$
染色体数	$2N$	$2N$	$2N$	$2N \to 4N$	$4N \to 2N$
染色单体数	$0 \to 4N$	$4N$	$4N$	$4N \to 0$	0
每条染色体的 DNA 数	$1 \to 2$	2	2	$2 \to 1$	1

②细胞 DNA、染色体、染色单体、每条染色体上 DNA 数量变化曲线图

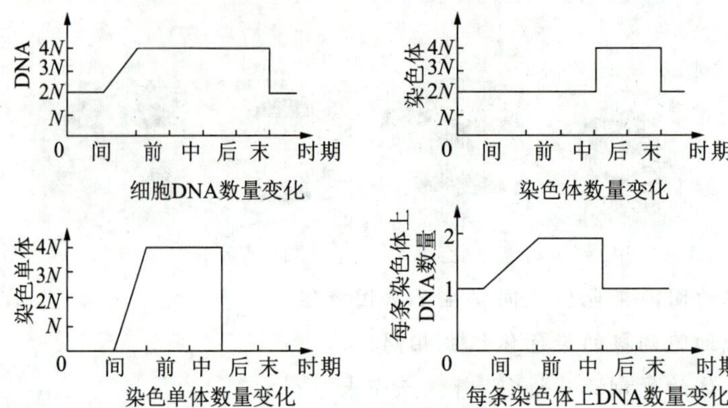

(2)减数分裂折线图

①表格分析

时期	间期	减数第一次分裂				减数第二次分裂			
		前期	中期	后期	末期	前期	中期	后期	末期
细胞 DNA 数	$2N\to4N$	$4N$	$4N$	$4N$	$4N\to2N$	$2N$	$2N$	$2N$	$2N\to N$
染色体数	$2N$	$2N$	$2N$	$2N$	$2N\to N$	N	N	$N\to2N$	$2N\to N$
染色单体数	$0\to4N$	$4N$	$4N$	$4N$	$4N\to2N$	$2N$	$2N$	$2N\to0$	0
每条染色体的 DNA 数	$1\to2$	2	2	2	2	2	2	$2\to1$	1

②细胞 DNA、染色体、染色单体、每条染色体上 DNA 数量变化曲线图

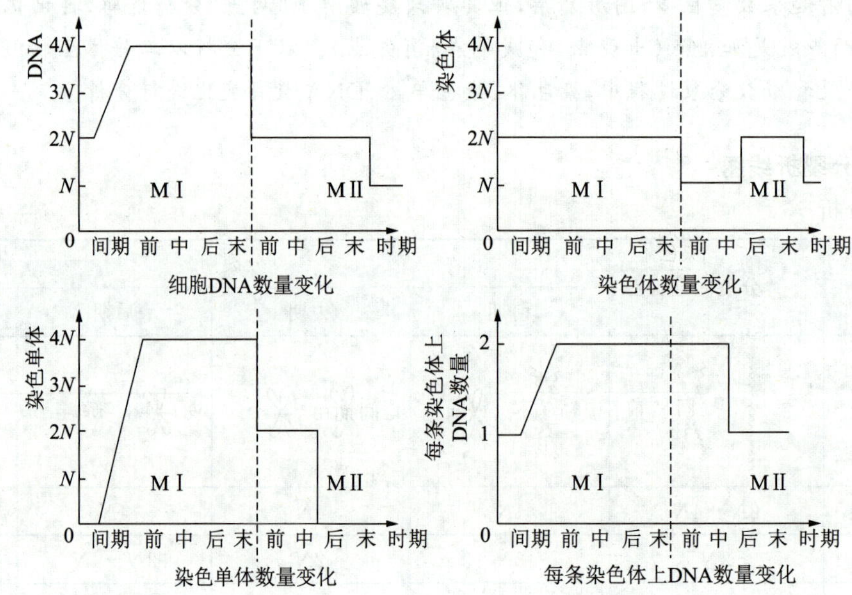

(3)两点分析法

①两点原理

	加倍/出现点	减半/消失点
DNA	间期复制加倍	细胞分裂减半
染色单体	间期复制出现	着丝点分裂消失,减数第一次分裂细胞分裂减半

思维火花 Siweihuohua

续表

	加倍/出现点	减半/消失点
染色体	着丝点分裂加倍	细胞分裂减半
每条染色体上的DNA	间期复制加倍	着丝点分裂减半

②DNA和染色体的折线图

	特点	DNA	染色体
有丝分裂	加倍一次，减半一次，保持稳定	DNA；加倍：间期，染色体复制；减半：末期，细胞分裂；4N；2N；0 间 前 中 后 末 时期	染色体；加倍：后期，着丝点分裂；减半：末期，细胞分裂；4N；2N；0 间 前 中 后 末 时期
减数分裂	加倍一次，减半两次，减少一半	加倍：间期，染色体复制；减半：MⅠ末期，细胞分裂；减半：MⅡ末期，细胞分裂；DNA；4N；3N；2N；N；MⅠ；MⅡ；0 间期 前 中 后 末 前 中 后 末 时期	染色体；4N；3N；2N；N；减半：MⅠ末期，细胞分裂；加倍：MⅡ后期，着丝点分裂；减半：MⅡ末期，细胞分裂；MⅠ；MⅡ；0 间期 前 中 后 末 前 中 后 末 时期

③染色单体和每条染色体上的DNA折线图

	染色单体		每条染色体上的DNA	
	特点	图像	特点	图像
有丝分裂	加倍一次，减半一次，着丝点分裂消失	出现：间期，染色体复制；消失：后期，着丝点分裂；染色单体；4N；3N；2N；N；0 间 前 中 后 末 时期	间期由1到2，着丝点分裂由2到1	加倍：间期，染色体复制；减半：有丝后期，着丝点分裂；每条染色体上DNA数量；2；1；0 间 前 中 后 末 时期
减数分裂	加倍一次，减半一次，着丝点分裂消失	出现：间期，染色体复制；减半：MⅠ末期，细胞分裂；消失：MⅡ后期，着丝点分裂；染色单体；4N；3N；2N；N；MⅠ；MⅡ；0 间期 前 中 后 末 前 中 后 末 时期		加倍：间期，染色体复制；减半：MⅡ后期，着丝点分裂；MⅠ不影响；每条染色体上DNA数量；2；1；MⅠ；MⅡ；0 间期 前 中 后 末 前 中 后 末 时期

思维火花 Siweihuohua

(4)拓展分析

①区分核DNA曲线和染色体曲线：看“斜线”，由于DNA复制速度较慢，曲线中存在斜线的为核DNA变化曲线；而着丝点分裂速度较快，则不存在斜线的为染色体变化曲线。且在DNA复制曲线中，斜线前面的横线为G_1期，斜线后面应具有一小段横线为G_2期，很多题目经常会忽略掉G_2期而不在曲线上体现。同时，正常情况下，间期时间较长、分裂期时间较短，但在图像中为了体现分裂期的变化，会将分裂期的时间画得更长，这种情况不算错误，如图所示。

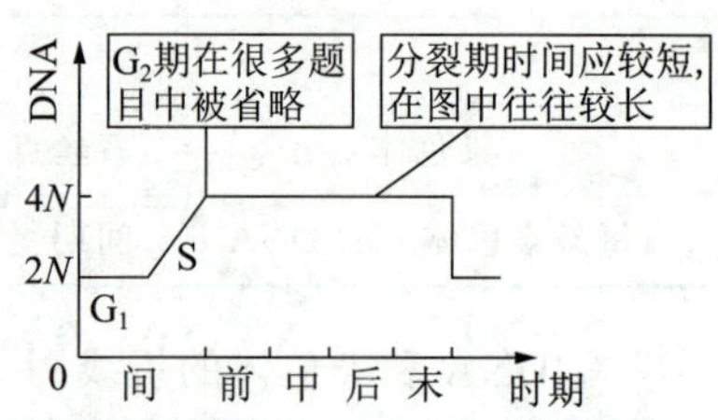

②区分细胞增殖的方式

a. 看“DNA复制和分裂次数”，斜线代表DNA复制，竖直下降代表细胞分裂完成。因此斜线出现1次，而竖直下降2次的，为减数分裂；斜线出现1次，竖直下降1次的，为有丝分裂。

b. 看“结果”，分裂完成后，染色体或核DNA的数量与分裂前相等则为有丝分裂；若减半则为减数分裂。

c. 看“染色体峰值”，染色体数目最大为$4N$的，是有丝分裂；染色体数目最大为$2N$的，是减数分裂。

d. 特别注意，每条染色体上DNA数量变化曲线在有丝分裂和减数分裂中均相同，原理是每条染色体上DNA数量变化仅和染色体复制及着丝点分裂有关，两种分裂方式中，加倍均由染色体复制导致，减半均由着丝点分裂导致，MⅠ不影响每条染色体上DNA数量。所以两者图形相似，但每个阶段对应时期不同，如图所示。

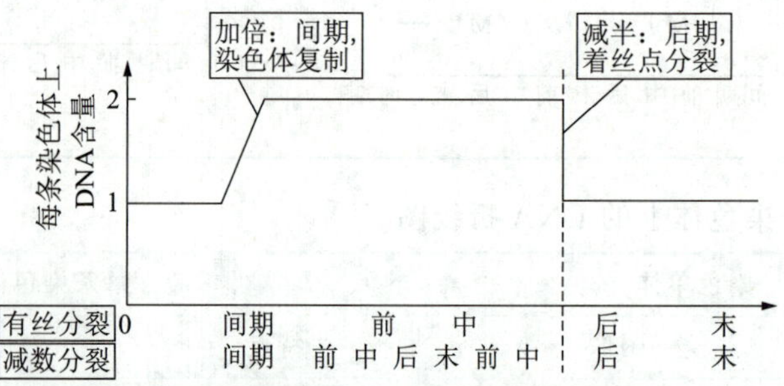

③细胞DNA、细胞核内DNA、每条染色体上DNA数量的区别：旧版教材认为“细胞核内DNA数量”在后期结束时减半，导致现在的个别题目绘图时在后期结束时减半，如下面的中图所示，这种情况也不算错。下图以有丝分裂为例，展示三种图片区别。

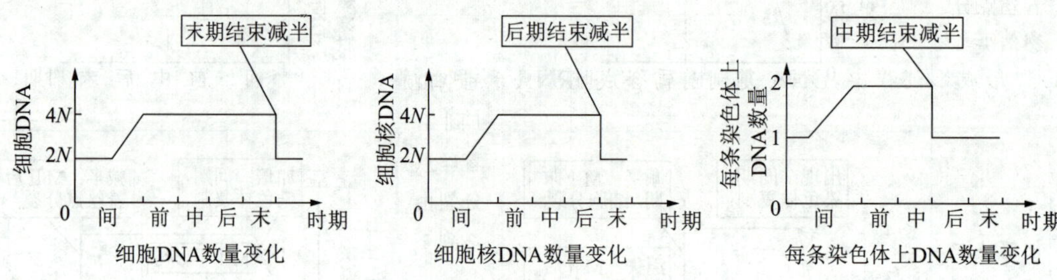

细胞DNA数量变化　　细胞核DNA数量变化　　每条染色体上DNA数量变化

④细胞DNA、染色体、染色单体数量变化柱形图

以下分析以二倍体生物($2N$)为例，根据其染色体形态，分析其有丝分裂和减数分裂过程中，染色体、染色单体、DNA数目变化。

思维火花 Siweihuohua

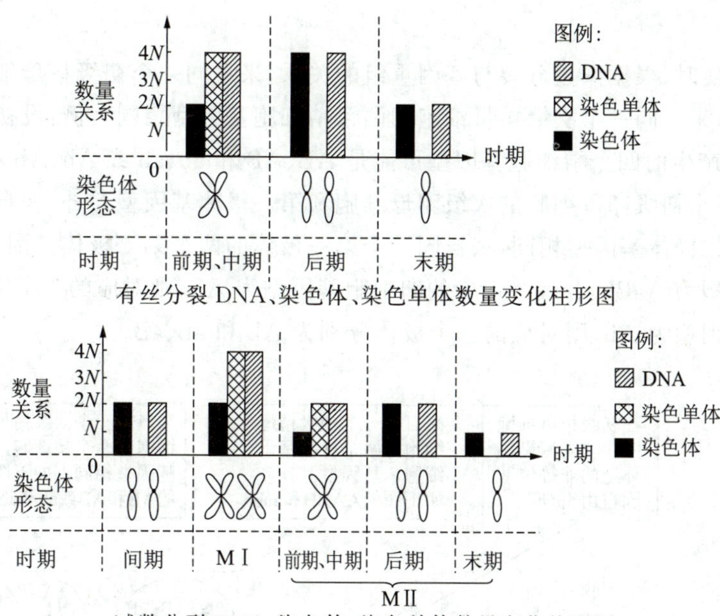

有丝分裂 DNA、染色体、染色单体数量变化柱形图

减数分裂 DNA、染色体、染色单体数量变化柱形图

真题真练

例 138 (2011·天津·4)玉米花药培养的单倍体幼苗,经秋水仙素处理后形成二倍体植株。如图是该过程中某时段细胞核 DNA 含量变化示意图。下列叙述错误的是 ( )

A. a～b 过程中细胞内不会发生基因重组

B. c～d 过程中细胞内发生了染色体数加倍

C. e 点后细胞内各染色体组的基因组成相同

D. f～g 过程中同源染色体分离,染色体数减半

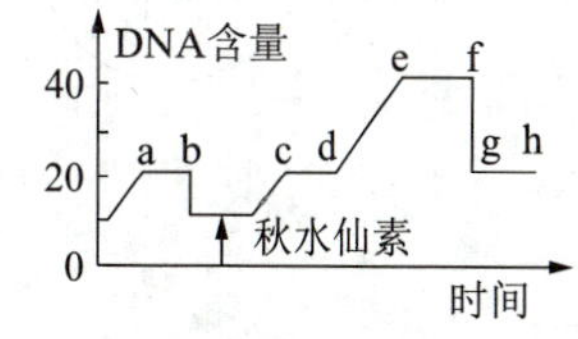

例 139 (2019·浙江 4 月选考·24)二倍体动物某个精原细胞形成精细胞过程中,依次形成四个不同时期的细胞,其染色体组数和同源染色体对数如图所示。下列叙述正确的是 ( )

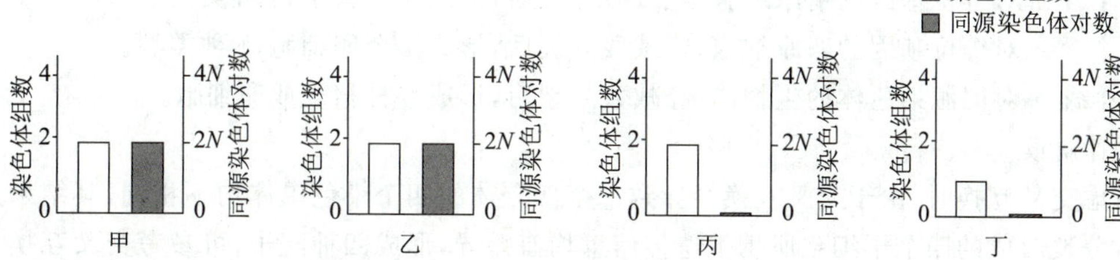

A. 甲形成乙过程中,DNA 复制前需合成 rRNA 和蛋白质

B. 乙形成丙过程中,同源染色体分离,着丝粒不分裂

C. 丙细胞中,性染色体只有一条 X 染色体或 Y 染色体

D. 丙形成丁过程中,同源染色体分离导致染色体组数减半

3 配子种类题目规律

(1)不考虑交叉互换。

①1 个含 n 对等位基因的精原细胞,经减数分裂后,形成 4 个精子,2 种类型。

②1 个含 n 对等位基因的卵原细胞,经减数分裂后,形成 1 个卵细胞,1 种类型。

③1 个含 n 对同源染色体的生物体,经减数分裂后,形成 2^n 种精子或卵细胞。

思维火花 Siweihuohua

④规律解读

不考虑交叉互换时，根据减数分裂与基因重组的关系，来自同一个初级精母细胞的两个次级精母细胞基因型互补，来自同一个次级精母细胞的两个精细胞基因型相同。例：设初级精母细胞的基因型为 AaBb，则其产生的四个精细胞基因型可能是 AB、AB 和 ab、ab 或 Ab、Ab 和 aB、aB。

同样，来自同一个初级卵母细胞的次级卵母细胞和第一极体基因型互补，来自同一个次级卵母细胞的卵细胞和第二极体基因型相同，来自同一个第一极体的两个第二极体基因型相同。例：设初级卵母细胞的基因型为 AaBb，若最终产生的卵细胞基因型为 AB，则对应的三个极体分别为 AB 和 ab、ab；若卵细胞基因型为 Ab，则对应的三个极体分别为 Ab 和 aB、aB。

⑤图解

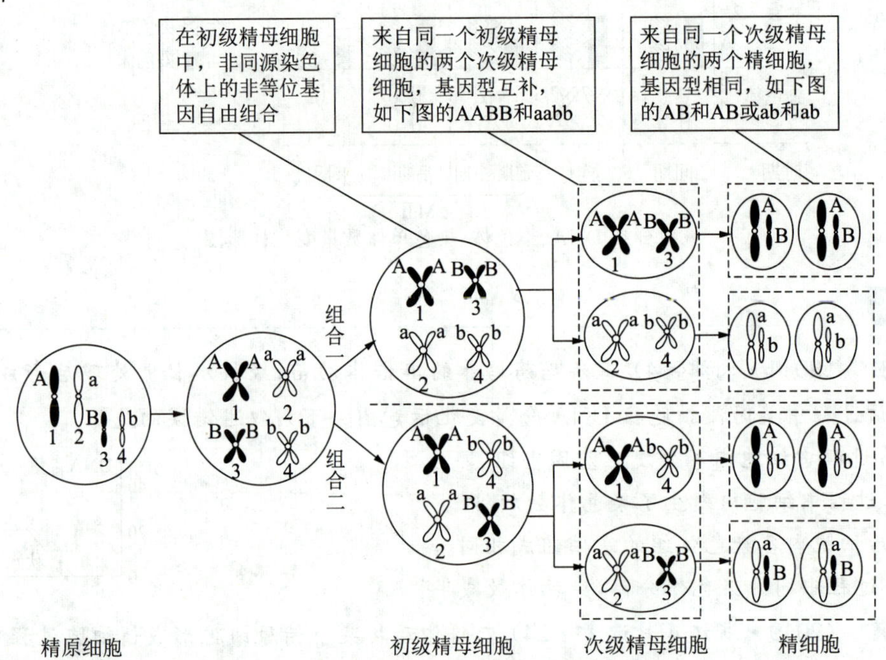

(2)**考虑交叉互换**：在题目特别说明的情况下，需要考虑交叉互换。

①1 个含 n 对等位基因的精原细胞，经减数分裂后，形成 4 个精子，4 种类型。

②1 个含 n 对等位基因的卵原细胞，经减数分裂后，形成 1 个卵细胞，1 种类型。

③1 个含 n 对同源染色体的生物体，经减数分裂后，形成∞种精子或卵细胞。

④规律解读

在考虑交叉互换时，由于交叉互换会导致一个四分体的四个染色单体均不相同，其结果是一个细胞减数分裂形成的四个子细胞所携带遗传信息均有差异，形成四种配子，可参考交叉互换和连锁交换定律内容。

⑤图解

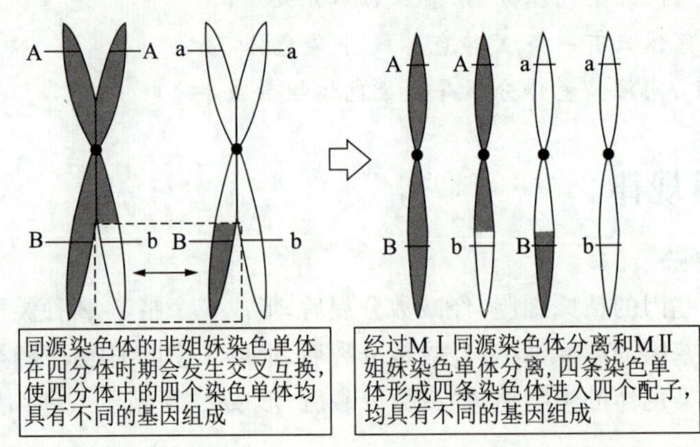

思维火花 Siweihuohua

真题真练

例 140 (2010·安徽·2)雄蛙的一个体细胞经有丝分裂形成两个子细胞(C_1、C_2),一个初级精母细胞经减数第一次分裂形成两个次级精母细胞(S_1、S_2)。比较 C_1 与 C_2、S_1 与 S_2 细胞核中DNA数目及其贮存的遗传信息,正确的是 ( )

A. DNA 数目 C_1 与 C_2 相同,S_1 与 S_2 不同

B. 遗传信息 C_1 与 C_2 相同,S_1 与 S_2 不同

C. DNA 数目 C_1 与 C_2 不同,S_1 与 S_2 相同

D. 遗传信息 C_1 与 C_2 不同,S_1 与 S_2 相同

例 141 (2017·天津·4)基因型为 AaBbDd 的二倍体生物,其体内某精原细胞减数分裂时同源染色体变化示意图如图。叙述正确的是 ( )

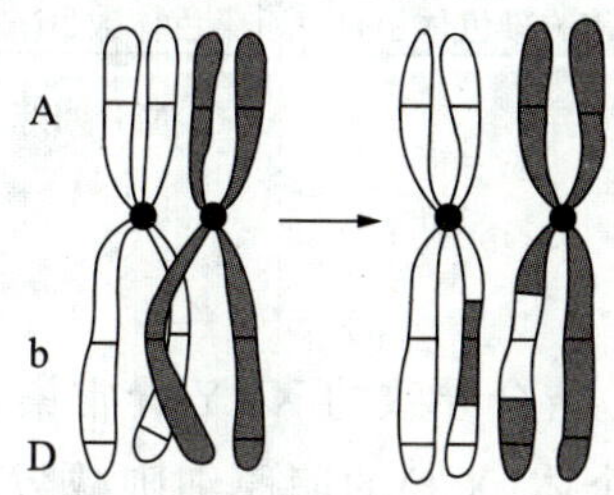

A. 三对等位基因的分离均发生在次级精母细胞中

B. 该细胞能产生 AbD、ABD、abd、aBd 四种精子

C. B(b)与 D(d)间发生重组,遵循基因自由组合定律

D. 非姐妹染色单体发生交换导致了染色体结构变异

4 减数分裂形成异常染色体组型的分析

(1)三体和单体

①三体:指二倍体生物中体细胞的某对同源染色体有三条而不是两条的个体,常用 $2n+1$ 来表示。如21三体综合征(又称唐氏综合征或先天性愚型),患者21号染色体有三条,其他染色体正常;克氏综合征,患者性染色体组成为XXY;超雄综合征,患者性染色体组成为XYY。这时对应基因型也会有相应数量变化,如 X^AX^aY、AAa。

②单体:指二倍体生物中体细胞的某对同源染色体只有一条而不是两条的个体,常用 $2n-1$ 来表示。如人类特纳氏综合征,患者仅具有一条性染色体X,其染色体组成为44+X,性染色体可写作XO。对应基因型为AO等。

(2)异常染色体组型形成原因:精子或卵细胞的形成过程中,MⅠ同源染色体分离异常;或MⅡ姐妹染色单体分离出现异常。

(3)三体原因分析

①21三体综合征

异常配子	异常阶段	异常原因	异常结果
精子或卵细胞	MⅠ	同源染色体分离异常	四个配子中两个多一条染色体,两个少一条染色体
	MⅡ	姐妹染色单体分离异常	四个配子中两个正常,一个多一条染色体,一个少一条染色体

思维火花
Siweihuohua

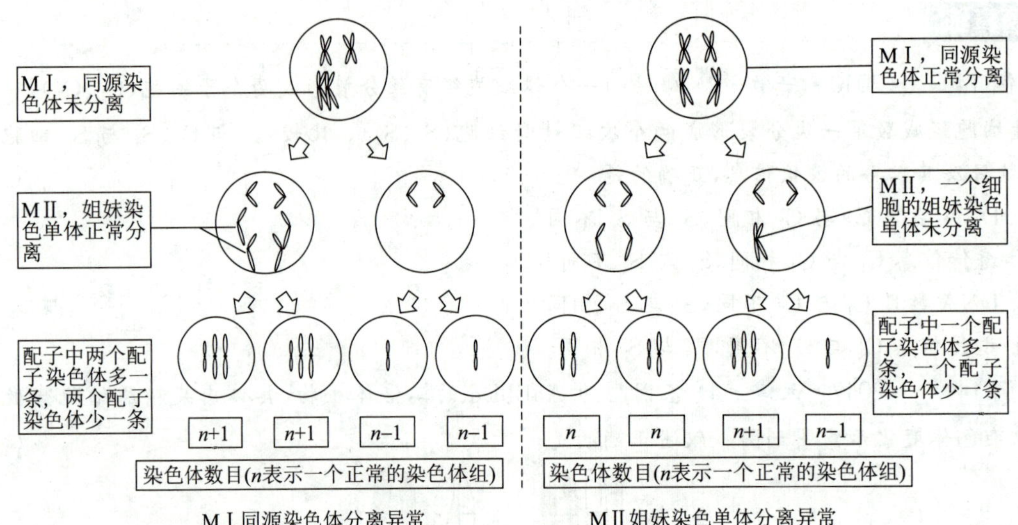

②克氏综合征(XXY)

a. 致病原因一：卵细胞异常

异常卵细胞(XX)和正常精子(Y)结合导致的 XXY 异常染色体组型。

异常卵细胞(XX)的来源是雌性个体(XX)的卵原细胞减数分裂过程异常，其过程和 21 三体综合征形成过程相似，正常情况下，染色体组成为 XX 的正常个体，经过减数分裂，形成染色体组成为 X(不含同源染色体)的卵细胞。MⅠ同源染色体分离异常或 MⅡ姐妹染色单体分离异常，都可能导致配子染色体组成为 XX。

b. 致病原因二：精子异常

正常卵细胞(X)和异常精子(XY)结合导致的 XXY 异常染色体组型。

异常精子(XY)的来源只能是 MⅠ同源染色体分离异常，而不能是 MⅡ姐妹染色单体分离异常，原因如图所示：

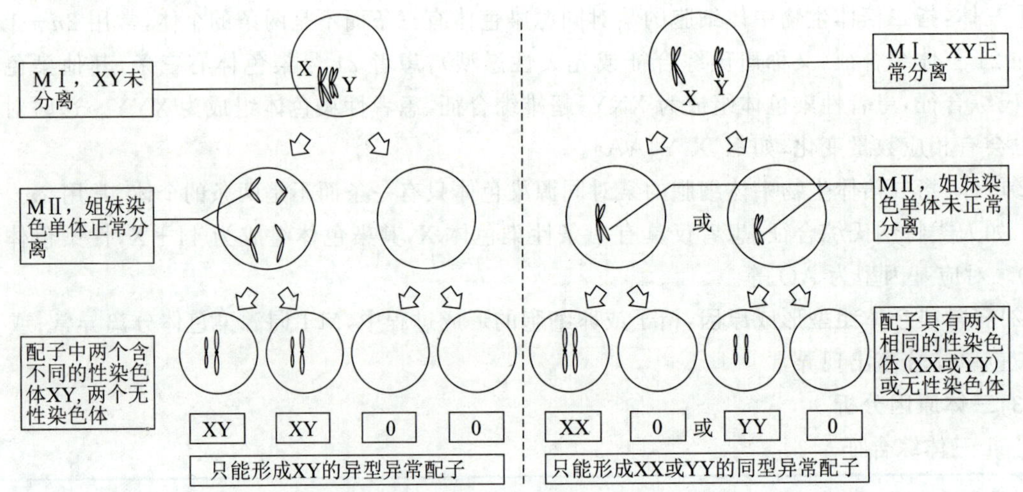

③超雄综合征(XYY)致病原因分析

XYY 同样来自于配子染色体数目异常，但不能是 XY 和 Y 配子的结合，原因是两者都含 Y，都是男性，其配子都是精子，无法受精并繁殖后代。

所以其配子组合应为正常的卵细胞(X)和异常的精子(YY)受精得到受精卵。通过第②点分析可知，只有精原细胞的 MⅡ姐妹染色单体分离异常，才能形成 YY 的异常配子。

思维火花 Siweihuohua

超雄综合征(XYY)致病原因总结如下：

异常配子	异常阶段	异常原因	异常结果
精子	MⅡ	姐妹染色单体分离异常	由于Y染色体的姐妹染色单体未分离，形成YY的异常配子

注意：不能是卵细胞的分裂异常，也不是精子的MⅠ分裂异常。

④特殊基因型致病原因分析

除染色体考查外，部分题目也会通过基因型考查染色体分裂遗传情况，举例如下。

已知亲本基因型为AaRr，其正常配子应为AR、AR、ar、ar或Ar、Ar、aR、aR；但若分别形成基因型为AaR和aar的异常配子，则其分裂异常对应的时期不同，图解如下：

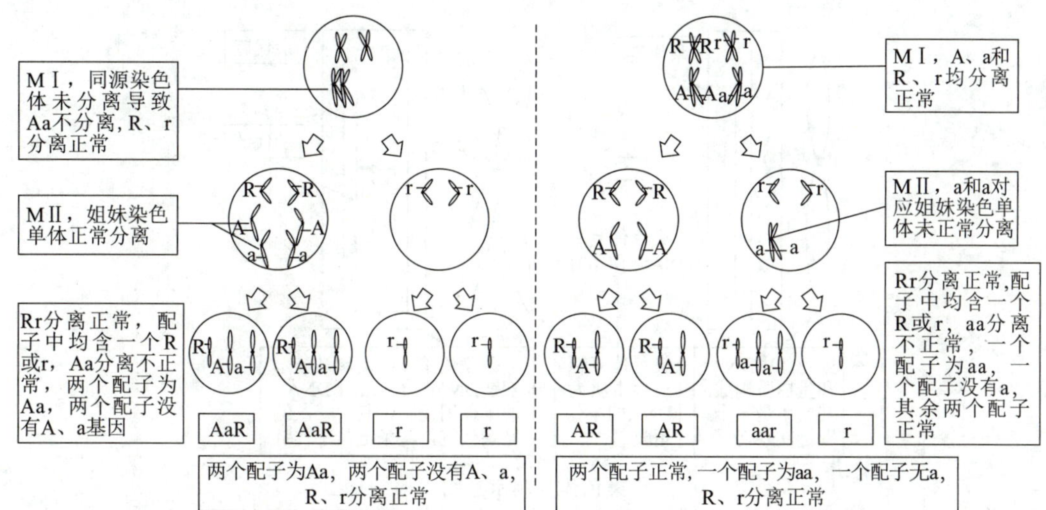

真题真练

例142 (2011·山东·8)基因型为AaX^BY的小鼠仅因为减数分裂过程中染色体未正常分离，而产生一个不含性染色体的AA型配子。等位基因A、a位于2号染色体。下列关于染色体未分离时期的分析，正确的是 ( )

①2号染色体一定在减数第二次分裂时未分离

②2号染色体可能在减数第一次分裂时未分离

③性染色体可能在减数第二次分裂时未分离

④性染色体一定在减数第一次分裂时未分离

A. ①③　　B. ①④　　C. ②③　　D. ②④

例143 (2018·天津·4)果蝇的生物钟基因位于X染色体上，有节律(X^B)对无节律(X^b)为显性；体色基因位于常染色体上，灰身(A)对黑身(a)为显性。在基因型为AaX^BY的雄蝇减数分裂过程中，若出现一个AAX^BX^b类型的变异细胞，有关分析正确的是 ( )

A. 该细胞是初级精母细胞

B. 该细胞的核DNA数是体细胞的一半

C. 形成该细胞过程中，A和a随姐妹染色单体分开发生了分离

D. 形成该细胞过程中，有节律基因发生了突变

5 复制标记原理

(1)分析原理

①DNA 的半保留复制:在双链 DNA 复制过程中,两条亲代链打开,彼此分离,每条单链均作为新链合成的模板,各自合成一条子链,并组成一个新的 DNA 分子,因此子代 DNA 分子中,一条链来自亲代,另一条链为新合成的链,此原理是研究染色体标记的基本原理。

②染色体复制原理:染色体复制过程中,一条染色体复制得到两条相同的染色体单体,通过着丝点连在一起,其实质为一个 DNA 分子复制成两个相同 DNA 分子的过程,每一条染色单体对应一个子代 DNA 分子;通过 DNA 半保留复制原理可知,染色单体的 DNA 分子两条链中,有一条链是亲代链,一条链是子代链。如下图所示。

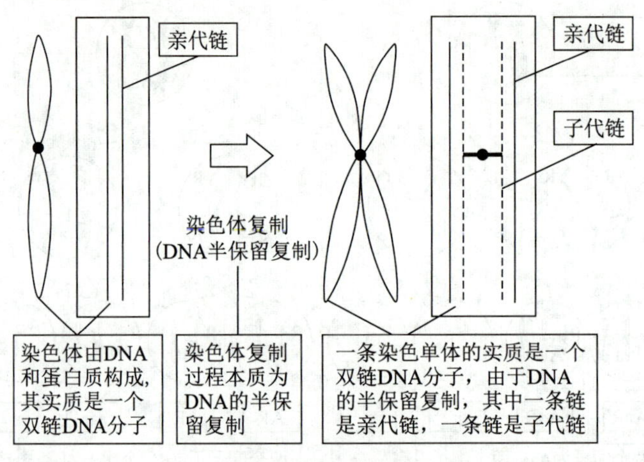

染色体复制示意图

③DNA 标记原理:同位素标记法。

(2)复制标记解题模型

①模型一:双链标记模型

模型条件	所有染色体的 DNA 双链均标记,DNA 复制的原料不标记
模型要求	求经过一次分裂后,细胞和染色体的标记情况
模型图解	以此细胞的一条染色体为例,绘图如下,标记情况用"/"表示 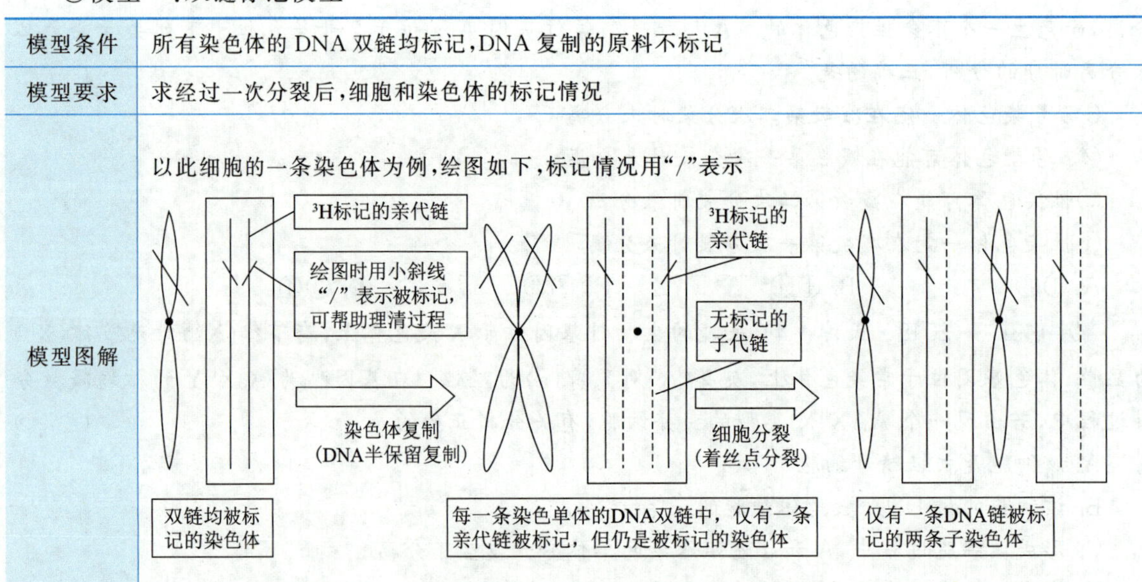

模型解析:有丝分裂中,DNA 和染色体复制一次,细胞分裂一次,综合染色体复制、DNA 半保留复制、有丝分裂过程三个知识点,通过上图可以看出,通过半保留复制的子染色体是被标记的,但

其 DNA 分子只有一条链被标记。

②模型二:单链标记模型

模型条件	染色体的 DNA 双链中有一条链被标记,DNA 复制的原料不标记
模型要求	求经过一次分裂后,细胞和染色体的标记情况
模型图解	以此细胞的一条染色体为例,绘图如下,标记情况用"/"表示 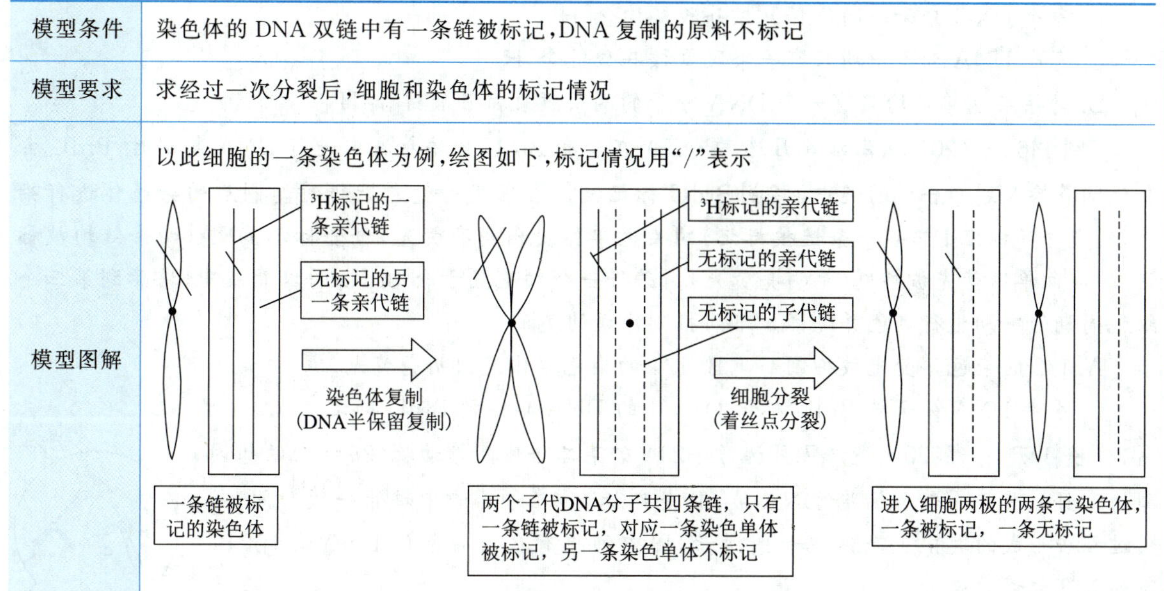

模型解析:由于亲代染色体的 DNA 分子只有一条链被标记,结合 DNA 的半保留复制,及复制原料不标记,可知子代两个 DNA 分子中,仅有一条链被标记,则子代两个 DNA 分子及两个子染色体中,仅有一个被标记;此时,细胞两极被标记的染色体数目是随机的,如下图所示,八条染色体中,四条被标记(用"/"表示),四条被标记的染色体的随机分配,其中一个子细胞可得到的被标记的染色体数目为 0~4 条。如图,左侧细胞得到一条被标记的染色体,右侧细胞得到 3 条被标记的染色体;其组合方式可为 0+4、2+2、3+1、4+0 等。

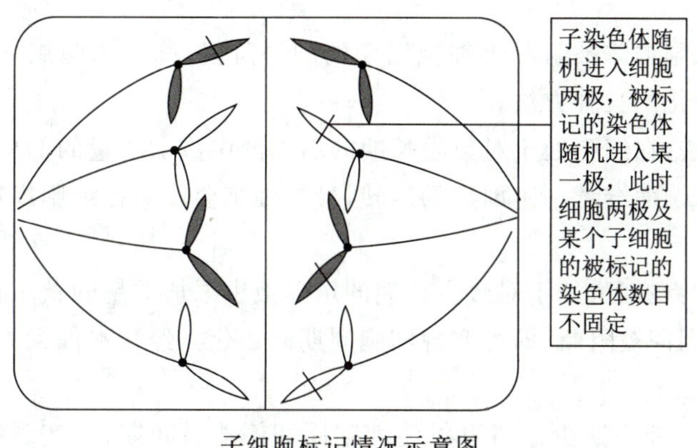

子细胞标记情况示意图

真题真练

例 144 (2010·山东·7)蚕豆根尖细胞在含^{3}H 标记的胸腺嘧啶脱氧核苷培养基中完成一个细胞周期,然后在不含放射性标记的培养基中继续分裂至中期,其染色体的放射性标记分布情况是 ( )

A. 每条染色体的两条单体都被标记　　B. 每条染色体中都只有一条单体被标记

C. 只有半数的染色体中一条单体被标记　　D. 每条染色体的两条单体都不被标记

例 145 (2017·浙江 4 月选考·24)若将处于 G_1 期的胡萝卜愈伤组织细胞置于含^{3}H 标

思维火花 Siweihuohua

记的胸腺嘧啶脱氧核苷培养液中，培养至第二次分裂中期。下列叙述正确的是 （　　）

A. 每条染色体中的两条染色单体均含^3H

B. 每个DNA分子的两条脱氧核苷酸链均含^3H

C. 每个DNA分子中均只有一条脱氧核苷酸链含^3H

D. 每条染色单体均只有一个DNA分子的两条脱氧核苷酸链含^3H

例146 （2019·浙江4月选考·25）在含有BrdU的培养液中进行DNA复制时，BrdU会取代胸苷掺入到新合成的链中，形成BrdU标记链。当用某种荧光染料对复制后的染色体进行染色，发现含半标记DNA（一条链被标记）的染色单体发出明亮荧光，含全标记DNA（两条链均被标记）的染色单体荧光被抑制（无明亮荧光）。若将一个细胞置于含BrdU的培养液中，培养到第三个细胞周期的中期进行染色并观察。下列推测错误的是 （　　）

A. 1/2的染色体荧光被抑制　　B. 1/4的染色单体发出明亮荧光

C. 全部DNA分子被BrdU标记 D. 3/4的DNA单链被BrdU标记

例147 （2020·浙江7月选考·21）若某二倍体高等动物（$2n=4$）的基因型为DdEe，其1个精原细胞（DNA被^{32}P全部标记）在培养液中培养一段时间，分裂过程中形成的其中1个细胞如图所示，图中细胞有2条染色体DNA含有^{32}P。下列叙述错误的是 （　　）

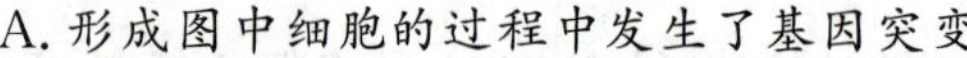

A. 形成图中细胞的过程中发生了基因突变

B. 该精原细胞至多形成4种基因型的4个精细胞

C. 图中细胞为处于减数第二次分裂后期的次级精母细胞

D. 该精原细胞形成图中细胞的过程中至少经历了两次胞质分裂

6 信息类题

(1)阻断类信息题

利用一定方法使细胞群体被阻断于细胞周期的同一阶段，称为细胞周期同步化。以下是能够实现动物细胞周期同步化的三种方法。

①DNA合成阻断法：在细胞处于对数生长期的培养液中添加适量的DNA合成可逆抑制剂，处于分裂期的细胞不受影响而继续细胞周期的运转，最终细胞会停滞在细胞周期的间期，以达到细胞周期同步化的目的。

②秋水仙素阻断法：在细胞处于对数生长期的培养液中添加适量的秋水仙素，秋水仙素能够抑制纺锤体形成，使细胞周期被阻断，即可实现细胞周期同步化。经秋水仙素处理的细胞不会被阻断在间期。

③血清饥饿法：培养液中缺少血清可以使细胞周期停滞在间期，以实现细胞周期同步化，分裂间期的特点是完成DNA复制和有关蛋白质的合成，为分裂期准备物质。

以上内容源自2017年新课标Ⅲ的原题。

(2)流式细胞仪问题

流式细胞仪是对细胞进行自动分析和分选的装置，在针对细胞分裂的实验中，它可区分不同分裂时期的细胞，并同时进行分选，为实验结果提供参考数据；在其他应用中，它也可以筛选X精子和Y精子、检测细胞的蛋白质含量、DNA含量等。

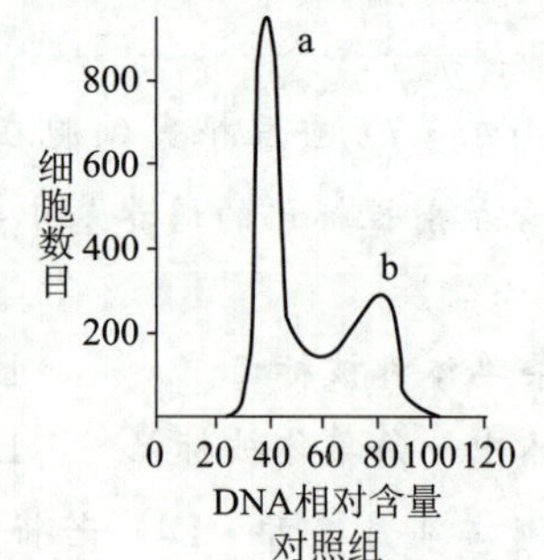

对照组

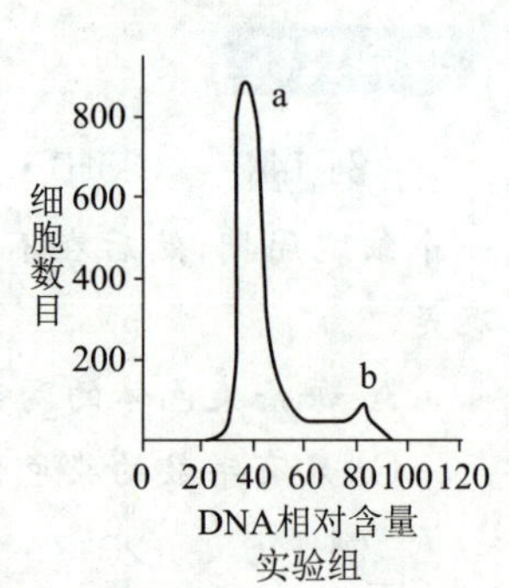

实验组

思维火花 Siweihuohua

如图是抗癌药物使用前后，通过流式细胞仪检测的不同 DNA 含量对应的细胞数目，由图可看出，使用抗癌药物后，DNA 含量为 80（分裂期）的细胞数目变少，细胞被阻断在分裂间期，此图来自于 2015 年北京高考题。

真题真练

例 148 (2014 · 浙江 · 5) 某哺乳动物体细胞在培养中能够分裂，在培养过程中将适量的 ^{3}H-TdR（^{3}H 标记的胸腺嘧啶脱氧核苷）和某促进细胞分裂的药物加入到培养液中，培养一段时间，可观察和测量到（　　）

A. G_1 期变短，该期有大量 ^{3}H-TdR 进入细胞核

B. S 期变长，该期有 DNA 复制和核糖体的增生

C. G_2 期变短，该期细胞核中有组蛋白

D. M 期相对较短，该期细胞的核膜始终完整

例 149 (2015 · 北京 · 3) 流式细胞仪可根据细胞中 DNA 含量的不同对细胞分别计数。研究者用某抗癌药物处理体外培养的癌细胞。24 小时后用流式细胞仪检测，结果如图。对检测结果的分析不正确的是（　　）

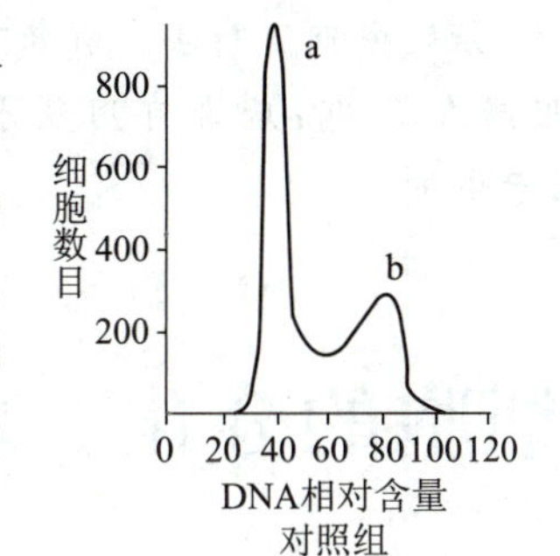

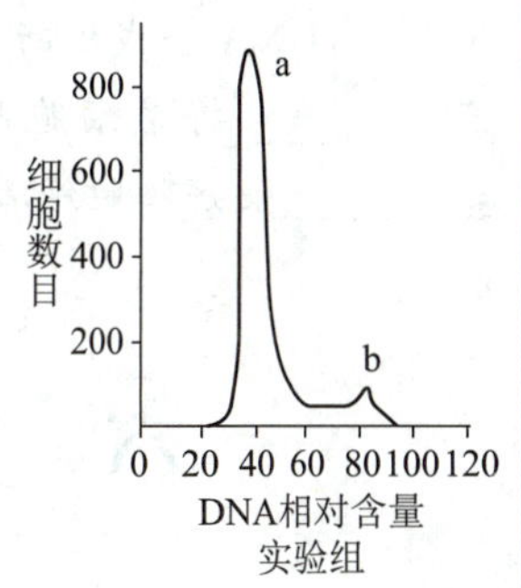

A. b 峰中细胞的 DNA 含量是 a 峰中的 2 倍

B. a 峰和 b 峰之间的细胞正进行 DNA 复制

C. 处于分裂期的细胞均被计数在 a 峰中

D. 此抗癌药物抑制了癌细胞 DNA 的复制

例 150 (2010 · 江苏 · 28) 细胞周期包括分裂间期（分为 G_1 期、S 期和 G_2 期）和分裂期（M 期）。如图标注了甲动物（体细胞染色体数为 12）肠上皮细胞的细胞周期各阶段的时长及 DNA 含量。请回答下列问题：

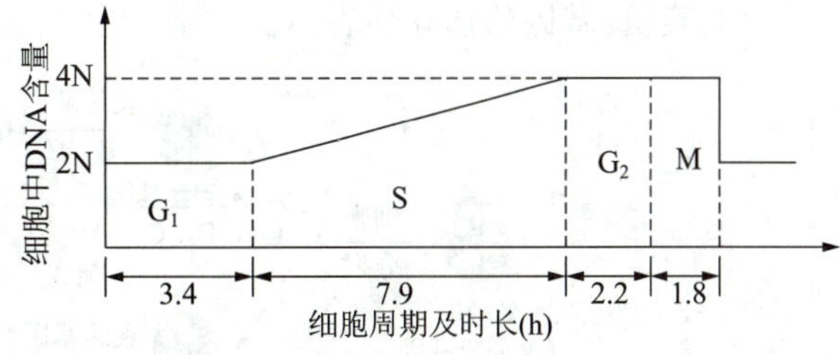

(1) 若用含放射性同位素的胸苷（DNA 复制的原料之一）短期培养甲动物肠上皮细胞后，处于 S 期的细胞都会被标记。洗脱含放射性同位素的胸苷，换用无放射性的新鲜培养液培养，定期检测。预计最快约________h 后会检测到被标记的 M 期细胞。

(2) 从被标记的 M 期细胞开始出现到其所占 M 期细胞总数的比例达到最大值时，所经历的时间为________期的时间，处于该期的一个细胞中染色体数目的变化情况是________________。

(3) 若向甲动物肠上皮细胞培养液中加入过量胸苷，处于 S 期的细胞立刻被抑制，而处于其他时期的细胞不受影响。预计加入过量胸苷约________h 后，细胞都将停留在 S 期。

(4) 乙动物肠上皮细胞的细胞周期时长为 24h，M 期时长为 1.9h。若要在显微镜下观察细胞有丝分裂过程中染色体形态的变化，选用________（填“甲”或“乙”）动物肠上皮细胞更合适。

(5) 在光学显微镜下观察，同处于分裂末期的动物肠上皮细胞与洋葱根尖细胞，形态上最主要的区别是________________________________。

例 151 (2020 · 江苏 · 29) 细胞周期可分为分裂间期和分裂期（M 期），根据 DNA 合成情况，分裂间期又分为 G_1 期、S 期和 G_2 期。为了保证细胞周期的正常运转，细胞自身存在着一系列

思维火花 Siweihuohua

监控系统(检验点),对细胞周期的过程是否发生异常加以检测,部分检验点如图所示。只有当相应的过程正常完成,细胞周期才能进入下一个阶段运行。请据图回答下列问题:

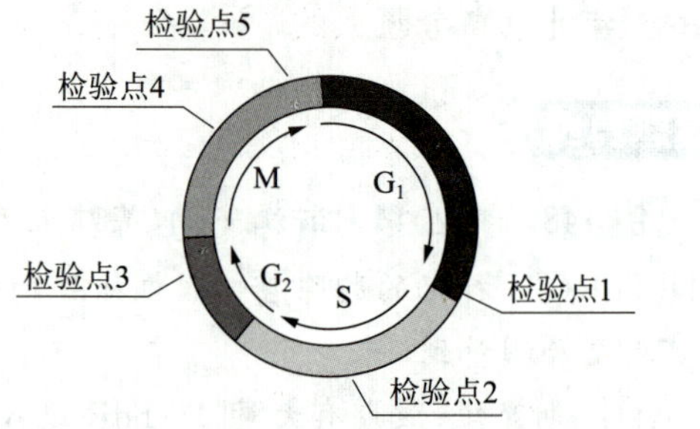

(1)与 G_1 期细胞相比,G_2 期细胞中染色体及核DNA数量的变化是____________________。

(2)细胞有丝分裂的重要意义在于通过____________,保持亲子代细胞之间的遗传稳定性。图中检验点1、2和3的作用在于检验DNA分子是否______(填序号:①损伤和修复、②完成复制);检验发生分离的染色体是否正确到达细胞两极,从而决定胞质是否分裂的检验点是______。

(3)细胞癌变与细胞周期调控异常有关,癌细胞的主要特征是________。有些癌症采用放射性治疗效果较好,放疗前用药物使癌细胞同步化,治疗效果会更好。诱导细胞同步化的方法主要有两种:DNA合成阻断法、分裂中期阻断法。前者可用药物特异性抑制DNA合成,主要激活检验点______,将癌细胞阻滞在S期;后者可用秋水仙碱抑制______的形成,主要激活检验点______,使癌细胞停滞于中期。

六、细胞的分化、衰老、凋亡、癌变

1 细胞的分化

(1)**概念**:在个体发育中,由一个或一种细胞增殖产生的后代,在形态、结构和生理功能上发生稳定性差异的过程。

(2)**时间**:发生在生物体的整个生命进程中,但在胚胎时期达到最大程度。

(3)**实质**:基因的选择性表达。

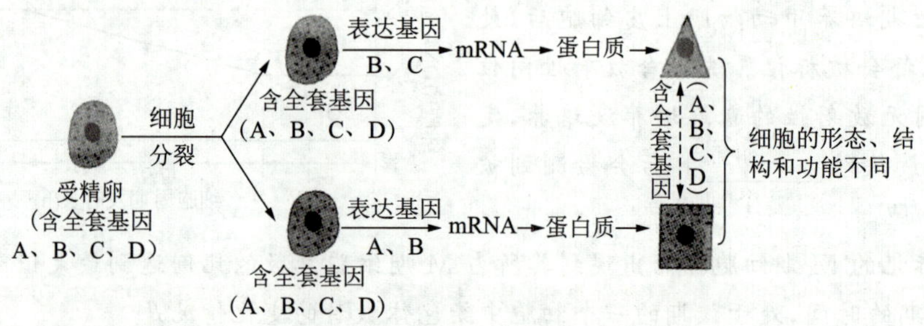

基因的选择性表达示意图

①细胞分化后,不同的细胞遗传物质DNA通过准确的半保留复制,获得完全相同的遗传信息,但转录的差异导致mRNA种类不同,并最终导致翻译得到的蛋白质不同,蛋白质是生命活动的主要承担者,不同蛋白质决定了不同细胞具有不同的功能。

②管家基因:基因产物是维持细胞基本生命活动所必需的基因,在每个细胞中的表达都是一样的,如呼吸酶基因、核糖体蛋白基因。

③奢侈基因:基因产物赋予不同细胞特异性的生理功能,在不同细胞中选择性表达,如血红蛋白基因在红细胞中表达,但在胰岛B细胞中不表达。

思维火花 Siweihuohua

(4)特点

①持久性：细胞分化贯穿于生物体整个生命进程中，在胚胎时期达到最大限度，老年人同样进行细胞的分化，如老年人的造血干细胞需要分化补充血细胞。

②普遍性：多细胞生物都存在细胞分化。

③稳定性：一般来说，分化了的细胞将一直保持分化后的状态，直至死亡。

④不可逆性：细胞只能从全能干细胞最终走向高度分化的体细胞，不能反向进行。

(5)结果：形成各种不同的细胞、组织和器官。

(6)意义

①是生物个体发育的基础。

②使多细胞生物体中的细胞趋向专门化，有利于提高各种生理功能的效率。

(7)细胞分裂和分化的比较

项目	细胞分裂	细胞分化
结果	细胞数量增多	细胞形态、结构和生理功能发生稳定性差异，细胞种类增多
意义	保持了亲子代间遗传性状的稳定性	保证了生物体的正常发育
联系	细胞分裂是细胞分化的基础，两者往往是相伴相随的，分化程度大，分裂能力则逐渐下降	

(8)易错提醒

①分化不会改变遗传物质：细胞分化是基因的选择性表达，不会导致遗传物质改变。已分化的细胞都含有保持该物种遗传性所需要的全套遗传物质，因而都具有全能性。

②同一个体不同类型细胞的 mRNA 和蛋白质不完全相同：同一个体的不同体细胞中核遗传物质完全相同，但由于选择性表达的基因不同，因而转录生成的 mRNA 及翻译生成的蛋白质不完全相同。

③并非所有干细胞都要发生分化：干细胞分裂增加细胞数目。一部分细胞发生分化，成为具有特定功能的组织细胞；还有一部分保持分裂能力，用于干细胞本身的自我更新。

2 细胞的全能性

(1)概念：细胞经分裂和分化后，仍具有产生完整有机体或分化成其他各种细胞的潜能和特性。

(2)原因：生物体的每个细胞都含有本物种全套的遗传物质。

(3)不同细胞的全能性

①植物细胞的全能性：一般植物细胞都具有全能性，包括花粉等生殖细胞，可通过植物组织培养获得完整个体。

②动物细胞核的全能性：动物细胞不能直接表达全能性，但可通过核移植技术实现动物细胞核的全能性，如克隆羊 Dolly。

(4)干细胞

①概念：动物和人体内大部分细胞失去分裂能力，但仍保留着少数具有分裂和分化能力的细胞，它们能够通过增殖和分化不断补充到体细胞中去，这些细胞即为干细胞。

思维火花 Siweihuohua

②种类

全能干细胞	具有能够发育成为各种组织器官的完整个体潜能的细胞，如胚胎干细胞
多能干细胞	具有分化出多种细胞组织的潜能，但失去了发育成完整个体的能力，发育潜能受到一定的限制，如造血干细胞
单能干细胞	只能向一种类型或密切相关的两种类型细胞分化的干细胞，如上皮组织基底层的干细胞

③干细胞在医学上的应用：脐血干细胞治疗血液病；培育器官进行器官移植；神经干细胞治疗帕金森症等。

(5)易错提醒

①注意对全能性的表述：一般只要具有全套遗传信息的细胞，都可以认为其“具有”全能性，但能否“表现”出来，则要看其能否发育成完整个体。即细胞一般都“具有”全能性，随分化程度不同全能性大小不同。而要“体现”全能性需发育成“完整个体”才能体现。胚胎干细胞发育成各种组织器官(未形成个体)不能体现细胞的全能性；植物种子发育成植株不能体现细胞的全能性，这是植物个体发育的一个阶段。

②尽管定义要求“已经分化的细胞”发育成完整个体是细胞的全能性，但受精卵的发育过程也算是全能性的体现。

③一般来说分化程度越高，细胞的全能性越低；以下比较部分细胞的全能性：全能干细胞＞多能干细胞＞单能干细胞；受精卵＞生殖细胞＞分化程度低的细胞＞分化程度高的细胞；能够增殖的细胞＞停止增殖的细胞；植物细胞＞动物细胞。但也有例外：卵细胞的分化程度越高，其全能性也较高，所以分化程度高的细胞其全能性不一定低。

④植物细胞表现全能性的条件包括：离体；一定的营养物如维生素、无机盐等；激素，包括生长素和细胞分裂素；适宜的条件如无菌无毒、适宜的温度、pH 等。不是所有的植物细胞都具有全能性，如导管细胞为死细胞、筛管细胞无细胞核，均不具有全能性。

(6)细胞分化和细胞全能性的比较

项目	细胞分化	细胞的全能性
原理	细胞内基因选择性表达	含有本物种全套遗传信息
特点	①持久性 ②普遍性 ③稳定性 ④不可逆性	①高度分化的植物细胞具有全能性 ②动物已分化的体细胞全能性受限制，但细胞核仍具有全能性 ③全能性的体现要进行诱导和离体培养
结果	形成形态、结构、功能不同的细胞群	形成新的个体
大小比较	细胞分化程度有高低之分，如体细胞＞生殖细胞＞受精卵	细胞全能性表达的难易程度不同，细胞全能性的比较如受精卵＞生殖细胞＞体细胞
关系	①两者的遗传物质都不发生改变；②已分化的细胞仍然保持全能性；③一般情况下，分化程度越高，全能性越低	

真题真练

例 152 (2020·海南·6)下列关于人体造血干细胞的叙述，错误的是 (　　)

思维火花 Siweihuohua

A. 造血干细胞比胚胎干细胞的分化程度高

B. 造血干细胞分化产生的B细胞在胸腺中发育成熟

C. 造血干细胞可不断增殖和分化，捐献造血干细胞不影响人体健康

D. 造血干细胞移植是治疗白血病的有效手段

例153 （2014·新课标Ⅱ·2）同一动物个体的神经细胞与肌细胞在功能上是不同的，造成这种差异的主要原因是 （　）

A. 二者所处的细胞周期不同　　B. 二者合成的特定蛋白不同

C. 二者所含有的基因组不同　　D. 二者核DNA的复制方式不同

例154 （2018·江苏·23·多选）人体骨髓中存在少量属于多能干细胞的间充质干细胞（MSC），如图为MSC分裂、分化成多种组织细胞的示意图，下列叙述错误的是 （　）

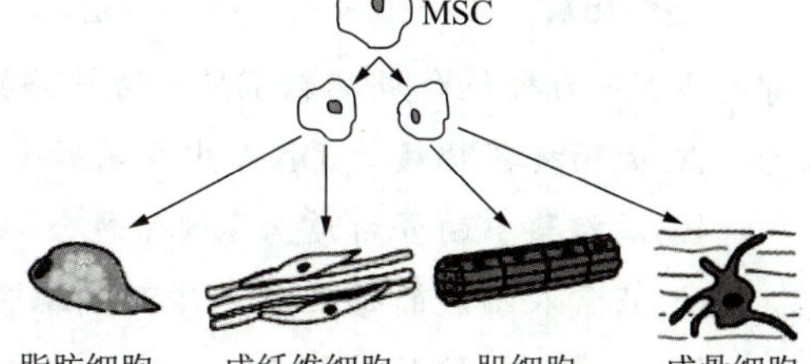

A. 组织细胞中的DNA和RNA与MSC中的相同

B. MSC不断增殖分化，所以比组织细胞更易衰老

C. MSC中的基因都不能表达时，该细胞开始凋亡

D. 不同诱导因素使MSC分化形成不同类型的细胞

例155 （2019·浙江4月选考·14）同一个体的神经细胞与巨噬细胞的功能不同。下列关于这两种细胞的叙述，错误的是 （　）

A. 不会脱分化到受精卵的状态　　B. 细胞核中的染色体数目相同

C. 功能不同是由于发生了细胞分化　　D. 功能差异是在减数分裂过程中形成的

3 细胞的衰老

(1)个体衰老与细胞衰老的关系

①单细胞生物：个体衰老或死亡与细胞衰老或死亡同步。

②多细胞生物：个体衰老与细胞衰老有密切的关系。个体衰老过程是组成个体的细胞普遍衰老的过程，但未衰老的个体内也有细胞衰老。

(2)衰老细胞的特征

①水分减少，体积变小，新陈代谢速率减慢。

②酶活性降低，如酪氨酸酶合成黑色素，酪氨酸酶活性降低，导致头发变白。

③色素逐渐积累，如老年斑形成。

④细胞核体积增大，核膜内折，染色质收缩、染色加深；由于染色质收缩，影响了基因的表达。

⑤细胞膜通透性改变，物质运输功能降低。

(3)细胞衰老的原因

①自由基学说：通常把异常活泼的带电分子或基团称为自由基。自由基含有未配对电子，表现出高度的反应活泼性。在生命活动中，细胞不断进行各种氧化反应，在这些反应中很容易产生自由基。此外，辐射以及有害物质入侵也会刺激细胞产生自由基；自由基产生后，就攻击和破坏细胞内各种执行正常功能的生物分子，更为严重的是，当自由基攻击生物膜的组成成分磷脂分子时，产物同样是自由基。这些新产生的自由基又会去攻击别的分子，由此引发雪崩式的反应，对生物膜损伤较大。此外，自由基还会攻击DNA，可能引起基因突变；攻击蛋白质，使蛋白质活性下降，致使细胞衰老。

②端粒学说：每条染色体的两端都有一段特殊序列的DNA，称为端粒。端粒DNA序列在每次

思维火花 Siweihuohua

细胞分裂后会缩短一截。随着细胞分裂次数的增加，截短的部分会逐渐向内延伸。在端粒DNA序列被“截”短后，端粒内侧的正常基因的DNA序列就会受到损伤，结果使细胞活动渐趋异常，导致细胞衰老。

真题真练

例156 (2017·浙江4月选考·10)下列关于人体衰老细胞的叙述，正确的是 ( )

A.多种酶的活性降低　　B.线粒体数量增加

C.细胞呼吸明显加快　　D.细胞核体积变小

例157 (2015·新课标Ⅱ·2)端粒酶由RNA和蛋白质组成，该酶能结合到端粒上，以自身的RNA为模板合成端粒DNA的一条链。下列叙述正确的是 ( )

A.大肠杆菌拟核的DNA中含有端粒

B.端粒酶中的蛋白质为RNA聚合酶

C.正常人细胞的每条染色体两端都含有端粒DNA

D.正常体细胞的端粒DNA随细胞分裂次数增加而变长

4 细胞的凋亡和坏死

(1)细胞的凋亡

①概念：由基因所决定的细胞自动结束生命的过程。

②原因：细胞凋亡受到严格的由遗传机制决定的程序性调控，所以也常被称为细胞的编程性死亡。

③类型和意义

类型	意义
个体发育中细胞的编程性死亡	保证多细胞生物体完成正常发育
成熟个体中细胞的自然更新	维持内部环境的稳定
被病原体感染的细胞的清除	抵御各种外界因素的干扰

(2)细胞的坏死

①概念：在种种不利因素影响下，由于细胞正常代谢活动受损或中断引起的细胞损伤和死亡，如物理性或化学性的损害因子及缺氧与营养不良等导致的细胞坏死。

②特点：坏死细胞的膜通透性增高，致使细胞肿胀，细胞器变形或肿大，最后细胞破裂。细胞裂解要释放出内含物，并常引起炎症反应；在愈合过程中常伴随组织器官的纤维化，形成瘢痕。

③细胞凋亡与细胞坏死的区别：细胞凋亡是细胞的主动死亡，对生物有利；细胞坏死是细胞的被动死亡，对生物有害。

题型总结：有关衰老和凋亡的考查。

真题真练

例158 (2019·新课标Ⅰ·1)细胞凋亡是细胞死亡的一种类型。下列关于人体中细胞凋亡的叙述，正确的是 ( )

A.胎儿手的发育过程中不会发生细胞凋亡

B.小肠上皮细胞的自然更新过程中存在细胞凋亡现象

思维火花 Siweihuohua

C. 清除被病原体感染细胞的过程中不存在细胞凋亡现象

D. 细胞凋亡是基因决定的细胞死亡过程,属于细胞坏死

例 159 (2021·广东·4)研究表明,激活某种蛋白激酶 PKR,可诱导被病毒感染的细胞发生凋亡。下列叙述正确的是 ( )

A. 上述病毒感染的细胞凋亡后其功能可恢复

B. 上述病毒感染细胞的凋亡不是程序性死亡

C. 上述病毒感染细胞的凋亡过程不受基因控制

D. PKR 激活剂可作为潜在的抗病毒药物加以研究

5 细胞的癌变

(1)概念:有些细胞受到致癌因子的作用,细胞中遗传物质发生改变,变成不受机体控制的、连续分裂的恶性增殖细胞,这种细胞就是癌细胞。

(2)癌变内因:原癌基因和抑癌基因发生突变,导致正常细胞的生长和分裂失控。

①原癌基因:原癌基因主要负责调节细胞周期,控制正常细胞生长和分裂进程。

②抑癌基因:抑癌基因主要是阻止细胞的不正常增殖。

③当原癌基因突变时,基因产物增多或活性增强,细胞就会过度增殖,形成肿瘤。抑癌基因的丢失、突变或失去功能,使激活的癌基因发挥作用而致癌。

④癌变是多基因累积突变的结果,一般需要至少 5～6 个基因突变才会发生癌变。

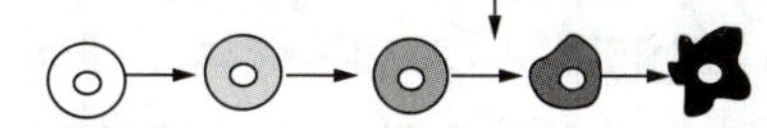

多基因累积突变导致癌细胞形成示意图

(3)癌变外因

①物理致癌因子:主要指辐射等物理因素,如 X 射线、紫外线等。

②化学致癌因子:主要是导致癌症的化学物质,如石棉、砷化物(砒霜)、镉化物、铬化物等无机物,及联苯胺、烯环烃、亚硝胺、黄曲霉素等有机物。

③病毒致癌因子:能导致癌变的病毒,如 Rous 肉瘤病毒。

(4)癌细胞的特征

①能够无限增殖。

②形态结构发生显著变化,如成纤维细胞由扁平梭形变成球形。

③表面发生了变化,细胞膜上的糖蛋白等物质减少,导致癌细胞容易分散和转移。

(5)癌症的预防、诊断和治疗

①致癌原理:在致癌因子的作用下,原癌基因和抑癌基因发生突变,使正常细胞突变为能无限增殖的癌细胞。

②预防措施:一是尽可能避免接触致癌因子,包括物理的、化学的和病毒致癌因子。二是加强身体锻炼,增强体质,注意心理调节,保持心态健康,养成良好的生活习惯,增强机体抵抗力。

③诊断:病理切片的显微观察、CT、核磁共振以及癌基因检测等先进手段。

④治疗措施:

a. 化疗:阻止细胞分裂,让癌细胞衰老死亡。可利用药物进行化疗,抑制癌细胞遗传物质的复制,癌细胞将因不能分裂而衰老死亡。

b. 放疗:放射性疗法,利用 X 射线、γ 射线等照射癌细胞。

c. “饿死”癌细胞。对供给癌细胞所在器官或组织血液的血管进行结扎,停止营养供给,使癌细

思维火花 Siweihuohua

胞因缺乏营养而饿死。

d. 早期切除：早期发现癌变，在未扩散前可进行切除，阻止其扩散，达到治疗的目的。

e. 利用生物导弹：单克隆抗体携带治疗药物进行治疗，即目前比较流行的靶向疗法，也是对某些癌症较为有效的疗法。

f. 癌症特点：早期难以发现，晚期难以治疗。

6 总结比较

项目	细胞凋亡	细胞衰老	细胞癌变	细胞坏死
与基因的关系	受基因控制	可能有关	基因突变	不受基因控制
细胞膜的变化	内陷	皱缩	糖蛋白减少	破裂
形态变化	破裂	细胞萎缩	呈球形	外形不规则变化
影响因素	受基因严格的控制	内、外因共同作用	物理、化学、病毒等致癌因子	电、热、冷、机械等各种不利因素
对机体的影响	对机体有利	对机体有利	对机体有害	对机体有害

真题真练

例 160 （2018·浙江4月选考·7）下列关于细胞癌变与癌细胞的叙述，正确的是（　　）

A. 癌细胞的分裂失去控制，但其增殖是有限的

B. 癌细胞表面粘连蛋白的增加，使其易扩散转移

C. 有些物理射线可诱发基因突变，导致细胞癌变

D. 癌变是细胞异常分化的结果，此分化大多可逆

例 161 （2018·新课标Ⅱ·6）在致癌因子的作用下，正常动物细胞可转变为癌细胞，有关癌细胞特点的叙述错误的是（　　）

A. 细胞中可能发生单一基因突变，细胞间黏着性增加

B. 细胞中可能发生多个基因突变，细胞的形态发生变化

C. 细胞中的染色体可能受到损伤，细胞的增殖失去控制

D. 细胞中遗传物质可能受到损伤，细胞表面的糖蛋白减少

the END

模块五

经典遗传学

核心概要

1. 遗传学知识逻辑
2. 遗传学方法体系
3. 题型归类和方法

德叔寄语

人生的旅途不在于旅途的目标、而在于旅途的风景，高考固然重要、但高三的学习和生活也有趣，品味生活感受情绪，高三一年，每一分每一秒都值得回味。

李林

内容导读

致同学：

经典遗传学的主要内容是遗传学三大定律：分离定律、自由组合定律和连锁交换定律，以及伴性遗传的特点。命题角度往往是在提供相关基因和性状的基础上，要求分析遗传方式、基因型和表现型、患病概率及实验结果等。这个模块往往是高中的同学认为难度较大的模块，其根本原因在于这个模块的分析方法不同于其他模块，这个模块用到数学的概率工具，尽管与数学相比，这里所用到的概率计算难度不高，但是在结合生物学原理及复杂信息的情况下，分析的难度就加大了很多，所以对信息理解能力、模型的构建能力、逻辑的分析能力、概率的推理能力都很重要。在很多试卷中，它都是形成区分度的一个模块，是获取高分必须拿下的模块。学好这个模块，需要具备多重能力。对理论体系理解得要足够的深入，对概率的基本计算方法要应用得非常熟练，对常规题型也要做归类和针对性练习，经典遗传的学习不能纯靠知识的理解，也并非纯靠方法的应用，更不依赖于所谓的“技巧”和“大招”，需要的实际上是知识逻辑体系的综合构建、题目信息的获取和分析能力。本节的内容就是对知识体系的整体构建和方法的梳理，并学习几种常考题型的解题方法。

李林

知识详解

思维火花 Siweihuohua

一、遗传学基本概念

1 符号

(1)亲本(P):参与杂交的雄性个体(父本♂)和雌性个体(母本♀)。

(2)杂交(×):通过相互交配,使不同个体的配子(精子、花粉、卵细胞)结合形成合子(受精卵);包括自交(⊗)、测交、正交、反交、回交等多种。

(3)子一代(F_1):杂交后产生的第一代,子一代交配产生的后代是子二代(F_2),以此类推。

2 性状类

(1)性状:生物体的形态特征和生理特征的总称。

(2)相对性状:一种生物的同一性状的不同表现类型。

(3)显/隐性性状:具有相对性状的两纯种亲本杂交,F_1 的杂合子显现出来的性状叫显性性状,F_1 未显现出来的性状叫隐性性状。显性性状出现的前提是完全显性,即显性纯合子和杂合子性状表现相同。

(4)不完全显性:具有相对性状的两纯种亲本杂交,F_1 显现中间类型的现象,也叫半显性,如红花和白花的杂交子一代是粉花。

(5)共显性:具有相对性状的两纯种亲本杂交,F_1 显现两种性状都表现出来的现象,如 A 型血和 B 型血婚配后代为 AB 型血。

(6)性状分离:杂种后代中,同时出现显性性状和隐性性状的现象。

(7)性状分离比:性状分离中,显性性状和隐性性状个体出现的比例;最常用的性状分离比包括:3∶1、1∶1、9∶3∶3∶1、1∶1∶1∶1。

3 基因类

(1)基因:具有遗传效应的 DNA(或 RNA)片段,决定生物的性状。

(2)基因的表达:基因通过控制蛋白质合成控制生物的性状。

(3)基因的位置:基因在染色体上呈线性排列,包括常染色体遗传和伴性遗传。

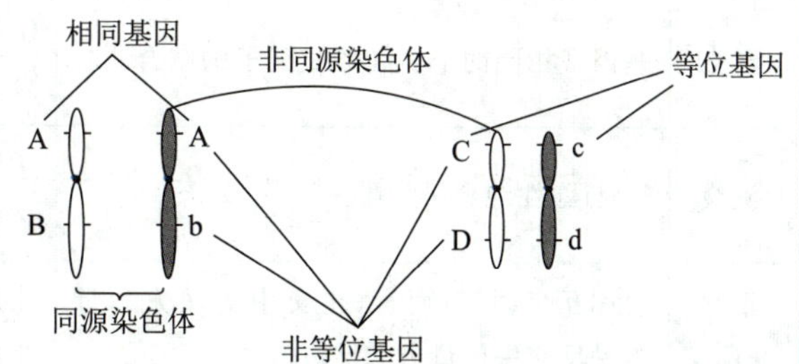

(4)显/隐性基因:决定显性性状的基因是显性基因,用大写字母表示;决定隐性性状的基因是隐性基因,用小写字母表示。

(5)相同基因:同源染色体上相同位置,控制同一性状的相同基因,如图中的 A 和 A。

(6)等位基因:生物杂合子中在一对同源染色体的同一位置上、控制着相对性状的基因,如图中的 C 和 c,其遗传符合分离定律。

(7)复等位基因:在种群中,同源染色体的相同位点上,可以存在两种以上的等位基因,遗传学

思维火花 Siweihuohua

上把这种等位基因称为复等位基因。如人的ABO血型系统由三个基因决定：I^A、I^B、i。其中，I^A和I^B都相对i为显性，I^A与I^B为共显性。但对于个体来说，只能有其中的两个基因。这一组复等位基因的不同组合，形成了A、B、AB和O四种血型，对应关系为A型血：I^Ai、I^AI^A；B型血：I^Bi、I^BI^B；AB型血：I^AI^B；O型血：ii。复等位基因的分析也遵循分离定律、遗传平衡定律、与其他基因的自由组合定律或连锁交换等。

(8)**非等位基因**：一种是位于非同源染色体上的基因，如图中的A和C，符合自由组合定律；还有一种是位于同源染色体上的非等位基因，如图中的A和b，不遵循自由组合定律，而符合连锁交换定律。

4 基因型与表现型

(1)**基因型**：与表现型有关的基因组成；在基因型的书写中，常染色体上的基因不需标明其位于常染色体上，性染色体上的基因则需将性染色体及其上基因一同写出，如X^BY。一般常染色体上的基因在前，性染色体及其上的基因在后；显性基因(大写字母)在前，隐性基因(小写字母)在后；X在前，Y在后，如DdX^BX^b，若题目有具体顺序的示例，就按题目的顺序书写。细胞质基因的书写题目会另行规定。

(2)**表现型**：生物个体表现出来的性状组合；在表现型的书写中，对于常染色体遗传不需要带入性别；对于伴性遗传则既要描述性状，又要将性别一同带入，如白眼雄果蝇。

(3)**表现型与基因型的关系**：表现型是基因型(包括细胞核基因和细胞质基因)与环境条件共同作用的结果。在相同的环境条件下，基因型相同，表现型一定相同；在不同的环境中，即使基因型相同，表现型也未必相同。

(4)**纯合子**：由相同基因的配子结合成的合子发育成的个体，如DD、X^aX^a、AABB、aaX^bX^b等。

(5)**杂合子**：由不同基因的配子结合成的合子发育成的个体，如Dd、AaBB、AAX^BX^b等。多对等位基因中有一对基因为杂合子，个体即为杂合子个体；X^aY视为纯合子。

5 杂交方式

	概　念	作　用
杂交	基因型不同的个体间雌雄配子的结合，通常也泛指个体间的相互交配	①通过杂交将不同优良性状集中到一起，得到新品种；②通过后代性状分离比，判断显、隐性性状
自交	基因型相同的个体间雌雄配子的结合	①不断提高种群中纯合子的比例；②可用于植物纯合子、杂合子的鉴定
测交	F_1与隐性纯合子交配	①测定F_1的基因组成；②孟德尔用于验证基因分离理论的解释；③高等动物纯合子、杂合子的鉴定
正交和反交	合称互交，相对而言，正交中的父方和母方是反交中的母方和父方	①用于判断是否是伴性遗传；②用于判断是细胞核遗传还是细胞质遗传
回交	子一代和两个亲本中的任一个进行杂交的方法叫做回交	加强杂种个体中某一亲本的性状表现

思维火花
Siweihuohua

6 实验材料

(1)植物材料:豌豆

①有多对易于区分的相对性状。

②自花传粉,闭花受粉:野生豌豆都是纯种,结果可靠,容易分析。

③豌豆花大,容易操作。

(2)动物材料:果蝇

①有多对易于区分的相对性状。

②易饲养、繁殖快、后代多。

③染色体组成比较简单。

(3)豌豆杂交的操作

①去雄:先去除未成熟的花的全部雄蕊。

②套袋:套上纸袋,等待雌蕊发育成熟。

③传粉:待雌蕊成熟时,采集另一植株的花粉,撒在去雄花的雌蕊的柱头上。

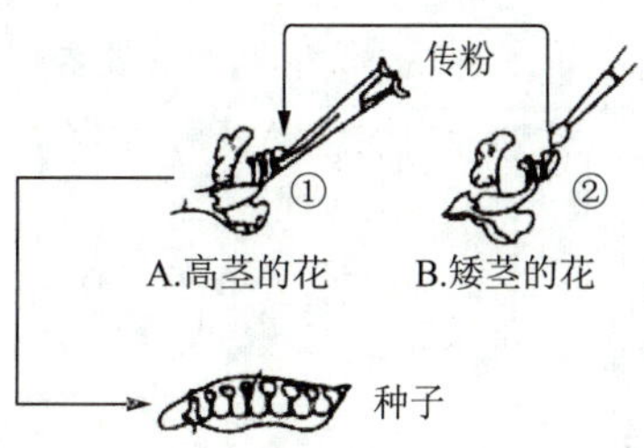

④套袋:套上纸袋,防止其他花粉污染。

(4)知识拓展

①雌雄异花的情况不用去雄,如玉米。

②常用的育种材料还有小麦、水稻,其中有很多特殊品系如雌性不育系、平衡致死系等常作为题目信息出现。

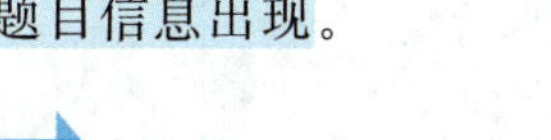

7 图像分析方法

(1)遗传系谱图

①概念:系谱图是运用系谱法对生物单基因性状进行分析而绘制的辅助图,通常系谱图必须给出的信息包括:性别、性状表现、年龄、亲子关系、代数以及每一个体在世代中的位置,功能主要是对单基因遗传病的遗传方式、个体基因型和患病概率进行研究。

②画法:通常用正方形(□)表示男性,圆形(○)表示女性,男女之间的横线(——)表示婚配关系,垂直线表示生育的后代。用罗马数字表示代数,用阿拉伯数字表示个体;同时用阴影(●、■)或斜线(▨、▨)表示一种或多种疾病。在一些少见的题目中,用菱形(◇)表示性别未知,用向下的分叉线(∧)表示双胞胎。

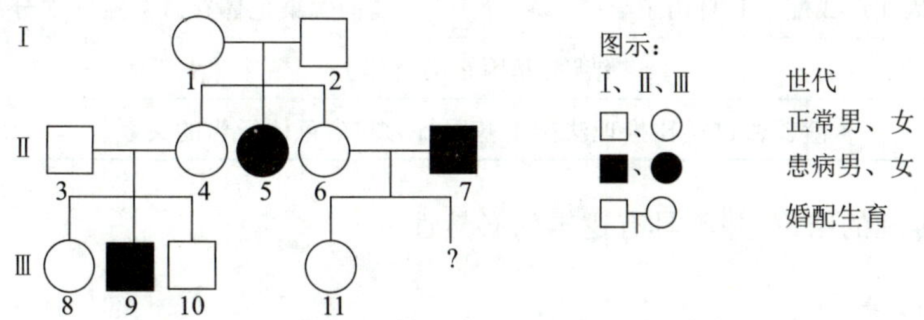

典型系谱图示例

(2)遗传图解

①概念:遗传图解是用基因、文字、符号、数字等对遗传现象的本质、规律进行描述的一种流程图或表格;包括竖写式和棋盘式两种形式,各种教材、教辅和考试中涉及的主要是竖写式,以下讲解

思维火花 Siweihuohua

均为竖写式。

②写法：

a. 世代数标注(左侧)：在遗传图解的左侧写明代数，如：P、配子、F_1、F_2 等。

b. 亲代基因型、表现型：有时还需要在亲代基因型旁侧标上父本、母本(或♂、♀符号)，尤其是题上明确要求谁做父本、谁做母本时，以及需要区分正交和反交时需标明。

c. 交配方式和箭头：杂交(×)、自交(⊗)符号，以及连接亲代和子代之间的箭头。

d. 子代基因型、表现型以及相关的比例：有时需要通过计算得出。

e. 关于伴性遗传(包括 X、Y 和 Z、W 染色体同源区段的遗传)的图解的书写：在写亲、子代及配子基因型的时候，注意按伴性遗传规范书写基因型，同时需要标注不同性状对应性别。

f. 在代数较多时，可以省略配子代。

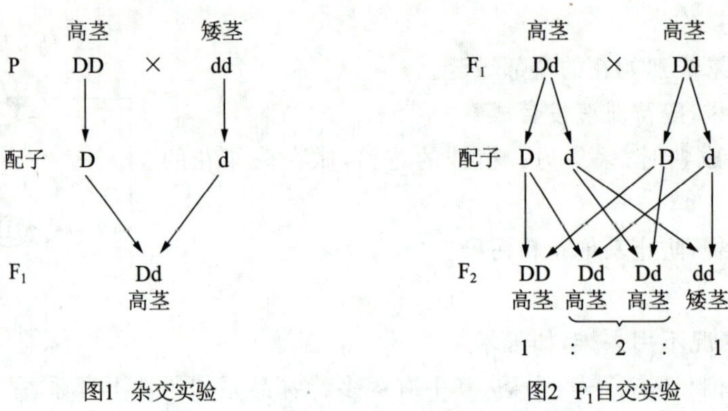

典型遗传图解示例

8 研究方法

(1)类比推理法

①原理：根据两类对象有部分属性相同，从而推出它们的其他属性也相同的推理。

②应用：

基因行为	染色体行为
在杂交过程中保持完整性和独立性	在配子形成和受精过程中具有相对稳定的形态结构
成对，一个来自父方，一个来自母方	成对，同源染色体一条来自父方，一条来自母方
在配子中只有成对基因中的一个	在配子中只有成对的染色体中的一条
非等位基因在形成配子时自由组合	非同源染色体在减数第一次分裂后期自由组合
结论：基因在染色体上	
萨顿通过类比推理法推出基因行为和染色体行为的关系	

③结果：类比推理的结论，并不具有逻辑的必然性。

(2)归纳法

①原理：指由一系列具体事实推出一般结论的思维方法。

②应用：施莱登和施旺通过对部分动植物细胞的研究，推出细胞学说。

③结果：归纳推理的结论，并不具有逻辑的必然性。

(3)假说—演绎法

①原理：在观察和分析基础上提出问题以后，通过推理和想象提出解释问题的假说，根据假说

思维火花 Siweihuohua

进行演绎推理，再通过实验检验演绎推理的结论。如果实验结果与预期结论相符，就证明假说是正确的，反之，则说明假说是错误的。

②应用：

	提出问题	提出假说	演绎推理	实验检验
分离定律	为什么子一代都是高茎而没有矮茎？为什么子二代中矮茎又出现了？F_2 中出现 3∶1 的性状分离比是偶然的吗？	(1)生物性状由遗传因子决定 (2)体细胞中遗传因子成对存在 (3)生物体在形成配子时，成对的遗传因子彼此分离 (4)受精时雌雄配子的结合是随机的	F_1 在形成配子时，成对的遗传因子彼此分离，产生两种等量配子；受精时雌雄配子随机结合，即测交后代会出现 2 种性状，比例接近 1∶1	进行测交实验验证
自由组合定律	为什么会出现新的性状组合？这与一对相对性状实验中 F_2 的 3∶1 的数量比有联系吗？	F_1 产生配子时，每对遗传因子彼此分离，不同对的遗传因子自由组合，这样 F_1 产生 4 种比例相等的配子，受精时，雌雄配子的结合是随机的	若 F_1 产生配子时，每对遗传因子彼此分离，不同对的遗传因子自由组合。F_1 产生四种等量配子；受精时雌雄配子随机结合，则测交后代会出现四种性状，比例接近 1∶1∶1∶1	进行测交实验验证
基因位于染色体上	为什么白眼雄果蝇和红眼雌果蝇杂交，F_2 中白眼性状只在雄果蝇身上出现？	决定白眼的 w 基因只位于 X 染色体上(基因位于染色体上)	如果控制白眼的基因在 X 染色体上，在 Y 上没有等位基因；红眼雄果蝇与白眼雌果蝇杂交，雌配子为 X^w 一种，雄配子为 X^W、Y 两种等量配子，受精时雌雄配子随机结合；子一代雌性均为红眼，雄性均为白眼	进行测交实验验证

③结果：通过演绎推理设计实验，并在实验中验证假说的正确性，从而使其假说变成普遍的规律，是更为合理的逻辑推理方式。

9 概率计算原理

(1)概率

①本质：概率(P)是随机事件(A)出现的可能性大小，通常表示为 $P(A)$。

②特点：对未发生的事情不能预测结果，但能估计能否发生，及可能性大小，并可通过大量的数据验证。

(2)概率论三大公理

①公理 1：随机事件 A 的概率 $P(A)$是一个 0 与 1 之间(包含 0 与 1)的非负实数，即 $0\leqslant P(A)\leqslant 1$。

②公理 2：独立事件 S 概率 $P(S)$等于 1，即 $P(S)=P(A_1)+P(A_2)+P(A_3)+\cdots+P(A_n)=1$。

③公理 3：互斥事件的加法法则，将互斥的事件发生的概率相加，即 $P(A\cup B)=P(A)+P(B)$。

(3)概率论计算原理

①A 事件的概率为 $P(A)$，即 $P(A)\in[0,1]$。

②非 A 事件概率为 $1-P(A)$，即 $P(\neg A)=1-P(A)$。

③互斥事件 A 或 B 的概率相加原理：$P(A\cup B)=P(A)+P(B)$。

④独立事件 A 和 B 的概率相乘原理：$P(A\cap B)=P(A)\cdot P(B)$。

⑤条件概率判断互斥和独立：

若 $P(A|B)=P(B|A)=0$，则 A、B 互为互斥事件；

若 $P(A|B)=P(A)$；$P(B|A)=P(B)$，则 A、B 互为独立事件。

真题真练

例 162 （2017·新课标Ⅲ·6）下列有关基因型、性状和环境的叙述，错误的是 （　　）

A. 两个个体的身高不相同，二者的基因型可能相同，也可能不相同

B. 某植物的绿色幼苗在黑暗中变成黄色，这种变化是由环境造成的

C. O型血夫妇的子代都是O型血，说明该性状是由遗传因素决定的

D. 高茎豌豆的子代出现高茎和矮茎，说明该相对性状是由环境决定的

例 163 （2017·浙江4月选考·3）豌豆种子的黄色(Y)和绿色(y)、圆粒(R)和皱粒(r)是两对相对性状。下列基因型中属于纯合子的是 （　　）

A. YyRr　　B. YYRr　　C. YYRR　　D. YyRR

二、分离定律的发现和内容

1 一对相对性状的杂交实验

实验过程		说　明
P(亲本)	高茎×矮茎	
F_1(子一代)	高茎	①P具有相对性状
	↓⊗	②F_1 全部表现为显性性状
F_2(子二代)	高茎∶矮茎	③F_2 出现性状分离现象，分离比为显性∶隐性≈3∶1
比例	3∶1	

2 对分离现象的解释

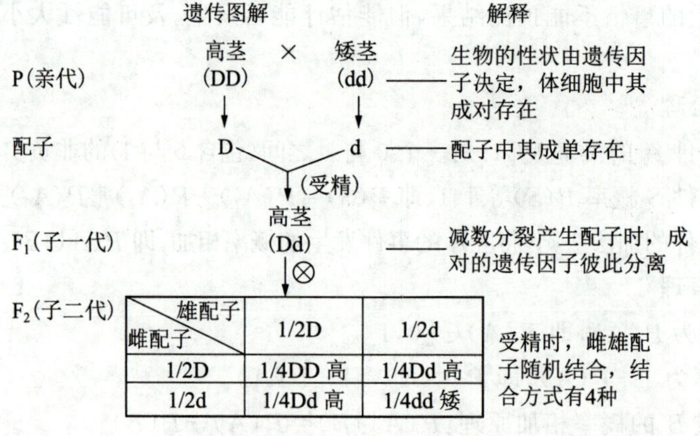

3 测交实验验证

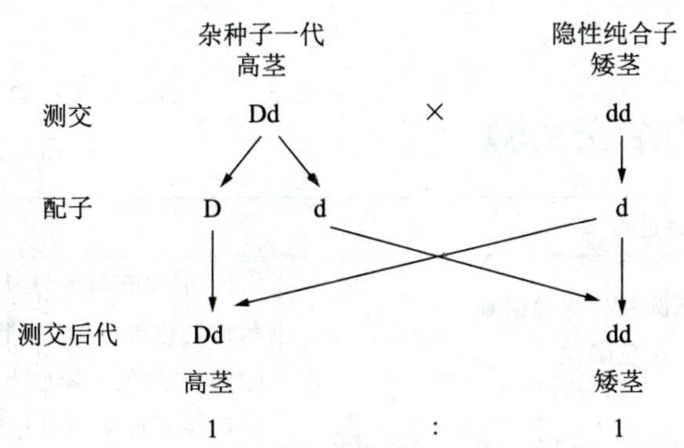

测交实验的遗传图解

4 分离定律的概念

在生物的体细胞中，控制同一性状的遗传因子（基因）成对存在，不相融合；在形成配子时，成对的遗传因子发生分离，分离后的遗传因子分别进入不同的配子中，随配子遗传给后代。

真题真练

例 164 （2013·新课标Ⅰ·6）若用玉米为实验材料验证孟德尔分离定律，下列因素对得出正确实验结论影响最小的是（　　）

A. 所选实验材料是否为纯合子

B. 所选相对性状的显隐性是否易于区分

C. 所选相对性状是否受一对等位基因控制

D. 是否严格遵守实验操作流程和统计分析方法

例 165 （2018·江苏·6）一对相对性状的遗传实验中，会导致子二代不符合 3∶1 性状分离比的情况是（　　）

A. 显性基因相对于隐性基因为完全显性

B. 子一代产生的雌配子中 2 种类型配子数目相等，雄配子中也相等

C. 子一代产生的雄配子中 2 种类型配子活力有差异，雌配子无差异

D. 统计时子二代 3 种基因型个体的存活率相等

三、自由组合定律的发现和内容

1 两对相对性状的杂交实验

实验过程	说明
P(亲本)　黄色圆粒×绿色皱粒 F_1(子一代)　黄色圆粒 ↓⊗ F_2(子二代)　黄色圆粒∶黄色皱粒∶绿色圆粒∶绿色皱粒 比例　9　∶　3　∶　3　∶　1	①F_2 中没有新的性状，但有新的性状组合。新性状组合也被称为"重组类型" ②F_2 中黄色∶绿色＝3∶1，圆粒∶皱粒＝3∶1，该比例关系说明两对相对性状都遵循分离定律 ③将亲本改为纯合黄色皱粒×纯合绿色圆粒，以及正交反交都不影响结果

2 对自由组合现象的解释

(1)F_1(YyRr)产生的配子中非等位基因自由组合

F_1 产生的配子	雄配子种类及比例	YR∶yR∶Yr∶yr＝1∶1∶1∶1
	雌配子种类及比例	YR∶yR∶Yr∶yr＝1∶1∶1∶1

(2)F_1 配子的随机结合

♀ \ ♂	1/4 YR	1/4 Yr	1/4 yR	1/4 yr
1/4 YR	YYRR 黄色圆粒	YYRr 黄色圆粒	YyRR 黄色圆粒	YyRr 黄色圆粒
1/4 Yr	YYRr 黄色圆粒	YYrr 黄色皱粒	YyRr 黄色圆粒	Yyrr 黄色皱粒
1/4 yR	YyRR 黄色圆粒	YyRr 黄色圆粒	yyRR 绿色圆粒	yyRr 绿色圆粒
1/4 yr	YyRr 黄色圆粒	Yyrr 黄色皱粒	yyRr 绿色圆粒	yyrr 绿色皱粒

3 测交实验验证

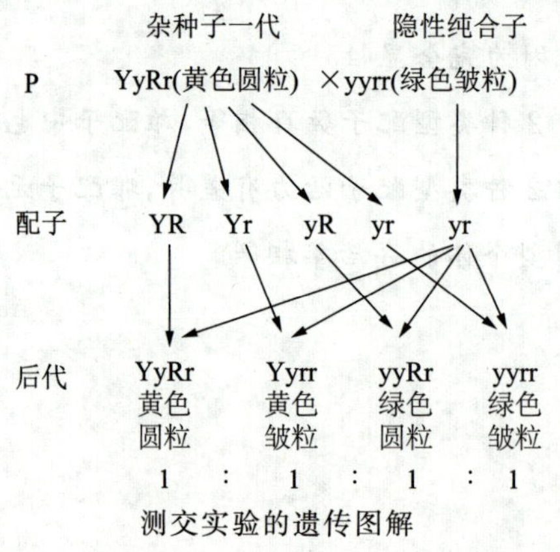

测交实验的遗传图解

思维火花 Siweihuohua

4 自由组合定律的概念

在生物的体细胞中，控制不同性状的遗传因子（非等位基因）的分离和组合是互不干扰的；在形成配子时，决定同一性状的成对的遗传因子彼此分离，决定不同性状的遗传因子自由组合。

真题真练

例 166 （2012·江苏·11）下列关于遗传实验和遗传规律的叙述，正确的是 （ ）

A. 非等位基因之间自由组合，不存在相互作用

B. 杂合子与纯合子基因组成不同，性状表现也不同

C. 孟德尔巧妙设计的测交方法只能用于检测 F_1 的基因型

D. F_2 的 3∶1 性状分离比一定依赖于雌雄配子的随机结合

例 167 （2019·海南·18）以豌豆为材料进行杂交实验。下列说法错误的是 （ ）

A. 豌豆是自花传粉且闭花受粉的二倍体植物

B. 进行豌豆杂交时，母本植株需要人工去雄

C. 杂合子中的等位基因均在形成配子时分离

D. 非等位基因在形成配子时均能够自由组合

四、连锁交换定律概述

1 连锁交换的杂交实验

实验过程	说明
P（亲本） 灰身长翅×黑身残翅 F_1（子一代） 灰身长翅 ↓⊗ F_2（子二代） 灰身长翅∶灰身残翅∶黑身长翅∶黑身残翅 比例 66 ∶ 9 ∶ 9 ∶ 16	①F_2 中没有新的性状，但有新的性状组合。新性状组合也被称为“重组类型” ②F_2 中灰身∶黑身＝3∶1，长翅∶残翅＝3∶1，该比例关系说明两对相对性状都遵循分离定律 ③将亲本改为纯合灰身残翅×纯合黑身长翅，结果变为 51∶24∶24∶1

2 对连锁交换现象的解释

（1）连锁律

①原理：生殖细胞形成过程中，位于同一染色体上的基因是连锁在一起，作为一个单位进行传递的，称为连锁律。

思维火花 Siweihuohua

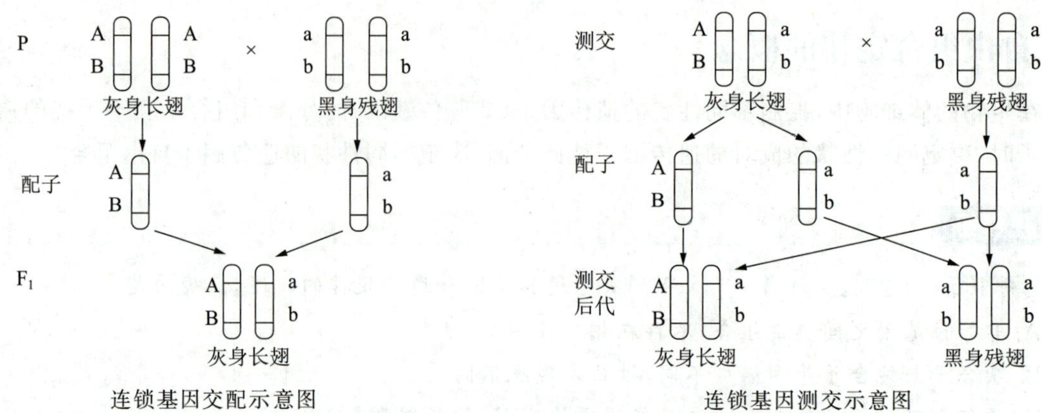

②结果：在上例中由于 A 和 B 基因连锁、a 和 b 基因连锁，导致其形成配子时，在等位基因 A/a 与 B/b 之间不能自由组合，其 F_1 基因型为 AaBb，但是其配子只有 AB 和 ab 两种，且比例为 1∶1，其后代如下：

配子		雌配子	
		AB	ab
雄配子	AB	AABB	AaBb
	ab	AaBb	aabb

(2)交换律

①原理：在生殖细胞形成时，一对同源染色体上的不同对等位基因之间可以发生交叉互换，称为交换律。

②结果：如图所示，在 A 与 B 连锁、a 与 b 连锁的情况下，AaBb 的个体的配子基因型原来仅有 AB 和 ab 两种，经过交叉互换，使 AaBb 也出现了 AB、Ab、aB、ab 四种配子。此时配子基因型和自由组合的结果近似，但实质不同，区分如下：

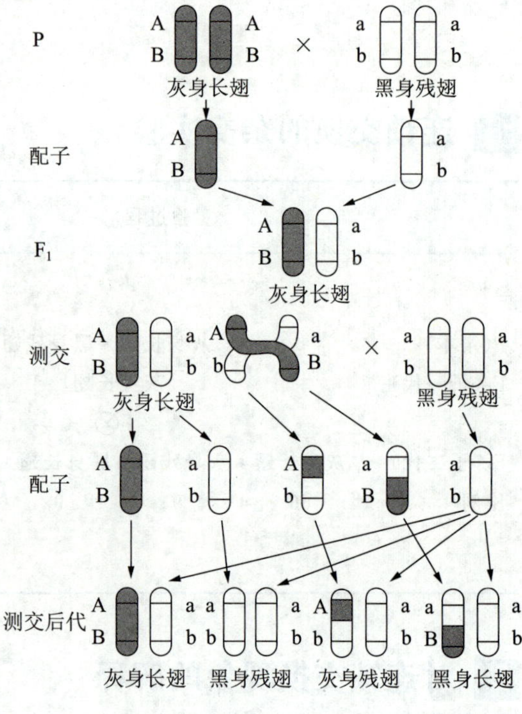

假设 EeFf 的两对等位基因符合自由组合定律，AaBb 的两对等位基因符合连锁交换定律，其中 A 和 B 连锁，a 和 b 连锁；则 EeFf 配子中，EF∶Ef∶eF∶ef=1∶1∶1∶1；而 AaBb 的配子，在发生交叉互换的情况下，也可生成 AB、Ab、aB、ab 四种配子，但因发生交叉互换概率较低，导致正常的 AB、ab 两种配子数量较多，而通过交叉互换得到的 Ab、aB 两种配子数量较少，同时因为通过交叉互换产生一个 Ab 配子的同时，一定会产生一个 aB 配子，所以配子比例通常是对称的，例如连锁交换后的 AaBb 个体，其配子比例往往为：AB∶Ab∶aB∶ab=4∶1∶1∶4 或 5∶1∶1∶5 或 10∶1∶1∶10 等之类的比例。如表所示：

思维火花 Siweihuohua

配子		雌配子			
		4AB	1Ab	1aB	4ab
雄配子	4AB	16AABB	4AABb	4AaBB	16AaBb
	1Ab	4AABb	1AAbb	1AaBb	4Aabb
	1aB	4AaBB	1AaBb	1aaBB	4aaBb
	4ab	16AaBb	4Aabb	4aaBb	16aabb

可得：A_B_：A_bb：aaB_：aabb=66：9：9：16。

(3)数据分析

由66：9：9：16的自交性状分离比，可推出上图连锁关系。而51：24：24：1可推出如下连锁关系。

配子		雌配子			
		1AB	4Ab	4aB	1ab
雄配子	1AB	1AABB	4AABb	4AaBB	1AaBb
	4Ab	4AABb	16AAbb	16AaBb	4Aabb
	4aB	4AaBB	16AaBb	16aaBB	4aaBb
	1ab	1AaBb	4Aabb	4aaBb	1aabb

可得：A_B_：A_bb：aaB_：aabb=51：24：24：1。

3 测交实验验证

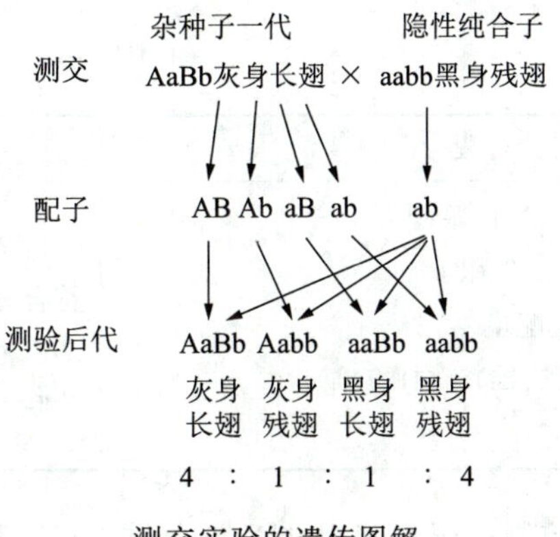

测交实验的遗传图解

4 连锁交换定律的概念

在生物的体细胞中，位于同一对同源染色体上控制不同性状的非等位基因相互影响，不能自由组合。在形成配子时，等位基因彼此分离，非等位基因连锁与交换。

5 连锁交换定律的特点

连锁和交换是生物界的普遍现象，也是造成生物多样性的重要原因之一。一般而言，两对等位基因相距越远，发生交换的机会越大，即交换率越高；反之，相距越近，交换率越低。

思维火花 Siweihuohua

真题真练

例 168 (2012·海南·24)玉米糯性与非糯性、甜粒与非甜粒为两对相对性状。一般情况下用纯合非糯非甜粒与糯性甜粒两种亲本进行杂交时,F_1 表现为非糯非甜粒,F_2 有 4 种表现型,其数量比为 9∶3∶3∶1。若重复该杂交实验时,偶然发现一个杂交组合,其 F_1 仍表现为非糯非甜粒,但某一 F_1 植株自交,产生的 F_2 只有非糯非甜粒和糯性甜粒 2 种表现型。对这一杂交结果的解释,理论上最合理的是 ( )

A. 发生了染色体易位　　B. 染色体组数目整倍增加

C. 基因中碱基对发生了替换　　D. 基因中碱基对发生了增减

例 169 (2012·江苏·14)某植株的一条染色体发生缺失突变,获得该缺失染色体的花粉不育,缺失染色体上具有红色显性基因 B,正常染色体上具有白色隐性基因 b(见右图)。如以该植株为父本,测交后代中部分表现为红色性状。下列解释最合理的是 ( )

A. 减数分裂时染色单体 1 或 2 上的基因 b 突变为 B

B. 减数第二次分裂时姐妹染色单体 3 与 4 自由分离

C. 减数第二次分裂时非姐妹染色单体之间自由组合

D. 减数第一次分裂时非姐妹染色单体之间交叉互换

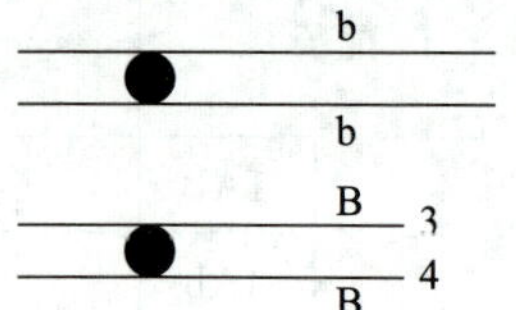

五、伴性遗传

1 摩尔根果蝇眼色实验

(1)实验过程

实验过程		说明
P(亲本)	红眼(♀)×白眼(♂)	①F_1 都是红眼,F_2 中红眼∶白眼=3∶1,符合分离定律 ②F_2 中所有白眼果蝇都是雄性,和性别相关联
F_1(子一代)	红眼 雌雄交配↓	
F_2(子二代)	红眼(雌、雄)∶白眼(雄)	
比例	3 ∶ 1	

(2)对性连锁现象的解释:控制白眼的基因在 X 染色体上(X^W 和 X^w),而 Y 染色体上不含等位基因。

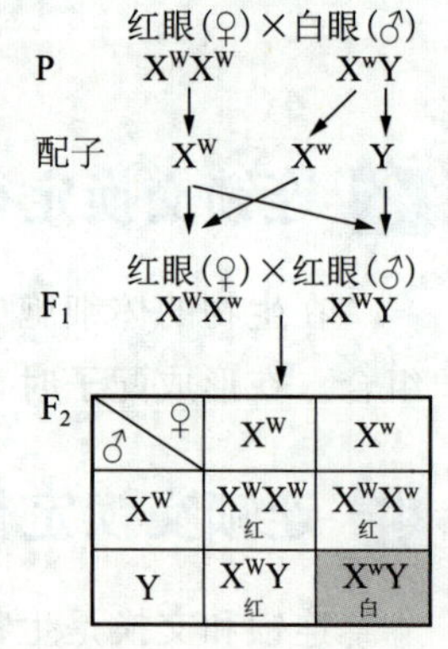

(3)摩尔根的测交实验设计

①测交一

P　　X^WX^w 红雌×X^wY 白雄

配子　　X^W　X^w　　X^w　Y

F_1		雄配子	
		X^w	Y
雌配子	X^W	X^WX^w(红雌)	X^WY(红雄)
	X^w	X^wX^w(白雌)	X^wY(白雄)

②测交二

P　　X^wX^w白雌×X^WY红雄

配子　X^w　　　X^W　Y

F_1		雄配子	
		X^W	Y
雌配子	X^w	X^WX^w(红雌)	X^wY(白雄)

(4)伴性遗传概念:决定性状的基因位于性染色体上,在遗传上总是和性别相关联,这种现象叫做伴性遗传。

2 性染色体拓展

(1)染色体的分类

①根据来源分为:同源染色体和非同源染色体。

②根据性别关系分为:常染色体和性染色体,其中性染色体决定性别。常染色体两两相同,性染色体一般不同。

③并非所有的生物都有性染色体,由性染色体决定性别的生物才有性染色体。雌雄同株的植物一般无性染色体,较原始的原生生物等一般无性染色体,原核生物和病毒无染色体。

(2)性染色体特点

①性染色体上的部分基因决定性别,但不是性染色体的每个基因都能决定性别。

②性染色体分 XY 型和 ZW 型,X 和 Y 之间,以及 Z 和 W 之间往往大小不同,但作为同源染色体,可以通过同源区段联会,同源区段存在等位基因。

(3)染色体组型:以染色体的数目和形态来表示染色体组的特性,称为染色体组型。

①人的染色体组型:44+XX 或 44+XY,一个染色体组为 22+X 或 22+Y。

②果蝇的染色体组型:6+XX 或 6+XY,一个染色体组为 3+X 或 3+Y。

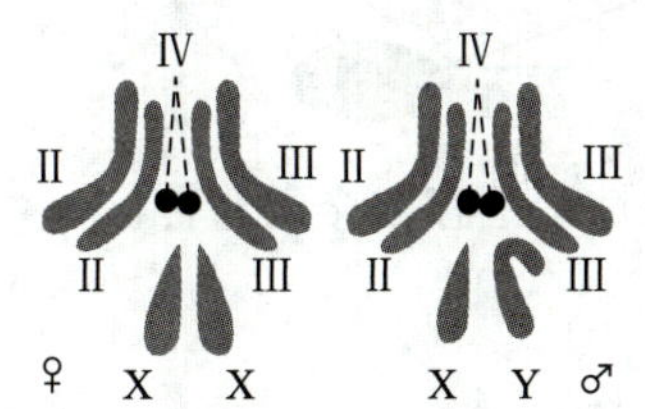

果蝇染色体组型

1 2 3 4 5 6 7 8 9 10 11 12
13 14 15 16 17 18 19 20 21 22
X
Y

人的染色体组型

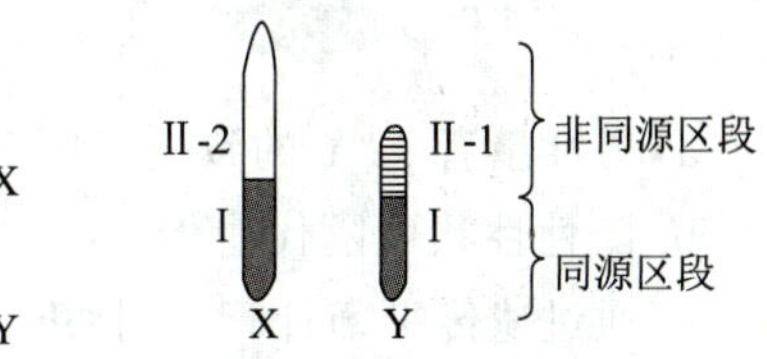

XY染色体示意图

(4)基因和染色体的关系

①一条染色体上有许多基因,但基因不都位于染色体上。如真核生物的细胞质中的基因位于线粒体和叶绿体的 DNA 上,原核生物细胞中的基因位于拟核 DNA 或质粒 DNA 上。

②基因在染色体上呈线性排列。

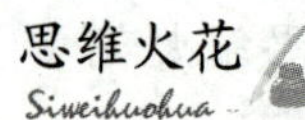

(5)性别决定方式

决定类型		决定方式	常见生物
性染色体决定	XY 型	雄性：常染色体＋XY(异型) 雌性：常染色体＋XX(同型)	某些鱼类、两栖类、所有哺乳动物、人类、果蝇和雌雄异体的植物(如菠菜、大麻)等
	ZW 型	雄性：常染色体＋ZZ(同型) 雌性：常染色体＋ZW(异型)	鸟类、蛾蝶类等
其他类型	染色体倍数决定型(蜜蜂)/基因决定型(玉米)/环境决定型(后螠)/性反转(黄鳝、鸡)等		

3 伴性遗传的特点

(1)伴 X 染色体隐性遗传，以红绿色盲为例

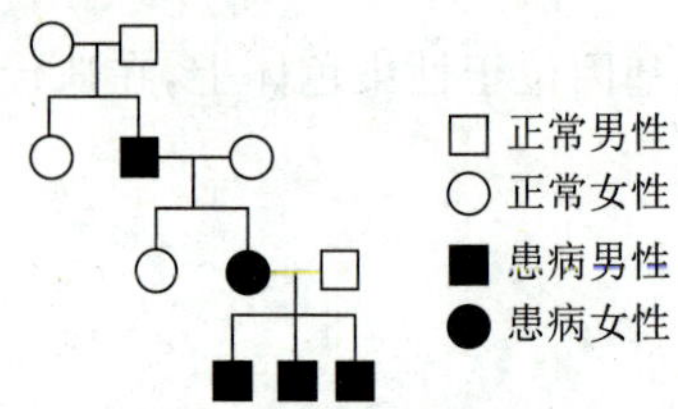

典型红绿色盲系谱图

①基因位置：位于 X 染色体的非同源区段上，Y 染色体上无等位基因。

②人类红绿色盲的基因型和表现型：

	女性			男性	
基因型	X^BX^B	X^BX^b	X^bX^b	X^BY	X^bY
表现型	正常	正常(携带者)	色盲	正常	色盲

③人类红绿色盲遗传的主要婚配方式及遗传特点：

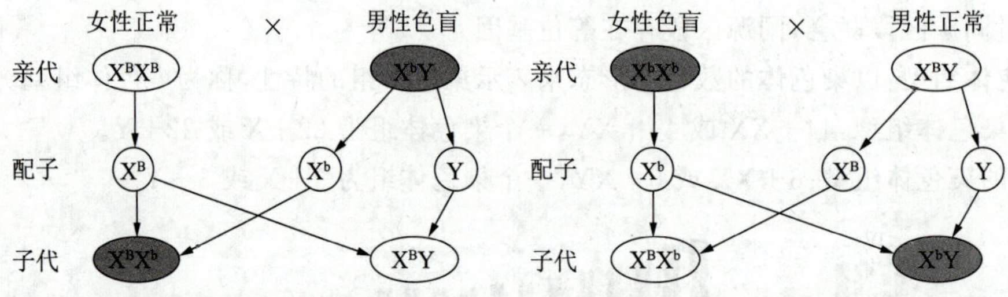

a. 男性患者 X^bY 的致病基因 X^b 来自母亲，又将其传递给女儿，在性别上存在交叉遗传。

b. 隐性性状可隔代遗传。

c. 通过遗传平衡计算，男性患者(q)多于女性患者(q^2)。

d. 女患者(X^bX^b)的父亲和儿子一定患病。

④其他伴 X 染色体隐性遗传性状：血友病、果蝇红白眼色的遗传。

(2)伴 X 染色体显性遗传，以抗维生素 D 佝偻病为例

①基因位置：位于 X 染色体的非同源区段上，Y 染色体上无等位基因。

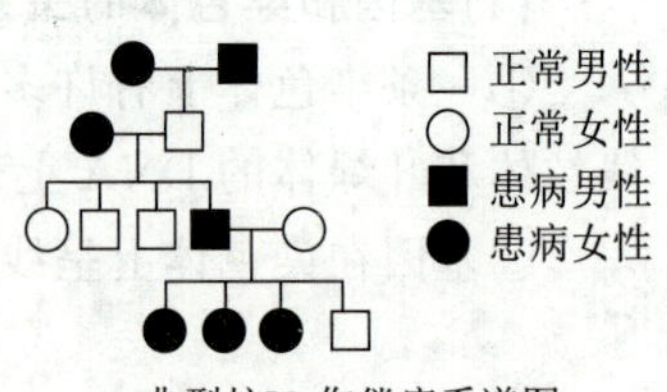

典型抗V_D佝偻病系谱图

思维火花 Siweihuohua

②抗维生素 D 佝偻病的基因型和表现型：

	女性			男性	
基因型	X^DX^D	X^DX^d	X^dX^d	X^DY	X^dY
表现型	患者(严重)	患者	正常	患者	正常

③抗维生素 D 佝偻病遗传特点：

a. 男性患者 X^DY 的致病基因 X^D 来自母亲，又将其传递给女儿，在性别上存在交叉遗传。

b. 显性性状可以连续遗传。

c. 通过遗传平衡计算，女性患者(p^2+2p)多于男性(p)。

d. 男患者(X^DY)的母亲和女儿一定患病。

(3)伴 Y 染色体遗传，以男性外耳道多毛症为例

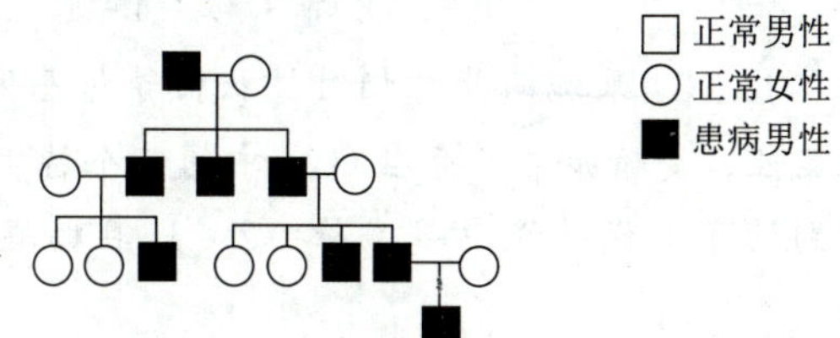

典型伴Y染色体遗传系谱图

①基因位置：位于 Y 染色体的非同源区段上，X 染色体上无等位基因。

②外耳道多毛症的基因型和表现型：

	女性	男性	
基因型	XX	XY^*	XY
表现型	正常	患者	正常

③遗传特点：没有等位基因，没有显隐性关系；连续遗传，患者全部是男性，男患者后代中男性全部是患者，女性都正常。

(4)XY 同源区段遗传

①位置：位于 XY 染色体同源区段上，XY 有等位基因。

②基因型和表现型：

	女性			男性			
基因型	X^AX^A	X^AX^a	X^aX^a	X^AY^A	X^AY^a	X^aY^A	X^aY^a
表现型	显性		隐性	显性			隐性

③特点：XY 同源区段的基因遗传现象和常染色体遗传较为相似，但性状表现依然和性别相关，是伴性遗传。典型遗传图解如下图所示：

♀X^aX^a × X^aY^A♂ → ♀X^aX^a　X^aY^A♂

♀X^aX^a × X^AY^a♂ → ♀X^AX^a　X^aY^a♂

基因的遗传与性别仍有关。

(5)线粒体遗传(母系遗传)

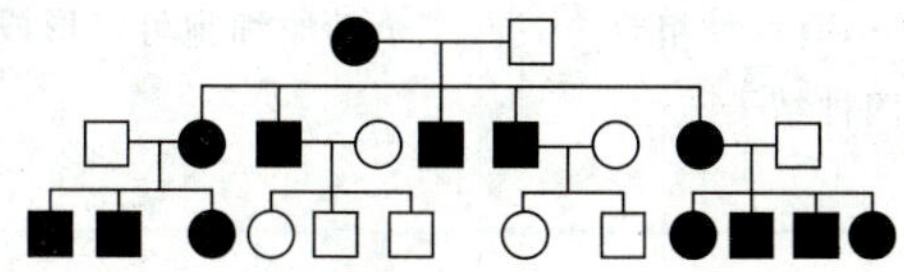

典型母系遗传系谱图

思维火花 Siweihuohua

①基因位置:位于线粒体的环状裸露 DNA 上。

②案例:肌肉萎缩症。

③遗传特点:母系遗传,患病母亲的后代都患病,正常母亲的后代都正常,和父亲无关。

真题真练

例 170 (2011·福建·5)火鸡的性别决定方式是 ZW 型(♀ZW,♂ZZ)。曾有人发现少数雌火鸡(ZW)的卵细胞未与精子结合,也可以发育成二倍体后代。遗传学家推测,该现象产生的原因可能是:卵细胞与其同时产生的三个极体之一结合,形成二倍体后代(WW 的胚胎不能存活)。若该推测成立,理论上这种方式产生后代的雌雄比例是 ( )

A. 雌∶雄=1∶1　　B. 雌∶雄=1∶2

C. 雌∶雄=3∶1　　D. 雌∶雄=4∶1

例 171 (2016·新课标Ⅱ·6)果蝇的某对相对性状由等位基因 G、g 控制,且对于这对性状的表现型而言,G 对 g 完全显性。受精卵中不存在 G、g 中的某个特定基因时会致死。用一对表现型不同的果蝇进行交配,得到的子一代果蝇中雌∶雄=2∶1,且雌蝇有两种表现型。据此可推测:雌蝇中 ( )

A. 这对等位基因位于常染色体上,G 基因纯合时致死

B. 这对等位基因位于常染色体上,g 基因纯合时致死

C. 这对等位基因位于 X 染色体上,g 基因纯合时致死

D. 这对等位基因位于 X 染色体上,G 基因纯合时致死

4 遗传学三大定律的细胞学基础

分离定律	实质	同源染色体上的等位基因,随着减数第一次分裂的后期,同源染色体的分离而分离,进入不同的配子中
	图解	D 1 d 2 → D D 1 d d 2 → D D 1 → D, D; d d 2 → d, d
自由组合定律	实质	减数第一次分裂的后期,同源染色体分离、非同源染色体自由组合。非同源染色体上的非等位基因随着非同源染色体的自由组合而自由组合。在有两对等位基因位于非同源染色体上的情况下,有两种组合方式。一个精原细胞可以形成基因型互补的两种精子;一个个体可以形成四种精子

思维火花 Siweihuohua

续表

自由组合定律	图解	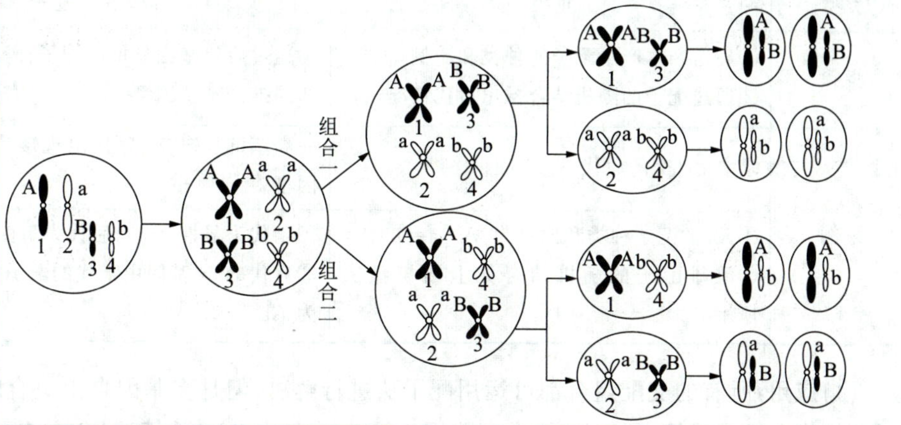
连锁交换定律	实质	生殖细胞形成过程中，位于同一染色体上的基因连锁在一起，作为一个单位进行传递，但不同对等位基因之间可以发生交叉互换进行基因重组
	图解	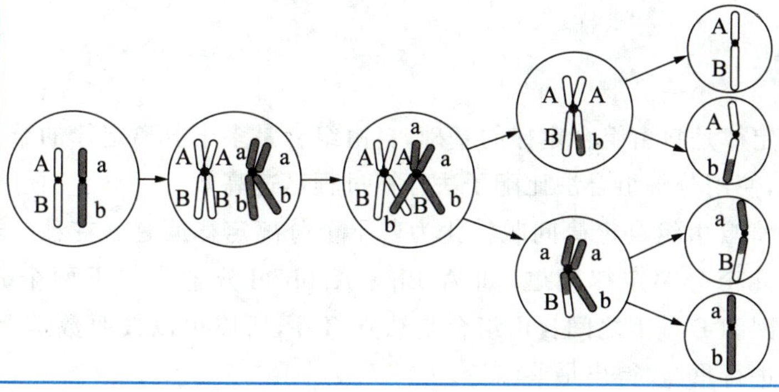

六、遗传学基本解题方法

1 配子法

(1)原理：有性生殖的生物通过配子繁殖后代，繁殖过程中，先形成成熟配子，再通过配子的随机结合形成子代，所以在所有有性生殖的生物中，均可以通过推算配子的种类和比例，再将其随机结合推出后代的性状分离情况。

(2)方法：一般有棋盘法和交叉法两种方式。

①棋盘法

♀ \ ♂	D	d
D	DD 高茎	Dd 高茎
d	Dd 高茎	dd 矮茎

②交叉法

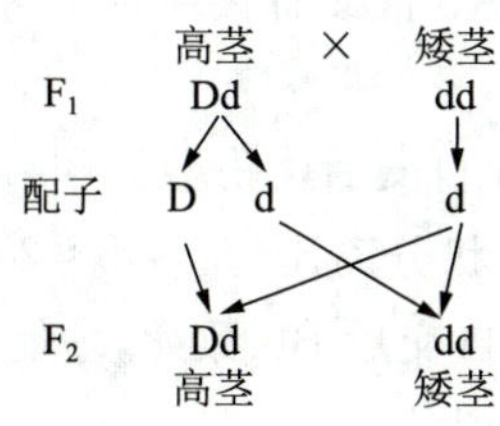

(3)操作

类型	正推	逆推
步骤	①确定亲本产生配子的种类和比例 ②通过配子的随机结合推出后代情况	①通过后代基因型推出配子种类和比例 ②回推亲本基因型
案例	求 Aa 自交的后代	一高茎豌豆自交,后代出现矮茎豌豆,求高茎豌豆基因型
	①Aa 的配子种类和比例为:A∶a=1∶1 ②雌雄配子的随机结合如上图棋盘法所示	①亲代为显性(A_),后代为隐性(aa) ②后代的 aa 基因由亲代的配子提供,所以亲代基因型为 Aa

(4)应用:所有的交配组合都可运用配子法进行解决,但是多基因自由组合时,配子种类往往比较复杂,棋盘难画难算,所以配子法多数用于各类单基因杂交的情况,如单基因正逆推、单基因致死、复等位基因、不完全显性等。不过当亲本具有多种不同基因型,进行交配时,用配子法计算往往较为简便。

2 分解组合法

(1)原理:分离定律是自由组合定律的基础,自由组合是多个分离定律的结合,对于多对等位基因自由组合的情况,使用分解组合法比配子法计算过程迅速高效。

(2)方法:首先将自由组合定律问题转化为若干个分离定律问题。在独立遗传的情况下,有几对基因就可分解为几个分离定律问题,如 AaBb×Aabb 可分解为如下两个分离定律:Aa×Aa;Bb×bb,由于 A 基因和 B 基因之间自由组合是独立事件,所以可以按照数学上的乘法原理根据题目要求的实际情况进行重组,得出最终结论。

(3)操作

①分解:将多对等位基因拆分为多个单对等位基因,分别用配子法进行推算。

②组合:利用乘法原理,将拆分的后代重新计算结合。

(4)应用

以 AaBb 自交为例,进行如下分解组合操作。

①性状分离比:

AaBb 自交=Aa 自交×Bb 自交=(A_∶aa)×(B_∶bb)=(3∶1)×(3∶1)=9∶3∶3∶1

②基因型分离比:

AaBb 自交=Aa 自交×Bb 自交=(AA∶Aa∶aa)×(BB∶Bb∶bb)=(1∶2∶1)×(1∶2∶1)

如后代中 Aabb=1/2×1/4=1/8。

③假设 AaBb 符合自由组合定律,但是 BB 纯合会致死,则 AaBb 自交后代性状分离比为:Aa 自交后代为(3∶1);Bb 自交后代为(2∶1,BB 致死),综合比例为(3∶1)×(2∶1)=6∶3∶2∶1。

④纯合子比例:

AaBb 自交后代纯合子=Aa 自交后代纯合子×Bb 自交后代纯合子=1/2×1/2=1/4。

⑤份数计算:

AaBb 自交后代份数=Aa 自交后代份数×Bb 自交后代份数=4×4=16。

⑥假设 AaBb 自交后代性状分离比为 4∶2∶2∶1,则原因是:4∶2∶2∶1=(2∶1)×(2∶1),说明 Aa 自交后 AA 致死,Bb 自交后 BB 致死,才能形成两个(2∶1)的比例。

思维火花 Siweihuohua

真题真练

例 172 (2017·新课标Ⅱ·6)若某哺乳动物毛色由3对位于常染色体上的、独立分配的等位基因决定,其中:A基因编码的酶可使黄色素转化为褐色素;B基因编码的酶可使该褐色素转化为黑色素;D基因的表达产物能完全抑制A基因的表达;相应的隐性等位基因a、b、d的表达产物没有上述功能。若用两个纯合黄色品种的动物作为亲本进行杂交,F_1均为黄色,F_2中毛色表现型出现了黄∶褐∶黑=52∶3∶9的数量比,则杂交亲本的组合是 ( )

A. AABBDD×aaBBdd或AAbbDD×aabbdd

B. aaBBDD×aabbdd或AAbbDD×aaBBDD

C. aabbDD×aabbdd或AAbbDD×aabbdd

D. AAbbDD×aaBBdd或AABBDD×aabbdd

例 173 (2014·安徽·5)鸟类的性别决定为ZW型。某种鸟类的眼色受两对独立遗传的基因(A、a和B、b)控制。甲、乙是两个纯合品种,均为红色眼。根据下列杂交结果,推测杂交1的亲本基因型是 ( )

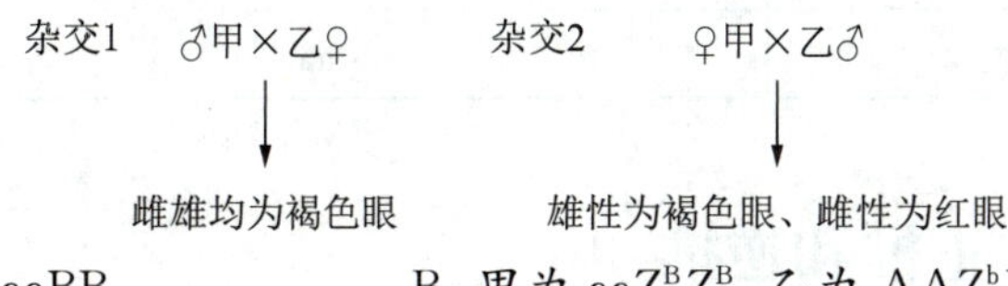

A. 甲为AAbb,乙为aaBB　　B. 甲为aaZ^BZ^B,乙为AAZ^bW

C. 甲为AAZ^bZ^b,乙为aaZ^BW　　D. 甲为AAZ^bW,乙为aaZ^BZ^B

七、遗传类题基本题型和解题方法

德叔批注

遗传题目难往往不是难在方法技巧上,而是难在题目的信息过于复杂,以及对基本原理理解不深入,导致对题目信息获取不足,找不到解题的入手点,推导过程也不顺利。所以解题的根本还是在于对知识的逻辑深入理解,以及题目信息重复获取。以下讲解一些常考的题型,但是高考题极有可能考新信息类题,同学们需要通过这些题目的训练,逐渐提升信息的分析能力,才是高考取得高分的根本。

1 常染色体正推和逆推

(1)正推

由于常染色体的单对等位基因有三种基因型:AA、Aa、aa,则亲本两两相交时,共有六种交配方式,包括AA×AA、AA×Aa、AA×aa、Aa×Aa、Aa×aa、aa×aa,其交配结果如下表所示:

组别	亲本	子代基因型	子代表现型
第一组	AA×AA	AA	全为显性
	AA×Aa	AA∶Aa=1∶1	
	AA×aa	Aa	

续表

组别	亲本	子代基因型	子代表现型
第二组	Aa×Aa	AA∶Aa∶aa=1∶2∶1	显性∶隐性=3∶1
第三组	Aa×aa	Aa∶aa=1∶1	显性∶隐性=1∶1
第四组	aa×aa	aa	全为隐性

(2)逆推

在掌握以上四大类正推之后，如果题目提供的是后代的基因型、性状或性状分离比，则根据后代的不同，可以对亲本的基因型和性状进行逆推，我们可以分成四种逆推类型如下：

组别	子代表现型	亲 本	亲本表现型
第一组	全为显性	AA×AA 或 AA×Aa 或 AA×aa（即亲本必有一个 AA）	必有一个显性纯合子
第二组	显性∶隐性=3∶1	Aa×Aa	显性杂合子(Aa)自交
第三组	显性∶隐性=1∶1	Aa×aa	测交
第四组	全为隐性	aa×aa	隐性纯合子(aa)自交

2 伴 X 染色体遗传正推和逆推

(1)正推

伴 X 染色体遗传的单对等位基因正推存在以下情况：

组别	亲本	子代基因型	子代表现型
第一组	$X^AX^A \times X^AY$	$X^AX^A : X^AY = 1:1$	全为显性
	$X^AX^A \times X^aY$	$X^AX^a : X^AY = 1:1$	
第二组	$X^AX^a \times X^AY$	$X^AX^A : X^AX^a : X^AY : X^aY = 1:1:1:1$	显性∶隐性(♂)=3∶1
第三组	$X^AX^a \times X^aY$	$X^AX^a : X^aX^a : X^AY : X^aY = 1:1:1:1$	显性∶隐性=1∶1(性状和性别无关)
第四组	$X^aX^a \times X^AY$	$X^AX^a : X^aY = 1:1$	显性(♀)∶隐性(♂)=1∶1(性状和性别有关)
第五组	$X^aX^a \times X^aY$	$X^aX^a : X^aY = 1:1$	全为隐性

(2)逆推

在掌握以上五大类正推之后，如果题目提供的是后代的基因型、性状或性状分离比，则根据后代的不同，可以对亲本的基因型和性状进行逆推，我们可以分成伴 X 染色体遗传的五种逆推类型如下：

组别	子代表现型	亲本	亲本表现型
第一组	全为显性	$X^AX^A \times X^AY$ 或 $X^AX^A \times X^aY$	雌性必然为显性纯合子
第二组	显性∶隐性=3∶1(且隐性个体都是♂)	$X^AX^a \times X^AY$	相当于显性杂合子自交
第三组	显性∶隐性=1∶1 且和性别无关	$X^AX^a \times X^aY$	类似于测交
第四组	显性∶隐性=1∶1 且和性别有关	$X^aX^a \times X^AY$	测交

思维火花 Siweihuohua

续表

组别	子代表现型	亲本	亲本表现型
第五组	全为隐性	$X^aX^a \times X^aY$	隐性纯合子杂交

真题真练

例 174 (2018·海南·16)一对表现型正常的夫妻,夫妻双方的父亲都是红绿色盲。这对夫妻如果生育后代,则理论上 ( )

A. 女儿正常,儿子中患红绿色盲的概率为 1

B. 儿子和女儿中患红绿色盲的概率都为 1/2

C. 女儿正常,儿子中患红绿色盲的概率为 1/2

D. 儿子正常,女儿中患红绿色盲的概率为 1/2

例 175 (2010·海南·15)某对表现型正常的夫妇生出了一个红绿色盲的儿子和一个表现型正常的女儿,该女儿与一个表现型正常的男子结婚,生出一个红绿色盲基因携带者的概率是 ( )

A. 1/2　　B. 1/4　　C. 1/6　　D. 1/8

3 连续自交

(1)本质:连续自交中 AA 和 aa 不发生性状分离,而 Aa 发生性状分离,导致 Aa 越来越少,其数据上具有规律性,本质是个数列问题。

(2)计算原理

①连续自交过程:取杂合子 Aa,使其连续自交,根据孟德尔分离定律,其后代性状分离情况如图所示:

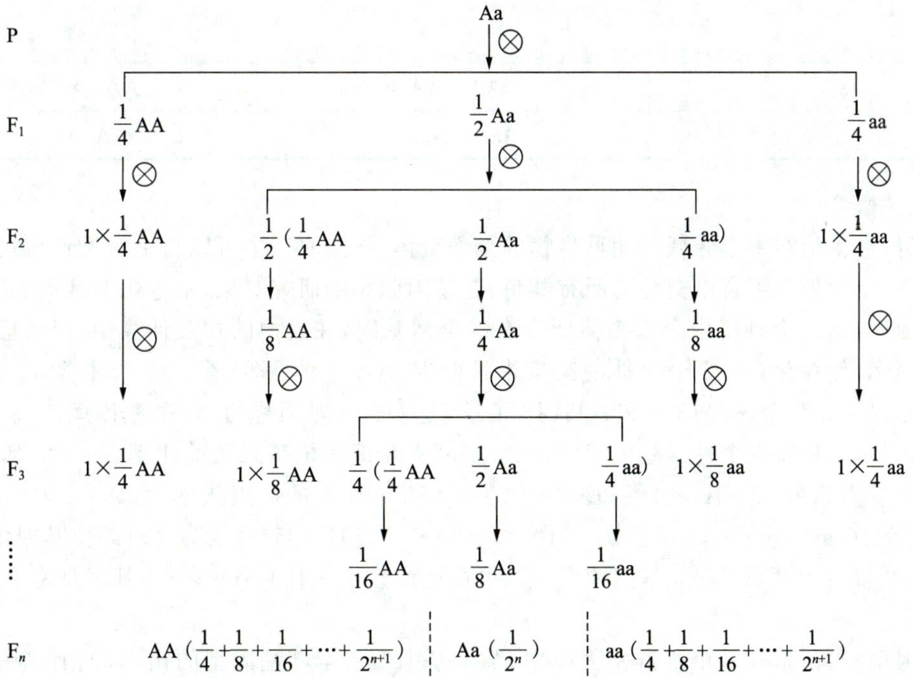

思维火花 Siweihuohua

②连续自交计算公式：

F_n	杂合子	纯合子	显性纯合子、隐性纯合子、隐性个体	显性个体
所占比例	$\frac{1}{2^n}$	$1-\frac{1}{2^n}$	$\frac{1}{2}-\frac{1}{2^{n+1}}$	$\frac{1}{2}+\frac{1}{2^{n+1}}$

③连续自交坐标图如下：

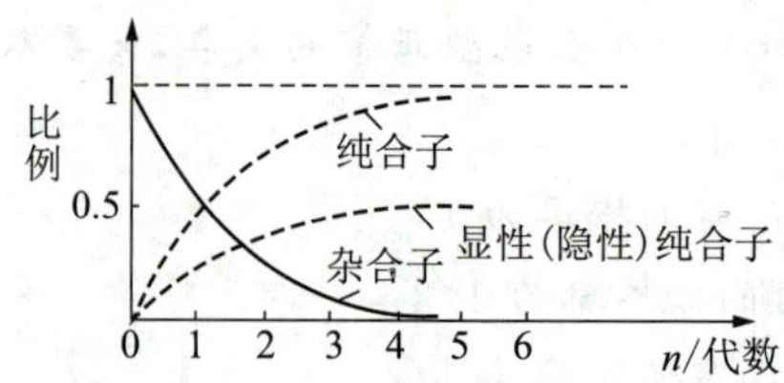

④图解分析：

a. 具有一对相对性状的杂合子自交，后代中纯合子的比例随自交代数的增加而增大，最终接近于1，且显性纯合子和隐性纯合子各占一半。

b. 具有一对相对性状的杂合子自交，后代中杂合子的比例随自交代数的增加而递减，每代递减50%，最终接近于0。

c. 在育种过程中，选育符合人们要求的显性个体，可进行连续自交，直到性状不再发生分离为止，即可留种推广使用。

⑤分析技巧：应用数列的分析方法，后代的性状分离比为AA∶Aa∶aa=(2^n-1)∶2∶(2^n-1)。

4 自由交配

(1)本质：强调的是群体中所有个体进行随机交配，如基因型为AA、Aa群体中自由交配包括四种交配方式：AA×AA、Aa×Aa、AA♀× Aa♂、Aa♀×AA♂，如下表所示，常规计算过程极为烦琐，运用遗传平衡定律可以快速解题。

♀ \ ♂	AA	Aa
AA	AA×AA	AA♀× Aa♂
Aa	Aa♀×AA♂	Aa×Aa

(2)相关概念

①种群：指生活在一定区域的同种生物的全部个体，如某农田中可以自由交配产生可育后代的所有小麦，一个池塘里可自由交配的所有鲫鱼，是基因频率的研究对象，是进化的基本单位。

②基因库：指一个种群中全部个体所含有的全部基因，在高中的相关计算中，仅考虑某对等位基因的基因库，如在含有一百个个体的某玉米种群中，AA个体含60个，Aa个体含30个，aa个体含10个，则这一百个个体共有A和a基因两百个，这两百个基因称为Aa的基因库。

③基因频率：指在一个种群基因库中，某个基因占全部等位基因数的比率，如上例基因库中，A基因所占数量为AA×2+Aa×1=60×2+30×1=150，则A的基因频率为：150/200=75%，同时a基因频率为：(aa×2+Aa×1)/总数=(10×2+30×1)/200=25%，因为这对等位基因仅含A和a两种基因，可知A基因频率+a基因频率=1，可快速计算a基因频率=1-A基因频率=1-75%=25%。

④基因型频率：指在一个种群基因库中，某个基因型占全部基因型的比率，如上例中AA的基因型频率=AA的数量/种群总个体数=60/100=60%，同理Aa基因型频率=30%，aa基因型频率=10%。作为这对等位基因仅有的三种基因型，AA+Aa+aa=1。

思维火花 Siweihuohua

(3)**基因频率的常规计算**

通过题目提供的种群不同基因型个体数或比例，可以算出其基因频率，分三种情况如下：

情况	计算方法
已知基因型个体数，求基因频率（常染色体）	某基因频率=（纯合子个数×2+杂合子个数）÷（总个数×2）
已知基因型频率，求基因频率（常染色体）	$p=\frac{2N_{AA}+N_{Aa}}{2(N_{AA}+N_{Aa}+N_{aa})}=P_{AA}+\frac{1}{2}P_{Aa}$ $q=\frac{2N_{aa}+N_{Aa}}{2(N_{AA}+N_{Aa}+N_{aa})}=P_{aa}+\frac{1}{2}P_{Aa}$
已知基因型频率，求基因频率（伴性遗传）	$p=\frac{2N_{X^AX^A}+N_{X^AX^a}+N_{X^AY}}{2(N_{X^AX^A}+N_{X^AX^a}+N_{X^aX^a})+(N_{X^AY}+N_{X^aY})}$ $q=\frac{2N_{X^aX^a}+N_{X^AX^a}+N_{X^aY}}{2(N_{X^aX^a}+N_{X^AX^a}+N_{X^AX^A})+(N_{X^aY}+N_{X^AY})}$

(4)**遗传平衡定律**：遗传平衡定律也称哈迪/哈代-温伯格定律，指一个自然种群，在理想状态下，各等位基因的频率和等位基因的基因型频率在遗传中是稳定不变的，即保持着基因平衡。

①基因型频率的遗传平衡推导：

设某种群A基因频率为p，a基因频率为q，则该种群自由交配后代中，AA的基因型频率为p^2，aa的基因型频率为q^2，Aa的基因型频率为$2pq$。

以上概率计算是遗传平衡定律的核心，使用配子比例理解，即当A的基因频率为p，a基因频率为q时，所有个体包括AA、Aa和aa所产生的雄配子中，产生的A配子比例为p，产生的a配子比例为q，雌配子亦然，通过棋盘法，可以得到如下表格：

配子		雌性	
		A(p)	a(q)
雄性	A(p)	AA(p^2)	Aa(pq)
	a(q)	Aa(pq)	aa(q^2)

从表中结果可看出：后代中AA占比为p^2，aa占比为q^2，Aa占比为$2pq$。同时，亲代中：$A+a=p+q=1$；子代中：$AA+Aa+aa=p^2+2pq+q^2=1$。

②基因频率和基因型频率保持不变的原因：

设某种群含一对等位基因A、a，A的基因频率为p，a的基因频率为q，在理想状态下，根据遗传平衡定律，F_1中AA的基因型频率为p^2，Aa的基因型频率为$2pq$，aa的基因型频率为q^2，则F_1中A和a的基因频率分别为：

A基因频率 $p=p^2+2pq\times1/2=p^2+pq=p(p+q)=p$=亲代A基因频率

a基因频率 $q=q^2+2pq\times1/2=q^2+pq=q(p+q)=q$=亲代a基因频率

可知此代的基因频率与亲本相比不变，在符合理想状态，可自由交配的情况下，可知F_2的基因型频率和F_1一致，以此类推，其后所有代种群，在理想状态下，其基因频率和基因型频率保持不变。

(5)**遗传平衡定律的应用**

在题目中，通常有两种自由交配的情况，均用到遗传平衡定律。

①自由交配类（正推）：

这类题目通过提供亲本基因型比例或数量，要求计算当亲本自由交配时，后代的基因型或性状分离情况，通常通过遗传平衡定律正推较为简单。

②群体的概率计算(逆推)：

有些题目不明确告诉某个体基因型及其亲本、子代的基因型，常用方法不能推出其基因型的概率，而提供此疾病“群体发病率”的信息，因群体一般可理解为自由交配的种群，此时需要通过遗传平衡定律判断其可能的基因型。如常染色体隐性遗传疾病的发病率为万分之一，可知 $P(aa)=q^2=1/10\ 000$；可得 $P(a)=1/100$，以此为基础做进一步推导。

真题真练

例 176 (2015·安徽·5) 现有两个非常大的某昆虫种群，个体间随机交配，没有迁入和迁出，无突变，自然选择对 A 和 a 基因控制的性状没有作用。种群 1 的 A 基因频率为 80%，a 的基因频率为 20%；种群 2 的 A 基因频率为 60%，a 的基因频率为 40%。假设这两个种群大小相等，地理隔离不再存在，两个种群完全合并为一个可随机交配的种群，则下一代中 Aa 的基因型频率是 ( )

A. 75%　　B. 50%　　C. 42%　　D. 21%

例 177 (2012·安徽·4) 假设某植物种群非常大，可以随机交配，没有迁入和迁出，基因不产生突变。抗病基因 R 对感病基因 r 为完全显性。现种群中感病植株 rr 占 1/9，抗病植株 RR 和 Rr 各占 4/9，抗病植株可以正常开花和结实，而感病植株在开花前全部死亡。则子一代中感病植株占 ( )

A. 1/9　　B. 1/16　　C. 4/81　　D. 1/8

例 178 (2015·山东·6) 玉米的高杆(H)对矮杆(h)为显性。现有若干 H 基因频率不同的玉米群体，在群体足够大且没有其他因素干扰时，每个群体内随机交配一代后获得 F_1。各 F_1 中基因型频率与 H 基因频率(p)的关系如图。下列分析错误的是 ( )

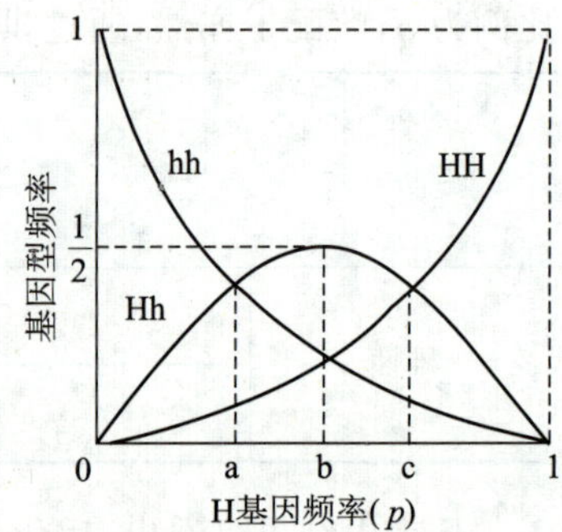

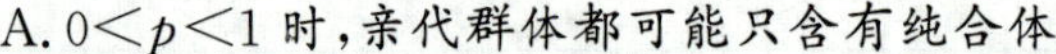

A. $0<p<1$ 时，亲代群体都可能只含有纯合体

B. 只有 $p=b$ 时，亲代群体才可能只含有杂合体

C. $p=a$ 时，显性纯合体在 F_1 中所占的比例为 1/9

D. $p=c$ 时，F_1 自交一代，子代中纯合体比例为 5/9

例 179 (2013·山东·6) 用基因型为 Aa 的小麦分别进行连续自交、随机交配、连续自交并逐代淘汰隐性个体、随机交配并逐代淘汰隐性个体，根据各代 Aa 基因型频率绘制曲线如图，下列分析错误的是 ( )

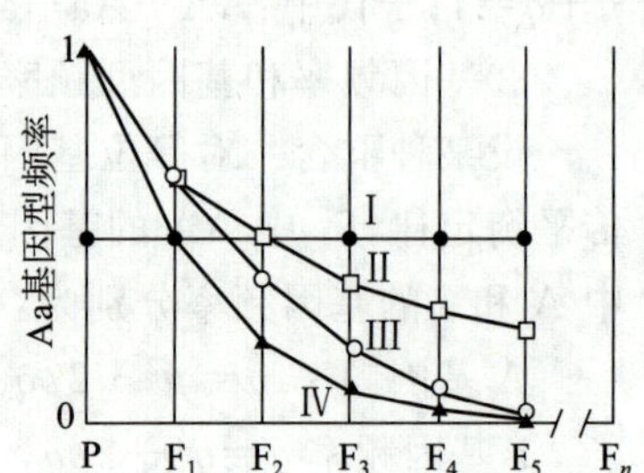

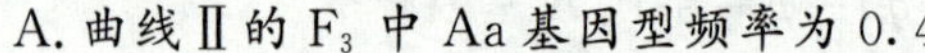

A. 曲线Ⅱ的 F_3 中 Aa 基因型频率为 0.4

B. 曲线Ⅲ的 F_2 中 Aa 基因型频率为 0.4

C. 曲线Ⅳ的 F_n 中纯合体的比例比上一代增加 $1/2^{n+1}$

D. 曲线Ⅰ和Ⅳ的各子代间 A 和 a 的基因频率始终相等

思维火花 Siweihuohua

5 致死问题

(1)原理:某些个体因各种原因如重要蛋白质缺失,配子死亡或胚胎期死亡而在出生的个体中不能找到相应配子或对应基因型的个体,而影响性状分离比的情况。和之前的题型不同,致死会导致部分个体死亡,因此在题目中性状分离比少于3∶1和9∶3∶3∶1时考虑此种情况,这个方式也可以很好地区分致死类题目和其他类型题目。

(2)类型

①配子致死:致死基因在配子时期发生作用,从而不能形成有活力的配子的现象,就是配子致死。

②合子致死:指精卵结合后形成的特殊基因型的受精卵及胚胎,由于各种原因不能发育,导致死亡后,形成特殊分离比情况,又分为纯合致死和杂合致死,杂合子致死的情况没有出现过,这里只讨论纯合致死,纯合致死即某些纯合个体因缺乏某基因表达(AA或aa),而导致死亡,当性状分离比为2∶1时,常常考虑是纯合致死,又分为两类:

类型	隐性纯合致死	显性纯合致死
原理	隐性基因纯合时(aa)导致的死亡就是隐性纯合致死	显性基因纯合时(AA)导致的死亡就是显性纯合致死
判断	如果显性基因对隐性基因不是完全显性(即AA和Aa性状不同),而性状分离比为2∶1时,则通常是隐性纯合致死	如果显性基因对隐性基因有完全显性作用(即AA和Aa性状相同),而性状分离比为2∶1,则只能是显性纯合致死
案例	植物中白化基因(aa),使植物不能形成叶绿素,不能进行光合作用而死亡,而此时AA是深绿色,Aa是浅绿色,Aa自交后代分离比为2∶1	人的神经胶症基因(皮肤畸形生长,智力严重缺陷,出现多发性肿瘤等症状)在AA显性纯合时导致死亡

(3)解法

①原理:致死导致配子或个体的死亡,从而影响配子和配子的结合,只需要通过配子法,删除其中死亡的个体,即可快速得出后代的性状分离情况。

②过程:

<table>
<tr><th></th><th colspan="3">配子致死</th><th colspan="3">合子致死</th></tr>
<tr><td>案例</td><td colspan="3">在Aa自交时,A的花粉中有1/4不能参与受精,求其后代性状分离比</td><td colspan="3">在Aa自交时,AA发育异常不能存活,求其后代性状分离比</td></tr>
<tr><td rowspan="4">解法</td><td></td><td>3A</td><td>4a</td><td></td><td>1A</td><td>1a</td></tr>
<tr><td>1A</td><td>3AA</td><td>4Aa</td><td>1A</td><td>0AA</td><td>1Aa</td></tr>
<tr><td>1a</td><td>3Aa</td><td>4aa</td><td>1a</td><td>1Aa</td><td>1aa</td></tr>
<tr><td colspan="3">结果AA∶Aa∶aa=3∶7∶4</td><td colspan="3">结果Aa∶aa=2∶1</td></tr>
</table>

真题真练

例180 (2020·海南·20)直翅果蝇经紫外线照射后出现一种突变体,表现型为翻翅,已知直翅和翻翅这对相对性状完全显性,其控制基因位于常染色体上,且翻翅基因纯合致死(胚胎期)。选择翻翅个体进行交配,F_1中翻翅和直翅个体的数量比为2∶1。下列有关叙述错误的是

( )

思维火花 Siweihuohua

A. 紫外线照射使果蝇的直翅基因结构发生了改变

B. 果蝇的翻翅对直翅为显性

C. F_1 中翻翅基因频率为 1/3

D. F_1 果蝇自由交配，F_2 中直翅个体所占比例为 4/9

例 181 (2019·新课标Ⅰ·5) 某种二倍体高等植物的性别决定类型为 XY 型。该植物有宽叶和窄叶两种叶形，宽叶对窄叶为显性。控制这对相对性状的基因(B/b)位于 X 染色体上，含有基因 b 的花粉不育。下列叙述错误的是 ( )

A. 窄叶性状只能出现在雄株中，不可能出现在雌株中

B. 宽叶雌株与宽叶雄株杂交，子代中可能出现窄叶雄株

C. 宽叶雌株与窄叶雄株杂交，子代中既有雌株又有雄株

D. 若亲本杂交后子代雄株均为宽叶，则亲本雌株是纯合子

6 套路解决 9∶3∶3∶1 变形

(1)9∶3∶3∶1 变形示例

F_1(AaBb)自交后代比例	原因分析	
9∶7	互补效应	当双显性基因同时出现时为一种表现型，其余的基因型为另一种表现型 $\underbrace{9A\_B\_}_{9}∶\underbrace{3A\_bb+3aaB\_+1aabb}_{7}$
9∶6∶1	累加效应	单显性表现为同一种性状，其余正常表现 $\underbrace{9A\_B\_}_{9}∶\underbrace{3A\_bb+3aaB\_}_{6}∶\underbrace{1aabb}_{1}$
15∶1	重叠效应	有显性基因就表现为同一种性状，其余表现为另一种性状 $\underbrace{9A\_B\_+3A\_bb+3aaB\_}_{15}∶\underbrace{1aabb}_{1}$
9∶3∶4	隐性上位作用	存在 aa(或 bb)时表现为隐性性状，其余正常表现 $\underbrace{9A\_B\_}_{9}∶\underbrace{3A\_bb}_{3}∶\underbrace{3aaB\_+1aabb}_{4}$ 或 $\underbrace{9A\_B\_}_{9}∶\underbrace{3aaB\_}_{3}∶\underbrace{3A\_bb+1aabb}_{4}$
12∶3∶1	显性上位效应	双显性和一种单显性表现为同一种性状，其余正常表现 $\underbrace{9A\_B\_+3aaB\_}_{12}∶\underbrace{3A\_bb}_{3}∶\underbrace{1aabb}_{1}$ 或 $\underbrace{9A\_B\_+3A\_bb}_{12}∶\underbrace{3aaB\_}_{3}∶\underbrace{1aabb}_{1}$
13∶3	显性抑制作用	双显性、双隐性和一种单显性表现为一种性状，另一种单显性表现为另一种性状 $\underbrace{9A\_B\_+3aaB\_+1aabb}_{13}∶\underbrace{3A\_bb}_{3}$ 或 $\underbrace{9A\_B\_+3A\_bb+1aabb}_{13}∶\underbrace{3aaB\_}_{3}$

(2)解题套路概述

①第一步：确定变形类型。确定是否为 9∶3∶3∶1 变形题。

②第二步：确定基因型和表现型的对应关系。通过变形后的比例和表现型的对应关系，找到 A_B_、A_bb、aaB_、aabb 四种基因型对应表现型。

③第三步：确定亲本基因型。确定题目涉及的交配过程，完成相关概率计算。

思维火花 Siweihuohua

(3)测交变形

①自交和测交的关系

AaBb 自交	9A_B_∶3 A_bb∶3 aaB_∶1 aabb	上下对应，自交的变化，会体现在测交的比例上
AaBb 测交	1AaBb∶1 Aabb∶1 aaBb∶1 aabb	

②变形结果

F_1(AaBb)自交后代比例	F_1(AaBb)测交后代比例
9∶7	1∶3
9∶6∶1	1∶2∶1
15∶1	3∶1
9∶3∶4	1∶1∶2
12∶3∶1	2∶1∶1
13∶3	3∶1

真题真练

例 182 (2010·安徽·4)南瓜的扁盘形、圆形、长圆形三种瓜形由两对等位基因(A、a 和 B、b)控制，这两对基因独立遗传。现将 2 株圆形南瓜植株进行杂交，F_1 收获的全是扁盘形南瓜；F_1 自交，F_2 获得 137 株扁盘形、89 株圆形、15 株长圆形南瓜。据此推断，亲代圆形南瓜植株的基因型分别是 ( )

A. aaBB 和 Aabb　　B. aaBb 和 AAbb　　C. AAbb 和 aaBB　　D. AABB 和 aabb

例 183 (2016·新课标Ⅲ·6)用某种高等植物的纯合红花植株与纯合白花植株进行杂交，F_1 全部表现为红花。若 F_1 自交，得到的 F_2 植株中，红花为 272 株，白花为 212 株；若用纯合白花植株的花粉给 F_1 红花植株授粉，得到的子代植株中，红花为 101 株，白花为 302 株。根据上述杂交实验结果推断，下列叙述正确的是 ( )

A. F_2 中白花植株都是纯合体

B. F_2 中红花植株的基因型有 2 种

C. 控制红花与白花的基因在一对同源染色体上

D. F_2 中白花植株的基因型种类比红花植株的多

7 套路解决系谱图

(1)命题套路

①题设条件：

a. 系谱图条件：通过系谱图提供个体婚配、患病情况；这是推导遗传方式等问题的主要信息来源。

b. 文字条件：除系谱图外，往往在题干文字中提供部分信息，如某个体无致病基因、某基因的基因频率或某病的患病率等，以补充系谱图无法判断的信息。同时可能提供致死、连锁等拓展性信息，这些信息对解题至关重要。

②设问角度：

a. 推导疾病遗传方式：通过系谱图和文字条件推导疾病的遗传方式，常见的疾病遗传方式有四种：常染色体显性遗传、常染色体隐性遗传、伴 X 染色体显性遗传、伴 X 染色体隐性遗传；偶见伴 Y 遗传和细胞质遗传。

b. 推导个体基因型：在正确推导遗传方式的基础上，题目会要求对部分个体基因型进行判断，

思维火花 Siweihuohua

此时往往涉及多对等位基因和多种疾病，需要分别处理。

c. 计算概率：在得知个体基因型的基础上，可以进一步推导后代的患病概率或其他概率，在概率计算过程中也往往涉及多对等位基因，需要借助配子法和分解组合法进行推导和计算。

d. 注意以上三个题目要求是有递推关系的，正确推导遗传方式方能推出个体基因型，正确推导基因型才能计算出正确的概率，中间出现错误会导致之后的推导和计算错误，因此在推导时需谨慎认真。

(2)解题套路

①遗传方式的判断

口诀："无中生有为隐性，隐性遗传看女病，父子无病非伴性；有中生无为显性，显性遗传看男病，母女无病非伴性。"以上这句口诀有不同的变形，但原理相同，这句口诀起源于伴性遗传原理，可以解决传统的伴性遗传类题，但是对新型题往往不适用，新型题往往可以规避固定的规律，需要在深入理解伴性原理的基础上进行判断。

②基因型判断

基因型的判断用配子法推导，可通过亲代的基因型产生的配子推子代，也可通过子代的基因型配子来源反推亲本，具体操作可以通过"基因填充、隐形突破"的步骤进行，具体操作如下。

a. 基因填充：先根据亲代表现型写出能确定的基因，如常染色体显性性状的基因型可用 A_表示，伴 X 染色体显性性状的基因型可用 X^AX^-、X^AY 表示，隐性性状的基因型则可直接写出：aa、X^aX^a、X^aY。

b. 隐性突破：如果子代中有隐性个体存在，它往往是顺推及逆推过程中的突破口，因为隐性个体是纯合子(aa、X^aX^a或 X^aY)，因此，亲代基因型中必然都有一个 a 或 X^a基因(逆推)，以产生相关配子；其子代基因型中也必然有个 a 或 X^a(顺推)，是由亲本配子传递而来，然后再根据亲代的表现型做进一步的推断。

如假设某常染色体隐性遗传病的患病个体为 aa，其父母均不患病，则其父母基因型均为 Aa，而伴 X 染色体隐性遗传病的患病个体为 X^aX^a或 X^aY，一男患者(X^aY)的父母若均不患病，则其基因型应分别为：X^AX^a和 X^AY。

③概率的计算

概率计算中，往往涉及多对等位基因，包括常染色体和伴性遗传的计算，此时利用对应题型的解法，利用配子法和分解组合法，结合乘法原理，进行推导和计算，过程可能较为烦琐，但难度往往不大，注意推导过程的逻辑性和准确性即可。

真题真练

例 184 (2019·浙江4月选考·28) 如图为甲、乙两种遗传病(其中一种为伴性遗传)的某遗传家系图，家系中无基因突变发生，且Ⅰ4 无乙病基因。人群中这两种病的发病率均为 1/625。

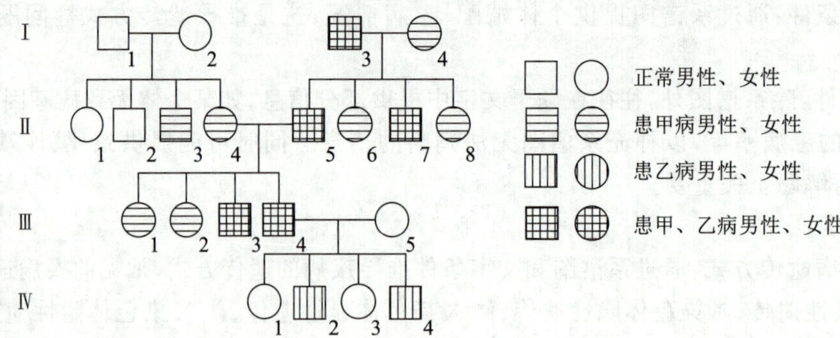

思维火花 Siweihuohua

下列叙述正确的是 ( )

A. 若Ⅳ2的性染色体组成为XXY,推测Ⅲ4发生染色体畸变的可能性大于Ⅲ5

B. 若Ⅲ4与Ⅲ5再生1个孩子,患甲病概率是$\frac{1}{26}$,只患乙病概率是25/52

C. Ⅱ1与Ⅳ3基因型相同的概率是$\frac{2}{3}$,与Ⅲ5基因型相同的概率是24/39

D. 若Ⅱ1与人群中某正常男性结婚,所生子女患病的概率是1/39

例185 (2020·江苏·21·多选)家族性高胆固醇血症(FH)是一种遗传病,纯合子患者在人群中出现的频率约1/1 000 000。如图是某FH家系的系谱图,下列叙述正确的是 ( )

A. FH为常染色体显性遗传病

B. FH患者双亲中至少有一人为FH患者

C. 杂合子患者在人群中出现的频率约为1/500

D. Ⅲ6的患病基因由父母双方共同提供

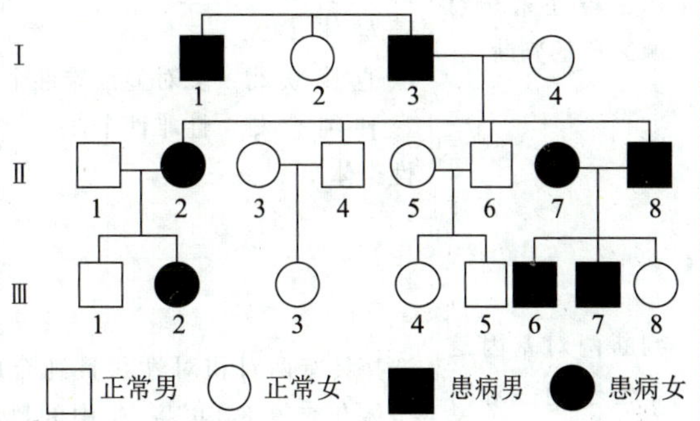

8 遗传学实验设计

(1)常规遗传设计

①性状显隐性的判断

根据子代性状判断	不同性状亲本杂交→后代只出现一种性状→该性状为显性性状→具有这一性状的亲本为显性纯合子
	相同性状亲本杂交→后代出现不同于亲本的性状→该性状为隐性性状→亲本都为杂合子
根据子代性状分离比判断	具有一对相对性状的亲本杂交→子代性状分离比为3∶1→分离比为3的性状为显性性状
	具有两对相对性状的亲本杂交→子代性状分离比为9∶3∶3∶1→分离比为9的两性状都为显性性状

②纯合子和杂合子的判断

自交法(对植物最简便) 待测个体$\xrightarrow{\otimes}$ {若后代无性状分离,则待测个体为纯合子；若后代有性状分离,则待测个体为杂合子}

测交法(更适于动物) 待测个体×隐性纯合子$\xrightarrow{\otimes}$ {若后代无性状分离,则待测个体为纯合子；若后代有性状分离,则待测个体为杂合子}

③基因位置的判断

基因位于常染色体或X染色体(与Y染色体非同源区段)的判断	已知显隐性	显性雄性个体与隐性雌性个体杂交,若后代雌性全为显性个体,雄性全为隐性个体,则基因位于X染色体上;若后代雌雄个体中显隐性出现的概率相同(或显隐性的概率与性别无关),则基因位于常染色体上	
	未知显隐性	选用纯合亲本,进行正交和反交	若结果相同,基因位于常染色体上
			若结果不同,基因位于X染色体上

续表

基因位于X染色体与Y染色体同源区段还是非同源区段的判断	若有显性纯合雄性个体	显性纯合雄性个体×隐性雌性个体	后代雄性均为隐性个体,雌性均为显性个体,则基因位于X染色体与Y染色体非同源区段
			后代雌雄均为显性个体,则基因位于X染色体与Y染色体同源区段
	若群体中无法直接获得显性纯合雄性个体	多对显性雄性个体×隐性雌性个体	若后代出现显性雄性个体,则基因位于X染色体与Y染色体同源区段
			若所有杂交组合后代雌性个体均为显性个体,雄性个体均为隐性个体,则基因位于X染色体与Y染色体非同源区段
判断两对基因是否位于同一对同源染色体上(是否遵循自由组合定律)	选择具有两对相对性状且纯合的雌雄个体杂交得F_1,再将F_1中的雌雄个体相互交配产生F_2,统计F_2中性状的分离比		若子代中出现9∶3∶3∶1(或9∶3∶3∶1的变式)的性状分离比,则控制这两对相对性状的两对基因不在同一对同源染色体上
			若子代中没有出现9∶3∶3∶1(或9∶3∶3∶1的变式)的性状分离比,则控制这两对相对性状的两对基因位于同一对同源染色体上

(2)信息类实验设计

这类题目通过提供性状和基因的背景,要求设计实验判断基因型、致死情况甚至表观遗传等复杂的情况,这类题的判断一般都使用自交或测交的交配方式。具体设计时,可尝试利用自交和测交带入实验设计之中,往往可以得出答案。

真题真练

例186 (2017·新课标Ⅲ·10)已知某种昆虫的有眼(A)与无眼(a)、正常刚毛(B)与小刚毛(b)、正常翅(E)与斑翅(e)这三对相对性状各受一对等位基因控制。现有三个纯合品系:①aaBBEE、②AAbbEE和③AABBee。假定不发生染色体变异和染色体交换,回答下列问题:

(1)若A/a、B/b、E/e这三对等位基因都位于常染色体上,请以上述品系为材料,设计实验来确定这三对等位基因是否分别位于三对染色体上。(要求:写出实验思路、预期实验结果、得出结论。)

(2)假设A/a、B/b这两对等位基因都位于X染色体上,请以上述品系为材料,设计实验对这一假设进行验证。(要求:写出实验思路、预期实验结果、得出结论。)

例187 (2016·新课标Ⅰ·10)已知果蝇的灰体和黄体受一对等位基因控制,但这对相对性状的显隐性关系和该等位基因所在的染色体是未知的。同学甲用一只灰体雌蝇与一只黄体雄蝇杂交,子代中♀灰体∶♀黄体∶♂灰体∶♂黄体为1∶1∶1∶1。同学乙用两种不同的杂交实验都证实了控制黄体的基因位于X染色体上,并表现为隐性。请根据上述结果,回答下列问题:

(1)仅根据同学甲的实验,能不能证明控制黄体的基因位于X染色体上,并表现为隐性?

(2)请用同学甲得到的子代果蝇为材料设计两个不同的实验,这两个实验都能独立证明同学乙的结论。(要求:每个实验只用一个杂交组合,并指出支持同学乙结论的预期实验结果。)

the END

模块六

现代遗传学

核心概要

1. DNA 是主要遗传物质的实验证据
2. DNA 的结构与基因的本质
3. DNA 的复制、转录和翻译
4. 基因对性状的控制与中心法则

德叔寄语

人人都会有情绪，人人都会生气或抑郁，但情绪是否能解决问题呢？不，情绪不仅不能解决问题，恶劣的情绪还会使问题变得更糟糕，所以学会做情绪的主人，而不要做情绪的奴隶，掌控自己，从控制自己的情绪开始。

李林

内容导读

致同学：

本节为遗传的分子生物学基础。在分离定律和自由组合定律中，孟德尔的理论基础是基因决定生物的性状，但是基因的本质及其如何决定生物性状均无法解释，这个模块将从分子角度，探讨基因的本质及其性状决定原理。所以也被称之为“分子遗传学”，从分子角度研究遗传和性状控制的实质，主要包括三个方面：DNA 的相关实验；DNA 的结构、复制、转录和翻译；基因对性状的控制。从内容特点上看，知识的逻辑性较强，但同时涉及的知识点、生理过程较多，既需要对知识内容的理解和分析，也需要对知识的记忆。从命题特点上看，一部分高考真题考查相关知识内容，例如转录的过程、涉及酶的种类等；也有一部分题目考查相关信息和逻辑分析，尤其是一些自主命题的地方卷，针对这类命题，各位同学同样需要在深入理解知识的基础上，对题目信息做出准确的梳理和解读。

李林

知识详解

思维火花

一、DNA是主要的遗传物质实验证明

1 遗传物质

(1)概念:亲代与子代之间传递遗传信息的物质。

(2)条件

①在细胞生长和繁殖的过程中,能够精确地复制自己,使前后代具有一定的连续性。

②蛋白质是生命活动的主要承担者,遗传物质通过指导蛋白质的合成,从而控制生物的性状和新陈代谢的过程。

③具有贮存大量遗传信息的潜在能力。

④结构比较稳定,但特殊情况下又能发生突变,而且突变以后还能继续复制,并遗传给后代。

(3)遗传物质的发现历程

①对遗传物质的早期推测:20世纪20年代,大多数科学家认为蛋白质是生物体的遗传物质;20世纪30年代,人们认识到DNA是由许多脱氧核苷酸聚合而成的生物大分子,但对DNA结构了解不清晰,蛋白质是遗传物质的观点仍占主导地位。

②遗传物质的确定

设计思路	设法把DNA或RNA与蛋白质分开,单独地、直接地去观察DNA或蛋白质的作用	
肺炎双球菌转化实验	格里菲思:体内转化实验	证明存在转化因子
	艾弗里:体外转化实验	证明DNA是遗传物质
T_2噬菌体侵染细菌实验	赫尔希、蔡斯完成证明DNA是遗传物质	
烟草花叶病毒侵染实验	证明RNA是遗传物质,DNA是主要的遗传物质	

2 肺炎双球菌的转化实验

(1)格里菲思的体内转化实验

①实验材料:肺炎双球菌

a. R型(rough)肺炎双球菌:表面没有多糖的荚膜,在培养基上形成的菌落表面粗糙,无毒。

b. S型(smooth)肺炎双球菌:表面有多糖的荚膜,在培养基上形成的菌落表面光滑,有毒,可导致小鼠得败血症死亡,或使人患肺炎。

②实验过程及实验现象

a. R型活细菌注射小鼠,小鼠不死亡。

b. S型活细菌注射小鼠,小鼠死亡。

c. 加热杀死的S型细菌注射小鼠,小鼠不死亡。

d. R型活细菌和加热杀死的S型细菌注射小鼠,小鼠死亡,且从小鼠体内分离得到S型活细菌。

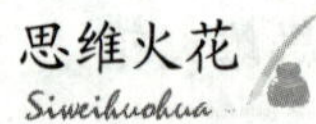

③实验分析

a. 实验 a、b 形成对照，说明 R 型活细菌无毒性，S 型活细菌有毒性。

b. 实验 b、c 形成对照，说明加热杀死的 S 型细菌无毒性。

c. 实验 a、c、d 形成对照，说明无毒性的 R 型活细菌在与加热杀死的 S 型细菌混合后，转化为有毒性的 S 型活细菌，且这种性状的转化是可以遗传的。

④实验结论：加热杀死的 S 型细菌中有转化因子。但格里菲思不是遗传学家而是一名英国医生，其研究对象是肺炎，所以此实验未继续进行，也未得到任何和 DNA 有关的结论。

(2)艾弗里的体外转化实验

①实验过程

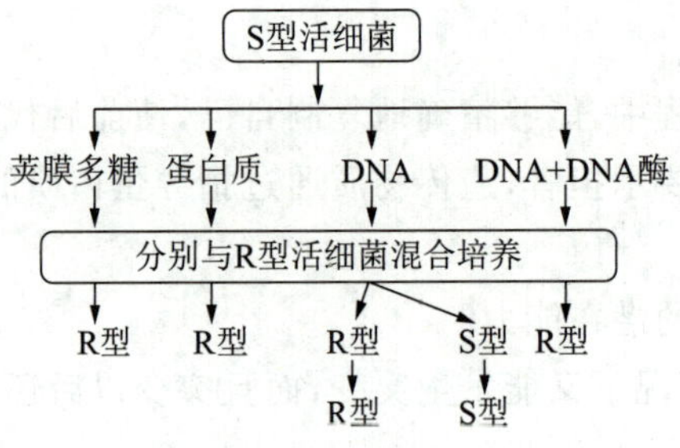

艾弗里的体外转化实验

②分析实验过程

a. 只有加入 S 型菌的 DNA，R 型细菌才能转化为 S 型细菌。

b. S 型细菌的 DNA 加入 DNA 酶后不能使 R 型活细菌发生转化。

③得出实验结论：S 型细菌的“转化因子”是 DNA，即 DNA 是遗传物质，蛋白质不是遗传物质。

(3)肺炎双球菌实验总结

	体内转化实验	体外转化实验
实验者	格里菲思	艾弗里及其同事
培养细菌	在小鼠体内	体外培养基
实验原则	R 型细菌与 S 型细菌的毒性对照	S 型细菌各成分的作用进行对照
实验结果	加热杀死的 S 型细菌能使 R 型细菌转化为 S 型细菌	S 型细菌的 DNA 能使 R 型细菌转化为 S 型细菌
实验结论	S 型细菌体内有“转化因子”	S 型细菌的 DNA 是遗传物质
巧妙构思	用加热杀死的 S 型细菌注射到小鼠体内作为对照实验来说明确实发生了转化	将物质提纯分离后，直接地、单独地观察某种物质在实验中所起的作用
联系	①所用材料相同 ②体内转化实验是体外转化实验的基础，体外转化实验是体内转化实验的延伸 ③两实验都遵循对照原则、单一变量原则	

(4)拓展分析：肺炎双球菌转化实验的实质和分析

①转化的实质是基因重组而非基因突变：肺炎双球菌转化实验是 S 型细菌的 DNA 片段整合到 R 型细菌的 DNA 中，使受体细胞获得了新的遗传信息，即发生了基因重组，这里指的是广义的基因重组。

②转化的只是少部分 R 型细菌：由于转化受到 DNA 的纯度、两种细菌的亲缘关系、受体菌的状态等因素的影响，因此转化过程中并不是所有的 R 型细菌都转化成 S 型细菌，而只是小部分 R

型细菌转化成S型细菌。所以培养基上或小鼠体内的大部分细菌依然是R型菌。

③在加热杀死的S型细菌中,DNA和蛋白质均变性,但蛋白质变性,空间结构破坏,导致的失活不能恢复,细胞因此而死亡;而DNA变性时,双链之间的氢键断裂,双螺旋解开,缓慢冷却时,其氢键可重新连接,空间结构恢复,携带的遗传信息不受破坏。

思维火花 Siweihuohua

真题真练

例188 (2020·浙江7月选考·12)下列关于"肺炎双球菌转化实验"的叙述,正确的是 ( )

A. 活体转化实验中,R型菌转化成的S型菌不能稳定遗传

B. 活体转化实验中,S型菌的荚膜物质使R型菌转化成有荚膜的S型菌

C. 离体转化实验中,蛋白质也能使部分R型菌转化成S型菌且可实现稳定遗传

D. 离体转化实验中,经DNA酶处理的S型菌提取物不能使R型菌转化成S型菌

例189 (2019·浙江4月选考·20)为研究R型肺炎双球菌转化为S型肺炎双球菌的转化物质是DNA还是蛋白质,进行了肺炎双球菌体外转化实验,其基本过程如图所示。

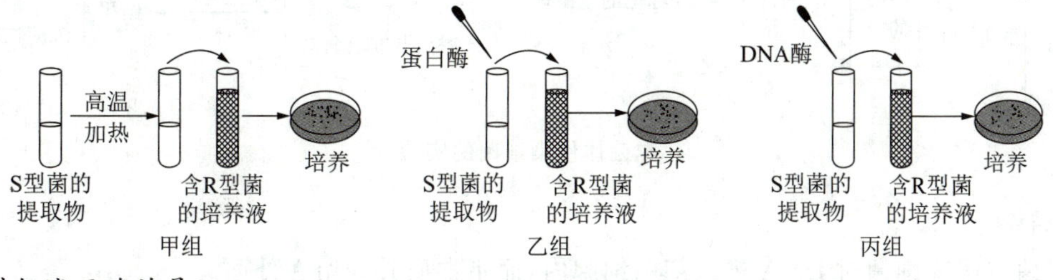

下列叙述正确的是 ( )

A. 甲组培养皿中只有S型菌落,推测加热不会破坏转化物质的活性

B. 乙组培养皿中有R型及S型菌落,推测转化物质是蛋白质

C. 丙组培养皿中只有R型菌落,推测转化物质是DNA

D. 该实验能证明肺炎双球菌的主要遗传物质是DNA

3 噬菌体侵染细菌实验

(1)实验者:赫尔希、蔡斯。

(2)实验材料:T_2噬菌体和大肠杆菌。

(3)实验方法:同位素标记法,该实验中用^{35}S、^{32}P分别标记蛋白质和DNA。

(4)实验步骤及结果

①标记大肠杆菌

a. 方法:分别用含^{32}P和^{35}S的培养基培养大肠杆菌。

b. 结果:分别获得含^{32}P和^{35}S的大肠杆菌。

②标记噬菌体:

a. 方法:分别用含^{32}P和^{35}S的大肠杆菌培养噬菌体。

b. 结果:分别获得含^{32}P标记了DNA的噬菌体,和含^{35}S标记了蛋白质外壳的噬菌体。

③让噬菌体侵染细菌

a. 侵染/保温:分别用含^{32}P标记了DNA的噬菌体和含^{35}S标记了蛋白质外壳的噬菌体侵染未被标记的大肠杆菌。

b. 搅拌器搅拌:使吸附在细菌上的噬菌体外壳与细菌分离。

思维火花 Siweihuohua

c. 离心：让上清液中析出重量较轻的噬菌体外壳，而沉淀物中留下被感染的大肠杆菌。

④结果检测

a. 用^{35}S 标记的噬菌体侵染时：

- 上清液放射性很高。
- 沉淀物放射性很低。
- 新形成的噬菌体未检测到放射性。

b. 用^{32}P 标记的噬菌体侵染时：

- 上清液放射性很低。
- 沉淀物放射性很高。
- 新形成的噬菌体检测到放射性。

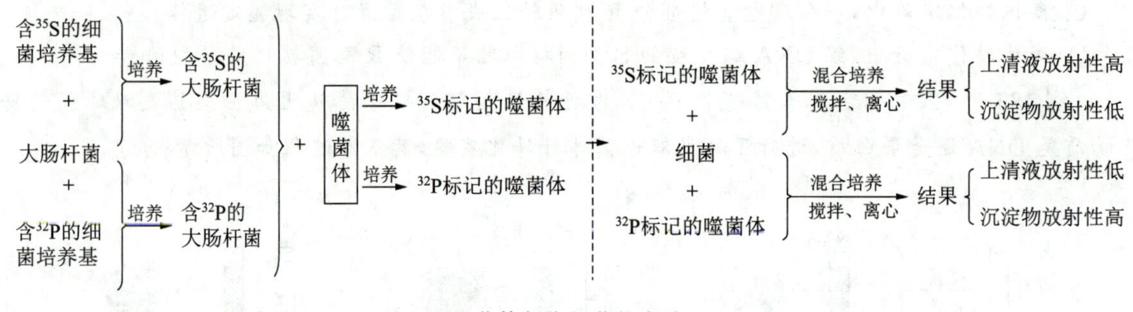

噬菌体侵染细菌的实验

(5)结论

①噬菌体侵染细菌时 DNA 进入细菌细胞内，而蛋白质外壳留在外面。

②子代噬菌体的各种性状是通过亲代 DNA 遗传的，DNA 才是真正的遗传物质。即 DNA 是噬菌体的遗传物质，由于蛋白质未能进入宿主细胞，不能确定其功能，所以一般资料认为此实验不能证明蛋白质不是遗传物质。

③肺炎双球菌转化实验和 T_2 噬菌体侵染实验的实验结论都是 DNA 是某生物的遗传物质，不能说是其主要遗传物质。

(6)常见异常结果

正常结果	用^{35}S 标记噬菌体，上清液中放射性很高	蛋白质外壳没有进入大肠杆菌，离心后存在于上清液中
	用^{32}P 标记噬菌体，沉淀物中放射性很高	DNA 进入大肠杆菌，离心后存在于沉淀物中
异常结果	用^{35}S 标记的噬菌体，沉淀物中有放射性	由于搅拌不充分，有少量含^{35}S 的噬菌体吸附在细菌表面，随细菌离心到沉淀物中
	用^{32}P 标记的噬菌体，上清液中含放射性的原因	保温时间过短，有一部分噬菌体还没有侵染到大肠杆菌细胞内，经离心后分布于上清液中，上清液中出现放射性
		保温时间过长，噬菌体在大肠杆菌内增殖后释放子代，经离心后分布于上清液中，也会使上清液中出现放射性

(7)拓展

①因为 S 仅存在于蛋白质外壳中，而 P 基本存在于 DNA 中，所以实验中用放射性同位素标记噬菌体时，选取^{35}S 和^{32}P 这两种同位素分别标记蛋白质和 DNA。

②^{35}S 标记蛋白质和^{32}P 标记 DNA 不能同时标记在同一噬菌体上，因为放射性检测时只能检测到存在部位，不能确定是何种元素的放射性。

思维火花 Siweihuohua

③DNA:因为噬菌体增殖是以自身 DNA 为模板,含^{32}P,以细菌内核苷酸为原料,含^{31}P,所以^{32}P和^{31}P都会在子代中出现,由于初代模板的数量有限,随着噬菌体的繁殖,会导致含^{32}P的 DNA 占比越来越低。

④蛋白质:噬菌体侵染细菌时,蛋白质外壳没有进入细菌,因此,子代噬菌体的蛋白质分子中,都没有^{35}S;子代噬菌体的蛋白质外壳是在细菌体内用含^{32}S氨基酸为原料合成的,子代噬菌体的蛋白质分子都含^{32}S。

⑤该实验不能标记 C、H、O、N 这些 DNA 和蛋白质共有的元素,无法将 DNA 和蛋白质区分开。但在题目中可能会出现 N 等元素标记的情况,这时需要根据具体情况进行分析。分析方法和 P 和 S 的分析方法相同。

真题真练

例 190 (2019·江苏·3)赫尔希和蔡斯的 T_2 噬菌体侵染大肠杆菌实验证实了 DNA 是遗传物质。下列关于该实验的叙述正确的是 ( )

A. 实验中可用^{15}N代替^{32}P标记 DNA
B. 噬菌体外壳蛋白是大肠杆菌编码的
C. 噬菌体 DNA 的合成原料来自大肠杆菌
D. 实验证明了大肠杆菌的遗传物质是 DNA

例 191 (2017·浙江 11 月选考·17)噬菌体侵染细菌的实验证明了 DNA 是遗传物质。下列关于该实验的叙述正确的是 ( )

A. 噬菌体内可以合成 mRNA
B. 搅拌的目的是使噬菌体与细菌充分混合
C. 噬菌体与细菌混合培养的时间越长,实验效果越好
D. 噬菌体侵染细菌后,产生许多遗传信息相同的子代噬菌体

4 RNA 是遗传物质实验

(1)实验材料:烟草花叶病毒和烟草,烟草花叶病毒由 RNA 和蛋白质组成。

(2)过程及结果

①分离实验

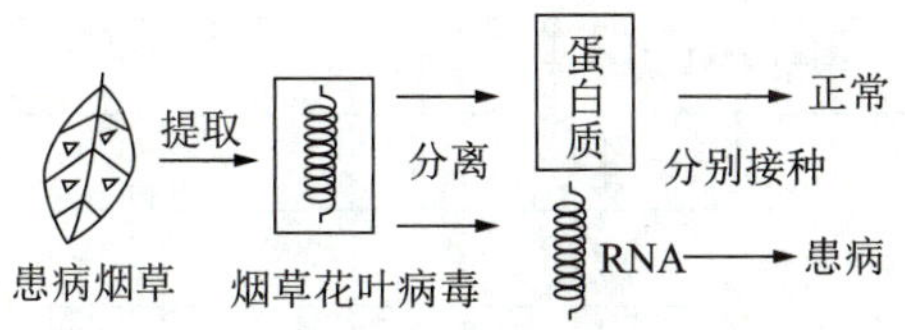

烟草花叶病毒分离侵染实验

②交换实验

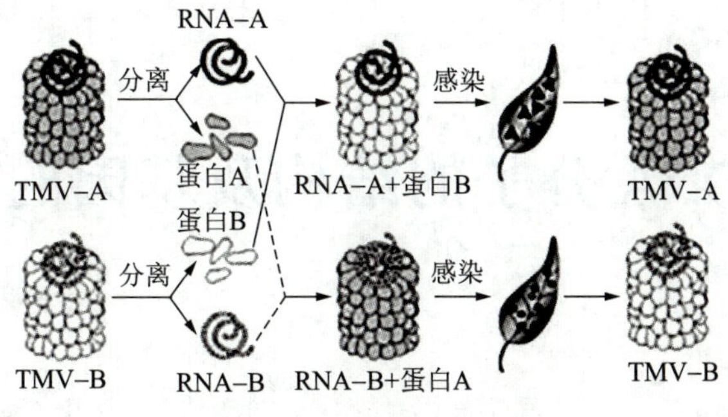

烟草花叶病毒交换侵染实验

思维火花 Siweihuohua

(3)实验结论:烟草花叶病毒的 RNA 能自我复制,控制生物的遗传性状,因此 RNA 是它的遗传物质。

(4)生物的遗传物质:绝大多数生物,包括具有细胞结构的生物和大部分病毒的遗传物质是 DNA,所以说 DNA 是主要的遗传物质。

5 生物的遗传物质

生物类型		核酸种类	遗传物质	实例
有细胞结构的生物	真核生物	DNA 和 RNA	DNA	玉米、小麦、人
	原核生物			乳酸菌、蓝藻
无细胞结构的生物	DNA 病毒	DNA	DNA	噬菌体
	RNA 病毒	RNA	RNA	烟草花叶病毒

①一切生物的遗传物质都是核酸,是 DNA 或 RNA。

②凡细胞生物,无论是真核生物还是原核生物,既有 DNA 也有 RNA,其遗传物质都是 DNA,其细胞中的 RNA 只是遗传信息表达的媒介。

③DNA 病毒,如噬菌体的遗传物质是 DNA;RNA 病毒,如流感病毒、HIV 的遗传物质是 RNA。

④艾弗里、赫尔希和蔡斯的实验证明 DNA 是遗传物质,而非"主要的"遗传物质。格里菲思的实验则没有关于遗传物质的结论。

真题真练

例 192 (2010·海南·13)某同学分离纯化了甲、乙两种噬菌体的蛋白质和 DNA,重新组合为"杂合"噬菌体,然后分别感染大肠杆菌,并对子代噬菌体的表现型做出预测,见表。其中预测正确的是 ( )

"杂合"噬菌体的组成	实验预期结果	
	预期结果序号	子代表现型
甲的 DNA+乙的蛋白质	1	与甲种一致
	2	与乙种一致
乙的 DNA+甲的蛋白质	3	与甲种一致
	4	与乙种一致

A. 1、3　　B. 1、4　　C. 2、3　　D. 2、4

二、DNA 分子的结构及基因的本质

1 分子结构

DNA 双螺旋结构的构建,此部分内容在模块一第一部分第 8 节已有详细讲解和学习,这里仅

思维火花 Siweihuohua

对内容做必要的重复和补充。

(1)DNA 双螺旋结构模型

①DNA 分子是由两条链组成的，这两条链按反向平行方式盘旋成双螺旋结构。

②DNA 分子中的脱氧核糖和磷酸交替连接，排列在外侧，构成基本骨架；碱基排列在内侧。

③两条链上的碱基通过氢键连接成碱基对，并且碱基配对有一定的规律：A(腺嘌呤)一定与 T(胸腺嘧啶)配对；G(鸟嘌呤)一定与 C(胞嘧啶)配对。碱基之间的这种一一对应的关系，叫做碱基互补配对原则。

(2)核糖核酸 RNA 和脱氧核糖核酸 DNA 的三个主要区别：①五碳糖不同；②含氮碱基的种类不同；③链的条数不同。

(3)DNA 分子两条单链上的碱基 A 与 T 通过氢键连接，一条单链中相邻的碱基 A 与 T 通过“脱氧核糖—磷酸—脱氧核糖”连接。

2 基因的本质

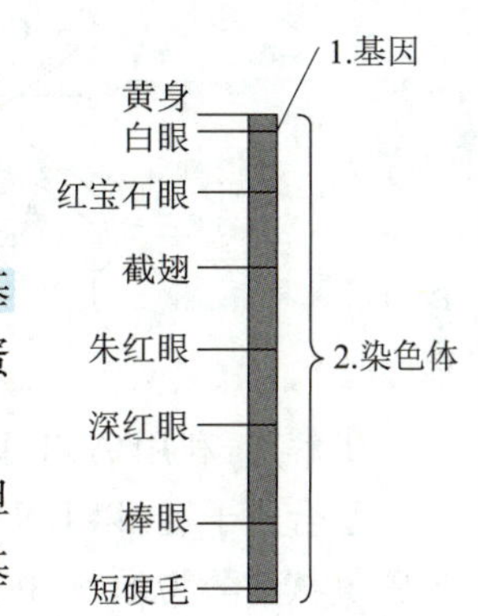

基因是有遗传效应的 DNA 片段。

①基因的本质是有遗传效应的 DNA 片段。遗传信息蕴藏在 4 种碱基的排列顺序之中，这里所谓的遗传效应指的是可以通过转录和翻译合成蛋白质并决定生物性状的序列。

②染色体由 DNA 和蛋白质构成。一个 DNA 上有许多个基因。但 DNA 不都是基因，如基因和基因之间的片段不具有遗传效应，因此构成基因的碱基数小于 DNA 分子的总碱基数。

③基因与染色体的关系：基因在染色体上呈线性排列。

三、DNA 分子的复制、转录和翻译

1 DNA 复制

(1)概念：以亲代 DNA 为模板合成子代 DNA 的过程。

(2)时间：有丝分裂间期和减数第一次分裂前的间期。

(3)场所：具有 DNA 的地方，往往都可以进行 DNA 的复制，包括真核细胞的细胞核、线粒体、叶绿体；原核细胞的拟核、质粒；DNA 病毒的宿主细胞内。

(4)条件

①模板：亲代 DNA 分子的两条链。

②原料：细胞中 4 种游离的脱氧核苷酸。

③能量：ATP。

④酶：解旋酶、DNA 聚合酶。

思维火花 Siweihuohua

(5)过程

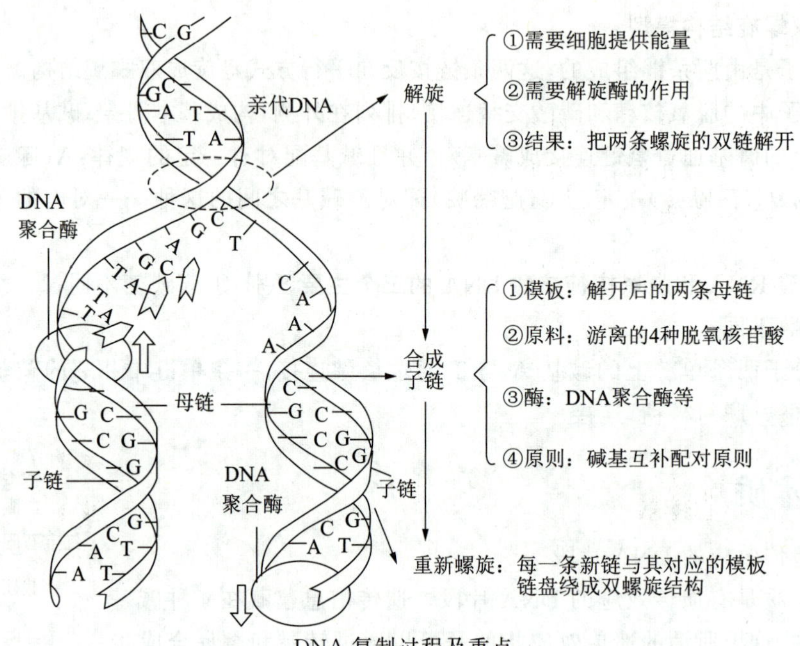

DNA 复制过程及重点

①解旋：利用 ATP 提供的能量，在解旋酶的作用下，打开氢键，把两条螺旋的双链解开。

②合成子链：以 DNA 分子的两条母链为模板，在 DNA 聚合酶的作用下，利用细胞中游离的 4 种脱氧核苷酸为原料，按碱基互补配对原则合成互补的子链。

③形成子代 DNA：每条子链与其对应的模板链盘绕成双螺旋结构。

(6)方式：半保留复制。

(7)特点：边解旋边复制。

(8)结果：形成两条完全相同，同时和亲代也相同的 DNA 分子。

(9)意义：将遗传信息从亲代传给子代，保持了遗传信息的连续性。

(10)能够保证复制准确的原因

①DNA 分子独特的双螺旋结构，为复制提供了精确的模板。

②通过碱基互补配对保证了复制能够准确地进行。

(11)DNA 复制的两点补充及图像辨析

①引物问题：DNA 聚合酶不能从头开始复制，只能将核苷酸连在一个现有的核苷酸链上，形成磷酸二酯键，因此 DNA 在复制时，子链需要一小段引物作为起始点，才能开始复制，体内 DNA 复制的引物来自 RNA 聚合酶以 DNA 为模板合成的一小段 RNA 序列，体外 DNA 复制即 PCR 技术的引物来自人工合成的 DNA 片段。

②复制的方向问题：DNA 聚合酶在复制时，只能从 5′端往 3′端方向复制，而 DNA 分子的两条链是反向平行的，因此在复制时，一条链是连续复制的，而另一条链需要打开一段，反向复制一段，导致复制过程不连续，形成短的 DNA 片段，称为冈崎片段。

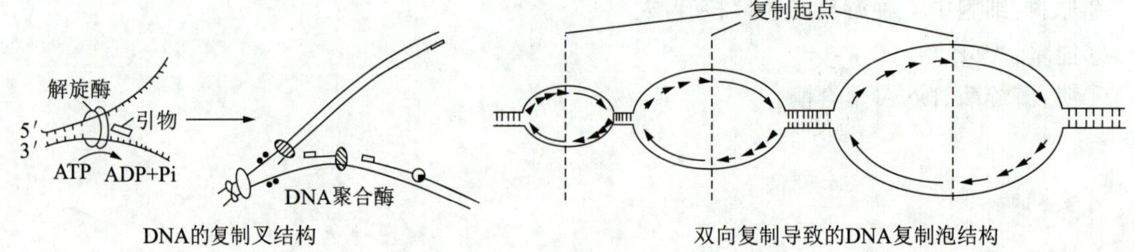

DNA的复制叉结构　　双向复制导致的DNA复制泡结构

思维火花 Siweihuohua

真题真练

例 193 下列关于 DNA 和 RNA 的叙述,正确的是 ( )

A.(2018·江苏·3)原核细胞内 DNA 的合成都需要 DNA 片段作为引物

B.(2018·江苏·3)真核细胞内 DNA 和 RNA 的合成都在细胞核内完成

C.(2019·海南·5)大肠杆菌拟核的 DNA 中有控制性状的基因

D.(2017·海南·23)真核细胞中 DNA 分子的碱基对数等于所有基因的碱基对数之和

例 194 (2014·上海·4)某亲本 DNA 分子双链均以白色表示,以灰色表示第一次复制出的 DNA 子链,以黑色表示第二次复制出的 DNA 子链,该亲本双链 DNA 分子连续复制两次后的产物是 ( )

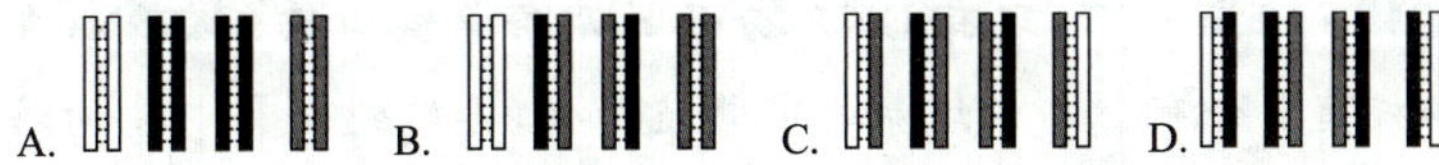

2 半保留复制实验证据

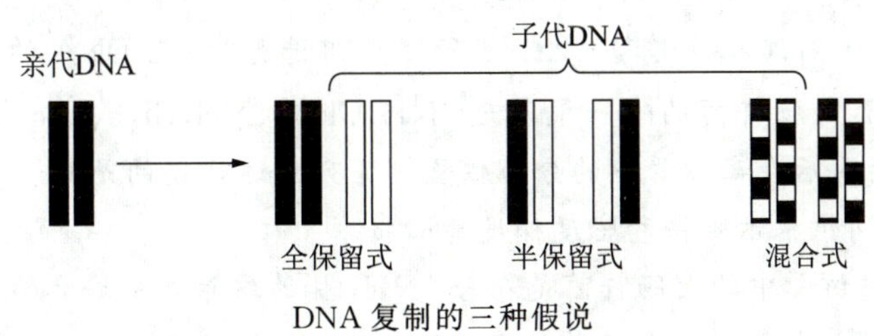

DNA 复制的三种假说

(1)方法:同位素示踪法、密度梯度离心技术。要注意 ^{15}N 没有放射性,和 ^{14}N 的区别仅在重量上,因此不能做放射性变化的比较,某些题目比较复制代数和放射性强度的变化是错误的。

(2)原理:含 ^{15}N 的双链 DNA 密度大,含 ^{14}N 的双链密度小,一条链含 ^{14}N、一条链含 ^{15}N 的双链 DNA 分子密度居中。

(3)实验假设:DNA 以半保留的方式复制,而非全保留复制或混合复制。

(4)实验预期:离心之后应出现 3 种 DNA 带。

①重带:密度最大,为两条链都是 ^{15}N 标记的亲代双链 DNA。

②中带:密度居中,一条链为 ^{14}N 标记,另一条链为 ^{15}N 标记的子代双链 DNA。

③轻带:密度最小,两条链都为 ^{14}N 标记的子代双链 DNA。

(5)实验结果:

①亲代 DNA 取出离心,全部都是重带。

②子一代 DNA 取出离心,全部都是中带。

③子二代 DNA 取出离心,一半为中带、一半为轻带。

(6)实验结论:DNA 的复制方式是半保留复制。

思维火花 Siweihuohua

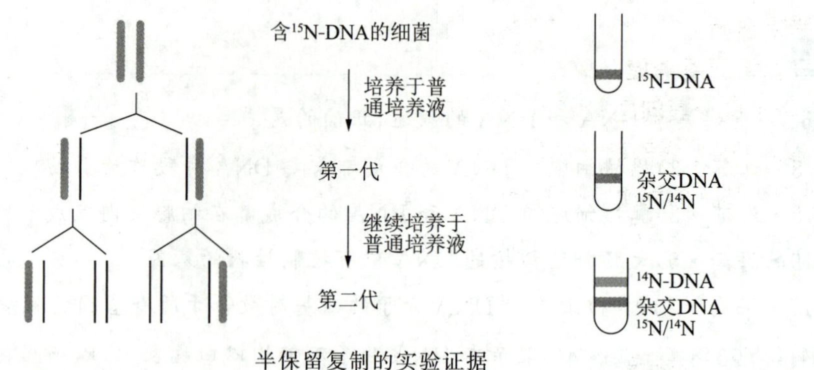

半保留复制的实验证据

真题真练

例 195 (2018·海南·15)现有DNA分子的两条单链均只含有^{14}N(表示为^{14}N^{14}N)的大肠杆菌,若将该大肠杆菌在含有^{15}N的培养基中繁殖两代,再转到含有^{14}N的培养基中繁殖一代,则理论上DNA分子的组成类型和比例分别是 ( )

A. 有^{15}N^{14}N和^{14}N^{14}N两种,其比例为1∶3

B. 有^{15}N^{15}N和^{14}N^{14}N两种,其比例为1∶1

C. 有^{15}N^{15}N和^{14}N^{14}N两种,其比例为3∶1

D. 有^{15}N^{14}N和^{14}N^{14}N两种,其比例为3∶1

例 196 (2018·浙江4月选考·22)某研究小组进行"探究DNA的复制过程"的活动,结果如图所示。其中培养大肠杆菌的唯一氮源是$^{14}NH_4Cl$或$^{15}NH_4Cl$,a、b、c表示离心管编号,条带表示大肠杆菌DNA离心后在离心管中的分布位置。下列叙述错误的是( )

A. 本活动运用了同位素示踪法和密度梯度离心技术

B. a管的结果表明该管中的大肠杆菌是在含$^{14}NH_4Cl$的培养液中培养的

C. b管的结果表明该管中的大肠杆菌的DNA都是^{15}N-^{14}N-DNA

D. 实验结果说明DNA分子的复制是半保留复制的

a b c

3 DNA复制类计算题

DNA复制为半保留复制,若将亲代DNA分子复制n代,其结果分析如下。

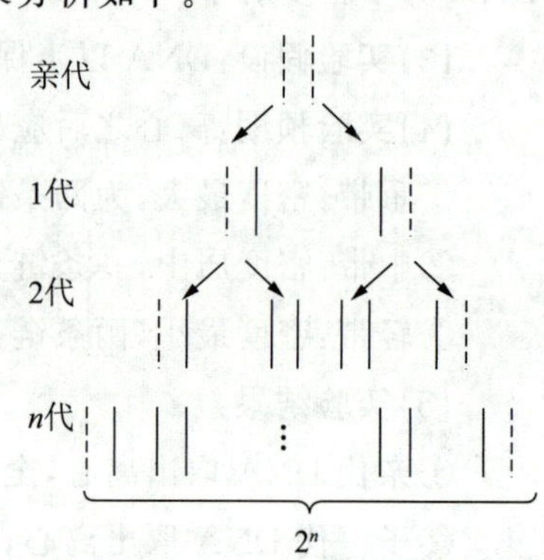

(1)DNA分子数问题

①子代DNA分子数为2^n个。

②含有亲代链的DNA分子数为2个。

③不含亲代链的DNA分子数为(2^n-2)个。

④含子代链的DNA分子数有2^n个。

(2)脱氧核苷酸链数问题

①子代脱氧核苷酸链数为2^{n+1}条。

②亲代脱氧核苷酸链数为2条。

③新合成的脱氧核苷酸链数为$(2^{n+1}-2)$条。

(3)消耗的脱氧核苷酸数

①若一亲代DNA分子含有某种脱氧核苷酸m个,经过n次复制需要消耗该脱氧核苷酸数为$m\cdot(2^n-1)$个。

②第n次复制所需该脱氧核苷酸数为$m\cdot 2^{n-1}$个。

(4)易错点解析

①做题时,需要看清提问的是"DNA分子数"还是"脱氧核苷酸链数",后者是前者的两倍。

②在分析细胞分裂问题时,常以染色体或DNA分子为研究对象,而在分析DNA分子复制问题时,一定要从DNA分子两条单链的角度考虑,染色体的复制实质是DNA的半保留复制,所以复制后的一条染色体上的两个DNA分子中都含有原来的单链。

真题真练

例197 (2012·山东·5)假设一个双链均被^{32}P标记的噬菌体DNA由5 000个碱基对组成,其中腺嘌呤占全部碱基的20%。用这个噬菌体侵染只含^{31}P的大肠杆菌,共释放出100个子代噬菌体。下列叙述正确的是 ( )

A. 该过程至少需要3×10^5个鸟嘌呤脱氧核苷酸

B. 噬菌体增殖需要细菌提供模板、原料和酶等

C. 含^{32}P与只含^{31}P的子代噬菌体的比例为1∶49

D. 该DNA发生突变,其控制的性状即发生改变

例198 (2012·福建·5)双脱氧核苷酸常用于DNA测序,其结构与脱氧核苷酸相似,能参与DNA的合成,且遵循碱基互补配对原则。DNA合成时,在DNA聚合酶作用下,若连接上的是双脱氧核苷酸,子链延伸终止;若连接上的是脱氧核苷酸,子链延伸继续。在人工合成体系中,有适量的序列为GTACATACATC的单链模板、胸腺嘧啶双脱氧核苷酸和4种脱氧核苷酸。则以该单链为模板合成出的不同长度的子链最多有 ( )

A. 2种　　B. 3种　　C. 4种　　D. 5种

4 转录

(1)**概念**:在细胞核中,以DNA的一条链为模板合成RNA的过程称为转录。

(2)**主要场所**:细胞核;线粒体、叶绿体和原核细胞细胞质中也可发生转录。

(3)**模板**:DNA的一条链,也被称为模板链,与之互补的另一条链称为非模板链,一个DNA分子上的不同基因,模板链可能位于不同的链上,但特定基因的模板链是固定的,不会更换模板链。

(4)**原料**:4种游离的核糖核苷酸。

(5)**转录的过程**

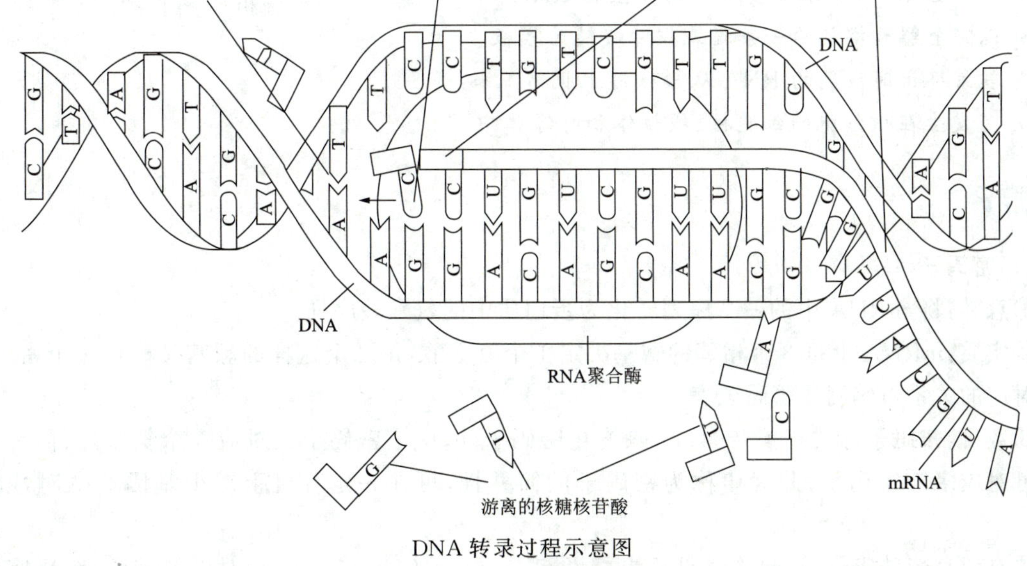

DNA转录过程示意图

思维火花
Siweihuohua

①解旋：双链解开，暴露出碱基；此过程通过 RNA 聚合酶完成，无需解旋酶，RNA 聚合酶具有解旋活性。

②配对：以解开的模板链为模板，以游离的 4 种核糖核苷酸为原料，按照碱基互补配对原则进行碱基配对，形成氢键。其配对方式和 DNA 复制略有差异，DNA 为 A—T、T—A、C—G、G—C，转录过程配对方式为 A—U、T—A、C—G、G—C。

③连接：在 RNA 聚合酶的作用下，将新结合的核糖核苷酸连接到正在合成的 mRNA 分子上，形成 3′,5′-磷酸二酯键。

④释放：合成的 mRNA 从 DNA 链上释放；DNA 双链恢复成双螺旋结构。

(6)转录的结果：获得了一条和模板链序列互补，和非模板链序列相同的 mRNA 分子，遗传信息转移到了 mRNA 上。

(7)特点：边解旋边转录。

(8)拓展

①真核生物的基因内部通常有外显子和内含子，基因转录为 RNA 后，内含子会被切除，仅有外显子可以表达。原核细胞基因没有外显子和内含子的差异，所以序列全部表达。

②基因的前端有启动子，末端有终止子，启动子和 RNA 聚合酶结合，起始基因的表达，终止子终止基因的表达。在基因的选择性表达中，由启动子直接调控基因的表达。

③基因对应的 DNA 片段称之为编码区，基因和基因之间的片段是非编码区，编码区具有遗传效应。启动子等调控序列位于非编码区。

真题真练

例 199 (2017·新课标Ⅲ·1) 下列关于真核细胞中转录的叙述，错误的是 ( )

A. tRNA、rRNA 和 mRNA 都从 DNA 转录而来

B. 同一细胞中两种 RNA 的合成有可能同时发生

C. 细胞中的 RNA 合成过程不会在细胞核外发生

D. 转录出的 RNA 链与模板链的相应区域碱基互补

例 200 (2018·浙江·23) 下列关于洋葱根尖细胞遗传信息转录过程的叙述，正确的是 ( )

A. 一个 DNA 可转录出多个不同类型的 RNA

B. 以完全解开螺旋的一条脱氧核苷酸链为模板

C. 转录终止时成熟的 RNA 从模板链上脱离下来

D. 可发生在该细胞的细胞核、线粒体和叶绿体中

5 翻译

(1)密码子

①意义：将 mRNA 中的碱基序列转化为蛋白质中的氨基酸序列。

②实质：mRNA 上每 3 个相邻的碱基决定 1 个氨基酸，每 3 个这样的碱基又称作 1 个密码子，其相对应的关系可编制成密码子表。

③数目：密码子总共有 $4^3=64$ 个，除终止密码子外，一个密码子只对应一个氨基酸；但一个氨基酸可对应多个密码子，此规律称为密码子的简并性，可在一定程度上减少基因突变对性状的影响。

④有两类特殊密码子：起始密码子为翻译起点，包括 AUG、GUG，有对应氨基酸；终止密码子

思维火花 Siweihuohua

为翻译终点，包括 UAA、UGA、UAG，无对应氨基酸。

密码子第一位	密码子第二位				密码子第三位
	U	C	A	G	
U	苯丙氨酸	丝氨酸	酪氨酸	半胱氨酸	U
	苯丙氨酸	丝氨酸	酪氨酸	半胱氨酸	C
	亮氨酸	丝氨酸	终止	终止、硒代半胱氨酸①	A
	亮氨酸	丝氨酸	终止	色氨酸	G
C	亮氨酸	脯氨酸	组氨酸	精氨酸	U
	亮氨酸	脯氨酸	组氨酸	精氨酸	C
	亮氨酸	脯氨酸	谷氨酰胺	精氨酸	A
	亮氨酸	脯氨酸	谷氨酰胺	精氨酸	G
A	异亮氨酸	苏氨酸	天冬酰胺	丝氨酸	U
	异亮氨酸	苏氨酸	天冬酰胺	丝氨酸	C
	异亮氨酸	苏氨酸	赖氨酸	精氨酸	A
	甲硫氨酸（起始密码子）	苏氨酸	赖氨酸	精氨酸	G
G	缬氨酸	丙氨酸	天冬氨酸	甘氨酸	U
	缬氨酸	丙氨酸	天冬氨酸	甘氨酸	C
	缬氨酸	丙氨酸	谷氨酸	甘氨酸	A
	缬氨酸、甲硫氨酸（起始②）	丙氨酸	谷氨酸	甘氨酸	G

密码子表

注：①在正常情况下，UGA 是终止密码子，但在特殊情况下，UGA 可以编码硒代半胱氨酸。

②在原核生物中，GUG 也可以做起始密码子，此时它编码甲硫氨酸。

(2)tRNA 与反密码子

①功能：运输氨基酸，对 mRNA 序列进行识别翻译的工具。

②结构：tRNA 是唯一具有空间结构的 RNA 分子，通过内部氢键形成三叶草结构；其上端携带氨基酸；下端具有三个特殊序列的碱基，构成反密码子，可以识别密码子。

③种类：tRNA 的种类等于反密码子的种类，有 61 种，原因是终止密码子无对应氨基酸，也就没有对应反密码子和 tRNA。

(3)翻译的概念：游离在细胞质中的各种氨基酸，以 mRNA 为模板合成具有一定氨基酸顺序的蛋白质，这一过程称为翻译。

(4)翻译的场所和条件

①场所：细胞质的核糖体上。

②模板：mRNA。

③工具：tRNA。

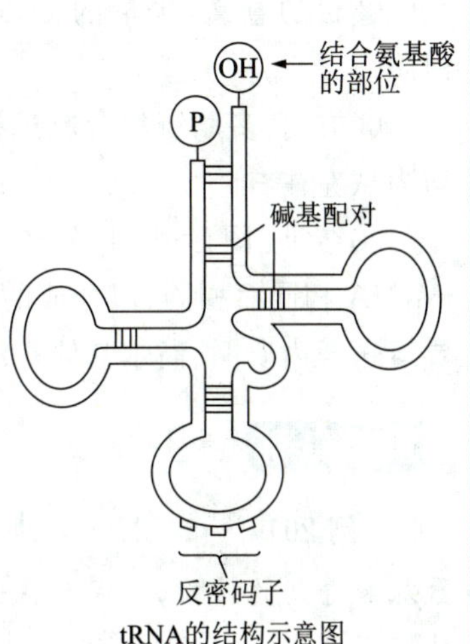

tRNA的结构示意图

④原料:21 种氨基酸。

⑤产物:具有一定氨基酸顺序的多肽链/蛋白质。

(5)翻译的过程

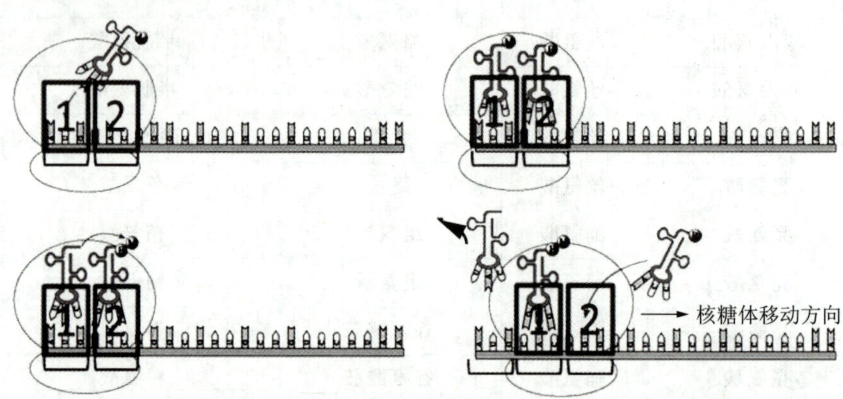

翻译过程示意图

①起始:mRNA 与核糖体结合,核糖体内可以容纳 2 个 tRNA 的位子,称为 1 位点和 2 位点,在起始时 1 位点为起始密码子。

②运输:tRNA 携带氨基酸置于特定位置,每个 tRNA 的反密码子和密码子对应,携带相应的氨基酸,如 1 位点为起始密码子 AUG,其 tRNA 反密码子为 UAC,携带氨基酸为甲硫氨酸,2 位点的密码子为 CAC,其 tRNA 反密码子为 GUG,携带氨基酸为组氨酸。

③合成:位点 1 上的 tRNA 携带的氨基酸,通过脱水缩合形成肽键,与位点 2 上的氨基酸连接,形成二肽。

④延伸:核糖体沿 mRNA 移动,读取下一个密码子,2 位点变成 1 位点,2 位点空出,结合新的 tRNA 并重复以上步骤,按照密码子的对应顺序合成多肽。

⑤终止:当核糖体到达 mRNA 上的终止密码子时,合成终止。

⑥脱离:肽链合成后就从核糖体与 mRNA 的复合物上脱离,盘曲折叠成具有特定空间结构和功能的蛋白质分子。

(6)核糖体数量、翻译速度、翻译方向的关系

①数量关系:一个 mRNA 可同时结合多个核糖体,形成多聚核糖体。

②目的意义:少量的 mRNA 分子可以迅速合成出大量的蛋白质。

③方向:多肽链的合成过程从短往长,右图中所有核糖体方向均为从左往右。

④结果:图示中 4 个核糖体合成的 4 条多肽链因为模板 mRNA 相同而相同;但合成的仅是多肽链,要形成蛋白质往往还需要运送至内质网、高尔基体等结构中进一步加工。

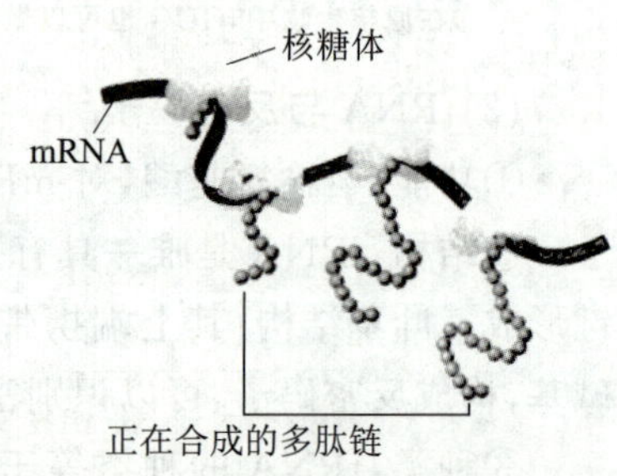

多聚核糖体翻译示意图

真题真练

例 201 (2020·天津·3)对于基因如何指导蛋白质合成,克里克认为要实现碱基序列向氨基酸序列的转换,一定存在一种既能识别碱基序列,又能运载特定氨基酸的分子。该种分子后来被发现是 ( )

A. DNA　　B. mRNA

C. tRNA　　D. rRNA

例 202 (2020·江苏·9) 某膜蛋白基因在其编码区的 5′ 端含有重复序列 CTCTT CTCTT CTCTT,下列叙述正确的是 (　　)

A. CTCTT 重复次数改变不会引起基因突变

B. CTCTT 重复次数增加提高了该基因中嘧啶碱基的比例

C. 若 CTCTT 重复 6 次,则重复序列之后编码的氨基酸序列不变

D. CTCTT 重复次数越多,该基因编码的蛋白质相对分子质量越大

例 203 (2020·新课标Ⅲ·3) 细胞内有些 tRNA 分子的反密码子中含有稀有碱基次黄嘌呤(I)。含有 I 的反密码子在与 mRNA 中的密码子互补配对时,存在如图所示的配对方式(Gly 表示甘氨酸)。下列说法错误的是 (　　)

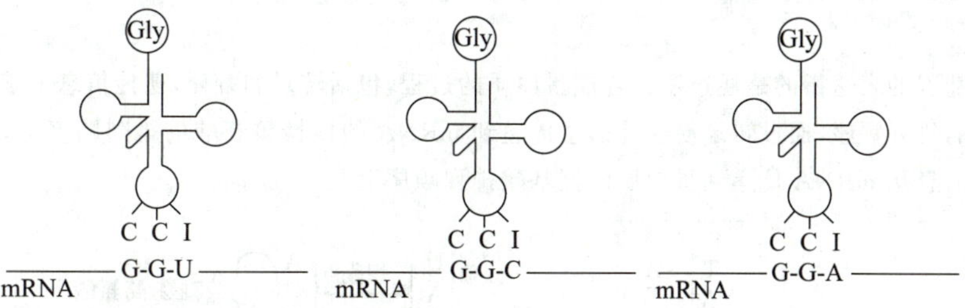

A. 一种反密码子可以识别不同的密码子

B. 密码子与反密码子的碱基之间通过氢键结合

C. tRNA 分子由两条链组成,mRNA 分子由单链组成

D. mRNA 中的碱基改变不一定造成所编码氨基酸的改变

例 204 (2020·新课标Ⅱ·29) 大豆蛋白在人体内经消化道中酶的作用后,可形成小肽(短的肽链)。回答下列问题:

氨基酸	密码子
色氨酸	UGG
谷氨酸	GAA、GAG
酪氨酸	UAC、UAU
组氨酸	CAU、CAC

(1)在大豆细胞中,以 mRNA 为模板合成蛋白质时,除 mRNA 外还需要其他种类的核酸分子参与,它们是______________。

(2)大豆细胞中大多数 mRNA 和 RNA 聚合酶从合成部位到执行功能部位需要经过核孔。就细胞核和细胞质这两个部位来说,作为 mRNA 合成部位的是________,作为 mRNA 执行功能部位的是________;作为 RNA 聚合酶合成部位的是________,作为 RNA 聚合酶执行功能部位的是________。

(3)部分氨基酸的密码子如表所示。若来自大豆的某小肽对应的编码序列为 UACGAACAUUGG,则该小肽的氨基酸序列是________________________。若该小肽对应的 DNA 序列有 3 处碱基发生了替换,但小肽的氨基酸序列不变,则此时编码小肽的 RNA 序列为______________________。

6 总结拓展

(1)遗传信息整体传递过程总结

	存在位置	含 义	生理作用
遗传信息	DNA	脱氧核苷酸(碱基对)的排列顺序	直接决定 mRNA 中碱基排列顺序,间接决定氨基酸排列顺序
密码子	mRNA	mRNA 上决定 1 个氨基酸的 3 个相邻的碱基	直接决定翻译的起止和氨基酸排列顺序
反密码子	tRNA	与密码子互补配对的 3 个碱基	识别密码子
氨基酸	蛋白质	形成一定的序列和空间结构,组成蛋白质	承担生命活动
关系	基因的表达指的是通过基因合成蛋白质的过程,包括转录和翻译,遗传信息是基因中脱氧核苷酸的排列顺序,通过转录使遗传信息传递到 mRNA 的核糖核苷酸的排列顺序上;通过翻译使遗传信息从 mRNA 传递到蛋白质的氨基酸排列顺序上		
图解	α链:TACGAT β链:ATGCTA DNA(基因) 以β链为模板→ mRNA(密码子):UAC GAU 识别 tRNA(反密码子):AUG 酪氨酸;CUA 天冬氨酸		

(2)原核生物及真核生物基因表达差异

真核生物与原核生物翻译的场所都是核糖体,但是在时间和空间上不尽相同:原核生物细胞没有细胞核,拟核和核糖体均在细胞质中,转录得到 mRNA 时可直接翻译得到蛋白质,转录和翻译可以同时进行,如左下图所示,这种情况也可以发生在真核生物的线粒体和叶绿体中;真核生物细胞有核膜,细胞核基因的转录发生在核内,翻译则发生在细胞质内的核糖体上,场所不同,也不能同时发生,先转录后翻译。

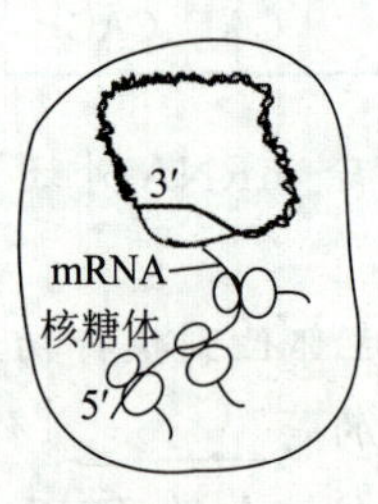

原核细胞翻译示意图

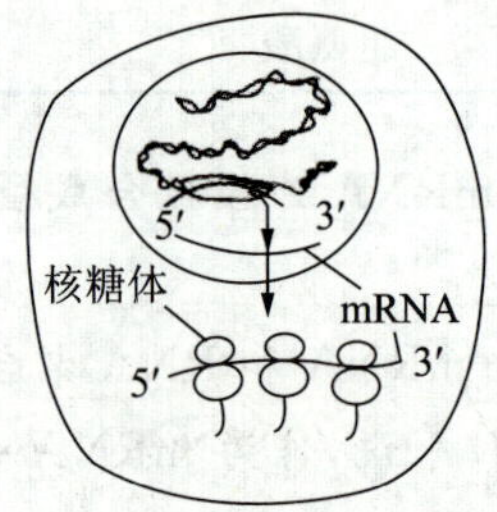

真核细胞翻译示意图

(3)DNA、mRNA 中碱基与肽链中氨基酸个数计算

翻译过程中,mRNA 中每 3 个碱基决定 1 个氨基酸,所以不考虑终止密码子、内含子等结构时,经翻译合成的蛋白质分子中的氨基酸数目是 mRNA 中碱基数目的 1/3,是 DNA 中碱基数目的 1/6。

DNA(基因) —— $6n$个碱基

mRNA —— $3n$个碱基

肽链 ○-○-○ …… ○-○-○ n个氨基酸

DNA、mRNA 中碱基与肽链中氨基酸个数关系图解

而考虑终止密码子时,由于密码子存在但氨基

思维火花 Siweihuohua

酸不存在，需要在 mRNA 和 DNA 上多算一个氨基酸，即分别加 3 和 6，而当考虑真核细胞基因内含子和启动子、终止子等时，DNA 对应碱基要远多于 mRNA 和氨基酸对应数目，但题目没有提及时一般不做考虑。

(4)基因的复制、转录、翻译比较

项目	复制	转录	翻译
场所	主要在细胞核中	主要在细胞核中	核糖体上
模板	DNA 的两条链	DNA 的一条链	mRNA
原料	4 种脱氧核苷酸	4 种核糖核苷酸	21 种氨基酸
碱基配对方式前面表示模板链	A—T；T—A；C—G；G—C	A—U；T—A；C—G；G—C	A—U；U—A；C—G；G—C
时间	细胞分裂间期	生物生长发育的过程中	
条件	解旋酶、DNA 聚合酶、ATP	RNA 聚合酶、ATP	ATP、tRNA、酶
产物	两个相同的 DNA 分子	RNA，包括 mRNA、tRNA、rRNA	一定氨基酸排序的蛋白质
模板去向	分别进入两个子代 DNA 分子中	恢复原样，重新组成双螺旋结构	最终水解成单个核糖核苷酸
特点	边解旋边复制，半保留复制	边解旋边转录，DNA 仍保留	1 个 mRNA 分子可结合多个核糖体，提高合成蛋白质的速度
遗传信息的传递	DNA→DNA	DNA→mRNA	mRNA→蛋白质
研究方法	可用放射性同位素标记“T”	可用放射性同位素标记“U”	可用放射性同位素标记“氨基酸”
意义	传递遗传信息	表达遗传信息，使生物表现出各种性状	
联系	三者共同决定了生物的遗传和性状的控制		

真题真练

例 205 (2011·安徽·5) 甲、乙图示真核细胞内两种物质的合成过程。下列叙述正确的是 ( )

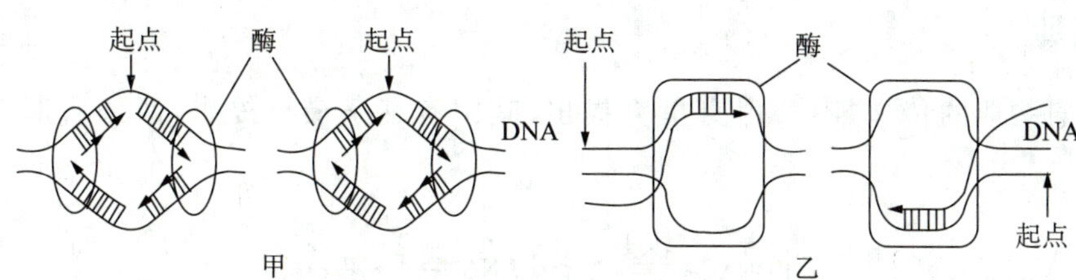

A. 甲、乙所示过程通过半保留方式进行，合成的产物是双链核酸分子

B. 甲所示过程在细胞核内进行，乙在细胞质基质中进行

C. DNA 分子解旋时，甲所示过程不需要解旋酶，乙需要解旋酶

D. 一个细胞周期中，甲所示过程在每个起点只起始一次，乙可起始多次

思维火花 Siweihuohua

例 206 （2013·浙江·3）某生物基因表达过程如图所示。下列叙述与该图相符的是（　　）

DNA
RNA聚合酶
GAGGA
肽链
核糖体
mRNA

A. 在 RNA 聚合酶作用下 DNA 双螺旋解开

B. DNA—RNA 杂交区域中 A 应与 T 配对

C. mRNA 翻译只能得到一条肽链

D. 该过程发生在真核细胞中

例 207 （2021·河北·8）关于基因表达的叙述，正确的是（　　）

A. 所有生物基因表达过程中用到的 RNA 和蛋白质均由 DNA 编码

B. DNA 双链解开，RNA 聚合酶起始转录、移动到终止密码子时停止转录

C. 翻译过程中，核酸之间的相互识别保证了遗传信息传递的准确性

D. 多肽链的合成过程中，tRNA 读取 mRNA 上全部碱基序列信息

例 208 （2018·浙江4月选考·25）miRNA 是一种小分子 RNA，某 miRNA 能抑制 W 基因控制的蛋白质（W 蛋白）的合成。某真核细胞内形成该 miRNA 及其发挥作用的过程示意图如下。

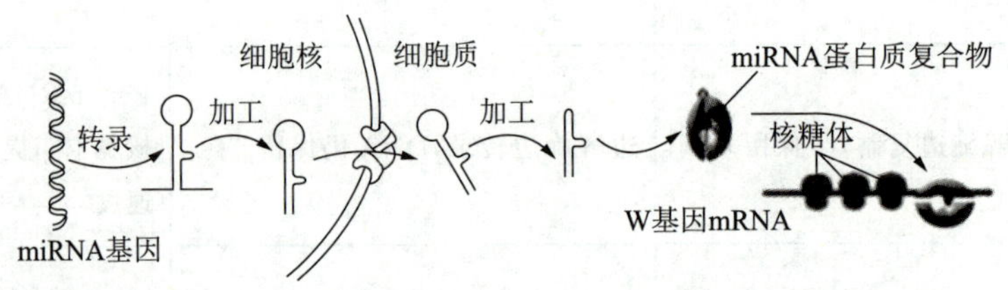

下列叙述正确的是（　　）

A. miRNA 基因转录时，RNA 聚合酶与该基因的起始密码相结合

B. W 基因转录形成的 mRNA 在细胞核内加工后，进入细胞质用于翻译

C. miRNA 与 W 基因 mRNA 结合遵循碱基互补配对原则，即 A 与 T、C 与 G 配对

D. miRNA 抑制 W 蛋白的合成是通过双链结构的 miRNA 直接与 W 基因的 mRNA 结合所致

四、基因对性状的控制

1 中心法则

指遗传信息一般的传递规律，由克里克提出，其中有三条最早提出，两条后期补充，如下图所示。

复制 DNA 转录 逆转录 复制 RNA 翻译 蛋白质

中心法则示意图，实线表示先提出，虚线表示后补充

思维火花
Siweihuohua

2 不同生物的中心法则

(1)细胞生物及噬菌体等 DNA 病毒的中心法则

复制 DNA —转录→ RNA —翻译→ 蛋白质

(2)烟草花叶病毒等大部分 RNA 病毒的中心法则

复制 RNA —翻译→ 蛋白质

(3)HIV 等逆转录病毒的中心法则

RNA —逆转录→ 复制 DNA —转录→ RNA —翻译→ 蛋白质

(4)不同细胞的中心法则

高等动植物只有 DNA 复制、转录、翻译三条途径,但具体到不同细胞情况不尽相同,如根尖分生区细胞等分裂旺盛的组织细胞中三条途径都有;但叶肉细胞等高度分化的细胞无 DNA 复制途径,只有转录和翻译两条途径;哺乳动物成熟的红细胞无遗传信息传递。

(5)信息传递中的碱基配对

上述五个都有碱基互补配对的过程,但配对方式有一定差异,具体内容见复制、转录和翻译的比较表格;进行互补配对的场所有四个,即细胞核、叶绿体、线粒体、核糖体。

3 基因控制性状的途径

(1)直接途径

①机理:基因通过控制蛋白质结构直接控制生物性状。

②实例:镰刀型细胞贫血症、囊性纤维病的病因。

(2)间接途径

①机理:基因通过控制酶的合成控制细胞代谢,从而间接控制生物性状。

②实例:白化病、豌豆的粒型。

(3)基因与性状的对应关系:并不都是一对一的关系。

①一般而言,一个基因决定一种性状。

②生物体的一种性状有时受多个基因的影响,如玉米叶绿素的形成至少与 50 多个不同基因有关。

③有些基因可影响多种性状,如淀粉分支酶基因同时控制粒型和口味两个性状。

④生物的性状是基因和环境共同作用的结果。基因型相同,表现型可能不同;基因型不同,表现型可能相同。

⑤控制生物性状的基因除了细胞核基因,还有细胞质基因;细胞质基因的遗传不符合孟德尔遗传定律,而遵循母系遗传的特点。

思维火花 Siweihuohua

真题真练

例 209 (2015 · 重庆 · 5) 结合下图分析，下列叙述错误的是 ( )

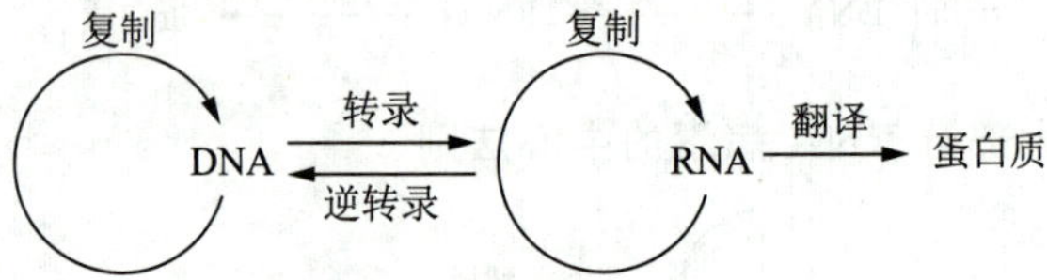

A. 生物的遗传信息储存在 DNA 或 RNA 的核苷酸序列中

B. 核苷酸序列不同的基因可表达出相同的蛋白质

C. 遗传信息传递到蛋白质是表现型实现的基础

D. 编码蛋白质的基因含遗传信息相同的两条单链

例 210 (2018 · 海南 · 13) 关于复制、转录和逆转录的叙述，下列说法错误的是 ( )

A. 逆转录和 DNA 复制的产物都是 DNA

B. 转录需要 RNA 聚合酶，逆转录需要逆转录酶

C. 转录和逆转录所需要的反应物都是核糖核苷酸

D. 细胞核中的 DNA 复制和转录都以 DNA 为模板

例 211 (2014 · 江苏 · 6) 研究发现，人类免疫缺陷病毒(HIV)携带的 RNA 在宿主细胞内不能直接作为合成蛋白质的模板。依据中心法则(如图)，下列相关叙述错误的是 ( )

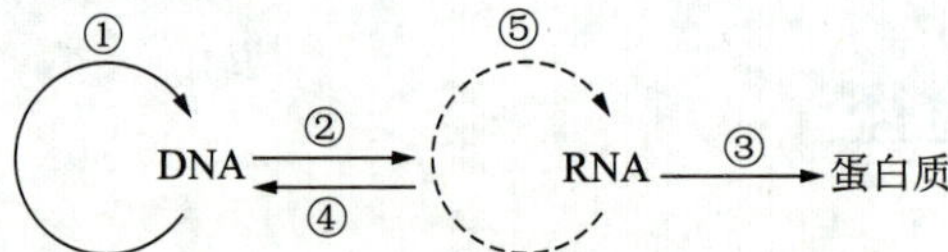

A. 合成子代病毒蛋白质外壳的完整过程至少要经过④②③环节

B. 侵染细胞时，病毒中的蛋白质不会进入宿主细胞

C. 通过④形成的 DNA 可以整合到宿主细胞的染色体 DNA 上

D. 科学家可以研发特异性抑制逆转录酶的药物来治疗艾滋病

the END

模块七

变异、育种和进化

核心概要

1. 基因突变、基因重组和染色体变异
2. 杂交育种、诱变育种、单倍体育种和多倍体育种
3. 人类遗传病
4. 达尔文经典进化论和现代生物进化理论

德叔寄语

学习是一辈子的事，并非考试才是学习，在以后的工作生活中，我们会遇到很多很多的困难，这就需要继续学习，继续成长。所以，高中学习，不仅要学习知识，还要学习学习的方法。

李林

内容导读

致同学：

本模块是对遗传学模块的补充，在研究遗传从亲代到子代传递的过程之后，本模块研究遗传的多样性，通过分析可遗传变异及其形成原因、特点、对生物的影响、在育种中的应用以及进化的原理等，补充遗传学知识内容，与经典遗传学、分子遗传学一起形成完整遗传知识体系，小朋友在学习的时候需要注意整体知识的体系感。从知识上本模块包括三种可遗传变异方式、四种育种方法和两个进化理论，内容结构完整，逻辑清晰，层次分明，体系感极强。个别知识点逻辑性略强需要重点理解，包括染色体组相关内容和无子西瓜、进化的基因频率问题等。在题目上如果考查基础知识点则难度不大，如果将变异、育种和进化结合经典遗传或分子遗传的知识，甚至提供额外的信息，则整体难度会增加很多，需要同学们在掌握基础知识的基础之上，学会应用和分析。

李林

知识详解

思维火花 Siweihuohua

一、变异的类型

1 不可遗传变异

环境因素的影响造成的表现型的改变,不涉及遗传物质的改变,不能遗传给后代。如无子番茄通过生长素诱导获得,是正常二倍体,其组织培养后代正常授粉为有子番茄。

2 可遗传变异

遗传物质的改变引起,可以遗传给后代,来源有基因突变、基因重组、染色体变异。如无子西瓜,是三倍体,其组织培养后代依然是三倍体,授粉后为无子西瓜。生物学通常仅研究对生物遗传有重要意义的可遗传变异。可遗传变异是可以遗传的变异,也可能不遗传给后代。

二、基因突变

1 概念

由于 DNA 分子中发生碱基对的替换、增添和缺失,而引起的基因结构的改变。

2 时间

主要发生在有丝分裂间期或减数第一次分裂前的间期。

3 诱发因素

(1)外在因素

①物理因素:紫外线、X 射线及其他辐射。

②化学因素:亚硝酸、碱基类似物等。

③生物因素:某些病毒的遗传物质。

(2)内部因素:DNA 分子复制偶尔发生错误、DNA 的碱基组成发生改变。

4 突变特点

(1)普遍性:一切生物都可以发生,包括 RNA 病毒。

(2)随机性:可以发生在生物个体发育的任何时期和部位,突变越早,突变部位越多。

(3)低频性:自然状态下,突变频率很低。但虽然频率很低,由于每个个体含有大量基因,每个种群又含有大量个体,因此每代还是有大量的基因突变积累。

思维火花 Siweihuohua

(4)不定向性：一个基因可以向不同方向发生突变，产生一个以上的等位基因。基因突变的方向和环境没有明确的因果关系。

(5)多害少利性：可能破坏生物体与现有环境的协调关系。

5 意义

(1)新基因产生的唯一途径。

(2)生物变异的根本来源。

(3)生物进化的原始材料。

6 实例

镰刀型细胞贫血症

(1)症状：红细胞呈镰刀形，运输氧气的能力降低，易破裂，造成溶血性贫血，严重时导致死亡。

(2)直接原因：红细胞的血红蛋白分子上一个氨基酸发生改变，由正常谷氨酸变成了缬氨酸。

(3)根本原因：基因突变，即基因中的一个碱基对发生替换。

7 种类

(1)按突变性状

①显性突变：指隐性基因突变为显性基因，如 aa 突变为 Aa，该突变一旦发生即可表现出相应性状。

②隐性突变：指显性基因突变为隐性基因，如 AA 突变为 Aa，突变性状一旦在生物个体中表现出来，该性状即可稳定遗传。

(2)按 DNA 的分子碱基变化

类型	影响程度	对氨基酸的影响(不考虑终止密码子)
替换	小	只改变 1 个或不改变氨基酸
增添	大	插入位置前不影响，影响插入位置后的序列； 插入数目为 3 或 3 的倍数时，影响可能变小
缺失	大	缺失位置前不影响，影响缺失位置后的序列； 缺失数目为 3 或 3 的倍数时，影响可能变小

(3)按突变对密码子的影响

①沉默突变：密码子改变后编码的氨基酸不改变。

②错义突变：密码子改变后编码的氨基酸改变。

③无义突变：密码子改变后变为终止密码子。

④移码突变：由于插入或缺失，改变了突变位点后的全部密码子。

(4)按突变基因在生物体内的位置

①生殖细胞突变：基因突变若发生在生殖细胞中，当代不表现，但可能遵循遗传规律传递给后代。

②体细胞突变：基因突变若发生在体细胞中，当代会表现，但一般不能遗传；有些植物的体细胞发生基因突变，可通过无性繁殖传递给后代。

(5)按突变后对生物性状的影响

①有利突变：突变得到的性状对生物体有利。

思维火花 Siweihuohua

②中性突变:突变得到的性状对生物体没有影响。

③有害突变:突变得到的性状对生物体有害。

④注意:有害和有利不是绝对的,要看环境的选择作用。

(6)**按突变原因分**:自然突变和人工诱变。

8 生物性状不变的突变

①突变发生在基因的内含子区域。

②根据密码子的简并性,有可能翻译出相同的氨基酸。

③某些基因突变虽改变了蛋白质中个别位置的氨基酸种类,但并不影响蛋白质的功能。

④突变基因不需要表达。

⑤由纯合子的显性基因突变成杂合子中的隐性基因。

⑥由于环境因素导致的性状未改变。

9 拓展

(1)基因突变不改变染色体上基因的数量,只改变基因的结构,即由 A→a 或 a→A,而 A、a 的本质区别是它们的基因分子结构有所不同,即基因中脱氧核苷酸种类、数量、排列顺序发生了一定的改变。能够改变基因数量的是染色体结构的变异。

(2)基因突变容易发生在具有 DNA 复制功能的细胞中,即具有分裂能力的细胞,已高度分化的失去分裂能力的细胞因其不发生 DNA 复制,故不容易发生基因突变。所以细胞发生基因突变的概率为:生殖细胞>体细胞,分裂旺盛的细胞>停止分裂的细胞。

(3)无丝分裂、原核生物的二分裂及病毒 DNA 或 RNA 复制时均可发生基因突变。

(4)基因突变一定是可遗传变异,因为遗传物质改变了;但基因突变产生的新基因新性状不一定传递给后代,若发生在体细胞中,一般不会传递给子代,而发生在配子中可以。

(5)基因突变发生时,生物性状不一定改变。

真题真练

例 212 (2019·海南·11)下列有关基因突变的叙述,正确的是 ( )

A. 高等生物中基因突变只发生在生殖细胞中　B. 基因突变必然引起个体表现型发生改变

C. 环境中的某些物理因素可引起基因突变　D. 根细胞的基因突变是通过有性生殖传递的

例 213 (2018·江苏·15)下列过程不涉及基因突变的是 ( )

A. 经紫外线照射后,获得红色素产量更高的红酵母

B. 运用 CRISPR/Cas9 技术替换某个基因中的特定碱基

C. 黄瓜开花阶段用 2,4-D 诱导产生更多雌花,提高产量

D. 香烟中的苯并芘使抑癌基因中的碱基发生替换,增加患癌风险

例 214 (2019·江苏·18)人镰刀型细胞贫血症是基因突变造成的,血红蛋白 β 链第 6 个氨基酸的密码子由 GAG 变为 GUG,导致编码的谷氨酸被置换为缬氨酸。下列相关叙述错误的是 ( )

A. 该突变改变了 DNA 碱基对内的氢键数　B. 该突变引起了血红蛋白 β 链结构的改变

C. 在缺氧情况下患者的红细胞易破裂　D. 该病不属于染色体异常遗传病

例 215 (2015·四川·6)M 基因编码含 63 个氨基酸的肽链。该基因发生插入突变,使

思维火花 Siweihuohua

mRNA 增加了一个 3 碱基序列 AAG，表达的肽链含 64 个氨基酸。以下说法正确的是 ( )

A. M 基因突变后，参与基因复制的嘌呤核苷酸比例增加

B. 在 M 基因转录时，核糖核苷酸之间通过碱基配对连接

C. 突变前后编码的两条肽链，最多有 2 个氨基酸不同

D. 在突变基因的表达过程中，最多需要 64 种 tRNA 参与

三、基因重组

1 概念

在生物体进行有性生殖的过程中，控制不同性状的基因的重新组合，此概念为狭义上的基因重组，也是一般题目所提及的基因重组。

2 类型和时间

(1)同源染色体上非姐妹染色单体之间交叉互换，导致同源染色体上的非等位基因发生基因重组，时期为 MⅠ前期，即四分体时期。

(2)同源染色体分离时，非同源染色体之间自由组合，导致非同源染色体上的非等位基因发生基因重组，时期为 MⅠ后期。

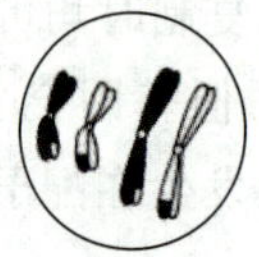

非姐妹染色单体之间交叉互换

非同源染色体自由组合

3 意义

(1)形成生物多样性的重要原因。

(2)生物变异的来源之一，有利于生物进化。

4 易错提醒

(1)染色体互换可能是基因重组，也可能是染色体结构变异，如果交叉互换发生在同源染色体之间的相同位置是基因重组；如果发生在非同源染色体之间，则叫易位，属于染色体结构变异。

(2)精卵结合并没有发生基因重组：狭义基因重组的两种情况均发生在减数分裂过程中，精卵的随机结合中没有基因重组，只有配子的随机结合。

(3)基因重组在人工操作下也可以实现，如基因工程、肺炎双球菌转化中都发生了基因重组，在细菌中，也会有接合传递基因的过程，这些不经过减数分裂的基因重组通常被认为是广义的基因重组。

思维火花
Siweihuohua

(4)姐妹染色单体上出现等位基因的原因

图例	一定是基因突变	一定是交叉互换	两种可能
A b A B	①体细胞的有丝分裂,如根尖分生区细胞 ②作用时期是间期 ③亲代基因型为BB或bb	①生殖细胞配子中出现一条染色体颜色有两种,例如绝大多数白色,只在头上带一小段黑色 ②作用时期为MⅠ前期	无前面任何提示,可两种情况同时考虑

真题真练

例216 (2011·江苏·22·多选)在有丝分裂和减数分裂的过程中均可产生的变异是 ( )

A. DNA复制时发生碱基对的增添、缺失或改变,导致基因突变

B. 非同源染色体之间发生自由组合,导致基因重组

C. 非同源染色体之间交换一部分片段,导致染色体结构变异

D. 着丝点分裂后形成的两条染色体不能移向两极,导致染色体数目变异

例217 (2012·上海·8)如图为细胞内染色体状态示意图。这种染色体状态表示已发生 ( )

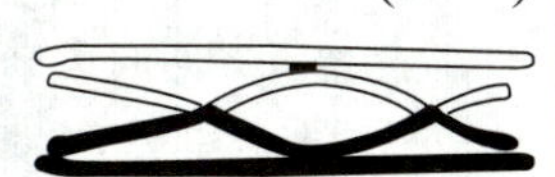

A. 染色体易位

B. 基因重组

C. 染色体倒位

D. 姐妹染色单体之间的交换

四、染色体变异

1 染色体结构的变异

(1)类型

变异类型	具体变化	结果	举例
缺失	缺失某一片段	染色体上的基因数目或排列顺序改变,从而导致性状变异	猫叫综合征
重复	增加某一片段		果蝇的棒状眼
易位	某一片段移接到另一条非同源染色体上		夜来香经常发生
倒位	某一片段位置颠倒		人慢性粒细胞白血病

(2)特点

①没有产生新基因。

②光学显微镜下可见。

(3)遗传效应:大多数染色体结构变异对生物体是不利的,甚至导致死亡。所以染色体变异和基因突变又统称为突变。

思维火花 Siweihuohua

(4)染色体结构变异的联会特征

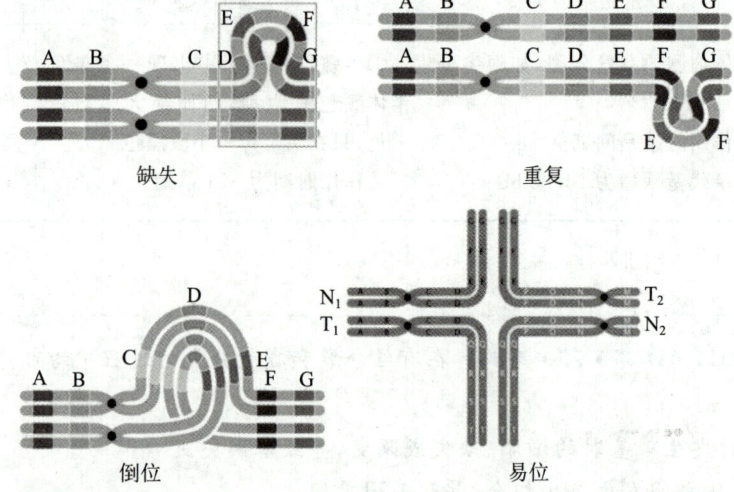
缺失　　重复

倒位　　易位

(5)易位和交叉互换的区别

<table>
<tr><th colspan="2"></th><th>染色体易位</th><th>交叉互换</th></tr>
<tr><td colspan="2">图解</td><td></td><td></td></tr>
<tr><td rowspan="3">区别</td><td>位置</td><td>发生于非同源染色体之间</td><td>发生于同源染色体的非姐妹染色单体之间</td></tr>
<tr><td>原理</td><td>染色体结构变异</td><td>基因重组</td></tr>
<tr><td>观察</td><td>可在显微镜下观察到</td><td>在显微镜下观察不到</td></tr>
</table>

真题真练

例 218 (2017·江苏·19)一株同源四倍体玉米的基因型为Aaaa,其异常联会形成的部分配子也可受精形成子代。下列相关叙述正确的是　　(　　)

A. 如图表示的过程发生在减数第一次分裂后期

B. 自交后代会出现染色体数目变异的个体

C. 该玉米单穗上的籽粒基因型相同

D. 该植株花药培养加倍后的个体均为纯合子

正常联会

异常联会

例 219 (2020·山东·6)在细胞分裂过程中,末端缺失的染色体因失去端粒而不稳定,其姐妹染色单体可能会连接在一起,着丝点分裂后向两极移动时出现“染色体桥”结构,如图所示。若某细胞进行有丝分裂时,出现“染色体桥”并在两着丝点间任一位置发生断裂,形成的两条子染色体移到细胞两极。不考虑其他变异,关于该细胞的说法错误的是　　(　　)

A. 可在分裂后期观察到“染色体桥”结构

B. 其子细胞中染色体的数目不会发生改变

C. 其子细胞中有的染色体上连接了非同源染色体片段

D. 若该细胞基因型为Aa,可能会产生基因型为Aaa的子细胞

连接

染色体桥

思维火花 Siweihuohua

2 染色体数目的变异

(1)类型

①细胞内个别染色体的增加或减少,如21三体综合征。关于个别染色体增加或减少的原因,在模块四第三节减数分裂中有详细表述,这里不再赘述。

②细胞内染色体数目以染色体组的形式成倍地增加或减少,如多倍体、单倍体。

(2)染色体组

①概念:细胞中的一组非同源染色体,在形态和功能上各不相同,但又互相协调,共同控制生物的生长、发育、遗传和变异,这样的一组染色体叫作一个染色体组。

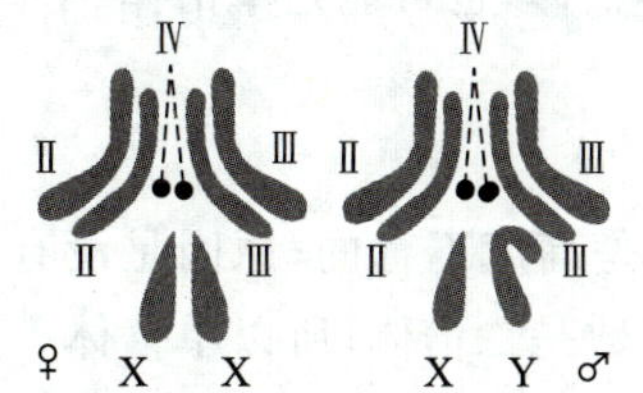

果蝇体细胞含有两个染色体组

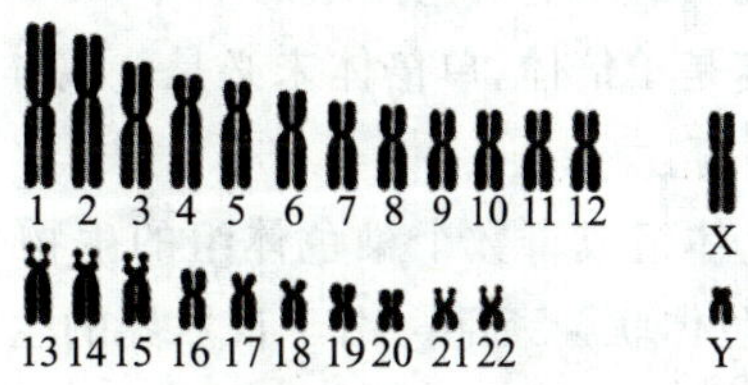

人的一个22+X或22+Y的染色体组

②组成:上图为果蝇的染色体组成,其染色体组可表示为:Ⅱ、Ⅲ、Ⅳ、X(3+X)或Ⅱ、Ⅲ、Ⅳ、Y(3+Y),人的一个染色体组同样为22+X或22+Y。

③特点

a. 一个染色体组中不含同源染色体,没有等位基因,即没有冗余的信息。

b. 除X、Y染色体外,一个染色体组中含有控制本物种生物性状的一整套基因,即没有缺少的信息。

c. 对染色体组的理解:既包含全套遗传信息,又不重复的一套染色体;所以只含一个染色体组的单倍体也可发育成完整个体。

④基因组:基因组为人类基因组计划的产物,是为了测定人类全部遗传信息序列,因此考虑X、Y染色体的区别,都需要进行测序,因此一个染色体组只包含一条性染色体;一个基因组包含两条性染色体,以人类为例:染色体组为22+X或22+Y(23条);基因组为22+XY(24条)。

(3)二倍体、多倍体和单倍体

①概念

	一倍体	二倍体	多倍体	单倍体
发育起点	配子	受精卵	受精卵	配子
特点	体细胞中含有一个染色体组的个体	体细胞中含有两个染色体组的个体	体细胞中含有三个或三个以上染色体组的个体	体细胞中含有本物种配子染色体数目的个体
染色体组	一个	两个	三个或三个以上	一至多个

②区分

a. 由受精卵发育来的个体,细胞中含有几个染色体组,就叫几倍体。

b. 由配子直接发育来的个体,不管含有几个染色体组,都只能叫单倍体。

思维火花 Siweihuohua

如图所示：

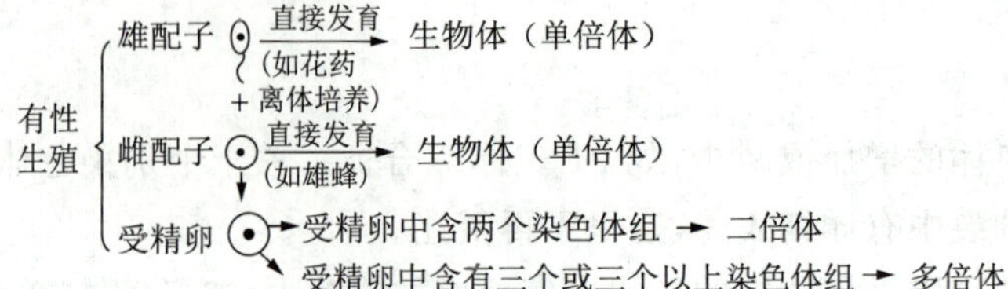

③判断方法

a. 含有一个染色体组的个体，一定是单倍体。

b. 含有两个染色体组的个体，可能是二倍体，也可能是单倍体。

c. 含有三个或三个以上染色体组的个体，可能是多倍体，也可能是单倍体。

d. 一倍体一定是单倍体，单倍体未必是一倍体。

④单倍体的可育性

含有一个染色体组或奇数个染色体组的生物一般是高度不育的，原因是没有同源染色体不能联会，或是同源染色体联会紊乱。由于自然界的生物多数是二倍体，所以单倍体一般只含一个染色体组，高度不育；但多倍体的单倍体可能含有多个染色体组，也可能可育，如八倍体的单倍体含有四组同源染色体，就是可育的。含有一个染色体组或奇数个染色体组的生物通过染色体数目的加倍可使其变成可育细胞，加倍的方式一般是秋水仙素处理，也可低温处理或进行植物细胞融合。

(4)染色体组数的判断方法

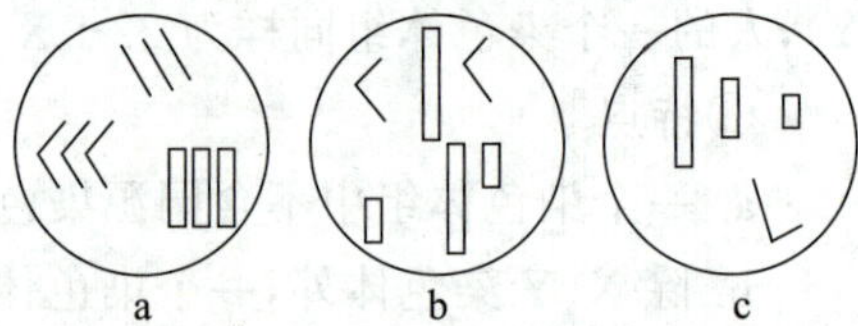

①根据染色体形态判断：在细胞内任选一条染色体，细胞内与该染色体形态相同的染色体共有几条，则含有几个染色体组，如图 a、b、c 分别含有 3 个、2 个、1 个染色体组。

②根据基因型判断：在细胞或生物体的基因型中，控制同一性状的基因出现几次，则有几个染色体组，如 AAAa 的个体含有 4 个染色体组，AaaBBb 含有三个染色体组。

③根据细胞分裂图像判断：原理与第一种方法相同，需要结合细胞分裂时期的判断，还要能推算出对应其他时期细胞的染色体组数。

(5)多倍体拓展：小黑麦的形成过程，图中字母表示染色体组，如 AA=14 表示一粒小麦含有两个染色体组 AA，每个染色体组含有 7 条染色体，共 14 条染色体。

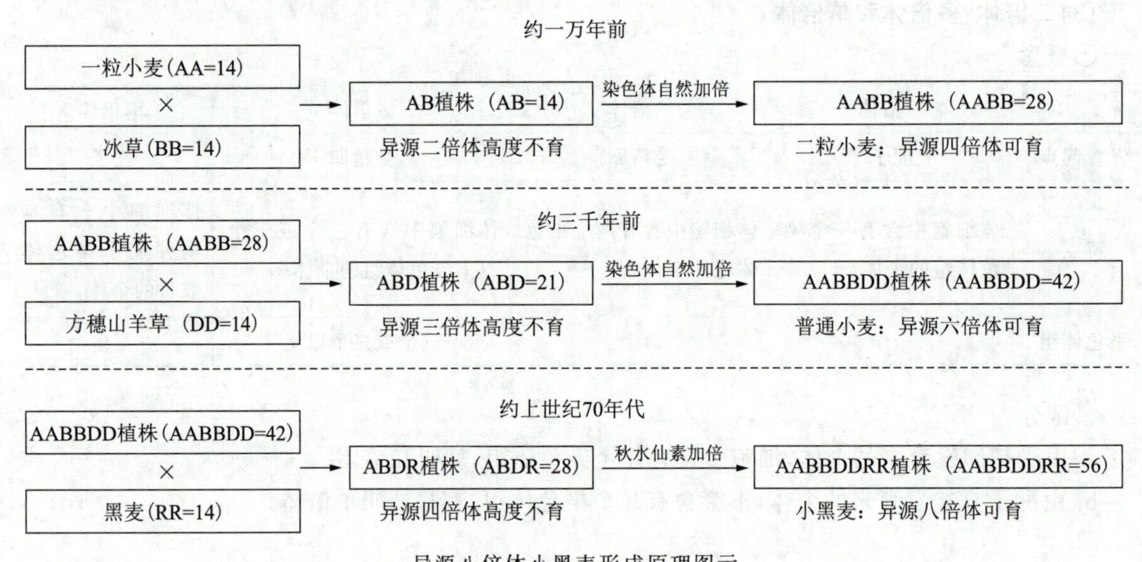

异源八倍体小黑麦形成原理图示

思维火花 Siweihuohua

真题真练

例 220 (2020·新课标Ⅱ·4)关于高等植物细胞中染色体组的叙述,错误的是 ( )

A. 二倍体植物的配子只含有一个染色体组

B. 每个染色体组中的染色体均为非同源染色体

C. 每个染色体组中都含有常染色体和性染色体

D. 每个染色体组中各染色体 DNA 的碱基序列不同

例 221 (2020·江苏·8)下列叙述中与染色体变异无关的是 ( )

A. 通过孕妇产前筛查,可降低 21 三体综合征的发病率

B. 通过连续自交,可获得纯合基因品系玉米

C. 通过植物体细胞杂交,可获得白菜—甘蓝

D. 通过普通小麦和黑麦杂交,培育出了小黑麦

例 222 (2018·海南·17)蜜蜂中,雌蜂是雌雄配子结合产生的二倍体,雄蜂是由未受精的卵直接发育而来的。某对蜜蜂所产生子代的基因型为:雌蜂是 AADD、AADd、AaDD、AaDd;雄蜂是 AD、Ad、aD、ad。这对蜜蜂的基因型是 ( )

A. AADd 和 ad　　B. AaDd 和 Ad

C. AaDd 和 AD　　D. Aadd 和 AD

3 可遗传变异总结

项目		基因突变	基因重组	染色体变异
适用范围	生物种类	所有生物包括病毒,均可发生,具有普遍性	自然状态下,只发生在真核生物的有性生殖过程中,细胞核遗传	真核生物细胞增殖过程均可发生
	生殖	无性生殖、有性生殖	有性生殖	无性生殖、有性生殖
类型		可分为自然突变和诱发突变,也可分为显性突变和隐性突变	自由组合型、交叉互换型	染色体结构的改变、染色体数目的变化
发生时间		有丝分裂间期和减数Ⅰ前间期	减数Ⅰ前期和减数Ⅰ后期	细胞分裂期
发生原因		在一定外界或内部因素作用下,DNA 分子中发生碱基对的替换、增添和缺失,引起基因结构的改变	减数第一次分裂过程中,同源染色体的非姐妹染色单体交叉互换,或非同源染色体上非等位基因的自由组合	多种
产生结果		产生新的基因(产生了它的等位基因)、新的基因型、新的性状	产生新的基因型,但不可以产生新的基因和新的性状	不产生新的基因,但会引起基因数目或顺序变化
镜检		光镜下均无法检出,可根据是否有新性状或新性状组合确定		光镜下可检出

续表

项目	基因突变	基因重组	染色体变异
本质	基因的分子结构发生改变，产生了新的基因，改变了基因的“质”，出现了新性状，但没有改变基因的“量”	原有基因的重新组合，产生了新的基因型，使性状重新组合，但未改变基因的“质”和“量”	染色体结构或数目发生改变，没有产生新的基因，基因的数量可能发生改变
条件	外界条件剧变和内部因素的相互作用	不同个体间的杂交，有性生殖过程中的减数分裂和受精作用	存在染色体的真核生物
特点	普遍性、随机性、不定向性、低频率性、多害少利性	原有基因的重新组合	存在普遍性
意义	新基因产生的途径，生物变异的根本来源，是生物进化的原始材料	是生物产生变异的来源之一，是生物进化的重要因素之一	对生物的进化有一定的意义
可能性	可能性小，突变频率低	非常普遍，产生的变异类型多	可能性较小
应用	诱变育种	杂交育种	单倍体育种、多倍体育种
生物多样性	产生新的基因，丰富了基因文库	产生配子种类多、组合方式多，受精卵多	变异种类多
实例	果蝇白眼、镰刀型细胞贫血症等	豌豆杂交等	无子西瓜的培育等
联系	①三者均属于可遗传的变异，都为生物的进化提供了原材料 ②基因突变产生新的基因，为进化提供了最初的原始材料，是生物变异的根本来源；基因突变为基因重组提供大量可供自由组合的新基因，基因突变是基因重组的基础 ③基因重组的变异频率高，为进化提供了广泛的选择材料，是形成生物多样性的重要原因之一 ④基因重组和基因突变均产生新的基因型，可能产生新的表现型		

五、育种

1 单倍体育种

(1)方法：花药离体培养，获得单倍体植株，然后用秋水仙素处理幼苗使其染色体数目加倍。

(2)过程：花药离体培养→单倍体幼苗→秋水仙素加倍→纯合子→新品种。

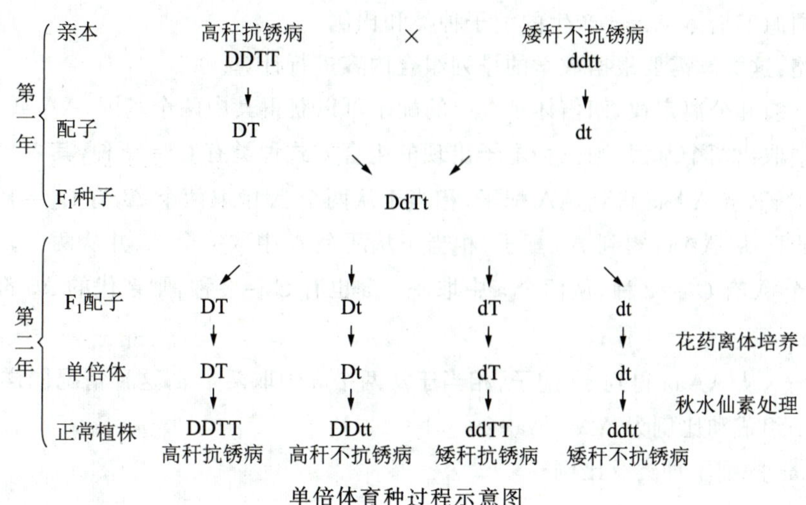

单倍体育种过程示意图

(3)优缺点

①优点：明显缩短育种年限，共需两年：从种亲本杂交到获得 F_1 种子是一年；第二年种 F_1 种子，从培育花药到获得植株为一年。

②缺点：技术复杂，需要组织培养和无菌操作。

2 多倍体育种

(1)原理：仅需要秋水仙素(或低温处理)加倍一个步骤，抑制纺锤体的形成。用同种植物细胞融合的方法也能达到加倍的目的，且效果完全相同。

(2)结果：多倍体植株常常茎秆粗壮，叶片、果实和种子都比较大，糖类和蛋白质等营养物质的含量都有所增加，所以其主要目的是增加产量，但多倍体生长周期变长，结实率降低，未必能达到高产的目的。

(3)应用：多倍体在植物中较常见，通常用于植物，动物中多倍体少见，软体动物和鱼类也可制备三倍体，降低育性，增加产量，同时防止养殖个体通过杂交影响自然环境，但哺乳动物没有多倍体。最常用的是无子西瓜的培育。

(4)培育无子西瓜的原理和过程分析

①原理：染色体数目以染色体组的形式成倍增加。

②过程：如右图所示。

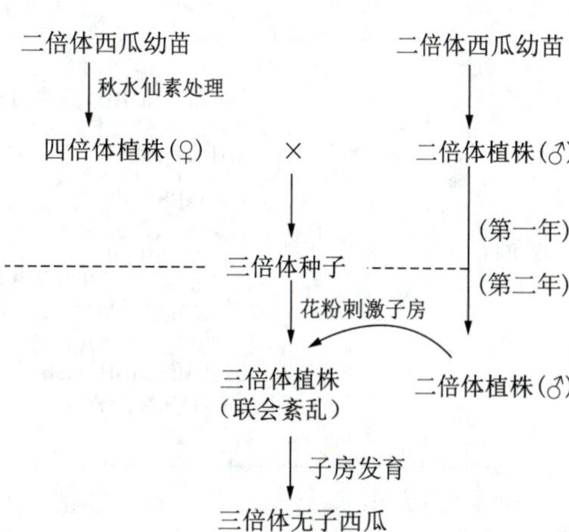

③分析

a. 第一年用秋水仙素处理二倍体西瓜幼苗成为四倍体，开花授以二倍体的花粉，结出含有三个染色体组的种子。要特别注意此时是有子西瓜，并非无子西瓜。

b. 第二年种植三倍体种子，开花后授以二倍体的花粉刺激子房，发育成无子西瓜。无子原因是三倍体植株在减数分裂中同源染色体联会紊乱，不能形成正常的配子。

④易错点

a. 只能以四倍体植株作为母本；以二倍体植株作为母本，种子虽然没有胚乳，但具有较硬种皮，不能达到无子的目的。

b. 尽管后代没有种子，但仍要对三倍体西瓜授粉，保证其产生生长素促进果实发育。

思维火花 Siweihuohua

(5)**拓展**:同源四倍体 AAaa 产生的配子种类和比例

①计算套路:这类题需要根据数学的排列组合内容进行计算。

根据减数分裂和分离定律,四倍体 AAaa 的配子可以获得其中两个基因,AA 或 Aa 或 aa,相当于从四个基因中取出两个基因,则三种配子出现的组合方式种类有 $C_4^2=6$ 种,其中:

获得 AA 配子,从 AAaa 得到 AA 配子,相当于从两个 A 中取两个 A,有 $C_2^2=1$ 种情况;

获得 Aa 配子,从 AAaa 得到 Aa 配子,相当于从两个 A 中取一个 A,并从两个 a 中取一个 a;从两个 A 中取一个 A 有 $C_2^1=2$ 种,从两个 a 中取一个 a 也有 $C_2^1=2$ 种,则亲代的 Aa 都进入同一个配子的情况有 $Aa=C_2^1\cdot C_2^1=4$ 种;

获得 aa 配子,从 AAaa 得到 aa 配子,相当于从两个 a 中取两个 a,这种情况同样有 $C_2^2=1$ 种。

可知其配子组成和比例为 AA∶Aa∶aa=1∶4∶1。

②计算 Aaaa 的配子种类及比例

解:$Aa:aa=\dfrac{C_1^1\times C_3^1}{C_4^2}:\dfrac{C_3^2}{C_4^2}=1:1$。

③计算 AAAAaa 的配子种类及比例

解:$AAA:AAa:Aaa=\dfrac{C_4^3}{C_6^3}:\dfrac{C_4^2\times C_2^1}{C_6^3}:\dfrac{C_4^1\times C_2^2}{C_6^3}=1:3:1$。

④计算 AAAaaa 的配子种类及比例

解:$AAA:AAa:Aaa:aaa=\dfrac{C_3^3}{C_6^3}:\dfrac{C_3^2\times C_3^1}{C_6^3}:\dfrac{C_3^1\times C_3^2}{C_6^3}:\dfrac{C_3^3}{C_6^3}=1:9:9:1$。

(6)**总结比较**:单倍体育种和多倍体育种

	单倍体育种	多倍体育种
原理	染色体数目以染色体组形式成倍减少,然后再加倍从而获得纯种	染色体数目以染色体组形式成倍增加
方法	花药离体培养获得单倍体,再用秋水仙素处理幼苗	秋水仙素处理正在萌发的种子或幼苗
优点	明显缩短育种年限	器官大,营养成分含量高,产量增加
缺点	技术复杂,需要与杂交育种配合	适用于植物,动物难以开展,多倍体植物生长周期延长,结实率降低
举例	抗病高产(aaBB)植株的选育 AABB×aabb ↓ AaBb AB Ab aB ab │花药离体培养 幼苗 幼苗 幼苗 幼苗 │秋水仙素诱导加倍 AABB AAbb aaBB aabb 选择所需性状	三倍体西瓜 $2n$ ↓秋水仙素 ♀$4n$×$2n$♂ ↓ ♀$3n$×$2n$♂ ↓联会紊乱 三倍体无子西瓜 八倍体小麦 ♀$6n$×$2n$♂ ↓ $4n$ ↓秋水仙素 $8n$

3 杂交育种

(1)**概念**:将两个或多个品种的优良性状通过交配集中在一起,再经过选择和培育,获得新品种的方法。

(2)原理:基因重组。

(3)过程:选择具有不同优良性状的亲本→杂交获得 F_1→F_1 自交或杂交→获得 F_2→鉴别、选择需要的类型、优良品种。

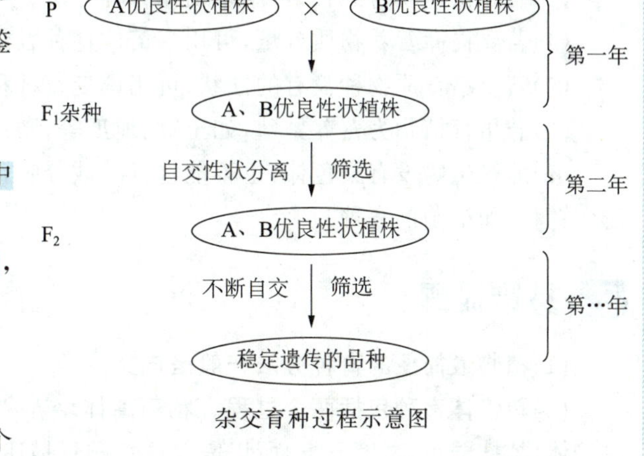

杂交育种过程示意图

(4)优缺点

①优点:可以把多个品种的优良性状集中在一起。

②缺点:只能是同物种不同性状个体杂交,一般指的是不同品种。

(5)应用:培育性状重组型优良品种。

(6)杂交育种和杂种优势的区别

①杂种优势概念:指基因型不同的亲本个体相互杂交产生的杂种第一代,在生长势、生活力、繁殖力、抗逆性、产量和品质等一种或多种性状上优于两个亲本的现象。如袁隆平杂交水稻。

②特点:优良性状在 F_1 代最明显,F_2 代以后因性状分离使优良性状逐渐减弱。

③与杂交育种的区别:杂交育种要求性状整齐,且遗传稳定。杂种优势主要利用 F_1 代的优良性状,不要求遗传稳定。

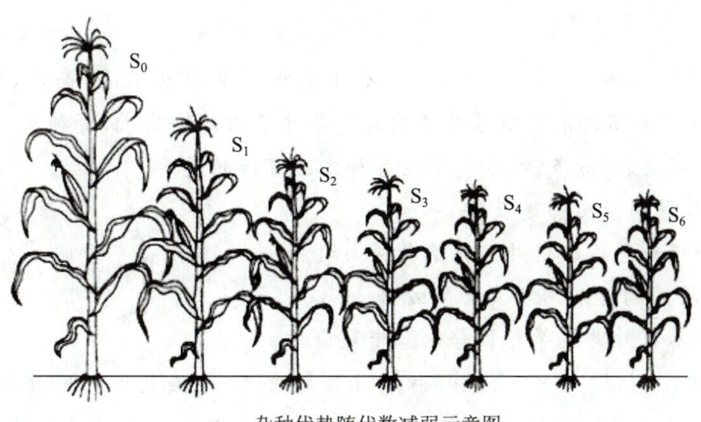

杂种优势随代数减弱示意图

4 诱变育种

(1)概念:利用物理因素或化学因素来处理生物,使生物发生基因突变,从而获得优良变异类型的育种方法。

(2)原理:基因突变。

(3)过程:选择生物→诱发基因突变→选择理想类型→培育。

(4)优点

①可以提高突变频率,在较短时间内获得更多的优良变异类型。

②大幅度地改良某些性状。

(5)缺点:需要提供大量的实验材料。

(6)应用:培育具有新性状的品种。

5 育种方法的合理选择

(1)将同一物种两亲本的性状集中到同一生物体上,可利用杂交育种,这是最简便的育种方法。

思维火花 Siweihuohua

(2)将两物种的优良性状集中在一起,可用基因工程,也可用细胞杂交。

(3)若要快速获得纯种,可用单倍体育种方法。

(4)若要提高营养物质含量,可用多倍体育种方法。

(5)若要培育原物种没有的性状,可用诱变育种和基因工程,其中基因工程是有目的地改良。

(6)若培育植物为营养繁殖,如土豆、地瓜等,则只要出现所需性状即可,不需要培育出纯种。

(7)原核生物没有染色体,也不能进行减数分裂,所以不能运用杂交的方法进行育种,一般采用诱变育种,如细菌的育种。

6 易错提醒

(1)植物最简便的育种方法一般是自交。

(2)单倍体育种包括两个过程。花药离体培养和秋水仙素处理。如只有花药离体培养则得到单倍体,植株弱小,高度不育,所以需要注意题目描述是“单倍体育种”还是“花药离体培养”。

(3)杂交育种不一定需要连续自交。若选育显性优良纯种,需要连续自交筛选,直至性状不再发生分离;若选育隐性优良纯种如aabb,则只要出现该性状个体即可。

(4)诱变育种是较为特殊的育种方法。与其他育种方法相比,前者能产生前所未有的新基因,创造变异新类型;后者不能产生新基因,只是实现原有基因的重新组合。

真题真练

例 223 (2013·江苏·25·多选)现有小麦种质资源包括:①高产、感病;②低产、抗病;③高产、晚熟等品种。为满足不同地区及不同环境条件下的栽培需求,育种专家要培育3类品种:a.高产、抗病;b.高产、早熟;c.高产、抗旱。下述育种方法可行的是 ( )

A. 利用①、③品种间杂交筛选获得a

B. 对品种③进行染色体加倍处理筛选获得b

C. a、b和c的培育均可采用诱变育种方法

D. 用转基因技术将外源抗旱基因导入③中获得c

例 224 (2013·四川·5)大豆植株的体细胞含40条染色体。用放射性^{60}Co处理大豆种子后,筛选出一株抗花叶病的植株X,取其花粉经离体培养得到若干单倍体植株,其中抗病植株占50%。下列叙述正确的是 ( )

A. 用花粉离体培养获得的抗病植株,其细胞仍具有全能性

B. 单倍体植株的细胞在有丝分裂后期,共含有20条染色体

C. 植株X连续自交若干代,纯合抗病植株的比例逐代降低

D. 放射性^{60}Co诱发的基因突变,可以决定大豆的进化方向

例 225 (2019·江苏·4)下列关于生物变异与育种的叙述,正确的是 ( )

A. 基因重组只是基因间的重新组合,不会导致生物性状变异

B. 基因突变使DNA序列发生的变化,都能引起生物性状变异

C. 弱小且高度不育的单倍体植株,进行加倍处理后可用于育种

D. 多倍体植株染色体组数加倍,产生的配子数加倍,有利于育种

例 226 (2020·新课标Ⅰ·32)遗传学理论可用于指导农业生产实践。回答下列问题:

(1)生物体进行有性生殖形成配子的过程中,在不发生染色体结构变异的情况下,产生基因重新组合的途径有两条,分别是________________________。

(2)在诱变育种过程中,通过诱变获得的新性状一般不能稳定遗传,原因是____________

思维火花 Siweihuohua

________,若要使诱变获得的性状能够稳定遗传,需要采取的措施是________________。

例 227 (2020·新课标Ⅲ·32)普通小麦是目前世界各地栽培的重要粮食作物。普通小麦的形成包括不同物种杂交和染色体加倍过程,如图所示(其中A、B、D分别代表不同物种的一个染色体组,每个染色体组均含7条染色体)。在此基础上,人们又通过杂交育种培育出许多优良品种。回答下列问题:

一粒小麦(AA) × 斯氏麦草(BB) → 杂种一 → 拟二粒小麦(AABB) × 滔氏麦草(DD) → 杂种二 → 普通小麦(AABBDD)

(1)在普通小麦的形成过程中,杂种一是高度不育的,原因是________________。已知普通小麦是杂种二染色体加倍形成的多倍体,普通小麦体细胞中有________条染色体。一般来说,与二倍体相比,多倍体的优点是________________(答出2点即可)。

(2)若要用人工方法使植物细胞染色体加倍,可采用的方法有________(答出1点即可)。

(3)现有甲、乙两个普通小麦品种(纯合体),甲的表现型是抗病易倒伏,乙的表现型是易感病抗倒伏。若要以甲、乙为实验材料设计实验获得抗病抗倒伏且稳定遗传的新品种,请简要写出实验思路。

____。

六、人类遗传病

1 概念

由于遗传物质改变而引起的可以遗传的人类疾病。

2 类型

(1)单基因遗传病:受一对等位基因控制的遗传病。

分类			常见病例	遗传特点
单基因遗传病	常染色体	显性	并指、多指、软骨发育不全	①男女患病几率相等 ②连续遗传
		隐性	苯丙酮尿症、白化病、先天性聋哑	①男女患病几率相等 ②隔代遗传
	伴X染色体	显性	抗维生素D佝偻病、遗传性慢性肾炎	①女性患者多于男性 ②交叉遗传、连续遗传
		隐性	进行性肌营养不良、红绿色盲、血友病	①男性患者多于女性 ②交叉遗传、隔代遗传
	伴Y染色体		外耳道多毛症	男性相传

(2)多基因遗传病

①含义:受两对以上等位基因控制的人类遗传病。

思维火花 Siweihuohua

②常见病例：冠心病、唇裂、哮喘病、无脑儿、原发性高血压、青少年型糖尿病。

③特点

a. 常表现出家族聚集现象。

b. 易受环境影响。

c. 在群体中发病率较高。

d. 各对基因之间没有显隐性关系，单独作用微小，但各对基因的作用有累积效应。

(3)染色体异常遗传病

①含义：由染色体异常引起的遗传病。

②类型

a. 染色体数目异常，如 21 三体综合征、克氏综合征(XXY)。

b. 染色体结构异常，如猫叫综合征。

③特点：往往造成较严重的后果，甚至胚胎期就引起自然流产。

(4)关于遗传疾病的补充

①只有单基因遗传病符合孟德尔遗传定律，多基因遗传病和染色体异常遗传病都不遵循孟德尔遗传定律。

②单基因遗传病受一对等位基因控制，不是一个基因控制。

③携带遗传病基因的个体不一定会患遗传病，如 Aa 不是白化病患者；不携带遗传病基因的个体也可能患遗传病，如染色体异常遗传病。

3 监测、预防及人类基因组计划

①遗传咨询的内容和步骤：医生对咨询对象进行身体检查，了解家族病史，对是否患有某种遗传病做出诊断→分析遗传病的遗传方式→推算出后代的再发风险率→向咨询对象提出防治对策和建议，如终止妊娠、进行产前诊断等。

②产前诊断的措施：羊水检查、B 超检查、孕妇血细胞检查以及基因诊断等手段。

③人类基因组计划

a. 目的：测定人类基因组的全部 DNA 序列，解读其中包含的遗传信息。

b. 意义：对于人类疾病的诊治和预防具有重要意义。

4 辨析

①先天性疾病：是出生时就已经表现出来的疾病，可能由遗传物质改变引起，也可能是发育过程中受到环境的影响，而遗传物质没有改变。

②家族性疾病：是一个家族中多个成员都表现为同一种疾病，可能是遗传物质改变引起的，也可能是环境因素引起的，而遗传物质没有改变。

③遗传病：是由遗传物质改变引起的，能在亲子代个体之间遗传的疾病。

④关系：有些遗传病在出生时就表现出来，有些要生长发育到一定阶段才表现出来。所以先天性疾病不都是遗传病，遗传病也不都是先天性疾病。家族性疾病不一定是遗传病，遗传病也不一定表现出家族性，如隐性遗传病。三者关系如图表示。

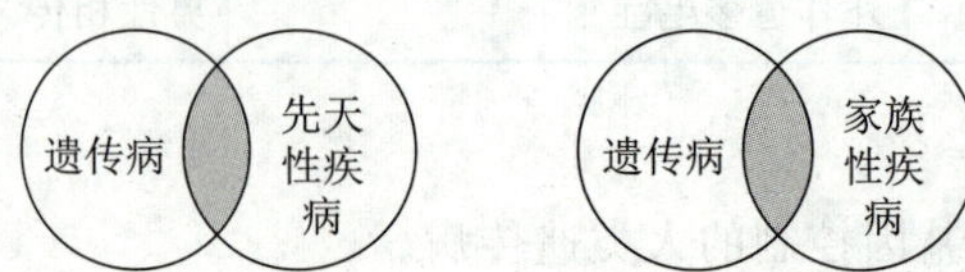

思维火花 Siweihuohua

真题真练

例 228 (2019·浙江 4 月选考·8)下列关于单基因遗传病的叙述,正确的是 ( )

A. 在青春期的患病率很低　　B. 由多个基因的异常所致

C. 可通过遗传咨询进行治疗　　D. 禁止近亲结婚是预防该病的唯一措施

例 229 (2018·浙江 11 月选考·3)母亲年龄与生育后代先天性愚型病发病风险曲线图如右。据图可知,预防该病发生的主要措施是 ( )

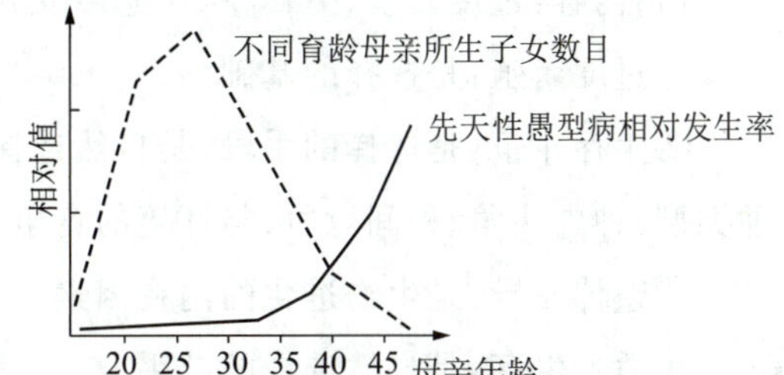

A. 孕前遗传咨询

B. 禁止近亲结婚

C. 提倡适龄生育

D. 妊娠早期避免接触致畸剂

例 230 (2015·新课标Ⅰ·6)抗维生素 D 佝偻病为伴 X 染色体显性遗传病,短指为常染色体显性遗传病,红绿色盲为伴 X 染色体隐性遗传病,白化病为常染色体隐性遗传病。下列关于这四种遗传病遗传特征的叙述,正确的是( )

A. 短指的发病率男性高于女性

B. 红绿色盲女性患者的父亲是该病的患者

C. 抗维生素 D 佝偻病的发病率男性高于女性

D. 白化病通常会在一个家系的几代人中连续出现

例 231 (2020·山东·4)人体内一些正常或异常细胞脱落破碎后,其 DNA 会以游离的形式存在于血液中,称为 cfDNA;胚胎在发育过程中也会有细胞脱落破碎,其 DNA 进入孕妇血液中,称为 cffDNA。近几年,结合 DNA 测序技术,cfDNA 和 cffDNA 在临床上得到了广泛应用。下列说法错误的是 ( )

A. 可通过检测 cfDNA 中的相关基因进行癌症的筛查

B. 提取 cfDNA 进行基因修改后直接输回血液可用于治疗遗传病

C. 孕妇血液中的 cffDNA 可能来自于脱落后破碎的胎盘细胞

D. 孕妇血液中的 cffDNA 可以用于某些遗传病的产前诊断

七、经典进化理论

1 传统观念

神创论、物种不变论。

2 拉马克进化学说

(1)内容

①生物都是由更古老的生物进化而来,由低等到高等逐渐进化。

②用进废退和获得性遗传是生物不断进化的主要原因。

思维火花 Siweihuohua

(2)意义:否定了神创论和物种不变论,奠定了科学生物进化论的基础。

(3)对拉马克的评价:第一个提出比较完整的进化学说的科学家,是生物进化论的创始人。

3 达尔文自然选择学说

(1)内容:过度繁殖、生存斗争、遗传变异和适者生存。

①过度繁殖:是选择的基础。

②生存斗争:是选择的手段,是自然选择的具体表现形式,是生物进化的动力;生存斗争存在三种类型:种内斗争、种间竞争、与环境的竞争。

③遗传变异:是生物进化的内在因素。

④适者生存:是自然选择的结果。

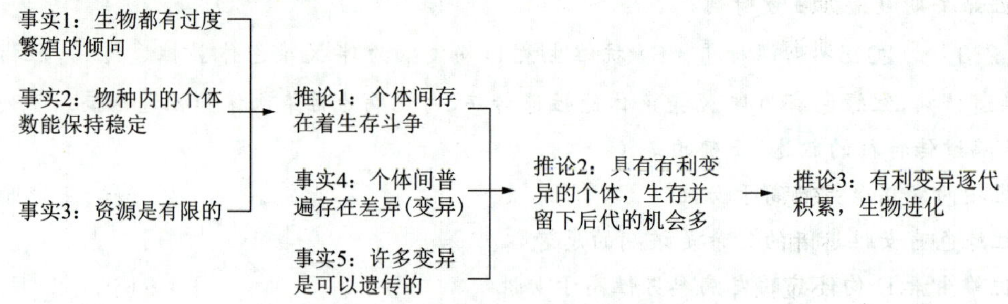

达尔文自然选择学说内容示意图

⑤用达尔文进化论解释长颈鹿脖子很长的原因。

达尔文认为长颈鹿的进化原因是:长颈鹿产生的后代超过环境承受能力(过度繁殖);它们都要吃树叶而树叶不够吃(生存斗争);它们有颈长和颈短的差异(遗传变异);颈长的能吃到树叶生存下来,颈短的却因吃不到树叶而最终饿死了(适者生存)。

(2)意义

①使生物学第一次摆脱了神学的束缚,走上了科学的轨道。

②科学地解释了生物进化的原因,以及生命现象的统一性、生物的多样性和适应性的原因。

(3)提出标志:《物种起源》一书的出版。

(4)局限性

①沿用了拉马克的用进废退和获得性遗传的观点,对遗传和变异的本质不能做出科学的解释。

②对生物进化的解释局限于个体水平。

③强调物种形成都是渐变的结果,不能很好地解释物种大爆发等现象。

(5)达尔文以后进化理论的发展

①遗传和变异的研究已经从性状水平深入基因水平。

②自然选择作用的研究已经从以生物个体为单位发展到以种群为基本单位。

思维火花
Siweihuohua

八、现代生物进化理论

1 种群是生物进化的基本单位

(1)基本概念

①种群:生活在一定区域的同种生物的全部个体。

②基因库:一个种群中全部个体所含有的全部基因。

③基因频率:在一个种群基因库中,某个基因占全部等位基因数的比率。

(2)生物进化的实质:种群基因频率的改变。基因频率的计算和遗传平衡定律是一个较难的点,这个点在模块五经典遗传学中已有详细表述,这里不再赘述。

2 突变和基因重组产生进化的原材料

(1)可遗传变异的来源:突变和基因重组,其中突变包括基因突变和染色体变异。

(2)生物突变的有利和有害不是绝对的,往往取决于生物的生存环境。

(3)生物的变异是不定向的,只是提供了生物进化的原材料,不能决定生物进化的方向。

3 自然选择决定生物进化的方向

(1)原因:不断淘汰不利变异的基因,积累有利变异的基因。

(2)结果:种群的基因频率发生定向改变。

(3)关于"定向"的描述辨析

①变异是不定向的,自然选择定向选择变异,使基因频率定向改变。

②变异发生在自然选择之前,而非自然选择导致了基因突变,即先有不同类型的基因突变,然后才有自然选择压力对不同的类型的基因进行选择,其中的有利基因保留而不利基因淘汰。当然,这里的"有利"和"有害"也是相对的。

③举例:农田喷施农药杀灭害虫,在喷施农药之前,害虫中就存在抗农药的突变个体,喷施农药仅杀灭了不抗药的个体,抗药的个体存活下来,农药不能使害虫产生抗药性变异,只是对抗药性个体进行了选择。常见的错误描述如下:杀虫剂诱发了害虫抗药基因的产生、环境导致了生物的定向突变。

4 隔离与物种的形成

(1)物种:能够在自然状态下相互交配并且产生可育后代的一群生物。

(2)隔离:基因不能自由交流的现象,分为地理隔离和生殖隔离。

①地理隔离:同一种生物由于地理上的障碍而分成不同的种群,使得种群间不能发生基因交流的现象。

②生殖隔离:不同物种间不能相互交配,或相互交配不能产生可育的后代;生殖隔离是判断是否属于不同物种的标准。

(3)物种形成的三个环节

①突变和基因重组产生进化的原材料。

②自然选择决定生物进化的方向。

③隔离导致新物种的形成。

经过长期的地理隔离而达到生殖隔离是物种形成比较常见的方式。

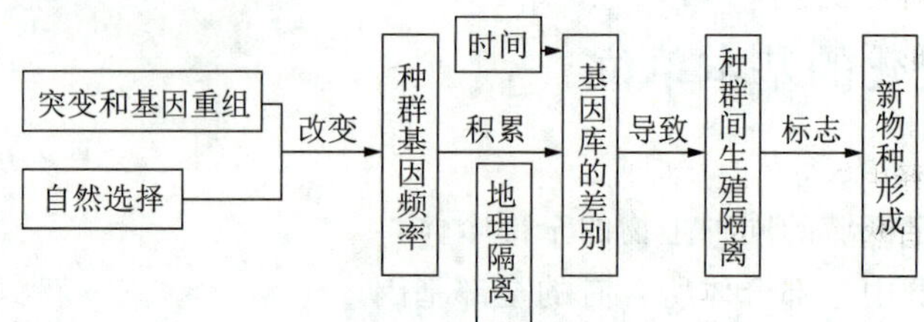

新物种形成示意图

(4)新物种形成的标志:出现生殖隔离。

(5)内容补充

①经过长期的地理隔离而达到生殖隔离是物种形成比较常见的方式;但物种的形成不一定都需要经过地理隔离,如多倍体的产生、植物细胞融合。

②基因频率改变是进化的标志,但不一定导致新物种的产生,比如伦敦桦尺蠖体色的进化;但新物种一旦形成,基因频率必然大幅改变,生物一定发生了进化。

5 共同进化与生物多样性的形成

(1)共同进化:不同物种之间、生物与无机环境之间在相互影响中不断进化和发展。

(2)生物多样性

①内容:基因多样性、物种多样性和生态系统多样性。

②形成原因:生物的进化。

6 其他生物进化理论

(1)中性突变理论:决定生物进化方向的是中性突变的逐渐积累,而不是自然选择。

(2)间断平衡学说:物种形成并不都是渐变的结果,而是种群长期稳定与迅速形成新种交替出现的过程。

7 总结

	达尔文自然选择学说	现代生物进化理论
基本观点	①遗传变异是自然选择的内因 ②过度繁殖为自然选择提供更多的选择材料,加剧了生存斗争 ③变异一般是不定向的,而自然选择是定向的,定向的自然选择决定着生物进化的方向 ④生存斗争是自然选择的方式,是生物进化的动力 ⑤适应是自然选择的结果 ⑥自然选择是一个长期、缓慢、连续的过程	①种群是生物进化的基本单位,生物进化的实质在于种群基因频率的改变 ②突变和基因重组、自然选择及隔离是物种形成过程的三个基本环节 ③突变和基因重组产生进化的原材料 ④自然选择使种群的基因频率定向改变并决定生物进化的方向 ⑤隔离是新物种形成的必要条件

思维火花 Siweihuohua

续表

	达尔文自然选择学说	现代生物进化理论
不同点	①没有阐明遗传变异的本质以及自然选择的作用机理 ②着重研究生物个体进化 ③认为物种形成是微小有利变异积累的结果，没有认识到隔离的作用	①从分子水平上阐明了自然选择对遗传变异的作用机理 ②强调群体进化，认为种群是生物进化的基本单位 ③隔离是物种形成的必要条件
共同点	①都能解释生物进化的原因和生物的多样性、适应性 ②都认为自然选择决定生物进化的方向	

真题真练

例 232 （2018·浙江 11 月选考·9）人体中的每一块骨骼，在大猩猩、黑猩猩和长臂猿体中都有，只是大小比例有所不同。造成生物结构统一性的主要原因是（　　）

A. 共同祖先遗传　　B. 环境变化

C. 长期人工选择　　D. 生物变异

例 233 （2020·浙江 7 月选考·13）下列关于遗传漂变和自然选择的叙述，正确的是（　　）

A. 遗传漂变在大种群中更易发生

B. 遗传漂变能产生新的可遗传变异

C. 遗传漂变和自然选择不都是进化的因素

D. 遗传漂变和自然选择均可打破遗传平衡

例 234 （2013·江苏·12）如图为四个物种的进化关系树（图中百分数表示各物种与人类的 DNA 相似度）。DNA 碱基进化速率按 1%/百万年计算。下列相关论述合理的是（　　）

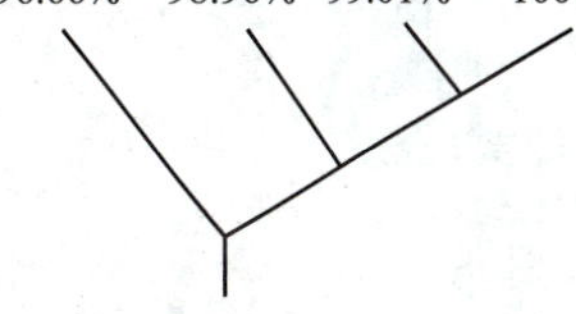

A. 四个物种都由共同祖先通过基因突变而形成

B. 生殖隔离是物种朝不同方向发展的决定性因素

C. 人类与黑猩猩的 DNA 差异经历了约 99 万年的累积

D. 大猩猩和人类的亲缘关系与大猩猩和非洲猴的亲缘关系的远近相同

例 235 （2016·江苏·12）如图是某昆虫基因 pen 突变产生抗药性示意图。下列相关叙述正确的是（　　）

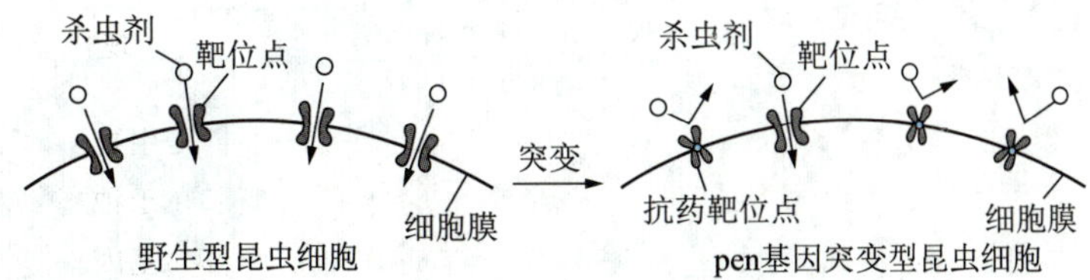

A. 杀虫剂与靶位点结合形成抗药靶位点

B. 基因 pen 的自然突变是定向的

C. 基因 pen 的突变为昆虫进化提供了原材料

D. 野生型昆虫和 pen 基因突变型昆虫之间存在生殖隔离

例 236 （2017·浙江 4 月选考·17）经调查发现，某地区青菜虫种群的抗药性不断增强，

思维火花 Siweihuohua

其原因是连续多年对青菜虫使用农药。下列叙述正确的是 ( )

A. 使用农药导致青菜虫发生抗药性变异

B. 青菜虫抗药性的增强是人工选择的结果

C. 通过选择导致青菜虫抗药性不断积累

D. 环境是造成青菜虫抗药性不断增强的动力

例 237 (2013·北京·4) 安第斯山区有数十种蝙蝠以花蜜为食。其中,长舌蝠的舌长为体长的 1.5 倍。只有这种蝙蝠能从长筒花狭长的花冠筒底部取食花蜜,且为该植物的唯一传粉者。由此无法推断出 ( )

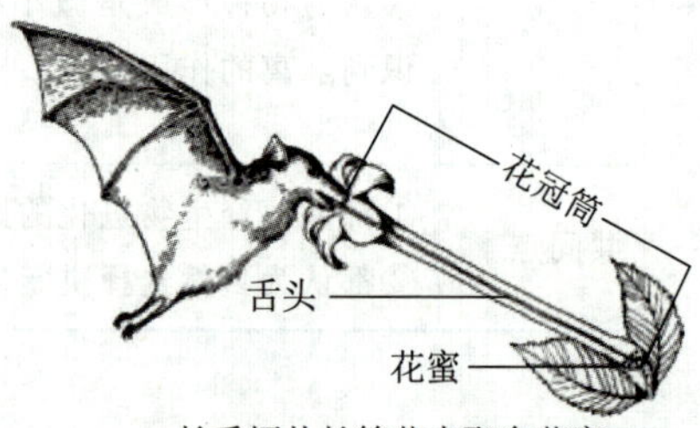

长舌蝠从长筒花中取食花蜜

A. 长舌有助于长舌蝠避开与其他蝙蝠的竞争

B. 长筒花可以在没有长舌蝠的地方繁衍后代

C. 长筒花狭长的花冠筒是自然选择的结果

D. 长舌蝠和长筒花相互适应,共同(协同)进化

the END

模块八

内环境的稳态和调节

核心概要

1. 人体的内环境与稳态
2. 神经调节
3. 体液调节
4. 四大调节模型
5. 免疫调节

德叔寄语

高三拼一年，为了自己、为了你热爱的一切。

李林

内容导读

致同学：

这个模块的本质是生物学的分支学科——生理学，对生物的研究水平从分子水平进入个体水平，知识内容为生理学相关知识，包括人体内环境的概念、内环境稳态及其调节方式，主要内容是三大调节方式：神经调节、体液调节、免疫调节及四个调节实例：甲状腺激素的分级和反馈调节、血糖平衡、体温平衡和水盐平衡的调节，从知识特点上看，难度似乎不大，主要是生理过程的描述，但实际上靠死记硬背是掌握不了实质的，而且容易遗忘，真正的掌握需要理解知识的内涵和关系，例如水肿的本质、平衡的核心等。从命题上看，老高考喜欢考查基础的生理过程的知识，通常难度不大，但是就较新的考试题目来看，新生理过程的信息获取，以及一些复杂实验的分析也常常出现，这些题目的难度就明显加大了，需要深入理解基础知识，理解题目信息，构建题目逻辑，从而准确解题。

知识详解

思维火花 Siweihuohua

一、内环境及其稳态

1 体液

(1)概念:人体内大量以水为基础的液体,统称为体液。

(2)分类

①细胞内液:存在于细胞内,约占2/3,包括细胞质基质、线粒体基质、核液等,是细胞代谢的场所。

②细胞外液:存在于细胞外,约占1/3,主要包括血浆、组织液和淋巴等。

a. 血浆:是血液的液体成分,血细胞悬浮于其中。可通过血液加入抗凝剂柠檬酸钠离心后制备,血浆是血细胞的直接生活环境。

b. 组织液:存在于组织细胞间隙的液体;又叫细胞间隙液。组织液是体内绝大多数细胞直接生活的环境,绝大多数组织的细胞都浸浴在组织液中,与组织液进行物质交换,包括提供营养物质、接受代谢产物。

c. 淋巴液:淋巴液是淋巴管内的液体。淋巴系统像遍布全身的血液循环系统一样,也是一个网状的液体系统,淋巴系统和循环系统的主要区别在于淋巴管不是连通的,而是一端为盲端的单向管道,这是淋巴管和血管的主要区别。淋巴内含有大量的淋巴细胞等细胞,这些细胞的直接生活环境就是淋巴液。

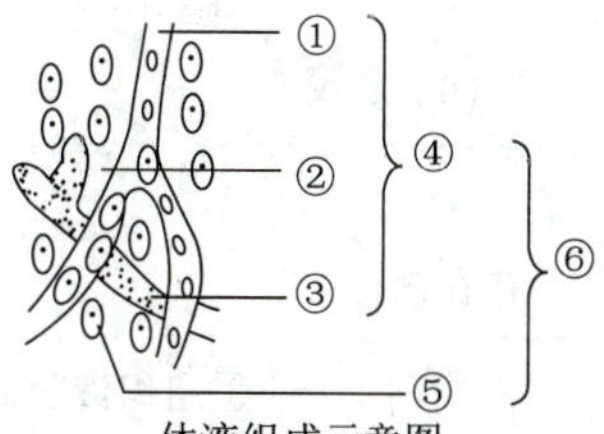

体液组成示意图

①血浆(血管相通);②组织液;③淋巴(有盲端);④细胞外液;⑤细胞内液;⑥体液

2 组成转化

(1)概念:血浆、组织液和淋巴液三种细胞外液通过动态的有机联系,共同构成机体内细胞生活的直接环境。为了区别于个体生活的外界环境,人们把这个由细胞外液构成的液体环境叫做内环境。内环境属于多细胞动物的一个概念,单细胞动物以及植物没有所谓的内环境。

(2)成分

①血浆的成分:含量约90%水,约7%~9%蛋白质,约1%无机盐。还包括血液运送的物质,如各种营养物质、代谢废物、气体、激素等。

②组织液、淋巴液的成分:二者的成分和含量与血浆相近,最主要差别是血浆中蛋白质含量较高,组织液和淋巴液中的蛋白质较少。

③尽管细胞外液中,血浆的蛋白质含量高于组织液和淋巴,但细胞内液蛋白质含量远高于血浆。所以蛋白质含量比较为细胞内液>血浆>组织液或淋巴液。

(3)相互关系

①血浆沿动脉流入毛细血管的动脉端,其中的很多物质,包括水,可以透过毛细血管壁进入组织液。

②组织液中的很多物质也可以通过毛细血管的静脉端吸收,进入血浆;还有少部分组织液可以被毛细淋巴管吸收,进入淋巴管,成为淋巴液。进入淋巴管的液体与进入血管的液体比例为1∶9。

思维火花 Siweihuohua

③淋巴管不是连通的，而是一端为盲端的单向管道，淋巴管中的淋巴液由左右锁骨下静脉汇入血浆中，进入心脏，参与全身的血液循环。

④血浆、组织液、淋巴液存在如图所示的转化关系。

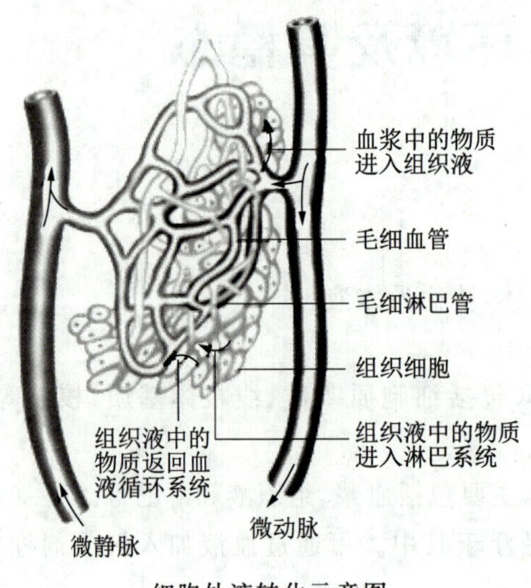

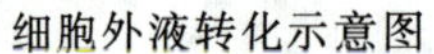
细胞外液转化示意图

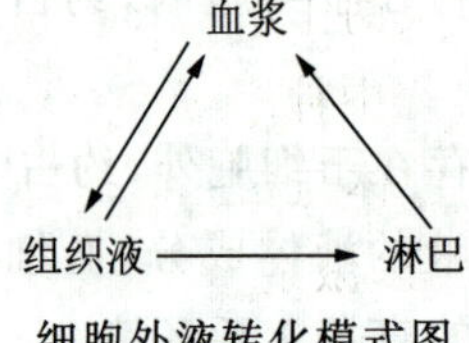

细胞外液转化模式图

(4)比较

	血浆	组织液	淋巴液
存在部位	血管	组织细胞间隙	淋巴管
成分来源	①组织液静脉端转化 ②淋巴由左右锁骨下静脉汇入 ③从消化道吸收	①血浆动脉端透出 ②组织细胞代谢产生	①组织液渗入毛细淋巴管 ②由消化道吸收
化学成分	含有水、无机盐、蛋白质等，血浆中蛋白质含量较高，而组织液和淋巴中蛋白质含量很少		
三者之间的转化关系	血浆 ⇌（毛细血管）组织液 →（毛细淋巴管）淋巴 →（左右锁骨下静脉）血浆		

3 考点总结

(1)不同细胞生活的具体内环境

细胞名称	所生活的内环境
组织细胞(如肝细胞)	组织液
血细胞	血浆
毛细血管壁细胞	血浆、组织液
毛细淋巴管壁细胞	淋巴、组织液
淋巴细胞和吞噬细胞	淋巴、血浆

(2)属于内环境的成分,以及内环境可以发生的反应

①内环境的成分

a. 营养成分:水、无机盐、葡萄糖、氨基酸、脂肪酸、甘油、O_2 等。

b. 调节成分:激素、维生素、抗体、组织胺、神经递质等。

c. 代谢废物:尿素、CO_2 等。

d. 其他物质:血浆蛋白等。

②不存在的物质

a. 只存在于细胞中的物质:血红蛋白及与细胞呼吸、DNA 复制、转录、翻译有关的酶等。

b. 一切与外界相通的管腔、囊腔如呼吸道、消化道、膀胱、子宫等及与外界相通的液体如尿液、泪液、汗液、消化液等,不属于内环境。

③在内环境中发生的生理过程

a. 乳酸与碳酸氢钠作用生成乳酸钠和碳酸实现血浆 pH 的稳态。

b. 兴奋传导过程中神经递质与受体结合发生在组织液中。

c. 免疫过程中抗体与相应的抗原特异性地结合发生在血浆中。

d. 激素调节过程,激素与靶细胞的结合发生在组织液中。

④不在内环境中发生的生理过程

a. 细胞呼吸的各阶段反应发生在细胞内。

b. 蛋白质、递质和激素等物质的合成发生在细胞内。

c. 淀粉、脂质和蛋白质的消化水解过程发生在消化道。

(3)细胞外液的判断:有两种模式图,如图所示。

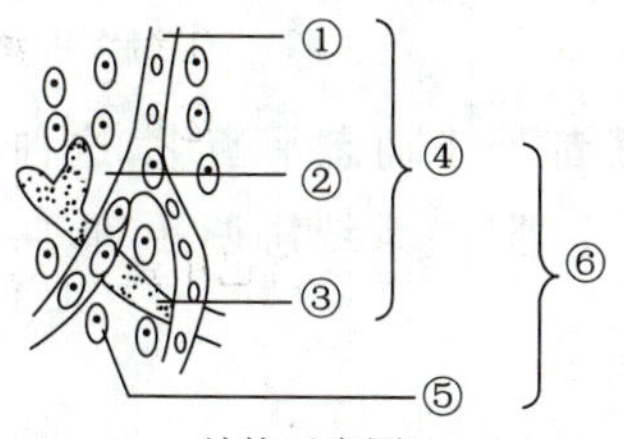

结构示意图

判断技巧:③有盲端的是淋巴管,①无盲端的是血管

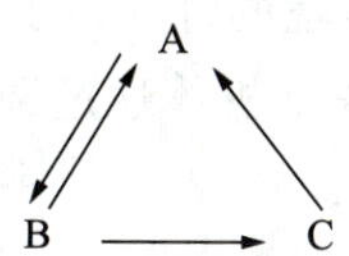

转化示意图

判断技巧:双箭头应是血浆和组织液相互转化故C是淋巴,来自B组织液,可转化为A血浆

4 作用

(1)功能:内环境是细胞与外界环境进行物质交换的媒介。

(2)过程:新陈代谢的场所在细胞内,体内细胞直接与内环境进行物质交换,内环境通过循环系统、呼吸系统、消化系统、泌尿系统,以及皮肤与外界环境进行物质交换。

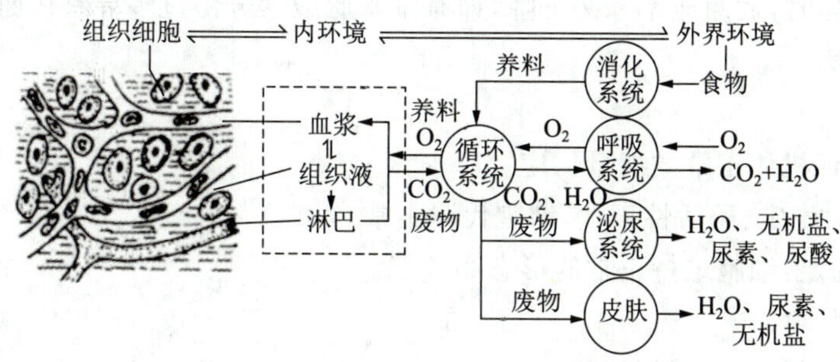

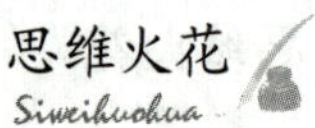

5 理化性质

(1)**渗透压**:渗透压主要和溶质浓度有关,细胞外液主要依靠的离子是 Na^+ 和 Cl^-,细胞内液主要依靠的离子是 K^+。血浆渗透压除和无机盐有关之外,与蛋白质的含量也有关。正常人血浆渗透压约为 770 kPa,凡是和此渗透压近似的溶液称为等渗溶液,如生理盐水。

(2)**酸碱度**:正常人血浆近中性,pH 为 7.35~7.45,人体 pH 通过体液中的酸碱缓冲体系,如 H_2CO_3/HCO_3^-、$H_2PO_4^-/HPO_4^{2-}$,原理如图所示。

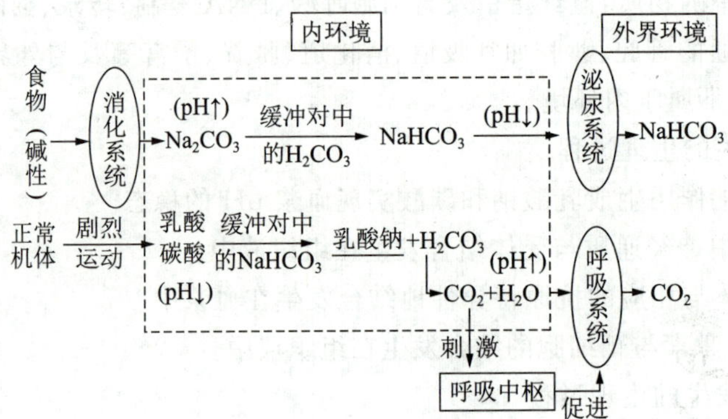

酸碱缓冲对作用原理

(3)**温度**:人体细胞外液的温度一般维持在 37 ℃左右,保持相对稳定,其作用原理将在体温平衡内容中详细说明。

6 稳态及意义

(1)**概念**:健康人的内环境的每一种成分和理化性质都处于动态平衡中,这种动态平衡是通过机体的调节作用实现的。正常机体通过调节作用,使各个器官、系统协调活动,共同维持内环境的相对稳定状态就是稳态。

(2)**内涵**

①成分的相对稳定,如血糖、水分。

②理化性质的相对稳定。

(3)**稳态的调节机制**:神经—体液—免疫调节网络。

(4)**稳态调节的特点**:人体维持稳态的调节能力是有一定限度的。当外界环境的变化过于剧烈,或人体自身的调节功能出现障碍时,内环境的稳态就会遭到破坏。

(5)**生理意义**:内环境稳态是机体进行正常生命活动的必要条件,内环境稳态被破坏,细胞代谢将出现紊乱。内环境达到稳态时,人也可能得病,如遗传病患者因遗传导致疾病,但内环境相对稳定;内环境稳态遭破坏时,代谢速率未必下降,如有甲状腺激素分泌过多导致代谢速率上升。

(6)**稳态功能举例**

①正常功能举例

a. 血糖正常:保证机体正常的能量供应。

b. 温度、pH 相对稳定:酶活性正常,细胞代谢正常。

c. 渗透压相对稳定:细胞维持正常的形态和功能。

②稳态失调举例

a. 血糖平衡失调:低血糖、糖尿病等。

b. pH 失调:酸中毒、碱中毒等。

c. 渗透压失调：细胞形态、功能异常。

d. 温度失调：发热、中暑等。

思维火花 Siweihuohua

7 知识拓展

(1)**组织水肿的原因**：导致水肿的直接原因是组织液增多，导致组织液增多的原因本质是渗透压改变，组织液渗透压相对升高，常见有如下几种情况。

①过敏反应导致毛细血管壁通透性增强，血浆蛋白进入组织液。

②营养不良，摄入蛋白质不足，导致血浆蛋白含量降低，血浆渗透压降低，从而导致血浆中的水分大量进入组织液造成水肿。

③毛细淋巴管阻塞，组织液中蛋白质等不能渗入毛细淋巴管而使组织液浓度升高，吸水造成水肿。

④局部组织细胞代谢旺盛，导致代谢产物增加，引起组织液浓度升高，吸水造成水肿。

⑤肾炎使血浆蛋白随尿液排出体外，血浆浓度降低，水分大量进入组织液，造成水肿。

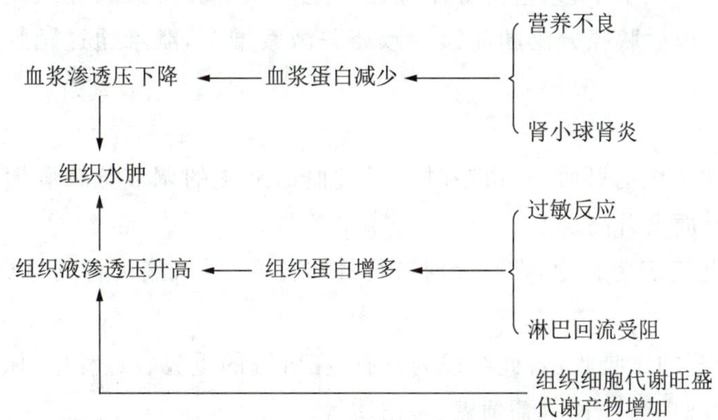

水肿的原因虽然多，但本质都是组织液的渗透压相对升高

(2)**跨膜层数**：葡萄糖和氧气进入内环境并最终被组织细胞吸收利用的途径如图所示。

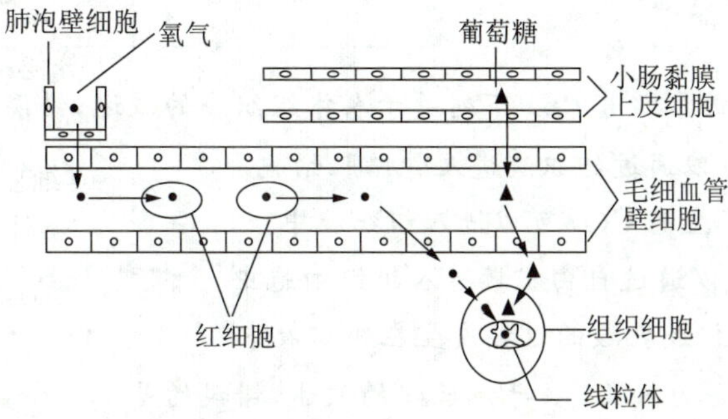

穿膜图示：含圆点的方形表示细胞及其中的细胞核，穿过一层细胞需穿过两次细胞膜

①氧气穿膜层数：氧气从呼吸系统进入肺泡开始，最终被组织细胞的线粒体利用，按图中箭头方向，分别需要穿过的膜为肺泡壁细胞两层细胞膜→毛细血管壁细胞两层细胞膜→红细胞进出各一层膜→毛细血管壁细胞两层细胞膜→进入组织细胞一层细胞膜→进入线粒体内部两层线粒体膜，共 11 层膜。

②葡萄糖穿膜层数：葡萄糖从消化系统小肠上皮细胞被吸收，最终被细胞质基质分解为丙酮酸，按图中箭头方向，分别需要穿过的膜为小肠粘膜上皮细胞两层细胞膜→进入血管毛细血管壁细胞两层细胞膜→出血管毛细血管壁细胞两层细胞膜→进入组织细胞一层细胞膜，共 7 层膜。

③核心点在于辨析“穿过一层细胞(两层膜)”和“穿过一层细胞膜(一层膜)”。

思维火花 Siweihuohua

(3)物质浓度问题:细胞代谢中会消耗营养物质、产生代谢废物,并可能有分泌激素、糖原合成分解问题,总结如下。

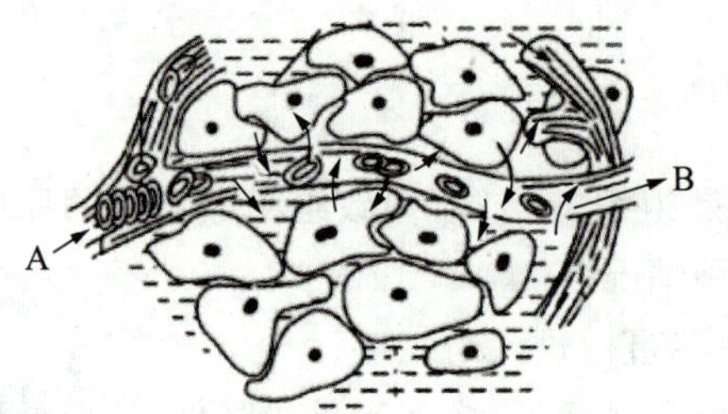

物质浓度图示:左图表示血浆沿毛细血管从 A 端流向 B 端,为组织细胞运输营养物质并排出代谢废物。

①正常组织

a. 营养物质:经过组织细胞时,通过组织细胞的吸收,使血浆的营养物质减少,如氧气、葡萄糖等。

b. 代谢废物:经过组织细胞时,组织细胞排出代谢废物,导致代谢废物增多,如二氧化碳、尿素、尿酸等。

c. 激素分泌:在体液调节中,某些内分泌腺在一定情况下分泌激素导致激素增多,如寒冷时甲状腺分泌甲状腺激素、饭后胰腺分泌胰岛素导致相关激素增多,激素通过靶腺时,发挥作用被灭活而减少。

②功能组织

a. 血糖调节:若此组织为肝脏,在饥饿时会通过血糖平衡的调节分解肝糖原分泌胰岛素,导致血糖不仅不会降低,反而会升高。

b. 气体平衡:若此组织为肺泡,在呼吸时进行气体交换,对血液进行气体更新,此时 O_2 增加和 CO_2 减少。

c. 肾小管和集合管的重吸收:若此组织为肾脏,在肾脏的重吸收过程中,尿液中营养物质减少,血浆中营养物质增多,如 Na^+、K^+、葡萄糖、蛋白质等。

d. O_2 和 CO_2 等小分子是自由扩散的,自由扩散顺浓度梯度,因此在跨膜层数问题中,O_2 和 CO_2 浓度最高的部位分别在肺泡和组织细胞。

真题真练

例 238 (2019·新课标Ⅲ·5)下列关于人体组织液的叙述,错误的是 ( )

A. 血浆中的葡萄糖可以通过组织液进入骨骼肌细胞

B. 肝细胞呼吸代谢产生的 CO_2 可以进入组织液中

C. 组织液中的 O_2 可以通过自由扩散进入组织细胞中

D. 运动时,丙酮酸转化成乳酸的过程发生在组织液中

例 239 (2013·海南·20)关于淋巴液的叙述,错误的是 ( )

A. 淋巴液属于细胞外液

B. 淋巴液和血浆中都有淋巴细胞

C. 淋巴液最终汇入血浆参与血液循环

D. 淋巴液中的蛋白质含量高于血浆中的

例 240 (2014·新课标Ⅱ·3)关于正常情况下组织液生成与回流的叙述,错误的是 ( )

A. 生成与回流的组织液中氧气的含量相等

B. 组织液不断生成与回流,并保持动态平衡

C. 血浆中的有些物质经毛细血管动脉端进入组织液

D. 组织液中的有些物质经毛细血管静脉端进入血液

例 241 (2015·海南·18)人体中血浆、组织液和淋巴等构成了细胞赖以生存的内环境。下列叙述错误的是 ( )

思维火花 Siweihuohua

A. 血浆和组织液都有运输激素的作用
B. 血浆和淋巴都是免疫细胞的生存环境
C. 血红蛋白主要存在于血浆和组织液中
D. 组织液中的蛋白质浓度低于血浆中的蛋白质浓度

例 242 (2013·海南·17)下列物质中,在正常情况下不应该出现在人体内环境中的是 ( )

A. 抗体 B. 糖原 C. 胰岛素 D. 氨基酸

例 243 (2018·海南·9)下列属于内环境的是 ( )

A. 淋巴管内的液体 B. 输尿管内的液体
C. 汗腺导管内的液体 D. 消化管内的液体

例 244 (2011·江苏·9)下列关于人体内环境的叙述,错误的是 ( )

A. 抗原与抗体的特异性结合发生在内环境中 B. 内环境成分中含有CO_2、尿素、神经递质等
C. 组织液渗回血浆和渗入淋巴的量相差较大 D. 只要血浆的成分稳定时,机体达到稳态

例 245 (2012·江苏·3)下列关于人体内环境稳态失调的叙述,错误的是 ( )

A. 淋巴管阻塞引起下肢水肿 B. 血液中钙盐过多引起肌无力
C. 再次接触同种过敏原引起过敏反应 D. 腹泻引起体液中水和蛋白质大量丢失

例 246 (2015·新课标Ⅰ·3)某同学给健康实验兔静脉滴注 0.9% NaCl 溶液(生理盐水)20 mL 后,会出现的现象是 ( )

A. 输入的溶液会从血浆进入组织液
B. 细胞内液和细胞外液分别增加 10 mL
C. 细胞内液 Na^+ 的增加远大于细胞外液 Na^+ 的增加
D. 输入的 Na^+ 中 50%进入细胞内液,50%分布在细胞外液

例 247 (2015·四川·5)人体感染链球菌等细菌后可致急性肾小球肾炎,患者体内存在抗原—抗体复合物,并出现蛋白尿。下列叙述正确的是 ( )

A. 用双缩脲试剂检测蛋白尿,需水浴加热方可呈现出紫色
B. 患者血浆蛋白减少使血浆渗透压升高,可出现组织水肿
C. 链球菌的抗原由核糖体合成并经高尔基体运输至细胞膜
D. 内环境中形成的抗原—抗体复合物可被吞噬细胞吞噬消化

例 248 (2014·海南·27)根据内环境及其稳态的知识,回答下列问题:

(1)某奶牛场为提高产奶量,给奶牛饲喂了大量的某种精饲料后,奶牛瘤胃发酵产酸过多,引起机体血液 pH 低于正常值,且难以恢复到正常水平。产酸过多使 pH 难以恢复的原因是____________________________________。pH 低于正常值会引起酸中毒,为了避免这一问题,可以在饲料中添加起________作用的物质,以利于奶牛内环境的 pH 维持在正常水平。机体的内环境是指____________________,主要包括血浆、________、________。

(2)环境的剧烈变化或惊吓会导致奶牛机体内某些激素水平的变化,从而使产奶量下降,在这个过程中机体的调节方式包括________________调节。

例 249 (2011·海南·27)原尿中葡萄糖、氨基酸等物质的浓度与血浆中的基本相同。原尿经肾小管上皮细胞的选择性重吸收和分泌作用后形成尿液。正常情况下尿液中不含葡萄糖。肾小管上皮细胞中的葡萄糖通过被动运输的方式进入组织液。如图为肾小

思维火花 Siweihuohua

管及相关结构示意图。

回答问题：

(1)肾小管上皮细胞中的葡萄糖浓度________(填“高于”“低于”或“等于”)组织液中的。

(2)原尿中的葡萄糖进入肾小管上皮细胞的运输方式是________，需要______________的参与。

(3)肾小管上皮细胞重吸收水分的原理是________，原尿中葡萄糖未能被完全重吸收从而导致尿量增加的原因是____。

二、通过神经系统的调节

1 结构基础

(1)反射的结构基础

①神经系统的组成

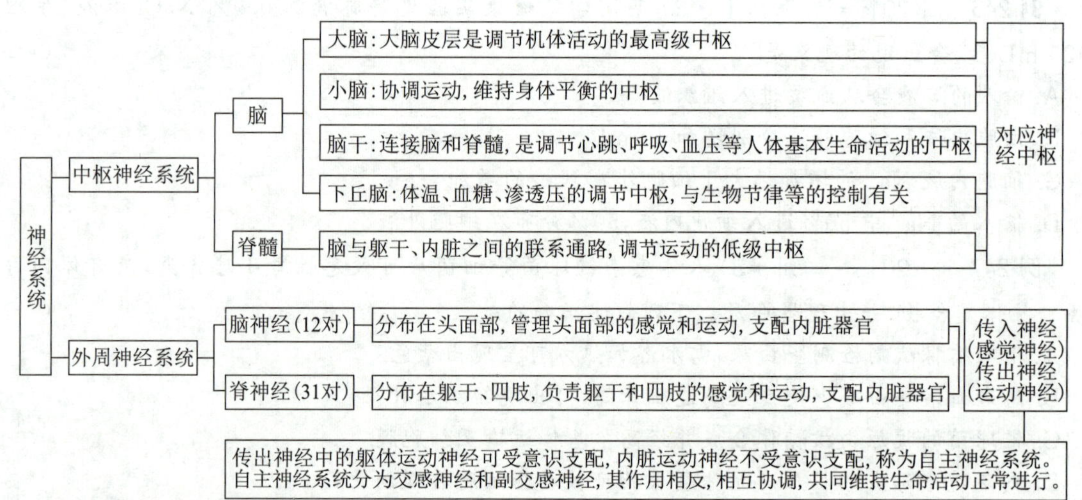

②构成神经系统的细胞

a. 神经元：神经元是神经系统结构和功能的基本单位，由细胞体、树突和轴突构成。其中轴突呈纤维状，外表套有髓鞘，构成神经纤维。许多神经纤维集结成束，外面包有一层包膜，构成一条神经。

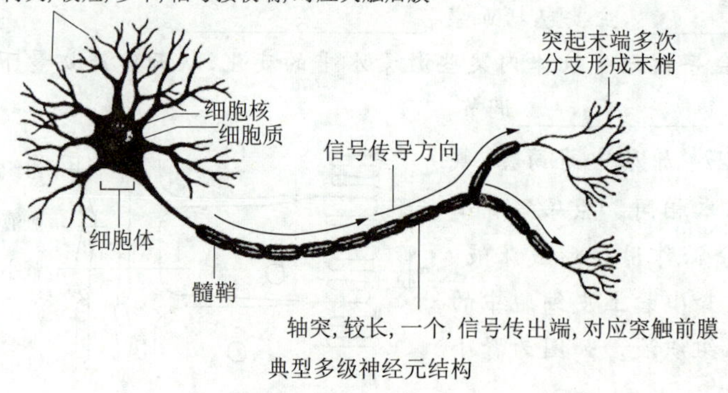

典型多级神经元结构

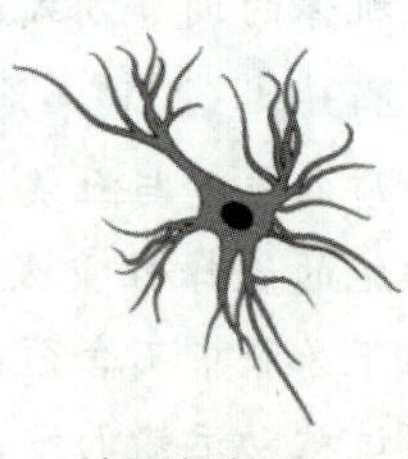

神经胶质细胞

思维火花 Siweihuohua

多极神经元　　双极神经元

假单极神经元

根据神经细胞的形态，可以分为三种，其中多级神经元是最常见的神经元。

b. 神经胶质细胞：广泛分布于神经元之间，数量是神经元的 10～50 倍，是对神经元起辅助作用的细胞，具有支持、保护、营养和修复神经元等多种功能。

(2)反射的概念和过程

①概念：在中枢神经系统参与下，动物体或人体对内外环境刺激所产生的规律性应答反应，反射是神经调节的基本方式。

②兴奋：指动物体或人体内的某些组织或细胞感受外界刺激后，由相对静止状态变为显著活跃状态的过程，显著活跃状态包括电信号和神经递质释放的化学信号两种形式。

③结构基础：反射弧。

④反射弧的结构及功能

兴奋传导	对应结构	功能	结构破坏对功能的影响
感受器	感觉神经元轴突末梢的特殊结构	将内外界刺激的信息转变为神经的兴奋	既无感觉又无效应
↓传入神经	感觉神经元	将兴奋由感受器传入神经中枢	既无感觉又无效应
↓神经中枢	调节某一特定生理功能的神经元	对传入的兴奋进行分析与综合	既无感觉又无效应
↓传出神经	运动神经元	将兴奋由神经中枢传至效应器	只有感觉无效应
↓效应器	传出神经末梢和它所支配的肌肉或腺体	对内外界刺激做出相应的反应和活动	只有感觉无效应
联系	如果一个动作或者生理过程的完成是在反射弧的五部分结构参与下完成的，那么该过程才叫反射，没有反射弧的完整性就没有反射，但是完成一项生理过程或者具体的动作不一定是反射，比如刺激膝跳反射的传出神经，可以引起相同的效应		
模式图	传入神经 感受器 神经中枢 效应器 传出神经		
说明	神经中枢和传出神经是正常多极神经元，具有多个短树突和一个长轴突，细胞体在神经细胞一端；但传入神经较为特殊，从图中可看出其有两根长的突起，细胞体即神经节在细胞中间位置，原因是其树突特化形成一根长树突，和轴突一起形成两个长突起，构成假单极神经元，这是传入神经元特有的结构，也是判断传入神经的一个方法		

(3)经典反射弧图示

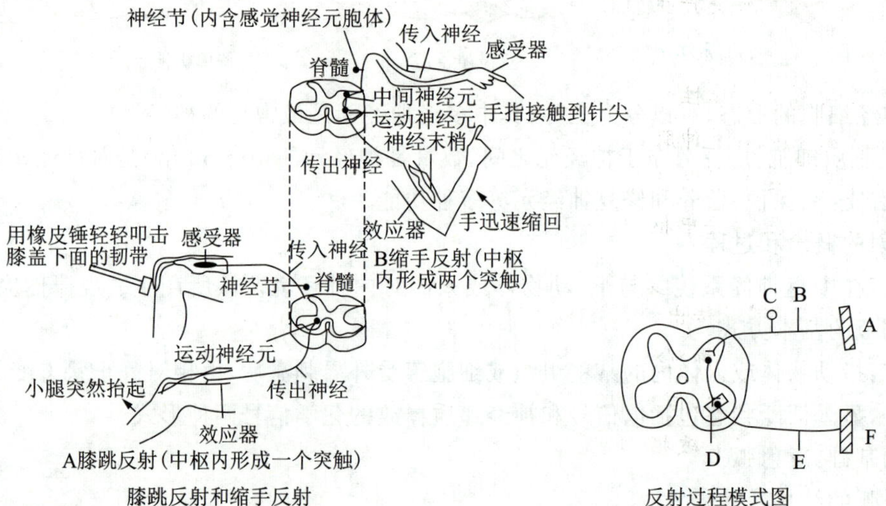

膝跳反射和缩手反射　　反射过程模式图

兴奋除在反射弧中传导,还可以传至大脑皮层,从而产生相关感觉。

(4)反射弧中传入神经和传出神经的判断:以(3)中反射过程模式图为例

①根据是否具有神经节判断:有神经节(C)的是传入神经(B)。

②根据突触结构判断:图示中与"—<"相连的为传入神经(B),与"•—"相连的为传出神经(E)。

③根据脊髓结构判断:脊髓上较大一侧称前角,较小一侧称后角,后角为感觉神经元对应的传入神经;前角为运动神经元对应的传出神经。

④切断实验法:若切断某一神经,刺激外周段,即远离中枢的位置,肌肉不收缩,而刺激向中段,即靠近中枢的位置,肌肉收缩,则切断的为传入神经,反之则为传出神经。

(5)分类:条件反射和非条件反射。

①非条件反射:是机体固有的,即出生后便存在的一系列反射。如婴儿的吮吸反射、膝跳反射、缩手反射等。

②条件反射:是机体在生活过程中,在一定条件下形成的,是后天经过学习而产生的。

③非条件反射和条件反射比较

比较项目		非条件反射	条件反射
区别	形成过程	先天具有的	后天形成的
	刺激	非条件刺激	条件刺激
	神经联系	永久性的	暂时性的
	神经中枢	大脑皮层以下中枢,如脑干、脊髓	大脑皮层
联系		条件反射是在非条件反射的基础上建立的,没有非条件反射,就没有条件反射	

真题真练

例 250 (2017·浙江11月选考·18)运动神经元的结构示意图如图所示。下列叙述正确的是 ( )

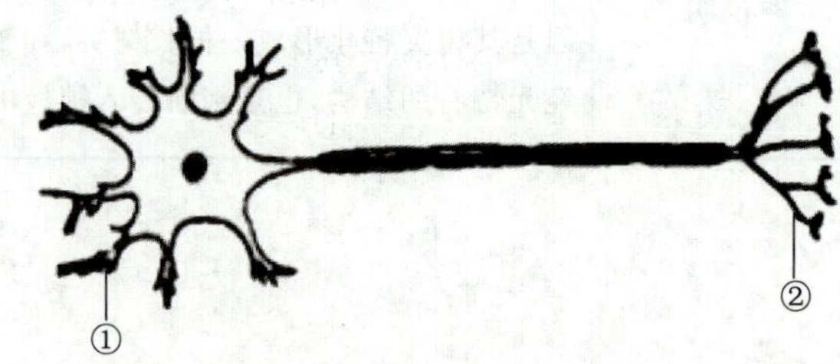

A. 图中①、②属于神经末梢

B. 该神经元有多个轴突和多个树突

思维火花 Siweihuohua

C. 该神经元位于膝反射的反射中枢

D. 刺激该神经元轴突产生的负电波沿神经纤维传播

例 251 (2019·浙江4月选考·19)下列关于人体反射活动的叙述,错误的是 ( )

A. 反射活动具有规律性

B. 膝反射的效应器是伸肌中的肌梭

C. 神经元受到适宜刺激后会产生神经冲动

D. 反射活动一定需要中枢神经系统的参与

例 252 (2018·浙江4月选考·20)下列关于人体膝反射的叙述,错误的是 ( )

A. 若脊髓受损,刺激传出神经后伸肌也会收缩

B. 刺激传入神经元,抑制性中间神经元不会兴奋

C. 膝反射的反射弧中,传出神经元的胞体位于脊髓中

D. 若膝盖下方的皮肤破损,刺激肌梭后也能发生膝反射

例 253 (2019·海南·15)下列与反射弧有关的叙述,错误的是 ( )

A. 效应器的活动包括腺体分泌和肌肉收缩

B. 效应器的结构受到损伤会影响反射活动的完成

C. 突触后膜上有能与神经递质特异性结合的受体

D. 同一反射弧中感受器的兴奋与效应器的反应同时发生

例 254 (2020·江苏·13)如图为部分神经兴奋传导通路示意图,相关叙述正确的是 ( )

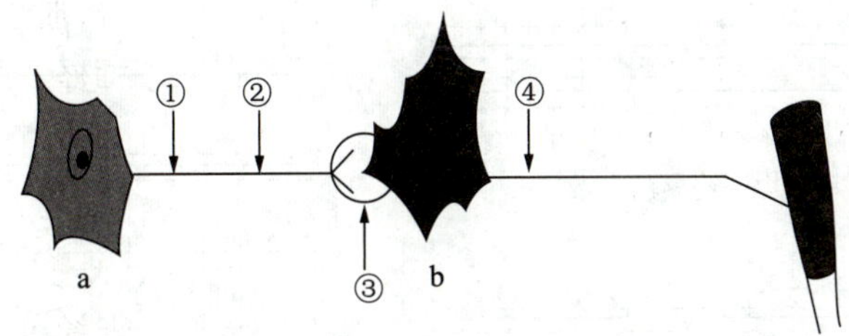

A. ①、②或④处必须受到足够强度的刺激才能产生兴奋

B. ①处产生的兴奋可传导到②和④处,且电位大小相等

C. 通过结构③,兴奋可以从细胞 a 传递到细胞 b,也能从细胞 b 传递到细胞 a

D. 细胞外液的变化可以影响①处兴奋的产生,但不影响③处兴奋的传递

例 255 (2010·安徽·30)(1)将3根离体神经纤维(枪乌贼的巨轴突)分别放置于盛有海水(A)、等渗 KCl 溶液(B)、等渗葡萄糖溶液(C)3个培养皿中。若都给予适宜的刺激,________(填 A、B、C 编号)培养皿中的神经纤维可以产生神经冲动,原因是________________。

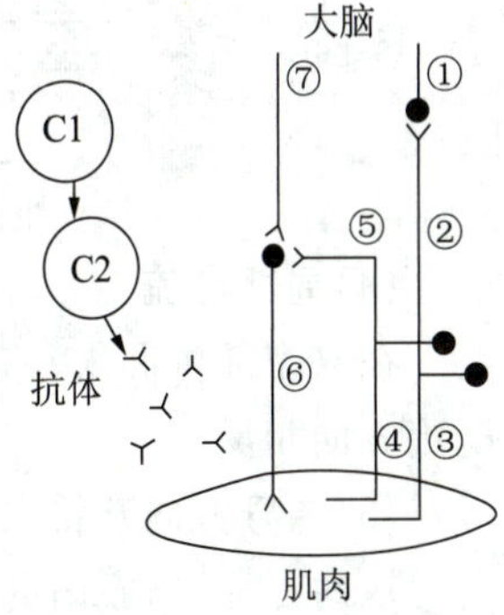

(2)右图为神经—肌肉连接示意图。C1、C2 表示免疫细胞,黑点(●)表示神经元胞体,①～⑦表示神经纤维。按图示,肌肉受到刺激不由自主地收缩,神经冲动在神经纤维上出现的顺序依次为________(填①～⑦编号)。大脑感觉到肌肉受到刺激,其信号(神经冲动)在神经纤维上出现的顺序依次为________(填①～⑦编号)。

2 兴奋的传导

(1)传导形式:电信号。

(2)传导过程

	膜电位表现	产生原因	图示
静息电位	内负外正	K^+外流	++ + ++ ++ + − − − − − − − − − − − − − ++ +++ − − − − − − − − ++ +++ ++ + ++ ++ + − − − − −
动作电位	内正外负	Na^+内流	

(3)电位形成原理

①浓度差的形成:钠钾泵是一种消耗 ATP,并可以将三个 Na^+ 送出细胞,同时将两个 K^+ 送进细胞的膜蛋白。钠钾泵使 K^+ 浓度内>外、Na^+ 浓度内<外,通过主动运输形成浓度差,为电位形成做准备。

②静息电位的形成:静息时细胞膜上 K^+ 通道打开,只对 K^+ 有相对较高的通透性,导致 K^+ 外流,形成内负外正的静息电位,此时不消耗 ATP,运输方式为协助扩散。

③动作电位的形成:受刺激时 Na^+ 通道打开,细胞膜对 Na^+ 通透性增加,导致 Na^+ 内流,形成内正外负的动作电位,此时同样不消耗 ATP,运输方式为协助扩散。

④电位形成中的能量消耗问题:钠钾泵对离子的运输需要消耗能量进行逆浓度梯度运输,使细胞内外形成 K^+ 和 Na^+ 的浓度差。形成静息电位时,K^+ 顺浓度梯度外流,不消耗能量;形成动作电位时,Na^+ 顺浓度内流,不消耗能量。这时通过钠钾泵恢复浓度梯度,再次消耗能量,形成浓度差。

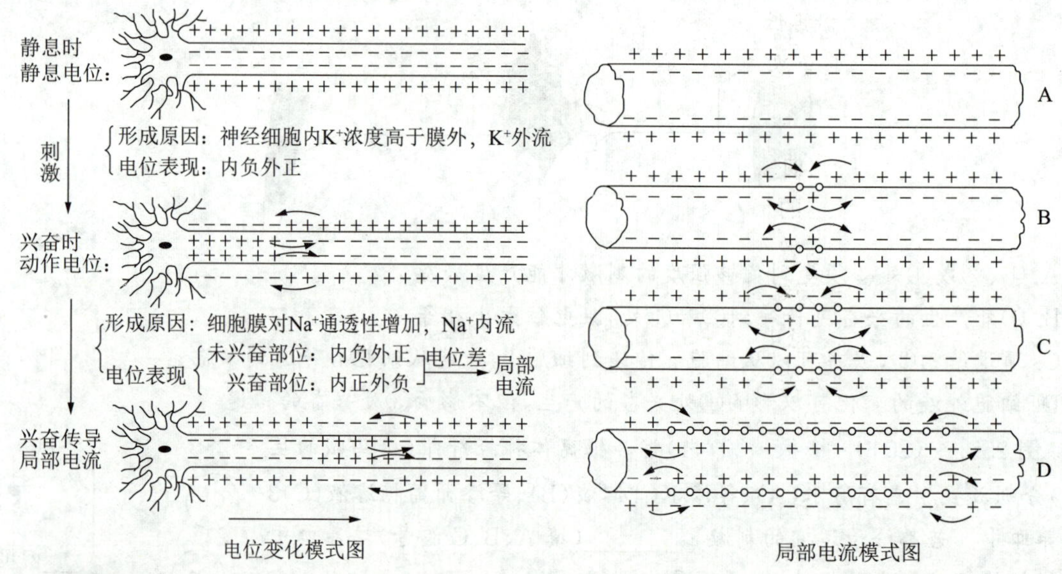

电位变化模式图　　局部电流模式图

(4)局部电流

在兴奋部位和未兴奋部位之间由于存在电位差而发生电荷移动,形成了局部电流,膜内外局部电流方向相反。

(5)传导方向及特点

双向传导,与膜内的局部电流传导方向一致,与膜外的局部电流传导方向相反。

(6)离子浓度和电位关系

①K^+ 浓度影响静息电位:改变 K^+ 的浓度,不影响动作电位,只影响静息电位。细胞外 K^+ 浓度增大或细胞内 K^+ 浓度降低时,静息电位降低;反之则升高。

②Na^+ 浓度影响动作电位:改变 Na^+ 的浓度,对静息电位没有影响,只影响动作电位,细胞外

Na^+浓度增大或细胞内Na^+浓度降低时，动作电位升高；反之则降低。

思维火花 Siweihuohua

真题真练

例 256 (2018 • 新课标Ⅲ • 3) 神经细胞处于静息状态时，细胞内外K^+和Na^+的分布特征是 ( )

A. 细胞外K^+和Na^+浓度均高于细胞内　B. 细胞外K^+和Na^+浓度均低于细胞内

C. 细胞外K^+浓度高于细胞内，Na^+相反　D. 细胞外K^+浓度低于细胞内，Na^+相反

例 257 (2012 • 安徽 • 2) 蛙的神经元内、外Na^+浓度分别是 15 mmol/L 和 120 mmol/L。在膜电位由内负外正转变为内正外负过程中有Na^+流入细胞，膜电位恢复过程中有Na^+排出细胞。下列判断正确的是 ( )

A. Na^+流入是被动运输，排出是主动运输　B. Na^+流入是主动运输，排出是被动运输

C. Na^+流入和排出都是被动运输　D. Na^+流入和排出都是主动运输

例 258 (2020 • 山东 • 7) 听毛细胞是内耳中的一种顶端具有纤毛的感觉神经细胞。声音传递到内耳中引起听毛细胞的纤毛发生偏转，使位于纤毛膜上的K^+通道打开，K^+内流而产生兴奋。兴奋通过听毛细胞底部传递到听觉神经细胞，最终到达大脑皮层产生听觉。下列说法错误的是 ( )

A. 静息状态时纤毛膜外的K^+浓度低于膜内　B. 纤毛膜上的K^+内流过程不消耗 ATP

C. 兴奋在听毛细胞上以电信号的形式传导　D. 听觉的产生过程不属于反射

例 259 (2017 • 浙江 4 月选考 • 26) 新生小鼠的脑神经元置于适宜的溶液中，制成较高细胞密度的细胞悬液，并将其低温保存，在低温保存过程中神经元会受到损伤。一段时间后，与常温保存组相比，溶液中的离子浓度变化是 ( )

A. K^+浓度升高　B. K^+浓度降低　C. Na^+浓度不变　D. Na^+浓度升高

(7)电位坐标图(极化曲线)判断

如图为一次动作电位的形成导致的电位变化，测量方法为将灵敏电流表的两极分别置于神经纤维的膜内和膜外，测量膜内外的电势差，并以膜外为零电位获取数据。

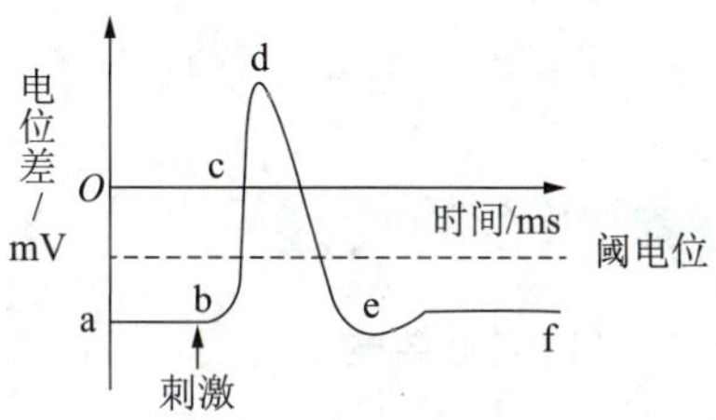

①a～b段(极化)：静息电位。此前由钠钾泵形成离子浓度梯度，其后Na^+离子通道关闭，Na^+不能内流；K^+离子通道打开，K^+可以外流，使膜电位呈内负外正；此阶段也可能有钠钾泵的逆浓度梯度运输。

②b～c段(去极化)：动作电位开始形成。在外界刺激的作用下，Na^+离子通道打开，Na^+能内流，K^+离子通道部分关闭，K^+外流减少，动作电位开始形成。

③c：0 电位。Na^+持续大量内流，K^+基本不外流，为动作电位的中间状态。

④c～d段(反极化)：动作电位。Na^+内流，K^+基本不外流，呈外负内正。

⑤d～e段(复极化)：在动作电位达到最大值后，Na^+离子通道关闭，K^+离子通道打开，K^+大量外流，恢复静息电位。

⑥e～f段(极化)：静息电位，与a～b段相同。此时钠钾泵泵出Na^+、泵入K^+，维持Na^+和K^+的浓度差，同时K^+外流，维持静息电位。

说明：

①以上的过程是简化的描述，实际上动作电位的机理复杂，通道蛋白也分为常开型通道、电压门控通道等若干类型在不同时期发挥作用，同学们仅需了解其基本原理即可。

思维火花 Siweihuohua

②在恢复静息电位后其静息电位高于正常值，称为超极化，这主要是钾离子过多的外流导致的。

③阈值是刺激形成的一个特定电位值，动作电位需要电位到达阈值才能发起，此时钠通道开放，钠离子内流，刺激强度不足，达不到阈电位，无法形成动作电位。

④动作电位后，轴突在一段时间内不能再响应外界刺激，分为“绝对不应期”和“相对不应期”。绝对不应期紧接在动作电位后，当时复极化仍在继续，通道不能再打开。可以说，此时阈值无限大。在相对不应期，提高刺激强度可以获得一个弱的动作电位。阈值由无限大向正常值靠近。

真题真练

例 260 (2011·浙江·3) 在离体实验条件下单条神经纤维的动作电位示意图如右。下列叙述正确的是 ( )

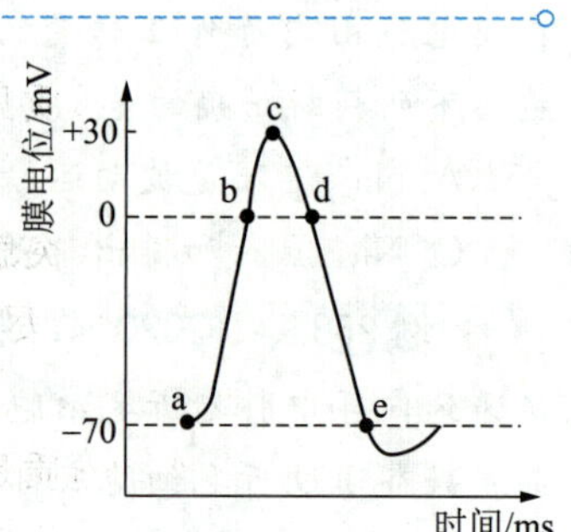

A. a～b 段的 Na^+ 内流是需要消耗能量的

B. b～c 段的 Na^+ 外流是不需要消耗能量的

C. c～d 段的 K^+ 外流是不需要消耗能量的

D. d～e 段的 K^+ 内流是需要消耗能量的

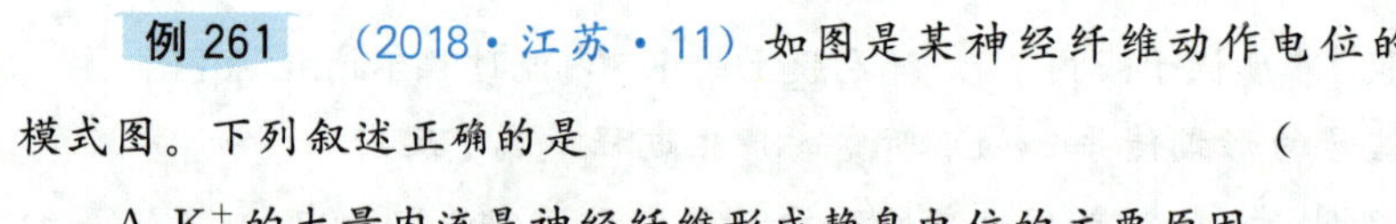

例 261 (2018·江苏·11) 如图是某神经纤维动作电位的模式图。下列叙述正确的是 ( )

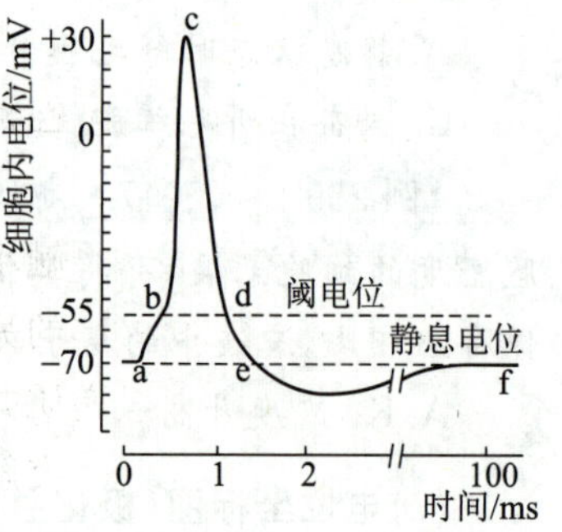

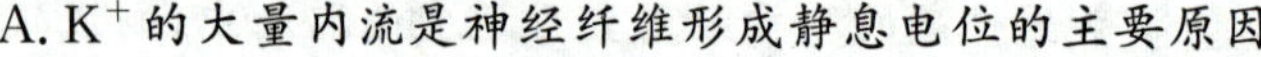

A. K^+ 的大量内流是神经纤维形成静息电位的主要原因

B. b～c 段 Na^+ 大量内流，需要载体蛋白的协助，并消耗能量

C. c～d 段 Na^+ 通道多处于关闭状态，K^+ 通道多处于开放状态

D. 动作电位大小随有效刺激的增强而不断加大

3 兴奋的传递

(1)突触结构

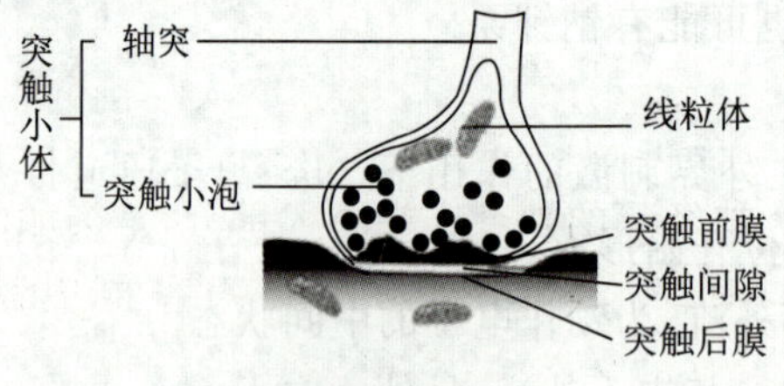

突触结构模式图

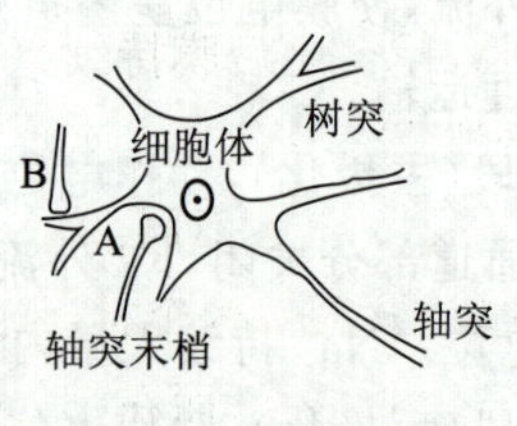

突触的两种类型

①结构：由突触前膜、突触间隙和突触后膜组成。

②主要类型

a. 轴突—细胞体型：

b. 轴突—树突型：

(2)神经元之间兴奋传递的过程

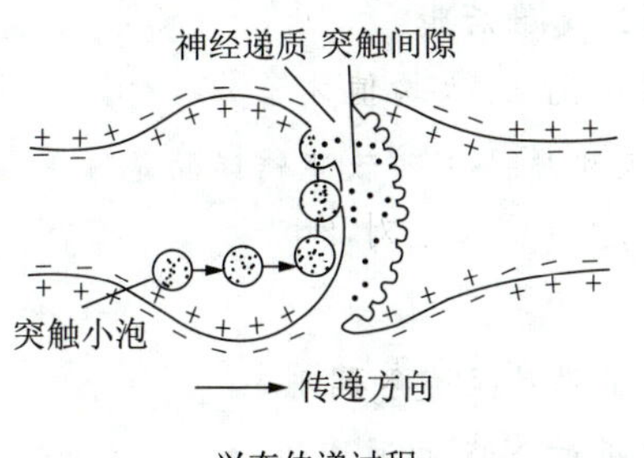

兴奋传递过程

兴奋 —传导→ 突触小体 —突触小泡释放递质→ 突触间隙 → 突触后膜 → 下一个神经元兴奋或抑制

电信号→化学信号　化学信号→电信号

兴奋传递过程中的信号转化

(3)传递特点

①单向传递:神经递质只存在于突触前膜的突触小泡中,与神经递质结合的受体只存在于突触后膜上。

②突触延搁:兴奋在突触处的传递比在神经纤维上的传导要慢。所以,突触数量的多少决定着该反射所需时间的长短。尽管突触传递速度相对较慢,但比激素调节要快得多。

(4)神经递质拓展

①化学本质:神经递质是神经细胞产生的一种化学信息物质,对有相应受体的神经细胞产生特异性反应,通常是小分子物质,包括乙酰胆碱、氨基酸类、5-羟色胺、多巴胺、去甲肾上腺素、肾上腺素等。

②功能:可分为兴奋性神经递质和抑制性神经递质,分别导致突触后膜产生兴奋(Na^+内流)和产生抑制(Cl^-内流)。

③供体:轴突末梢突触小体内的突触小泡,其形成和高尔基体有关。

④受体:与轴突相邻的另一个神经元的树突膜或细胞体膜上的特异性受体,其化学本质为糖蛋白,能识别相应的神经递质并与之发生特异性结合,从而引起突触后膜发生膜电位变化。

⑤传递:突触前膜→突触间隙(组织液)→突触后膜。

⑥释放:其方式为胞吐,该过程的结构基础是依靠生物膜的流动性,递质在该过程中穿过了0层生物膜。通常小分子的运输方式为主动运输,而神经递质通过胞吐运输的原因有二:一可以加快神经递质的释放,增加信息传递的速率;二是形成囊泡防止在突触前膜被分解酶破坏。

⑦去向:神经递质被突触后膜上的受体识别发挥效应后不会长久存在,会被酶催化分解而失活,或因被转移回收而迅速停止作用。

⑧应用:止痛药剂抑制神经递质的传递,使突触后膜的兴奋被抑制;毒品如海洛因,可以抑制神经递质的回收,使突触后膜持续兴奋。

(5)易错提醒

①突触小体与突触不同:突触小体是上一个神经元的轴突末端膨大部分,是突触的一部分,只包含突触前膜。突触由两个神经元构成,包括突触前膜、突触间隙和突触后膜。在突触小体上的变化是电信号→化学信号;而在突触上的变化是电信号→化学信号→电信号。

②突触小泡的形成与高尔基体有关,所以突触小体内线粒体和高尔基体两种细胞器的含量较多。

真题真练

例262 (2021·新课标乙·4)在神经调节过程中,兴奋会在神经纤维上传导和神经元之间传递。下列有关叙述错误的是 ( )

A.兴奋从神经元的细胞体传导至突触前膜,会引起Na^+外流

思维火花 Siweihuohua

B. 突触前神经元兴奋可引起突触前膜释放乙酰胆碱

C. 乙酰胆碱是一种神经递质，在突触间隙中经扩散到达突触后膜

D. 乙酰胆碱与突触后膜受体结合，引起突触后膜电位变化

例263 (2020·江苏·14) 天冬氨酸是一种兴奋性递质。下列叙述错误的是 ( )

A. 天冬氨酸分子由C、H、O、N、S五种元素组成

B. 天冬氨酸分子一定含有氨基和羧基

C. 作为递质的天冬氨酸可贮存在突触囊泡内，并能批量释放至突触间隙

D. 作为递质的天冬氨酸作用于突触后膜，可增大细胞膜对Na^+的通透性

例264 (2020·浙江7月选考·20) 分布有乙酰胆碱受体的神经元称为胆碱能敏感神经元，它普遍存在于神经系统中，参与学习与记忆等调节活动。乙酰胆碱酯酶催化乙酰胆碱的分解，药物阿托品能阻断乙酰胆碱与胆碱能敏感神经元的相应受体结合。下列说法错误的是 ( )

A. 乙酰胆碱分泌量和受体数量改变会影响胆碱能敏感神经元发挥作用

B. 使用乙酰胆碱酯酶抑制剂可抑制胆碱能敏感神经元受体发挥作用

C. 胆碱能敏感神经元的数量改变会影响学习与记忆等调节活动

D. 注射阿托品可影响胆碱能敏感神经元所引起的生理效应

例265 (2020·北京·8) 食欲肽是下丘脑中某些神经元释放的神经递质，它作用于觉醒中枢的神经元，使人保持清醒状态。临床使用的药物M与食欲肽竞争突触后膜上的受体，但不发挥食欲肽的作用。下列判断不合理的是 ( )

A. 食欲肽以胞吐的形式由突触前膜释放

B. 食欲肽通过进入突触后神经元发挥作用

C. 食欲肽分泌不足机体可能出现嗜睡症状

D. 药物M可能有助于促进睡眠

例266 (2017·江苏·8) 右图为突触结构示意图，下列相关叙述正确的是 ( )

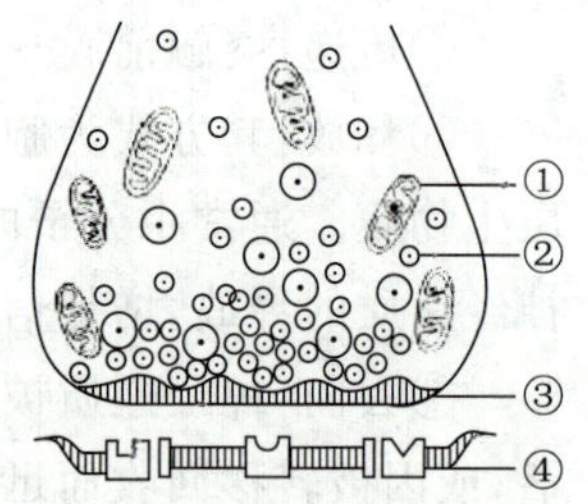

A. 结构①为神经递质与受体结合提供能量

B. 当兴奋传导到③时，膜电位由内正外负变为内负外正

C. 递质经②的转运和③的主动运输释放至突触间隙

D. 结构④膜电位的变化与其选择透过性密切相关

例267 (2016·新课标Ⅱ·30) 乙酰胆碱可作为兴奋性神经递质，其合成与释放见示意图。据图回答问题：

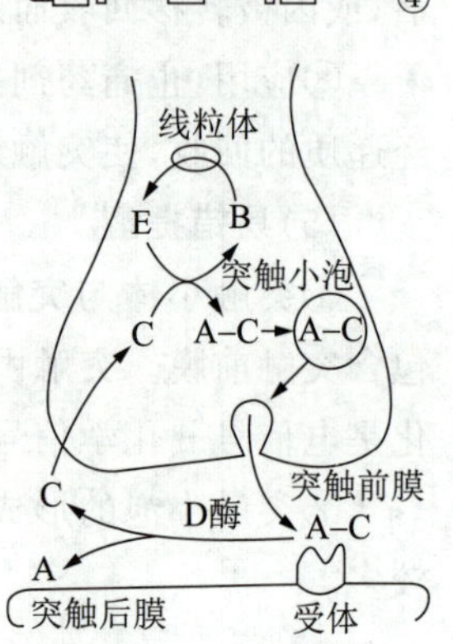

(1)图中A-C表示乙酰胆碱，在其合成时，能循环利用的物质是________(填“A”“C”或“E”)。除乙酰胆碱外，生物体内的多巴胺和一氧化氮________(填“能”或“不能”)作为神经递质。

(2)当兴奋传到神经末梢时，图中突触小泡内的A-C通过________这一跨膜运输方式释放到________，再到达突触后膜。

(3)若由于某种原因使D酶失活，则突触后神经元会表现为持续________。

思维火花 Siweihuohua

4 膜电位的测量和电表偏转问题

(1)电位测量方法

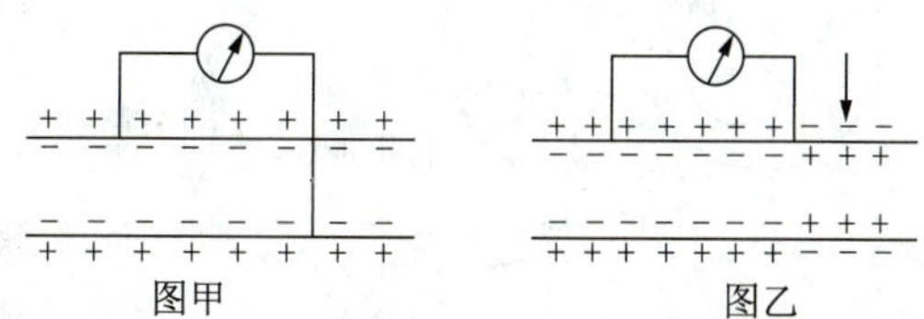
图甲　　图乙

①两侧测量:如图甲,灵敏电流计一极与神经纤维膜外侧连接,另一极与膜内侧连接,只观察到指针发生一次偏转。

②单侧测量:如图乙,灵敏电流计两极都连接在神经纤维膜外或内侧,可观察到指针发生两次方向相反的偏转。

(2)指针偏转判断

①在神经纤维上

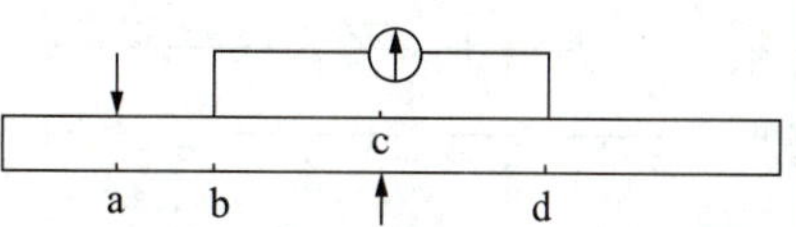

a. 刺激 a 点,b 点先兴奋,d 点后兴奋,电流计指针发生两次方向相反的偏转。

b. 刺激 c 点(bc=cd),b 点和 d 点同时兴奋,电流计指针不发生偏转。

②在神经元之间

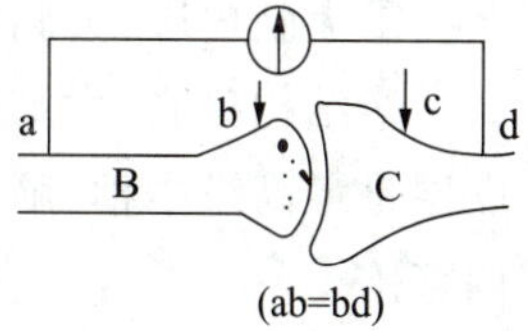

(ab=bd)

a. 刺激 b 点,由于兴奋在突触处的传导速度小于在神经纤维上的传导速度,a 点先兴奋,d 点后兴奋,电流计指针发生两次方向相反的偏转。

b. 刺激 c 点,兴奋不能传至 a 点,a 点不兴奋,d 点可兴奋,电流计指针只发生一次偏转。

(3)易错点提示

①在一个神经元内有一处受到刺激产生兴奋,迅速传至整个神经元,即在该神经元的任何部位均可测到生物电位变化。

②离体实验中,兴奋在神经纤维上的传导是双向的;而在生物体内或在反射过程中,神经纤维上的神经冲动只能来自感受器,因此在生物体内,兴奋在神经纤维上的传导仍是单向的。

真题真练

例 268 (2013·四川·3)如图表示具有生物活性的蛙坐骨神经—腓肠肌标本,神经末梢与肌细胞的接触部位类似于突触,称“神经—肌接头”。下列叙述错误的是 ( )

腓肠肌　②　①　灵敏电流计　神经纤维

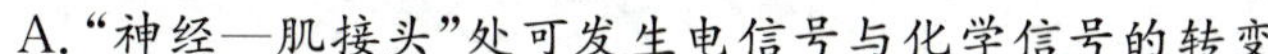

A.“神经—肌接头”处可发生电信号与化学信号的转变

B. 电刺激①处,肌肉会收缩,灵敏电流计指针也会偏转

C. 电刺激②处,神经纤维上的电流计会记录到电位变化

D. 神经纤维上兴奋的传导方向与膜内的电流方向相同

例 269 (2013·安徽·30)将蛙脑破坏,保留脊髓,做蛙心静脉灌注,以维持蛙的基本生命活动。暴露蛙左后肢屈反射的传入神经和传出神经,分别连接电位计 a 和 b。将蛙左后肢趾尖浸入 0.5%硫酸溶液后,电位计 a 和 b 有电位波动,出现屈反射。如图为该反射弧结构示意图。

思维火花 Siweihuohua

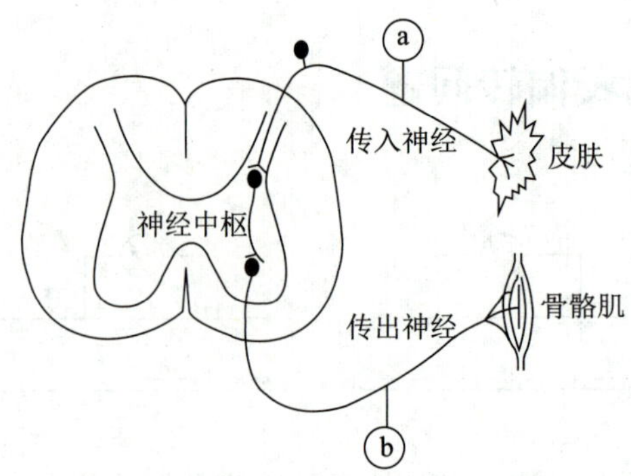

(1)用简便的实验验证兴奋能在神经纤维上双向传导,而在反射弧中只能单向传递。

____

(2)若在灌注液中添加某种药物,将蛙左后肢趾尖浸入0.5%硫酸溶液后,电位计a有波动,电位计b未出现波动,左后肢未出现屈反射。其原因可能有①______________________________;②______________________________。

5 神经的分级调节

(1)对躯体运动的分级调节

①大脑皮层:大脑神经细胞胞体集中的部分,颜色呈灰色,也称灰质,通过沟回增加表面积。

②结构关联:大脑皮层和脑干、脊髓等共同调控躯体的运动,脊髓是躯体运动的低级中枢,大脑皮层是最高级中枢,脑干等连接低级中枢和高级中枢。脑中的高级中枢发出指令对低级中枢进行调整。

(2)对内脏活动的分级调节

脊髓是调节内脏活动的低级中枢,通过它可以完成简单的内脏反射活动,如排尿等。但脊髓的调节是初级的,不能很好地适应正常生理需求,所以其过程还受到大脑、下丘脑、脑干等高级中枢的控制。

6 人脑的高级功能

(1)语言中枢

W区(书写言语区)	V区(视觉言语区)	H区(听觉言语区)	S区(运动言语区)
失写症(Write)	失读症(Vision)	听觉性失语症(Hear)	运动性失语症(Speak)

(2)学习和记忆

①学习:神经系统不断接受刺激,获得新的行为、习惯和积累经验的过程。

②记忆:将获得的经验进行贮存和再现。

③记忆形式:不同形式记忆的关系如图所示。

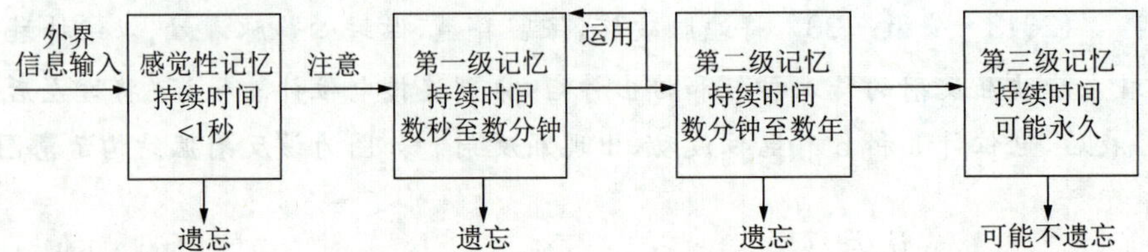

思维火花 Siweihuohua

④功能基础

a. 学习和记忆涉及脑内神经递质的作用以及某些种类蛋白质的合成。

b. 短期记忆主要与神经元的活动及神经元之间的联系有关，尤其是与大脑皮层下一个形状像海马的脑区有关。

c. 长期记忆可能与新突触的建立有关。

(3)情绪

①内涵：人类对环境做出的反应。

②消极情绪

a. 原因：精神压力、生活挫折、疾病、死亡等。

b. 结果：消极情绪到一定程度，或变成抑郁，抑郁一般是短期的，如果持续两周以上，则可能转化成抑郁症。

c. 调适：积极建立和维护良好的人际关系，适量运动，调节压力。严重时应向专业人士咨询。

(4) 生理或病理现象与神经中枢的关系

生理或病理现象	神经中枢参与(损伤)
考试专心答题时	大脑皮层 V 区和 W 区
聋哑人表演“千手观音”舞蹈时	大脑皮层视觉中枢和言语区的 V 区，躯体运动中枢
某同学跑步时	大脑皮层、小脑、下丘脑、脑干和脊髓
植物人	大脑皮层损伤、小脑功能退化，但下丘脑、脑干、脊髓功能正常
高位截瘫	脊髓受损伤，其他部位正常

真题真练

例 270 (2020·浙江7月选考·16)人的一侧大脑皮层外侧面示意图如图，图中甲、乙、丙和丁表示部位。某人的右腿突然不能运动，经医生检查后，发现他的右腿无力。推测该患者大脑皮层的受损部位可能位于图中的 ( )

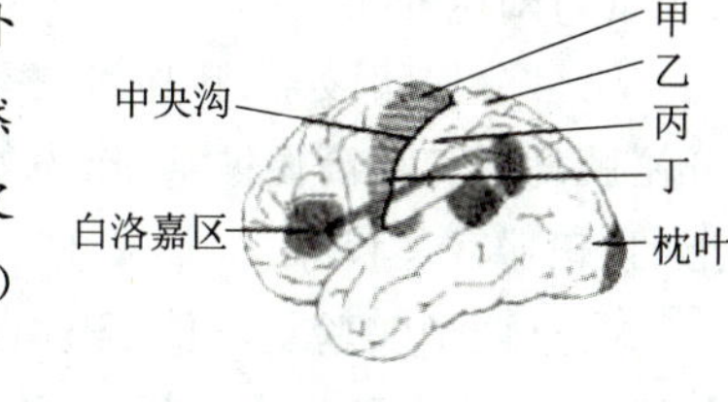

A. 甲　　B. 乙

C. 丙　　D. 丁

例 271 (2017·海南·15)下列关于人体中枢神经系统的叙述，错误的是 ( )

A. 小脑损伤可导致身体平衡失调

B. 人的中枢神经系统包括脑和脊髓

C. 大脑皮层具有躯体感觉区和运动区

D. 下丘脑参与神经调节而不参与体液调节

三、通过激素的调节

1 激素调节的发现

(1)实验背景

①20 世纪以前，学术界认为人和动物体的一切生理活动都是由神经系统调节的。

思维火花 Siweihuohua

②胰液分泌的调节:19 世纪理论认为,胃酸刺激小肠的神经,神经将兴奋传给胰腺,使胰腺分泌胰液,胰液中含有消化酶,通过导管注入小肠参与消化。

(2)囿于定论的沃泰默

①实验设计

a. 稀盐酸$\xrightarrow{\text{注入}}$狗的上段小肠肠腔$\xrightarrow{\text{结果}}$胰腺分泌胰液

b. 稀盐酸$\xrightarrow{\text{注入}}$狗的血液中$\xrightarrow{\text{结果}}$胰腺不分泌胰液

c. 稀盐酸$\xrightarrow{\text{注入}}$狗的上段小肠肠腔通向该段小肠的神经,只留下血管$\xrightarrow{\text{结果}}$胰腺分泌胰液

②实验分析:实验的自变量是调节的路径(通过神经或通过血液),实验因变量是是否分泌胰液。第一组实验是空白对照组,验证胰腺分泌胰液的功能;第二组实验否定了血液的运输;第三组实验否定了神经的运输,因而无法得出实验结论。

③沃泰默的解释:这是由于小肠上微小神经难以剔除干净的缘故,所以是一个十分顽固的神经反射。

(3)另辟蹊径的斯他林和贝利斯

①实验设计

实验组:稀盐酸+小肠黏膜$\xrightarrow[\text{研磨}]{\text{混合}}$获得提取液$\xrightarrow{\text{注入}}$狗静脉中$\longrightarrow$促进胰腺分泌胰液

对照组:稀盐酸$\xrightarrow{\text{注入}}$狗静脉中$\longrightarrow$没有促进胰腺分泌胰液

②实验分析:本实验将稀盐酸更换为小肠黏膜提取液,通过静脉注射促进了胰液的分泌,从而证明小肠黏膜分泌的化学物质通过体液运输是促进胰液分泌的原因。

③实验结论:在小肠黏膜中存在一种调节胰液分泌的物质,被称为促胰液素,胰液的分泌是促胰液素化学调节的结果。证明人和动物生命活动的调节,除了神经调节,还有激素调节。

(4)知识补充

①区分促胰液素、胰岛素、胰高血糖素和胰液:胰腺既是内分泌腺也是外分泌腺,作为内分泌腺分泌胰岛素和胰高血糖素,作为外分泌腺分泌胰液,促胰液素也是激素,但它是由小肠上皮细胞分泌的,靶器官是胰腺。

②这两个实验均不能否定神经调节对胰液分泌的作用,即可能只有促胰液素可以促进胰液的分泌,也可能促胰液素和反射弧均能促进胰液的分泌。

2 激素调节及其特点

(1)概念:由内分泌器官或细胞分泌的化学物质进行调节,这就是激素调节。

(2)激素:激素是内分泌腺分泌的特殊物质,通过血液循环运送到全身;激素调节是体液调节的主要内容。

①外分泌腺:分泌物通过导管排出,分泌的物质不是激素;如消化腺、唾液腺、胃腺、肠腺、胰腺、皮脂腺、汗腺、乳腺等。

②内分泌腺:没有导管,分泌物直接进入腺体内的毛细血管里,分泌的物质是激素;如下丘脑、垂体、甲状腺、肾上腺、胰岛、胸腺、性腺等。

(3)靶细胞/靶器官:能够接受内分泌细胞分泌激素刺激的器官或细胞称为靶器官或靶细胞;靶细胞具有与激素结合的特异性受体。

(4)激素调节的特点

①通过体液运输。

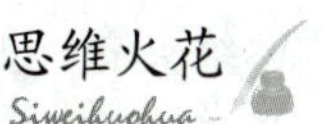

②作用于靶器官、靶细胞。

③微量和高效。

④作为信使分子，调节作用完成后即被灭活。

⑤既不组成细胞结构，又不提供能量，也不起催化作用，只是使靶细胞原有的生理活动发生变化。

⑥一种生理活动的调节往往是通过多种激素相互协调、共同作用完成的。

(5)体液调节：激素等化学物质，通过体液传送的方式对生命活动进行调节，就是体液调节。体液调节除激素外，其他化学物质也能起到调节作用，如 CO_2。憋气时，体内细胞会进行有氧呼吸，会产生大量的 CO_2，于是血液中的 CO_2 含量增高，流经脑干时，高浓度 CO_2 对呼吸中枢产生有效刺激，通过呼吸中枢恢复呼吸动作。除 CO_2 外，体液中 H^+ 也可对机体的生理活动起调节作用。

3 激素的研究方法

(1)切除法：在实验动物身上，观察某种内分泌腺被切除后的生理变化，从而推断该腺体的正常功能。例如，①摘除公鸡的睾丸，观察第二性征的变化；②摘除小狗的甲状腺，观察发育情况；③摘除成年狗的甲状腺，观察代谢及神经活动情况。这种方法需要注意设置对照。

(2)移植法：摘除某内分泌腺，一段时间后，再植入该腺体组织。例如，给阉割的公鸡移植睾丸，观察第二性征的变化。这种方法中包含了自身对照。

(3)注射法：摘除某内分泌腺，再注射该腺体的提取物。例如，给甲状腺功能低下的或已摘除甲状腺的实验狗注射甲状腺激素，观察出现的变化。

(4)饲喂法：摘除某内分泌腺，再在饲料中加入该腺体的提取物。例如，用含有甲状腺激素的饲料喂养蝌蚪，观察其变态发育为青蛙的情况。这种方法不适合蛋白质类激素。

(5)临床观察法：在临床上观察某内分泌腺功能过盛和低下的患者，研究相关激素的生理功能。

(6)同位素标记法：用放射性同位素标记所要研究的腺体或激素，再加以跟踪。例如，应用放射性同位素 ^{131}I 研究甲状腺的功能。

(7)注意事项

①研究激素生理作用时，都要设置对照组。

②蛋白质类、多肽类激素不能口服使用，只能注射，因其进入消化道内后，会被消化酶水解而失去活性；氨基酸衍生物类、固醇类激素既可以口服，也可以注射。

4 激素种类和功能

内分泌腺	激素名称	本质	功能
下丘脑	促甲状腺激素释放激素	多肽	刺激垂体(靶器官)合成并分泌促甲状腺激素
	促性腺激素释放激素		刺激垂体(靶器官)合成并分泌促性腺激素
	抗利尿激素		促进肾小管、集合管(靶器官)对水的重吸收
垂体	促甲状腺激素	蛋白质	促进甲状腺(靶器官)的生长和发育，调节甲状腺激素的合成和分泌
	促性腺激素		促进性腺的生长和发育，调节性激素的合成和分泌
	生长激素		促进生长，主要是促进蛋白质的合成和骨骼的生长

思维火花 Siweihuohua

续表

内分泌腺	激素名称		本质	功能
胰腺	胰岛A细胞	胰高血糖素	多肽	促进肝糖原的分解,促进非糖物质转化为葡萄糖,使血糖浓度升高;靶器官:主要作用于肝脏
	胰岛B细胞	胰岛素	蛋白质	促进组织细胞加速摄取、利用和储存葡萄糖,从而使血糖水平降低
甲状腺	甲状腺激素		氨基酸衍生物	促进新陈代谢;促进生长发育;提高神经系统的兴奋性;靶细胞:几乎全身组织细胞
肾上腺	肾上腺素		氨基酸衍生物	升高血糖,增加产热
性腺	卵巢	雌性激素	固醇	分别促进雌、雄性生殖器官的发育和生殖细胞的形成,激发和维持各自的第二性征
	睾丸	雄性激素		
	卵巢	孕激素		促进子宫内膜和乳腺等的生长发育,为泌乳准备条件
胸腺	胸腺激素		多肽	增强细胞免疫功能和调节免疫平衡等作用

5 激素间的相互作用

(1)协同作用:不同激素对于同一生理效应都发挥作用,从而达到增强效应的结果,如胰高血糖素和肾上腺素。

(2)拮抗作用:不同激素对某一生理效应发挥相反的作用,如胰岛素和胰高血糖素。

真题真练

例 272 (2014·海南·12)下列关于人体内激素的叙述,错误的是 ( )

A. 肾上腺素的分泌活动不受神经的直接支配

B. 胰岛素的合成需要 mRNA 和核糖体的参与

C. 肾小管上皮细胞是抗利尿激素的靶细胞之一

D. 血糖调节中胰岛素和胰高血糖素的作用相互拮抗

例 273 (2018·海南·12)下列给实验兔注射一定量甲状腺激素后,可引起的生物学效应是 ( )

A. 糖的分解代谢降低　　B. 碘的需要量增加

C. 饥饿感增强　　D. TSH 分泌增加

例 274 (2015·海南·17)下列关于动物体液调节的叙述,错误的是 ( )

A. 机体内甲状腺激素的分泌受反馈调节

B. 与神经调节相比,体液调节迅速而准确

C. 血液中某激素的浓度可反映该激素的分泌量

D. 激素的分泌量可随内、外环境的改变而变化

例 275 (2016·海南·18)下列有关胰液素和胰液的叙述,错误的是 ( )

A. 盐酸进入小肠可促进促胰液素的产生

B. 胰腺分泌的胰液进入小肠能消化食物

C. 促胰液素可经血液到胰腺

D. 盐酸引起胰腺分泌胰液的过程不包含体液调节

例 276 (2019·海南·16)某哺乳动物属于季节性繁殖动物。下列关于该动物体内性激素的叙述,错误的是 ( )

A. 性激素属于磷脂类物质　　B. 性激素可促进生殖细胞的形成

C. 性激素可促进生殖器官的发育　　D. 性激素的合成受环境因素影响

例 277 (2018·新课标Ⅱ·3)下列有关人体内激素的叙述,正确的是 ( )

A. 运动时,肾上腺素水平升高,可使心率加快,说明激素是高能化合物

B. 饥饿时,胰高血糖素水平升高,促进糖原分解,说明激素具有酶的催化活性

C. 进食后,胰岛素水平升高,其既可加速糖原合成,也可作为细胞的结构组分

D. 青春期,性激素水平升高,随体液到达靶细胞,与受体结合可促进机体发育

例 278 (2020·山东·8)碘是甲状腺激素合成的重要原料。甲状腺滤泡上皮细胞膜上的钠—钾泵可维持细胞内外的 Na^+ 浓度梯度,钠—碘同向转运体借助 Na^+ 的浓度梯度将碘转运进甲状腺滤泡上皮细胞,碘被甲状腺过氧化物酶活化后,进入滤泡腔参与甲状腺激素的合成。下列说法正确的是 ( )

A. 长期缺碘可导致机体的促甲状腺激素分泌减少

B. 用钠—钾泵抑制剂处理甲状腺滤泡上皮细胞,会使其摄碘能力减弱

C. 抑制甲状腺过氧化物酶的活性,可使甲状腺激素合成增加

D. 使用促甲状腺激素受体阻断剂可导致甲状腺激素分泌增加

例 279 (2017·新课标Ⅲ·31)为研究胰岛素的生理作用,某同学将禁食一段时间的实验小鼠随机分为 A、B、C、D 四组,A 组腹腔注射生理盐水,B、C、D 三组均腹腔注射等量胰岛素溶液,一段时间后,B、C、D 三组出现反应迟钝、嗜睡等症状,而 A 组未出现这些症状。回答下列问题:

(1)B、C、D 三组出现上述症状的原因是________________。

(2)B、C、D 三组出现上述症状后进行第二次注射,给 B 组腹腔注射生理盐水;为尽快缓解上述症状给 C 组注射某种激素,给 D 组注射某种营养物质。那么 C 组注射的激素是____________,D 组注射的营养物质是________。

(3)第二次注射后,C、D 两组的症状得到缓解,缓解的机理分别是____。

四、神经调节和体液调节的关系及四大实例

1 神经调节与体液调节的比较

(1)区别

	神经调节	体液调节
基本方式	通过反射进行 ①以局部电流的方式在神经纤维上双向传导 ②以神经递质的方式在突触间单向传递	激素等化学物质通过体液传送,并刺激靶器官和靶细胞
作用途径	反射弧	体液运输

续表

	神经调节	体液调节
反应速度	迅速	较缓慢
作用范围	准确、局限	较广泛
作用时间	短暂	比较长

(2)联系

①不少内分泌腺直接或间接受中枢神经系统的调节,如胰岛是反射弧的效应器。

②内分泌腺所分泌的激素可以影响神经系统的发育和功能,如甲状腺激素影响神经系统。

③机体的生命活动一般既受神经调节,也受体液调节。一般神经调节占主导地位,是主要形式。

(3)意义:神经调节和体液调节相互协调,共同维持内环境的稳态,保证细胞的各项生命活动正常进行。

2 甲状腺激素的分级/反馈调节

(1)甲状腺激素:几乎作用于体内所有的细胞,提高细胞代谢的速率,使机体产生更多的热量。

(2)分级调节

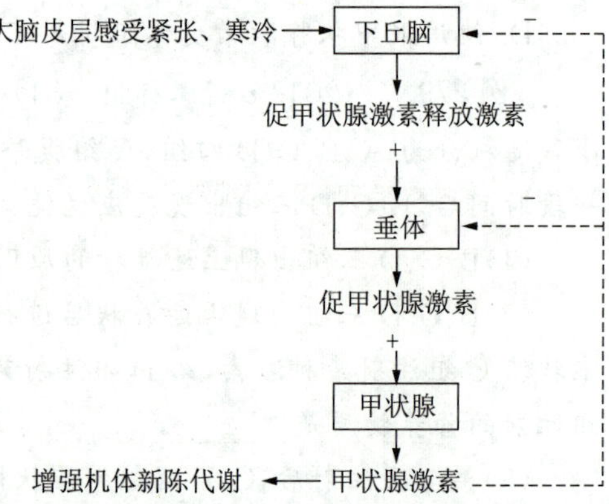

①下丘脑通过分泌促甲状腺激素释放激素(TRH)→促进垂体分泌促甲状腺激素(TSH)→促进甲状腺分泌甲状腺激素(TH)。

②性激素/肾上腺皮质激素的分泌过程中存在类似的过程,即下丘脑通过分泌促性腺激素释放激素→促进垂体分泌促性腺激素→促进性腺分泌性激素。

③以上调节过程可总结为:下丘脑→垂体→腺体轴。

(3)反馈调节

①概念:在一个系统中,系统本身工作的效果,反过来又作为信息调节该系统的工作,这种调节方式叫做反馈调节;反馈调节是生命系统中非常普遍的调节机制,它对于机体维持稳态具有重要意义。

②类型

a. 负反馈:系统工作效果抑制系统的工作,绝大多数激素的分泌、体温调节等都是负反馈调节。

b. 正反馈:系统工作效果促进系统的工作,如排尿反射、血液的凝固过程、分娩过程、月经周期中黄体生成素的释放。

③在甲状腺激素的调节过程中,甲状腺激素分泌过多会抑制促甲状腺激素释放激素和抑制垂体分泌促甲状腺激素,从而减少甲状腺激素的分泌,维持相对稳定。

(4)分级调节放大了调节效应:反馈调节防止激素过度分泌,两者相互配合,精细调控,维持了激素含量的相对稳定。

思维火花 Siweihuohua

真题真练

例 280 (2012·天津·3)动物被运输过程中,体内皮质醇激素的变化能调节其对刺激的适应能力。如图为皮质醇分泌的调节示意图。据图分析,下列叙述错误的是 ( )

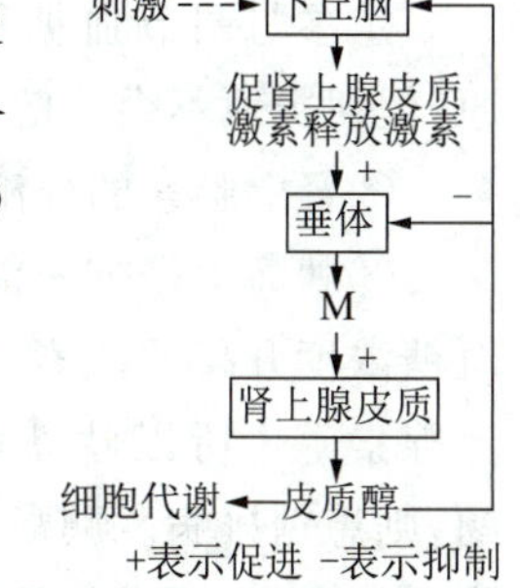

A. 运输刺激使下丘脑分泌激素增加的结构基础是反射弧

B. 图中 M 促进皮质醇分泌的过程属于神经—体液调节

C. 皮质醇作用的靶细胞还包括下丘脑细胞和垂体细胞

D. 动物被运输过程中,体内皮质醇含量先升高后逐渐恢复

例 281 (2020·浙江7月选考·9)人体甲状腺分泌和调节示意图如图,其中 TRH 表示促甲状腺激素释放激素,TSH 表示促甲状腺激素,"+"表示促进作用,"-"表示抑制作用。据图分析,下列叙述正确的是 ( )

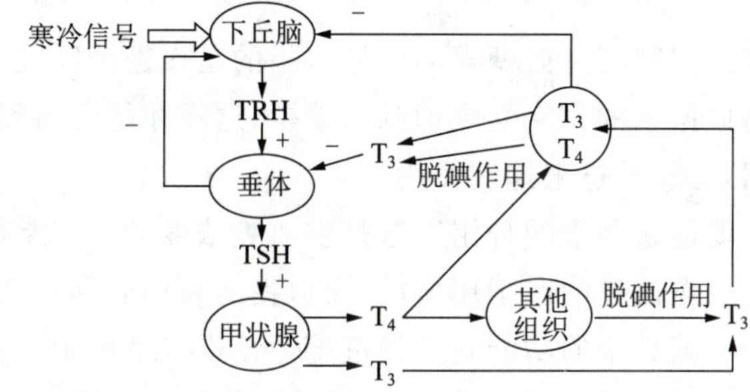

A. 寒冷信号能直接刺激垂体分泌更多的 TSH

B. 下丘脑通过释放 TRH 直接调控甲状腺分泌 T_3 和 T_4

C. 甲状腺分泌的 T_4 直接作用于垂体而抑制 TSH 的释放

D. 长期缺碘会影响 T_3、T_4、TSH 和 TRH 的分泌

3 血糖平衡调节

(1)血糖正常范围和血糖的来源和去路

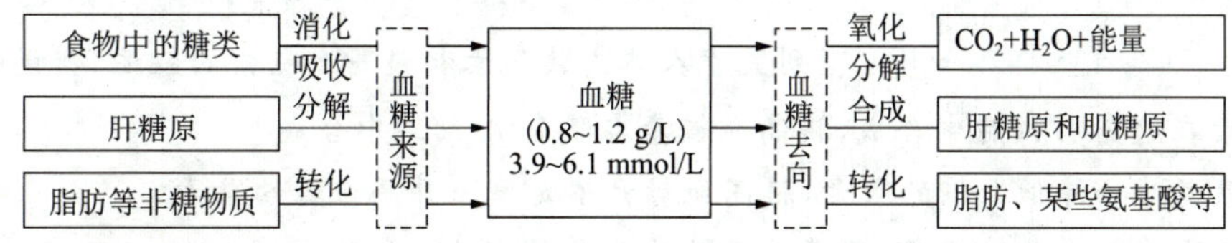

(2)参与调节的激素

①胰岛素:胰岛 B 细胞分泌,促进组织细胞加速摄取、利用和储存葡萄糖,从而使血糖水平降低,也是唯一一种能够降低血糖的激素。

②胰高血糖素:胰岛 A 细胞分泌,促进肝糖原分解,并促进一些非糖物质转化为葡萄糖,从而使血糖水平升高。

③肾上腺素、甲状腺激素、糖皮质激素等:与胰高血糖素具有协同作用。

(3)血糖平衡调节的过程

①调节方式:神经—体液调节,其中神经调节通过体液调节发挥作用,体液调节占主导地位。同时也是负反馈调节。

思维火花 Siweihuohua

②调节中枢：下丘脑。

(4)总结和拓展

①参与调节血糖稳定的糖原是肝糖原和肌糖原，但肌糖原不会分解成为葡萄糖。

②肾上腺素的分泌仅接受神经调节。

③胰岛素是唯一能降低血糖浓度的激素，但使血糖浓度升高的激素并不仅有胰高血糖素，还有肾上腺素等。所以胰岛素的信息传递中一旦出现问题，则患糖尿病。胰岛素与胰高血糖素之间是拮抗作用，胰高血糖素与肾上腺素之间是协同作用。

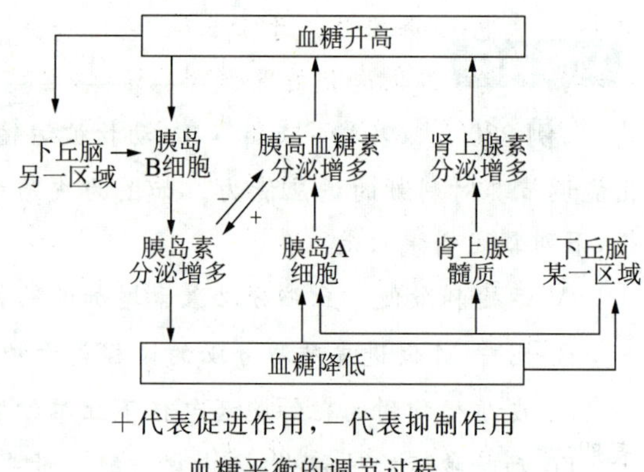

＋代表促进作用，－代表抑制作用

血糖平衡的调节过程

德叔批注

胰岛素和胰高血糖素复杂的相互关系：“胰高血糖素促进胰岛素的分泌，胰岛素抑制胰高血糖素的分泌”。

“胰岛素的分泌量增加会抑制胰高血糖素的分泌”，指的是血糖浓度高于正常的情况下发生的，此时胰岛素分泌增加，胰高血糖素的分泌受到抑制而减少，这样才能使血糖降低到正常水平。而且是血糖浓度越高，抑制作用越强，反过来抑制作用减弱。

“胰高血糖素的分泌会促进胰岛素的分泌”，这是在血糖浓度低于正常的情况下发生的，胰高血糖素的分泌增加会升血糖，升血糖目的在于用血糖，而血糖的利用必须进入细胞内。血糖能否进入细胞内，就取决于胰岛素了。胰岛素的功能就是促进葡萄糖进入细胞中，进一步实现葡萄糖的氧化分解或合成糖原或转变成脂肪、氨基酸等。因此，胰高血糖素的分泌势必会促进胰岛素的分泌。

但通常情况下，我们可以认为两者是拮抗关系。

④糖尿病拓展：糖尿病的主要临床表现除血糖高、尿液中含有葡萄糖外，还有“三多一少”的症状，即多饮、多尿、多食和体重下降。糖尿病的患病原因有两种：第一种为缺乏胰岛素导致血糖不能降低的糖尿病，称为Ⅰ型糖尿病，通过注射胰岛素治疗；还有一种是激素不能与受体正常结合，导致信息不能传递到细胞内，称为Ⅱ型糖尿病，通过注射胰岛素不能治疗，需要增加受体活性。绝大部分的糖尿病患者所患的是Ⅱ型糖尿病。

真题真练

例 282 (2020·江苏·12) 下列关于人体内胰岛素和胰高血糖素的叙述，错误的是（　　）

A. 胰岛素在胰岛B细胞中合成，胰高血糖素在胰岛A细胞中合成

B. 胰岛素是唯一降低血糖的激素，胰高血糖素不是唯一升高血糖的激素

C. 胰岛素激活胰岛素受体后，葡萄糖通过胰岛素受体进入细胞内

D. 胰岛素分泌不足或胰高血糖素分泌过多均可能导致糖尿病的发生

例 283 (2019·海南·17) 胰岛素与细胞膜上相应受体结合后可以促进细胞对葡萄糖的吸收。下列情况可以导致血糖浓度降低的是（　　）

A. 健康人早餐食用馒头、面包和米粥等食物后

B. 胰岛A细胞分泌增强，胰高血糖素水平上升

C. 体内胰岛素水平正常，胰岛素受体活性降低

D. 胰岛B细胞分泌增强，胰岛素受体活性正常

例 284 (2021·河北·10) 血糖浓度升高时，机体启动三条调节途径：①血糖直接作用于

胰岛B细胞；②血糖作用于下丘脑，通过兴奋迷走神经（参与内脏活动的调节）支配胰岛B细胞；③兴奋的迷走神经促进相关胃肠激素释放，这些激素作用于胰岛B细胞。下列叙述错误的是（　　）

A. ①和②均增强了胰岛B细胞的分泌活动

B. ②和③均体现了神经细胞与内分泌细胞间的信息交流

C. ①和③调节胰岛素水平的方式均为体液调节

D. 血糖平衡的调节存在负反馈调节机制

例285 （2020·新课标Ⅰ·31）某研究人员用药物W进行了如下实验：给甲组大鼠注射药物W，乙组大鼠注射等量生理盐水，饲养一段时间后，测定两组大鼠的相关生理指标。实验结果表明：乙组大鼠无显著变化；与乙组大鼠相比，甲组大鼠的血糖浓度升高，尿中葡萄糖含量增加，进食量增加，体重下降。回答下列问题：

(1)由上述实验结果可推测，药物W破坏了胰腺中的________细胞，使细胞失去功能，从而导致血糖浓度升高。

(2)由上述实验结果还可推测，甲组大鼠肾小管液中的葡萄糖含量增加，导致肾小管液的渗透压比正常时的________，从而使该组大鼠的排尿量________。

(3)实验中测量到甲组大鼠体重下降，推测体重下降的原因是____。

(4)若上述推测都成立，那么该实验的研究意义是____（答出1点即可）。

4 体温平衡调节

(1)调节原理：人体的产热量与散热量的动态平衡。

机体产热和散热保持动态平衡的机制如下：正常情况下，产热量等于散热量；外界温度低时，机体产热多，散热也多；外界温度高时，机体产热少，散热也少。当产热多于散热，则体温升高；当产热少于散热，则体温降低。如在发高烧时，人体的产热不一定大于散热，因为病人的体温可能继续升高，但如果温度保持不变，则产热就等于散热。

高烧不退的病人不应加盖棉被。因为高烧不退，体温调节功能暂时丧失，加盖棉被不但不会排汗，反而影响了热量的散失。

(2)调节过程

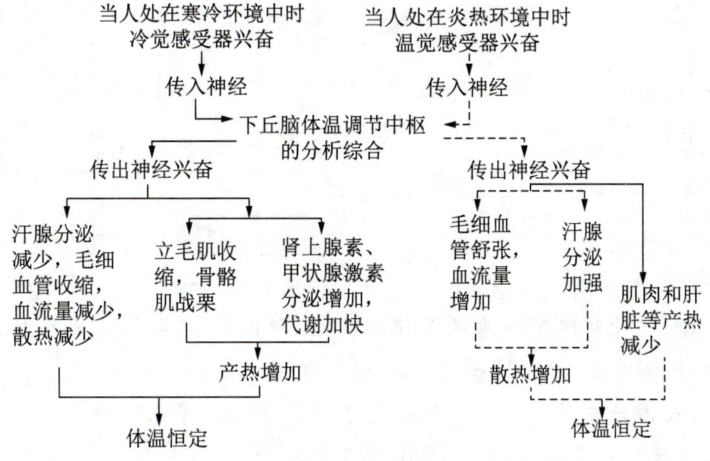

体温调节的图解

思维火花 Siweihuohua

思维火花 Siweihuohua

①体温调节的方式：神经—体液调节。

②体温调节的中枢：下丘脑。

(3)总结拓展

①人体热量的主要来源：细胞中有机物的氧化放能。

②主要的产热、散热器官：产热器官安静时主要是肝脏，剧烈运动时主要是骨骼肌；主要的散热器官是皮肤。

③“寒颤”指骨骼肌不自主战栗，“起鸡皮疙瘩”指立毛肌收缩，二者都是增加产热的途径。

④体温感觉中枢位于“大脑皮层”；体温调节中枢位于“下丘脑”；温度感受器是感受温度变化的“感觉神经末梢”，它分布在皮肤、黏膜及内脏器官中。

真题真练

例 286 （2019·新课标Ⅲ·3）下列不利于人体散热的是（　　）

A. 骨骼肌不自主战栗　　B. 皮肤血管舒张

C. 汗腺分泌汗液增加　　D. 用酒精擦拭皮肤

例 287 （2018·浙江 11 月选考·20）下列关于人体体温调节的叙述，正确的是（　　）

A. 寒冷环境下，骨骼肌不受神经支配而自主战栗

B. 气温超过 35 ℃时，最有效的散热方式是出汗

C. 通常机体的传导散热主要发生在体内

D. 机体的产热量与散热量始终相等

例 288 （2020·海南·4）正常人体体温的昼夜周期性波动称为体温日节律。下列有关体温日节律的叙述，错误的是（　　）

A. 因年龄和性别不同而存在差异　　B. 是机体内环境稳态的一种表现

C. 通过神经调节来维持　　D. 有利于机体适应昼夜变化

例 289 （2018·江苏·30）正常人体感染病毒会引起发热，发热过程分为体温上升期、高温持续期和体温下降期。下图为体温上升期机体体温调节过程示意图，其中体温调定点是为调节体温于恒定状态，下丘脑体温调节中枢预设的一个温度值，正常生理状态下为 37 ℃。请回答下列问题：

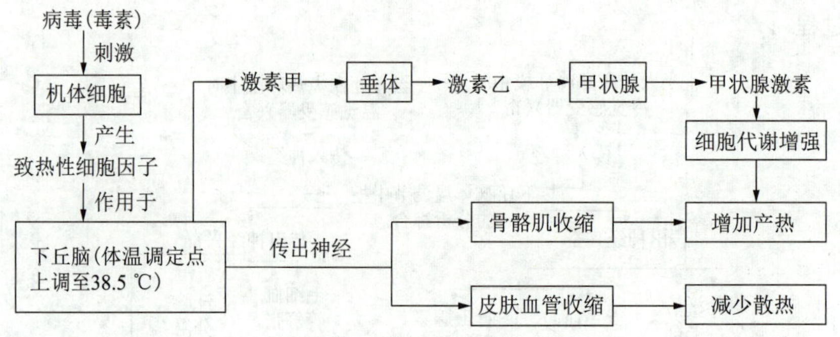

(1)图中激素甲的名称是________，激素乙通过________的途径作用于甲状腺。

(2)体温上升期，人体骨骼肌不随意的节律性收缩，即出现“寒战”，有助于体温________。综合图解分析，体温上升期人体进行体温调节的方式有________。

(3)高温持续期，人体产热量________（填“大于”“小于”或“等于”）散热量。此阶段人体有时会出现脱水现象，垂体释放抗利尿激素增加，肾小管和集合管________，从而减少尿量。

(4)体温下降期，机体增加散热的途径有________。

(5)体温上升期,人体会出现心率加快、血压轻度升高等症状,易引发慢性心血管疾病急性发作。请解释血压升高的可能原因:______________________________。

思维火花 Siweihuohua

5 水盐平衡调节

(1)调节机制:摄入等于排出。

(2)调节过程

①调节方式:神经—体液调节、负反馈调节。

②调节中枢:下丘脑。

③调节途径

a. 渴感的产生与饮水:下丘脑渗透压感受器→大脑皮层→产生渴感→主动饮水。

b. 水分的重吸收:下丘脑渗透压感受器→垂体→释放抗利尿激素→作用于肾小管、集合管重吸收水→尿量减少。

(3)抗利尿激素问题:抗利尿激素在下丘脑合成、分泌,经垂体释放。

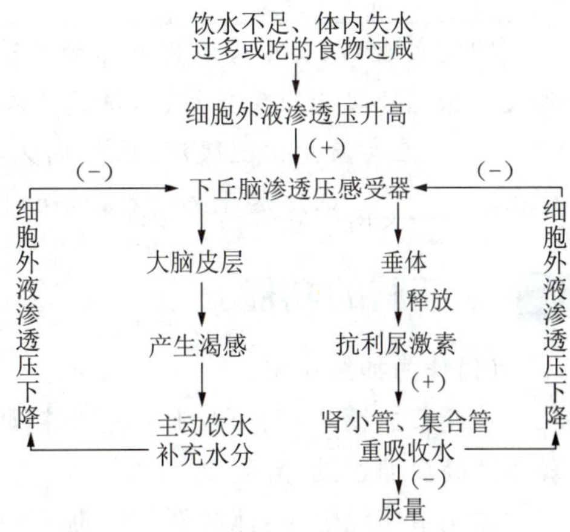

水盐调节图解

真题真练

例 290 (2016·新课标Ⅲ·3)下列有关动物水盐平衡调节的叙述,错误的是 ( )

A. 细胞外液渗透压的改变可影响垂体释放抗利尿激素的量

B. 肾小管通过主动运输吸收水的过程受抗利尿激素的调节

C. 摄盐过多后饮水量的增加有利于维持细胞外液渗透压相对恒定

D. 饮水增加导致尿生成增加有利于维持细胞外液渗透压相对恒定

例 291 (2016·江苏·16)如图表示正常人分别快速饮用 1 L 清水、1 L 生理盐水后排尿量和血浆渗透压的变化情况。下列相关叙述正确的是 ( )

A. 曲线 c 表示饮用 1 L 生理盐水后排尿量的变化

B. 饮用大量生理盐水后循环血量出现暂时性增加

C. 曲线 d 表示饮用 1 L 生理盐水后血浆渗透压的变化

D. 饮用大量清水后垂体合成和分泌的抗利尿激素减少

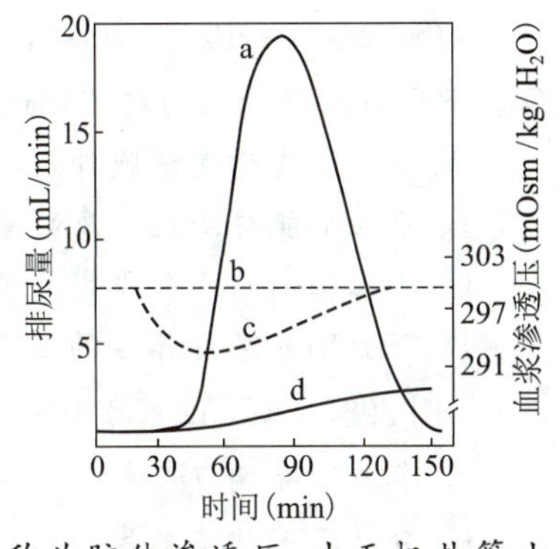

例 292 (2017·新课标Ⅰ·31)血浆渗透压可分为胶体渗透压和晶体渗透压,其中,由蛋白质等大分子物质形成的渗透压称为胶体渗透压,由无机盐等小分子物质形成的渗透压称为晶体渗透压。回答下列问题:

(1)某种疾病导致人体血浆蛋白含量显著降低时,血浆胶体渗透压降低,水分由________进入组织液,可引起组织水肿等。

(2)正常人大量饮用清水后,胃肠腔内的渗透压下降,经胃肠吸收进入血浆的水量会________,从而使血浆晶体渗透压________。

(3)在人体中,内环境的作用主要为①细胞生存的直接环境;②______________________。

例 293 (2018·新课标Ⅰ·31)为探究不同因素对尿量的影响,某同学用麻醉后的实验兔进行不同的实验,实验内容如下:

a. 记录实验兔的尿量(单位:滴/分钟)。

思维火花 Siweihuohua

b. 耳缘静脉注射垂体提取液 0.5 mL，记录尿量。

c. 待尿量恢复后，耳缘静脉注射 20% 葡萄糖溶液 15 mL，记录尿量，取尿液做尿糖定性实验。

回答下列问题：

(1)该同学发现，与 a 相比，b 处理后实验兔尿量减少，其主要原因是____。

(2)c 处理后，肾小管腔内液体的渗透压会升高，实验兔的尿量会________。取尿液加入斐林试剂做尿糖定性实验出现砖红色，说明尿液中含有________。

(3)若某实验兔出现腹泻、尿量减少现象，导致尿量减少的主要原因是血浆渗透压升高，刺激了存在于________的渗透压感受器，从而引起尿量减少。

6 下丘脑的功能

(1)作为神经中枢

①调节血糖平衡：下丘脑内有血糖调节中枢，该中枢通过神经直接作用于胰岛细胞，调节胰岛素和胰高血糖素的分泌。

②调节体温恒定：体温调节中枢主要位于下丘脑中。

③调节水盐平衡：水盐平衡的调节中枢位于下丘脑。

(2)作为感受器：下丘脑中有渗透压感受器，可以感受人体内环境中渗透压的改变。

(3)作为效应器：下丘脑可以合成抗利尿激素。

(4)具有分泌功能：下丘脑是内分泌平衡的调节中枢，它通过分泌多种促激素释放激素作用于垂体，通过控制垂体的功能来控制其他内分泌腺的活动。

(5)传导兴奋：可传导兴奋至大脑皮层等高级中枢，如传导渗透压感受器产生的兴奋至大脑皮层，使之产生渴感。

真题真练

例 294 (2021·新课标甲·4) 人体下丘脑具有内分泌功能，也是一些调节中枢的所在部位。下列有关下丘脑的叙述，错误的是 (　　)

A. 下丘脑能感受细胞外液渗透压的变化

B. 下丘脑能分泌抗利尿激素和促甲状腺激素

C. 下丘脑参与水盐平衡的调节：下丘脑有水盐平衡调节中枢

D. 下丘脑能感受体温的变化：下丘脑有体温调节中枢

例 295 (2012·海南·10) 下列不属于哺乳动物下丘脑功能的是 (　　)

A. 参与体温调节　　B. 参与水盐平衡的调节

C. 分泌促甲状腺激素　　D. 对昼夜节律有调节作用

五、免疫调节

1 组成

(1)免疫器官

①组成：骨髓、胸腺、脾、淋巴结、扁桃体等。

②作用：免疫细胞生成、成熟或集中分布的场所。

③功能分析

扁桃体	位于咽腭部，左右各一，形状像扁桃，内部有免疫细胞，具有防御功能
脾脏	椭圆形，在胃的左侧，内含大量的淋巴细胞；也参与制作新的血细胞和清除衰老的血细胞
淋巴结	圆形或豆状，是淋巴细胞集中分布的场所；沿淋巴管遍布全身，集中于颈部、腋窝部和腹股沟等处，能阻止和消灭侵入体内的微生物
胸腺	胸骨的后面，扁平的椭圆形，分左右两叶；胸腺随年龄而增长，在青春期时达到高峰，以后逐渐退化。是T细胞分化、发育、成熟的场所
骨髓	位于骨髓腔或者骨松质内，是各种免疫细胞发生、分化和发育的场所

(2)免疫细胞

①组成：都起源于骨髓的造血干细胞，包括各种类型的白细胞，如淋巴细胞、树突状细胞和巨噬细胞等。淋巴细胞主要包含两大类：T细胞和B细胞。

②作用：发挥免疫作用的细胞。

③功能分析

<table>
<tr><td rowspan="3">淋巴细胞</td><td>B淋巴细胞</td><td colspan="3">在骨髓中发育成熟，在特异性免疫中分化为浆细胞，分泌抗体结合抗原</td></tr>
<tr><td rowspan="2">T淋巴细胞</td><td rowspan="2">在胸腺中成熟</td><td>辅助性T细胞</td><td>分泌细胞因子，促进B细胞和T细胞的分化</td></tr>
<tr><td>细胞毒性T细胞</td><td>裂解被病原体感染的靶细胞</td></tr>
<tr><td>树突状细胞</td><td colspan="4">分布于皮肤、消化道、呼吸道等上皮组织和淋巴器官内，成熟时具有分支，分支形似树突；具有强大的吞噬、呈递抗原的能力</td></tr>
<tr><td>巨噬细胞</td><td colspan="4">分布于各种组织中，具有吞噬消化、抗原处理和呈递功能</td></tr>
<tr><td>抗原呈递细胞</td><td colspan="4">B细胞、树突状细胞和巨噬细胞都能摄取和加工处理抗原，并且可以将抗原信息暴露在细胞表面，以便呈递给其他免疫细胞，这些细胞统称为抗原呈递细胞</td></tr>
</table>

(3)免疫活性物质

抗体	浆细胞分泌，随血液循环和淋巴循环到全身各个部位，和抗原发生特异性结合，一种抗体只能结合一种抗原
溶菌酶	可以由多种非免疫细胞分泌，通过水解肽聚糖破坏细菌细胞壁，发挥免疫功能，对细菌的识别不具有特异性
细胞因子	淋巴细胞分泌的多种免疫活性物质，包括白细胞介素、干扰素、肿瘤坏死因子等

2 类型和功能

(1)非特异性免疫和特异性免疫

免疫类型	非特异性免疫	特异性免疫
形成	生来就有	后天接触病原体之后获得
特点	无特异性	有特异性

续表

免疫类型	非特异性免疫	特异性免疫
组成	第一道防线:皮肤、黏膜 第二道防线:体液中的杀菌物质和吞噬细胞	第三道防线:主要由免疫器官和免疫细胞借助血液循环和淋巴循环而组成;包括体液免疫和细胞免疫

(2)功能

①免疫防御:排除外来抗原性异物的一种免疫防护作用。

②免疫自稳:指机体清除衰老或损伤的细胞,进行自身调节,维持内环境稳态的功能。

③免疫监视:指识别和清除突变的细胞,防止肿瘤发生的功能。

3 体液免疫和细胞免疫过程

(1)体液免疫

①参与细胞:抗原呈递细胞、辅助性 T 细胞、B 细胞、浆细胞、记忆细胞。

②免疫过程

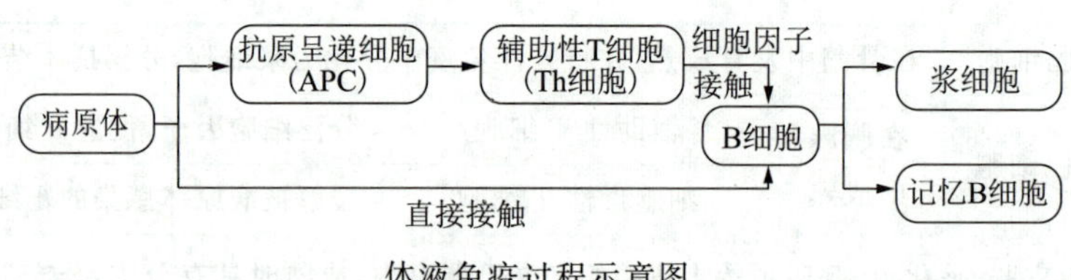

体液免疫过程示意图

③结果:在多数情况下,浆细胞产生的抗体与抗原结合,形成沉淀或细胞集团,进而被其他免疫细胞吞噬消化。

(2)细胞免疫

①参与细胞:抗原呈递细胞、辅助性 T 细胞、细胞毒性 T 细胞、记忆细胞。

②免疫过程

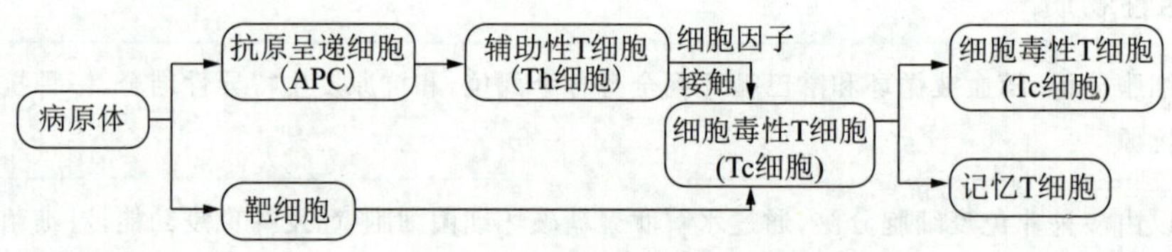

细胞免疫过程示意图

③结果:细胞毒性 T 细胞可以与被抗原入侵的宿主细胞密切接触,使其裂解死亡,释放出病原体,最终被吞噬、消灭。

(3)记忆细胞和二次免疫

①记忆细胞:是抗原刺激 B 细胞或 T 细胞时由少部分淋巴细胞增殖分化来的;可分记忆 B 细胞和记忆 T 细胞。

②特点:寿命长,能记住曾经入侵的抗原,且对此种抗原十分敏感。

③二次免疫过程:当同种抗原二次入侵时,记忆细胞比未分化的淋巴细胞更快地做出反应,增殖分化出大量的效应细胞。即二次免疫反应比初次免疫反应快且强,因此成年人患传染病的几率比幼儿小。

④二次免疫的特点:反应更快、更强。

⑤初次免疫反应和二次免疫反应过程中，抗体浓度变化和患病程度曲线图如图所示。

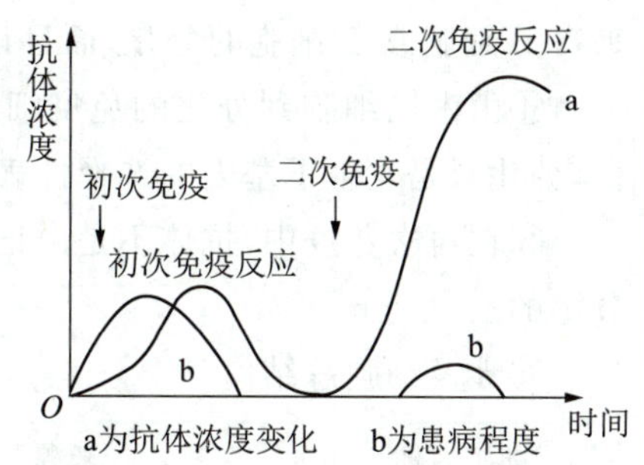

(4)过程补充

①抗原和抗体总结：抗原是能够引起机体产生特异性免疫反应的物质。如病毒、细菌等病原体表面的蛋白质等物质，以及引起过敏反应的花粉等。抗体是机体的免疫系统在抗原刺激下，由B淋巴细胞或记忆细胞增殖分化成的浆细胞所产生的、可与相应抗原发生特异性结合的免疫球蛋白，主要分布在血清中，也分布于组织液及外分泌液中。

②特异性免疫的"特异性"理解：每一个T细胞或B细胞只能识别一个抗原，当一种抗原入侵时，相应的淋巴细胞便能识别入侵抗原的特定结构，这种淋巴细胞被激活后便进行增殖，产生一个免疫学上相同的克隆来对抗这种抗原，在此过程中产生的淋巴因子、抗体、记忆细胞和效应细胞均具有特异性，但吞噬细胞没有特异性。此内容与选修三的单克隆抗体联系紧密，也是进行抗原—抗体杂交的基础。

(5)体液免疫和细胞免疫比较总结

项目	体液免疫	细胞免疫
图解	体液免疫 机体初次接触抗原 抗原被APC吞噬 辅助性T细胞 B细胞 记忆T细胞 机体再次接触抗原 记忆B细胞 浆细胞 抗体 抗体与相应的抗原结合	细胞免疫 细胞毒性T细胞 记忆T细胞 细胞毒性T细胞(Tc细胞) 攻击相应的被抗原入侵的靶细胞
对象	侵入内环境中的抗原	被抗原入侵的宿主细胞、自身突变细胞和来自异体的移植器官
作用方式	浆细胞产生的抗体与相应的抗原特异性结合	细胞毒性T细胞与靶细胞密切接触
关系	①抗原侵入机体后，先通过体液免疫的作用来阻止病毒通过血液循环而扩散，再通过细胞免疫的作用释放宿主细胞里面的病毒 ②抗原一旦侵入宿主细胞内部，就必须通过细胞免疫将抗原暴露，再由抗体消灭和清除 ③两者既各有其独特的作用，又相互配合，共同发挥免疫效应	

(6)易错提醒

①辅助性T细胞既参与细胞免疫，也参与部分体液免疫，当失去辅助性T细胞时，严重影响机体特异性免疫反应，如HIV会破坏辅助性T细胞，降低人体免疫能力。

②体液免疫和细胞免疫都有免疫活性物质参与，但是起作用的结果不同。抗体能消灭抗原，但是干扰素等淋巴因子能促进淋巴细胞的增殖和分化，增强免疫力。

③对浆细胞和细胞毒性T细胞来说，初次免疫只来自B细胞或T细胞的分化；二次免疫不仅

来自B细胞或T细胞的分化，而且记忆细胞可以更快地分化出浆细胞或细胞毒性T细胞。

④由淋巴细胞到分化的免疫细胞和记忆细胞的增殖分化过程中，细胞的遗传物质并未发生改变，分化只是发生了基因的选择性表达。

⑤在再次免疫中，抗体不是由记忆细胞产生的，而是由记忆细胞增殖分化形成的浆细胞合成并分泌的。

⑥涉及细胞总结

细胞名称	来源	功能特点
巨噬细胞	造血干细胞	具有识别能力，但不能特异性识别
浆细胞	B细胞、记忆细胞	分泌抗体，但不具备识别能力
B细胞/T细胞	造血干细胞	具有特异性识别能力
细胞毒性T细胞	T细胞、记忆细胞	具有特异性识别能力
记忆细胞	B细胞或T细胞	长期存活，识别抗原，分化成相应的效应细胞

4 免疫功能异常与免疫应用

(1)免疫失调引起的疾病

①三种免疫异常疾病

	过敏反应	自身免疫病	免疫缺陷病
概念	已产生免疫的机体再次接受相同的抗原时所发生的组织损伤或功能紊乱	免疫系统将自身物质当作外来异物进行攻击	由于机体免疫功能不足或缺乏而引起的疾病，分为两类：先天性免疫缺陷病、获得性免疫缺陷病
发病机理	相同过敏原再次进入机体时与吸附在细胞表面的相应抗体结合使细胞释放组织胺而引起	抗原结构与正常细胞物质表面结构相似，抗体消灭抗原时，也消灭正常细胞	人体免疫系统功能先天不足(遗传缺陷)或遭病毒等攻击破坏而致
举例	消化道、呼吸道过敏反应、皮肤过敏反应等	类风湿性关节炎、风湿性心脏病、系统性红斑狼疮等	先天性胸腺发育不良、艾滋病等

②过敏反应和体液免疫比较

	体液免疫	过敏反应
接触抗原	第一次接触抗原就会引起	再次接触相同的过敏原才引起
抗体分布	主要分布在血清中，能消灭抗原	分布在某些细胞的表面，往往引起不良反应

(2)免疫学的应用

①免疫预防和免疫治疗

a. 免疫预防：疫苗是减毒或灭活的病原微生物，能使人产生免疫反应，产生抗体和记忆细胞，但不会使人患病。免疫预防属于患病前的预防，即把疫苗接种到人体内，使人体产生对传染病的抵抗能力，增强了人体的免疫力。通过预防接种，人们能够积极地预防多种传染病，但具有特异性，不能预防所有传染病。这种免疫方式称为主动免疫。

b. 免疫治疗：患病后的治疗，即在人体患病条件下，通过输入抗体、胸腺素、淋巴因子等调整人的免疫功能，使机体抵抗疾病的能力增强，达到治疗疾病的目的，如各类抗毒血清。这种免疫方式称为被动免疫。

②器官移植:器官移植的成败主要取决于器官供者与受者的人类组织相容性抗原(HLA)是否一致或相近,若差异较大,则容易引起细胞免疫,导致移植器官坏死,而差异较小,则不会坏死,但受者要终生服用降低免疫能力的药物以避免排异反应。

③人工标记抗体:通过抗原—抗体杂交,特应性检测追踪抗原在机体中的位置。

思维火花 Siweihuohua

真题真练

例 296 (2013·海南·21)下列关于人体非特异性免疫的叙述,正确的是 ( )

A. 非特异性免疫是能够遗传的 B. 过敏反应是由非特异性免疫异常引起的

C. 机体能够通过非特异性免疫产生记忆细胞 D. 非特异性免疫只对一种特定的病原体起作用

例 297 (2014·海南·13)人体对病原菌具有一定的防御功能。下列叙述错误的是 ( )

A. 唾液中的溶菌酶可杀死病原菌 B. 口腔黏膜对病原菌有一定的屏障作用

C. 吞噬细胞对多种病原菌具有吞噬作用 D. B细胞对病原菌的免疫应答属于细胞免疫

例 298 (2013·山东·3)吞噬细胞对细菌抗原的吞噬、加工处理和呈递过程如图所示。下列叙述正确的是 ( )

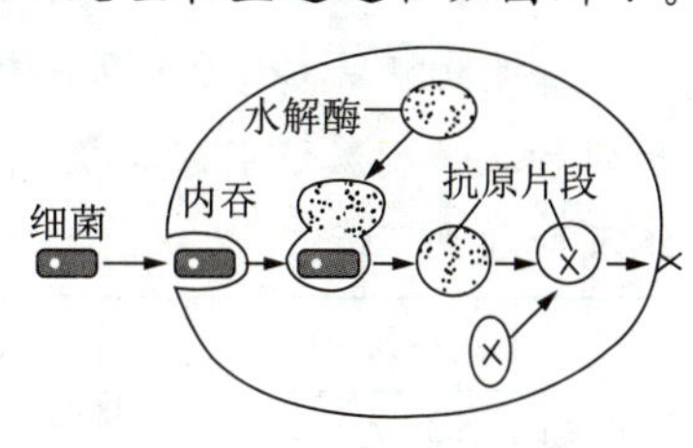

A. 吞噬细胞特异性地吞噬细菌抗原

B. 溶酶体参与抗原的加工处理过程

C. 加工处理后的抗原可直接呈递给B淋巴细胞

D. 抗原加工处理和呈递过程只存在于体液免疫

例 299 (2020·山东·15)新型冠状病毒的检测方法目前主要有核酸检测法和抗体检测法。下列说法错误的是 ( )

A. 抗体检测法利用了抗原与抗体特异性结合的原理

B. 感染早期,会出现能检测出核酸而检测不出抗体的情况

C. 患者康复后,会出现能检测出抗体而检测不出核酸的情况

D. 感染该病毒但无症状者,因其体内不能产生抗体不适用抗体检测法检测

例 300 (2017·新课标Ⅰ·4)某同学将一定量的某种动物的提取液(A)注射到实验小鼠体内,注射后若干天,未见小鼠出现明显的异常表现。将小鼠分成两组,一组注射少量的A,小鼠很快发生了呼吸困难等症状;另一组注射生理盐水,未见小鼠有异常表现。对实验小鼠在第二次注射A后的表现,下列解释合理的是 ( )

A. 提取液中含有胰岛素,导致小鼠血糖浓度降低

B. 提取液中含有乙酰胆碱,使小鼠骨骼肌活动减弱

C. 提取液中含有过敏原,引起小鼠发生了过敏反应

D. 提取液中含有呼吸抑制剂,可快速作用于小鼠呼吸系统

例 301 (2020·浙江7月选考·5)对人群免疫接种是预防传染性疾病的重要措施。下列叙述错误的是 ( )

A. 注射某种流感疫苗后不会感染各种流感病毒

B. 接种脊髓灰质炎疫苗可产生针对脊髓灰质炎病毒的抗体

C. 接种破伤风疫苗可比注射抗破伤风血清获得更长时间的免疫力

D. 感染过新型冠状病毒且已完全恢复者的血清可用于治疗新冠肺炎患者

例 302 (2020·新课标Ⅱ·2)当人体的免疫系统将自身物质当作外来异物进行攻击时,

思维火花 Siweihuohua

可引起自身免疫病。下列属于自身免疫病的是 ( )

A. 艾滋病　　B. 类风湿性关节炎

C. 动物毛屑接触性鼻炎　　D. 抗维生素D佝偻病

例 303 (2020·天津·6) 在天花病毒的第四代疫苗研究中,可利用天花病毒蛋白的亚单位(在感染和致病过程中起重要作用的成分)制作疫苗。注射该疫苗可诱导机体产生识别天花病毒的抗体。下列分析错误的是 ( )

A. 可通过基因工程途径生产这种疫苗

B. 天花病毒蛋白的亚单位是该病毒的遗传物质

C. 该方法制备的疫苗不会在机体内增殖

D. 天花病毒蛋白的亚单位是疫苗中的抗原物质

例 304 (2016·海南·16) 下列有关免疫的叙述,正确的是 ( )

A. 免疫系统相对独立,既不受神经调节也不受体液调节

B. 吞噬细胞可吞噬病原体,也可加工处理病原体使抗原暴露

C. 类风湿性关节炎和获得性免疫缺陷综合症均为自身免疫病

D. 免疫系统能消灭入侵的病原体,不能清除体内的异常细胞

例 305 (2019·新课标Ⅲ·30) 动物初次接受某种抗原刺激能引发初次免疫应答,再次接受同种抗原刺激能引发再次免疫应答。某研究小组取若干只实验小鼠分成四组进行实验,实验分组及处理见下表。

小鼠分组	A组	B组	C组	D组
初次注射抗原	抗原甲		抗原乙	
间隔一段合适的时间				
再次注射抗原	抗原甲	抗原乙	抗原甲	抗原乙

回答下列问题。

(1)为确定A、B、C、D四组小鼠是否有免疫应答发生,应检测的免疫活性物质是________(填"抗体"或"抗原")。

(2)再次注射抗原后,上述四组小鼠中能出现再次免疫应答的组是________。初次注射抗原后机体能产生记忆细胞,再次注射同种抗原后这些记忆细胞能够________________。

(3)A组小鼠再次注射抗原甲,一段时间后取血清,血清中加入抗原甲后会出现沉淀,产生这种现象的原因是________________。

(4)若小鼠发生过敏反应,过敏反应的特点一般有________________________________(答出2点即可)。

the END

模块九

植物的激素调节

核心概要

1. 植物生长素的发现
2. 生长素及其两重性
3. 其他植物激素及相互作用
4. 植物激素的应用

德叔寄语

生命是精子与卵子相遇的偶然，生命是一种奇迹，生命是一次美丽的绽放，生命是一次拼尽全力的努力。你的生命成就最独特的你。

内容导读

致同学：

本模块是关于植物生命活动调节的内容，植物和动物一样具有调节生命活动的能力，如向光性、向水性、背地性等向性运动，以此来适应环境，更好地生存和繁衍。而其调节方式是本章的研究重点，由于植物没有“系统”的结构层次，不具备神经系统、内分泌系统和免疫系统，因此不能通过神经—体液—免疫调节网络进行生命活动调节，其主要的调节方式是多种不同的植物激素共同调节。所以本节知识重点在于三个方面：①生长素的发现实验中，实验操作及对照实验的设计；②生长素作用的两重性及具体表现；③赤霉素、细胞分裂素、脱落酸和乙烯的分析和应用。在实际的考题中少数题目考查相关基础知识，但是更多的题目喜欢考查实验的分析，通过提供实验的背景，考查学生对变量、对照、结果和结论的分析能力，因此除了基础知识之外，对于实验的分析能力也是至关重要的。

李林

知识详解

思维火花
Siweihuohua

一、植物生长素的发现

1 研究背景

植物的向光性:在单侧光的照射下,植物朝向光源生长的现象。

2 实验材料

金丝雀虉草胚芽鞘,胚芽鞘分尖端和伸长区两部分,其中伸长区可弯曲生长。

3 研究历程

科学家	实验	实验结论
达尔文	光照 光照 光照 光照 锡纸 锡纸 ① ② ③ ④	胚芽鞘尖端产生某种影响,该影响传递到下部伸长区时,由于单侧光的作用造成背光面比向光面生长快
鲍森·詹森	琼脂片	胚芽鞘尖端产生的影响可以透过琼脂片传递给下部
拜尔	黑暗 黑暗	胚芽鞘的弯曲生长是因为尖端产生的影响在其下部分布不均匀造成的
前三个实验初步证明尖端产生的影响可能是一种化学物质		
温特	实验组: 弯向放琼脂块的对侧 对照组: 不生长 不弯曲 注:■ 表示含生长素的琼脂块 □ 表示不含生长素的琼脂块	造成胚芽鞘弯曲的是一种化学物质,并命名为生长素
温特的实验进一步证明造成胚芽鞘弯曲的影响确实是一种化学物质		

思维火花 Siweihuohua

4 实验分析

(1)实验结论对比:温特实验之前的实验结论中不能出现"生长素",只能说"影响"。

(2)证明和提取不同步:证明"影响"是"化学物质"而非其他信号,并对该物质命名的科学家是温特;其后由科学家郭葛提取该物质,其化学本质为吲哚乙酸,由色氨酸合成。

(3)对照原则:上述实验中都设置了对照组,体现了单一变量原则。

(4)实验补充:鲍森·詹森实验的目的是要证明胚芽鞘尖端产生的影响要向下传递,但实验并没有充分证明,如何补充实验以证明胚芽鞘尖端产生的影响要传递到下部才能发挥作用:设置对照组,将琼脂片换成云母片或玻璃片,其他均相同。

5 植物激素概念

由植物体内产生,能从植物的产生部位运送到作用部位,对植物的生长发育有显著影响的微量有机物,称作植物激素。

6 植物激素要点

(1)产生:植物体内。

(2)运输途径:从产生部位到作用部位。

(3)作用:影响植物生长发育。

(4)实质:微量有机物。

真题真练

例 306 (2015·海南·8)科学家通过研究植物向光性发现的激素是 ( )

A. 脱落酸 B. 乙烯 C. 细胞分裂素 D. IAA

例 307 (2014·全国Ⅲ·5)为了验证单侧光照射会导致燕麦胚芽鞘中生长素分布不均匀这一结论,需要先利用琼脂块收集生长素,之后再测定其含量。假定在单侧光照射下生长素的不均匀分布只与运输有关。下列收集生长素的方法(如图示)中,正确的是 ( )

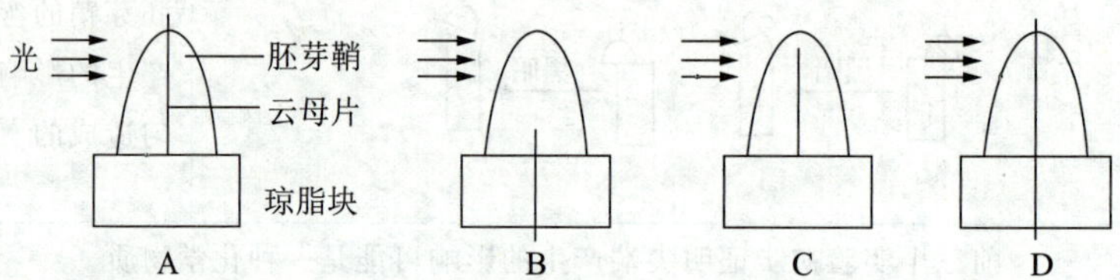

二、生长素及其功能

1 合成原料和部位

(1)合成原料:色氨酸。

(2)合成部位:主要在幼嫩的芽、叶和发育中的种子;可以理解为分裂旺盛的部位。

思维火花 Siweihuohua

2 分布部位

植物体各器官中都有，相对集中地分布在生长旺盛的部分(幼根/叶≥老根/叶；分生区≤伸长区；侧芽≥顶芽)。

3 运输方式

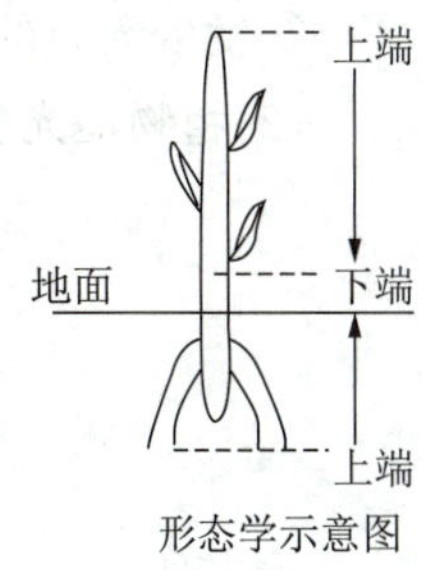

形态学示意图

(1)极性运输：幼嫩部位从形态学上端运输到形态学下端，属于主动运输。向光性、顶端优势均有极性运输发生。

(2)非极性运输：成熟组织中可以通过韧皮部进行运输，属于被动运输。

(3)横向运输：在幼嫩部位，生长素还可以发生横向运输，主要受到光照和重力的影响。

4 作用特点

具有两重性，即低浓度促进生长，高浓度抑制生长。

(1)既能促进生长，也能抑制生长。

(2)既能促进发芽，也能抑制发芽。

(3)既能防止落花落果，也能疏花疏果。

5 两重性原理

(1)影响因素

①生长素浓度不同。

②植物器官种类不同。

③植物细胞成熟程度不同。

(2)生长素对根、芽、茎的作用曲线分析

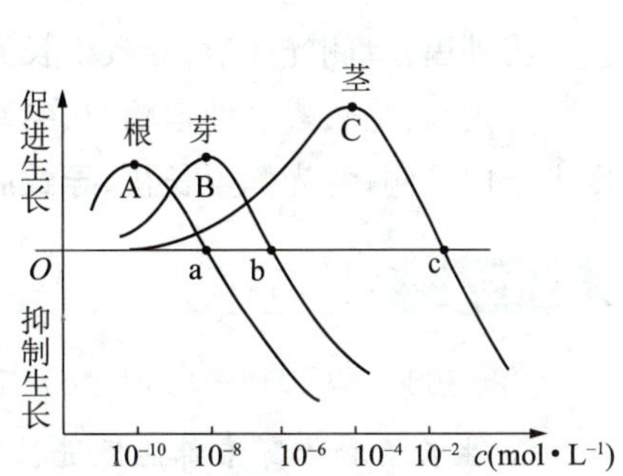

①不同浓度的生长素作用于同一器官上，引起的生理效应不同，低浓度促进生长，高浓度抑制生长，甚至杀死植物。

②同一浓度的生长素作用于不同器官上，引起的生理效应也不同，这是因为不同的器官对生长素的敏感程度不同，一般情况下，敏感程度大小：根＞芽＞茎，也说明不同器官正常生长要求的生长素浓度不同。

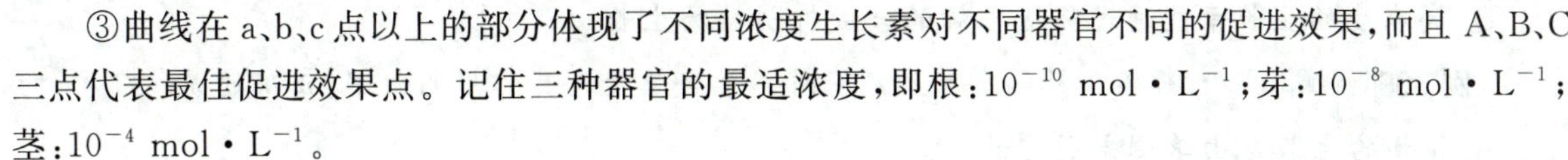

③曲线在a、b、c点以上的部分体现了不同浓度生长素对不同器官不同的促进效果，而且A、B、C三点代表最佳促进效果点。记住三种器官的最适浓度，即根：10^{-10} mol·L^{-1}；芽：10^{-8} mol·L^{-1}；茎：10^{-4} mol·L^{-1}。

④“高浓度”生长素是指分别大于a、b、c点对应的浓度，“低浓度”生长素是指分别小于a、b、c点对应的浓度。

⑤不要将Aa、Bb、Cc段理解为抑制阶段，此阶段仍体现生长素的促进作用，只是促进作用逐渐降低。

⑥抑制生长并非不生长，抑制生长时，植物依旧生长，但是生长速度较空白对照更慢。

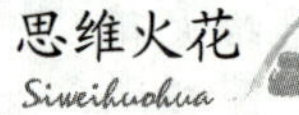

6 向性运动分析

(1)胚芽鞘的感光部位和发挥作用部位

①感光部位:胚芽鞘尖端。

②产生生长素部位:胚芽鞘尖端。

③发生弯曲的部位:伸长区,即尖端下面一小段。

(2)植物向光性的原因

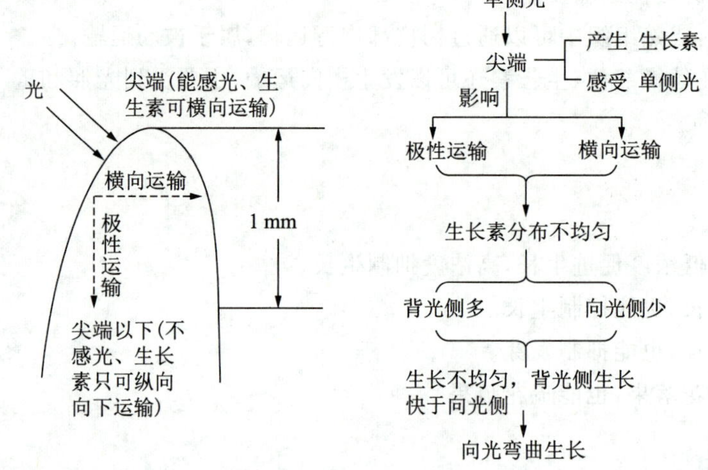

植物向光性原因示意图

①外因:单侧光照射,导致生长素横向运输,从向光侧运到背光侧。

②内因:生长素极性运输,从尖端运到伸长区,导致伸长区生长素分布不均匀,背光侧生长素浓度大于向光侧,背光侧生长快,导致胚芽鞘向光弯曲生长。

真题真练

例 308 (2014·海南·8)下列关于植物激素的叙述,错误的是 ( )

A. 生长素和赤霉素都能促进植物生长

B. 生长素的发现源于人们对植物向光性的研究

C. 顶芽合成的生长素通过自由扩散运输到侧芽

D. 高浓度的生长素能通过促进乙烯的合成抑制植物生长

例 309 (2019·浙江4月选考·11)下列关于生长素及其作用的叙述,正确的是 ( )

A. 植物的生长是由单侧光引起的

B. 生长素在细胞内可由色氨酸合成

C. 生长素由苗尖端产生并促进苗尖端的伸长

D. 不同浓度的生长素对植物同一器官的作用效果一定不同

例 310 (2015·安徽·6)下列关于植物生长素及其类似物的叙述,不正确的是 ( )

A. 同一植物的幼芽对生长素的反应敏感程度高于幼根

B. 棉花表现出的顶端优势与顶芽产生的生长素的极性运输有关

C. 在番茄花期喷洒一定浓度的2,4-D可防止落花落果

D. 用一定浓度的IBA溶液浸泡葡萄插条基部可诱导生根

思维火花 Siweihuohua

例 311 (2015·新课标Ⅰ·2)下列关于植物生长素的叙述,错误的是 ( )

A. 植物幼嫩叶片中的色氨酸可转变为生长素

B. 成熟茎韧皮部中的生长素可以进行非极性运输

C. 幼嫩细胞和成熟细胞对生长素的敏感程度相同

D. 豌豆幼苗切段中乙烯的合成受生长素浓度的影响

例 312 (2019·新课标Ⅱ·29)某研究小组切取某种植物胚芽鞘的顶端,分成甲、乙两组,按下图所示的方法用琼脂块收集生长素,再将含有生长素的琼脂块置于去顶胚芽鞘切段的一侧,一段时间后,测量胚芽鞘切段的弯曲程度(α 角),测得数据如下表。据此回答问题。

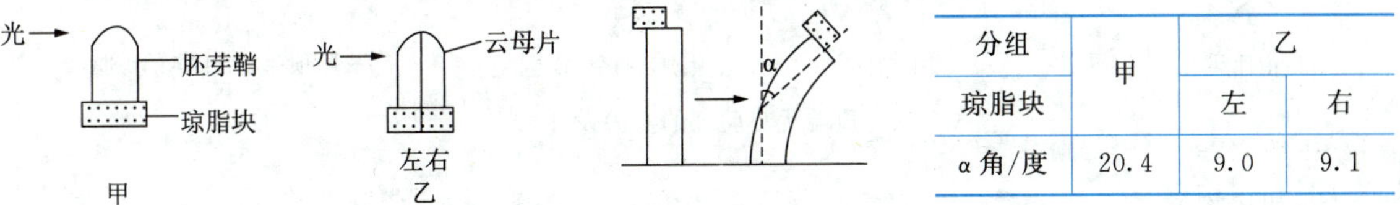

分组	甲	乙	
琼脂块		左	右
α 角/度	20.4	9.0	9.1

(1)生长素在胚芽鞘中的运输属于极性运输,这种运输的方向是________________。

(2)上图中 α 角形成的原因是________________________________。

(3)据表可知乙组中左、右两侧的琼脂块所引起的 α 角基本相同,但小于甲琼脂块所引起的 α 角,原因是________________________________。

三、生长素类似物及其在农业中的应用

1 生长素类似物

(1)概念:人工合成的具有与生长素相似的生理效应的化学物质,如 α-萘乙酸(NAA)、2,4-D 等。

(2)应用

①促进扦插的枝条生根:用一定浓度的生长素类似物浸泡插条的下端,插条容易生根成活。

②促进果实发育:用一定浓度的生长素类似物涂抹在没有接受花粉的柱头上,子房发育成无子果实。

③防止落花落果:一定浓度的生长素类似物可以保蕾保铃。

2 顶端优势

(1)现象:顶芽优先生长,侧芽生长受到抑制。

(2)原因:顶芽产生的生长素通过极性运输运到侧芽,侧芽附近生长素浓度过高,发育受到抑制。

(3)解除:去掉顶芽。如棉花摘顶可促进侧芽生长,增加结实;园艺中去除顶芽可使植物长成特定形状。

(4)实验验证:通过以下实验可验证生长素在顶端优势中的作用。

①保留顶芽,侧芽生长被抑制。

②去除顶芽,侧芽生长。

思维火花 Siweihuohua

③去除顶芽，放置空白琼脂块，侧芽生长。

④去除顶芽，放置含生长素的琼脂块，侧芽生长被抑制。

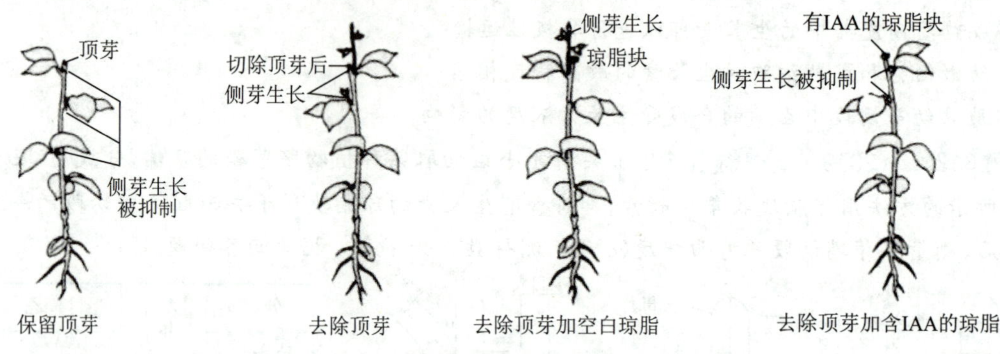

顶端优势验证的实验设计

(5)知识拓展

①生长素能由低浓度的顶芽部位向高浓度的侧芽部位运输，说明生长素的运输方式是主动运输，运输方向是极性运输。

②根也具有顶端优势，原理与茎的顶端优势相同。

3 无子番茄

项目	原理	方法处理	变异方式
无子番茄	生长素促进果实发育	用一定浓度的生长素类似物处理花蕾期去掉雄蕊的番茄的雌蕊柱头或子房，然后套袋，可以获得无子番茄	不可遗传变异
无子西瓜	染色体变异形成的三倍体，不能产生正常的配子	通过多倍体育种方法获得，其子房需用正常花粉刺激产生生长素，才能发育成无子果实	可遗传变异

4 除草剂

单子叶植物和双子叶植物对生长素的敏感程度不同：单子叶植物适宜的生长素浓度较高，而双子叶植物适宜的生长素浓度较低，所以在单子叶作物的农田中喷洒适当浓度的生长素类似物可以除去双子叶杂草，同时促进单子叶植物的生长。

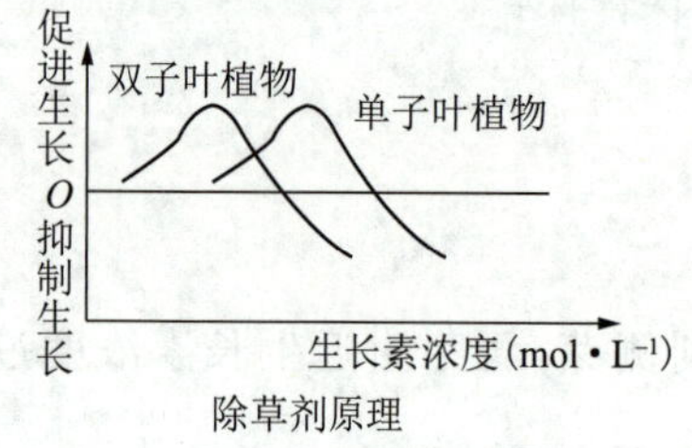

除草剂原理

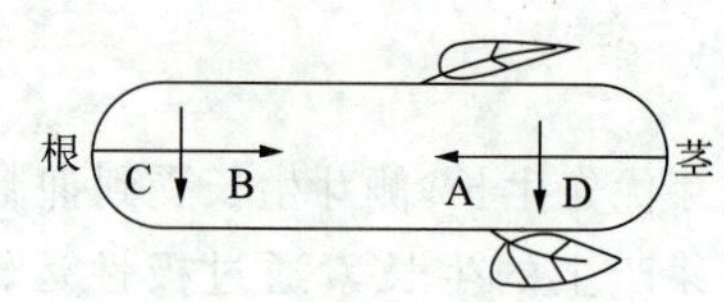

茎的背地性和根的向地性原理

5 茎的背地性和根的向地性

(1)原因

①外因：重力产生单一方向的刺激，生长素横向运输，导致近地侧生长素浓度大于远地侧。

②内因：生长素分布不均匀，近地侧大于远地侧；同时，根、茎对生长素的反应敏感程度不同，茎

对生长素敏感性低，近地侧生长素浓度大，促进生长的效果好，生长速度快，背地生长；根对生长素敏感性强，近地侧生长素浓度大，反而抑制了近地侧的生长，生长速度慢，根向地生长。

(2)运输方向：A、B为极性运输，C、D为重力作用下的横向运输。

(3)根的向地性体现了生长素作用的两重性；茎的背地性不能体现其两重性。

思维火花 Siweihuohua

真题真练

例 313 (2013·全国·4)下列关于植物生长素和生长素类似物的叙述，错误的是 ( )

A. 适宜浓度的生长素类似物可促进无子果实的发育

B. 同一植株根和芽生长所需的最适生长素浓度相同

C. 单侧光照射燕麦胚芽鞘可使其生长素分布发生变化

D. 用适宜浓度的生长素类似物处理插条可促进其生根

例 314 (2021·新课标甲·3)生长素具有促进植物生长等多种生理功能。下列与生长素有关的叙述，错误的是 ( )

A. 植物生长“顶端优势”现象可以通过去除顶芽而解除

B. 顶芽产生的生长素可以运到侧芽附近从而抑制侧芽生长

C. 生长素可以调节植物体内某些基因的表达从而影响植物生长

D. 在促进根、茎两种器官生长时，茎是对生长素更敏感的器官

例 315 (2014·浙江·2)下图表示施用IAA(吲哚乙酸)对某种植物主根长度及侧根数的影响。下列叙述错误的是 ( )

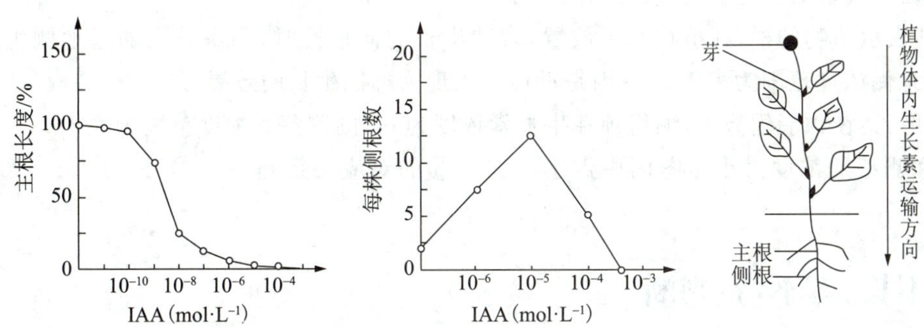

A. 促进侧根数量增加的IAA溶液，会抑制主根的伸长

B. 施用IAA对诱导侧根的作用表现为低浓度促进、高浓度抑制

C. 将未施用IAA的植株除去部分芽和幼叶，会导致侧根数量增加

D. 与施用10^{-4} mol·L^{-1}的IAA相比，未施用的植株主根长而侧根数量少

例 316 (2019·海南·10)生长素及其类似物能够调节植物的生长发育。下列相关叙述错误的是 ( )

A. 棉花栽培过程中去除顶芽可促进侧芽生长，提高棉花产量

B. 给果树适宜喷施适量的NAA有利于保果，提高果实产量

C. 用适宜浓度的IAA处理未受粉番茄雌蕊，可得到大量正常的番茄种子

D. 带有芽和幼叶的柳条扦插时容易生根，是因为芽和幼叶均能产生IAA

四、生长素拓展分析

1 浓度分析方法

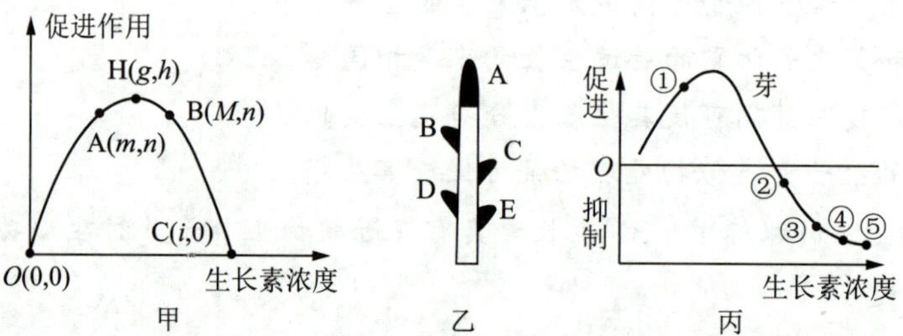

(1)据图甲：若曲线表示植物的幼苗，其出现向光性时，测得其向光侧生长素浓度为 m，则其背光侧生长素浓度范围是大于 m 小于 M，原因：背光侧浓度大于向光侧，故需要大于 m；背光侧促进效果好于向光侧，故需要小于 M。

若曲线表示植物的茎，在植物水平放置，表现出茎的背地性时，测得其茎的近地侧生长素浓度为 M，则茎的远地侧生长素浓度范围是大于 0 小于 m，原因：远地侧浓度小于近地侧，故需要小于 M；远地侧促进效果低于近地侧，故还需要小于 m。

若曲线表示植物的根，在植物水平放置，表现出根的向地性时，测得其根的远地侧生长素浓度为 m，则近地侧浓度范围为大于 i，原因是近地侧表现为抑制生长的效果。

(2)据图乙：在顶端优势中，测得顶芽生长素浓度为 m，则侧芽的浓度范围为大于 i，顶端优势现象中顶芽和侧芽的浓度大小与图丙中点①②③④⑤的对应关系是 A—①、E—②、D—③、C—④、B—⑤。

2 “长不长、弯不弯”判断

(1)“长不长、弯不弯”判断原则

①看胚芽鞘尖端以下的部分能否获得生长素：能则生长；不能则既不生长也不弯曲。

②看胚芽鞘尖端以下部分生长素的分布是否均匀：若均匀则直立生长；若不均匀则弯曲生长。

(2)生长素分布不均的原因分析

①单方向刺激的影响：常见的有单侧光、重力、离心力等因素，使生长素在产生部位发生了横向运输，然后通过极性运输到达作用部位，使生长素分布不均，从而造成了弯曲生长。

②其他人为因素：如温特将含有生长素的琼脂块故意偏放在胚芽鞘去掉尖端的横切面上，探究弯曲生长的原因，又如云母片或玻璃片的应用，也会造成生长素分布不均。

③琼脂等不能感光，不会影响生长素的运输和传递，而云母片等则会阻碍其运输。

④生长素的产生不需要光，有、无光均产生。

⑤横向运输只发生在产生生长素的部位，且需要有单侧光或重力的刺激。尖端均匀光照或黑暗时不发生生长素的横向运输；失重状态下水平放置的植物的根、芽中生长素分布是均匀的，植物会水平生长。

思维火花 Siweihuohua

(3)常见处理方式见下表

类别	图解条件	相关结果
遮盖类	光 锡纸 光 ① ②	①直立生长 ②向光生长
暗箱类	光 ① ②	①直立生长 ②向光(小孔)生长
插入类	云母片 光 琼脂块 ① ② ③ ④	①向右侧生长 ②直立生长 ③向光生长 ④向光生长
移植类	光 a b c ① ② ③ ④	①直立生长 ②向左侧生长 ③④中 IAA 的含量 a=b+c,b>c
旋转类	光 光 光 ①盆转 ②盒转 ③都转 ④盘转	①直立生长 ②向光生长 ③向小孔生长 ④茎向心生长,根离心生长
横置类	a c b d ①失重 a c b d ②有重力	IAA 含量及作用 ①a=b,c=d,都促进水平生长 ②a<b,c<d,a、c、d 促进生长,b 抑制生长

真题真练

例 317 (2017·浙江 11 月选考·6)将云母片插入苗尖端及其下部的不同位置如图所示,给予单侧光照射。如图所示不发生弯曲生长的是 ( )

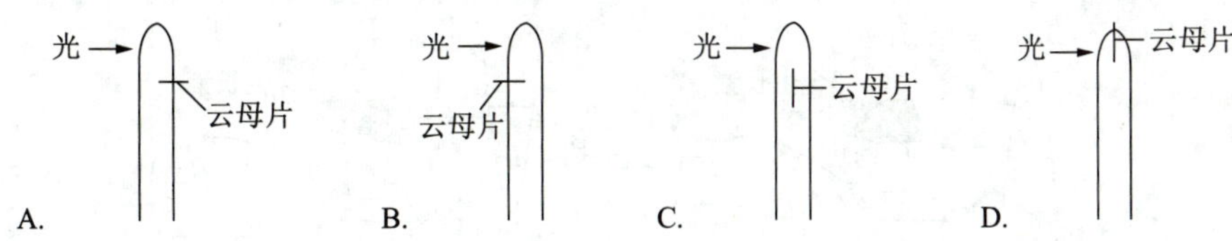

例 318 (2017·浙江 4 月选考·16)植物学家温特利用切去尖端的幼苗进行如图所示的实验。下列叙述错误的是 ( )

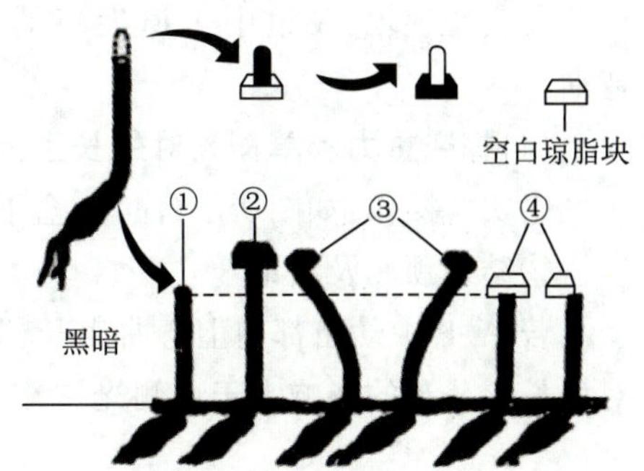

A. 在黑暗条件下进行实验是为了避免光的干扰

B. ①与④的结果证明琼脂块不含促进幼苗生长的化学物质

C. ②与③的结果证明苗尖端含有促进幼苗生长的化学

思维火花 Siweihuohua

物质

D. 该实验的成功之处在于将苗尖端的化学物质扩散到琼脂块中再去影响切去尖端的幼苗

例 319 (2016·新课标Ⅲ·4) 为了探究生长素的作用，将去尖端的玉米胚芽鞘切段随机分成两组，实验组胚芽鞘上端一侧放置含有适宜浓度IAA的琼脂块，对照组胚芽鞘上端同侧放置不含IAA的琼脂块，两组胚芽鞘下端的琼脂块均不含IAA。两组胚芽鞘在同样条件下，在黑暗中放置一段时间后，对照组胚芽鞘无弯曲生长，实验组胚芽鞘发生弯曲生长，如图所述。根据实验结果判断，下列叙述正确的是 ( )

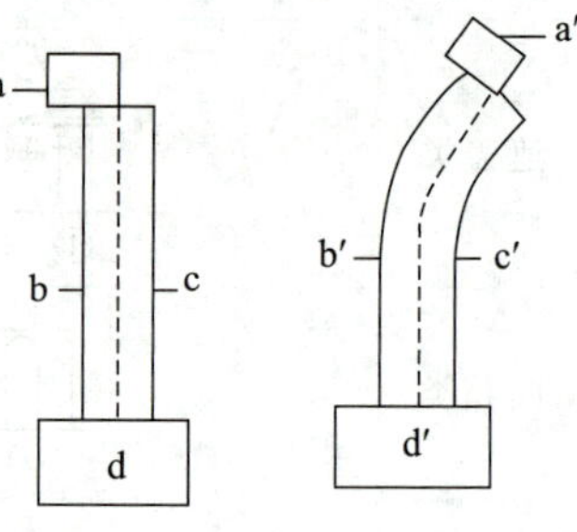

A. 胚芽鞘b侧的IAA含量与b′侧的相等

B. 胚芽鞘b侧与胚芽鞘c侧的IAA含量不同

C. 胚芽鞘b′侧细胞能运输IAA而c′侧细胞不能

D. 琼脂块d′从a′中获得的IAA量小于a′的输出量

3 植物激素的实验设计

(1)验证生长素的产生部位在尖端

①实验组：取放置过胚芽鞘尖端的琼脂块，置于去掉尖端的胚芽鞘一侧(如图甲)。

②对照组：取未放置过胚芽鞘尖端的空白琼脂块，置于去掉尖端的胚芽鞘一侧(如图乙)。

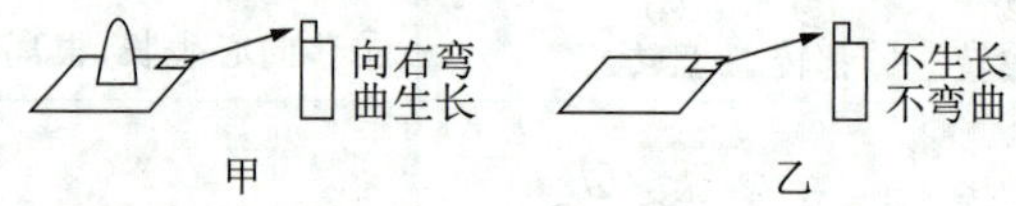

(2)验证生长素的横向运输发生在尖端

①实验操作(如图)

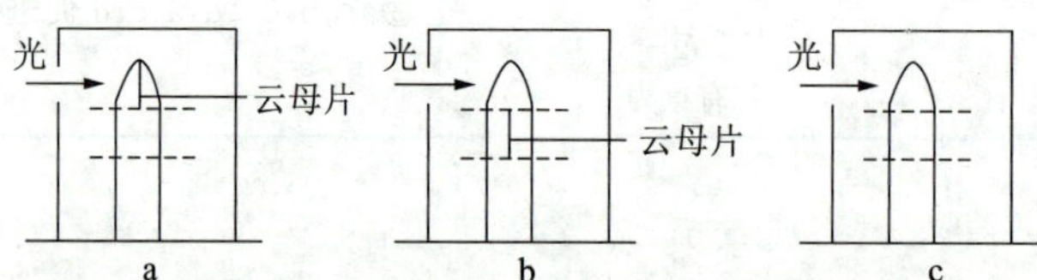

②实验现象：装置a中胚芽鞘直立生长，装置b和c中胚芽鞘弯向光源生长。

(3)验证生长素的极性运输只能从形态学上端向形态学下端运输

①实验操作(如图)

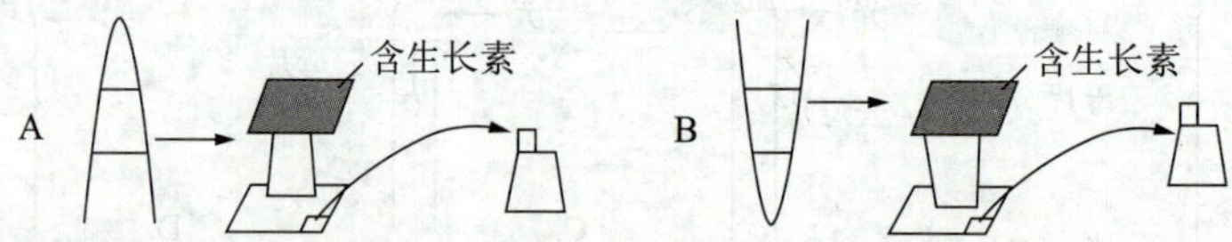

②实验现象：A组中去掉尖端的胚芽鞘向右弯曲生长，B组中去掉尖端的胚芽鞘不生长不弯曲。

(4)探究重力和单侧光对生长素分布的影响程度

①实验操作：如图所示(注：A盒下侧有开口，可以进光)。

②结果预测及结论

若A、B中幼苗都向上弯曲生长，只是B向上弯曲程度大，说明重力对生长素分布的影响大于单侧光。

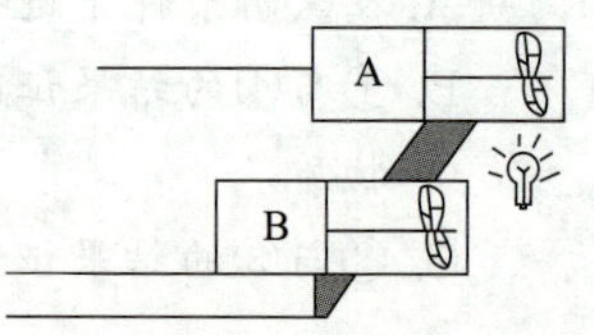

思维火花 Siweihuohua

若A中幼苗向下弯曲生长,B中幼苗向上弯曲生长,说明单侧光对生长素分布的影响大于重力。

若A中幼苗水平生长,B中幼苗向上弯曲生长,说明单侧光对生长素分布的影响与重力相等。

(5)植物激素相关实验设计的提示

①实验中要运用对照原则和单一变量原则。

②实验要体现生物科学研究的基本思路:提出(发现)问题→作出假设→设计实验证明→得出结论。

③实验材料:胚芽鞘、去尖端的胚芽鞘、玻璃片和云母片(阻断运输)、不透明锡箔纸和盒子(遮光)、琼脂块(运输或收集生长素)。

真题真练

例320 (2012·新课标·5)取生长状态一致的燕麦胚芽鞘,分为a、b、c、d四组。将a、b两组胚芽鞘尖端下方的一段切除,再从c、d两组胚芽鞘中的相应位置分别切取等长的一段,并按图中所示分别接入a、b两组胚芽鞘被切除的位置,得到a′、b′两组胚芽鞘。然后用单侧光照射,发现a′组胚芽鞘向光弯曲生长,b′组胚芽鞘无弯曲生长,其原因是 ( )

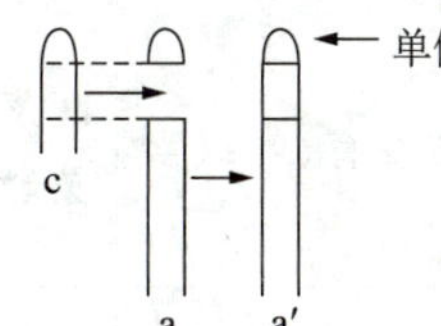

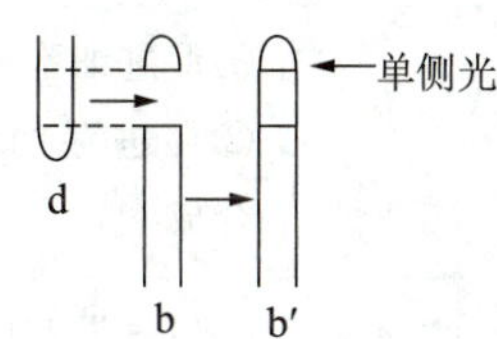

A. c组尖端能合成生长素,d组尖端不能

B. a′组尖端能合成生长素,b′组尖端不能

C. c组尖端的生长素能向胚芽鞘基部运输,d组尖端的生长素不能

D. a′组尖端的生长素能向胚芽鞘基部运输,b′组尖端的生长素不能

例321 (2010·重庆·4)将一玉米幼苗固定在支架上,支架固定在温、湿度适宜且底部有一透光孔的暗室内。从如图所示状态开始,光源随暗室同步缓慢匀速旋转,几天后停止于起始位置。此时,幼苗的生长情况是 ( )

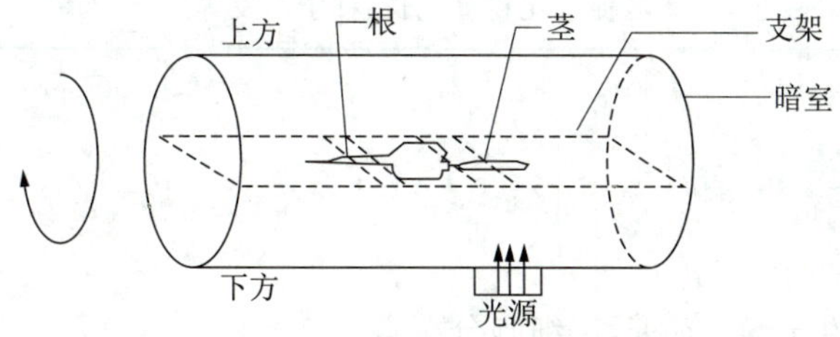

A. 根水平生长,茎向上弯曲　　B. 根水平生长,茎向下弯曲

C. 根向下弯曲,茎向上弯曲　　D. 根向下弯曲,茎向下弯曲

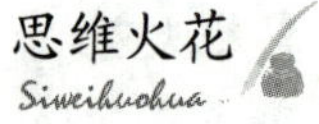

五、其他植物激素

1 植物激素的作用及应用

名称	合成部位	生理作用	应用
生长素	幼根、幼芽及发育中的种子	促进生长,促进果实发育,同时具有两重性	①促进扦插枝条的生根 ②促进果实发育,防止落花落果 ③农业除草剂
赤霉素	幼芽、幼根、未成熟的种子等幼嫩的组织和器官	①促进细胞伸长,使植株增高 ②促进细胞分裂和分化 ③解除休眠,促进萌发、开花和果实发育	①促进植物茎秆伸长 ②解除种子和其他部位休眠,提早萌发
细胞分裂素	主要是根尖	①促进细胞分裂 ②促进芽的分化、侧枝发育、叶绿素合成	蔬菜贮藏中,常用它来保持蔬菜鲜绿,延长贮存时间
乙烯	植物各部位,成熟的果实中更多	①促进果实成熟 ②促进开花 ②促进叶、花、果实脱落	处理瓜类幼苗,能增加雌花形成率,增产
脱落酸	根冠、萎蔫的叶片等	①抑制细胞分裂 ②促进气孔关闭 ③促进叶和果实的衰老与脱落 ④维持种子休眠	落叶和棉铃在未成熟前的大量脱落
油菜素内酯		①促进茎、叶细胞的扩展和分裂 ②促进花粉管生长、种子萌发等	

2 植物激素之间的关系

(1)协同作用的激素

①促进生长的激素:生长素、赤霉素、细胞分裂素。

②延缓叶片衰老的激素:细胞分裂素和生长素。

(2)拮抗作用的激素

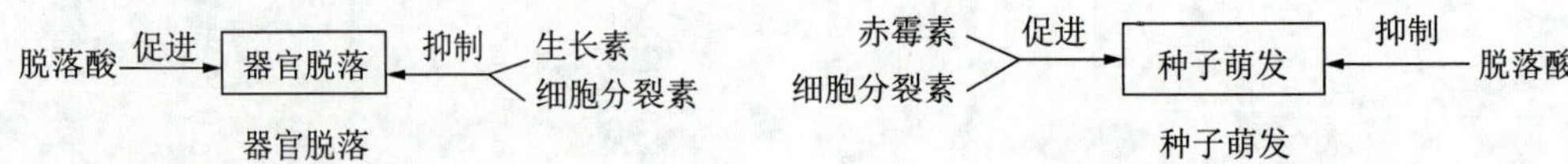

(3)其他植物激素相互作用

①生长素与细胞分裂素促进生长的作用原理不同:生长素促进细胞伸长,即体积增大;细胞分裂素促进细胞分裂,即细胞数目增多,二者共同促进植株生长。

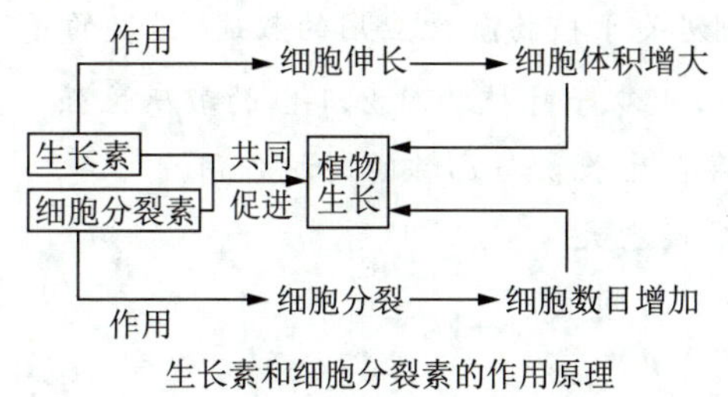

生长素和细胞分裂素的作用原理

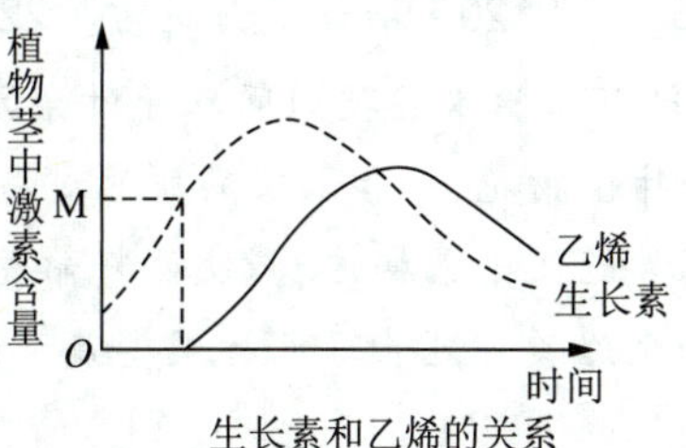

生长素和乙烯的关系

②生长素在浓度适宜时促进植物生长，同时诱导乙烯的合成，但当其浓度过高，乙烯含量增加到一定程度，使乙烯对细胞生长的抑制作用超过了生长素对细胞生长的促进作用时，则开始抑制植物的生长。

③赤霉素与生长素在促进茎秆的伸长方面具有密切联系，见下图。

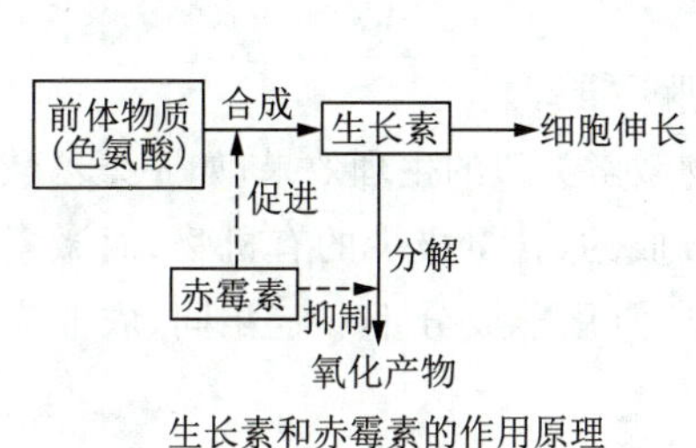

生长素和赤霉素的作用原理

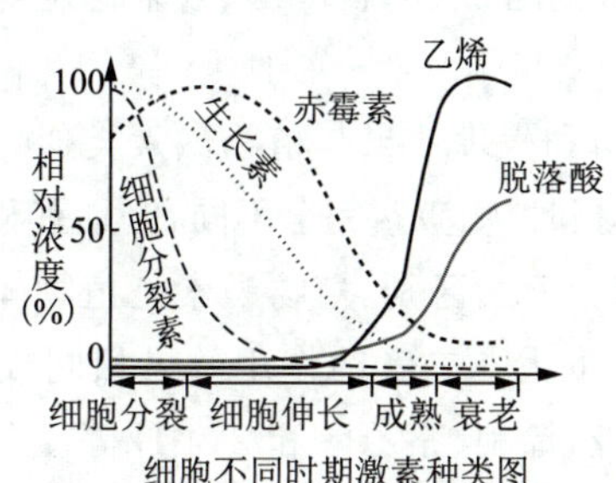

细胞不同时期激素种类图

(4)相互作用总结

①不同发育时期植物激素的种类和数量不同，体现了基因的选择性表达，见上图。

②植物生长发育过程中，任何一种生理活动都不是受单一激素控制的。

③激素间的相互作用，有的是相互促进，有的是相互拮抗。

④结论：植物细胞的分化、器官的形成、发育、成熟和衰老，整个植株的生长等，是多种激素相互协调、共同作用的结果。

真题真练

例 322 (2020·山东·9)植物激素或植物生长调节剂在生产、生活中得到了广泛的应用。下列说法错误的是 ( )

A. 提高培养基中细胞分裂素与生长素间含量的比值可促进愈伤组织分化出根

B. 用适宜浓度的生长素类似物处理未受粉的番茄雌蕊，可获得无子番茄

C. 用适宜浓度的赤霉素处理休眠的种子可促进种子萌发

D. 利用成熟木瓜释放的乙烯可催熟未成熟的柿子

例 323 (2021·河北·9)关于植物激素的叙述，错误的是 ( )

A. 基因突变导致脱落酸受体与脱落酸亲和力降低时，种子休眠时间比野生型延长

B. 赤霉素受体表达量增加的大麦种子萌发时，胚乳中淀粉分解速度比野生型更快

C. 细胞分裂素受体表达量增加的植株，其生长速度比野生型更快

D. 插条浸泡在低浓度 NAA 溶液中，野生型比生长素受体活性减弱的株系更易生根

例 324 (2018·海南·3)植物激素对植物的生长发育有显著影响。下列相关叙述错误的是 ( )

A. 色氨酸可经一系列反应转变为 IAA　　B. 激素的含量随植物生长发育而变化

C. 赤霉素对果实的发育有抑制作用　　D. 干旱条件下植物能合成较多的脱落酸

思维火花 Siweihuohua

例 325 （2020·浙江7月选考·22）下列关于植物激素应用的叙述，错误的是 （ ）

A. 2,4-D可杀除禾谷类田间双子叶杂草是由于双子叶植物对2,4-D的敏感性强

B. 双子叶植物花、叶和果实的脱落过程中存在生长素与乙烯的对抗作用

C. 赤霉素能促进果柄伸长，使无籽葡萄的果实增大

D. 喷洒脱落酸可延长绿色叶菜类蔬菜的保鲜时间

3 植物生长调节剂

(1)概念：人工合成的对植物的生长发育有调节作用的化学物质，生长素类似物也是植物生长调节剂。

(2)优点：容易合成、原料广泛、效果稳定等。

(3)种类

①分子结构和生理效果与植物激素类似，如吲哚丁酸。

②分子结构和植物激素完全不同，但具有和植物激素类似的生理效果，如α-萘乙酸、矮壮素等。

(4)与植物激素的区别：植物激素是植物体内合成的，含量极少的有机物，而激素类似物则是人工合成的，合成量大。二者的作用效果相同或相似，但化学成分不一定相同，农业实践中一般使用激素类似物，如乙烯利、萘乙酸和2,4-D等。

(5)案例

①利用赤霉素促进大麦种子产生α-淀粉酶，使大麦无需发育就可以用于生产啤酒。

②膨大剂(细胞分裂素类似物)可使水果长势加快、个头变大、加快成熟、提前上市，但口感差、汁水少、甜味不足、不能长时间储存。

③青鲜素(脱落酸类似物)可以抑制发芽，延长马铃薯、大蒜、洋葱的储存期，但对人体健康有影响。

六、环境因素对植物生命活动的调节

1 光的调节

(1)调节能力：光作为一种信号，影响、调控植物生长、发育的全过程。

(2)原理

①光敏色素：光敏蛋白是一类色素—蛋白质复合体，分布在植物的各个部位，在分生组织中比较丰富。

②调节过程：光照射光敏色素时，光敏色素的结构发生变化，经信息传递系统传导到细胞核中，影响特定基因的表达，从而表现出生物学效应。

2 其他环境因素

(1)温度：温度通过影响种子萌发、植株生长、开花结果和叶的衰老、脱落等生命活动，从而参与植物的生长发育。植物分布的地域性很大程度上也是由温度决定的。

(2)重力：植物的根、茎中有感受重力的物质和细胞，可以将重力信号转化成运输生长素的信

思维火花 Siweihuohua

号,造成生长素分布不均匀,从而调节植物的生长方向。

3 整体调控

(1)植物细胞具有全套基因,基因通过选择性表达调控植物的生长、发育、繁殖和休眠。

(2)激素作为信号分子,会影响基因的表达;基因表达也会影响激素的产生和分布。

(3)激素的产生和分布也受环境的影响。

(4)植物生长发育的调控,是由基因表达调控、激素调节和环境因素调节共同完成的。

真题真练

例 326 (2015·新课标Ⅱ·29)某基因的反义基因可抑制该基因的表达。为研究番茄中的X基因和Y基因对其果实成熟的影响,某研究小组以番茄的非转基因植株(A组,即对照组)、反义X基因的转基因植株(B组)和反义Y基因的转基因植株(C组)为材料进行试验,在番茄植株长出果实后的不同天数(d),分别检测各组果实的乙烯释放量(果实中乙烯含量越高,乙烯的释放量就越大),结果如下表:

组别	乙烯释放量($\mu L\cdot kg^{-1}\cdot h^{-1}$)			
	20 d	35 d	40 d	45 d
A	0	27	17	15
B	0	9	5	2
C	0	0	0	0

回答下列问题:

(1)若在B组果实中没有检测到X基因表达的蛋白质,在C组果实中没有检测到Y基因表达的蛋白质。可推测,A组果实中与乙烯含量有关的基因有________,B组果实中与乙烯含量有关的基因有________。

(2)三组果实中,成熟最早的是________组,其原因是____。如果在35天时采摘A组与B组果实,在常温下储存时间较长的应是________组。

the END

Auxin in tip of seedling
Agar
Auxin diffuses into agar block
Auxin
Time
Light-grown seedling
Dark-grown seedlings
1. Went removed the tips of oat seedlings and put them on agar, an inert, gelatinous substance
2. Blocks of agar were then placed off-center on the ends of other oat seedlings from which the tips had been removed
3. The seedlings bent away from the side on which the agar block was placed

Copyright © The McGraw-Hill Companies, Inc. Permission required for reproduction or display.
Auxin in tip of seedling
Agar
Auxin diffuses into agar block
Auxin
Time
Light-grown seedling
Dark-grown seedlings
1. Went removed the tips of oat seedlings and put them on agar, an inert, gelatinous substance
2. Blocks of agar were then placed off-center on the ends of other oat seedlings from which the tips had been removed
3. The seedlings bent away from the side on which the agar block was placed

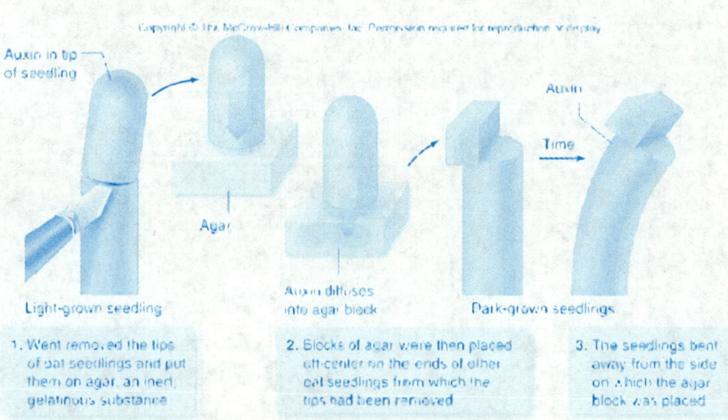

模块十

生态学

核心概要

1. 种群及其特征和数量变化
2. 群落及其种间关系、空间结构和演替
3. 生态系统的结构
4. 生态系统的功能——能量流动、物质循环、信息传递
5. 生态系统的稳定性
6. 环境保护

德叔寄语

希望有一天，当你和朋友聊起高中的时候，用淡淡的口吻——不刻意，不吹牛——说我呀，当年没怎么考好，全校第一，全市第二，没拿到状元，可惜了

内容导读

致同学：

本模块为生态学知识体系，是生物学重要分支学科，是高考的重要考点。不同于之前微观的研究角度，生态学从群体水平研究生物相关知识内容，其结构层次从小往大依次为：种群、群落、生态系统和生物圈。与微观的层次相比，生态学研究对象不同，所以研究对象、研究方法、思维方式也有较大的差异。本节所涉及的相关概念辨析和统计学方法更为重要，尤其是在各类概念都是人为规定的基础上，对概念的设计目的、逻辑辨析和体系构建更为重要。从命题的角度看，高考对这个模块的命题主要是两个角度，一类是基础知识考查，这类题目考查概念的理解和常规的文字描述，在理清教材知识逻辑的情况下，并不难答。但还有一类题往往设计相关生态背景，例如某演替过程、某人工鱼塘、某自然环境的破坏或物种入侵等，以此考查学生的理解能力，这类题目就需要同学们在理解知识的情况下，对题目信息做深入分析，才能准确理解和解答了。

李林

知识详解

一、生态学知识的结构层次

1 概念关系

(1)**种群**:在一定时间内占据一定空间的同种生物的所有个体。种群中个体并不是机械地集合在一起,而是彼此可以交配,并通过繁殖将各自基因传给后代。

(2)**群落**:同一时间内聚集在一定区域中各种生物种群的集合,包含全部生物。

(3)**生态系统**:由生物群落与它的无机环境相互作用而形成的统一的整体。

(4)**生物圈**:地球上的全部生物及其无机环境的总和。生物圈是地球上最大的生态系统。

2 逻辑关系

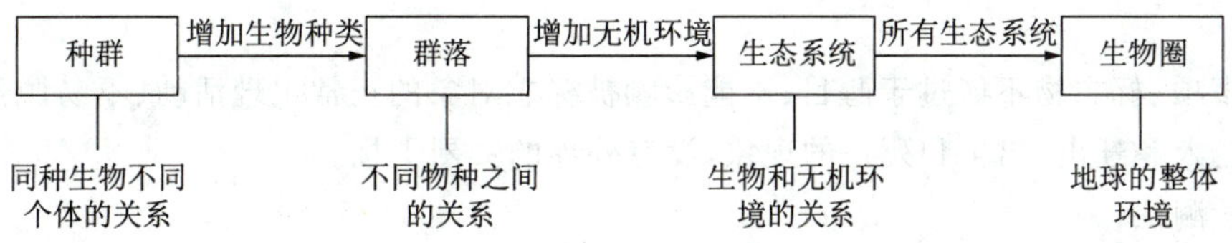

二、种群的数量特征

1 种群密度

(1)本质

①概念:种群在单位面积或单位体积中的个体数。种群密度是种群最基本的数量特征。

②拓展:种群数量不同于种群密度;种群数量增加,种群密度不一定增加,还需考虑面积或体积,例如中国人口数量高于印度,但是中国国土面积较大,人口平均密度小于印度。

③作用:种群密度只能体现调查时期的种群数量,但无法体现出长期的变化趋势,不能用于预测。

(2)种群密度的调查方法

①逐个计数:对种群数量进行逐个计数,可以精确计算种群密度,适用于个体较少的情况。

②抽样调查:在个体数量较多时,通过抽样进行估计,抽样调查不能知道确切的种群密度,只属于估计结果;包括以下四种方法:样方法、标志重捕法、抽样检测法、黑光灯诱捕法。

③样方法

a. 适用范围:植物、活动范围小的动物,如昆虫卵、蚜虫、蚯蚓、跳蝻等。

b. 基本步骤

随机选取若干个样方→计数每个样方内的个体数→求每个样方的种群密度→求所有样方种群

思维火花 Siweihuohua

密度的平均值。

c. 随机取样的方法:正方形区域一般选用五点取样法,长方形区域一般选用等距取样法。

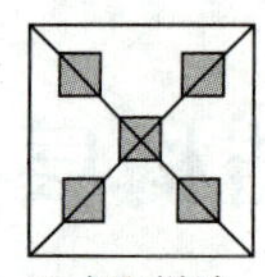
五点取样法

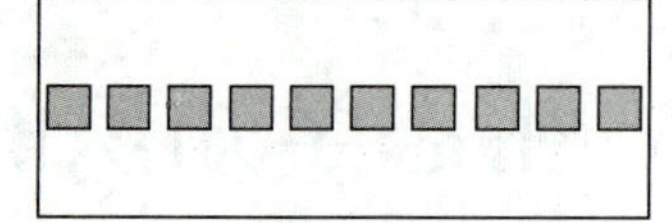
等距取样法

d. 样方计数原则:样方内的个体全部计数;样方边线上的个体计上不计下、计左不计右,即计数相邻两条边线及其顶角,如图黑点所示。

e. 注意事项:随机取样;样方大小要适中;样方数量不宜太少;宜选用双子叶植物。

④标志重捕法

a. 适用范围:活动能力强、活动范围大的动物,如田鼠、麻雀、鱼等。

b. 基本步骤

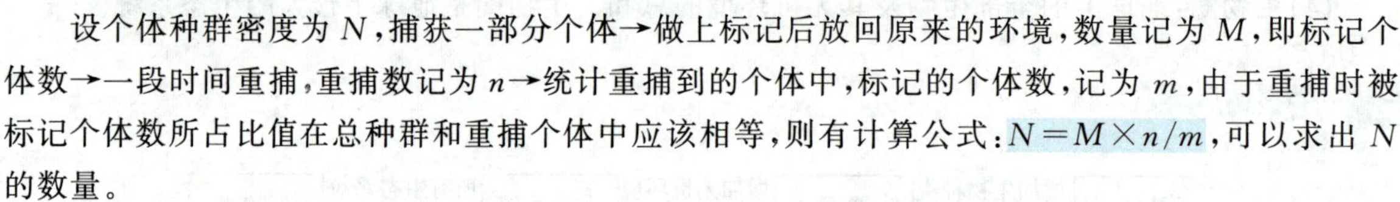

设个体种群密度为 N,捕获一部分个体→做上标记后放回原来的环境,数量记为 M,即标记个体数→一段时间重捕,重捕数记为 n→统计重捕到的个体中,标记的个体数,记为 m,由于重捕时被标记个体数所占比值在总种群和重捕个体中应该相等,则有计算公式:$N=M\times n/m$,可以求出 N 的数量。

c. 注意事项:标志物不能过于醒目、不能影响被标志对象的正常生理活动、不易脱落;调查期间没有大规模迁入和迁出、出生和死亡的现象,没有外界的强烈干扰。

⑤抽样检测法

a. 适用范围:肉眼看不见的细菌、酵母菌等微生物、血细胞等。

b. 基本步骤:培养→抽样到血细胞计数板→显微计数→计算。

c. 血细胞计数板结构和使用方法:如图所示,计数室厚度为 0.1 mm,边长为 1 mm。

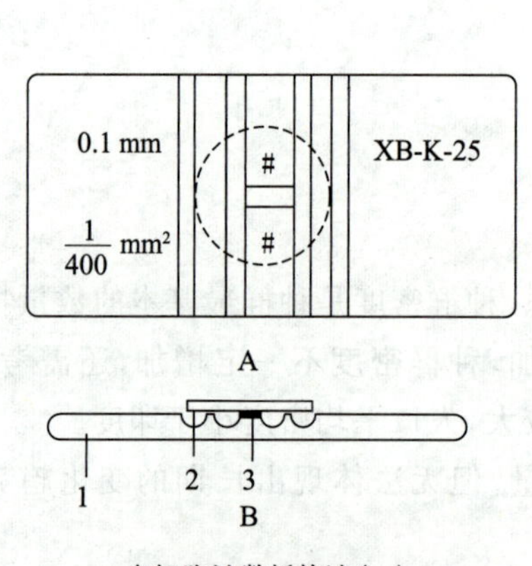

血细胞计数板构造(一)
A.正面图; B.纵切面图
1.血细胞计数板; 2.盖玻片; 3.计数室

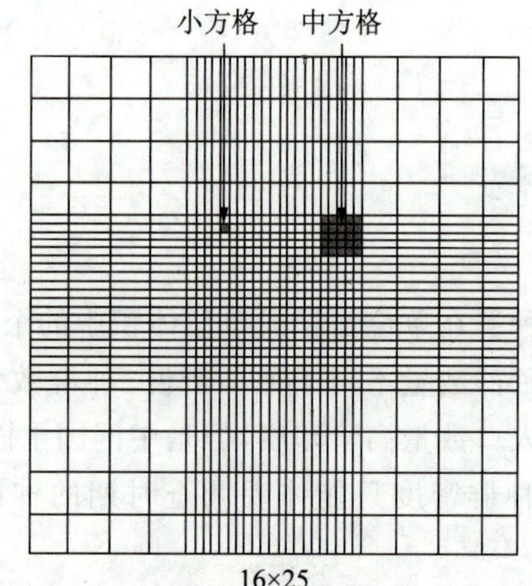

血细胞计数板构造(二)
放大后的方网格,中间大方格为计数室

d. 注意事项:i. 该实验需要重复但不需单独设置对照组,自身形成前后对照。ii. 浓度过大时需做稀释处理,但最后计算时需考虑稀释倍数。iii. 吸取前需振荡摇匀。iv. 计数板使用:先盖盖玻片→吸培养液→滴盖玻片边缘→自行渗入→吸去多余培养液→片刻后待沉降到计数室的底部→观察计数。v. 压线计数规则:计数左、上两线及夹角处,与样方法相同。vi. 血细胞计数板有两种规格,分别为 16 格×25 格计数板和 25 格×16 格计数板,其计数规则如表所示。

思维火花 Siweihuohua

种类	16格×25格计数板	25格×16格计数板
格数	中格16个(4×4),每中格含小格25个(5×5),共400个小格	中格25个(5×5),每中格含小格16个(4×4),共400个小格
统计方法	计数左上、右上、左下、右下四个格子的菌数,从而推算计数室总菌数	计数左上、右上、左下、右下和中间五个格子的菌数,从而推算计数室总菌数

⑥黑光灯诱捕法

a. 适用范围:对紫外线敏感的夜间活动的昆虫。

b. 基本步骤:制作黑光灯→确定诱捕地点→诱捕→统计和分析计算。

c. 注意事项:夜晚进行;固定牢固;毒瓶杀死诱捕害虫;用黑光灯诱捕法调查种群密度时,可以比较不同时间种群密度的变化,但一般无法统计出准确的种群密度数值,常用于比较虫灾爆发情况。

真题真练

例327 (2018·新课标Ⅲ·6) 某同学运用黑光灯诱捕的方法对农田中具有趋光性的昆虫进行调查,下列叙述错误的是 ( )

A. 趋光性昆虫是该农田生态系统的消费者

B. 黑光灯传递给趋光性昆虫的信息属于化学信息

C. 黑光灯诱捕的方法可用于调查某种趋光性昆虫的种群密度

D. 黑光灯诱捕的方法可用于探究该农田趋光性昆虫的物种数目

例328 (2017·新课标Ⅲ·5) 某陆生植物种群的个体数量减少,若用样方法调查其密度,下列做法合理的是 ( )

A. 将样方内的个体进行标记后再计数

B. 进行随机取样,适当扩大样方的面积

C. 采用等距取样法,适当减少样方数量

D. 采用五点取样法,适当缩小样方的面积

2 四大特征

(1)**出生率和死亡率**:单位时间内新产生或死亡的个体数目占该种群个体总数的比率。

(2)**迁入率和迁出率**:单位时间内迁入或迁出的个体数目占该种群个体总数的比率。

(3)**意义**:决定种群大小和种群密度的重要因素。

3 年龄组成

(1)**概念**:一个种群中各年龄期的个体数目的比例,根据可育能力,将种群个体分为幼年个体(生殖前期)、成年个体(生殖期)和老年个体(生殖后期)。

(2)**分类**

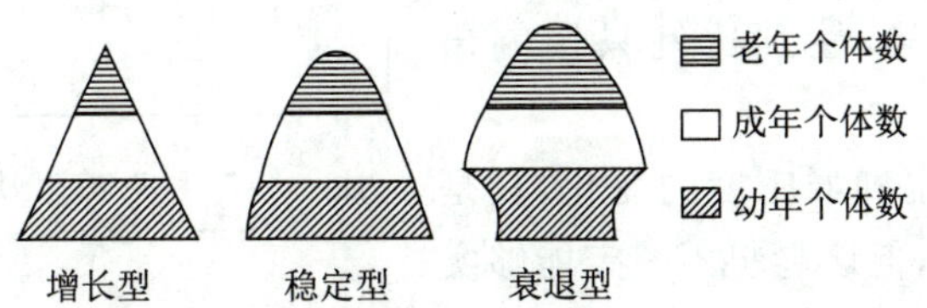

①增长型:幼年个体数大于成年、老年个体数;出生率>死亡率;种群密度变化将增大。

思维火花 Siweihuohua

②稳定型:各个年龄段个体数比例适中;出生率=死亡率;种群密度保持稳定。

③衰退型:幼年个体数小于成年、老年个体数;出生率<死亡率;种群密度变化将减小。

(3)影响方式:年龄组成通过影响出生率和死亡率影响种群密度。

(4)意义:可预测种群数量变化趋势。

(5)表示方法

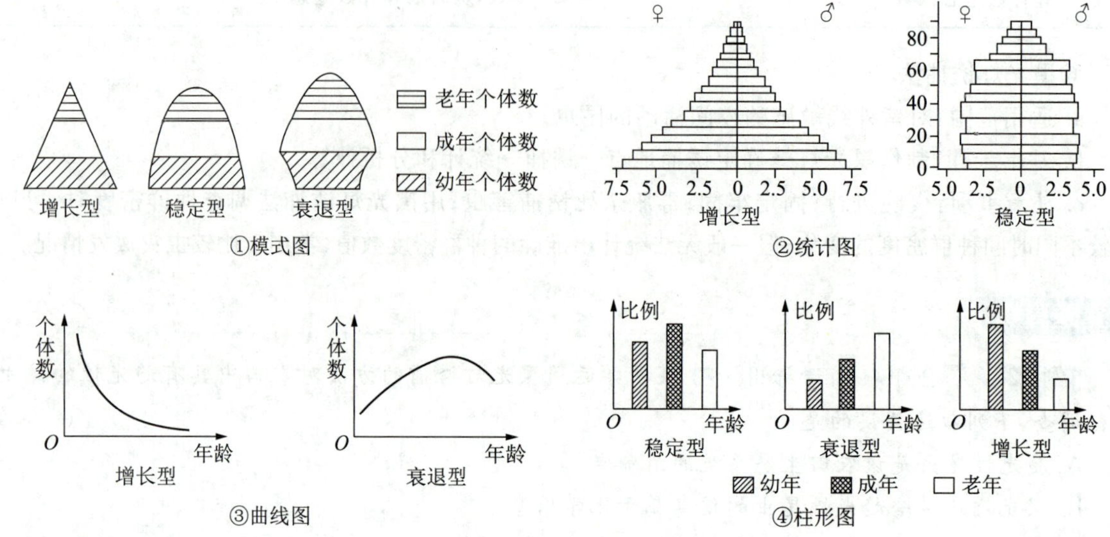

4 性别比例

(1)概念:种群中雌雄个体数目的比例,高中往往指有繁殖能力的个体。

(2)规律:一般情况下,在种群具有相同年龄组成时

①雌性>雄性:出生率较高,种群密度增长快。

②雌性≈雄性:出生率中等,种群密度相对稳定。

③雌性<雄性:出生率较低,种群密度增长慢。

(3)影响方式:性别比例是通过影响出生率影响种群密度。

5 总结

种群由个体组成,但不是个体机械地组合,而是具有出生率、死亡率、迁入率、迁出率、年龄组成和性别比例等特征有机集合体,如图。

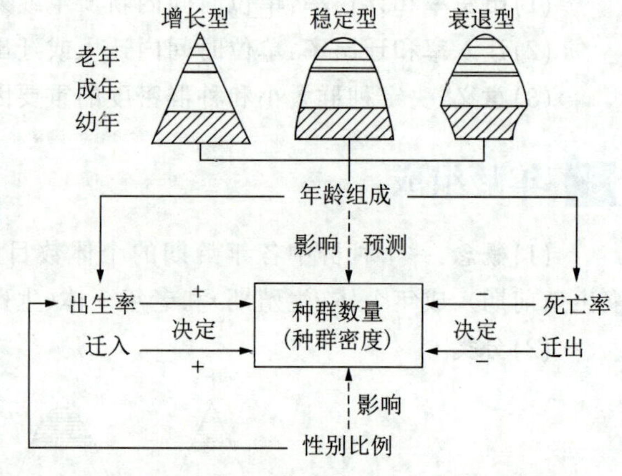

注:“+”“-”表示增加、减少
“——”“----”表示直接作用、间接作用

(1)种群密度是种群最基本的数量特征。

(2)出生率、死亡率以及迁入率、迁出率是决定种群大小和种群密度的直接因素。出生率、迁入率高时,种群数量增加;反之,种群数量减少。

(3)年龄组成通过影响出生率和死亡率而间接影响种群密度和种群数量,性别比例只影响出生率。

(4)年龄组成并不决定种群密度的变化,只是预测种群密度的变化趋势,但该趋势不一定能够实现,还要看影响种群密度变化的其他因素,如气候、食物、天敌等。

思维火花 Siweihuohua

真题真练

例 329 (2012·新课标·6)某岛屿上生活着一种动物,其种群数量多年维持相对稳定。该动物个体从出生到性成熟需要6个月。右图为某年该动物种群在不同月份的年龄结构(每月最后一天统计种群各年龄组的个体数)。关于该种群的叙述,错误的是 ( )

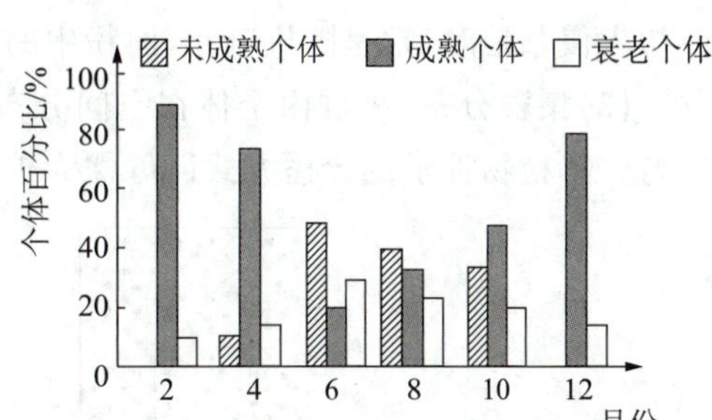

A. 该种群10月份的出生率可能为零

B. 天敌的迁入可影响该种群的年龄结构

C. 该种群的年龄结构随着季节更替而变化

D. 大量诱杀雄性个体不会影响该种群的密度

例 330 (2013·浙江·4)下列关于出生率的叙述,正确的是 ( )

A. 若某一种群年初时的个体数为100,年末时为110,其中新生个体数为20,死亡个体数为10,则该种群的年出生率为10%

B. 若某动物的婚配制为一雌一雄,生殖期个体的雌雄比例越接近1∶1,则出生率越高

C. 若通过调控环境条件,使某动物的性成熟推迟,则出生率会更高

D. 若比较三种年龄结构类型的种群,则稳定型的出生率最高

例 331 (2018·江苏·19)由于农田的存在,某种松鼠被分隔在若干森林斑块中。人工生态通道可以起到将森林斑块彼此连接起来的作用。下列叙述正确的是 ( )

A. 农田的存在,增加了松鼠的活动空间

B. 生态通道有利于保护该种松鼠遗传多样性

C. 不同森林斑块中的松鼠属于不同种群,存在生殖隔离

D. 林木密度相同的不同斑块中松鼠的种群密度相同

例 332 (2016·浙江·5)下列是蝉在夏季的年龄结构示意图(甲、乙、丙分别代表生殖前期、生殖期和生殖后期),其中正确的是 ( )

A

B

C

D

三、种群的空间特征

1 核心

种群的空间特征研究的是种群中不同个体的位置关系,其和种群习性、环境因素等都有关。

2 类型

(1)均匀分布:形成的主要原因是种群内个体间的斗争,导致种群内各个体在空间的分布呈等

思维火花 Siweihuohua

距离；也可能是由于人为因素，如株行距一定的人工栽培植物可合理利用光能等资源。

(2)随机分布：指种群内个体在空间分布是随机的，即每个个体的分布概率相等，如某些植物在最初入侵某地时，常呈随机分布，面粉中的黄粉虫也是随机分布。

(3)集群分布：种群内个体在空间分布极不均匀，个体成群分布，形成原因包括：①资源分布不均匀。②植物种子的传播方式以母株为扩散中心。③动物的集群行为，是一种最广泛的分布格局。

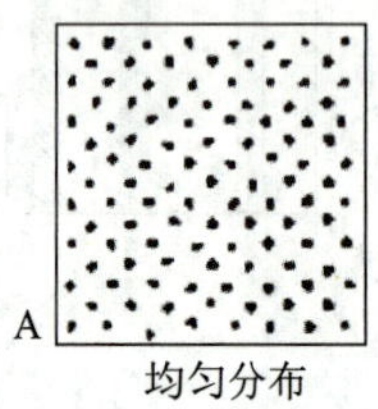

均匀分布

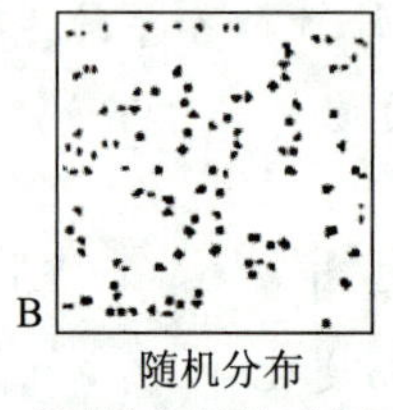

随机分布

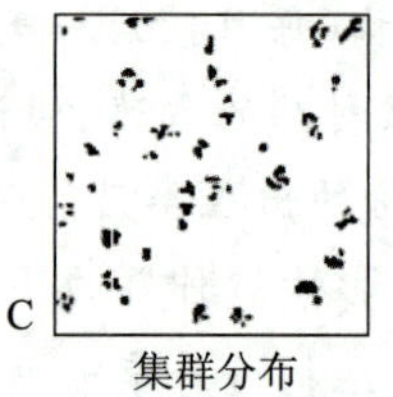

集群分布

种群空间结构示意图

四、种群数量的变化

1 数学模型

(1)概念：数学模型是用来描述一个系统或它的性质的数学形式。

(2)表达形式

①方程式：例如"J"型增长函数，$N_t = N_0 \cdot \lambda^t$。

②坐标图：例如"S"型增长坐标图。

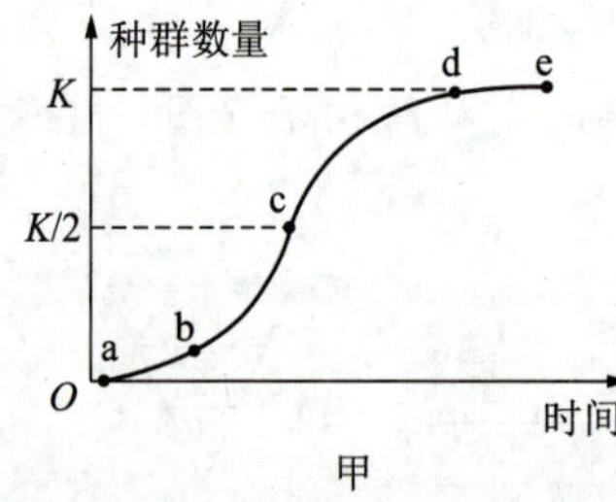

甲

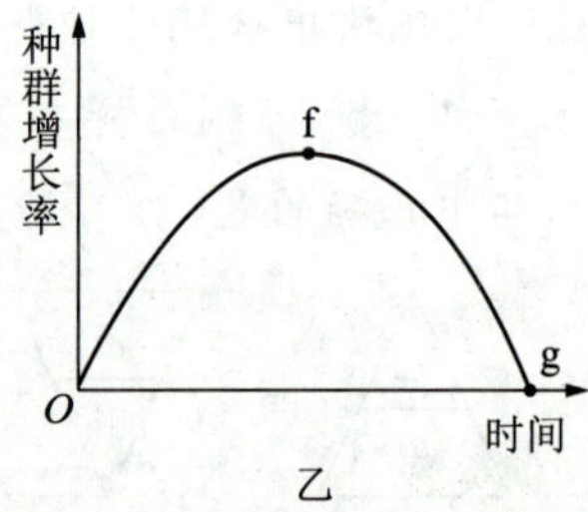

乙

③研究步骤：观察研究对象，提出问题→提出合理的假设→根据实验数据，用适当的数学形式对事物的性质进行表达→通过进一步的实验或观察等，对模型进行检验或修正。

2 "J"型增长曲线

(1)条件：理想条件，主要包括三个方面

①食物、空间条件充裕。

②气候适宜。

③没有敌害。

(2)设置参数

①N_0：该种群的起始数量。

②λ：该种群数量是一年前种群数量的倍数。

③t：时间。

思维火花 Siweihuohua

④N_t:t 年后该种群的数量。

(3)构建模型

①方程式:$N_t=N_0\cdot\lambda^t$ 或 $dN/dt=rN$(微分方程)

②坐标图

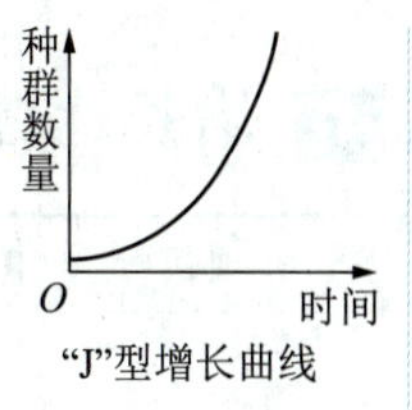

"J"型增长曲线

3 "S"型增长曲线

(1)条件:有环境阻力,即自然界的资源和空间是有限的。

(2)构建模型

①方程式:$dN/dt=rN(K-N)/K$(逻辑斯蒂增长曲线模型)

②坐标图

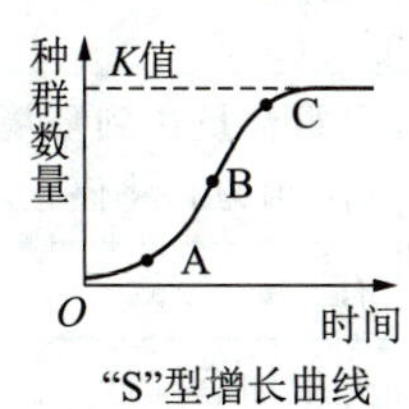

"S"型增长曲线

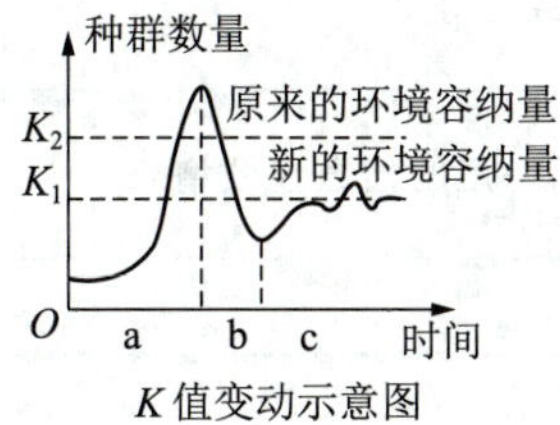

K 值变动示意图

(3)环境容纳量(K 值)

①概念:在环境条件不受破坏的情况下,一定空间中所能维持稳定的种群最大数量称为环境容纳量,在环境相对稳定时,生物的数量会在 K 值上下波动。

②特点:K 值不是一成不变的,会随着环境的改变而发生变化,当环境遭到破坏时,K 值会下降;反之,K 值会上升,如上图所示。

(4)增长曲线分析

①OA 段:对环境的适应期;个体数量少,增长速率很小。

②AC 段:快速增长期;个体数量快速增长,出生率远大于死亡率。

③C 点之后:稳定期;随着种群密度增加,个体因食物、空间和其他生活条件争夺而致种内竞争加剧,出生率约等于死亡率。

④B 点:为K/2 点,增长速率最大。

(5)影响因素

①自然因素:气候、食物、被捕食、传染病等会影响种群数量增长。

②人为因素:通常受人工控制的种群数量不断增加,野生动植物种群数量不断减少。

(6)K 值和 K/2 值在实践中的应用

①K 值的应用

a. 野生生物资源保护:保护野生生物生活的环境,减小环境阻力,增大 K 值,如建立金丝猴自然保护区。

b. 有害生物的防治:增大环境阻力,降低 K 值,如为防鼠害而封锁粮食、清除生活垃圾、保护鼠的天敌等。

②K/2 值的应用

a. 资源开发与利用:种群数量达环境容纳量的一半即K/2 时,种群增长速率最大,再生能力最强,维持被开发资源的种群数量在 K/2 值处,可实现"既有较大收获量又可保持种群高速增长",从而不影响种群再生,符合可持续发展的原则,因此 K/2 对应的点也被称为黄金开发点。

b. 有害生物防治:务必及时控制种群数量,严防达 K/2 值处,若达 K/2 值处,可致该有害生物成灾。

4 增长比较

项目	"J"型曲线	"S"型曲线
图例	种群数量；O；时间	种群数量；K值；A；B；C；O；时间
前提条件	理想状态：①食物、空间条件充裕；②气候适宜；③没有敌害等	现实状态：自然界的资源和空间是有限的，有环境阻力
特点	种群数量以一定的倍数连续增长	种群数量达到环境条件所允许的环境容纳量（K 值）后，将停止增长
K 值的有无	无	有
增长速率	增加	先增加后降低
增长率	$\lambda-1$	不断降低
联系	环境阻力(按自然选择学说，它就是在生存斗争中被淘汰的个体数)；种群数量；"J"型曲线；K(环境容纳量)；"S" 型曲线；O；时间	两种增长曲线的差异主要是环境阻力的大小不同，对种群增长的影响不同。因而有下列关系： "J"型曲线→环境阻力逐渐加大→"S"型曲线，如左图所示

真题真练

例 333 （2019·浙江 4 月选考·12）下列关于环境容纳量的叙述，错误的是（　　）

A. 种群数量在 $K/2$ 时增长最快

B. 同一群落各种群的环境容纳量是相同的

C. 环境容纳量会随着环境条件的改变而改变

D. 环境容纳量是种群数量在生存环境中的稳定平衡密度

例 334 （2018·新课标Ⅰ·5）种群密度是种群的数量特征之一，下列叙述错误的是（　　）

A. 种群的"S"型增长是受资源因素限制而呈现的结果

B. 某林场中繁殖力极强的老鼠种群数量的增长会受密度制约

C. 鱼塘中某种鱼的养殖密度不同时，单位水体该鱼的产量有可能相同

D. 培养瓶中细菌种群数量达到 K 值前，密度对其增长的制约逐渐减弱

例 335 （2019·江苏·14）如图是一种酵母通气培养的生长曲线，a、b是相同培养条件下两批次培养的结果，下列叙述合理的是（　　）

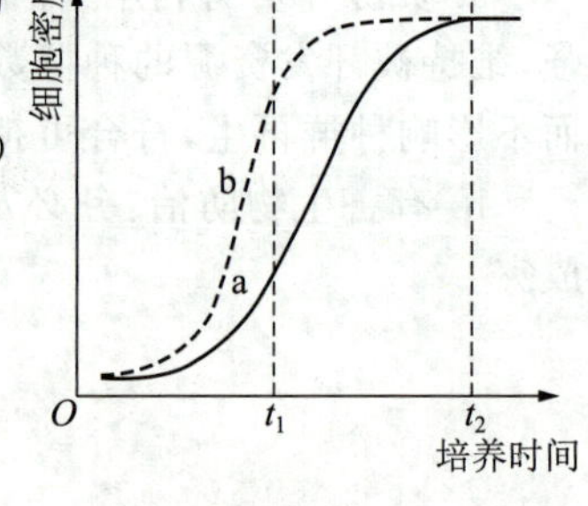

A. a 批次中可能有大量细菌污染

B. b 批次的接种量可能高于 a 批次

C. t_1 时两批次都会产生较多的乙醇

D. t_2 时两批次发酵液中营养物质剩余量相同

思维火花 Siweihuohua

例 336 (2019 · 新课标Ⅰ · 6) 某实验小组用细菌甲(异养生物)作为材料来探究不同条件下种群增长的特点,设计了三个实验组,每组接种相同数量的细菌甲后进行培养,培养过程中定时更新培养基,三组的更新时间间隔分别为 3 h、10 h、23 h,得到 a、b、c 三条种群增长曲线,如图所示。下列叙述错误的是 ( )

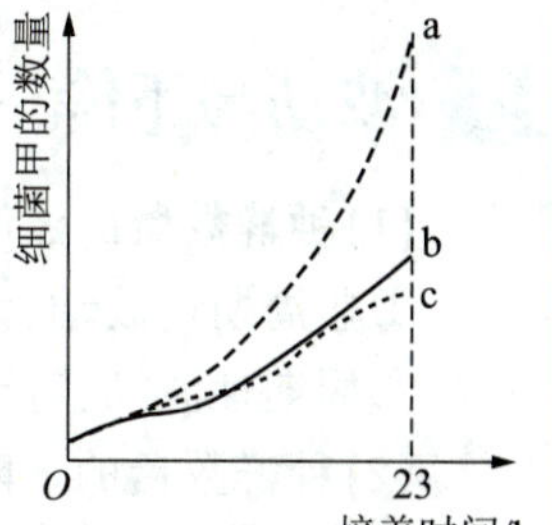

A. 细菌甲能够将培养基中的有机物分解成无机物

B. 培养基更换频率的不同,可用来表示环境资源量的不同

C. 在培养到 23 h 之前,a 组培养基中的营养和空间条件都是充裕的

D. 培养基更新时间间隔为 23 h 时,种群增长不会出现“J”型增长阶段

例 337 (2020 · 山东 · 11) 为研究甲、乙两种藻的竞争关系,在相同条件下对二者进行混合培养和单独培养,结果如图所示。下列说法错误的是 ( )

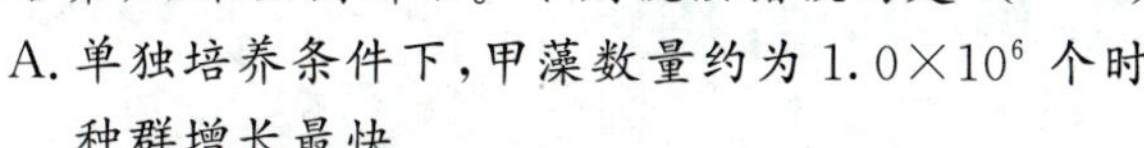

A. 单独培养条件下,甲藻数量约为 1.0×10^{6} 个时种群增长最快

B. 混合培养时,种间竞争是导致甲藻种群数量在 10~12 天增长缓慢的主要原因

C. 单独培养时乙藻种群数量呈“S”型增长

D. 混合培养对乙藻的影响较大

例 338 (2017 · 新课标Ⅰ · 5) 假设某草原上散养的某种家畜种群呈“S”型增长,该种群的增长(速)率随种群数量的变化趋势如图所示。若要持续尽可能多地收获该种家禽,则应在种群数量合适时开始捕获,下列四个种群数量中合适的是 ( )

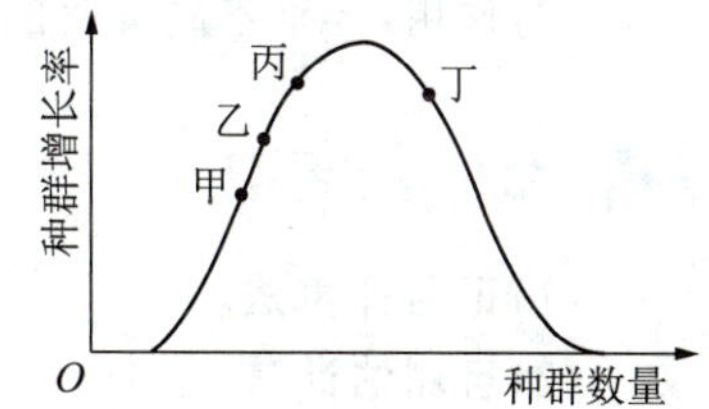

A. 甲点对应的种群数量 B. 乙点对应的种群数量

C. 丙点对应的种群数量 D. 丁点对应的种群数量

例 339 (2017 · 新课标Ⅱ · 31) 林场中的林木常遭到某种山鼠的危害。通常,对于鼠害较为严重的林场,仅在林场的局部区域(苗圃)进行药物灭鼠,对鼠害的控制很难持久有效。回答下列问题:

(1)在资源不受限制的理想条件下,山鼠种群的增长曲线呈________型。

(2)在苗圃进行了药物灭鼠后,如果出现种群数量下降,除了考虑药物引起的死亡率升高这一因素外,还应考虑的因素是________________________。

(3)理论上,除药物灭鼠外还可以采用生物防治的方法控制鼠害,如引入天敌。天敌和山鼠之间的种间关系是________。

(4)通常,种群具有个体所没有的特征,如种群密度、年龄结构等。那么种群的年龄结构是指____。

例 340 (2019 · 新课标Ⅲ · 31) 回答下列与种群数量有关的问题。

(1)将某种单细胞菌接种到装有 10 mL 液体培养基(培养基 M)的试管中,培养并定时取样进行计数。计数后发现,试管中该种菌的总数达到 a 时,种群数量不再增加。由此可知,该种群增长曲线为________型,且种群数量为________时,种群增长最快。

(2)若将该种菌接种在 5 mL 培养基 M 中,培养条件同上,则与上述实验结果相比,该种菌的环境容纳量(K 值)________(填“增大”“不变”或“减小”)。若在 5 mL 培养基 M 中接种该菌的量增加一倍,则与增加前相比,K 值________(填“增大”“不变”或“减小”),原因是____。

5 波动与下降

(1)种群数量的波动

①非周期性波动:无节律的非周期性变化。

②周期性波动:有节律的周期性变化。

(2)种群数量的下降

①条件:不利的环境条件下,种群数量会急剧下降甚至消亡。

②本质:K 值降低,导致出生率减少,死亡率增加。

③案例:捕鲸业的发展对鲸鱼数量的影响。

五、群落的丰富度

1 基本概念

(1)概念:群落中物种数目的多少。

(2)作用:区别不同群落的重要特征。

2 统计方法

(1)记名计算法。

(2)目测估计法。

(3)特点:由于气候差异,越靠近热带地区,丰富度越高。

(4)易错提醒:特别注意区分种群密度和物种丰富度,两者属于不同层次的概念,不要混淆。

真题真练

例 341 (2011·北京·2)在生态学研究中,下列方法与研究目的不相符的是 ( )

A. 给海龟安装示踪器调查其洄游路线

B. 给大雁佩戴标志环调查其迁徙路线

C. 用样方法研究固着在岩礁上贝类的种群关系

D. 用标志重捕法调查达乌尔黄鼠的丰富度

例 342 (2010·安徽·6)生物兴趣小组为了调查两个河口水域的水母类动物类群(甲、乙)的种类组成及其数量特征,使用浮游生物捕捞网(网口内径 50 cm,网身长 145 cm,网目孔径 0.169 mm)各随机取样 3 次,调查结果如表(单位:个)。

		物种 1	物种 2	物种 3	物种 4	物种 5	物种 6	物种 7	物种 8	物种 9	物种 10
甲类群	样本 1	55	10	0	15	12	0	42	0	21	10
	样本 2	52	30	0	23	13	0	41	0	22	12
	样本 3	48	20	0	20	15	0	39	0	20	11
乙类群	样本 1	33	40	12	40	0	10	25	11	15	22
	样本 2	35	60	10	41	0	12	30	14	17	21
	样本 3	34	50	18	35	0	11	26	12	16	19

下列关于甲、乙两个类群之间物种丰富度和种群密度的比较,正确的是 ( )

A. 甲类群的丰富度大,物种2的种群密度小

B. 甲类群的丰富度小,物种4的种群密度大

C. 乙类群的丰富度大,物种7的种群密度小

D. 乙类群的丰富度小,物种10的种群密度大

思维火花 Siweihuohua

六、群落的种间关系

1 概念和比较

关系名称	数量坐标图	能量关系图	特点	举例
捕食:一种生物以另一种生物作为食物	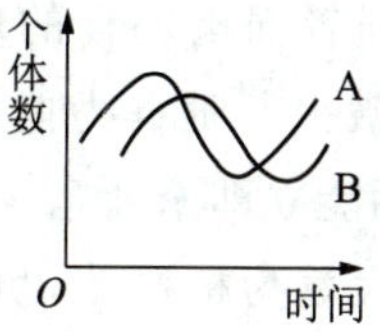 个体数 A B O 时间	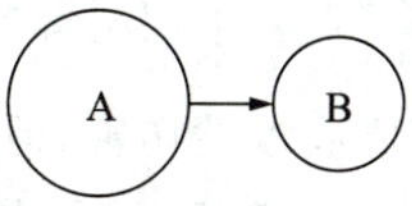 A → B	数量上呈现出"先增加者先减少(被捕食者),后增加者后减少(捕食者)"的不同步性变化。一般情况下,捕食者不会导致被捕食者灭绝	草和羊;兔与狼;昆虫与青蛙
竞争:两种或两种以上生物相互争夺资源和空间等	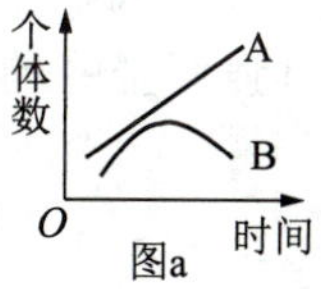 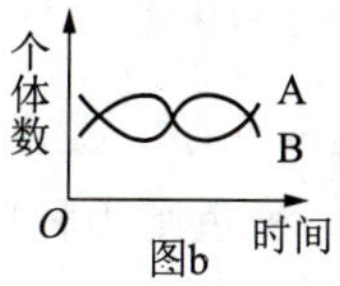 个体数 A B O 时间 图a 个体数 A B O 时间 图b	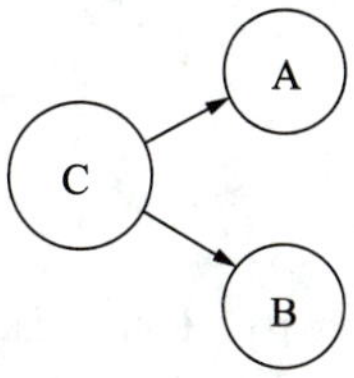 C → A, C → B	数量上呈现出"你死我活"的"同步性变化",若两种生物生存能力不同,则数量关系如图a;若生存能力相同,则如图b	牛与羊;农作物与杂草;大草履虫与双小核草履虫
寄生:一种生物(寄生者)寄居于另外一种生物(寄主)的体内或体表,摄取寄主的养分以维持生活	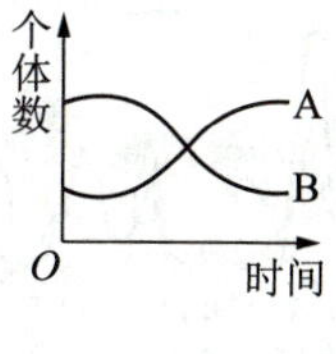 个体数 A B O 时间	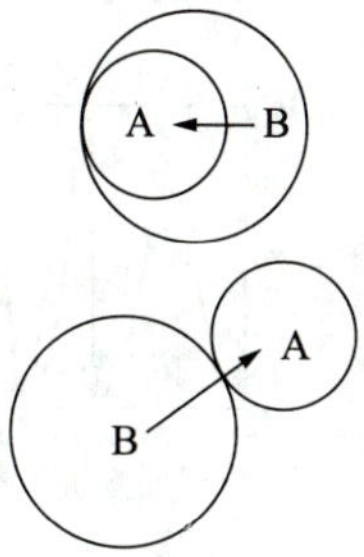 A ← B;B → A	对寄主有害,对寄生者有利。如果分开,则寄生生物难以单独生存,而寄主会生活得更好。寄生一般不会导致寄主的死亡	蛔虫与人;菟丝子与大豆;噬菌体与被侵染的细菌
互利共生:两种生物共同生活在一起,相互依存,彼此有利	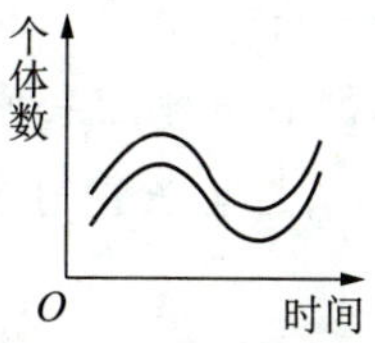 个体数 O 时间	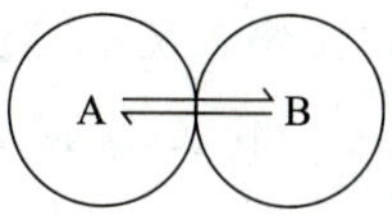 A ⇄ B	彼此依赖,彼此有利;如果分开,则双方或一方不能独立生存。数量上两种生物同时增加,同时减少,呈现出"同生共死"的同步性变化	大豆与根瘤菌;地衣里的真菌和单细胞藻类

思维火花 Siweihuohua

2 易错提醒

(1)一个群落中的两种生物之间的关系不只是一种,也可能是两种,最常见的是捕食和竞争,如猫头鹰捕食蛇,同时猫头鹰和蛇都以鼠为食。

(2)**竞争、捕食及互利共生曲线的判断**:竞争和互利共生关系曲线中的两条曲线是同步消长的,而捕食关系曲线中的两条曲线的消长是非同步的,先增加或减少的是被捕食者,后增加或减少的是捕食者。此外,也可从最高点判断,一般情况下,捕食者数量少,被捕食者数量多,但题目也可通过两个纵坐标调整坐标值将捕食者与被捕食者曲线拉近。

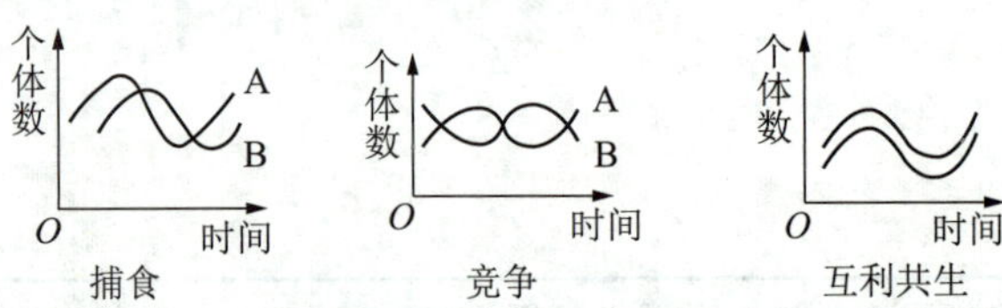

(3)**捕食和寄生的判断**:捕食是一种弱肉强食现象,广义捕食主要指大型肉食动物捕食小型动物的食肉行为以及草食动物的食草行为。而寄生是弱者依附于强者强肉弱食的现象,寄生者主要从宿主(被寄生者)的体表或体内吸取体液营养,如玉米地上部分被虫子啃食为捕食,地下部分被虫子吸取汁液则为寄生;寄生生物一般能给宿主造成慢性伤害,但不能立即杀死宿主。

(4)表格中互利共生的能量关系图实际上包含物质关系,如大豆为根瘤菌提供有机物,提供了能量,根瘤菌为大豆提供含氮化合物,不提供能量。

(5)有些时候,种间关系并不十分明确,如昆虫对花的采食行为有时也会破坏花蕊结构,若题目出现类似问题,则要分析题目条件和考查目的,来确定答案,例如题目强调蜜蜂辅助传粉则为共生,强调蝶类幼虫采食花蕊则为捕食。

3 知识拓展

(1)种内斗争是一种种内关系,强调同种生物内,不同个体之间的斗争。竞争是种间关系,强调不同生物之间的斗争。如大鱼吃小鱼,若为不同种鱼为捕食,若为同种鱼则为种内斗争。

(2)种内斗争、竞争、捕食对生物个体都是有害的,但对种群的进化都是有利的。

(3)**熟悉教材重点案例**:大草履虫和双小核草履虫的竞争,雪兔和猞猁的捕食。

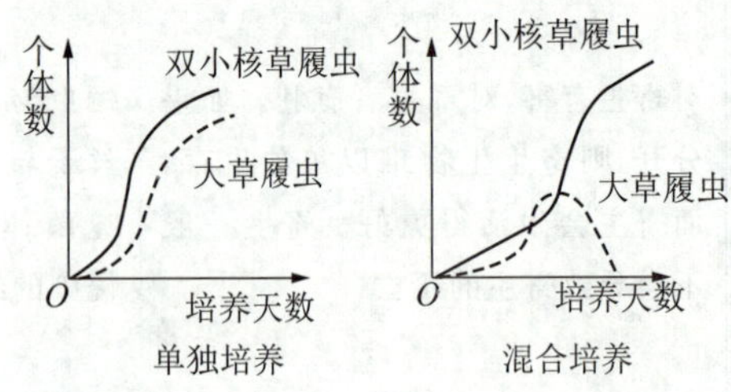

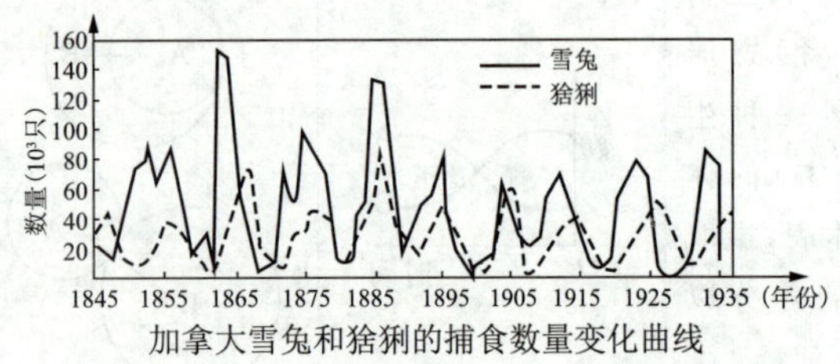

真题真练

例 343 (2017·海南·18)在某一农田生态系统中,大面积单一种植某种农作物(甲)可导致害虫A的爆发,改成条带状合理地间作当地另一种农作物(乙)后,乙生长良好,害虫A的爆发也受到了抑制。对此,不合理的解释是 ( )

A. 新的种间关系不利于害虫A　　B. 新的群落空间结构不利于害虫A

C. 乙的出现使害虫A的环境容纳量下降　D. 乙和害虫A存在互相抑制的竞争关系

思维火花 Siweihuohua

例 344 (2012·海南·18)疟原虫在人体内只能进行无性生殖,在按蚊体内才进行有性生殖。人被感染疟原虫的按蚊叮咬后可患疟疾。在水中,按蚊幼虫(孑孓)以藻类和细菌为食,同时又被鱼类捕食,下列叙述错误的是 ( )

A. 疟原虫与人是寄生关系

B. 疟原虫与按蚊是共生关系

C. 藻类属于生产者,孑孓和鱼类属于消费者

D. 鱼类与藻类既存在捕食关系,也存在竞争关系

例 345 (2012·北京·3)金合欢蚁生活在金合欢树上,以金合欢树的花蜜等为食,同时也保护金合欢树免受其他植食动物的伤害。如果去除金合欢蚁,则金合欢树的生长减缓且存活率降低。由此不能得出的推论是 ( )

A. 金合欢蚁从金合欢树获得能量　　B. 金合欢蚁为自己驱逐竞争者

C. 金合欢蚁为金合欢树驱逐竞争者　　D. 金合欢蚁和金合欢树共同(协同)进化

例 346 (2014·新课标Ⅰ·6)某种植物病毒V是通过稻飞虱吸食水稻汁液在水稻传播的。稻田中青蛙数量的增加可减少该病毒在水稻间的传播。下列叙述正确的是 ( )

A. 青蛙与稻飞虱是捕食关系　　B. 水稻与青蛙是竞争关系

C. 病毒V与青蛙是寄生关系　　D. 水稻和病毒V是互利共生关系

例 347 (2013·海南·25)甲、乙、丙是食性相同的、不同种的蝌蚪,三者之间无相互捕食关系。某研究小组在4个条件相同的人工池塘中各放入1 200只蝌蚪(甲、乙、丙各400只)和数量不等的同种捕食者,一段时间后,各池塘中3种蝌蚪的存活率如下表:

池塘编号	捕食者数量/只	蝌蚪存活率/%		
		甲	乙	丙
1	0	87	7	40
2	2	58	30	25
3	4	42	32	11
4	8	20	37	10

下列推测不合理的是 ( )

A. 捕食者主要捕食甲和丙

B. 蝌蚪的种间竞争结果可能受捕食者影响

C. 无捕食者时蝌蚪的种间竞争可能导致乙消失

D. 随着捕食者数量增加,乙可获得的资源减少

例 348 (2018·海南·25)将相等数量的硝化细菌和大肠杆菌分别接种到含铵盐的无机盐培养液中,在适宜温度下振荡培养。若用虚线表示大肠杆菌的生长趋势,实线表示硝化细菌的生长趋势,则下图中能正确表示两种菌体生长趋势的是 ( )

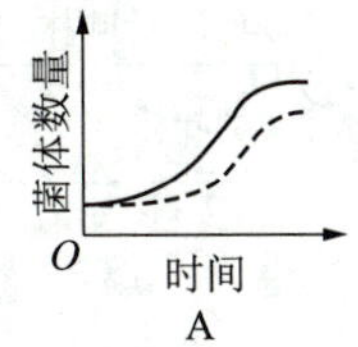

A

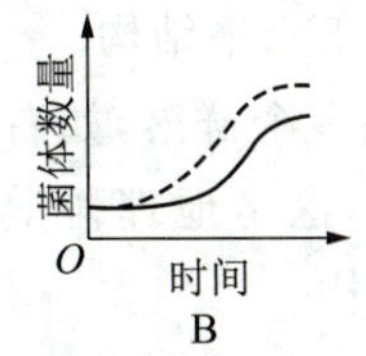

B

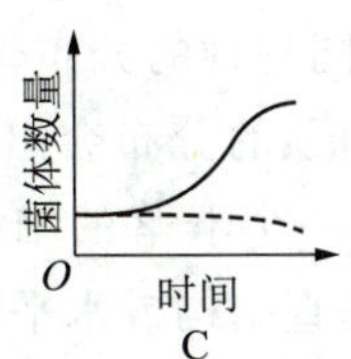

C

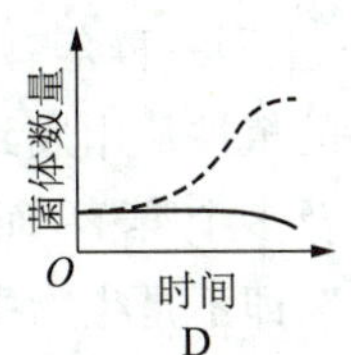

D

七、群落的空间结构

1 垂直结构

(1)植物的垂直结构

①具体表现:植物群落垂直方向上的分层。

②影响因素:主要与光照强度有关。

③意义:提高了种群利用光等环境资源的能力。

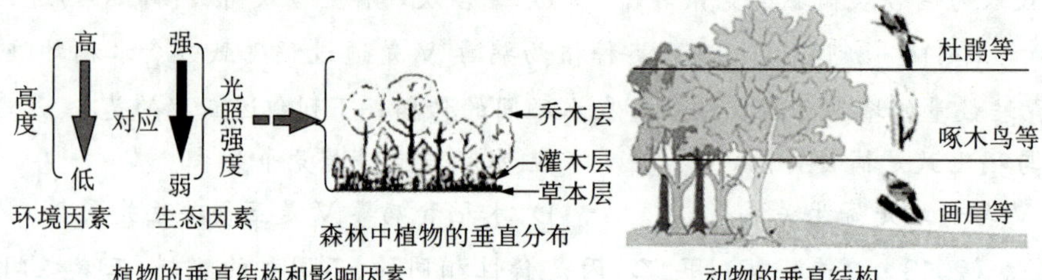

植物的垂直结构和影响因素　　动物的垂直结构

(2)动物的垂直结构:主要原因是植物为动物创造了多种多样的栖息空间和食物条件。

(3)特殊群落的垂直结构

①草地也存在垂直结构,草地中的杂草也有分层现象,生活于土壤中的生物亦有分层现象,实际上一般认为所有的群落均有垂直结构,如题目中涉及"某简单群落无垂直结构"为错误表述。

②水生群落也有分层,例如一个池塘,挺水植物、浮水植物、沉水植物就是植物分层的实例;青鱼、草鱼、鲢鱼、鳙鱼、鲤鱼的分布就是动物分层的实例。

2 水平结构

(1)具体表现:在水平方向上由于光照强度、地形、盐碱度和湿度等因素的影响,不同地段上分布着不同生物种群。

(2)形成因素

①非生物因素:地形变化、土壤湿度和盐碱度的差异、光照强度不同。

②生物因素:生物自身生长的特点不同;人与动物的影响。

3 结构判断

(1)通过是否是存在于同一块土壤上的结构判断,同一块土壤上的结构变化属于垂直结构,不同土壤上的结构变化属于水平结构。如某一山坡上同一群落有不同物种的分布,属于水平结构。

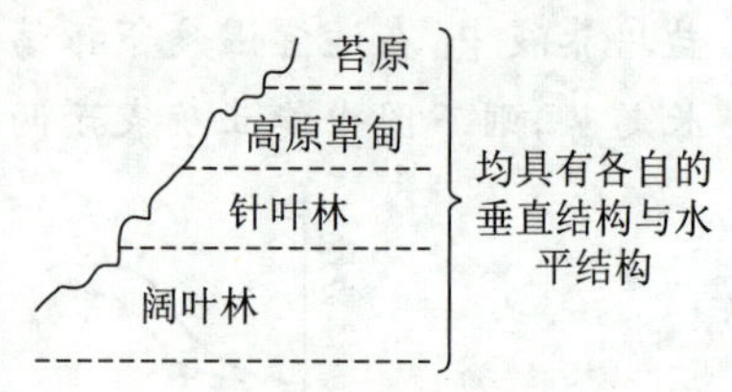

(2)高山上的植被从山底到山顶的分布会出现多个群落,如右图所示,此时涉及多个群落,而非一个群落的结构,这是地理科学中的"垂直分层",即不是生物中垂直结构或水平结构。

思维火花 Siweihuohua

4 形成和意义

(1)形成:生物群落垂直结构和水平结构的具体表现都是在长期自然选择基础上形成的对环境的适应。

(2)意义:有利于提高生物群落整体对自然资源的充分利用。

①群落的结构越复杂,对生态系统中的资源的利用就越充分,如森林生态系统对光能的利用率就比农田生态系统和草原生态系统高得多。

②群落的结构越复杂,群落内部提供的生态环境就越复杂,群落内部各种生物之间的竞争就相对不那么激烈,群落的结构也就相对稳定一些。

真题真练

例 349 (2012·全国·4)下列关于森林群落垂直结构的叙述,错误的是 ( )

A. 群落中的植物具有垂直分层现象

B. 群落中的动物具有垂直分层现象

C. 动物在群落中的垂直分层与植物的分层有关

D. 乔木层的疏密程度不会影响草本层的水平结构

例 350 (2011·江苏·17)我国西南横断山区被公认为全球生物多样性的关键地区,不同海拔区域蝶类物种多样性研究结果见下表。下列有关叙述,正确的是 ( )

垂直带	Ⅰ	Ⅱ	Ⅲ	Ⅳ	Ⅴ	Ⅵ
海拔(m)	<1 000	1 000~2 000	2 000~2 500	2 500~3 000	3 000~3 500	>3 500
植被类型	热带季雨林	常绿阔叶林	常绿落叶混交林	针阔混交林	针叶林	高寒灌丛草甸
蝶类种数	349	452	201	136	125	100

A. 不同垂直带的植被类型差异是群落演替的结果

B. 不同垂直带的植被类型差异反映了群落的空间结构特征

C. 蝶类物种多样性与各垂直带植被类型无关

D. 蝶类物种多样性与各垂直带气候特征有关

八、群落的演替

1 概念

随着时间的推移,一个群落被另一个群落代替的过程称为演替。例如当一个生态系统有物种入侵,导致物种种类发生改变时,即发生了演替。

2 本质

优势种的替换。

3 原因

(1)环境不断变化。

思维火花 Siweihuohua

(2)生物本身不断进行繁殖、迁徙。

(3)群落内部由于生命活动造成内部环境改变。

(4)种内和种间关系不断发生变化。

(5)人类活动的干扰。

4 类型

(1)初生演替

①概念:在一个从来没有被植被覆盖的地面,或者是原来存在过植被、但被彻底消灭了的地方发生的演替。

②例子:沙丘、火山岩、冰川泥上的演替。

③过程:裸岩阶段→地衣阶段→苔藓阶段→草本植物阶段→灌木阶段→森林阶段。

a. 首先定居的生物为地衣:因为苔藓和草本植物等无法直接从裸岩上获取养分,而地衣可以分泌有机酸,从裸岩上获取养分。

b. 地衣为苔藓的生长提供了基础:地衣通过分泌有机酸加速岩石的风化,形成土壤,并积累有机物,这些为苔藓的生长提供了基础。

c. 苔藓具有竞争优势:苔藓较高,获得的阳光多,在竞争中处于优势地位。而后,优势物种又依次会被草本植物、灌木和森林取代。

d. 演替过程为优势取代而非完全取代:演替的下一阶段对上一阶段的"取代"是"优势取代",即取代了其优势地位,但并没有使其种群灭绝。形成森林后,高大乔木占到了优势地位,但其他各种植物如地衣、苔藓等依然存在,但不占优势地位。

④特点:时间长,演替缓慢。

(2)次生演替

①概念:在原有植被虽已不存在,但原有土壤条件基本保留,甚至还保留了植物的种子或其他繁殖体的地方发生的演替。

②例子:火灾后的草原、弃耕农田、人参撂荒地。

③过程:弃耕农田→一年生杂草→多年生杂草→小灌木→灌木丛→乔木林。

a. 演替不是无休止的过程:最终演替一般会达到一个成熟阶段。这时候群落和周围环境处于相对平衡的稳定状态。此时物种与环境之间高度协调,能量和物质的利用率高,生态系统抵抗力稳定性也高。

b. 并非所有演替都会演替为森林的稳定状态:在气候条件适宜的条件下,初生演替需要较长的时间,次生演替需要较短的时间,可以演替为森林。但在气候条件不适宜的情况下,很难演替到森林的稳定阶段。如在干旱的沙漠中,很难演替出森林,或许只能发展到草本植物阶段,或稀疏的灌木阶段。

④特点:时间短,演替迅速。

⑤人类影响:人类活动使群落演替按照不同于自然演替的速度和方向进行。

5 结果

演替方向	演替是群落组成向着一定方向、具有一定规律、随时间而变化的有序过程,因而它往往是能预见的或可预测的
能量	总生产量增加,群落的有机物总量增加

思维火花
Siweihuohua

续表

结构	生物种类越来越多,群落的空间结构越来越复杂
稳定性	自然演替是生物和环境反复相互作用的结果,发生在时间和空间上的自然演替是不可逆的,稳定性越来越高
种间关系	由于物种丰富度的增加,种间关系更加复杂,群落的稳定性更高
物种的丰富度变化	总的来讲,在演替过程中,物种丰富度不断增加。但不是所有种类的生物都在增加,如草本植物先增加,但在达到灌木阶段后,由于争夺阳光能力较弱而减少。甚至有些物种在演替过程中可能会消失;不同时期的优势种是不同的
特殊情况	并非所有的演替都越来越复杂、越来越稳定,一些题目所描述的演替中,由于气候或人类活动干扰,可能导致群落结构更简单和更不稳定

真题真练

例 351 (2018·浙江 11 月选考·2)某森林曾被开垦用于种植农作物,后因产量不高而弃耕,若干年后又恢复到森林。下列关于该演替的叙述,错误的是 ( )

A. 该演替属于次生演替　　B. 演替过程中群落结构不变

C. 人为因素引发了该演替　　D. 弃耕地中有种子等繁殖体

例 352 (2020·海南·2)研究人员在调查某沙地的植物群落演替时,发现其自然演替顺序为:一年生草本→多年生草本→多年生亚灌木→多年生灌木。下列有关叙述错误的是 ( )

A. 多年生草本群落在争夺阳光和空间方面比一年生草本群落更有优势

B. 与草本群落相比,灌木群落的垂直结构更加复杂

C. 多年生亚灌木群落里有草本和亚灌木,其自我调节能力比多年生灌木群落更强

D. 该沙地主要植被是多年生灌木,与其根系发达、抗风和吸水能力较强有关

例 353 (2019·海南·23)下列关于外来物种入侵的叙述,错误的是 ( )

A. 外来物种入侵会对当地群落的演替产生严重的影响

B. 淡水湖泊中出现的水华现象都是由外来物种入侵引起的

C. 水葫芦引入我国后对一些淡水生态系统造成严重影响

D. 入侵植物进入适宜其生长的地区可影响当地物种的生存

例 354 (2020·新课标Ⅱ·6)河水携带泥沙流入大海时,泥沙会在入海口淤积形成三角洲。在这个过程中,会出现 3 种植物群落类型:①以芦苇为主的植物群落(生长在淡水环境中),②以赤碱蓬为主的植物群落(生长在海水环境中),③草甸植物群落(生长在陆地环境中)。该三角洲上的植物群落是通过群落演替形成的,演替的顺序是 ( )

A. ②①③　　B. ③②①　　C. ①③②　　D. ③①②

例 355 (2021·新课标甲·6)群落是一个不断发展变化的动态系统。下列关于发生在裸岩和弃耕农田上的群落演替的说法,错误的是 ( )

A. 人为因素或自然因素的干扰可以改变植物群落演替的方向

B. 发生在裸岩和弃耕农田上的演替分别为初生演替和次生演替

C. 发生在裸岩和弃耕农田上的演替都要经历苔藓阶段、草本阶段

D. 在演替过程中,群落通常是向结构复杂、稳定性强的方向发展

思维火花 Siweihuohua

例356 (2014·新课标Ⅰ·30)请回答关于群落演替的问题:

(1)在光裸的岩石上开始的演替和从森林被全部砍伐的地方开始的演替中,哪个属于初生演替,哪个属于次生演替?

____

(2)一般来说,若要演替到相对稳定的森林阶段,上述两个演替中次生演替所需的时间短,分析其主要原因。

____

(3)据调查,近5万年以来,某地区由于气候越来越干燥,森林逐渐被灌丛取代,这也是自然界存在的一种演替类型。近50年来,由于人类过度开垦,导致局部灌丛出现了荒漠化,该现象表明:与该地区具有的自然演替相比,人类的开垦活动使得该地区群落的演替速度________(填"未发生改变""变慢"或"变快"),演替的方向________(填"发生改变"或"未发生改变")。

九、生态系统的结构

1 无机环境

(1)内容:非生物的物质和能量。

①物质:水、无机盐、空气等。

②能量:热能、太阳能等。

(2)作用:为生物提供物质和能量,是生物群落赖以生存和发展的基础。

(3)地位:生态系统的必备成分。

2 生物群落

(1)生态系统的生物成分

①生产者:能利用无机物质合成为有机物质的自养生物,主要指绿色植物;能够通过光合作用制造有机物,储存能量,为自身和生物圈中的其他生物提供物质和能量,为消费者提供食物和栖息场所。

②消费者:直接或间接以生产者为食物的非腐生的生物,主要指各种动物;对于生物圈中的物质循环起着重要作用,此外,消费者对于植物的传粉和种子的传播等具有重要作用。

③分解者:以动植物残体、排泄物中的有机物质为生命活动能源,并把复杂的有机物逐步分解为简单的无机物的生物,主要是细菌、真菌等微生物和一些无脊椎动物等营腐生生活的生物。

④列表比较

	生产者	消费者	分解者
营养方式	自养	异养	异养
主要生物	绿色植物	动物	营腐生生活的细菌和真菌
地位	生态系统的基石	生态系统最活跃的成分	生态系统的关键成分
作用	通过光合作用制造有机物,储存能量,为消费者提供食物和栖息场所	加快生态系统的物质循环,有利于植物的传粉和种子的传播	分解有机物成无机物,供生产者重新利用,促进物质循环

思维火花 Siweihuohua

(2)各成分的相互关系

①非生物的物质和能量是生态系统中生物群落的物质和能量的最终来源,是生态系统的基础。

②生产者通过光合作用把太阳能变为化学能,固定在有机物中,从而可以被生物所利用,因此,可以说生产者是生态系统的基石。

③从理论上讲,消费者的功能活动不会影响生态系统的根本性质,所以消费者不是生态系统必要的基础成分,由于其促进了物质的分解,所以是最活跃的成分。最早的生态系统是只有生产者和分解者的两极生态系统,但在现在的自然生态系统中,生产者、消费者和分解者都是紧密联系,缺一不可的。

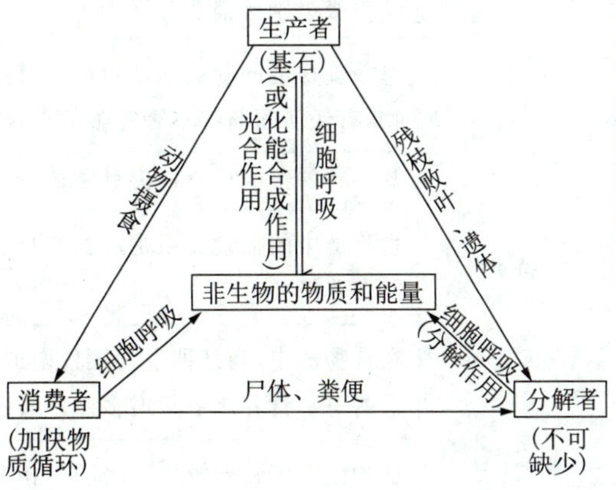

④分解者在生态系统中占有重要地位。如果一个生态系统中没有分解者的话,动植物的遗体残骸就会堆积如山,生态系统就会崩溃,因此,从物质循环角度看,分解者在生态系统中占有重要地位,是物质循环中的关键成分。

(3)生态系统各成分的判断方法

①判断生产者:看是否为自养型生物,若为自养型生物,则为生产者;除绿色植物外,还有化能自养型的细菌,如硝化细菌。

②判断消费者:特别注意异养型、非腐生等关键词,而且植物、微生物都有可能为消费者,例如植物菟丝子和微生物噬菌体均营寄生生活,是消费者。

③判断分解者:能把动植物的遗体、残枝败叶转变成无机物,即腐生生物,包括大部分微生物和一些动物,如蚯蚓、蜣螂、秃鹫等。

④个别生物可以具有多种成分,例如猪笼草、捕蝇草等,可以通过光合作用固定有机物,作为生产者,又可以捕食动物,作为消费者。

(4)判断中的易错点

①植物≠生产者:菟丝子等植物营寄生生活,属于消费者;硝化细菌等进行化能合成作用的原核生物和蓝细菌等进行光合作用的原核生物也属于生产者。

②动物≠消费者:秃鹫、蚯蚓、原生动物等以动植物残体为食的腐生动物属于分解者。

③细菌≠分解者:硝化细菌和光合细菌是自养型,属于生产者;寄生细菌属于消费者。

3 营养结构

(1)概念

①食物链:在生态系统中,各种生物之间由于食物关系而形成的一种联系。

②食物网:生态系统中许多食物链彼此相互交错连接成的复杂营养结构。

③营养级:生物在生态系统食物链中所处的层次。

(2)典型食物链分析

食物链	草 ——→	鼠 ——→	蛇 ——→	鹰
所属类型	绿色植物	植食性动物	小型肉食动物	大型肉食动物
成分	生产者	初级消费者	次级消费者	三级消费者

思维火花 Siweihuohua

续表

营养级	第一营养级	第二营养级	第三营养级	第四营养级
特点	营养级级别=消费者级别+1			
	每条食物链的起点总是生产者,终点是不被其他动物所食的动物,即最高营养级,中间为多种动物,有任何间断都不算完整的食物链			
	某一营养级的生物代表处于该营养级的所有种群,不代表单个生物个体,也不一定是某种群			
	食物链中的捕食关系是经长期自然选择形成的,不会倒转,因此箭头一定是由上一营养级指向下一营养级			
	在食物链中,当某种生物大量增加时,一般会导致作为其食物的上一营养级数量减少,作为其天敌的下一营养级数量增多。一般还会导致与其有竞争关系的生物数量下降			
	食物链中各营养级生物之间是相互制约的,使它们的数量始终处于一种动态平衡中。这种制约可能来自种间的捕食、竞争等关系,也可能来自种内斗争			

(3)典型食物网分析

模式图	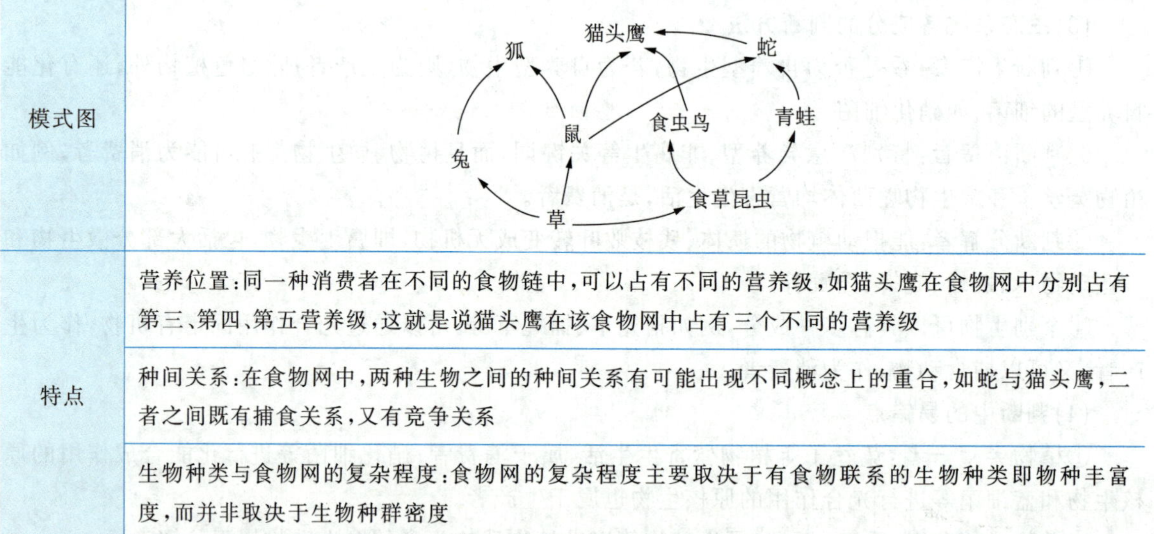
特点	营养位置:同一种消费者在不同的食物链中,可以占有不同的营养级,如猫头鹰在食物网中分别占有第三、第四、第五营养级,这就是说猫头鹰在该食物网中占有三个不同的营养级
	种间关系:在食物网中,两种生物之间的种间关系有可能出现不同概念上的重合,如蛇与猫头鹰,二者之间既有捕食关系,又有竞争关系
	生物种类与食物网的复杂程度:食物网的复杂程度主要取决于有食物联系的生物种类即物种丰富度,而并非取决于生物种群密度

(4)食物链中的种群数量变化影响

食物链和食物网中,某种生物增多或减少时其他生物数量的变化可以从以下四个方面进行分析。

①食物链中第一营养级的生物减少对其他物种变动的影响:食物链中若处于第一营养级的生物减少,直接以其为食物的第二营养级生物因食物缺乏而数量减少,又会引起连锁反应,致使第三、第四营养级生物依次减少。

②"天敌"一方减少,对被捕食者数量变动的影响:一条食物链中处于"天敌"地位的生物数量减少,则被捕食者的数量变化是先增加后减少,最后趋于稳定。

③复杂食物网中某种群数量变化引起的连锁反应分析

a. 以中间环节少的作为分析依据,考虑方向和顺序为:从高营养级依次到低营养级。

b. 生产者相对稳定,即生产者比消费者稳定得多,所以当某一种群数量发生变化时,一般不需考虑生产者数量的增加或减少。

c. 处于最高营养级的种群有多种食物来源时,若其中一条食物链被中断,则该种群可通过多食

其他食物而维持其数量基本不变,即亦不考虑最高营养级的数量变化。

d. 案例分析:如图所示的食物网中,假设由于某种原因大鱼全部死亡,对鳞虾的数量影响我们作如下分析,当大鱼全部死亡后,中间这条食物链中断,虎鲸只能从两侧的食物链捕食,对左侧食物链来说,虎鲸较多地捕食须鲸,使须鲸数目减少,从而使鳞虾的数目增多。

虎鲸
须鲸　企鹅　海豹
大鱼
鳞虾　浮游动物　小鱼
浮游植物

④同时占有两个营养级的种群数量变化的连锁反应分析

a. a 种群的数量变化导致 b 种群的营养级降低时,则 b 种群的数量将增加。

b. a 种群的数量变化导致 b 种群的营养级升高时,则 b 种群的数量将减少。

c. 原因:能量在食物链/网中流动时只有 10%～20%流到下一营养级,且能量流动的环节越多损耗越多。

d. 案例分析:如图食物网中,鹰具有第三、四两个营养级,若蛇全部移走,则鹰由第四营养级降低为第三营养级,导致鹰的数量增加。

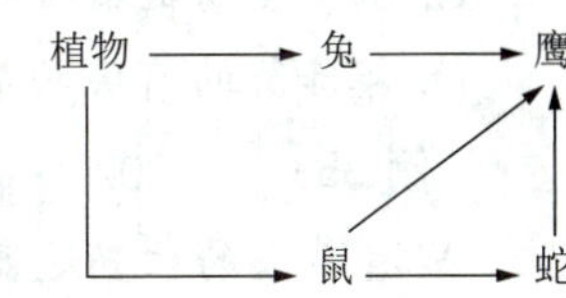

⑤技巧总结:食物网食物链,生物变动好判断,首先你要有主见,环节少的先看见。

具体情况一:一级生物若减少,其他生物跟着跑;

具体情况二:如果天敌患了病,先增后减再稳定;

具体情况三:中间生物被捕杀,不同情况要分家。

牢记:根据捕食关系判断,遵守就近原则。

(5)知识拓展一:三种食物链

①食物链内涵:食物链是由食物关系构成的,高中所涉及的食物链往往是捕食关系,但也可以是寄生或者腐生关系,从而构成寄生食物链和腐生食物链,但这个食物链的特点和捕食链特点不同,高中较少涉及。

②食物链

a. 捕食链:各种生物通过一系列吃与被吃的关系,把一种生物与另一种生物紧密地联系起来,即生物之间以食物营养关系彼此联系起来的序列,在生态学上被称为食物链。高中生物通常意义上的食物链就是捕食链。其第一营养级一定是生产者,第二营养级一定是植食性动物。例如:草→鼠→蛇→猫头鹰。

b. 寄生链:生物间因寄生关系形成的食物链。例如:鸟类→跳蚤→细菌→噬菌体。

c. 腐生链:某些生物专以动植物遗体为食物而形成的食物链。例如:植物残枝败叶→蚯蚓→线虫类→节肢动物。

(6)知识拓展二:富集作用

①概念:又叫生物浓缩,指生物体通过对环境中某些元素或难以分解的化合物的积累,使这些物质在生物体内的浓度超过环境中浓度的现象。在食物链中,营养级越高,有害物质积累越多,和能量流动的特点相反。

②条件

a. 污染物在环境中稳定

b. 污染物生物能被吸收

c. 污染物不易被生物分解

③代表

a. 脂溶性毒物 DDT

思维火花 Siweihuohua

b. 各类重金属元素

真题真练

例 357 (2014·海南·16)下列关于土壤微生物的叙述,错误的是 ( )

A. 土壤微生物参与生态系统的物质循环

B. 土壤微生物可作为生态系统的分解者

C. 秸秆经土壤微生物分解后可被农作物再利用

D. 土壤中的硝化细菌是异养生物,因而不属于生产者

例 358 (2017·浙江 11 月选考·10)下列关于食物链和食物网的叙述,正确的是 ( )

A. 食物网中的植食动物属于不同的营养级

B. 陆地生态系统中通常以捕食食物链为主

C. 捕食食物链由生产者、消费者和分解者组成

D. 难降解的有害物质会沿着食物链转移和富集

例 359 (2020·浙江 7 月选考·11)下列关于营养级的叙述,正确的是 ( )

A. 营养级的位置越高,归属于这个营养级的能量通常越多

B. 自然生态系统中的所有绿色植物都属于生产者营养级

C. 营养级是指处于食物链同一环节上同种生物的总和

D. 食物链中的各营养级之间能量传递效率是相同的

例 360 (2013·广东·5)如图所示某湖泊的食物网,其中鱼 a、鱼 b 为两种小型土著鱼,若引入一种以中小型鱼类为食的鲈鱼,将出现的情况是 ( )

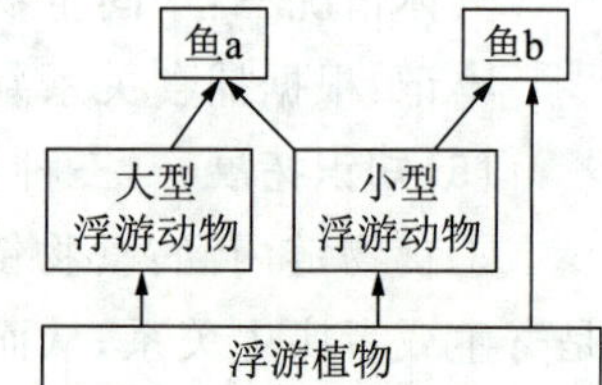

A. 鲈鱼的产量不能弥补土著鱼的减少量

B. 土著鱼在与鲈鱼的竞争中处于劣势

C. 浮游动物总量锐减后再急升

D. 浮游植物总量急升后再锐减

例 361 (2018·新课标Ⅲ·32)如图是某农业生态系统模式图。据图回答下列问题:

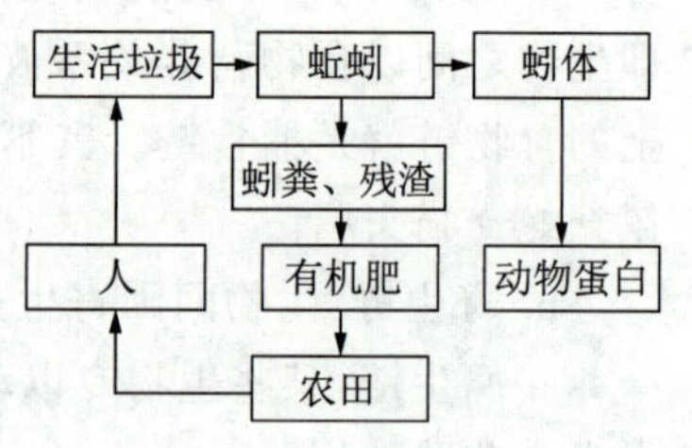

(1)蚯蚓生命活动所需的能量来自生活垃圾中的________(填"有机物"或"无机物")。生活垃圾中的细菌和真菌属于分解者,在生态系统中分解者的作用是________________________________。

(2)根据生态系统中分解者的作用,若要采用生物方法处理生活垃圾,在确定处理生活垃圾的方案时,通常需要考虑的因素可概括为 3 个方面,即________________________________。

思维火花 Siweihuohua

十、生态系统的功能

1 能量流动

(1)概念:生态系统中能量的输入、传递、转化和散失的过程,称为生态系统的能量流动。

(2)能量流动的过程

①图示

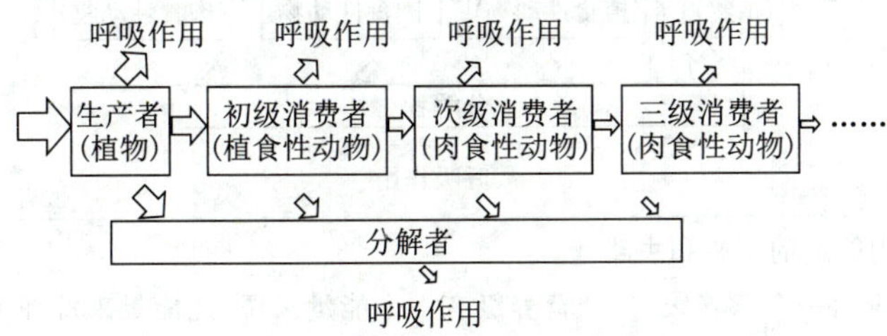

生态系统能量流动示意图

②过程分析

a. 生态系统所需能量的最终来源是太阳能。流经生态系统的总能量,是生产者通过光合作用所固定的全部太阳能。在极少数特殊空间,如深海热泉口生态系统,则通过特殊细菌的化能合成作用获得能量。

b. 能量流动的渠道:食物链和食物网,能量通过捕食关系在食物链或食物网中流动。

c. 能量转化形式:太阳能→有机物中的化学能→热能。

d. 能量的散失:散失的能量是通过生产者、消费者和分解者的呼吸作用分解有机物而产生的,最终以热能形式散失。分解者的呼吸作用也被称为分解作用。

③以第二营养级为例分析能量的分流

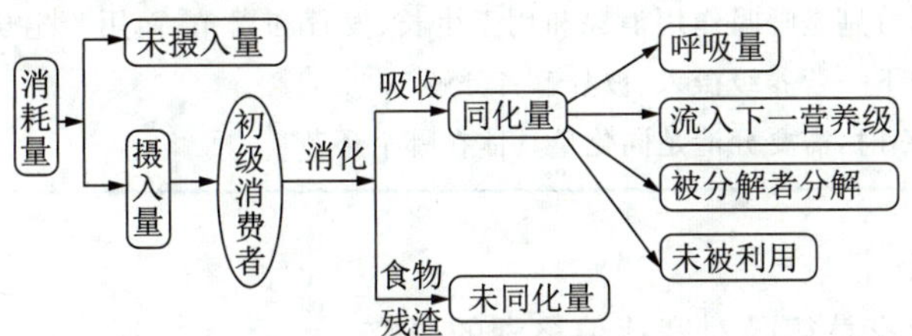

能量流经第二营养级示意图

能量来源	能量去路
消耗量:被捕食者取食的部分	通过自身呼吸作用以热能的形式散失
摄入量:消耗者摄入体内的能量	被下一营养级同化
同化量:消耗者经过消化和吸收后转化为自身的能量	残枝败叶、遗体残骸等被分解者分解
注意在以上三个量中,同化量才是真正有意义的能量	未被自身呼吸消耗,也未被下一营养级和分解者利用
关系:同化量=摄入量-粪便中有机物量;消耗量>摄入量>同化量>呼吸量	
易错提醒:某营养级的“粪便”中的能量不同于“尿液”中的能量。前者应归于上一营养级,是未被该营养级利用的能量;后者则归于该营养级,是该营养级所同化的能量中的一部分	

思维火花 Siweihuohua

④第一营养级生产者和最高营养级的能量流动

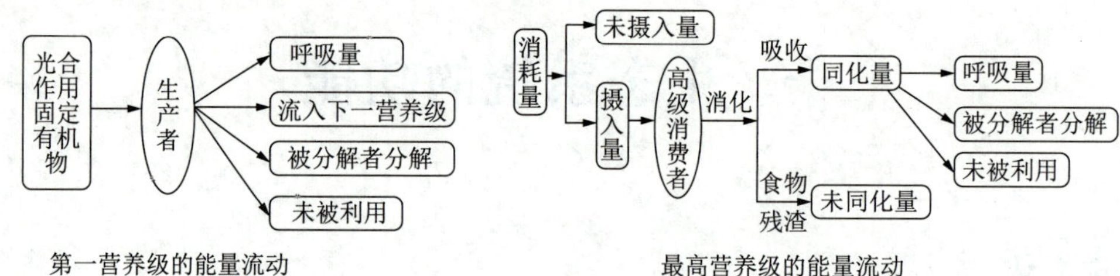

(3)画法

定量定时	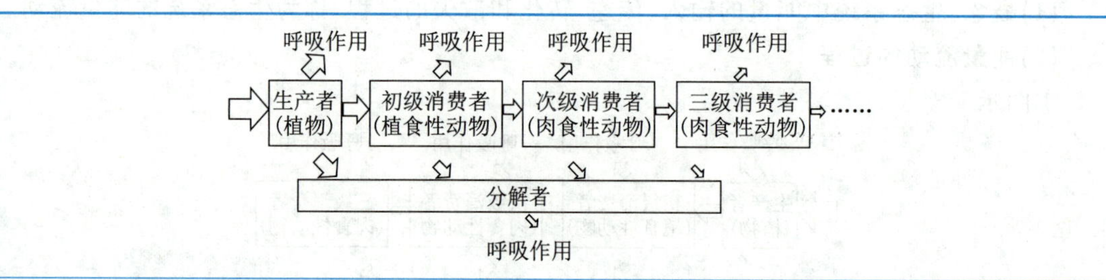
	①内涵:单位时间内能量的来源和去路 ②特点:每个环节表示一个营养级,每个营养级有一个能量来源,此能量来源即为同化量;同时有四个能量去路,包含未被利用的能量 ③计算能量传递效率时,直接用箭头对应的同化量进行计算即可
定量不定时	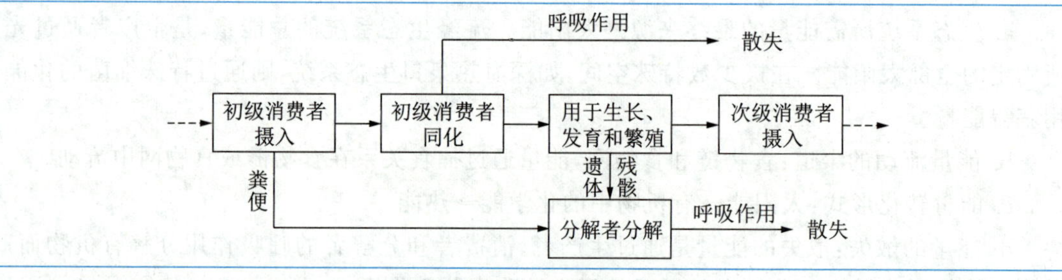
	①内涵:未规定单位时间,研究某生物从生到死全部的能量来源和去路 ②特点:一个营养级被分成三个环节,第一个环节为摄入量,摄入后排除粪便量才为同化量。同化能量的去路分为两个方向,分别是呼吸作用消耗和用于生长、发育和繁殖,而用于生长、发育和繁殖的能量又有两个去路,分别为被下一营养级摄入、被分解者分解 ③计算能量传递效率时,需要分清楚同化量具体在哪个环节

(4)能量流动的特点

①背景:美国生态学家林德曼对赛达伯格湖的研究。

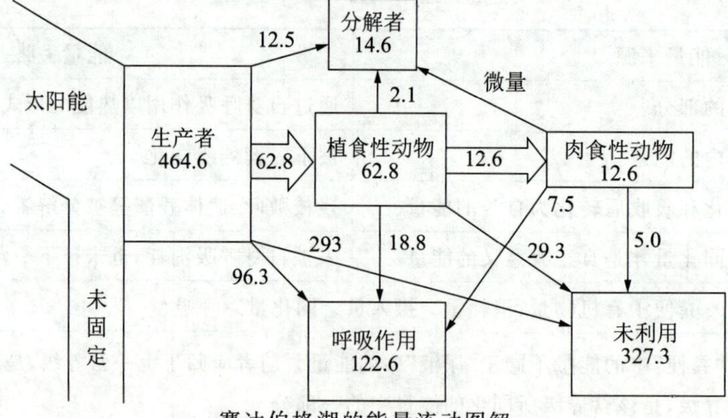

赛达伯格湖的能量流动图解

②能量流动特点典型图例

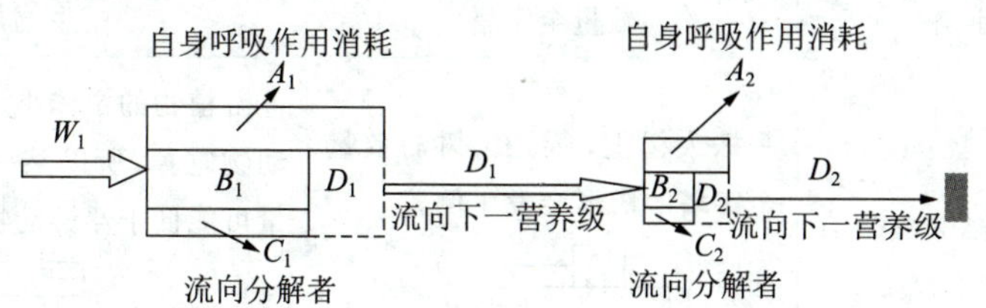

关键点提醒：此图中，第二营养级粪便的能量，属于 C_1 而不属于 C_2

(5)能量的传递效率

①计算公式：$能量传递效率=\frac{下一营养级同化量}{上一营养级同化量}\times 100\%$。

②一般说来，能量传递的平均效率为 10%～20%。

③一条食物链，往往不超过五个营养级，原因是：营养级越高，所获取的能量越少；当营养级达到第五级时，传递到该营养级的能量不足以维持一个种群的生存。

a. 单向流动

原因：能量流动是沿食物链进行的，食物链中各营养级之间的捕食关系是长期自然选择的结果，是不可逆转的；各营养级通过呼吸作用所产生的热能不能被生物群落重复利用，因此能量流动无法循环。

b. 逐级递减

原因：各营养级生物都会因呼吸作用消耗大部分能量；各营养级的能量都会有一部分流入分解者，包括未被下一营养级生物利用的部分。

(6)能量流动的应用

①能量的多级利用：例如，利用沼气池发酵原理，将秸秆的能量转化为沼气中的能量被人类利用。

②调整能量的流动关系，使能量持续高效地流向对人类最有益的部分：例如，通过合理载畜，保持畜产品的持续高产，过度放牧或放牧过少都不利于草原的利用。

(7)金字塔定量研究生态系统

不同的金字塔能形象地说明营养级与能量、数量、生物量之间的关系，是定量研究生态系统的直观体现。

	能量金字塔	数量金字塔	生物量金字塔
含义	各营养级固定的总能量	每一营养级生物个体的数量	每一营养级现存生物的总质量
形状	低 能量 高；高 营养级 低	少 生物数量 多；高 营养级 低	少 生物量 多；高 营养级 低
特点	呈正金字塔形	一般呈正金字塔形	一般呈正金字塔形

思维火花 Siweihuohua

续表

	能量金字塔	数量金字塔	生物量金字塔
分析	能量流动的过程中总是有能量的耗散	一株大树上，鸟、虫、树的数量金字塔的塔形会发生倒置 （图：鸟、虫、树）	浮游植物的个体小，寿命短，又不断被浮游动物吃掉，所以某一时间浮游植物的生物量可能低于浮游动物的生物量 （图：浮游动物、浮游植物）

①在一条自然生态系统的食物链中，由低营养级到高营养级推算，前一营养级比后一营养级含量一定多的指标是"能量"，而"数量"和"生物量"均可能出现反例。

②在人工生态系统中因能量可以人为补充，能量金字塔可能呈现倒置状况。如人工鱼塘中生产者的能量未必比消费者多。天然生态系统必须当能量状况表现为金字塔形状时，方可维持生态系统的正常运转，从而维持生态系统的稳定性。

③如果成千上万只昆虫生活在一棵大树上，鸟又以该树上的昆虫为食。若以金字塔图形式呈现如图所示，那么树、昆虫和鸟的能量金字塔、生物量金字塔和数量金字塔可依次表示为A、A、C。

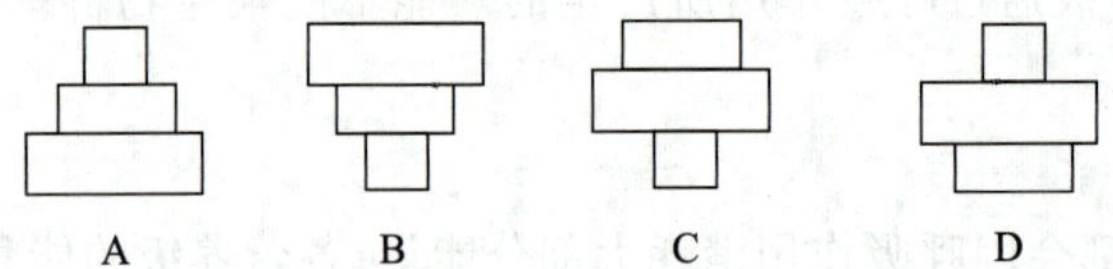

真题真练

例 362 (2019·新课标Ⅱ·6) 如果食物链上各营养级均以生物个体的数量来表示，并以食物链起点的生物个体数作层来绘制数量金字塔，则只有两个营养级的夏季草原生态系统(假设第一营养级是牧草，第二营养级是羊)和森林生态系统(假设第一营养级是乔木，第二营养级是昆虫)数量金字塔的形状最可能是 ( )

A. 前者为金字塔形，后者为倒金字塔形

B. 前者为倒金字塔形，后者为金字塔形

C. 前者为金字塔形，后者为金字塔形

D. 前者为倒金字塔形，后者为倒金字塔形

例 363 (2018·海南·20) 某地在建设池塘时，设计了如图所示的食物网，鲫鱼和鲢鱼生活在不同水层。关于该池塘生态系统的叙述，错误的是 ( )

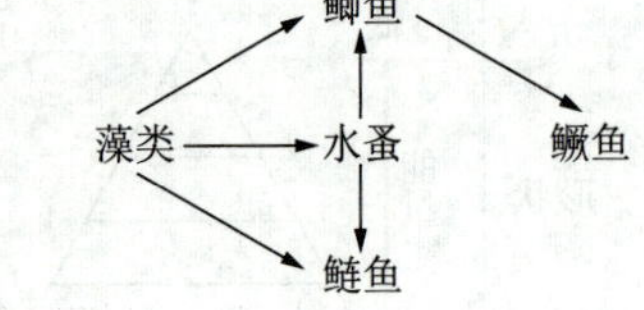

A. 鲫鱼既是初级消费者又是次级消费者

B. 消耗等量藻类时，鳜鱼的生长量少于鲢鱼

C. 通气可促进水体中生物残骸分解为无机物

D. 藻类固定的能量小于流入次级消费者的能量

例 364 (2010·山东·6) 以下表示动物利用食物的过程：

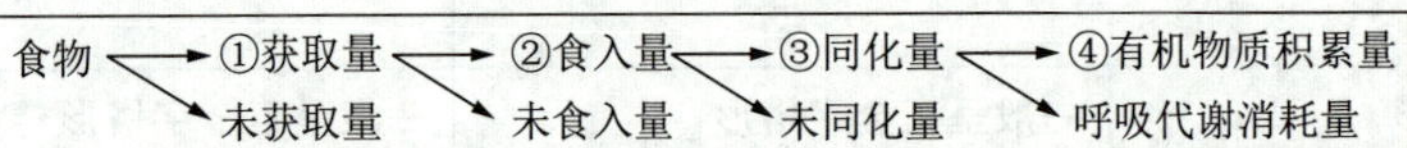

正确的分析是 ( )

A. 恒温动物的④/③值一般高于变温动物

思维火花 Siweihuohua

B. 哺乳动物的③/①值一般为10%～20%

C. 提高圈养动物生长量一般需提高③/②值

D. 食肉哺乳动物的③/②值一般低于食草哺乳动物

例 365 (2015·福建·4) 下图为某人工鱼塘食物网及其能量传递示意图(图中数字为能量数值,单位是$J\cdot m^{-2}\cdot a^{-1}$)。下列叙述正确的是 ( )

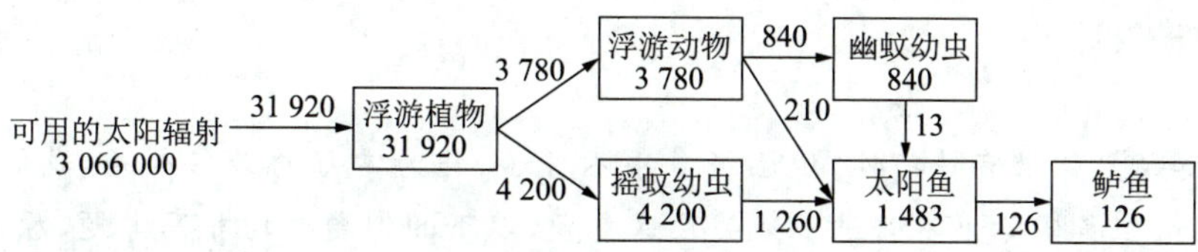

A. 该食物网中最高营养级为第六营养级

B. 该食物网中第一到第二营养级的能量传递效率为25%

C. 太阳鱼呼吸作用消耗的能量为1 357 $J\cdot m^{-2}\cdot a^{-1}$

D. 该食物网中的生物与无机环境共同构成一个生态系统

例 366 (2020·海南·5) 在生态系统中,植物所固定的太阳能或所制造的有机物质称为初级生产量,其中一部分用于自身的呼吸消耗,余下部分称为净初级生产量。表为4个生态系统的研究实例。

类别	玉米地	荒地	湖泊Ⅰ	湖泊Ⅱ
太阳能利用率(初级生产量/入射太阳能)	1.6%	1.2%	0.4%	0.1%
呼吸消耗率(呼吸消耗/初级生产量)	23.4%	15.1%	22.3%	21.0%
净初级生产效率(净初级生产量/初级生产量)	76.6%	84.9%	77.7%	79.0%

下列有关叙述错误的是 ( )

A. 与玉米地相比,荒地的太阳能利用率低,净初级生产效率也低

B. 若入射太阳能相同,上述4个生态系统中,制造有机物质最多的是玉米地

C. 两个湖泊中植物的呼吸消耗率与玉米地的大致相等,但明显高于荒地

D. 两个湖泊的太阳能利用率低,与太阳光穿过水层时损失了部分能量有关

例 367 (2018·江苏·28) 某城市河流由于生活污水和工业废水的排入,水质逐渐恶化。经过治理后,河水又恢复了清澈。图1表示该河流的能量金字塔(甲、乙、丙为3种鱼,丁为1种水鸟,甲不摄食藻类,箭头指示能量流动方向),图2表示部分能量流动关系(图中数字表示同化的能量)。请回答下列问题:

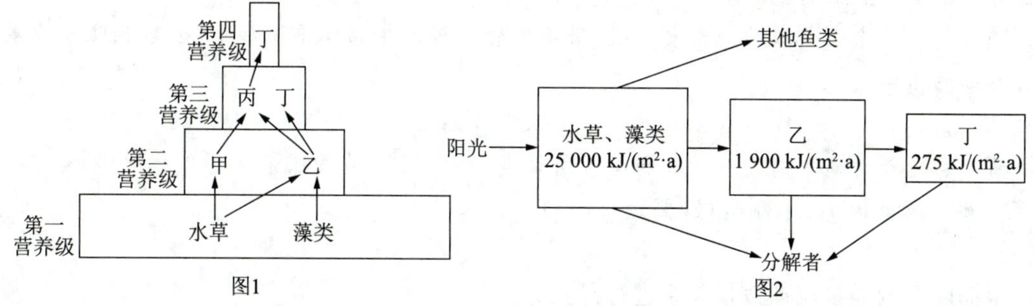

图1　　图2

(1)图1所示食物网中,遗漏了一条能量流动途径,该条途径是________。

(2)图1所示食物网中,次级消费者是________,丁与丙之间的种间关系是________。

(3)根据图1分析,除了图2中已经标出的能量去向之外,乙的能量去向还有________

思维火花 Siweihuohua

________。

(4)结合图2分析,图1所示食物网中第一营养级到第二营养级能量的传递效率________(填“大于”“小于”或“等于”)7.6%。

(5)经检测,水体中含有某种可被生物富集的农药,推测此农药含量最高的物种是________。

(6)从生态学角度解释,污染物排放导致水质恶化的主要原因是________________。

(8)能量的最值计算

德叔批注

其实这类题看似很有技巧性,但已经多年不考了,作为学习的必要补充,我们需要理解题型的解题技巧,但是实际上不必过多地关注这类题,以下的例题也均非高考题,原因嘛,当然是新的高考题也找不到这类题目啦。

计算能量的问题时,如遇到“至少需要”“最多利用”等字眼,所选用的传递效率为20%,在食物网中应选最短食物链计算;如遇到“最大消耗”“最少利用”等字眼,所选用的传递效率为10%,在食物网中则应选最长的食物链计算。设食物链A→B→C→D,分以下情况讨论:

条件	问题	思路求解
D营养级净增重M	至少需要A营养级的量Y	$Y\times(20\%)^3=M$
	最多需要A营养级的量Y	$Y\times(10\%)^3=M$
A营养级净增重N	D营养级最多增重的量Y	$N\times(20\%)^3=Y$
	D营养级至少增重的量Y	$N\times(10\%)^3=Y$

典题示例 **例析生态系统中能量流动计算的几种题型**

①根据能量流动效率直接计算

例题一 某生态系统中初级消费者和次级消费者的总能量分别是W_1和W_2,当下列哪种情况发生时,最有可能使生态平衡遭到破坏 ( )

A. $W_1>10W_2$ B. $W_1>5W_2$ C. $W_1<10W_2$ D. $W_1<5W_2$

解析 生态系统的能量流动效率为10%~20%,即一般情况下上一营养级传递给下一营养级的能量不超过自身同化量的20%,如$W_1<5W_2$,则说明初级消费者和次级消费者之间的能量流动效率已经高于20%,初级消费者、食物链和生态系统的稳定性都受到了破坏,影响了生物的可持续性发展,因而最有可能使生态平衡遭到破坏。

答案 D

例题二 有5个营养级的一条食物链,若第五营养级的生物体重增加1 kg,理论上至少要消耗第一营养级的生物 ( )

A. 25 kg B. 125 kg C. 625 kg D. 3 125 kg

解析 这是最为简单的一种计算题型。所谓至少消耗,即是按照最高的效率20%传递。设需消耗第一营养级生物x kg,则有$(20\%)^4\times x=1$。

答案 C

②根据隐含的能量流动数量关系进行计算

例题三 在某生态系统中,已知1只2 kg的鹰要吃10 kg的小鸟,0.25 kg的小鸟要吃2 kg的昆虫,而100 kg的昆虫要吃1 000 kg的绿色植物。若各营养级生物所摄入的食物全转化成能量的话,那么,这只鹰转化绿色植物的百分比应为 ( )

思维火花 Siweihuohua

A. 0.05%　　B. 0.5%　　C. 0.25%　　D. 0.025%

解析　该题中能量流动效率不仅用重量表示，而且其数值在各营养级之间都不一样，但以植物为基准，在食物链的基础上可推出它们间的数量转化关系：

植物 → 昆虫 → 小鸟 → 鹰

1 000 kg　100 kg　12.5 kg　2.5 kg

这样，鹰转化绿色植物的百分比即为 2.5/1 000，也就是 0.25%。

答案　C

③根据规定的能量流动效率计算

例题四　有一食物网如图所示。假如猫头鹰的食物 2/5 来自兔子，2/5 来自老鼠，其余来自蛇，那么猫头鹰要增加 20 g 体重，最多消耗植物多少克　(　　)

A. 5 600　　B. 2 800

C. 900　　D. 120

解析　据题意，猫头鹰的食物可来源于三条食物链，直接来源于三种不同的生物：兔、鼠、蛇，如图所示。如要使其增重 20 g，则这种食物食用后必须使其分别增加 8 g、8 g、4 g。考虑到是最多消耗，计算时要按最低的能量流动效率即 10%计算，这样这三条链消耗的植物分别为 800 g、800 g、4 000 g，共消耗植物 5 600 g。

植物→兔→猫头鹰
植物→鼠→猫头鹰
植物→鼠→蛇→猫头鹰

答案　A

例题五　在如右图所示的食物网中，已知各营养级之间的能量转化效率为 10%，若一种生物摄食两种上一营养级的生物时，两种被摄食的生物量相等，则丁每增加 10 kg 生物量，需消耗生产者多少千克　(　　)

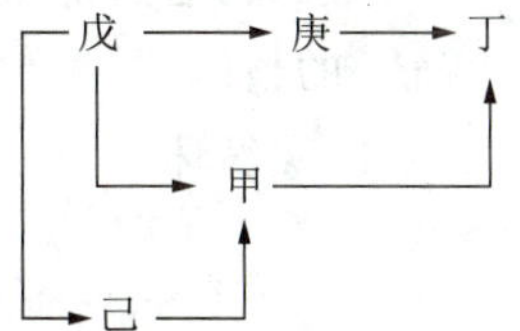

A. 2 530　　B. 5 230

C. 5 530　　D. 3 250

解析　据题意，与丁食物来源相关的食物链有三条：戊→庚→丁，戊→甲→丁，戊→己→甲→丁。丁以甲和庚为食，则按能量传递效率 10%计算：各需甲、庚 10 kg÷10%÷2=50 kg。甲要增长 50 kg 需摄食己和戊共 50 kg÷10%=500 kg，则己、戊各 250 kg，己要增长 250 kg，则需摄食戊 250 kg÷10%=2 500 kg，庚要增长 50 kg，则需戊 50 kg÷10%=500 kg。共需戊：500 kg+2 500 kg+250 kg=3 250 kg。

答案　D

④根据变化的能量流动效率计算

例题六　已知在如图所示的食物网中，C 生物同化的总能量为 a，其中 A 生物直接供给 C 生物的比例为 x，则按最低的能量传递效率计算，需要 A 生物的总能量(y)与 x 的函数关系式为________。

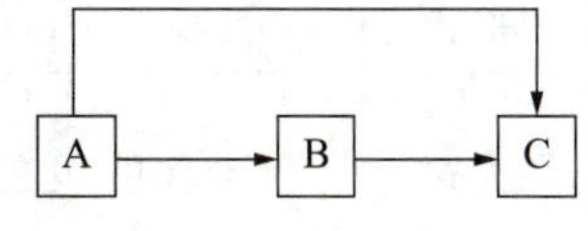

解析　本题中，C 获得能量的途径有两条：从 A 直接获得和从 A 经 B 传递间接获得，已知 C 从 A 直接获得的比例为 x，则直接获得的能量为 ax，需要消耗 A 的能量为 $10ax$，间接获得的比例为 $(1-x)$，则间接获得的能量为 $(1-x)a$，需要消耗 A 的能量为 $100(1-x)a$，那么消耗 A 的总能量为 $10ax+100(1-x)a=100a-90ax$，即 y 与 x 的函数关系式为：$y=100a-90ax$。

答案　$y=100a-90ax$

⑤根据特定的能量流动要求计算

例题七　有一食物网如图所示，设 E 种群干物质量为 5.8×10^9 kJ，B 种群干物质量为 1.3×10^8 kJ，则 A 种群干物质量的值至少是________。

思维火花 Siweihuohua

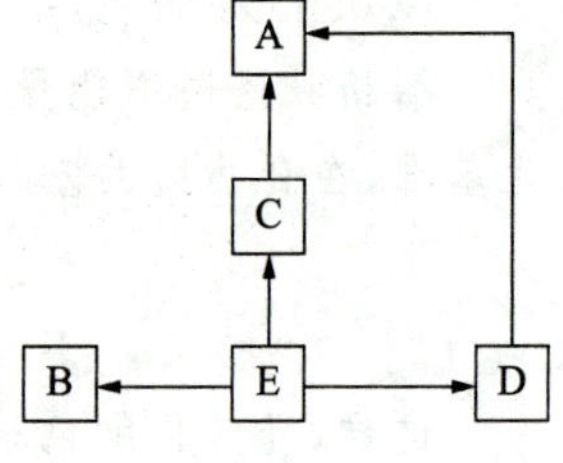

解析　本题首先要搞清楚，由于能量寓于物质之中，所以计算干物质量的值也就是计算能量的值；其次，由于E种群的干物质的最终去向有B和A，所以要使A种群所得干物质的量最少，只有在E种群以最低的传递效率传给B(这时E种群剩余干物质最少)，E剩余部分再以最低的传递效率传给A时才可能发生。B种群干物质量为1.3×10^8 kJ，从理论上讲，至多消耗E种群干物质为1.3×10^8 kJ/10%$=1.3\times10^9$ kJ，由于A与E相隔一个营养级，因而A种群干物质量的值至少为$(5.8-1.3)\times10^9$ kJ$\times10\%\times10\%=4.5\times10^7$ kJ。

答案　4.5×10^7 kJ

注意　总之，找出相关食物链，确定能量流动效率，弄清特定题设条件是解决这类题目的一般方法。

2 物质循环

(1)**概念**：组成生物体的C、H、O、N、P、S等元素，都不断进行着从无机环境到生物群落，又从生物群落到无机环境的循环过程，这就是生态系统的物质循环，由于其具有全球性，又叫做生物地球化学循环。这里的生态系统指的是生物圈。概念重点：

①物质：组成生物体的元素，如C、H、O、N、P、S等。

②循环范围：生物群落和无机环境之间。

③循环特点：具有全球性；反复循环。

④意义：通过能量流动和物质循环，使生态系统中的各种组成成分紧密地联系在一起，形成一个统一的整体。

(2)**碳循环**

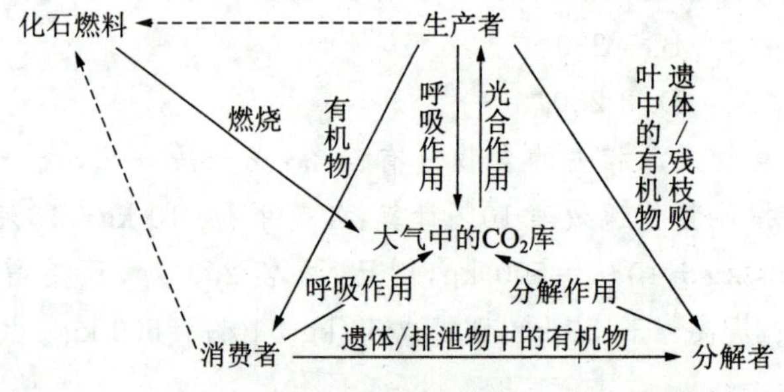

碳循环过程示意图

	进入生物群落	生物群落内部	返回生物群落
形式	CO_2	含碳有机物	CO_2
方式	光合作用、化能合成作用	通过食物链和食物网	生物的呼吸作用、分解者的分解作用、化学燃料的燃烧

①在生物群落和无机环境之间的循环，主要以CO_2的形式进行。

②在生物群落内部的流动，主要以含碳有机物的形式进行。

③碳在生态系统各成分之间传递并不都是双向的，只有生产者与无机环境之间的传递是双向的，在生物群落内部只能单向传递。

④物质循环中所说的“生态系统”并不是一般的生态系统，而是指地球上最大的生态系统生物圈，因此物质循环具有全球性。

⑤在具体物质循环图中，特别注意化石燃料等其他环节的关系判断。

(3)生态系统各成分的确定方法

①碳循环过程常见示意图

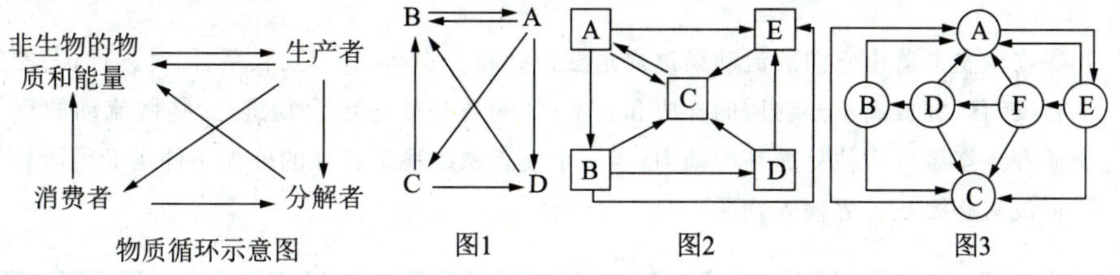

②判断方法

先找出双箭头，对应生产者和非生物的物质和能量，其中有一个是其他成分都指向它的，是非生物的物质和能量，另一个是生产者，则消费者和分解者就容易区分了。若图中的对象多于四个，则多的是不同营养级的消费者，其基本判断方法是一样的。

③案例分析

图1：先根据双向箭头确定A和B应为生产者或CO_2库，其中由多个内指箭头可判断B为CO_2库，再根据A→D和C→D，确定D为分解者，剩下C为消费者。

图2：根据A与C之间的双向箭头及C有多个内指箭头判断：A和C分别是生产者和CO_2库。根据A、B、D的碳都流向E，可进一步判断B是初级消费者，D是次级消费者，E是分解者。

图3：首先找出相互之间具有双向箭头的两个成分即A和E，一个为生产者，一个是大气中的CO_2库。又因为其他各个成分都有箭头指向A，所以A为大气中的CO_2库，E为生产者。然后观察剩余的几个成分，其中其他生物部分的箭头都指向C，所以C是分解者，剩余的B、D、F则为消费者。

(4)温室效应

①大气中CO_2含量持续增加的原因

a. 工厂、汽车、飞机、轮船等对化石燃料的大量使用，向大气中排放大量的CO_2。

b. 森林、草原等植被大面积地被破坏，大大降低了对大气中CO_2的调节能力。

②危害

a. 加快极地冰川融化，海平面上升，对陆地生态系统和人类的生存构成威胁。

b. 影响农业和粮食资源的生产，改变了降雨和蒸发机制。

③缓解措施

a. 开发清洁能源，减少化石燃料的燃烧。

b. 植树造林，增加绿地面积。

(5)能量流动与物质循环之间的关系

<table>
<tr><th colspan="2"></th><th colspan="2">物质循环</th><th colspan="2">能量流动</th></tr>
<tr><td rowspan="5">区别</td><td>形式</td><td colspan="2">因不同元素而异</td><td colspan="2">随有机物流动</td></tr>
<tr><td>范围</td><td colspan="2">生物圈</td><td colspan="2">生态系统各营养级</td></tr>
<tr><td>过程</td><td colspan="2">在无机环境和生物群落间循环往复</td><td colspan="2">沿食物链/食物网单向流动</td></tr>
<tr><td>特点</td><td>循环性</td><td>全球性</td><td>单向流动</td><td>逐级递减</td></tr>
<tr><td>原因</td><td>元素不会消失，只是呈现形式不同</td><td>只有生物圈才能完成正常循环</td><td>①营养级关系不能逆转
②散失热能无法再利用</td><td>①每个营养级均会散失部分能量
②部分能量流向分解者
③部分未被利用</td></tr>
</table>

思维火花 Siweihuohua

续表

	物质循环	能量流动
联系	①在生物群落中它们的流动渠道都是食物链和食物网，且相互联系、同时进行；②能量的固定、储存、转移、释放离不开物质的合成和分解；③物质是能量沿食物链/食物网流动的载体，能量是物质在生态系统中往复循环的动力；④一个生态系统稳定存在的外界条件是必须从外界输入能量，但没有必要从外界输入物质	

真题真练

例 368 (2020·新课标Ⅲ·6)生态系统的物质循环包括碳循环和氮循环等过程。下列有关碳循环的叙述，错误的是 ( )

A. 消费者没有参与碳循环的过程

B. 生产者的光合作用是碳循环的重要环节

C. 土壤中微生物的呼吸作用是碳循环的重要环节

D. 碳在无机环境与生物群落之间主要以 CO_2 形式循环

例 369 (2020·新课标Ⅰ·6)土壤小动物对动植物遗体的分解起着重要的作用。下列关于土壤小动物的叙述，错误的是 ( )

A. 调查身体微小、活动力强的小动物数量常用标志重捕法

B. 土壤中小动物类群的丰富度高，则该类群含有的物种数目多

C. 土壤小动物的代谢活动会影响土壤肥力，进而影响植物生长

D. 土壤小动物呼吸作用产生的 CO_2 参与生态系统中的碳循环

例 370 (2019·北京·5)为减少某自然水体中N、P含量过高给水生生态系统带来的不良影响，环保工作者拟利用当地原有水生植物净化水体。选择其中3种植物分别置于试验池中，90天后测定它们吸收N、P的量，结果见下表。

植物种类	单位水体面积N吸收量(g/m^2)	单位水体面积P吸收量(g/m^2)
浮水植物a	22.30	1.70
浮水植物b	8.51	0.72
沉水植物c	14.61	2.22

结合表中数据，为达到降低该自然水体中N、P的最佳效果，推断应投放的两种植物及对该水体的生态影响是 ( )

A. 植物a和b，群落的水平结构将保持不变

B. 植物a和b，导致该水体中的食物链缩短

C. 植物a和c，这两种植物种群密度会增加

D. 植物a和c，群落中能量流动方向将改变

例 371 (2020·江苏·24·多选)蚯蚓分解处理技术可实现固体废物的减量化和资源化。如图为某农业生态系统的示意图，下列叙述正确的是 ( )

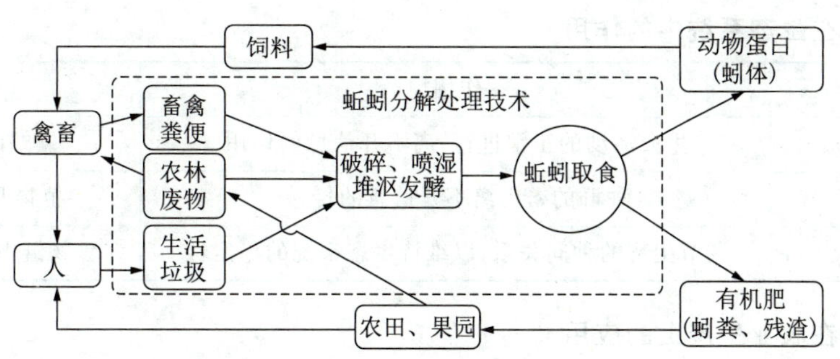

A. 该生态系统中的蚯蚓和各种微生物均属于分解者

B. 该生态工程设计突出体现了物质循环再生的原理

C. 农作物、果树等植物获取的物质和能量主要来自有机肥

D. 影响蚯蚓分解处理效率的因素有温度、含水量等

3 信息传递

(1)**概念**:可以传播的消息、情报、指令、数据与信号等称作信息。

(2)**生态系统中信息的种类**

①物理信息

a. 概念:生态系统中的光、声、温度、湿度、磁力等,通过物理过程传递的信息。

b. 来源:无机环境、生物自身。

c. 举例:蝙蝠、海豚的超声波;日照时间的长短等。

②化学信息

a. 概念:生物在生命活动过程中产生的一些可以传递信息的化学物质。

b. 来源:生物代谢活动。

c. 举例:性外激素。

③行为信息

a. 概念:生物产生的可以在同种或异种生物间传递某种信息的行为特征。

b. 来源:生物的行为变化。

c. 举例:蜜蜂八字舞、求偶炫耀等。

(3)**信息传递的特点**:往往是双向的;信息传递存在于生态系统的各种成分之间,不仅存在于生物成分之间,也存在于生物与无机环境之间。

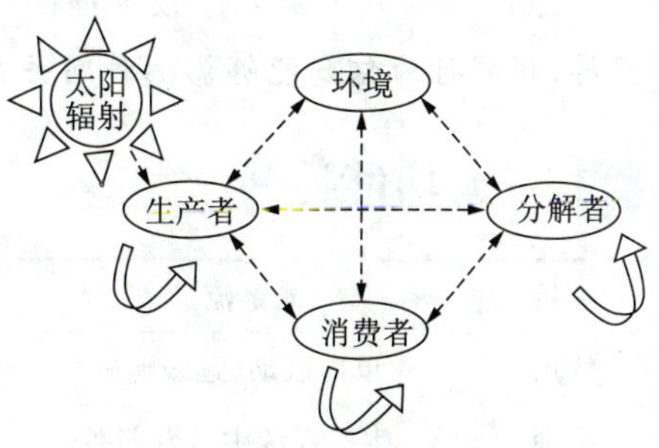

信息传递的双向性图解

(4)**判断生态系统信息传递种类的方法**

①从信息传播的途径判断

物理信息强调信息本身,并非产生信息的行为动作;化学信息强调生物产生的可以传递信息的化学物质而非行为动作。行为信息强调生物的特殊行为动作而非传递信息的化学物质。

②从文字表述的着重点判断

生态系统中信息的种类因传播途径的不同而不同。如孔雀开屏,如果是通过行为传递给对方,则属于行为信息;如果通过羽毛的颜色等传递给对方,则属于物理信息。鸟类或其他动物报警,若通过声音则属于物理信息,若通过特殊的动作,如突然飞起则属于行为信息。

(5)信息传递在生态系统中的作用

层次	作用	举例
个体	生命活动的正常进行,离不开信息的作用	蝙蝠的"回声定位"
种群	种群的繁衍离不开信息的传递	植物开花、昆虫交尾
群落和生态系统	调节生物的种间关系,以维持生态系统的稳定性	食物链中食与被食的关系

(6)信息传递在农业生产上的应用

①提高农产品或畜产品的产量:例如根据各种植物的光周期特性和经济利用部分的不同,人工控制光周期达到早熟高产;人工合成各种化学信息素,吸引传粉昆虫,提高果树及作物的传粉率和结实率;植物可以通过化学信息调节种间关系,将能相互促进的植物种在一起,如小麦和豌豆;避免将相互影响的植物一起种植,如胡桃和苹果。

②对有害动物的控制:例如利用音响设备发出结群信号吸引鸟类,使其结群捕食害虫。

真题真练

例 372 (2018·海南·19)某同学将一面镜子竖立在一棵树旁,该树上的一只小鸟飞到镜前,对着镜子中的"小鸟"愤怒地啄击扑打。下列关于该事件中信息传递的叙述,错误的是( )

A. 小鸟啄击扑打的动作本身是一种行为信息

B. 小鸟的眼睛能够感受镜子发出的物理信息

C. 小鸟把镜子传递的信息当作来自入侵者的信息

D. 激怒小鸟的信息是直接来自非生物的化学信息

例 373 回答下列问题:

(1)(2019·新课标Ⅰ·31)某果园中存在A、B两种果树害虫,果园中的鸟(C)可以捕食这两种害虫;使用人工合成的性引诱剂Y诱杀B可减轻B的危害。性引诱剂Y传递给害虫B的信息属于________。

(2)(2019·海南·25)假设在某岛屿上多年来总是存在一个约由m只狼组成的狼群、一个约由n只狼组成的狼群和若干只单独生活的狼,则以下说法________(填"正确"或"不正确"):该岛上的狼能够依据猎物留下的气味信息追捕猎物。

(3)(2019·江苏·6)以下说法________(填"正确"或"不正确"):两只雄孔雀为吸引异性争相开屏,说明行为信息能够影响种间关系。

4 三大功能比较

项目	能量流动	物质循环	信息传递
特点	单向流动、逐级递减	循环流动、反复利用	往往是双向的
范围	生态系统中各营养级	生物圈	生物之间,生物与无机环境之间
途径	食物链和食物网		多种
地位	生态系统的动力	生态系统的基础	决定能量流动和物质循环的方向和状态
联系	同时进行,相互依存,不可分割,形成统一整体		

十一、生态系统的稳定性

1 概念

生态系统所具有的保持或恢复自身结构和功能相对稳定的能力。

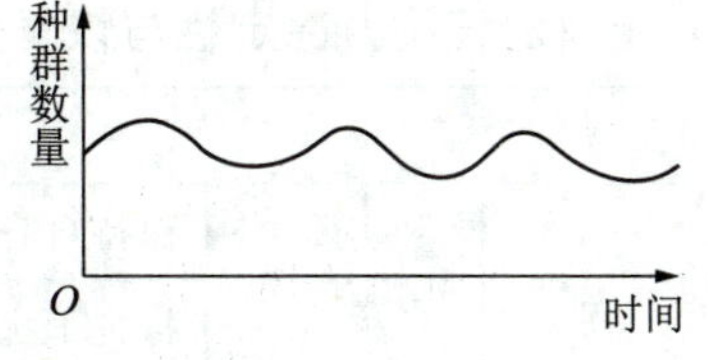

(1)**结构的相对稳定**:生态系统中动植物种类及数量一般不会有太大的变化,一般相关种群数量呈现周期性变化,可用如图曲线表示。

(2)**功能的相对稳定**:生物群落能量的输入量与输出量保持相对平衡,物质的输入与输出保持相对平衡。

2 自我调节能力

(1)**河流的净化作用**:包括物理沉降、化学分解、微生物的分解三个方面,是河流生态系统抵抗环境污染的有效途径。

(2)**负反馈调节**:通过食物链的负反馈调节机制实现数量的相对稳定。

3 负反馈调节

正反馈调节与负反馈调节的比较:

	正反馈调节	负反馈调节
作用	使生态系统远离平衡状态	生态系统自我调节能力的基础,能使生态系统保持相对平衡
结果	加速最初发生变化的那种成分所发生的变化	抑制和减弱最初发生变化的那种成分的变化,从而保持稳态平衡
实例	若一个湖泊受到的污染超过其自我调节能力,则污染会越来越严重	草原上食草动物和植物的数量变化
	湖泊受到了污染 →(+) 鱼类死亡 → 死鱼腐烂 →(+)污染加剧 → 湖泊受到了污染	植物增加 →(+) 食草动物增加 →(−) 植物增加

4 特点

调节能力有一定的限度。

5 种类

(1)分类及概念

①抵抗力稳定性:生态系统抵抗外界干扰并使自身的结构与功能保持原状的能力。即抵抗干扰,保持原状的能力。

②恢复力稳定性:生态系统在受到外界干扰因素的破坏后恢复到原状的能力。即遭到破坏,恢复原状的能力。

(2)抵抗力稳定性与恢复力稳定性的比较

		抵抗力稳定性	恢复力稳定性
区别	实质	保持自身结构与功能的相对稳定	恢复自身结构与功能的相对稳定
	核心	抵抗干扰、保持原状	遭到破坏、恢复原状
联系		①一般呈相反关系,抵抗力稳定性强的生态系统,恢复力稳定性差,反之亦然 ②二者是同时存在于同一生态系统中的两种截然不同的作用力,它们相互作用,共同维持生态系统的稳定。如图所示	

6 影响因素

食物链越短,能量损失越少,生产者越多,生物种类越多,关系越复杂→营养结构越稳定→自我调节能力越强→生态系统的抵抗力稳定性越高。

7 提高措施

(1)控制对生态系统干扰的程度:对生态系统的利用应该适度,不应超过生态系统的自我调节能力,如不能过度放牧、乱砍滥伐。

(2)对人类利用强度较大的生态系统,实施相应的物质、能量投入,保证生态系统内部结构与功能的协调,如农田生态系统的施肥、除草等。

8 经典图像

生态系统抵抗力稳定性、恢复力稳定性和总稳定性的关系解读如下。

(1)抵抗力稳定性表示抵抗外界干扰的能力,抵抗力稳定性越强,偏离正常作用范围就越小;反之,偏离正常作用范围就越大。而 y 表示一个外来干扰使之偏离这一范围的大小。因此,偏离的大小可以作为抵抗力稳定性的定量指标,偏离大说明抵抗力稳定性弱;反之,抵抗力稳定性强。例如,热带雨林与草原生态系统受到相同的干扰时,草原生态系统的 y 值要大于热带雨林的 y 值。

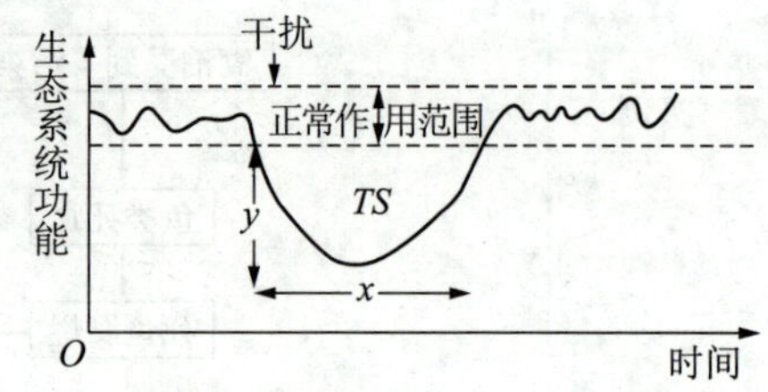

抵抗力和恢复力稳定性图解

(2)恢复力稳定性表示受到破坏后,恢复到原状的能力,恢复力稳定性越强,恢复原状的时间越短;反之,恢复到原状的时间越长。而 x 可以表示恢复到原状态所需的时间,时间越长,说明恢复力稳定性越弱;反之,恢复力稳定性越强。

思维火花 Siweihuohua

(3)TS 表示曲线与正常范围之间所围成的面积,可作为总稳定性的定量指标,这一面积越大,即 y 与 x 越大,则说明这个生态系统的总稳定性越低。

9 易错提醒

(1)任何生态系统的自我调节能力都是有一定限度的,只是大小不同而已,包括生物圈。

(2)强调"×××生态系统稳定性高低"时,必须明确是抵抗力稳定性还是恢复力稳定性,因为二者一般呈负相关。不注明情况下,一般认为是抵抗力稳定性。

(3)并非所有生态系统的两种稳定性高低都呈负相关,如苔原和荒漠生态系统的两种特殊生态系统稳定性都较低。

(4)某一生态系统在被彻底破坏之前,受到外界干扰,遭到一定程度的破坏而恢复的过程,应视为抵抗力稳定性,如河流轻度污染的净化;若遭到彻底破坏,则其恢复过程应为恢复力稳定性,如火灾后草原的恢复等。

(5)食物网中营养结构最不容易被破坏的标准:先看食物链,数量越多越稳定;若食物链数量相同,再看生产者,生产者多的稳定程度高。

十二、环境保护

1 人口增长与生态足迹

(1)生态足迹

①概念:又叫生态占用,指在现有技术条件下,维持某一人口单位生存所需的生产资源和吸纳废物的土地及水域的面积。

②意义:生态足迹的值越大,代表人类所需的资源越多,对生态和环境的影响越大。

③调节:生活方式不同,生态足迹的大小可能不同,减少生态占用,有利于维持生态系统的稳定性。

(2)我国的人口现状与前景

①现状:人口出生率和自然增长率明显下降,目前已进入了低生育水平国家的行列。

②前景:人口基数大,在较长的时期内仍将持续增长。

(3)人口增长对生态环境的影响

①人均耕地减少,粮食需求增加。

②自然资源被大量消耗。

③环境污染加剧等。

(4)协调人口与环境的关系

①继续控制人口增长。

②加大保护资源和环境的力度。

③监控、治理江河湖泊及海域的污染。

④加强生物多样性保护和自然保护区建设。

⑤推进生态农业。

2 全球性生态环境问题

(1)环境污染的来源及后果

	原因	危害	防治措施
温室效应	化石燃料的大量燃烧导致大气中 CO_2 的含量增多	①全球气候变暖;②冰川融化导致海平面上升	①减少化石燃料的燃烧;②开发新能源;③大量植树造林
臭氧层破坏	人类活动中产生的氮氧化物和氟利昂增多	①导致人患皮肤癌等疾病;②农作物减产	减少氮氧化物和氟利昂的排放
生物多样性丧失	人口增长、生境破碎化、环境污染、物种入侵	生态环境被破坏、稳定性降低	建立自然保护区,减少人类干扰
水资源短缺	水资源分布不均、水源污染	影响人类和其他生物的生存	①保护水资源防止污染;②海水淡化、重复利用
土地荒漠化	植被(如草原、森林等)和防护林被破坏等	土地荒漠化形成沙尘暴	合理利用森林,防止乱砍滥伐,植树造林
酸雨	化石燃料的大量燃烧导致大气中 SO_2 和氮氧化物的含量增多	①水体酸化;②影响动物的生长和发育;③伤害植物的叶和芽;④腐蚀建筑物和金属材料	①减少化石燃料的燃烧;②使用脱硫煤;③开发新能源;④植树造林
海洋污染	生活污水、工业废水进入海洋水体,海洋运输时石油泄露和倾倒污染物等	富营养化,形成水华或赤潮	减少工业废水和生活污水的排放

(2)水体富营养化过程分析

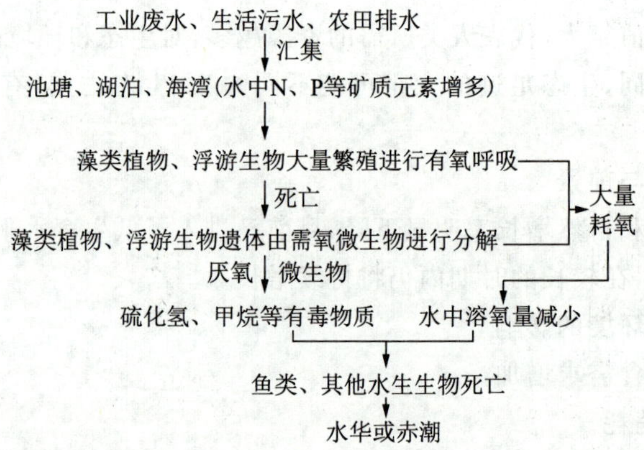

3 保护生物多样性

(1)**生物多样性概念**:生物圈内所有的植物、动物和微生物及它们所拥有的全部基因和各种各样的生态系统。

(2)**生物多样性的三个层次及关系**

①从微观到宏观排序为:基因多样性→物种多样性→生态系统多样性。

②生物多样性之间的关系

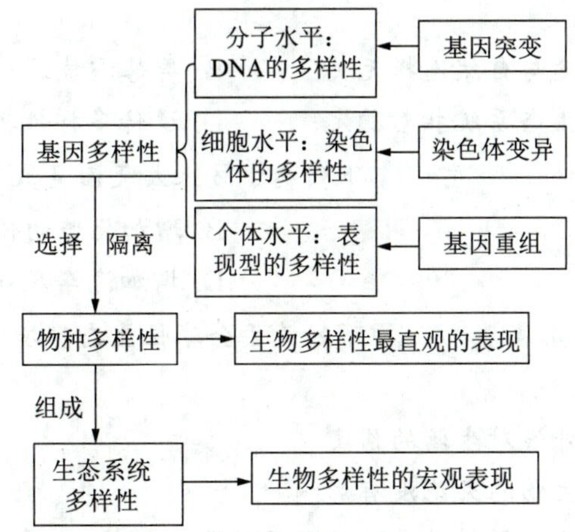

(3)生物多样性的价值

①概念

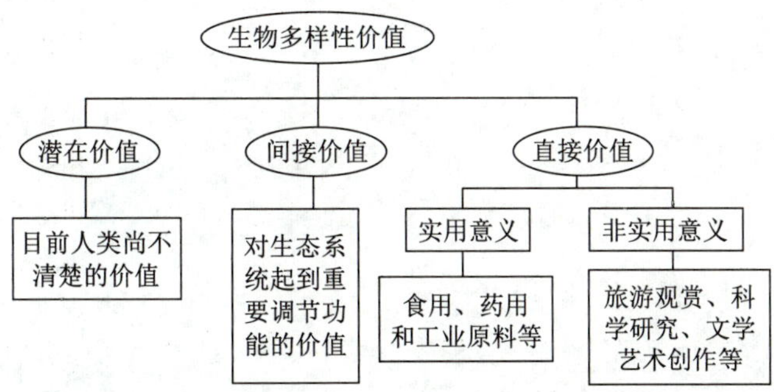

②直接价值与间接价值的作用大小：生物多样性的间接价值是指对生态系统起到重要调节功能的价值，如森林和草地对水土的保持作用，湿地在蓄洪防旱、调节气候等方面的作用。生物多样性的间接价值明显大于它的直接价值。

(4)保护措施

①就地保护：主要指建立自然保护区，是最好的保护方式。就地保护除了保护区域内的物种，还应保护相应的生态环境，而在物种生存的环境遭到破坏，不再适于物种生存后，就只能实行易地保护。

②易地保护：指把保护对象从原地迁出，在异地进行专门保护。

③利用现代生物技术：如人工授精、组织培养和胚胎移植等。

④加强立法、执法和宣传教育。

(5)外来物种的入侵不一定会引起本地物种数目的增加。如果侵入的物种对当地生物是不利的，则会引起本地物种数目锐减。

真题真练

例 374 (2015·江苏·14)下列关于生物多样性的叙述，正确的是 ( )

A. 生态系统多样性是物种多样性的保证

B. 各种中药材的药用功能体现了生物多样性的间接价值

C. 大量引进国外物种是增加当地生物多样性的重要措施

D. 混合树种的天然林比单一树种的人工林更容易被病虫害毁灭

思维火花
Siweihuohua

例 375 （2010·北京·5）保护生物多样性是实现人类社会可持续发展的基础。下列对生物多样性的理解正确的是 （　　）

A. 生物多样性的丰富程度与自然选择无关
B. 群落演替过程中的生物多样性逐渐降低
C. 物种多样性比较高的生态系统相对稳定
D. 遗传多样性较低的种群适应环境能力强

例 376 （2018·浙江4月选考·2）下列属于防止大气圈臭氧减少的措施是 （　　）

A. 减少氟利昂的使用
B. 增加化肥的使用
C. 增加污染物的排放
D. 增加汽车尾气的排放

例 377 （2019·浙江4月选考·1）下列关于全球性生态环境问题的叙述，错误的是 （　　）

A. 臭氧层能降低太空紫外线对生物的伤害
B. 人类活动对大量野生生物的灭绝没有影响
C. 限制二氧化硫和一氧化氮的排放是防治酸雨的有效措施
D. 化石燃料的大量燃烧使二氧化碳的全球平衡受到严重干扰

the END

模块十一

选修一：生物技术实践

核心概要

1. 传统发酵技术的应用
2. 微生物的培养和应用
3. 酶的研究和应用
4. DNA 和蛋白质技术
5. 植物有效成分的提取

德叔寄语

当你不知道该干什么的时候，休息一下，短暂的停留是为了更好地出发，吾日三醒吾身，多想、多做，加油！

李林

内容导读

致同学：

目前选修部分在内容和考试设计上均处在新旧更迭的阶段，内容会略显尴尬。虽然大部分省份仍在使用旧版教材，但是一些省份已经开始使用新教材，而新教材合并了选修一和选修三，并且删除了部分选修一的知识，逻辑构架和具体知识的位置也有所差异。在考试中，部分省份依然选择选修三和选修一选考，在试卷中会有题目二选一，分值均为15分左右；而有些省份选修三和选修一都会进行考查，其中选修一对应内容出选择题，选修三对应内容则一般出大题，这样的新旧更迭的情况给学生的复习带来一些困扰。不过整体而言，从知识的角度出发，选修三和选修一模块的知识特点还是区分明显的。选修三模块内容较为系统，逻辑紧密，和必修联系较多，但内容较多较难；而选修一内容比较零散，不成体系，逻辑性不强，但也相对比较简单，内容较少，因此选修一和选修三各有特点，对选修一的学习，内容的整理和记忆较为重要，对选修三而言，逻辑的分析更为重要，很多选修三的题目背景信息复杂，分析过程复杂，容易导致失分。无论是二选一的同学，还是都需要做的同学，均需要通过两个模块的特点选择合理的学习方法，提高对应的解题能力。

李林

知识详解

思维火花 Siweihuohua

一、传统发酵技术的应用

1 果酒和果醋的制作

(1)制作原理与发酵条件

	果酒制作	果醋制作
原理	利用酵母菌在无氧条件下进行酒精发酵	利用醋酸杆菌、醋酸链球菌在氧气、糖源充足时，将糖分解成醋酸；在缺少糖源时，将乙醇变为乙醛，再将乙醛变为醋酸
微生物	酵母菌	醋酸菌
代谢类型	异养兼性厌氧型	异养需氧型
反应式	$C_6H_{12}O_6 \rightarrow 2C_2H_5OH + 2CO_2$	$C_2H_5OH + O_2 \rightarrow CH_3COOH + H_2O$
最适温度	18～25 ℃	30～35 ℃
氧的需求	前期需氧，后期不需氧	需充足氧
pH	酸性环境	酸性环境
发酵时间	10～12 d	7～8 d

(2)制作流程：挑选葡萄→冲洗→榨汁→酒精发酵(果酒)→醋酸发酵(果醋)。

(3)发酵条件的控制

①葡萄汁装入发酵瓶时，要留约1/3空间，目的是先让酵母菌进行有氧呼吸快速繁殖，耗尽O_2后再进行酒精发酵；防止发酵过程中产生的CO_2造成发酵液的溢出。

②严格控制温度：18～25 ℃有利于酵母菌的繁殖和酒精发酵；30～35 ℃有利于醋酸菌的繁殖和醋酸发酵。

③充气：酒精发酵为无氧发酵，需封闭充气口；醋酸发酵为有氧发酵，需适时通过充气口充入无菌空气。

(4)制作果酒和果醋的装置图分析

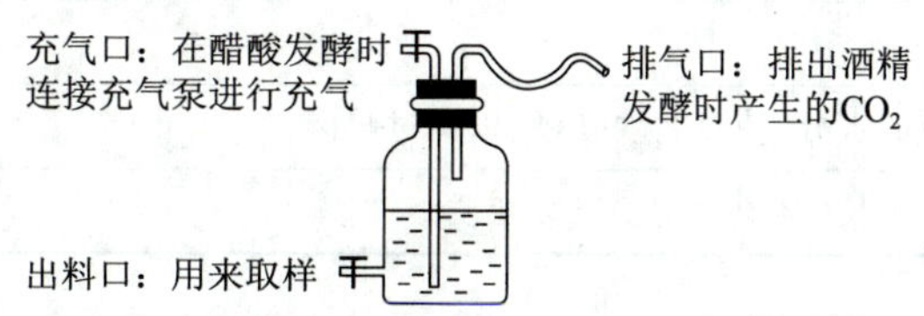

使用该装置制酒时应该关闭充气口；制醋时应将充气口连接充气泵，输入无菌空气。

(5)果酒和果醋制作的注意事项

①材料的选择与处理：选择新鲜的葡萄，榨汁前先冲洗后去枝梗，以防葡萄汁流失及污染。

②防止发酵液被污染

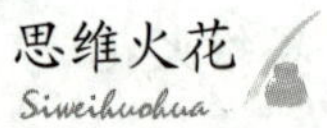

a. 榨汁机要清洗干净并晾干。

b. 发酵瓶要洗净并用70%酒精消毒。

c. 装入葡萄汁后要封闭充气口。

③产品的检测:在试管中加入发酵液2 mL,再滴入物质的量浓度为3 mol/L的H_2SO_4 3滴,振荡混匀,最后滴加常温下饱和的重铬酸钾溶液3滴,振荡试管,若颜色由橙色变为灰绿色,则说明产生了酒精。

真题真练

例378 (2017·江苏·25·多选)下图是探究果酒与果醋发酵的装置示意图。下列相关叙述正确的是 ( )

气体出口 培养基入口 气体入口

A. 改变通入气体种类,可以研究呼吸作用类型对发酵的影响

B. 果酒发酵中期通入氮气,酵母菌将从有氧呼吸转变为无氧呼吸

C. 果醋的发酵周期与实验设定的温度密切相关

D. 气体入口与气体出口可以交换使用

例379 (2020·江苏·18)某同学在线提交了在家用带盖玻璃瓶制作果酒和果醋的实验报告,他的做法错误的是 ( )

A. 选择新鲜的葡萄略加冲洗,除去枝梗后榨汁

B. 将玻璃瓶用酒精消毒后,装满葡萄汁

C. 酒精发酵期间,根据发酵进程适时拧松瓶盖放气

D. 酒精发酵后去除瓶盖,盖一层纱布,再进行醋酸发酵

2 腐乳的制作

(1)制作原理

①起主要作用的微生物:毛霉,其代谢类型是异养需氧型。

②作用原理

a. 蛋白质$\xrightarrow{\text{蛋白酶}}$氨基酸+小分子的肽。

b. 脂肪$\xrightarrow{\text{脂肪酶}}$甘油+脂肪酸。

③发酵温度:15~18 ℃。

(2)制作流程及注意事项

①让豆腐上长出毛霉:直接接种或利用空气中的毛霉孢子。

②加盐腌制

方法	逐层加盐,随层数加高而增加盐量,接近瓶口表面铺厚些
时间	8天左右
目的	析出豆腐中的水分,使豆腐块变硬,以免过早酥烂
	抑制微生物生长,避免豆腐块腐败变质

③加卤汤装瓶,卤汤的成分及作用

酒	抑制微生物生长,并使腐乳具有独特的香味
香辛料	调味、防腐杀菌

思维火花 Siweihuohua

④密封腌制：用酒精灯对瓶口灭菌后密封。

(3)影响腐乳品质的因素

香辛料	调制腐乳风味，防腐杀菌
酒	含量：12%左右，抑制微生物的生长，使腐乳具有独特的风味
盐	过低：不足以抑制微生物生长，导致豆腐块腐败变质
	过高：影响腐乳口味

真题真练

例 380 (2017·新课标Ⅱ·37)豆豉是大豆经过发酵制成的一种食品。为了研究影响豆豉发酵效果的因素，某小组将等量的甲、乙两菌种分别接入等量的A、B两桶煮熟大豆中并混匀，再将两者置于适宜条件下进行发酵，并在32 h内定期取样观测发酵效果。回答下列问题：

(1)该实验的自变量是________、________。

(2)如果发现发酵容器内上层大豆的发酵效果比底层的好，说明该发酵菌是________。

(3)如果在实验后，发现32 h内的发酵效果越来越好，且随发酵时间呈直线上升关系，则无法确定发酵的最佳时间；若要确定最佳发酵时间，还需要做的事情是____________________。

(4)从大豆到豆豉，大豆中的成分会发生一定的变化，其中，蛋白质转变为________，脂肪转变为________。

3 制作泡菜并检测亚硝酸盐含量

(1)泡菜制作

①原理：在无氧条件下，乳酸菌将葡萄糖分解成乳酸。反应式：$C_6H_{12}O_6 \xrightarrow{酶} 2C_3H_6O_3$。

②制作流程

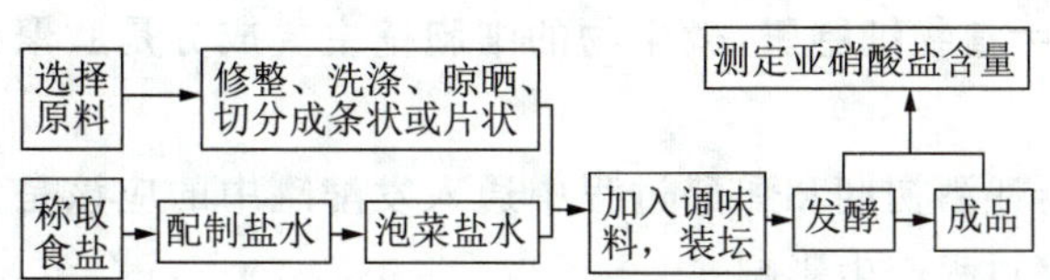

③操作关键

泡菜坛的选择	应选用火候好、无裂纹、无砂眼、坛沿深、盖子吻合好的泡菜坛
腌制的条件	控制腌制的时间、温度和食盐的用量。防止杂菌污染，严格密封

(2)比色法检测亚硝酸盐含量的原理和步骤

①检测原理：NO_2^-＋对氨基苯磺酸→反应物；反应物＋N-1-萘基乙二胺盐酸盐→玫瑰红色染料。

②亚硝酸盐溶液的浓度高，颜色深些；溶液浓度低，颜色浅些。

③检测步骤：配制溶液→制备标准显色液→制备样品处理液→比色。

(3)泡菜制作的注意事项

①材料的选择及用量

a. 蔬菜应新鲜，若放置时间过长，蔬菜中的硝酸盐易被还原成亚硝酸盐。

思维火花 Siweihuohua

b. 清水和盐的质量比为 4∶1(或 10∶1),盐水要煮沸后冷却。煮沸有两个作用,一是除去水中的氧气,二是杀灭盐水中的其他细菌。

②防止杂菌污染:每次取样用具要洗净,要迅速封口。

③氧气需求

a. 泡菜坛要选择透气性差的容器,以创造无氧环境,有利于乳酸菌发酵,防止蔬菜腐烂。

b. 泡菜坛坛盖边沿的水槽内注满水,以保证坛内乳酸菌发酵所需的无氧环境,并注意在发酵过程中经常补水。

④温度:发酵过程温度控制在室温即可,最好控制在 26～36 ℃。温度过高则易滋生杂菌,温度过低则发酵时间延长。

4 菌种的比较

	酵母菌	醋酸菌	毛霉	乳酸菌
生物学分类	真核生物	原核生物	真核生物	原核生物
代谢类型	异养兼性厌氧型	异养需氧型	异养需氧型	异养厌氧型
发酵条件	前期需氧,后期不需氧	一直需氧	一直需氧	无氧
生长适宜温度	18～25 ℃	30～35 ℃	15～18 ℃	室温
主要生殖方式	环境适宜时出芽生殖;环境恶劣时孢子生殖	二分裂生殖	孢子生殖	二分裂生殖
生产应用	酿酒	酿醋	制作腐乳	制作酸奶、泡菜

5 易错提醒

(1)发酵微生物≠细菌:发酵微生物有的是原核细胞细菌,也有的是真核细胞生物等,如酵母菌、毛霉等都是发酵常用菌种。

(2)微生物的细胞壁≠植物细胞壁:微生物的细胞壁主要成分是肽聚糖,植物的细胞壁主要成分是纤维素和果胶。

(3)空气≠无菌空气:酿酒初期和酿醋过程中通入发酵罐中的应该是无菌空气,否则空气中含有的其他微生物会对发酵过程产生影响。

真题真练

例 381 (2013·新课标Ⅰ·37)回答下列有关泡菜制作的习题:

(1)制作泡菜时,所用盐水需煮沸,其目的是________。为了缩短制作时间,有人还会在冷却后的盐水中加入少量陈泡菜液,加入陈泡菜液的目的是________。

(2)泡菜制作过程中,乳酸发酵过程即为乳酸菌进行________的过程。该过程发生在乳酸菌细胞的________中。

(3)泡菜制作过程中影响亚硝酸盐含量的因素有________、________和________等。

(4)从开始制作到泡菜质量最佳这段时间内,泡菜液逐渐变酸,这段时间内泡菜坛中乳酸菌和其他杂菌的消长规律是________,原因是________。

二、微生物的培养和应用

1 微生物的实验室培养

(1)菌落

①概念:由单个细菌(或其他微生物)细胞或一堆同种细胞在适宜固体培养基表面或内部生长繁殖到一定程度,形成肉眼可见的子细胞群落。

②作用

a. 不同菌种的菌落具有不同的形态、颜色特征,可以作为区分菌种的标志,如肺炎双球菌菌种的R型菌菌落表面粗糙和S型菌菌落表面光滑。

b. 一个菌落来自一种细菌的后代,因此可用于分离纯化菌种。

c. 在菌落数适宜的情况下,可以认为一个菌落来自一个细菌,因此可以通过菌落数计数细菌数。

(2)培养基

①概念:人们按照微生物对营养物质的不同需求,配制出供其生长繁殖的营养基质。

②营养构成:一般都含有水、碳源、氮源和无机盐。此外还要满足微生物生长对pH、特殊营养物质以及氧气的要求。

a. 营养的作用和来源

	作用	主要来源
碳源	构成生物体的物质,异养生物的能源物质	CO_2、$NaHCO_3$、糖类、脂肪酸等
氮源	合成蛋白质、核酸以及含氮代谢产物	N_2、NH_3、铵盐、尿素、牛肉膏、蛋白胨等
无机盐	细胞内的组成成分,生理调节物质;某些化能自养菌的能源、酶的激活剂	培养基及大气
水	优良的溶剂,维持生物大分子结构的稳定性	培养基、大气、代谢产物
生长因子	酶和核酸的成分	维生素、氨基酸、碱基等

b. 不同生物类型培养基的营养组成

微生物培养基	水、碳源、氮源和无机盐
植物组织培养培养基	大量元素、微量元素、有机物、植物激素和琼脂
动物细胞培养基	微量元素、无机盐、糖、氨基酸、促生长因子、血清、血浆

③培养基种类

a. 按照物理性质可分为液体培养基和固体培养基。

培养基种类	特点	用途
液体培养基	不加凝固剂	工业生产、大量培养
固体培养基	加凝固剂(如琼脂)	微生物分离、鉴定,活菌计数,菌种保藏

b. 根据功能分类

选择培养基	一类根据某微生物的特殊营养要求或其对某化学、物理因素的抗性而设计的培养基，具有使混合菌样中的劣势菌变成优势菌的功能，广泛用于菌种筛选等领域，如在导入含抗性基因的质粒的微生物培养基中，加入相应抗生素，可以筛选导入质粒的微生物
鉴别培养基	一类在成分中加有能与目的菌的无色代谢产物发生显色反应的指示剂，从而达到只需用肉眼辨别颜色就能方便地从近似菌落中找出目的菌菌落的培养基。例如，伊红美蓝乳糖培养基(EMB)能使大肠杆菌菌落呈现黑色，并带有金属光泽

c. 根据成分分类

天然培养基	指一类利用动、植物或微生物体包括其提取物制成的培养基。如牛肉膏蛋白胨培养基、麦芽汁培养基等
组合培养基	又称为合成培养基或综合培养基，是一类按微生物的营养要求精确设计后用多种高纯化学试剂配制成的培养基。如葡萄糖铵盐培养基、淀粉硝酸盐培养基等
半组合培养基	指一类主要以化学试剂配制，同时还加有某种或某些天然成分的培养基。例如，马铃薯蔗糖培养基

④1 000 mL 牛肉膏蛋白胨培养基的配制

成分	用量	提供的主要营养
牛肉膏	5 g	碳源、氮源、磷酸盐和维生素
蛋白胨	10 g	碳源、氮源和维生素
NaCl	5 g	无机盐
H_2O	定容至 1 000 mL	氢元素、氧元素

(3)无菌技术

①消毒

a. 概念：使用较为温和的物理或化学方法杀死物体表面或内部的部分微生物，不包括芽孢和孢子。

b. 方法：煮沸消毒法、巴氏消毒法、化学试剂消毒法、紫外线消毒法。

c. 对象：操作空间、衣着、手等。

②灭菌

a. 概念：用强烈的理化因素杀死物体内外所有的微生物，包括芽孢和孢子。

b. 方法：灼烧灭菌、干热灭菌、高压蒸汽灭菌。

c. 对象：器皿、接种工具、培养基。

d. 在酒精灯火焰附近进行操作。

e. 避免已灭菌材料与周围物品接触。

③无菌技术除了用来防止实验室的培养物被其他外来微生物污染外，还能有效避免操作者自身被微生物感染。

④消毒和灭菌的方法选择

a. 有活力的生物组织均不能灭菌，只能消毒，如：双手、植物外植体。

b. 液体只能高压蒸汽灭菌而不能干热灭菌，如液体培养基。

⑤生活中的无菌技术拓展

a. 冰箱：低温。b. 防腐剂：化学物质。c. 真空包装：不适于好氧菌生存。d. 腌制（腊味食品、咸菜、果脯）：营造高渗环境。e. 自来水：化学物质。f. 创可贴、消毒药水等。

(4)大肠杆菌的纯化培养

①原理：在培养基上将细菌稀释或分散成单个细胞，使其长成单个的菌落，这个菌落就是纯化的细菌菌落。

②制备牛肉膏蛋白胨固体培养基

a. 配制步骤：计算→称量→溶化→灭菌→倒平板。

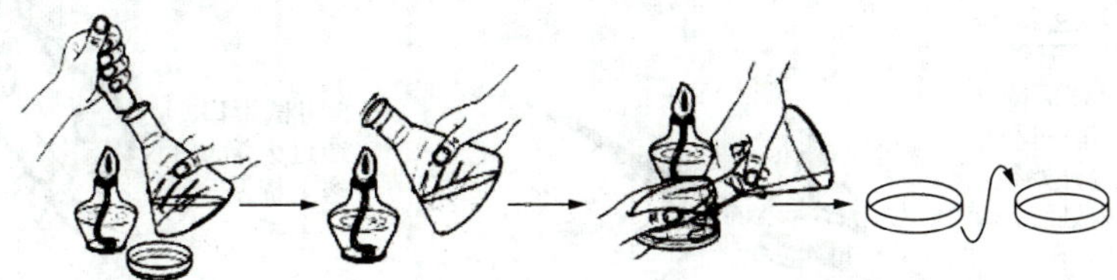

倒平板操作

b. 倒平板拓展问题

操作	原因或方式
培养基灭菌后，需要冷却到 50 ℃左右时，才能用来倒平板	可以用手触摸盛有培养基的锥形瓶，感觉锥形瓶的温度下降到刚刚不烫手时，就可以进行倒平板了
需要使锥形瓶的瓶口通过火焰	通过灼烧灭菌，防止瓶口的微生物污染培养基
平板冷凝后，要将平板倒置	平板冷凝后，皿盖上会凝结水珠，凝固后的培养基表面的湿度也比较高，将平板倒置，既可以防止皿盖上的水珠落入培养基，又可以避免培养基中的水分过快挥发
在倒平板的过程中，如果不小心将培养基溅在皿盖与皿底之间的部位，则这个平板不能用来培养微生物	空气中的微生物可能在皿盖与皿底之间的培养基上滋生，因此最好不要用这个平板培养微生物

③纯化大肠杆菌：平板划线法、稀释涂布平板法

a. 平板划线法

• 平板划线法原理：是通过接种环在琼脂固体培养基表面连续划线的操作，将聚集的菌种逐步稀释分散到培养基的表面。平板划线法中细胞的分离和稀释过程发生在接种环在固体平板表面上的划线和移动过程中。在线的开始部分，微生物往往连在一起生长，随着线的延伸，菌数逐渐减少，最后可形成纯种的单个菌落。

思维火花 Siweihuohua

• 平板划线法的操作

平板划线操作

• 平板划线法注意事项

每次灼烧的目的不同	第一种(一次)灼烧	杀死接种环上所有的微生物
	第二种(多次)灼烧	杀死上次划线后残留在接种环上的菌种，使下次划线的菌种直接来源于上次划线的末端
	第三种(一次)灼烧	划线结束后，杀死接种环上残存的菌种，避免细菌污染环境和感染操作者
冷却后划线	在灼烧接种环之后，要等其冷却后再进行划线，以免接种环温度太高，杀死菌种	
从末端划线	在进行第二次以及其后的划线操作时，一定要从上一次划线的末端开始划线：因为划线后，线条末端细菌的数目比线条起始处要少，每次从上一次划线的末端开始，能使细菌的数目随着划线次数的增加而逐步减少，最终能得到由单个细菌繁殖而来的菌落	

b. 稀释涂布平板法

• 稀释涂布平板法原理：是将菌液进行一系列的梯度稀释，然后将不同稀释度的菌液分别涂布到琼脂固体培养基的表面，进行培养的一种方法。

• 10 倍系列稀释操作

第一步	将分别盛有 9 mL 水的 6 支试管灭菌，并按 10^1～10^6 的顺序编号
第二步	用移液管吸取 1 mL 培养的菌液，注入 10^1 倍稀释的试管中。用手指轻压移液管上的橡皮头，吹吸 3 次，使菌液与水充分混匀
第三步	从 10^1 倍稀释的试管中吸取 1 mL 稀释液，注入 10^2 倍稀释的试管中，重复第二步的混匀操作。依次类推，直到完成最后 1 支试管的稀释

思维火花 Siweihuohua

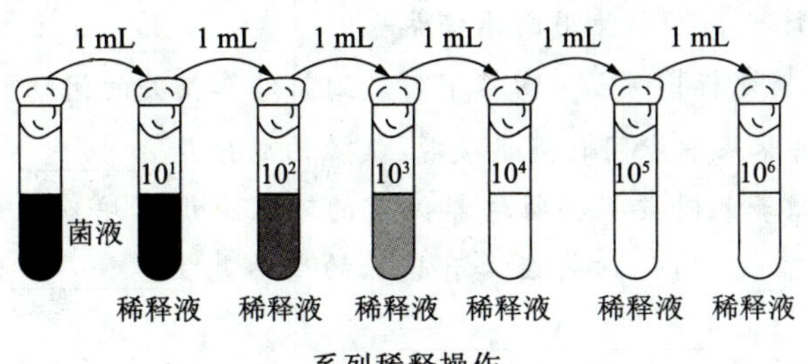

系列稀释操作

• 涂布平板操作

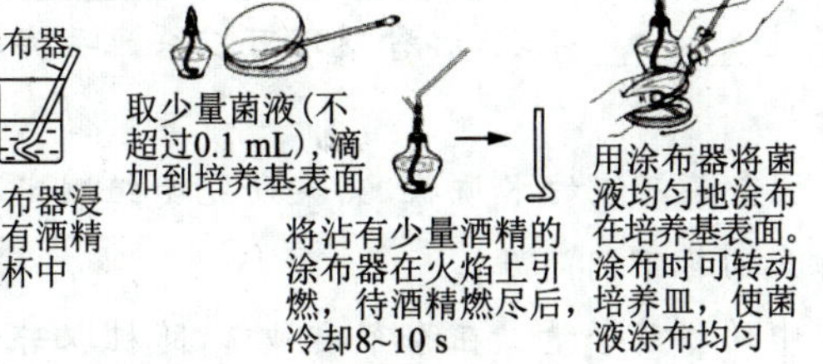

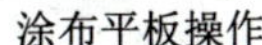
涂布平板操作

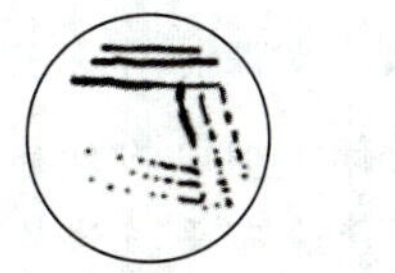
平板划线菌落图示

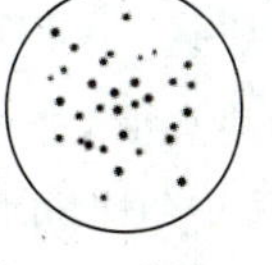
涂布平板菌落图示

④菌种的保存

a. 对于频繁使用的菌种，可以采用临时保藏的方法。利用斜面培养基保存于 4 ℃冰箱中。

b. 对于需要长期保存的菌种，可以采用甘油管藏的方法。利用灭菌甘油保存在－20 ℃冰箱中。

(5)微生物的计数方法

①稀释涂布平板法

a. 原理：当样品的稀释度足够高时，培养基表面生长的一个菌落，来源于样品稀释液中的一个活菌，通过统计平板上的菌落数，就能推测出样品中大约含有多少活菌。

b. 计算公式：每克样品中的菌株数$=(C\div V)\times M$，其中，C 代表某一稀释度下平板上生长的平均菌落数，V 代表涂布平板时所用的稀释液的体积(mL)，M 代表稀释倍数。

c. 注意事项

• 一般选择菌落数在 30～300 的平板进行计数。

• 统计菌落数往往比活菌的实际数目低，原因是可能有两个相邻细菌长成一个菌落。

• 统计结果一般用菌落数而不用活菌数表示。

• 设置对照，目的是排除实验组中非测试因素对实验结果的影响。

②显微镜直接计数法

a. 原理：利用特定细菌计数板或血细胞计数板，在显微镜下计算一定容积的样品中微生物的数量。

b. 方法：用血细胞计数板计数。

c. 缺点：有时不能区分死菌与活菌。

真题真练

例 382 (2019·江苏·12)下列关于微生物实验操作的叙述，错误的是 ( )

A. 培养微生物的试剂和器具都要进行高压蒸汽灭菌

B. 接种前后，接种环都要在酒精灯火焰上进行灼烧

C. 接种后的培养皿要倒置，以防培养污染

思维火花 Siweihuohua

D. 菌种分离和菌落计数都可以使用固体培养基

例 383 (2019·新课标Ⅲ·37)回答下列与细菌培养相关的问题。

(1)在细菌培养时,培养基中能同时提供碳源、氮源的成分是________(填"蛋白胨""葡萄糖"或"$NaNO_3$")。通常,制备培养基时要根据所培养细菌的不同来调节培养基的pH,其原因是____________________________。硝化细菌在没有碳源的培养基上________(填"能够"或"不能")生长,原因是____________________________。

(2)用平板培养细菌时一般需要将平板________(填"倒置"或"正置")。

(3)单个细菌在平板上会形成菌落,研究人员通常可根据菌落的形状、大小、颜色等特征来初步区分不同种的微生物,原因是____________________________。

(4)有些使用后的培养基在丢弃前需要经过________处理,这种处理可以杀死丢弃物中所有的微生物。

例 384 (2014·新课标Ⅱ·37)为了调查某河流的水质状况,某研究小组测定了该河流水样中的细菌含量,并进行了细菌的分离等工作。回答下列问题:

(1)该小组采用稀释涂布平板法检测水样中的细菌含量。在涂布接种前,随机取若干灭菌后的空平板先行培养了一段时间,这样做的目的是________________________;然后,将1 mL水样稀释100倍,在3个平板上用涂布法分别接入0.1 mL稀释液;经适当培养后,3个平板上的菌落数分别为39、38和37。据此可得出每升水样中的活菌数为____________。

(2)该小组采用平板划线法分离水样中的细菌,操作时,接种环通过________灭菌,在第二次及以后划线时,总是从上一次划线的末端开始划线。这样做的目的是________________________。

(3)示意图A和B中,________表示的是用稀释涂布平板法接种培养后得到的结果。

A　　B

(4)该小组将得到的菌株接种到液体培养基中并混匀,一部分进行静置培养,另一部分进行振荡培养。结果发现:振荡培养的细菌比静置培养的细菌生长速度快。分析其原因是振荡培养能提高培养液的________的含量,同时可以使菌体与培养液充分接触,提高________的利用率。

例 385 (2018·新课标Ⅱ·37)在生产、生活和科研实践中,经常通过消毒和灭菌来避免杂菌的污染。回答下列问题:

(1)在实验室中,玻璃和金属材质的实验器具________(填"可以"或"不可以")放入干热灭菌箱中进行干热灭菌。

(2)牛奶的消毒常采用巴氏消毒法或高温瞬时消毒法,与煮沸消毒法相比,这两种方法的优点是____________________________。

(3)密闭空间内的空气可采用紫外线照射消毒,其原因是紫外线能____________,在照射前,适量喷洒________,可强化消毒效果。

(4)水厂供应的自来水通常是经过________(填"氯气""乙醇"或"高锰酸钾")消毒的。

(5)某同学在使用高压蒸汽灭菌锅时,若压力达到设定要求,而锅内并没有达到相应温度,最可能的原因是________________。

2 土壤中分解尿素的细菌的分离与计数

(1)研究思路:在寻找目的菌株时,要根据它对环境的要求,到相应的环境中去寻找。

(2)目的菌株的筛选:人为提供有利于目的菌株生长的条件,例如,营养、温度、pH等,同时抑制

思维火花 Siweihuohua

或阻止其他微生物的生长。

①方法

a. 抑制大多数微生物生长。

b. 造成有利于该菌生长的环境。

②结果：培养一定时间后，该菌数量上升，再通过稀释涂布平板法等方法对它进行纯化培养分离。

(3)分解尿素的细菌的分离和计数

①培养基类型

a. 物理上：固体培养基。

b. 功能上：选择培养基。

②具有选择作用的原因

碳源：葡萄糖、尿素；氮源：尿素。只有能合成脲酶的微生物才能分解尿素，以尿素作为氮源且作为唯一氮源；缺乏脲酶的微生物由于不能分解尿素，缺乏氮源而生长发育繁殖受到抑制，所以用此培养基就能够选择出分解尿素的微生物。

(4)鉴定：脲酶将尿素分解为氨，使 pH 升高，通过酚红指示剂检测，指示剂变红即说明该细菌可以分解尿素。

成分	含量
KH_2PO_4	1.4 g
Na_2HPO_4	2.1 g
$MgSO_4 \cdot 7H_2O$	0.2 g
葡萄糖	10.0 g
尿素	1.0 g
琼脂	15.0 g

本课题使用的培养基(将上述物质溶解后，用蒸馏水定容到 1 000 mL)

3 分解纤维素的微生物的分离

(1)纤维素与纤维素酶

①纤维素：纤维素是一种多糖，在棉花、木材和作物秸秆中含量较高。

②纤维素酶

a. 组成：纤维素酶是一种复合酶，一般认为它至少包括三种组分，即 C_1 酶、C_x酶和葡萄糖苷酶。

b. 作用：纤维素$\xrightarrow[C_x\text{酶}]{C_1\text{酶}}$纤维二糖$\xrightarrow{\text{葡萄糖苷酶}}$葡萄糖

(2)纤维素分解菌的筛选

①原理

$$\left.\begin{array}{l}\text{刚果红}\\ \text{纤维素}\end{array}\right\}\longrightarrow\text{红色复合物}\xrightarrow[\text{纤维素酶}]{\text{纤维素分解菌}\downarrow}\text{红色消失，出现透明圈}$$

②培养基：以纤维素为唯一碳源的选择培养基。

(3)实验流程：土壤取样→选择培养→梯度稀释→将样品涂布到鉴别纤维素分解菌的培养基上→挑选产生透明圈的菌落。

(4)鉴别方法：刚果红染色法

①刚果红(Gongo Red/CR)：可与纤维素等多糖物质形成红色复合物，但不与二糖和单糖反应。

②方法一：在长出菌落的培养基上，覆盖 CR 溶液，此时，产生纤维素酶的菌落周围将会出现透明圈。

③方法二：在倒平板时，在培养基中加入灭菌的 CR 溶液，随后接种，在长出的菌落中，能分解纤维的菌落周围会出现透明圈。

思维火花 Siweihuohua

真题真练

例 386 (2019·江苏·19)下列关于产纤维素酶菌分离及运用的叙述,不合理的是(   )

A. 筛选培养基中应含有大量的葡萄糖或蔗糖提供生长营养

B. 可从富含腐殖质的林下土壤中筛选产纤维素酶菌

C. 在分离平板上长出的菌落需进一步确定其产纤维素酶的能力

D. 用产纤维素酶菌发酵处理农作物秸秆可提高其饲用价值

例 387 (2017·新课标Ⅰ·37)某些土壤细菌可将尿素分解成 CO_2 和 NH_3,供植物吸收和利用。回答下列问题:

(1)有些细菌能分解尿素,有些细菌则不能,原因是前者能产生________。能分解尿素的细菌不能以尿素的分解产物 CO_2 作为碳源,原因是______________________________,但可用葡萄糖作为碳源,进入细菌体内的葡萄糖的主要作用是______________________________(答出两点即可)。

(2)为了筛选可分解尿素的细菌,在配制培养基时,应选择________(填“尿素”“NH_4NO_3”或“尿素+NH_4NO_3”)作为氮源,不选择其他两组的原因是______________________________。

(3)用来筛选分解尿素细菌的培养基含有 KH_2PO_4 和 Na_2HPO_4,其作用有______________________________(答出两点即可)。

例 388 (2020·新课标Ⅰ·37)某种物质S(一种含有C、H、N的有机物)难以降解,会对环境造成污染,只有某些细菌能降解S。研究人员按照如图所示流程从淤泥中分离得到能高效降解S的细菌菌株。实验过程中需要甲、乙两种培养基,甲的组分为无机盐、水和S,乙的组分为无机盐、水、S和Y。

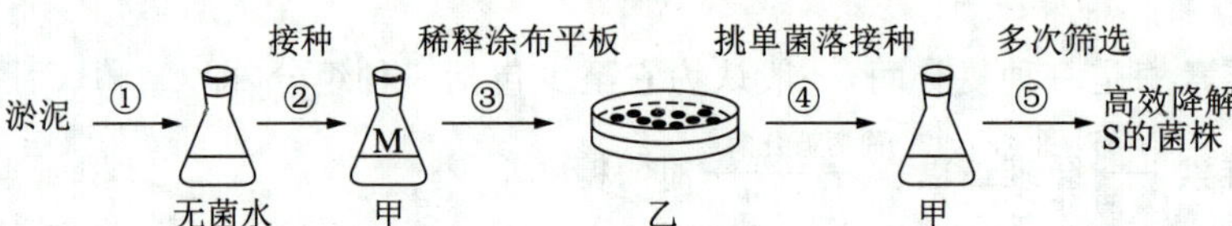

回答下列问题:

(1)实验时,盛有水或培养基的摇瓶通常采用________的方法进行灭菌。乙培养基中的Y物质是________。甲、乙培养基均属于________培养基。

(2)实验中初步估测摇瓶M中细菌细胞数为 2×10^7 个/mL,若要在每个平板上涂布 100 μL 稀释后的菌液,且保证每个平板上长出的菌落数不超过 200 个,则至少应将摇瓶M中的菌液稀释________倍。

(3)在步骤⑤的筛选过程中,发现当培养基中的S超过某一浓度时,某菌株对S的降解量反而下降,其原因可能是________________________(答出1点即可)。

(4)若要测定淤泥中能降解S的细菌细胞数,请写出主要实验步骤:______________________________。

(5)上述实验中,甲、乙两种培养基所含有的组分虽然不同,但都能为细菌的生长提供4类营养物质,即____________。

例 389 (2019·新课标Ⅱ·37)物质W是一种含氮有机物,会污染土壤。W在培养基中达到一定量时培养基表现为不透明。某研究小组欲从土壤中筛选出能降解W的细菌(目标菌)。回答下列问题:

(1)要从土壤中分离目标菌,所用选择培养基中的氮源应该是________。

思维火花 Siweihuohua

(2)在从土壤中分离目标菌的过程中，发现培养基上甲、乙两种细菌都能生长并形成菌落(如图所示)。如果要得到目标菌，应该选择________菌落进一步纯化，选择的依据是____________。

透明圈 甲 乙

(3)土壤中的某些微生物可以利用空气中的氮气作为氮源。若要设计实验进一步确定甲、乙菌能否利用空气中的氮气作为氮源，请简要写出实验思路、预期结果和结论，即________________。

(4)该小组将人工合成的一段DNA转入大肠杆菌，使大肠杆菌产生能降解W的酶(酶E)。为了比较酶E与天然酶降解W能力的差异，该小组拟进行如下实验，请完善相关内容。

①在含有一定浓度W的固体培养基上，A处滴加酶E的缓冲液，B处滴加含有相同浓度天然酶的缓冲液，C处滴加________，三处滴加量相同。

②一段时间后，测量透明圈的直径。若C处没有出现透明圈，说明____________；若A、B处形成的透明圈直径大小相近，说明____________。

例390 (2018·新课标Ⅰ·37)将马铃薯去皮切块，加水煮沸一定时间，过滤得到马铃薯浸出液。在马铃薯浸出液中加入一定量蔗糖和琼脂，用水定容后灭菌，得到M培养基。回答下列问题：

(1)M培养基若用于真菌的筛选，则培养基中应加入链霉素以抑制________的生长，加入了链霉素的培养基属于________培养基。

(2)M培养基中的马铃薯浸出液为微生物生长提供了多种营养物质，营养物质类型除氮源外还有____________(答出两点即可)。氮源进入细胞后，可参与合成的生物大分子有____________(答出两点即可)。

(3)若在M培养基中用淀粉取代蔗糖，接种土壤滤液并培养，平板上长出菌落后可通过加入显色剂筛选出能产淀粉酶的微生物。加入的显色剂是________，该方法能筛选出产淀粉酶微生物的原理是____________。

(4)甲、乙两位同学用稀释涂布平板法测定某一土壤样品中微生物的数量，在同一稀释倍数下得到以下结果：

甲同学涂布了3个平板，统计的菌落数分别是110、140和149，取平均值133；

乙同学涂布了3个平板，统计的菌落数分别是27、169和176，取平均值124。

有人认为这两位同学的结果中，乙同学的结果可信度低，其原因是____________。

三、酶的研究和应用

1 果胶酶在果汁生产中的应用

(1)果胶酶

①种类：多聚半乳糖醛酸酶、果胶分解酶、果胶酯酶等。

②本质：蛋白质。

③作用

a. 分解果胶，瓦解植物的细胞壁及胞间层。

b. 使浑浊的果汁变得澄清，提高出汁率。

(2)酶的活性及其影响因素

①酶的活性

a. 概念：酶催化一定化学反应的能力。

b. 表示形式：酶所催化的某一化学反应的反应速度。

②影响酶活性的因素：温度、pH、酶的抑制剂等。

(3)探究实验一：探究温度和pH对酶活性的影响

①实验原理

a. 果胶酶活性受温度和pH的影响，处于最适温度或pH时，活性最高。

b. 果肉的出汁率、果汁的澄清度与果胶酶活性大小呈正相关。

②实验结果：温度和pH在很大程度上对酶的空间结构会产生影响，过高或过低都会影响酶活性。

(4)探究实验二：探究果胶酶的用量

①实验原理：酶促反应也受酶量的影响，本实验中自变量是酶的用量，因变量为果汁体积，实验中要严格控制温度、pH、反应时间、底物用量等无关变量对实验的影响。

②实验过程

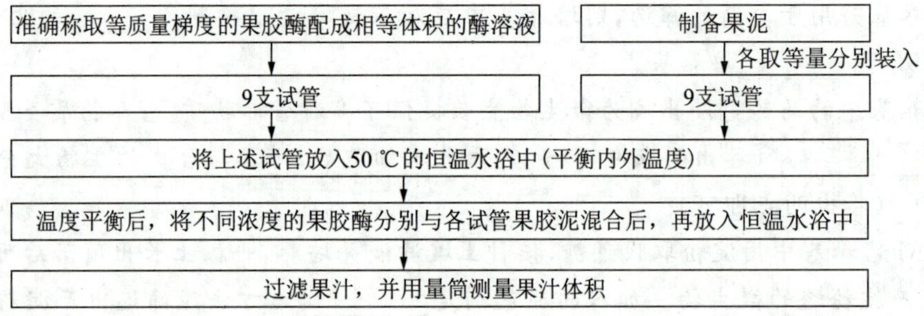

③实验分析

a. 如果随着酶浓度的增加，过滤得到的果汁体积也增加，说明酶量不足；当酶浓度增加到某个值后，再增加酶的用量，过滤得到的果汁体积不再改变，说明酶的用量已足够，这个值即为酶的最适用量。

b. 如果设置的酶浓度梯度无法满足实验，即出现过高或过低现象，应及时调整。

2 探讨加酶洗衣粉的洗涤效果

(1)加酶洗衣粉

①常用酶制剂的种类及洗涤原理和实例

种类	洗涤原理	洗涤实例
蛋白酶	蛋白质$\xrightarrow{\text{蛋白酶}}$小分子肽＋氨基酸	血渍、奶渍及各种食品类的蛋白质污垢
脂肪酶	脂肪$\xrightarrow{\text{脂肪酶}}$甘油＋脂肪酸	油渍、人体皮脂、口红
淀粉酶	淀粉$\xrightarrow{\text{淀粉酶}}$麦芽糖	来自面条、巧克力等的污垢
纤维素酶	使纤维的结构变得蓬松，从而使渗入纤维深处的尘土和污垢能够与洗衣粉充分接触，达到更好的去污效果；纤维素酶不能分解纤维素，只是使纤维素变得蓬松，所以不用担心纤维素酶把棉质衣服洗烂	

②影响酶活性的因素：温度、酸碱度和表面活性剂。

③和酶有关的实验设计及分析

课题	自变量	因变量	无关变量
普通洗衣粉和加酶洗衣粉对衣物污渍的洗涤效果有什么不同	洗衣粉的种类	洗涤效果	温度、pH、洗涤强度等
在什么样的温度下使用加酶洗衣粉效果最好	温度	洗涤效果	洗衣粉种类、pH、洗涤强度等
添加了不同种类酶的洗衣粉，其洗涤效果有哪些区别	加酶的种类	洗涤效果	温度、pH、洗涤强度等

(2)探究不同类型加酶洗衣粉的洗涤效果

①实验原理：酶的催化作用具有专一性，复合酶洗衣粉加入的酶制剂种类较多，与单一加酶洗衣粉相比，对各种污渍都有较好的洗涤效果。

②实验变量

a. 自变量：不同类型的加酶洗衣粉。

b. 无关变量：其他条件相同且处于最适宜状态，如温度、pH 等。

③实验步骤

步　骤	烧杯编号		
	Ⅰ	Ⅱ	Ⅲ
注入自来水	500 mL	500 mL	500 mL
加入物质(等量)	奶渍布	奶渍布	奶渍布
控制水温	37 ℃	37 ℃	37 ℃
加入洗衣粉(等量)	蛋白酶洗衣粉	复合酶洗衣粉	脂肪酶洗衣粉
用玻璃棒搅拌	5 min	5 min	5 min
观察实验现象	颜色浅	已消失	颜色浅

④实验结论：复合酶洗衣粉洗涤效果最好。

真题真练

例 391 (2015·江苏·7) 下列关于酶的叙述，正确的是 (　　)

A. 发烧时，食欲减退是因为唾液淀粉酶失去了活性

B. 口服多酶片中的胰蛋白酶可在小肠中发挥作用

C. 用果胶酶澄清果汁时，温度越低澄清速度越快

D. 洗衣时，加少许白醋能增强加酶洗衣粉中酶的活性

例 392 (2019·江苏·13) 下列关于加酶洗涤剂的叙述，错误的是 (　　)

A. 加酶洗衣粉中一般都含有酸性脂肪酶

B. 用加酶洗涤剂能减少洗涤时间并节约用水

C. 含纤维素酶洗涤剂可以洗涤印花棉织物

D. 加酶洗衣粉中的蛋白酶是相对耐高温的

3 酶及酵母细胞的固定化

(1)固定化酶、固定化细胞及其方法

①包埋法:将酶或细胞包埋在细微网格里。

②物理吸附法:将酶或细胞吸附在载体表面上。

③化学结合法:将酶或细胞相互连接起来。

(2)直接使用酶、固定化酶和固定化细胞的差异

比较项目	直接使用酶	固定化酶	固定化细胞
酶的种类	一种或几种	一种	一系列酶
常用载体	无	氧化铝、高岭土、硅胶、二氧化钛、硅藻土等	明胶、琼脂糖、海藻酸钠、醋酸纤维素、聚丙烯酰胺等
制作方法	直接使用或用一些物质包裹以保护酶(加酶洗衣粉)	化学结合法、物理吸附法	包埋法
营养物质	不需要	不需要	需要
反应底物	各种物质	各种物质	小分子物质
外界环境	敏感	敏感	敏感程度相对低
优点	效率高、耗能低、低污染	酶既能与反应物接触,又能与产物分离,可反复利用	成本低、易操作,可催化一系列化学反应
缺点	对环境条件非常敏感,易失活;溶液中的酶很难回收,不能被再次利用,提高了生产成本;反应后酶会混在产物中,可能影响产品质量	一种酶只能催化一种化学反应,而在生产实践中,很多产物的形成都通过一系列的酶促反应才能得到	固定后的酶或细胞与反应物不容易接近,可能导致反应效果下降等

(3)固定化技术常考问题总结

①固定化细胞技术更容易操作。

②固定化细胞技术对酶活性的影响更小。

③固定化细胞固定的是一系列酶。

④固定化细胞技术将微生物的发酵过程变成连续的酶反应。

⑤如果反应物是大分子,由于细胞膜具有选择透过性,大分子不能进入细胞,应选用固定化酶技术。

(4)固定化酵母细胞的操作

①制备固定化酵母细胞

a. 酵母细胞的活化:缺水状态下,微生物处于休眠状态,加水可使其恢复正常状态。

b. 配制 0.05 mol/L 的 $CaCl_2$ 溶液。

c. 配制海藻酸钠溶液。

d. 海藻酸钠溶液和酵母细胞混合。

思维火花 Siweihuohua

e. 固定化酵母细胞。

②用固定化酵母细胞发酵：将固定好的酵母细胞凝胶珠用蒸馏水冲洗 2～3 次，加入 150 mL 10%的蔗糖溶液，置于 25 ℃下发酵 24 h。

真题真练

例 393 （2017·江苏·20）下列关于“酵母细胞的固定化技术”实验的叙述，正确的是 （ ）

A. 活化酵母时，将适量干酵母与蒸馏水混合并搅拌成糊状

B. 配制 $CaCl_2$ 溶液时，需要边小火加热边搅拌

C. 将海藻酸钠溶液滴加到 $CaCl_2$ 溶液时，凝胶珠成形后应即刻取出

D. 海藻酸钠溶液浓度过高时凝胶珠呈白色，过低时凝胶珠易呈蝌蚪状

例 394 （2020·新课标Ⅲ·37）水果可以用来加工制作果汁、果酒和果醋等。回答下列问题：

(1)制作果汁时，可以使用果胶酶、纤维素酶等提高水果的出汁率和澄清度。果胶酶是分解果胶的一类酶的总称，包括多聚半乳糖醛酸酶、________(答出 2 种即可)。纤维素酶可以分解植物________(填“细胞膜”或“细胞壁”)中的纤维素。

(2)用果胶酶处理果泥时，为了提高出汁率，需要控制反应的温度，原因是________________________________。

(3)现有甲、乙、丙三种不同来源的果胶酶，某同学拟在果泥用量、温度、pH 等所有条件都相同的前提下比较这三种酶的活性。通常，酶活性的高低可用________________________________来表示。

(4)获得的果汁(如苹果汁)可以用来制作果酒或者果醋，制作果酒需要________菌，这一过程中也需要 O_2，O_2 的作用是________________________。制作果醋需要醋酸菌，醋酸菌属于________(填“好氧”或“厌氧”)细菌。

四、DNA 和蛋白质技术

1 DNA 的粗提取与鉴定

(1)实验原理

①分离：DNA 和蛋白质等其他成分在不同浓度的 NaCl 溶液中溶解度不同。

	2 mol/L NaCl 溶液	0.14 mol/L NaCl 溶液	溶解规律
DNA	溶解	析出	溶解度（纵轴）随 NaCl浓度（横轴）变化曲线，O，0.14 mol/L 处最低
蛋白质	部分发生盐析沉淀	溶解	NaCl 溶液从 2 mol/L 降低过程中，溶解度逐渐增大

思维火花 Siweihuohua

②提纯

a. DNA不溶于酒精溶液,细胞中某些蛋白质则可溶于其中。

b. DNA对酶、高温和洗涤剂的耐受性不同。

③鉴定:在沸水浴条件下,DNA遇二苯胺会被染成蓝色。

(2)实验设计

①实验材料的选取:鸡血,由于鸡血方便操作,DNA含量高,是较好的实验材料。在禽流感流行时,菜花也是较好的实验材料。

②破碎细胞,获取含DNA的滤液:在鸡血细胞液中加入一定量的蒸馏水,同时用玻璃棒搅拌,细胞会吸水涨破,然后用纱布过滤,过滤后收集滤液即可。

③去除滤液中的杂质:DNA在不同浓度的NaCl溶液中溶解度不同,通过控制NaCl溶液的浓度去除杂质。控制方法:先用2 mol/L的NaCl溶液使DNA溶解,再逐渐稀释NaCl溶液至0.14 mol/L,使DNA析出。

④DNA的析出:利用DNA不溶于冷却的酒精溶液这一原理,可从DNA溶液中析出比较纯净的DNA,此时DNA的状态为白色丝状物。

⑤DNA的鉴定:将呈白色丝状物的DNA溶解于5 mL物质的量浓度为2 mol/L的NaCl溶液中,再加入4 mL的二苯胺试剂,沸水中加热5 min,冷却后观察溶液的颜色,同时设计不含DNA的NaCl溶液作为对照。

真题真练

例395 (2020·海南·10)下列关于"DNA的粗提取与鉴定"实验的叙述,错误的是 ( )

A. 羊的成熟红细胞可作为提取DNA的材料

B. 提取植物细胞的DNA时,需要加入一定量的洗涤剂和食盐

C. 预冷的酒精溶液能抑制核酸水解酶活性,防止DNA水解

D. 在沸水浴条件下,DNA与二苯胺反应呈现蓝色

例396 (2019·江苏·10)下列关于DNA粗提取与鉴定的叙述,错误的是 ( )

A. 用同样方法从等体积兔血和鸡血中提取的DNA量相近

B. DNA析出过程中,搅拌操作要轻柔以防DNA断裂

C. 预冷的乙醇可用来进一步纯化粗提的DNA

D. 用二苯胺试剂鉴定DNA需要进行水浴加热

2 血红蛋白的提取和分离实验

(1)分离生物大分子的基本思路:选用一定的物理或化学的方法分离具有不同物理或化学性质的生物大分子。

(2)分离蛋白质的原理:根据蛋白质各种特性的差异,如分子的形状和大小、所带电荷的性质和多少、溶解度和吸附的性质和对其他分子的亲和力等等,可以用来分离不同蛋白质。

(3)分离蛋白质的原料

①原料:人的红细胞,提取血红蛋白。

②血红蛋白的特点:结构上包含两个α-肽链、两个β-肽链、四个亚铁红素基团,每个肽链环绕一个亚铁血红素基团,此基团可携带一分子氧或一分子二氧化碳,血红蛋白因含有血红素而呈红色。镰刀形细胞贫血症即因为β-肽链对应基因突变引起结构改变导致。

思维火花 Siweihuohua

(4)人血红蛋白的提取和分离

①常用的分离方法：凝胶色谱法、凝胶电泳法等。

②基本原理

a. 凝胶色谱法的原理：相对分子质量大的分子通过多孔凝胶颗粒的间隙，路程短，流动快；相对分子质量小的分子穿过多孔凝胶颗粒内部，路程长，流动慢。

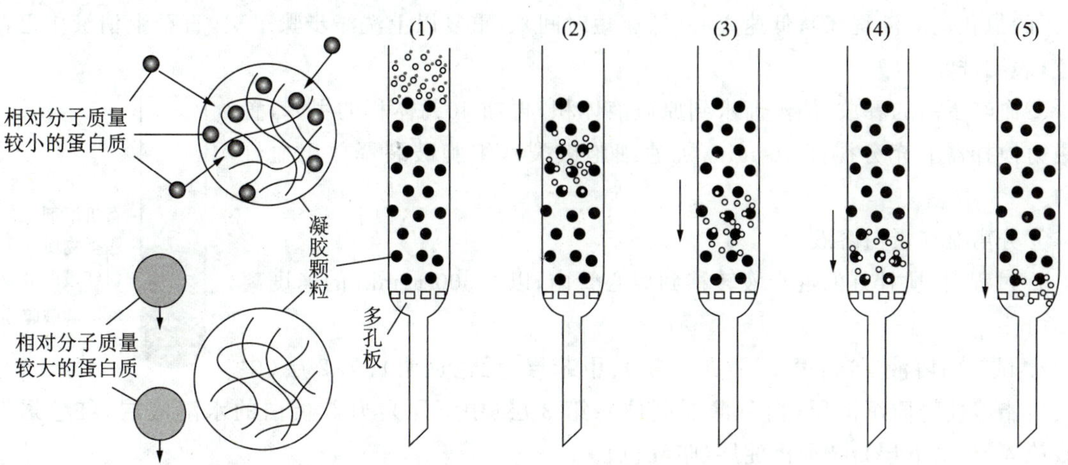

凝胶色谱柱分离不同质量的分子示意图

b. 凝胶电泳法的原理：不同蛋白质的带电性质、电量、形状和大小不同，在电场中受到的作用力大小、方向、阻力不同，导致不同蛋白质在电场中的运动方向和运动速度不同。

为了消除静电荷对迁移率的影响可以在凝胶中加入 SDS(十二烷基硫酸钠)。SDS 能使蛋白质发生完全变性。由几条肽链组成的蛋白质复合体在 SDS 的作用下会解聚成单条肽链，因此测定的结果只是单条肽链的分子量。SDS 能与各种蛋白质形成蛋白质-SDS 复合物，SDS 所带负电荷的量大大超过了蛋白质分子原有电荷量。因而掩盖了不同种蛋白质间的电荷差别，使电泳迁移率完全取决于分子的大小。

c. 缓冲液

概念	在一定的范围内，凡是能够抵制外界少量强酸或强碱的影响使原来溶液 pH 基本保持不变的混合溶液
作用	能够抵制外界的酸和碱对溶液 pH 的影响，维持 pH 基本不变
缓冲溶液的配制	通常由 1～2 种缓冲剂溶解于水中配制而成。调节缓冲剂的使用比例就可以制得在不同 pH 范围内使用的缓冲液
磷酸缓冲液	在本课题中使用的缓冲液是：磷酸缓冲液，其目的是：利用缓冲液模拟细胞内的 pH 环境，保证血红蛋白的正常结构和功能，便于观察(红色)和科学研究

③血红蛋白的提取和分离程序

样品处理	红细胞的洗涤→血红蛋白的释放→分离血红蛋白溶液
透析法粗分离	除去样品中相对分子质量较小的杂质
纯化	一般采用凝胶色谱法对血红蛋白进行分离和纯化
纯度鉴定	一般用 SDS-聚丙烯酰胺凝胶电泳法来测定蛋白质的相对分子质量，即对血红蛋白进行纯度鉴定

思维火花
Siweihuohua

(5)人血红蛋白的提取过程

①红细胞的洗涤

a. 洗涤目的：去除杂蛋白，以有利于后续血红蛋白的分离纯化，洗涤次数不可过少。

b. 洗涤操作：采集血样；低速短时间离心（速度越高和时间越长，会使白细胞和淋巴细胞等一同沉淀，达不到分离的效果）；吸取血浆（上层透明的黄色血浆）；盐水洗涤（用五倍体积的质量分数为0.9%的氯化钠溶液洗涤）；低速离心（低速短时间）。重复以上洗涤步骤三次，直至上清液中已没有黄色，表明洗涤干净。

②血红蛋白的释放：加蒸馏水到原血液体积，再加40%体积的甲苯，置于磁力搅拌器上充分搅拌10 min（加速细胞破裂），细胞破裂释放出血红蛋白。

有机溶剂
脂类物质
血红蛋白溶液
红细胞破碎物沉淀

③分离血红蛋白溶液

a. 过程：将搅拌好的混合液转移到离心管内，以2 000 r/min的速度离心10 min。

b. 试管中溶液层次：第1层（最上层）：甲苯层（无色透明）；第2层（中上层）：脂溶性物质沉淀层（白色薄层固体）；第3层（中下层）：血红蛋白的水溶液层（红色透明液体）；第4层（最下层）：杂质沉淀层（暗红色）。

c. 分离：用滤纸过滤，除去脂溶性沉淀层，于分液漏斗中静置片刻后，分出下层的红色透明液体。

④透析

a. 过程：取1 mL的血红蛋白溶液装入透析袋中，将透析袋放入盛有300 mL的物质的量浓度为20 mmol/L的磷酸缓冲液中（pH为7.0），透析12 h。透析目的：除去样品中分子量较小的杂质。

b. 原理：透析袋能使小分子自由进出，而大分子保留在袋内。

⑤凝胶色谱操作

a. 凝胶色谱柱的制作

取长40 cm，内径1.6 cm的玻璃管，两端需用砂纸磨平。底塞的制作：打孔→挖出凹穴→安装移液管头部→覆盖尼龙网，再用100目尼龙纱包好，插到玻璃管的一端。注意事项：底塞中插入的玻璃管的上部不得超出橡皮塞的凹穴底面，否则难以铺实尼龙网，还会导致液体残留，蛋白质分离不彻底。顶塞的制作：打孔→安装玻璃管。组装：将上述三者按相应位置组装成一个整体。安装其他附属结构。

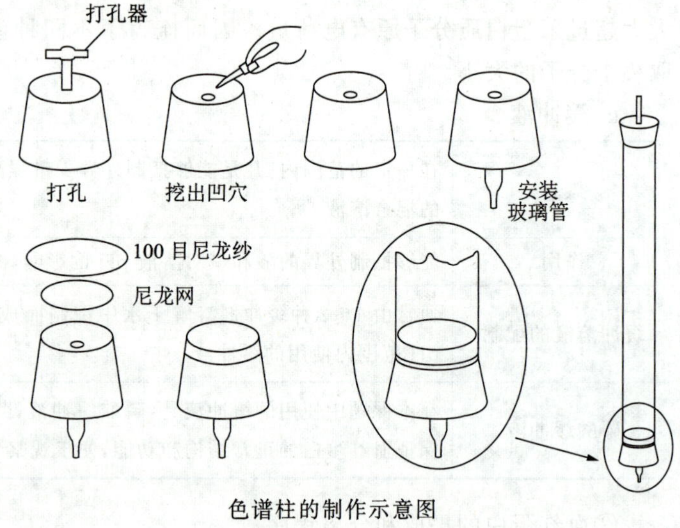

色谱柱的制作示意图

b. 凝胶色谱柱的装填

• 凝胶的选择

材料：交联葡聚糖凝胶（G-75）。代表意义："G"表示凝胶的交联程度，膨胀程度及分离范围；75表示凝胶的得水值，即每克凝胶膨胀时吸水7.5克。

• 凝胶的前处理

配置凝胶悬浮液：计算并称取一定量的凝胶浸泡于蒸馏水或洗脱液中充分溶胀后，配成凝胶悬浮液。

• 凝胶色谱柱的装填方法

固定：将色谱柱装置固定在支架上。装填：将凝胶悬浮液一次性地装填入色谱柱内，装填时轻轻敲动色谱柱，使凝胶填装均匀。注意：凝胶装填时尽量紧密，以降低凝胶颗粒之间的空隙。装填凝胶柱时不得有气泡存在：因为气泡会搅乱洗脱液中蛋白质的洗脱次序，降低分离效果。

• 洗涤平衡：装填完毕后，立即连接缓冲液洗脱瓶，在 50 cm 高的操作压下，用 300 mL 的 20 mmol/L 的磷酸缓冲液(pH 为 7.0)充分洗涤平衡 12 h。注意：液面不要低于凝胶表面，否则可能有气泡混入，影响液体在柱内的流动与最终生物大分子物质的分离效果。不能发生洗脱液流干，露出凝胶颗粒的现象。

c. 样品加入与洗脱

• 调节缓冲液面：打开下端出口，使柱内缓冲液缓慢下降到与凝胶面平齐，关闭出口。

• 滴加透析样品：吸管吸 1 mL 样品加到色谱柱的顶端，滴加样品时，吸管管口贴着管壁环绕移动加样，同时注意不要破坏凝胶面。

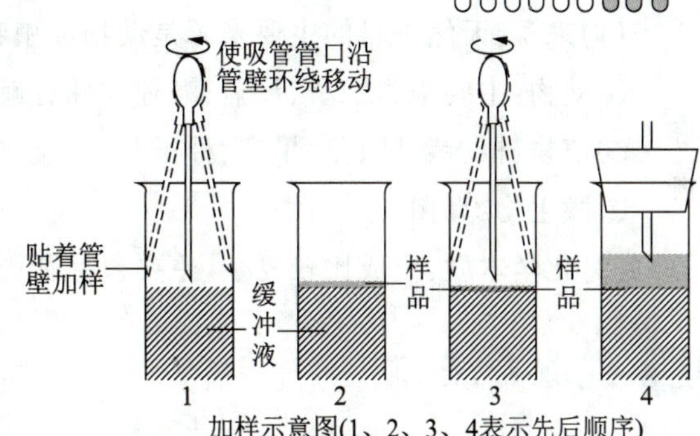

加样示意图(1、2、3、4表示先后顺序)

• 样品渗入凝胶床：加样后打开下端出口，使样品渗入凝胶床内，等样品完全进入凝胶层后，关闭下端出口。

• 洗脱：小心加入 pH=7.0 的 20 mmol/L 的磷酸缓冲液到适当高度，连接缓冲液洗脱瓶，打开下端出口进行洗脱。

• 收集：待红色的蛋白质接近色谱柱底端时，用试管收集流出液，每 5 mL 收集一试管，连续收集。(在分离过程中，如果红色区带出现均匀一致的移动，说明色谱柱制作成功)

• 注意

正确的加样操作：不要触及并破坏凝胶面；贴壁加样；使吸管管口沿管壁环绕移动。

真题真练

例 397 (2011·广东·5) 以下关于猪血红蛋白提纯的描述，不正确的是 ( )

A. 洗涤红细胞时，使用生理盐水可防止红细胞破裂

B. 猪成熟红细胞中缺少细胞器和细胞核，提纯时杂蛋白较少

C. 血红蛋白的颜色可用于凝胶色谱法分离过程的监测

D. 在凝胶色谱法分离过程中，血红蛋白比分子量较小的杂蛋白移动慢

例 398 (2020·新课标Ⅱ·37) 研究人员从海底微生物中分离到一种在低温下有催化活性的 α-淀粉酶 A_3，并对其进行了研究。回答下列问题：

(1)在以淀粉为底物测定 A_3 酶活性时，既可检测淀粉的减少，检测应采用的试剂是________，也可采用斐林试剂检测________的增加。

(2)在 A_3 的分离过程中可采用聚丙烯酰胺凝胶电泳检测其纯度，通常会在凝胶中添加 SDS，SDS 的作用是________________和________________。

(3)本实验中,研究人员在确定 A_3 的最适 pH 时使用了三种组分不同的缓冲系统,结果如图所示。某同学据图判断,缓冲系统的组分对酶活性有影响,其判断依据是____________________。

(4)在制备 A_3 的固定化酶时,一般不宜采用包埋法,原因是____________________(答出1点即可)。

五、植物有效成分的提取

1 植物芳香油的来源和化学本质

(1)来源:天然香料的主要来源是动物和植物。

①动物:主要来源于麝、灵猫、海狸和抹香鲸等。

②植物:根、茎、叶、花、果实、种子。

③微生物:真菌。

(2)化学本质:组成比较复杂,主要包括萜类化合物及其衍生物,具有很强的挥发性。

2 提取方法

水蒸气蒸馏法、萃取法、压榨法,具体方法的选择根据植物原料的特点来决定。

(1)水蒸气蒸馏法

①原理:利用水蒸气将挥发性较强的植物芳香油携带出来,形成油水混合物,冷却后,油水混合物又重新分出油层和水层。

②分类:水中蒸馏、水上蒸馏、水气蒸馏。

a. 水中蒸馏

方法:原料置于筛板或直接放入蒸馏锅,锅内加水浸过料层,锅底进行加热。

用途:水中蒸馏适用于某些鲜花、破碎果皮等原料。但水中蒸馏会导致原料焦糊和有效成分水解等问题,所以对有些原料不适用,如柑橘和柠檬。

b. 水上蒸馏

方法:原料置于筛板,锅内加入水量要满足蒸馏要求,但水面不得高于筛板,并能保证水沸腾至蒸发时不溅湿料层。

用途:水上蒸馏应用较广,大面积种植的芳香植物薄荷、香茅、桉树叶等都是用水上蒸馏来提取精油;该法也适用于粉碎后的干燥原料包括某些干花。

c. 水气蒸馏

方法:水气蒸馏就是把需要蒸馏的物料放在蒸馏锅内的筛板上,筛板下面通入饱和水蒸气达到蒸馏的目的。

用途:直接蒸气蒸馏,其蒸馏速度快,温度高,可缩短蒸馏时间,高沸点的成分可蒸出,出油率高。

思维火花 Siweihuohua

d. 总结：水中蒸馏、水上蒸馏、水气蒸馏比较

比较项目		水中蒸馏	水上蒸馏	水气蒸馏
相同点		基本原理相同，都是利用水蒸气将挥发性较强的芳香油携带出来		
不同点	原料放置位置	原料放在蒸馏容器的水中，水要完全浸没原料	容器中水的上方有筛板，原料放在筛板上，水量以沸腾时不浸湿原料为宜	蒸馏容器下方有一排气孔，连接外源水蒸气，上方有筛板，上面放原料
	特点	设备简单，成本低，易于操作	蒸馏时间短，出油率高	

(2)萃取法

①方法：是指将粉碎、干燥的植物原料用有机溶剂浸泡，使芳香油溶解在有机溶剂中的方法。芳香油溶解于有机溶剂后，只需蒸发出有机溶剂，就可以获得纯净的植物芳香油了。

②优点：效率高。

③缺点：用于萃取的有机溶剂必须事先精制，除去杂质，否则会影响芳香油的质量。

(3)压榨法

①原理：通过机械压力将组织、器官中的有效成分挤压出来。

②优点：生产过程在常温下进行，确保了芳香油中萜类化合物不发生化学反应，从而使精油质量提高、香气逼人。

3 玫瑰精油的提取

(1)玫瑰精油特点：化学性质稳定，难溶于水，易溶于有机溶剂，能随水蒸气一同蒸馏。

(2)方法：水蒸气蒸馏法。

(3)实验流程：鲜玫瑰花加清水，水蒸气蒸馏→油水混合物→加入 NaCl 分离油层→加入无水 Na_2SO_4 除水→过滤玫瑰油。

(4)水蒸气蒸馏的装置：蒸馏装置见图。

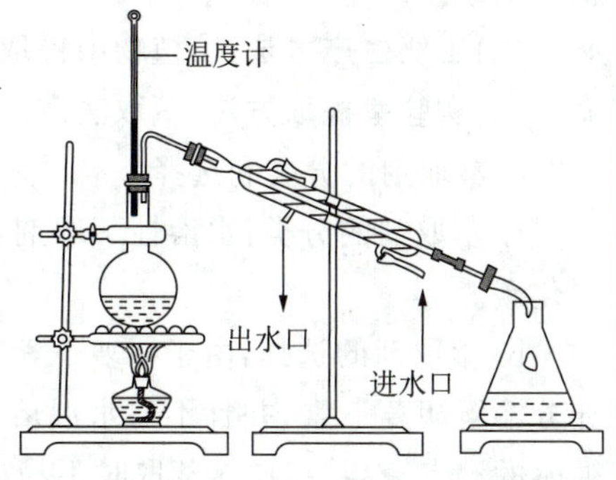

(5)注意事项

①安装仪器时一般按自下而上，从左到右的顺序，拆卸仪器的顺序与安装时相反，保证冷凝管下进上出。

②蒸馏开始时，先通冷水后加热；蒸馏完毕时，先撤热源后停止通水。

③水蒸气蒸馏后，锥形瓶中得到乳白色的乳浊液。这是玫瑰油和水的混合物。向乳化液中加入 NaCl，增加盐浓度，就会出现明显的分层现象，再用分液漏斗分开。

④加入一些无水 Na_2SO_4，放置过夜，再过滤除去固体 Na_2SO_4，就可以得到玫瑰精油了。

⑤ 蒸馏时的许多因素会影响产品的品质，如温度、时间。若要提高品质，需要延长蒸馏的时间。

4 橘皮精油的提取

(1)橘皮精油的性质和成分

①性质：无色透明，具有诱人的橘香味。

②成分：主要成分为柠檬烯。

思维火花 Siweihuohua

③用途：食品、化妆品和香水配料的优质原料。

(2)制取方法

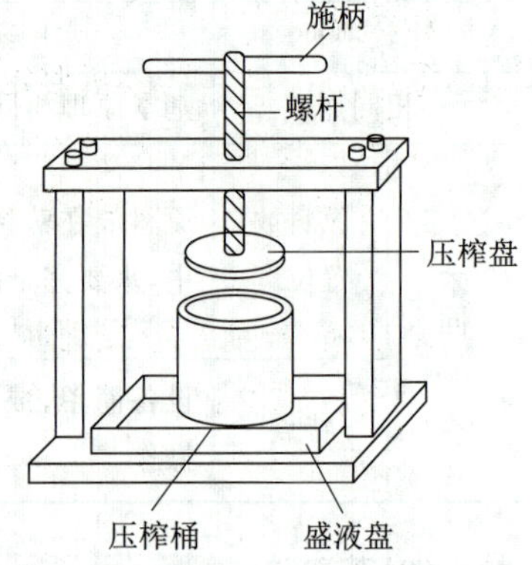

①方法：一般采用压榨法，因橘皮中含有大量的果蜡、果胶、水分，直接压榨橘皮，出油率比较低。为了提高出油率，将橘皮干燥去水，并用石灰水浸泡。

②实验流程：石灰水浸泡→漂洗→压榨→过滤→静置→再次过滤→橘皮油；压榨之前，首先要用流水漂洗橘皮，捞起橘皮后，沥干水分，进行压榨。注意：压榨时既要将原料压紧防止原料滑脱，又要将油分挤压出来，手动压榨原理示意图见右图。

(3)注意事项

①橘皮在石灰水中浸泡的时间为10 h以上。橘皮要浸透，这样压榨时不会滑脱，出油率高，并且压榨液的黏稠度不会太高，过滤时不会堵塞筛眼。

②要分别加入相当于橘皮质量0.25%的小苏打和5%的Na_2SO_4，并调节pH至7~8，使橘皮油易于与水分离。

③橘皮精油中含有大量水分，糊状残渣等杂质，需先用普通布袋过滤去除固体物和残渣，然后离心进一步去除质量较小的残留固体物，再用分液漏斗或吸管将上层的橘皮油分离出来。此时的橘皮精油还含有少量的水和果蜡，需在5~10 ℃下静置5~7 d，让杂质沉淀，用吸管吸出上层澄清的油层，其余部分通过滤纸过滤，滤液与吸出的上层橘油合并，成为最终的橘皮精油。

5 胡萝卜素的提取

(1)胡萝卜素特点：橘黄色结晶；化学性质比较稳定，不溶于水、微溶于酒精、易溶于石油醚等有机溶剂。

(2)工业生产方法：①植物中提取；②岩藻中提取；③利用微生物的发酵生产。

(3)实验室提取方法：萃取法。

①萃取剂的分类和选择

a. 萃取剂的分类：水溶性萃取剂：乙醇、丙酮；水不溶性萃取剂：石油醚、乙酸乙酯、乙醚、苯、四氯化碳。

b. 萃取剂的选择：由于胡萝卜素不溶于水，所以选用水不溶性萃取剂，且具有较高的沸点，能够充分溶解胡萝卜素，并且不与水混溶。在石油醚、乙醚、苯、四氯化碳这四种水不溶性萃取剂中，石油醚的沸点最高，在加热萃取时不易挥发，所以石油醚最适宜用作萃取剂。

②影响萃取的因素

a. 萃取剂：性质和使用量是影响萃取的主要因素。

b. 原料：颗粒的大小、紧密程度、含水量。

c. 环境：温度、时间等。

d. 原料颗粒小、水分少、萃取温度高、时间长的时候萃取效果好。

③提取胡萝卜素的实验流程

a. 实验流程：胡萝卜→粉碎→干燥→萃取→过滤→浓缩→胡萝卜素。

b. 提取胡萝卜素的装置见图

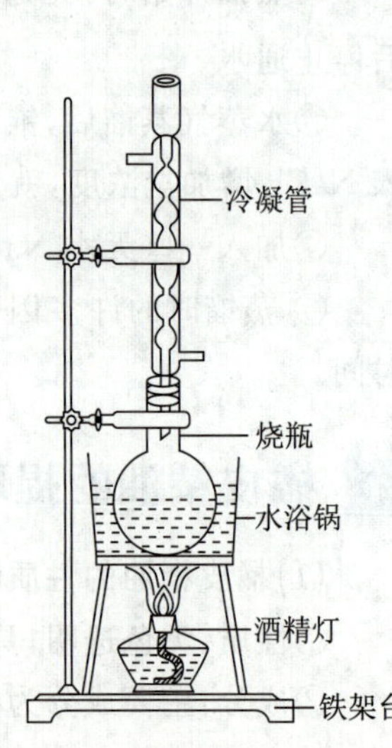

④操作提示

a. 新鲜的胡萝卜含有大量的水分，在干燥时要注意控制温度，温度太高、干燥时间太长会导致胡萝卜素分解。

思维火花 Siweihuohua

b. 胡萝卜干燥的速度与效果和破坏程度、干燥方式有关。如果有条件，可以使用烘箱烘干，也可以用热风吹干。

⑤胡萝卜素的纸层析鉴定

a. 制备滤纸条：取 18×30 cm 滤纸条，于距底端 2 cm 处划基线，取 A、B、C、D 四个点。

b. 对照点样：用最细注射器针头分别吸取标准样品和提取样品在 A、D 和 B、C 点上点样，吹干。

c. 层析：将滤纸卷成筒状并固定，放到盛有 1 cm 深的石油醚的密封容器中层析。

d. 对比观察：取出滤纸条，使石油醚充分挥发后观察层析带。

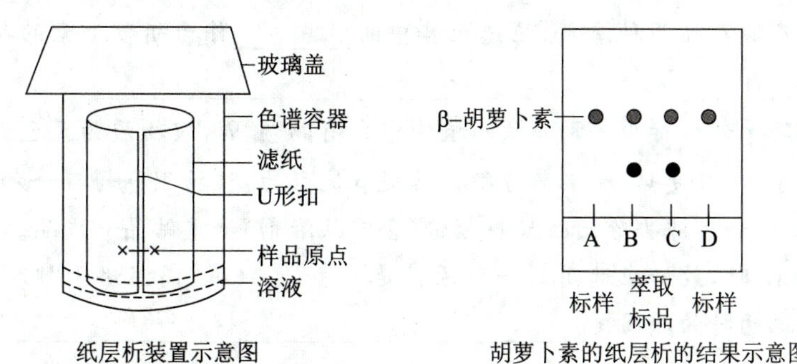

纸层析装置示意图　　胡萝卜素的纸层析的结果示意图

e. 注意：滤纸条预先干燥处理；点样时快速细致、样点圆点尽量细小；滤纸筒的竖直边缘不能接触；石油醚易挥发，注意层析容器要密封。如果提取到的胡萝卜素含杂质，则层析后在滤纸上出现多个不同高度的色素点样。

6 方法比较

	水蒸气蒸馏法	萃取法	压榨法
原理	利用水蒸气将挥发性较强的芳香油携带出来	使芳香油溶解在有机溶剂中，蒸发溶剂后就可获得芳香油	通过机械加压，压榨出芳香油
步骤	①水蒸气蒸馏；②分离油层；③除水过滤	①粉碎、干燥；②萃取、过滤；③浓缩	①石灰水浸泡、漂洗；②压榨、过滤、静置；③再次过滤
适用范围	提取玫瑰油、薄荷油等挥发性较强的芳香油	适用范围广，原料颗粒尽量细小，能充分浸泡在有机溶剂中	提取橘皮精油、柠檬芳香油等
优点	简单易行，便于分离	出油率高，易分离	成本低，成分结构不变
局限性	水中蒸馏会导致某些原料的焦糊和有效成分水解	有机溶剂中的杂质会影响芳香油的质量	分离较为困难，出油率相对较低

真题真练

例 399　(2011 · 海南 · 30) 许多植物含有天然香料，如薄荷叶中含有薄荷油。现用薄荷叶提取薄荷油，回答问题：

(1)薄荷油是挥发性物质，提取薄荷油时应选用________(鲜、干)薄荷叶作原料，其原因是________________________________。

(2)用萃取法提取薄荷油时，采用的溶剂是________，原理是________________________。

(3)用水蒸气蒸馏法提取薄荷油时，在油水混合物中加入氯化钠的作用是____________。常用

思维火花 Siweihuohua

于分离油层和水层的器皿是________，分离出的油层中加入无水硫酸钠的作用是________，除去固体硫酸钠的常用方法是________。

例 400 (2015·新课标Ⅱ·37)回答与胡萝卜素有关的问题：

(1)胡萝卜含有的胡萝卜素中，最主要的是________(填“α-胡萝卜素”“β-胡萝卜素”或“γ-胡萝卜素”)，该胡萝卜素在人体内可以转变成两分子________，后者缺乏会引起人在弱光下视物不清的病症，该疾病称为________，胡萝卜素是________(填“挥发性”或“非挥发性”)物质。

(2)工业生产上，用养殖的岩藻作为原料提取胡萝卜素时，________(填“需要”或“不需要”)将新鲜的岩藻干燥。

(3)现有乙醇和乙酸乙酯两种溶剂，应选用其中的________作为胡萝卜素的萃取剂，不选用另外一种的理由是____。

例 401 (2017·新课标Ⅲ·37)绿色植物甲含有物质W，该物质为无色针状晶体，易溶于极性有机溶剂，难溶于水，且受热、受潮易分解。其提取流程为：植物甲→粉碎→加溶剂→振荡→收集提取液→活性炭处理→过滤去除活性炭→蒸馏(含回收溶剂)→重结晶→成品。回答下列问题：

(1)在提取物质W时，最好应选用的一种原料是________(填“高温烘干”“晾干”或“新鲜”)的植物甲，不宜选用其他两种的原因是____。

(2)提取物质W时，振荡的作用是________________。

(3)活性炭具有很强的吸附能力，在提取过程中，用活性炭处理提取液的目的是________________。

(4)现有丙酮(沸点56 ℃)、乙醇(沸点约78 ℃)两种溶剂，在提取物质W时，应选用丙酮作为提取剂，理由是________________________。

(5)该实验操作过程中应注意的事项是________________(答出两点即可)。

the END

模块十二

选修三：现代生物技术

核心概要

1. 基因工程
2. 细胞工程
3. 胚胎工程
4. 生态工程
5. 生物技术的安全伦理

德叔寄语

不要依靠别人给你公平，不要依赖别人给你生活，也不要幻想别人给你未来，靠自己，比别人给要得多。

内容导读

致同学：

与选修一相比，选修三的理论体系差异较大，本模块作为介绍前沿科技的模块，具有复杂的分子生物学和细胞生物学逻辑，从PCR技术、分子杂交技术、单双酶切问题到单克隆抗体筛选原理、胚胎发育阶段变化、核移植和胚胎移植原理等等，都需要较为深入的逻辑思维，而非简单的知识记忆；且从知识内容的数量看，也是选修一的三倍左右，所以选修三的学习难度是要大于选修一的。不过选修三的知识和必修二减数分裂、遗传密切相关，对选修三知识的深入掌握，有利于加深对必修二的理解，有利于整体知识体系的构建，因此学好选修三绝对不亏。在命题方面，选修三比较常考的考法是提供科学背景考查课本的知识和对知识的理解，某些常规实验技术如蓝白斑筛选、乳糖操纵子、双标记膜转印技术等等会带来较大的难度，需要适当拓展，本节内容也会全面深入介绍各大工程的原理，并适当拓展，帮助同学们建立完整的知识体系，深入理解知识内容。

李林

知识详解

一、基因工程

1 概念

(1)**概念**：又叫作基因拼接技术或DNA重组技术。通俗地说，就是按照人们的意愿，把一种生物的某种基因提取出来，加以修饰改造，然后放在另一个生物的细胞里，定向改造生物的遗传性状。

(2)**本质**：通过改变和转移基因来定向改造生物的性状。

(3)**补充**：原核细胞和真核细胞的基因结构。

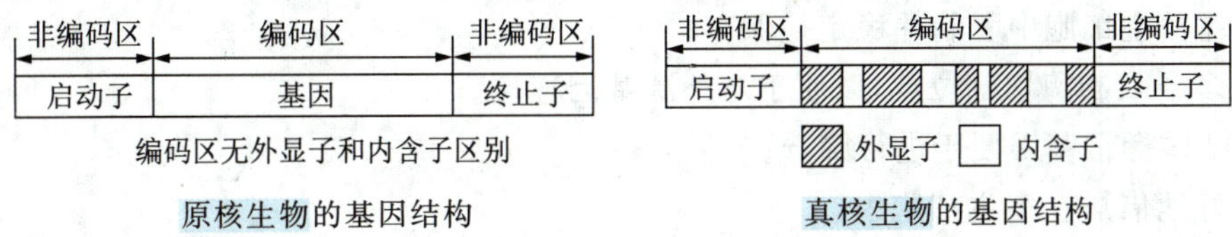

原核生物的基因结构　　真核生物的基因结构

2 工具

(1)“分子手术刀”：限制性核酸内切酶

①来源：主要是从原核生物中分离纯化。

②特点：能够识别双链DNA分子的某种特定核苷酸序列并且使每一条链中特定部位的两个核苷酸之间的磷酸二酯键断开，限制酶识别的特定序列往往是回文序列，即识别的双链序列刚好相反。

③识别特异性(限制性)

a. 识别位点一般是一个六核苷酸序列，也有四核苷酸序列或八核苷酸序列。

b. 同一限制酶也可识别多个序列，不同限制酶可识别同一序列(同裂酶)。

④结果：产生黏性末端或平末端。

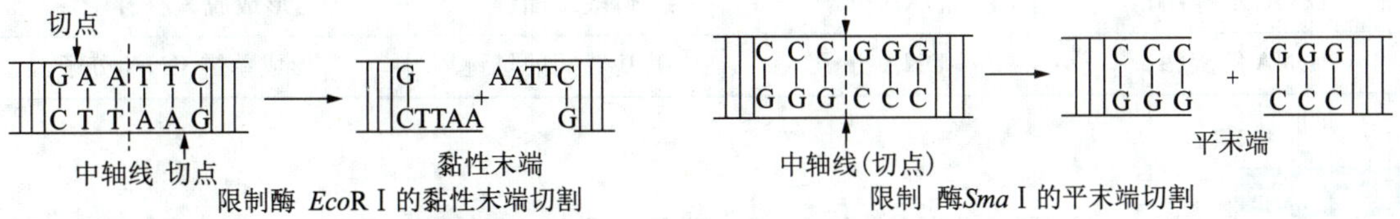

限制酶 *Eco*R Ⅰ的黏性末端切割　　限制酶*Sma* Ⅰ的平末端切割

⑤限制酶的作用是切割外来DNA，保护细菌原有遗传信息。限制酶不切割原核细胞自身DNA的原因是原核生物中不存在该酶的识别序列或识别序列已经被修饰。

⑥根据序列的分类

a. 同裂酶：识别相同的序列，产生相同的黏性末端，但可能具有不同的最适pH。

b. 异裂酶：识别相同的序列，但切割不同位点，产生不同的末端。

c. 同尾酶：识别不同的序列，产生相同的黏性末端，可以连接，但连接后的序列可能无法被再次识别切割。

(2)"分子缝合针":DNA 连接酶

①作用:将切下来的 DNA 片段拼接成新的 DNA 分子,连接形成磷酸二酯键。

②种类

a. *E.coli* DNA 连接酶:只能连接黏性末端。

b. T_4 DNA 连接酶:既能连接黏性末端,又能连接平末端,但平末端连接效率低。

(3)"分子运输车":基因进入受体细胞的载体

①种类:质粒、λ 噬菌体的衍生物、动植物病毒等。

②作用

a. 与含有外源基因(目的基因)的 DNA 片段结合,形成重组 DNA 分子,将外源基因送入受体细胞中。

b. 通过它在宿主细胞内的复制,使目的基因得到大量的复制。

c. 表达载体可以促进目的基因在宿主细胞中的表达。

③作为运载体需要具备的四个条件

a. 能够在宿主细胞中复制并稳定地保存。

b. 具备多个限制酶切割位点,以便于与外源基因连接。

c. 具有某些标记基因便于进行筛选。

d. 能友好地借居在宿主细胞内。

④最常使用的载体:质粒

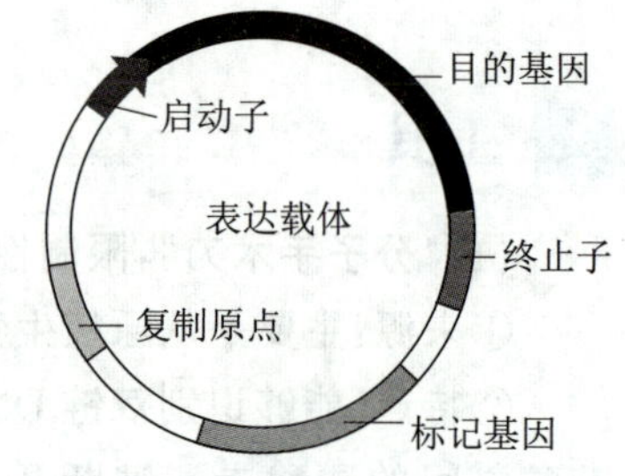

a. 概念:一种裸露的、结构简单、独立于细菌拟核 DNA 之外,并且具有自我复制能力的很小的双链环状 DNA 分子。

b. 来源:细菌、真菌等。

c. 质粒特点:能自我复制;有一个至多个限制酶切割位点;有特殊的标记基因;目的基因插入后,前后有启动子和终止子。

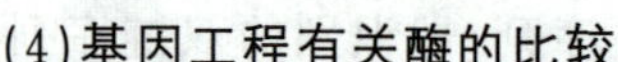

(4)基因工程有关酶的比较

	作用底物	作用部位	作用结果
限制酶	DNA 分子	磷酸二酯键	形成黏性末端或平末端
DNA 连接酶	DNA 分子片段	磷酸二酯键	连接 DNA 分子片段
DNA 聚合酶	脱氧核苷酸	磷酸二酯键	形成新的 DNA 分子
DNA(水解)酶	DNA 分子	磷酸二酯键	形成脱氧核苷酸
DNA 解旋酶	DNA 分子	碱基对间的氢键	形成单链 DNA 分子

真题真练

例 402 (2011·浙江·6)将 ada(腺苷酸脱氨酶基因)通过质粒 pET28b 导入大肠杆菌并成功表达腺苷酸脱氨酶。下列叙述错误的是 ( )

A. 每个大肠杆菌细胞至少含一个重组质粒

B. 每个重组质粒至少含一个限制性核酸内切酶识别位点

C. 每个限制性核酸内切酶识别位点至少插入一个 ada

D. 每个插入的 ada 至少表达一个腺苷酸脱氨酶分子

思维火花 Siweihuohua

例 403 （2017·北京·5）为了增加菊花花色类型，研究者从其他植物中克隆出花色基因C（图1），拟将其与质粒（图2）重组，再借助农杆菌导入菊花中。

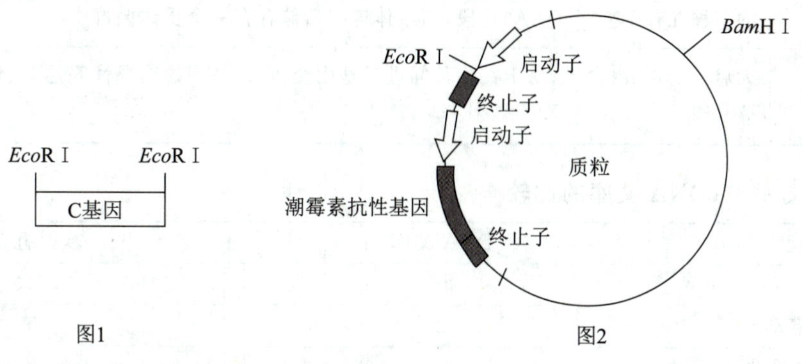

图1　　图2

下列操作与实验目的不符的是　　（　　）

A. 用限制性核酸内切酶 *Eco*R Ⅰ和连接酶构建重组质粒

B. 用含C基因的农杆菌侵染菊花愈伤组织，将C基因导入细胞

C. 在培养基中添加卡那霉素，筛选被转化的菊花细胞

D. 用分子杂交方法检测C基因是否整合到菊花染色体上

3 步骤

(1) 目的基因的获取

①目的基因：主要是指编码蛋白质的基因，可以决定特定性状。

②从基因文库中获取

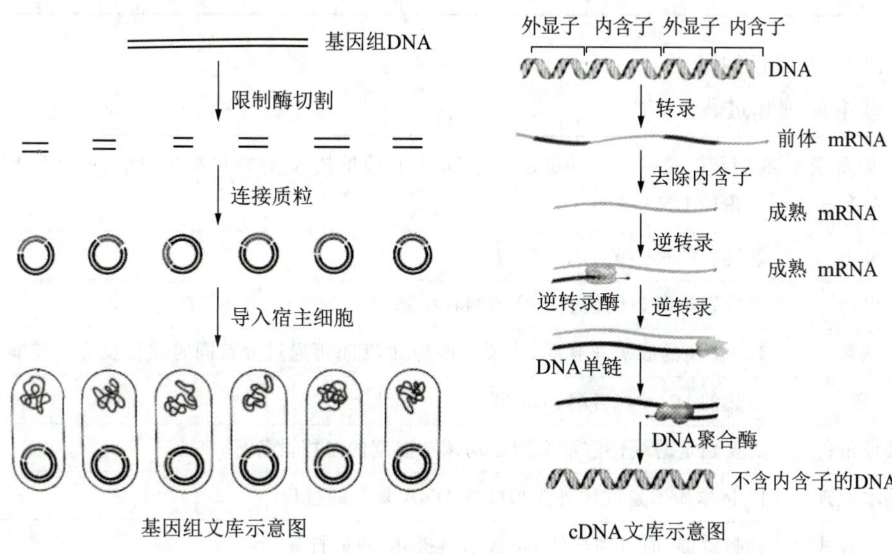

基因组文库示意图　　cDNA文库示意图

a. 基因文库概念和意义

基因文库	概念	将含有某种生物不同基因的许多DNA片段，导入受体菌的群体中储存，各个受体菌分别含有这种生物的不同的基因
	意义	储存了此物种的遗传信息，方便对其基因的操作
基因组文库	概念	将某种生物体内全部DNA提取出来，用适当酶切割成一定范围大小的DNA片段；将这些片段与载体连接，导入受体菌的群体中储存起来，使每个受体群都含有一段不同的DNA片段
	意义	含有一种生物的所有基因，但不便于基因交流

续表

部分基因文库	概念	含有一种生物的一部分基因，如 cDNA 文库：将生物的某个发育时期的 mRNA 反转录产生的多种互补 DNA(cDNA)片段，与载体连接后储存在一个受体菌群中
	意义	无启动子，无内含子；易于在物种间进行基因交流；因基因的选择性表达，只包含生物的一部分基因

b. 基因组文库和 cDNA 文库的比较

文库类型	cDNA 文库	基因组文库
文库大小	小	大
基因中的启动子	无	有
基因中的内含子	无	有
基因多少	某种生物的部分基因	某种生物的全部基因
物种间的基因交流	可以	部分基因可以

c. 概念区分：基因文库和基因库

	概念	本质
基因文库	一个生物体的基因组 DNA 用限制性内切酶部分酶切后，将酶切片段插入到载体 DNA 分子中，所有这些插入了基因组 DNA 片段的载体分子的集合体，将包含这个生物体的整个基因组，也就构成了这个生物体的基因文库。基因工程中，在未知目的基因序列时，可建立基因文库并从中获取目的基因	存储的基因实物
基因库	一个生物种群的全部等位基因的总和称为基因库，是研究进化的一个基本概念	一个概念范围

③利用 PCR 扩增目的基因

a. PCR 基本原理和过程

概念	PCR 即多聚酶链式反应，是一种体外迅速扩增 DNA 片段的技术，它能以极少量的 DNA 为模板，在几小时内复制出上百万份的 DNA 拷贝	
条件	模板	解旋后的每一条 DNA 母链
	引物	能分别与两条模板链结合的两种引物
	原料	4 种游离的脱氧核苷酸，实质为四种 dNTP，可通过分解同时提供反应所需能量
	酶	耐热的 DNA 聚合酶：*Taq* 酶
	其他条件	需要稳定的缓冲溶液和能自动调节温度的温控设备
原理	基本原理	PCR 本质上是在体外模拟体内 DNA 复制的过程
	解旋方式	加热解旋：通过加热使 DNA 氢键破坏，双链打开
	Taq 酶	*Taq* 酶是具有热稳定性的 DNA 聚合酶，由于扩增过程需要加热，所以需要具有热稳定性的 DNA 聚合酶，寻找此酶的思路是：根据对环境的要求，在适当的环境中寻找
	引物	人工合成的和目的 DNA 片段末端互补配对的一小段单链 DNA 序列。需要引物的原因是 DNA 聚合酶不能从头开始进行复制，需要一个现成的 3′末端。引物同时能够标定开始复制的位置，并修改部分序列
	方向	由于 DNA 的复制只能从 5′往 3′进行，因此两条链的引物都设计在各自的 3′端，从子链的 5′开始复制

思维火花 Siweihuohua

续表

过程	变性	当温度上升到 90 ℃以上时，双链 DNA 解聚为单链
	复性	温度下降到 50 ℃左右，两种引物通过碱基互补配对与两条单链 DNA 结合
	延伸	温度上升到 72 ℃左右，溶液中的四种脱氧核苷酸（A、T、C、G）在 DNA 聚合酶的作用下，根据碱基互补配对原则合成新的 DNA 链
	重复	重复以上过程，一般循环 30 次左右
结果	PCR 一般要经历 30 多次循环；两引物间固定长度的 DNA 序列呈指数扩增，获得 2^n 个 DNA 分子	

b. 比较细胞内 DNA 复制与体外 DNA 扩增

		DNA 复制	PCR 扩增
不同点	场所	细胞内	细胞外
	能量	需 ATP 提供能量	不需 ATP 提供能量
	酶	解旋酶、DNA 聚合酶	耐高温的 *Taq* DNA 聚合酶
	是否有转录	伴有转录，产生引物	无转录，需加入两种引物
	特点	边解旋边复制，半保留复制	体外迅速扩增
	循环次数	受生物体自身控制	30 多次，人为控制
	缓冲液	不需要	需要
	设备	无	严格控制温度变化的温控设备
相同点	原料	四种脱氧核苷酸	
	复制原理	严格遵循碱基互补配对原则	
	模板	DNA 为模板	
	引物	都需要与模板相结合的引物	

④人工合成基因：如果基因比较小，核苷酸的序列又已知，可以通过 DNA 合成仪直接人工合成。

⑤也可以用 RNA 为模板，在逆转录酶作用下人工合成。

(2)基因表达载体的构建：基因工程的核心步骤

①表达载体的组成：目的基因、启动子、终止子、标记基因、复制原点。

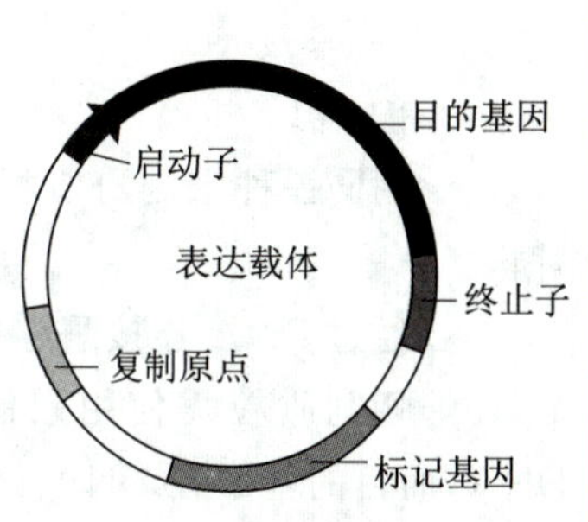

②构建目的

a. 使目的基因在受体细胞中稳定存在，并且可以遗传给下一代。

b. 使目的基因能够表达和发挥作用。

③表达载体要求

a. 复制原点：一段特殊结构的 DNA 序列，可以与 DNA 聚合酶结合，开始 DNA 的复制。

思维火花 Siweihuohua

b. 启动子：一段特殊结构的 DNA 序列，位于目的基因的首端；RNA 聚合酶识别和结合的部位，启动基因的转录。

c. 终止子：一段特殊结构的 DNA 序列，位于目的基因的尾端，终止基因的转录。

d. 复制原点、启动子、起始密码子的区别和联系：复制原点在 DNA 上，和 DNA 聚合酶结合，起始 DNA 复制；启动子在 DNA 的非编码区，和 RNA 聚合酶结合，起始转录；起始密码子在 mRNA 上，和核糖体结合，起始翻译。

e. 终止子和终止密码子的区别：终止子是 DNA 分子上决定停止转录的一段 DNA 序列，非编码区；不转录成 mRNA。终止密码子是 mRNA 上决定终止翻译的三个相邻碱基。

f. 标记基因原理：载体上的标记基因一般是一些抗生素的抗性基因，且目的基因要转入的受体细胞没有抵抗相关抗生素的能力。当含有抗生素抗性基因的载体进入受体细胞后，抗性基因在受体细胞内表达，使受体细胞能够抵抗相应抗生素，所以在受体细胞的培养体系中加入该种抗生素就可以只保留转入载体的受体细胞，原理如图所示。

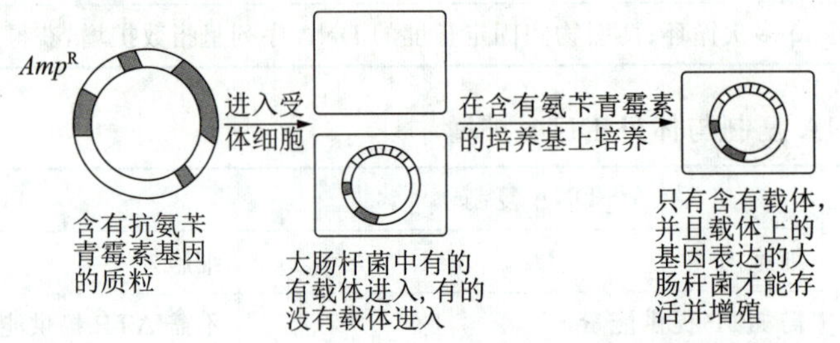

以抗生素抗性基因作标记基因的筛选原理

德叔批注

真核细胞往往不会被抗生素杀死，所以不能使用抗生素抗性基因作为标记基因，其标记基因往往使用荧光基因，在转基因成功的情况下，荧光基因表达出荧光蛋白，使受体细胞发出荧光，而未成功转基因的细胞无此现象，从而起到标记的效果。

④过程

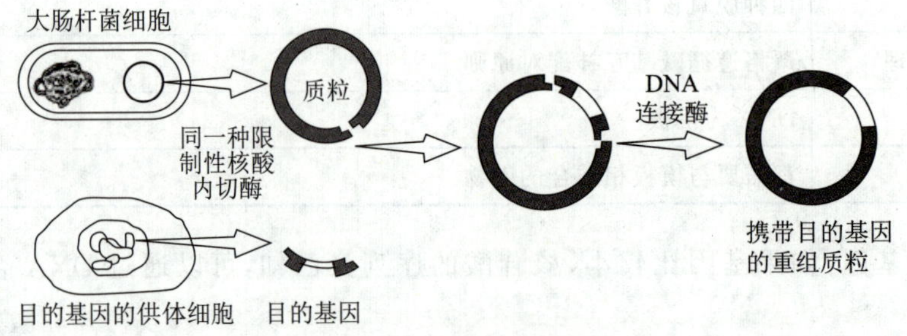

单酶切获得目的基因过程

a. 单酶切

• 用同一种限制酶切割载体和含目的基因的 DNA 分子，获得带有相同黏性末端或平末端的片段。

• 通过 DNA 连接酶连接相同的黏性末端或平末端，获得重组质粒。

• 切割质粒需使用限制酶 1 次，切割目的基因则需要使用限制酶 2 次。因为质粒是环状 DNA，而目的基因在 DNA 分子链上。

• 注意问题：插入位置前后要有启动子和终止子，保证目的基因的表达。

• 单酶切缺点：由于单酶切或平末端切割时，目的基因和质粒的所有接口都是相同的黏性末

思维火花 Siweihuohua

端，所以容易出现目的基因反接和自身环化，如下图所示，通过双酶切可以解决这个问题。

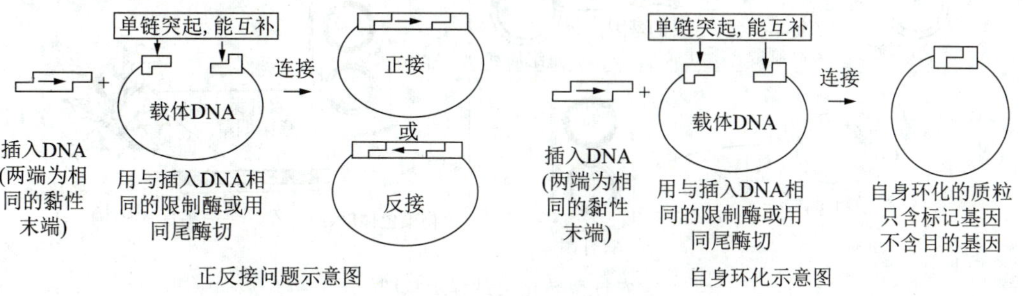

正反接问题示意图　　自身环化示意图

b. 双酶切：利用两个不同限制酶分别切割目的基因和质粒，使目的基因和质粒分别具有两个相同的黏性末端，就可以避免反接，并减少自身环化的情况产生。

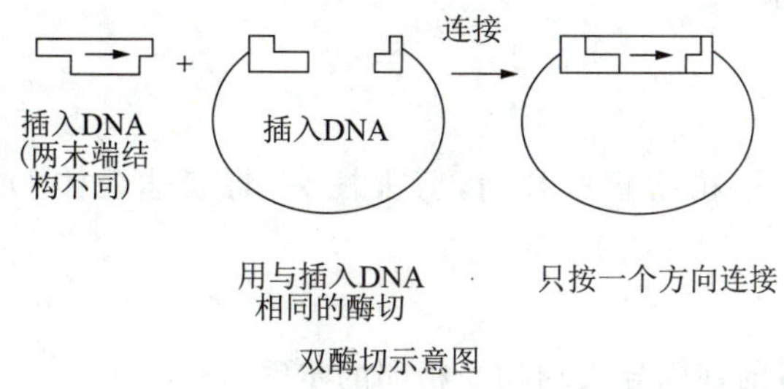

双酶切示意图

⑤注意事项：质粒DNA分子上限制酶切割位点的选择必须保证至少有一个标记基因是完整的，如果标记基因全部被切开则不便于鉴定与选择。

(3)将目的基因导入受体细胞：转化

①转化概念：目的基因进入受体细胞内，并且在受体细胞内维持稳定和表达的过程。

②导入方法

a. 导入植物细胞的常用方法：农杆菌转化法、基因枪法和花粉管通道法。

b. 导入动物细胞的常用方法：显微注射技术。

c. 导入微生物细胞的常用方法：感受态细胞法。

③方法简介

a. 农杆菌转化法

• 植物种类：感染双子叶植物和裸子植物，通常对单子叶植物无感染力。

• 原理：当植物体受到损伤时，伤口处的细胞会大量分泌酚类化合物，吸引农杆菌移向这些细胞。这时，农杆菌中Ti质粒上的T-DNA可转移至受体细胞，并整合到受体细胞的基因组DNA上。

• 基本过程：将目的基因插入Ti质粒的T-DNA上，就可通过农杆菌的转化作用，将目的基因插入到植物细胞的染色体DNA上，使目的基因的遗传性状得到稳定维持和表达。

• 优点：经济、有效。

• 缺点：单子叶植物难以应用，但可用人工涂抹酚类化合物方法转化。

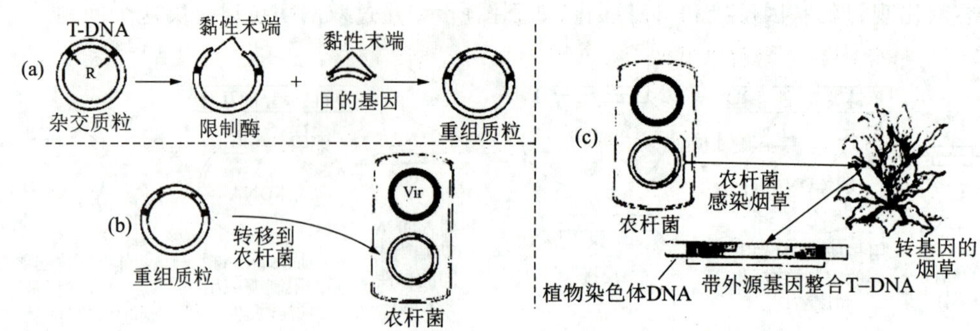

农杆菌转化法过程示意图

b. 基因枪法

• 原理：将表达载体 DNA 包裹在金属颗粒表面，直接通过基因枪的气压轰入受体细胞。

• 优点：单子叶植物常用。

• 缺点：成本昂贵。

c. 花粉管通道法

• 原理：在植物授粉后、花粉管愈合前，剪去柱头，将表达载体 DNA 借助花粉管注入受体细胞。

• 优点：简便经济。

d. 显微注射技术：将目的基因导入动物受精卵的步骤

• 提纯表达载体 DNA，保持 1～3 μg/mL DNA 浓度。

• 取受精卵细胞，体内受精或体外受精均可。

• 将含有目的基因的表达载体 DNA 注射到受精卵细胞中。

• 将含有目的基因的受精卵经胚胎早期培养后，移植到动物体内发育成完整个体，新个体中即含有目的基因。

e. 感受态细胞法（微生物转基因技术）

• 原理：利用 Ca^{2+} 和一定温度处理大肠杆菌细胞，会使其细胞膜通透性发生改变，从而容易接受外界的 DNA 分子。

• 过程：Ca^{2+} 处理细胞→感受态细胞→重组表达载体与感受态细胞混合→感受态细胞吸收 DNA 分子。

f. 几种方法的比较

生物种类	植物	动物	微生物
常用方法	农杆菌转化法	显微注射技术	感受态细胞法
受体细胞	体细胞	受精卵	原核细胞
转化过程	将目的基因插入到 Ti 质粒的 T-DNA 上→农杆菌→导入植物细胞→整合到受体细胞的 DNA 上→表达	将含有目的基因的表达载体提纯→取卵（受精卵）→显微注射→受精卵发育→获得具有新性状的动物	Ca^{2+} 处理细胞→感受态细胞→重组表达载体与感受态细胞混合→感受态细胞吸收 DNA 分子

(4) 目的基因的检测与鉴定

①分子水平

a. 检测目的基因是否插入到染色体 DNA 上，常用 DNA 分子杂交技术。

b. 检测目的基因是否转录出了 mRNA，可用 mRNA 分子杂交技术。

c. 检测目的基因是否翻译成蛋白质，可用抗原－抗体杂交技术。

②个体水平

检测转基因植物是否具有抗虫或抗病特性，可做抗虫或抗病的接种实验。

③分子杂交技术原理和比较

	DNA 分子杂交	mRNA 分子杂交	抗原—抗体杂交
原理	DNA 分子特异性和碱基互补配对	mRNA 分子特异性和碱基互补配对	抗原－抗体特异性结合
方法	①在含有目的基因的 DNA 片段上用放射性同位素标记，作为探针；②提取转基因生物的基因组；③将探针与基因组 DNA 杂交；④若有杂交带就说明目的基因已经进入受体细胞	①在含有目的基因的 DNA 片段上用放射性同位素标记，作为探针；②提取转基因生物的 mRNA；③将探针与生物的 mRNA 杂交；④若有杂交带就说明目的基因转录出相应的 mRNA	①将目的基因转录、翻译得到的蛋白质当作抗原、设计相应抗体（要求两者可以特异结合）；②提取转基因生物的蛋白；③用相应的抗体与蛋白结合；④若有杂交带出现，说明基因已形成蛋白质产品
图示	目的基因片段 TACGGTCATGTCGCATGCTAG ATGCCAGTACAGCGTACGATC；非目的基因片段 GACATAGCTACA CTGTATCGATGT；基因探针 CTACAGCGTA；放射性标记；目的基因片段 TACGGTCATGTCGCATGCTAG GTACAGCGTA 基因探针		Ag_1 Ag_2 Ag_3 抗原 特异性结合 抗体

(5)易错点及拓展

①目的基因的插入位点不是随意的：基因表达需要启动子与终止子的调控，所以目的基因应插入到启动子与终止子之间，错误的位置可能导致基因不能正常表达。

②植物基因工程的受体细胞一般是愈伤组织，动物细胞受体细胞一般是受精卵，因为受精卵具有全能性。

③当宿主细胞是原核细胞时，基因存在于表达载体质粒上就可以较为稳定地遗传和表达；但对于真核细胞，基因必须整合到基因组上才能稳定复制和表达。当基因存在于基因组上时，其遗传符合孟德尔遗传的基本规律。

④基因工程操作过程中只有第三步（将目的基因导入受体细胞）没有碱基互补配对现象，其他各步骤都用到碱基的互补配对，第一步存在于逆转录法获得 DNA，第二步存在于黏性末端连接现象，第四步存在于分子水平杂交检测方法。

真题真练

例 404 （2012·浙江·6）天然的玫瑰没有蓝色花，这是由于缺少控制蓝色色素合成的基因 B，而开蓝色花的矮牵牛中存在序列已知的基因 B。现用基因工程技术培育蓝玫瑰，下列操作正确的是 （　　）

A. 提取矮牵牛蓝色花的 mRNA，经逆转录获得互补的 DNA，再扩增基因 B

B. 利用限制性核酸内切酶从开蓝色花矮牵牛的基因文库中获取基因 B

思维火花 Siweihuohua

C. 利用DNA聚合酶将基因B与质粒连接后导入玫瑰细胞

D. 将基因B直接导入大肠杆菌，然后感染并转入玫瑰细胞

例405 (2014·重庆·4) 如图是利用基因工程培育抗虫植物的示意图。以下相关叙述，正确的是 ( )

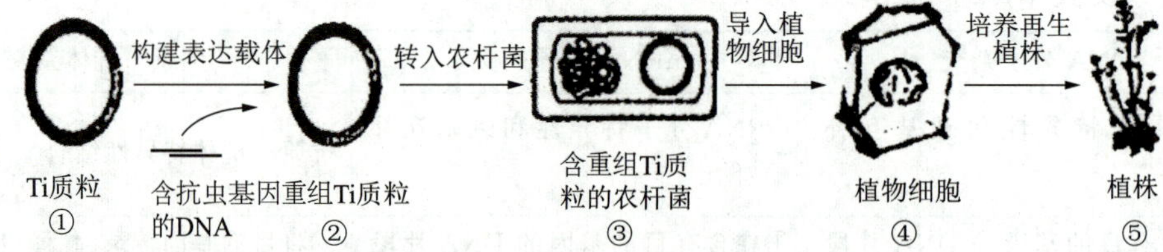

A. ②的构建需要限制性核酸内切酶和DNA聚合酶参与

B. ③侵染植物细胞后，重组Ti质粒整合到④的染色体上

C. ④的染色体上若含抗虫基因，则⑤就表现出抗虫性状

D. ⑤只要表现出抗虫性状就表明植株发生了可遗传变异

4 应用

(1)转基因植物

类别	应用实例	典例分析:抗虫棉的问题
抗虫	杀虫的基因主要有 *Bt* 毒蛋白基因、蛋白酶抑制剂基因、淀粉酶抑制剂基因、植物凝集素基因等	抗虫棉的抗性来自 *Bt* 基因，即苏云金芽胞杆菌(*Bacillus thuringiensis*，简称 *Bt*)基因，*Bt* 转入植物中后，可表达产生伴孢晶体蛋白，亦称杀虫晶体蛋白(ICPs)。ICPs 通过害虫啃食细胞进入害虫肠道，在害虫消化酶的作用下降解成相对分子质量较小、有毒的多肽，多肽结合小肠上皮细胞的特异性受体，导致细胞膜穿孔、细胞肿胀裂解，最终害虫死亡。由于 ICPs 通过特异性受体发挥作用，所以 *Bt* 对对应蛋白特异的鳞翅目、鞘翅目、膜翅目等害虫有灭杀活性，而对人体无害。但通过长期的共同进化，抗虫棉的抗虫效果已大大下降
抗病	抗病毒基因:病毒外壳蛋白基因和病毒的复制酶基因 抗真菌基因:几丁质酶基因和抗毒素合成基因	
抗逆	抗盐碱和抗干旱的调节细胞渗透压基因、抗冻蛋白基因、抗除草剂基因	
改良	①转基因玉米中赖氨酸的含量比对照提高 30% ②转基因延熟番茄储存时间可延长 1~2 个月 ③转基因矮牵牛呈现出自然界没有的颜色变异	

(2)转基因动物

①提高动物生长速度:例如导入外源生长激素基因的鲤鱼长得快。

②改善畜产品品质:例如导入肠乳糖酶基因的奶牛可降低其乳汁乳糖含量。

③生产药物:乳腺生物反应器、膀胱生物反应器。

a. 乳腺生物反应器原理:是基于转基因技术，使外源基因导入动物基因组中并定位表达于动物乳腺，利用动物乳腺天然、高效合成并分泌蛋白的能力，在动物的乳汁中生产一些具有重要价值产品的转基因动物的总称。转基因操作中，使用乳腺蛋白基因启动子，每个细胞在受精卵发育成个体后均具有目的基因，但乳腺蛋白基因启动子保证目的基因仅在乳腺细胞中表达。

思维火花 Siweihuohua

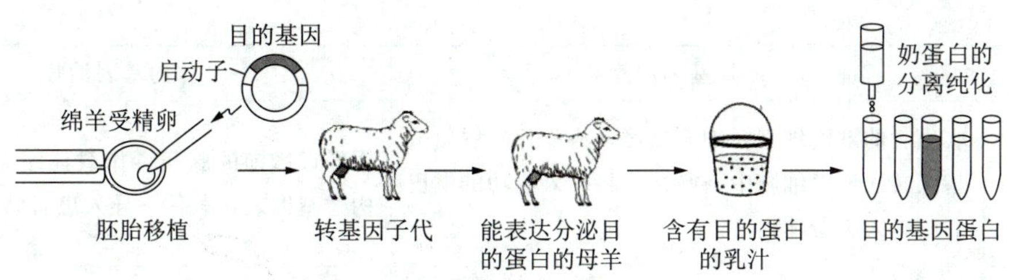

乳腺反应器示意图

b. 膀胱生物反应器原理：与乳腺生物反应器相似，利用基因工程和在膀胱上皮细胞中特异性表达的启动子，促使目的基因在膀胱中表达，并在尿液中获得目的蛋白。由于乳腺生物反应器受生物性别和年龄的限制，只能是哺乳期的雌性个体，而膀胱生物反应器不受此限制，所以膀胱生物反应器适用性更广。

④作器官移植供体：给猪的基因组导入某些调节因子，抑制抗原决定基因的表达，或设法除去抗原决定基因通过克隆技术，培育出没有免疫排斥反应的转基因克隆猪器官。

(3)基因工程药物

①来源：转基因的工程菌。

②成果：细胞因子、抗体、疫苗、激素等。

③作用：预防和治疗人类肿瘤、心血管疾病、遗传病、各种传染病、糖尿病、类风湿等疾病。

(4)乳腺生物反应器与生产药物的工程菌的比较

比较项目	乳腺生物反应器	工程菌
基因结构	动物基因的结构与人类基因的结构基本相同	细菌或酵母菌等生物基因的结构与人类基因的结构有较大差异
基因表达	合成的药物蛋白与天然蛋白质相同	细菌细胞内没有内质网、高尔基体等细胞器，产生的药物蛋白可能没有活性
受体细胞	动物的受精卵	微生物细胞
转化方式	显微注射技术	感受态细胞法
生产条件	不需严格灭菌，温度等外界条件对其影响不大	需严格灭菌，严格控制工程菌所需的温度、pH、营养物质浓度等外界条件
药物提取	从动物乳汁中提取	从微生物细胞中提取
生产设备	畜牧业生产；提取设备	工业生产；设备精良

(5)基因治疗

①方法：把正常基因导入病人体内，使该基因的表达产物发挥功能。

②效果：治疗遗传病的最有效的手段。

③分类：体内基因治疗和体外基因治疗。

比较项目	体外基因治疗	体内基因治疗
原理	从病人体内获得某种细胞，如T淋巴细胞，进行培养，然后在体外完成基因转移，在筛选成功转移的细胞扩增培养，最后重新输入患者体内	直接向人体组织细胞转移基因
成果举例	用腺苷酸脱氨酶基因治疗复合型免疫缺陷病	用正常基因治疗遗传性囊性纤维化病

续表

比较项目	体外基因治疗	体内基因治疗
过程	取患者的淋巴细胞→细胞培养→将腺苷酸脱氨酶基因转入淋巴细胞中→筛选→将导入成功的淋巴细胞转入患者体内	用经过修饰的腺病毒作载体结合正常基因，构建基因表达载体→导入患者肺组织中
特点	操作复杂，成功率高	操作简单，成功率低
注意事项	基因治疗并非把健康的外源基因导入患者的所有细胞中，而只是导入某些功能异常的体细胞中。故致病基因依然可以通过生殖细胞传递给后代	

5 蛋白质工程

(1)概念及理解：以蛋白质分子的结构规律及其与生物功能的关系作为基础，通过基因修饰和基因合成，对现有蛋白质进行改造，或制造一种新的蛋白质，以满足人类的生产和生活的需求。也就是说，蛋白质工程是在基因工程的基础上，延伸出来的第二代基因工程，是包含多学科的综合科技工程领域。

①基础：蛋白质分子的结构规律及其与生物功能的关系。

②操作：基因修饰或基因合成。

③结果：改造了现有蛋白质或制造出新的蛋白质。

④目的：满足人类的生产和生活的需求。

(2)操作过程

①过程：从预期的蛋白质功能出发→设计预期的蛋白质结构→推测应有的氨基酸序列→找到相对应的脱氧核苷酸序列→基因表达→产生需要的蛋白质。

②特点：其设计过程和基因工程相反。

③蛋白质工程和基因工程的比较

比较		蛋白质工程	基因工程
区别	过程	从预期的蛋白质功能出发→设计预期的蛋白质结构→推测应有的氨基酸序列→找到相对应的脱氧核苷酸序列(基因)	目的基因的获取→基因表达载体的构建→将目的基因导入受体细胞→目的基因的检测与鉴定
	目的	定向改造或生产人类所需的蛋白质	定向改造生物的遗传特性，获得人类所需的生物类型或生物产品
	结果	可生产自然界没有的蛋白质	原则上只能生产自然界已存在的蛋白质
联系		a. 蛋白质工程是在基因工程基础上延伸出来的第二代基因工程。 b. 基因工程能为蛋白质工程提供理论及技术支持，蛋白质工程可对基因工程中所需的某些酶进行修饰、改造，使之更符合需要	

真题真练

例 406 (2020·浙江7月选考·24)下列关于基因工程的叙述，正确的是 (　　)

A. 若受体大肠杆菌含有构建重组质粒时用到的限制性核酸内切酶，则一定有利于该重组质粒进入受体并保持结构稳定

思维火花 Siweihuohua

B. 抗除草剂基因转入某抗盐植物获得2个稳定遗传转基因品系，抗性鉴定为抗除草剂抗盐和抗除草剂不抗盐。表明一定是抗盐性的改变与抗除草剂基因的转入无关

C. 抗除草剂基因转入某植物获得转基因植株，其DNA检测均含目的基因，抗性鉴定为抗除草剂和不抗除草剂。表明一定是前者表达了抗性蛋白而后者只表达抗性基因RNA

D. 已知不同分子量DNA可分开成不同条带，相同分子量的为一条带。用某种限制性核酸内切酶完全酶切环状质粒后，出现3条带。表明该质粒上一定至少有3个被该酶切开的位置

例407 (2020·江苏·33) 如果已知一小段DNA的序列，可采用PCR的方法，简捷地分析出已知序列两侧的序列，具体流程如图(以 *EcoR* Ⅰ酶切为例)：

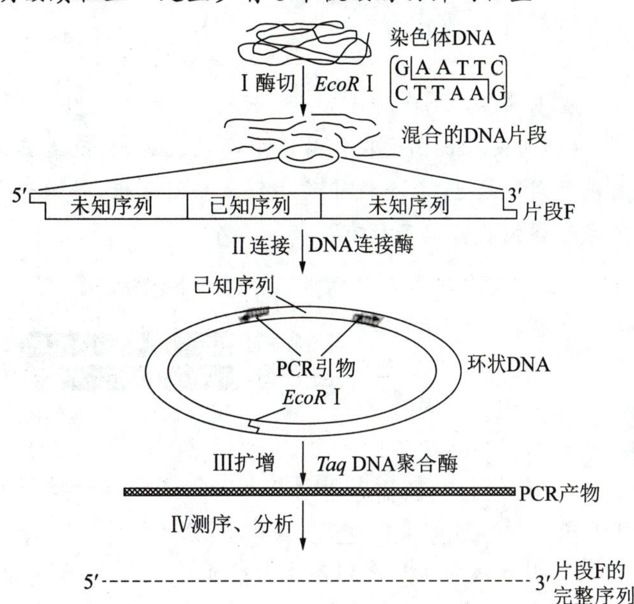

请据图回答问题：

(1)步骤Ⅰ用的 *EcoR* Ⅰ是一种____________________酶，它通过识别特定的__________切割特定位点。

(2)步骤Ⅱ用的DNA连接酶催化相邻核苷酸之间的3′-羟基与5′-磷酸间形成__________；PCR循环中，升温到95 ℃是为了获得________；*Taq* DNA聚合酶的作用是催化____________________。

(3)若下表所列为已知的DNA序列和设计的一些PCR引物，步骤Ⅲ选用的PCR引物必须是________(从引物①②③④中选择，填编号)。

	DNA序列(虚线处省略了部分核苷酸序列)
已知序列	5′-AACTATGCGCTCATGA —— GCAATGCGTAGCCTCT-3′ 3′-TTGATACGCGAGTACT —— CGTTACGCATCGGAGA-5′
PCR引物	①5′-AACTATGCGCTCATGA-3′ ②5′-GCAATGCGTAGCCTCT-3′ ③5′-AGAGGCTACGCATTGC-3′ ④5′-TCATGAGCGCATAGTT-3′

(4)对PCR产物测序，经分析得到了片段F的完整序列。下列DNA单链序列中(虚线处省略了部分核苷酸序列)，结果正确的是________。

A. 5′-AACTATGCG ······ AGCCCTT-3′

B. 5′-AATTCCATG ······ CTGAATT-3′

C. 5′-GCAATGCGT ······ TCGGGAA-3′

D. 5′-TTGATACGC ······ CGAGTAC-3′

例408 (2020·天津·16) Ⅰ型糖尿病是因免疫系统将自身胰岛素作为抗原识别而引起的自身免疫病。小肠黏膜长期少量吸收胰岛素抗原，能诱导免疫系统识别该抗原后应答减弱，从而缓解症状。科研人员利用Ⅰ型糖尿病模型小鼠进行动物实验，使乳酸菌在小鼠肠道内持续产生人胰岛素抗原，为此构建重组表达载体，技术路线如图1。

思维火花 Siweihuohua

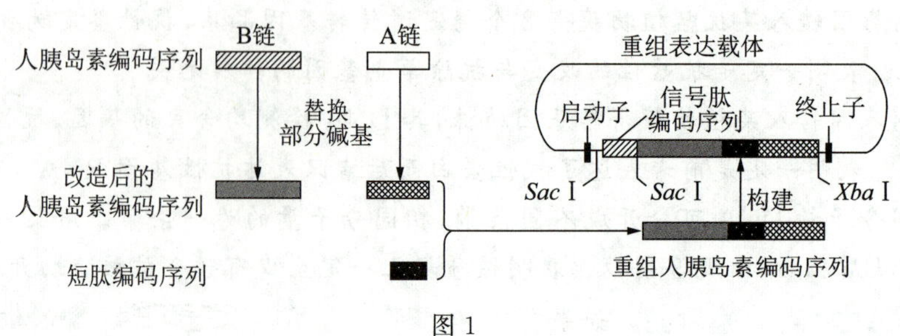

图 1

据图回答：

(1)为使人胰岛素在乳酸菌中高效表达，需改造其编码序列。如图 2 是改造前后人胰岛素 B 链编码序列的起始 30 个核苷酸序列。据图分析，转录形成的 mRNA 中，该段序列所对应的片段内存在碱基替换的密码子数有________个。

第一个核苷酸

改造前单链 TTTGTGAACCAACACCTGTGCGGCTCACAC

改造后单链 TTTGTCAACCAACATTTATGTGGATCACAT

图 2

(2)在人胰岛素 A、B 肽链编码序列间引入一段短肽编码序列，确保等比例表达 A、B 肽链。下列有关分析正确的是________(多选)。

A. 引入短肽编码序列不能含终止子序列　　B. 引入短肽编码序列不能含终止密码子编码序列

C. 引入短肽不能改变 A 链氨基酸序列　　D. 引入短肽不能改变原人胰岛素抗原性

(3)在重组表达载体中，*Sac* Ⅰ和 *Xba* Ⅰ限制酶仅有图示的酶切位点。用这两种酶充分酶切重组表达载体，可形成________种 DNA 片段。

(4)检测转化的乳酸菌发现，信号肽—重组人胰岛素分布在细胞壁上。由此推测，信号肽的合成和运输所经历的细胞结构依次是________________________。

(5)用转化的乳酸菌饲喂Ⅰ型糖尿病模型小鼠一段时间后，小鼠体内出现人胰岛素抗原，能够特异性识别它的免疫细胞有________(多选)。

A. B 细胞　　B. T 细胞　　C. 吞噬细胞　　D. 浆细胞

例 409 (2020·山东·25) 水稻胚乳中含直链淀粉和支链淀粉，直链淀粉所占比例越小糯性越强。科研人员将能表达出基因编辑系统的 DNA 序列转入水稻，实现了对直链淀粉合成酶基因(*Wx* 基因)启动子序列的定点编辑，从而获得了 3 个突变品系。

(1)将能表达出基因编辑系统的 DNA 序列插入 Ti 质粒构建重组载体时，所需的酶是________________________，重组载体进入水稻细胞并在细胞内维持稳定和表达的过程称为____________。

(2)根据启动子的作用推测，*Wx* 基因启动子序列的改变影响了________________________，从而改变了 *Wx* 基因的转录水平。与野生型水稻相比，3 个突变品系中 *Wx* 基因控制合成的直链淀粉合成酶的氨基酸序列________(填“发生”或“不发生”)改变，原因是____________________。

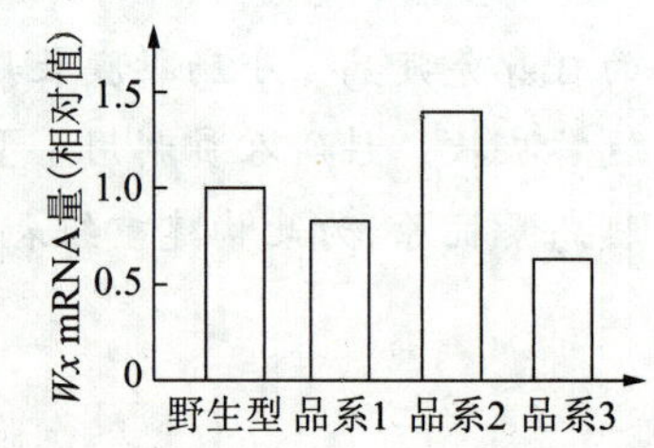

(3)为检测启动子变化对 *Wx* 基因表达的影响，科研人员需要检测 *Wx* 基因转录产生的 mRNA(*Wx* mRNA)的量。检测时分别提取各品系胚乳中的总 RNA，经____________过程获得总 cDNA。通过 PCR 技术可在总 cDNA 中专一性地扩增出 *Wx* 基因的 cDNA，原因

思维火花 Siweihuohua

是________________________________。

(4)各品系 Wx mRNA 量的检测结果如图所示，据图推测糯性最强的品系为________，原因是____。

二、细胞工程

1 概念

(1)概念：指应用细胞生物学和分子生物学的原理和方法，通过细胞水平或细胞器水平上的操作，按照人的意愿来改变细胞内的遗传物质或获得细胞产品的一门综合科学技术。

(2)内涵

①原理和方法：细胞生物学和分子生物学。

②操作水平：细胞水平或细胞器水平。

③工程目的：按照人的意愿来改变细胞内遗传物质或获得细胞产品。

④根据操作对象的不同分类：植物细胞工程和动物细胞工程。

2 植物细胞工程

(1)植物细胞的全能性

①原理：细胞内含有本物种的全部遗传信息。

②表达条件

a. 具有完整细胞结构。

b. 处于离体状态。

c. 提供一定的营养、激素和其他适宜外界条件。

③全能性比较

a. 受精卵＞卵细胞＞体细胞。

b. 植物体细胞＞动物体细胞。

c. 胚胎干细胞＞其他干细胞＞体细胞。

(2)植物组织培养技术

①概念：在无菌和人工控制条件下，将离体的植物器官、组织、细胞，培养在人工配置的培养基上，给予适宜的培养条件，诱导其产生愈伤组织、丛芽，最终形成完整的植株。

a. 培养对象：离体的植物器官、组织、细胞。

b. 培养条件：无菌、人工配制培养基、植物激素等人工控制的条件。

c. 培养结果：产生愈伤组织、丛芽，最终形成完整的植株。

②过程

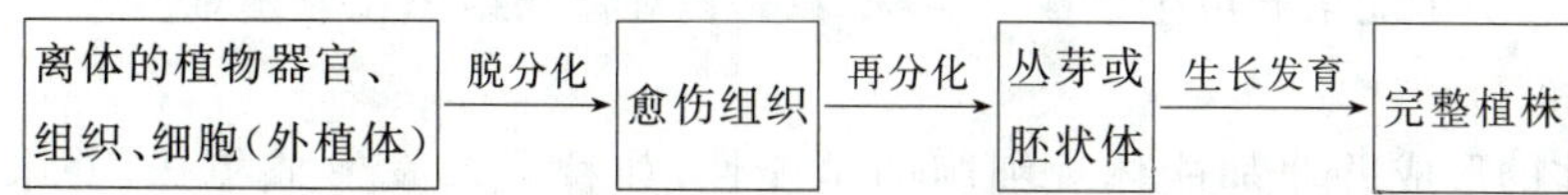

a. 脱分化

• 概念：已经分化的细胞，经过诱导后，失去其特有的结构和功能，转变成未分化细胞的过程。

思维火花 Siweihuohua

• 愈伤组织：排列疏松，高度液泡化，无定型状态的薄壁细胞团。在植物受伤时亦可出现。

• 培养基：诱导培养基。

• 生理基础：当已经分化的植物器官、组织或细胞受到创伤或进行离体培养时，已停止分裂的细胞，又重新恢复分裂。细胞改变原有的分化状态，失去原有结构和功能，成为具有未分化特性的细胞。

b. 再分化

• 概念：愈伤组织在一定的培养条件下，再分化成幼根和芽，进而形成完整的小植株。

• 培养基：生根培养基、生芽培养基。

③实例：胡萝卜的组织培养技术

a. 实验原理：离体的植物组织、器官、细胞表现出植物细胞的全能性，发育成新个体。

b. 实验流程：制备外植体→接种→脱分化培养→再分化培养→移栽培养成正常植株。

c. 过程

• 将胡萝卜根用自来水充分洗净，削去外皮，并切成段(10 cm)。用酒精棉球擦手消毒。

• 在超净工作台(或接种箱)上将胡萝卜段用酒精溶液消毒 30 s 后，立即用无菌水清洗 2～3 次，再用次氯酸钠溶液处理 30 min 后，立即用无菌水清洗 2～3 次。

• 用无菌的滤纸吸去胡萝卜段表面的水分，然后，在消毒瓷砖上，用无菌的解剖刀将胡萝卜段切成 1 cm 厚的横切面，再选取有形成层的部位，切取 1 cm^3 左右的小块。

• 将胡萝卜组织块(外植体)接种到(诱导)培养基上，用锡箔纸封盖瓶口，并用橡皮筋扎紧。然后在培养瓶上贴上标签，写明材料名称、接种日期和小组编号。

• 将接种后的胡萝卜组织块，放在 23～26 ℃恒温避光条件下培养。4 d 后，检查培养材料的污染情况；14 d 后，观察愈伤组织的生长状况。然后，在恒温箱中继续避光培养。在培养过程中，注意定期观察和记录愈伤组织的生长情况。(脱分化)

• 培养一段时间后，将生长良好的愈伤组织转接到分化培养基(生根培养基、生芽培养基)上，培养一段时间后，胡萝卜的愈伤组织就可以诱导出试管苗。然后将试管苗移栽到大田，培养成正常植株。(再分化)

d. 注意事项

• 植物组织培养中用到的培养基含有丰富的营养成分，有利于培养物的生长，然而各种杂菌同样也可以在上面迅速生长，所以植物组织培养过程中污染现象经常发生。培养基一旦被污染，迅速生长的各种杂菌不但会和培养物争夺营养，而且这些杂菌生长的过程中会生成大量对培养物有害的物质，导致培养物迅速死亡。造成培养基污染的因素有很多，一般包括：外植体带菌、培养瓶和各种器械灭菌不彻底、操作人员操作不规范等。所以在组织培养实验中用到的植物材料和各种器械都要进行彻底的灭菌，实验人员操作一定要规范，避免带入杂菌。

• 光照时期：脱分化过程避光培养，再分化过程见光培养。因为愈伤组织可利用有机物营养成分，而试管苗需要进行光合作用。

• 营养物质：培养基中应含有植物生长发育所需要的全部营养物质，其中生长素和细胞分裂素的比例在恰当的时期要进行恰当调节。

• 取材：适当选择外植体的取材部位；根尖、茎尖、形成层等最容易诱导脱分化。胡萝卜的其他部分(如茎、叶、花)也能培养再生形成小植株，只是诱导愈伤组织比较困难。

e. 易错分析

• 新生个体的形成并非都能体现细胞的全能性，如种子萌发形成植株，并未体现细胞的全能性。

• 植物组织培养产生新个体不属于有性生殖，而属于无性繁殖，细胞分裂方式为有丝分裂，包

思维火花 Siweihuohua

括脱分化和再分化两个阶段。

• 获取细胞产品的时期应为脱分化之后、再分化之前的愈伤组织，而制作人工种子需要在再分化后形成的胚状体阶段。

(3)植物体细胞杂交技术

①原理：细胞膜的流动性。

②过程

植物细胞A、B —(纤维素酶和果胶酶处理去掉细胞壁)→ 原生质体A、B —(聚乙二醇处理(或离心、振动、电激等))→ 融合的原生质体 —(再生出细胞壁(融合完成的标志))→ 杂种细胞 —脱分化→ 愈伤组织 —再分化→ 胚状体或丛芽 —发育→ 杂种植株

③意义：能克服远缘杂交不亲和的障碍，培育出自然界中没有的优良品种。

④注意问题

a. 重组细胞形成的标志是再生出细胞壁。

b. 植物原生质体的培养基渗透压问题：在质壁分离实验中，我们使用了蒸馏水放置植物细胞，但原生质体缺乏细胞壁，需要放在等渗溶液中，一般是蔗糖溶液中，保持细胞形态。

c. 融合细胞基因型的问题：植物体细胞杂交即两个细胞融合成一个细胞，不管染色体数、基因组数还是染色体组数都采用直接相加的方法，方法如下：

• 设一种细胞为A，另一种细胞为B，在细胞融合时会出现多种融合现象，如果只考虑两两融合，在完成细胞融合操作后，培养基中会出现三种杂交细胞：AA、BB(同种细胞融合)和AB(异种细胞融合)，可能还包括未融合的A细胞和B细胞。其中AB型即需要选择的杂交细胞。

• 设某一细胞有两个染色体组，基因型为Aabb，另一细胞也有两个染色体组，基因型为ccDd，则两细胞融合后，融合细胞的基因型、染色体组数，也通过简单叠加，共四个染色体组，基因型为AabbccDd。

• 植物体细胞杂交不同于杂交育种：体细胞杂交属于无性生殖过程，未经过减数分裂和基因重组，而杂交育种属于有性生殖过程。

(4)植物细胞工程的实际应用

①植物繁殖的新途径

a. 微型繁殖

• 概念：用于快速繁殖优良品种的植物组织培养技术。

• 原理：运用植物组织培养技术，快速繁殖优良品种。

• 特点：保持优良品种的遗传特征；高效快速地实现种苗的大量繁殖。

b. 作物脱毒

• 问题：无性繁殖的作物，感染的病毒在体内逐年积累，产量降低，品质变差。

• 材料：植物分生区附近如茎尖、根尖病毒极少，甚至无病毒。

• 过程：切取一定大小的茎尖进行组织培养，再生的植株就有可能不带病毒，从而获得脱毒苗。

• 成果：采用茎尖组织培养技术，已获得脱毒的马铃薯、草莓、甘蔗、菠萝和香蕉等。

c. 人工种子

• 获取方法：以植物组织培养技术得到的胚状体、不定芽、顶芽、腋芽等为材料，经过人工薄膜包装得到的种子。

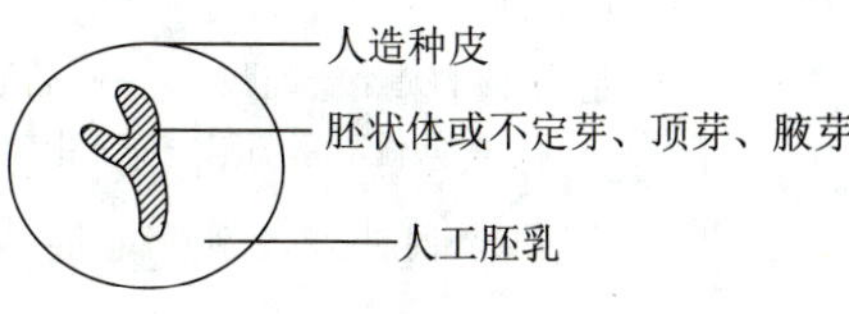

• 胚状体要求：播种后能快速出苗；根和芽同步生长，活力强；形成的幼苗形态和生长正常。

思维火花 Siweihuohua

• 种皮/胚乳要求：能保持胚状体活力（透气、透水）；含营养成分；有利于储存、运输、萌发；有韧性、耐压、对胚状体无害；含农药、杀菌剂（防播种后的病虫害）；含植物生长调节剂等。

• 优点：保证了遗传稳定、增加繁殖能力；工业化生产，不受季节干扰；容易储存和运输；节约粮食。

• 解决的问题：一些植物繁殖周期长，数年后才能结出种子；有些作物优良杂种的后代因发生性状分离而丧失其优良特性；常规种子的生产受季节、气候和地域的限制，并且占用大量的土地。

②作物新品种的培育

a. 单倍体育种

• 方法：花药离体培养、秋水仙素加倍。

• 优点：明显缩短育种年限。

• 缺点：技术相对复杂。

• 注意：单倍体育种时用秋水仙素处理的必须是幼苗而不是种子，因为单倍体是由配子直接发育而来的个体，一般是高度不育的，所以没有种子，只能处理幼苗。

b. 突变体的利用

• 产生：组织培养中，细胞不断分化，在外界压力下易产生突变体。

• 利用：在突变体中筛选出对人们有用的突变体。

• 实例：抗花叶病毒的甘蔗、抗盐碱的烟草等。

③细胞产物的工厂化生产

a. 细胞产物的种类：蛋白质、脂肪、糖类、药物、香料、生物碱等。

b. 成功的实例：人参、三七、紫草和银杏的细胞产物都已实现了工厂化生产。

c. 细胞产物的工厂化生产不一定要培养出植物体，有时在愈伤组织时就可提取细胞产物。

真题真练

例 410 （2020·北京·13）为培育具有市场竞争力的无籽柑橘，研究者设计如下流程。相关叙述不正确的是 （　　）

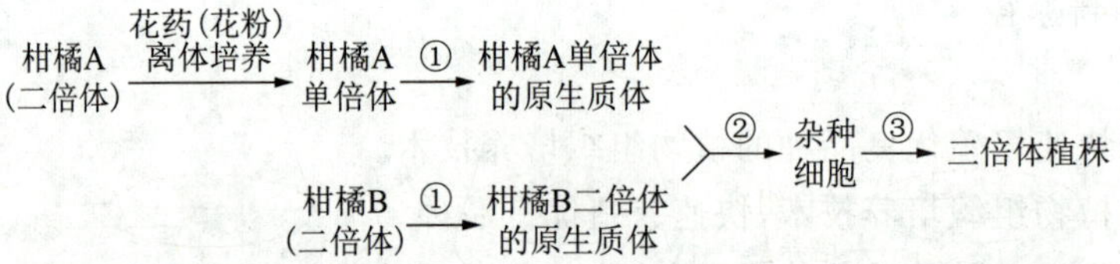

柑橘A（二倍体）—花药（花粉）离体培养→柑橘A单倍体—①→柑橘A单倍体的原生质体
柑橘B（二倍体）—①→柑橘B二倍体的原生质体
两种原生质体—②→杂种细胞—③→三倍体植株

A. 过程①需使用胰蛋白酶处理　　B. 实现过程②依赖膜的流动性

C. 过程③需应用植物组培技术　　D. 三倍体植株可产生无籽柑橘

例 411 （2020·山东·13）两种远缘植物的细胞融合后会导致一方的染色体被排出。若其中一个细胞的染色体在融合前由于某种原因断裂，形成的染色体片段在细胞融合后可能不会被全部排出，未排出的染色体片段可以整合到另一个细胞的染色体上而留存在杂种细胞中。依据该原理，将普通小麦与耐盐性强的中间偃麦草进行体细胞杂交获得了耐盐小麦新品种，过程如图所示。下列说法错误的是 （　　）

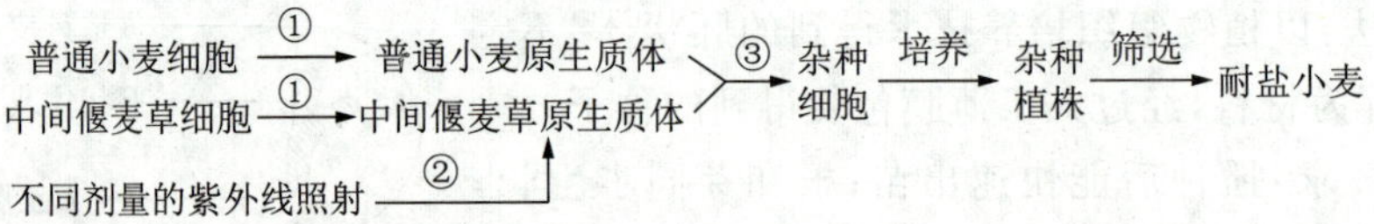

普通小麦细胞—①→普通小麦原生质体
中间偃麦草细胞—①→中间偃麦草原生质体（不同剂量的紫外线照射—②→）
两种原生质体—③→杂种细胞—培养→杂种植株—筛选→耐盐小麦

A. 过程①需使用纤维素酶和果胶酶处理细胞

B. 过程②的目的是使中间偃麦草的染色体断裂

C. 过程③中常用灭活的病毒诱导原生质体融合

D. 耐盐小麦的染色体上整合了中间偃麦草的染色体片段

例 412 (2019·新课标Ⅲ·38) 培养胡萝卜根组织可获得试管苗，获得试管苗的过程如图所示。

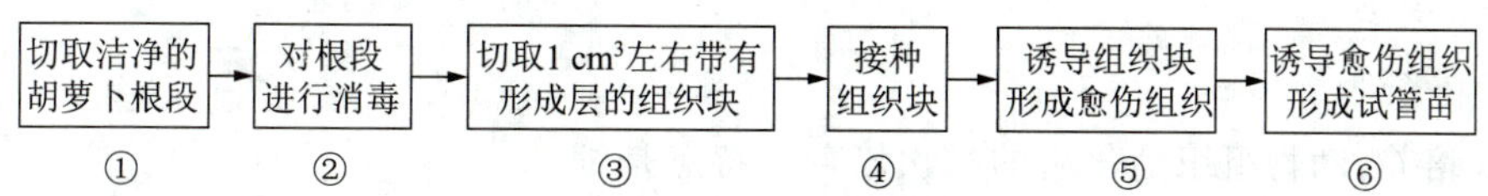

回答下列问题。

(1)利用胡萝卜根段进行组织培养可以形成试管苗。用分化的植物细胞可以培养成完整的植株，这是因为植物细胞具有________。

(2)步骤③切取的组织块中要带有形成层，原因是________________________。

(3)从步骤⑤到步骤⑥需要更换新的培养基，其原因是________________________。在新的培养基上愈伤组织通过细胞的________过程，最终可形成试管苗。

(4)步骤⑥要进行照光培养，其作用是________________________。

(5)经组织培养得到的植株，一般可保持原品种的________，这种繁殖方式属于________繁殖。

例 413 (2017·海南·31) 甲、乙两名同学分别以某种植物的绿色叶片和白色花瓣为材料，利用植物组织培养技术繁殖该植物。回答下列问题：

(1)以该植物的绿色叶片和白色花瓣作为外植体，在一定条件下进行组织培养，均能获得试管苗，其原理是____。

(2)甲、乙同学在诱导愈伤组织所用的培养基中，均加入一定量的蔗糖，蔗糖水解后可得到________________。若要用细胞作为材料进行培养获得幼苗，该细胞应具备的条件是________________(填“具有完整的细胞核”“具有叶绿体”或“已转入抗性基因”)。

(3)图中A、B、C所示的是不同的培养结果，该不同结果的出现主要是由于培养基中两种激素用量的不同造成的，这两种激素是________________。A中的愈伤组织是叶肉细胞经________形成的。

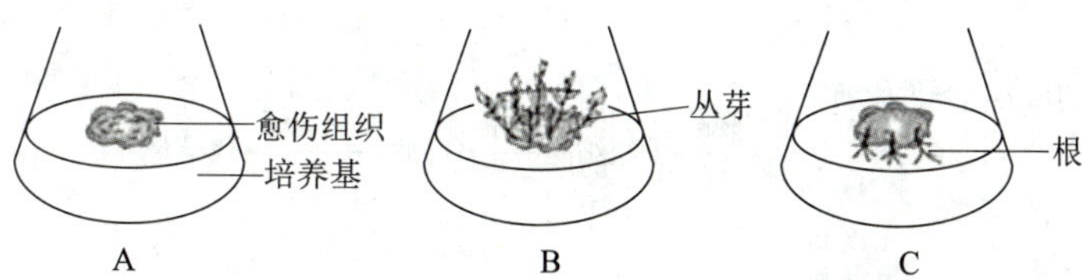

(4)若该种植物是一种杂合体的名贵花卉，要快速获得与原植株基因型和表现型都相同的该种花卉，可用组织培养方法繁殖，在培养时，________(填“能”或“不能”)采用经减数分裂得到的花粉粒作为外植体，原因是____。

3 动物细胞工程

(1)动物细胞培养

①动物细胞培养条件

a. 充足的营养供给：微量元素、无机盐、糖、氨基酸、促生长因子、血清、血浆等。

b. 适宜的温度：36.5±0.5 ℃。

c. 适宜的 pH：7.2～7.4。

思维火花 Siweihuohua

d. 气体环境：培养器材为 CO_2 培养箱(含 95%的空气，维持细胞代谢；5% CO_2，维持 pH)。

e. 无菌、无毒的环境：培养液和培养用具杀菌消毒；培养过程中，加一定量的抗生素杀菌，定期更换培养液，清除代谢产物。

②操作流程

a. 选材：一般选取幼龄的器官和组织，细胞分裂能力强。

b. 相关概念

• 原代培养：动物组织消化后的初次培养。特点是细胞分裂旺盛。

• 传代培养：细胞贴满瓶壁重新处理后的分瓶培养。特点是 10～50 代时，细胞增殖缓慢；但有少部分细胞突变，向癌细胞方向发展。

• 细胞株：能传代到 40～50 代的细胞；其遗传物质未发生改变，原代培养和传代培养都属于细胞株。

• 细胞系：能传代到 50 代以后的细胞；其遗传物质发生改变，可无限传代下去，具有癌细胞特点。

• 细胞贴壁：悬液中分散的细胞很快就贴附在瓶壁上的现象。

• 接触抑制：细胞数目不断增多，当贴壁细胞分裂生长到表面相互接触时，细胞就会停止分裂增殖的现象。

• 注意：分散细胞时不能使用胃蛋白酶(pH 不适合)。

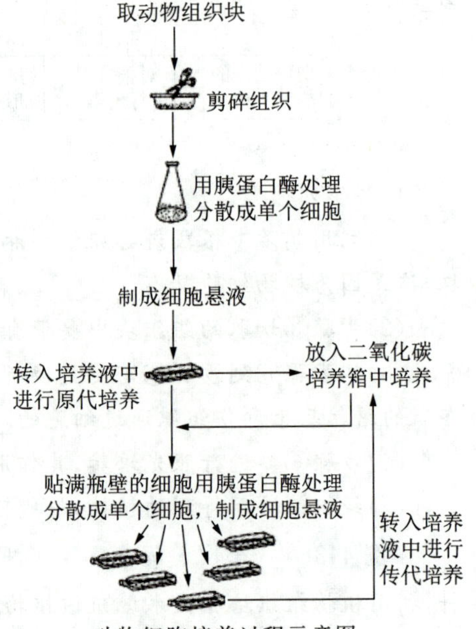

动物细胞培养过程示意图

(2)动物体细胞核移植技术和克隆动物

①原理：动物细胞核的全能性。

②供体和受体

a. 供体细胞：一般选择优良动物传代 10 代以内的细胞，变异较少。

b. 受体细胞：去核的减数第二次分裂中期的卵母细胞。

③过程

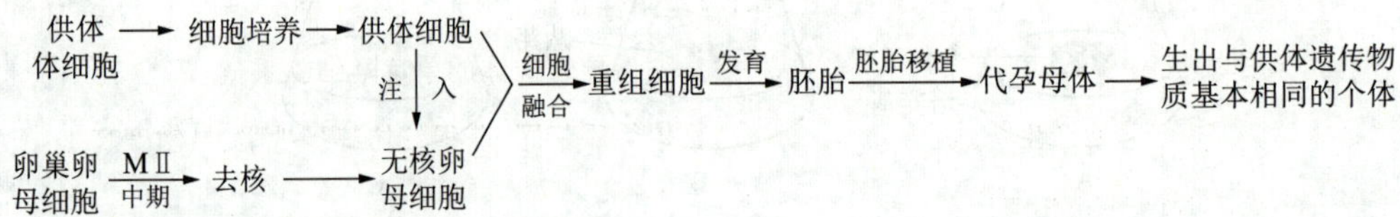

④动物体细胞核移植技术的应用前景

a. 在畜牧生产方面可用来培育良种动物。

b. 保护濒危物种。

c. 在医药卫生方面：作为生物反应器，生产医用蛋白。

d. 在治疗人类疾病时，转基因克隆动物细胞、组织和器官可以作为异体移植的供体。

⑤注意事项

a. 克隆动物的遗传特征不是供核细胞动物的 100%复制，原因包括：细胞质遗传、环境因素影响。

b. 选取 MⅡ 期的卵母细胞，此时的细胞大，容易操作；卵黄多，营养丰富；且具备受精能力，细胞质中含有能刺激融合后重组细胞进行分裂分化并形成重组胚胎的物质。

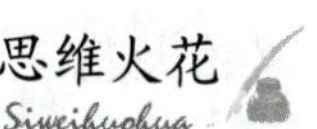

(3)动物细胞融合

①原理：细胞膜的流动性。

②融合方法：聚乙二醇(PEG)、电激、灭活的病毒等，其中灭活的病毒是动物特有的融合方法。

③杂交细胞：融合后形成的具有原来两个或多个细胞遗传信息的单核细胞。

④意义：突破了有性杂交方法的局限，克服了不同生物远缘杂交的障碍。成为研究细胞遗传、细胞免疫、肿瘤和生物新品种培育的重要手段。

(4)单克隆抗体

①涉及细胞

细胞	特点
B淋巴细胞(实为浆细胞)	能产生单一抗体，但不能无限增殖
骨髓瘤细胞	能无限增殖，但不能产生抗体
杂交瘤细胞	既能产生抗体，又能无限增殖

②制备过程

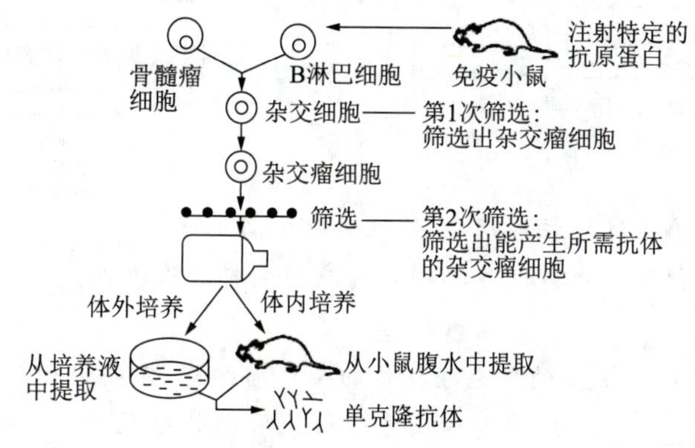

单克隆抗体制备过程示意图

	筛选一	筛选二
方法	在特定的选择性培养基(HAT培养基)上筛选	克隆化培养，即单细胞培养技术，得到由一个细胞分裂得到的细胞系。抗体检测，即将不同种杂交细胞分开，克隆特异性抗体，检验阳性细胞
目的	获得杂种细胞	获得分泌特异性抗体的单克隆细胞系
特点	既能大量繁殖、又能产生抗体	细胞遗传物质相同，获得抗体特异性强、灵敏度高

③优点：特异性强、灵敏度高，可大量制备。

④用途：作为诊断试剂；用于治疗疾病和运载药物。

(5)细胞工程易错提醒

①植物体细胞杂交与动物细胞融合中酶的作用对象不同，纤维素酶和果胶酶作用于细胞壁，而胰蛋白酶或胶原蛋白酶等作用于细胞间质。

②灭活的病毒保持了其抗原性，但毒性消失。

③植物杂交细胞在激素诱导下能表达出全能性，但动物杂交细胞的全能性不能表达。

真题真练

例414 (2020·北京·11)人体感染新冠病毒后，机体会产生多种特异性抗体。我国科学家从康复者的浆细胞中克隆出针对病毒表面抗原的抗体基因相关序列，构建表达载体并在相应系

思维火花 Siweihuohua

统中表达，可制备出全人源单克隆抗体。以下表述错误的是 ( )

A. 该单抗可直接用于新冠病毒的核酸检测

B. 在该单抗制备过程中利用了基因工程技术

C. 该单抗可与新冠病毒相应蛋白特异性结合

D. 可用抗原—抗体反应检测抗体基因表达产物

例 415 (2016·江苏·9) 下列有关细胞工程的叙述，正确的是 ( )

A. PEG 是促细胞融合剂，可直接诱导植物细胞融合

B. 用原生质体制备人工种子，要防止细胞破裂

C. 骨髓瘤细胞经免疫处理，可直接获得单克隆抗体

D. 核移植克隆的动物，其线粒体 DNA 来自供卵母体

例 416 (2020·新课标Ⅰ·38) 为研制抗病毒 A 的单克隆抗体，某同学以小鼠甲为实验材料设计了以下实验流程。

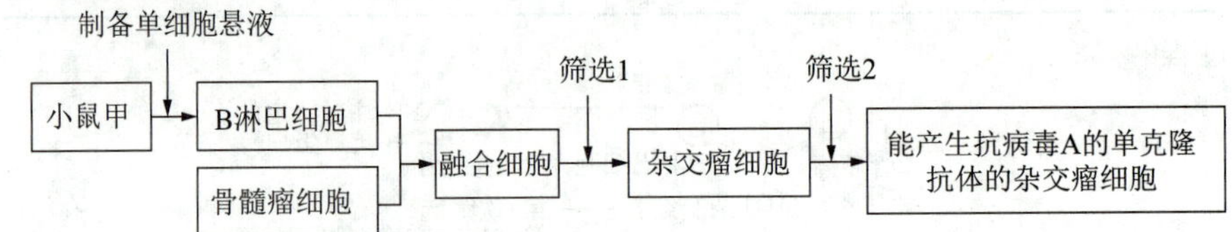

回答下列问题：

(1)上述实验前必须给小鼠甲注射病毒 A，该处理的目的是____________________。

(2)写出以小鼠甲的脾脏为材料制备单细胞悬液的主要实验步骤：________________________________。

(3)为了得到能产生抗病毒 A 的单克隆抗体的杂交瘤细胞，需要进行筛选。图中筛选 1 所采用的培养基属于__________，使用该培养基进行细胞培养的结果是____________________________。图中筛选 2 含多次筛选，筛选所依据的基本原理是________________。

(4)若要使能产生抗病毒 A 的单克隆抗体的杂交瘤细胞大量增殖，可采用的方法有______________________________(答出 2 点即可)。

例 417 (2020·江苏·28) 新型冠状病毒可通过表面的刺突蛋白(S 蛋白)与人呼吸道黏膜上皮细胞的 ACE2 受体结合，侵入人体，引起肺炎。图 1 为病毒侵入后，人体内发生的部分免疫反应示意图。单克隆抗体可阻断病毒的黏附或入侵，故抗体药物的研发已成为治疗新冠肺炎的研究热点之一。图 2 为筛选、制备抗 S 蛋白单克隆抗体的示意图。请据图回答下列问题：

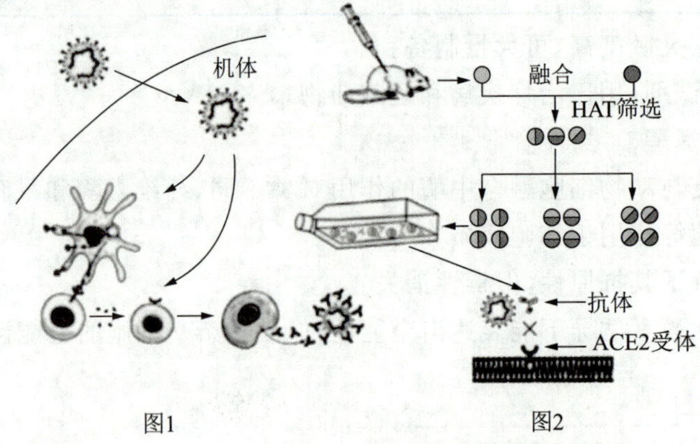

图1　　图2

(1)图 1 中人体内抗原递呈细胞吞噬病毒，并将病毒的抗原暴露在细胞表面，被________细胞表面的受体识别后激活该细胞。

思维火花 Siweihuohua

(2)B细胞识别入侵的病毒后，在淋巴因子作用下，经过细胞的＿＿＿＿＿＿，形成＿＿＿＿＿＿细胞。

(3)为判断疑似患者是否为新型冠状病毒感染者，采集鼻咽拭子主要用于病原学检查，检测病毒的＿＿＿＿；采集血液样本主要用于血清学检查，检测＿＿＿＿＿＿。

(4)据图2所示，研制抗S蛋白单克隆抗体，需先注射＿＿＿＿免疫小鼠以激活小鼠的免疫细胞，再提取激活的B细胞与骨髓瘤细胞融合，用HAT培养基筛选获得＿＿＿＿细胞。因为同一种抗原可能激活＿＿＿＿细胞，还需继续筛选才能获得分泌单克隆抗体的细胞株。

三、胚胎工程

1 体内受精和早期胚胎发育

(1)精子的发生

①场所：睾丸的曲细精管。

②时期：从初情期到生殖机能衰退。

③过程

a. 第一阶段：精原细胞经过有丝分裂成大量精原细胞；部分精原细胞经过染色体的复制和其他物质的合成，形成初级精母细胞。

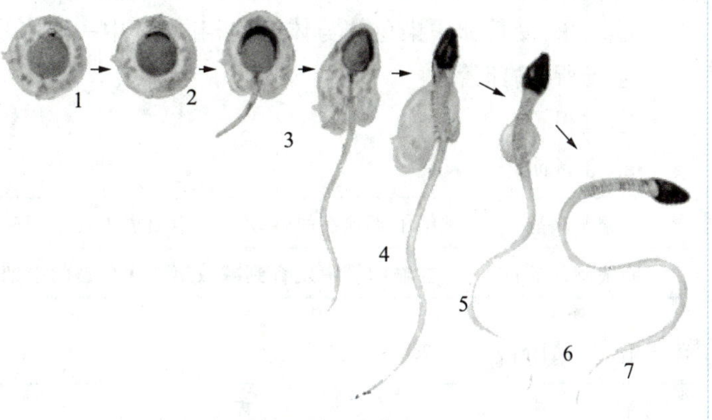

精细胞变形示意图

b. 第二阶段：初级精母细胞经过减数的两次分裂，依次形成两个次级精母细胞、四个含有单倍染色体的精细胞。

c. 第三阶段：精子变形，包括

- 细胞核→精子头的主要部分。
- 高尔基体→顶体。
- 中心体→尾部。
- 线粒体→线粒体鞘。
- 其他部分→原生质滴脱落。

(2)卵细胞的发生

①场所：卵巢。

②时期：胚胎性别分化之后。

③过程

a. 卵原细胞经过有丝分裂成大量卵原细胞；再经过染色体的复制和其他物质的合成，形成初级卵母细胞。

b. 减数第一次分裂：排卵前后；并在输卵管内发育到减数第二次分裂中期等待和精子结合。排卵指次级卵母细胞及其外周的透明带和放射冠随卵泡液一起排出卵巢的过程。

c. 减数第二次分裂：精卵结合后完成减数第二次分裂。

④总结:精子和卵细胞形成的区别

	精子	卵细胞
发生时间	初情期后开始分裂,减数第一次分裂和第二次分裂是连续的	性别分化后雌性胎儿卵巢内即开始有丝分裂,形成卵泡;性成熟排卵前后完成减数第一次分裂;受精后完成减数第二次分裂,减数第一次分裂和第二次分裂是不连续的
减数分裂区别	细胞质均等分裂;一个精原细胞产生 4 个精细胞,需变形成精子	细胞质不均等分裂;一个卵原细胞只产生一个卵细胞不需要变形
数量	精巢中可以产生大量的精子,一次可以排出数亿精子	卵巢中总共只有数百个卵泡能发育成熟,一次只排出一个或数个卵

(3)受精

①概念:精子和卵细胞相互识别、融合成为受精卵的过程,识别的物质基础是细胞膜表面的糖蛋白。

②实质:精子的细胞核与卵细胞的细胞核融合。

③结果:受精卵中染色体与体细胞相同,其中一半来自父方,另一半来自母方。

④场所:输卵管。

⑤过程

a. 准备阶段

精子获能	精子必须在雌性动物的生殖道中发生相应的生理变化后,才能获得受精能力的生理现象
卵细胞的准备	在输卵管中发育到减数第二次分裂的中期,才具备与精子受精的能力

b. 受精阶段

步骤	过程	图示
第一步	精子穿越放射冠和透明带。顶体反应使顶体内的酶即顶体酶释放出来并溶解放射冠内的卵丘细胞之间的物质;透明带反应是防止多精入卵受精的第一道屏障	透明带反应 透明带 卵母细胞 顶体反应 皮质颗粒 放射冠 卵细胞反应
第二步	精子进入卵细胞膜。卵细胞膜反应是防止多精入卵受精的第二道屏障	
第三步	原核形成。雄原核和雌原核形成	
第四步	配子结合。雌、雄原核融合形成合子	

⑥意义

a. 子代多样性,有利于生物在自然选择中进化,体现有性生殖的优越性。

b. 维持每种生物有性生殖前后代体细胞中的染色体数目的恒定,对于遗传和变异,都是十分重要的。

⑦补充

a. 除了细胞核中具有遗传物质外,细胞质中亦具有遗传物质,这些遗传物质只来自于卵细胞,一般称母系遗传,或细胞质遗传,如一些线粒体疾病。

b. 受精标志和受精完成标志:卵子是否受精的标志是第二极体的形成,即在透明带和卵黄膜间隙观察到两个极体；受精完成的标志是雌雄原核融合成含二倍染色体的合子。

思维火花 Siweihuohua

(4)胚胎发育

①卵裂期

a. 概念：指受精卵开始分裂到透明带破裂(从受精卵到囊胚早期为止)的这一段时间的分裂。此时期胚胎不能从外界吸收营养物质，依靠卵黄提供营养。透明带破裂时称为“孵化”。

b. 特点：在透明带内进行；细胞不断进行有丝分裂；细胞数目增加，但胚胎总体积不增大，或略有缩小；每个细胞不断减小。

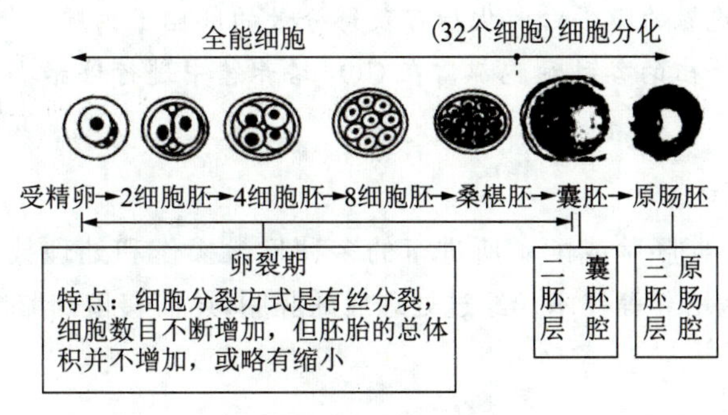

胚胎发育过程示意图

②桑椹胚

a. 概念：细胞达到 32 个左右，形似桑椹。

b. 特点：此阶段前的每个细胞都具有全能性，能发育成完整胚胎。

③囊胚

a. 概念：胚胎进一步发育，开始分化，形成内细胞团和滋养层细胞，有囊胚腔。

b. 特点：开始分化；内细胞团具有全能性，滋养层细胞将发育成胎膜和胎盘；胚胎孵化着床，开始吸收外界营养。

④原肠胚

a. 概念：胚胎进一步发育；内细胞团表面细胞形成外胚层；下方的细胞形成内胚层，后期形成中胚层，共三个胚层；内胚层包裹的囊腔叫原肠腔；滋养层继续发育。

b. 特点：此时分化能力最强。

⑤高等动物的个体发育可以分为胚胎发育和胚后发育两个阶段。胚胎发育是指受精卵发育成为幼体，胚后发育是指幼体从卵膜孵化出来或从母体内生出来以后，发育成为性成熟的个体。

⑥拓展：同卵双胞胎和异卵双胞胎

a. 同卵双胞胎：由同一个受精卵分裂而成的。这个受精卵一分为二或一分为多，形成两个或多个胚胎，具有完全相同的遗传物质，在性状上十分相似。

b. 异卵双胞胎：因某种原因同时排出两个卵细胞并同时受精，就产生了两个不同的受精卵，遗传物质有差异，性状也有差异。

真题真练

例 418 (2015·天津·3)小鼠胚胎干细胞可诱导成能分泌胰岛素的胰岛样细胞。将胰岛样细胞移植给患糖尿病小鼠，可使患病小鼠血糖恢复正常水平。下列叙述错误的是 ( )

A. 小鼠胚胎干细胞可来自对囊胚内细胞团的分离培养

B. 移植前，患病小鼠体内靶细胞缺失胰岛素受体

C. 移植后，小鼠体内靶细胞加强了对葡萄糖的摄取、利用和储存

思维火花 Siweihuohua

D. 小鼠体内血糖浓度对胰高血糖素的分泌存在反馈调节

例 419 (2020·江苏·23·多选)小鼠胚胎干细胞经定向诱导可获得多种功能细胞,制备流程如图所示。下列叙述错误的是 ( )

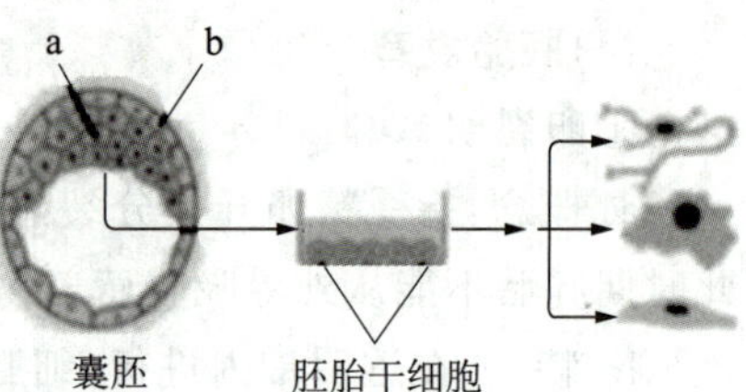

A. 为获得更多的囊胚,采用激素注射促进雄鼠产生更多的精子

B. 细胞 a 和细胞 b 内含有的核基因不同,所以全能性高低不同

C. 用胰蛋白酶将细胞 a 的膜蛋白消化后可获得分散的胚胎干细胞

D. 胚胎干细胞和诱导出的各种细胞都需在 CO_2 培养箱中进行培养

2 胚胎工程

(1)**概念**:指对动物早期胚胎或配子所进行的多种显微操作和处理技术,如体外受精、胚胎移植、胚胎分割、胚胎干细胞培养等技术。经过处理后的胚胎,还需移植到雌性动物体内生产后代,以满足人类的各种需求。

(2)**体外受精技术**

①卵母细胞的采集

a. 方法 1:用促性腺激素处理,促进超数排卵;从输卵管中冲取卵子,直接与获能的精子在体外受精。注意促性腺激素是蛋白质类激素,不能口服。

b. 方法 2:从刚屠宰的雌性动物体内摘取卵巢,从卵巢中采集卵母细胞。

c. 方法 3:借助超声波探测仪、内窥镜或腹腔镜等工具,直接从活体动物的卵巢内吸取卵母细胞。

d. 注意:方法 1 获得的是已经排卵的卵母细胞,不需要培养;方法 2、3 获得的卵母细胞尚未排卵,需要培养到 MⅡ中期才能参与受精。

②精子的采集和获能

a. 方法:假阴道法、手握法和电刺激法。

b. 精子的获能

方法	操作	适用范围
培养法	将取自附睾的精子放入人工培植的获能液中,培养一段时间后,精子就能获能	啮齿动物、家兔和猪等
化学法	将精子放在一定浓度的肝素或钙离子载体 A23187 溶液中,用化学药物诱导精子获能	牛、羊等家畜

③受精

a. 细胞:获能的精子、培养成熟的卵子。

b. 环境:获能溶液或专用的受精溶液。

c. 过程:将精子和卵子放在培养液小滴内共同培养一段时间即可。

(3)**胚胎移植**

①实质:是早期胚胎在相同生理环境条件下空间位置的转换,而胚胎本身的遗传物质并不发生改变,因此各种性状能保持其原来的优良特性。

②生理学基础

a. 利用孕激素的同期发情,使供、受体生殖器官的生理变化相同。

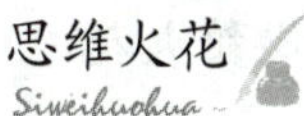

b. 哺乳动物的早期胚胎形成后，在一定时间内处于游离状态，为胚胎的收集提供了可能。

c. 受体对移入子宫的外来胚胎基本不发生免疫排斥反应，这为胚胎在受体内的存活提供了可能。

d. 移入受体的供体胚胎的遗传特性，在孕育过程中不受任何影响。

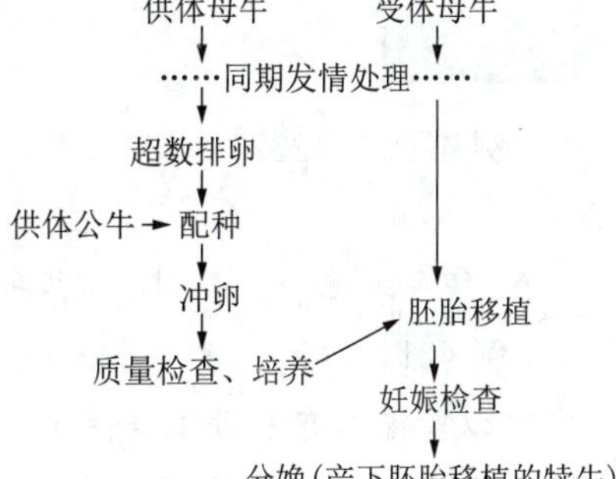

③易错注意

a. 冲卵的实质是冲出早期胚胎。

b. 孕激素是固醇类，可以口服。

④意义：充分发挥雌性优良个体的繁殖潜力。

(4)胚胎分割

①方法：采用机械方法将早期胚胎切割成 2 等份、4 等份或 8 等份等。

②理论基础：细胞的全能性。

③实质：胚胎分割可成倍增加胚胎数量，是一种快速繁殖种畜的方法，属于动物无性繁殖或克隆的方法之一。

④材料：发育良好、形态正常的桑椹胚或囊胚。

⑤要点

a. 材料选择：发育良好、形态正常的桑椹胚或囊胚，原肠胚不可以。

b. 囊胚期分割要求：内细胞团均等分割，以免影响分割后胚胎的恢复和进一步发育。

⑥过程图解

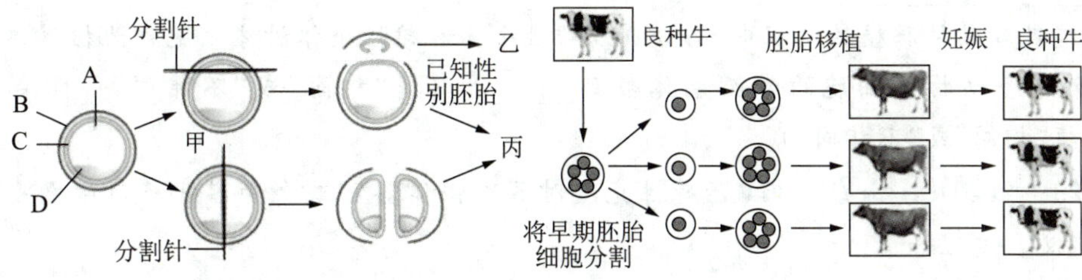

(5)胚胎干细胞

①干细胞概念：动物和人体内仍保留着少数具有分裂和分化能力的细胞，它们能够通过增殖和分化不断补充到体细胞中去，胚胎干细胞是其中具有全能性的一类干细胞，具有发育的全能性。

②来源：是由早期胚胎或原始性腺中分离出来的。

③特点

a. 形态：体积小、细胞核大、核仁明显。

b. 功能：具有发育的全能性。

c. 体外培养：可增殖而不发生分化。

④应用

a. 治疗人类的某些顽疾。

b. 培育人造组织器官。

c. 研究体外细胞分化的理想材料。

⑤种类：根据发育潜能分为

a. 全能干细胞：胚胎干细胞。

b. 多能干细胞：造血干细胞。

c. 单能干细胞：上皮组织基底层的干细胞。

思维火花 Siweihuohua

真题真练

例 420 (2020·天津·1)在克隆哺乳动物过程中,通常作为核移植受体细胞的是去核的 ( )

A. 卵原细胞　　B. 初级卵母细胞　　C. 次级卵母细胞　　D. 卵细胞

例 421 (2020·山东·14)经遗传改造的小鼠胚胎干细胞注入囊胚,通过胚胎工程的相关技术可以获得具有不同遗传特性的实验小鼠。下列说法错误的是 ( )

A. 用促性腺激素处理雌鼠可以获得更多的卵子

B. 体外受精前要对小鼠的精子进行获能处理

C. 胚胎移植前要检查胚胎质量并在囊胚或原肠胚阶段移植

D. 遗传改造的小鼠胚胎干细胞可以通过转基因等技术获得

例 422 (2018·新课标Ⅲ·38)2018 年《细胞》期刊报道,中国科学家率先成功地应用体细胞对非人灵长类动物进行克隆,获得两只克隆猴——“中中”和“华华”。回答下列问题:

(1)“中中”和“华华”的获得涉及核移植过程,核移植是指____。通过核移植方法获得的克隆猴,与核供体相比,克隆猴体细胞的染色体数目________(填“减半”“加倍”或“不变”)

(2)哺乳动物的核移植可以分为胚胎细胞核移植和体细胞核移植,胚胎细胞核移植获得克隆动物的难度________(填“大于”或“小于”)体细胞核移植,其原因是______________________________________。

(3)在哺乳动物核移植的过程中,若分别以雌性个体和雄性个体的体细胞作为核供体,通常,所得到的两个克隆动物体细胞的常染色体数目________(填“相同”或“不相同”),性染色体组合________(填“相同”或“不相同”)。

例 423 (2015·山东·36)治疗性克隆对解决供体器官缺乏和器官移植后免疫排斥反应具有重要意义。流程如下:

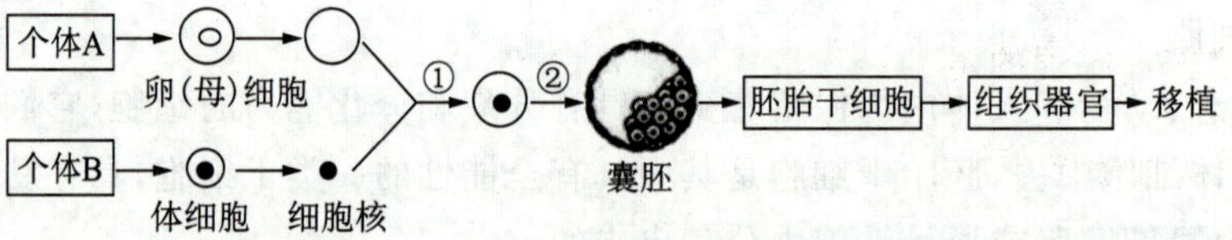

个体A → 卵(母)细胞 →
个体B → 体细胞 → 细胞核
① → ② → 囊胚 → 胚胎干细胞 → 组织器官 → 移植

(1)过程①采用的是细胞工程中的________技术,过程②采用的是胚胎工程中的________技术。

(2)体细胞进行体外培养时,所需气体主要有 O_2 和 CO_2,其中 CO_2 的作用是维持培养液(基)的________。

(3)如果克隆过程中需进行基因改造,在构建基因表达载体(重组载体)时必须使用________和________两种工具酶。基因表达载体上除目的基因外,还需有________基因,以便选出成功导入基因表达载体的细胞。

(4)胚胎干细胞可以来自于囊胚中的________。在一定条件下,胚胎干细胞可以分化形成不同的组织器官。若将图中获得的组织器官移植给个体________(填“A”或“B”),则不会发生免疫排斥反应。

思维火花
Siweihuohua

四、生态工程

1 基本原理

(1)人类建设生态工程的根本目的：遵循自然界物质循环的规律，充分发挥资源的生产潜力，防止环境污染，达到经济效益和生态效益的同步发展。

(2)特点：与传统的工程相比，生态工程是一类少消耗、多效益、可持续的工程体系。

(3)生态经济：主要是通过实行“循环经济”的原则，使一个系统产出的污染物，能够成为本系统或者另一个系统的生产原料，从而实现废弃物的资源化，而实现循环经济最重要的手段之一就是生态工程。

(4)生态工程所遵循的基本原理

①物质循环再生原理：物质在生态系统中循环往复，分层分级利用。

②物种多样性原理：一般而言，物种繁多而复杂的生态系统具有较高的抵抗力稳定性；同时，生物多样性程度高，可以在有限的资源条件下，产生或容纳更多的生物量，提高系统生产力。

③协调与平衡原理：生物与环境的协调与平衡，需要考虑环境承载力；如果生物的数量超过了环境承载力的限度，就会引起系统的失衡和破坏。

④整体性原理：人类处于社会—经济—自然复合而成的巨大系统中。进行生态工程建设时，不但要考虑到自然生态系统的规律，还要考虑到经济和社会等系统的影响力。

⑤系统学和工程学原理：包括系统的结构决定功能原理和系统整体性原理。

a. 系统的结构决定功能原理：在生态工程建设中，需要利用此原理来改善和优化系统的结构，从而达到功能改善的效果。

b. 系统整体性原理：系统各组分之间要有适当的比例关系，只有这样才能顺利完成能量、物质、信息等的转换和流通，并且实现总体功能大于各部分之和的效果，即“1+1>2”。

(5)生态工程基本原理的意义和实例

项目	理论基础	意义	实例
物质循环再生原理	物质循环	可避免环境污染及其对系统稳定和发展的影响	“无废弃物农业”
物种多样性原理	生态系统的稳定性	生物多样性程度高，可提高生态系统的抵抗力稳定性	“三北”防护林建设中的单纯林问题，珊瑚礁生态系统的生物多样性问题
协调与平衡原理	生物与环境的协调与平衡	可避免系统的失衡和破坏	太湖富营养化问题
整体性原理	社会—经济—自然复合系统	统一协调各种关系，保障系统的平衡与稳定	林业建设中自然生态系统与社会、经济系统的关系问题

续表

项目	理论基础	意义	实例
系统学和工程学原理	系统的结构决定功能原理:分布式结构优于集中式和环式结构	改善和优化系统的结构以改善功能	桑基鱼塘
	系统整体性原理:总体功能大于各部分之和	能保持很高的系统生产力	珊瑚礁藻类和珊瑚虫的关系

(6)生态工程具体实例所遵循原理的判断

①一个生态工程往往包含多个原理,但题目会重点考查其中一个或多个,所以注意题干案例强调的内容,找到与之对应的原理。

②课本及常见案例对应的原理

a. 单一人工林比天然混合林稳定性低,易爆发虫害:物种多样性原理。

b. 草原确定合理载畜量,不能过度放牧:协调与平衡原理。

c. 引种考虑适应环境,防止生物入侵:协调与平衡原理。

d. 林业生态工程建设,既考虑种树又考虑生活问题:整体性原理。

③整体性原理和系统整体性原理的比较:整体性原理指社会、经济、自然三方面协调统一,保障整个系统的稳定与平衡,例如林业建设中自然系统、社会系统与经济系统的关系问题,即种树的同时考虑经济收入、粮食、燃料等问题。系统整体性原理指整体功能大于部分之和,即“1+1>2”。其原因是系统保持有很高的生产力,具体是指互利共生的生物体现了系统整体性原理,如藻类和珊瑚虫、大豆和根瘤菌、地衣植物中的藻类和真菌。

2 实例

(1)生态工程案例比较

类型	主要原理	注意问题
农村综合发展型生态工程	物质循环再生原理、整体性原理、物种多样性原理	①核心:沼气工程 ②优点:农、林、牧、副、渔全面发展;开发可更新资源,减少环境污染
小流域综合治理生态工程	整体性原理、协调与平衡原理、工程学原理	①“综合”表现在同时考虑到生态效益和经济效益 ②不同气候带、不同自然条件和不同经济发展水平的地区,生态工程模式应各具特色
大区域生态系统恢复工程	物种多样性原理、协调与平衡原理、整体性原理	工程建设中应注意的问题 ①考虑树种生态适应性问题,种植适宜品种 ②考虑树种多样性,保证防护林体系稳定性 ③不同地区应根据当地情况采取不同策略
湿地生态恢复工程	协调与平衡原理、整体性原理	①主要措施:退耕还湖 ②主要困难:解决迁出湖区居民的生计问题
矿区废弃地的生态恢复工程	系统学和工程学原理	①种植耐旱的灌木、草和树 ②确定合理载畜量 ③改良表土

思维火花 Siweihuohua

续表

类　型	主要原理	注意问题
城市环境生态工程	协调与平衡原理、整体性原理等	①解决大气污染措施：禁止使用有铅汽油 ②水污染：减少或禁止污水排放，进行污水净化

(2)常考生态农业类型

①桑基鱼塘模式

人工建立的高产稳产的农业生态系统。做到蚕粪养鱼，鱼粪肥塘，塘泥肥田、肥桑，从而获得稻、鱼、蚕茧三丰收，如图所示。

②沼气农田立体养殖模式

通过控制温室内的温度、光照、气体和水肥等因素，缩短生产周期，大幅度提高粮食、蔬菜和水果的产量和质量，如图所示。

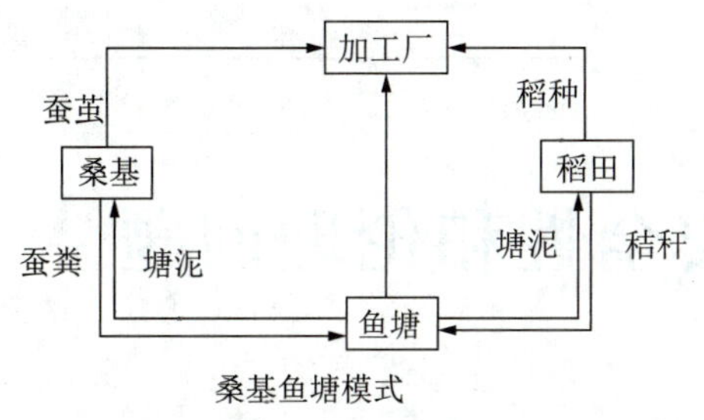

桑基鱼塘模式

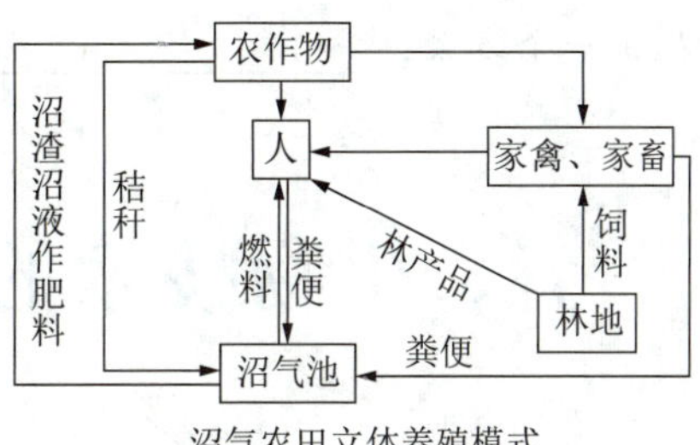

沼气农田立体养殖模式

(3)传统农业、现代农业和生态农业的比较

名称	概念	优点	缺点
传统农业	简单划一的种植业	不会产生严重的环境污染	农田生态系统结构简单，能量流动、物质循环水平低，经济效益低
现代农业	利用石油等有机物来提高农作物产量的农业生产方式	以石油、天然气、煤作为能源和原料，大量使用化肥、农药和机电动力，实行大规模生产，大幅度提高农业劳动生产率和农产品产量，获得较高的经济效益	过量施用化肥、农药，导致严重的环境污染，危害人畜健康；同时存在能耗增多、成本过高等问题
生态农业	运用生态学原理，在环境与经济协调发展思想的指导下，应用现代科学技术建立起来的多层次、多功能的综合农业生态体系	充分发挥生态系统各成分的作用，通过物质多级利用，形成良性循环，减少化肥的使用量，降低农业投入，增加经济效益，净化环境，降低人畜的发病率	无

真题真练

例 424 (2010·全国Ⅰ·5) 如图是一个农业生态系统模式图，关于该系统的叙述，错误的是 (　　)

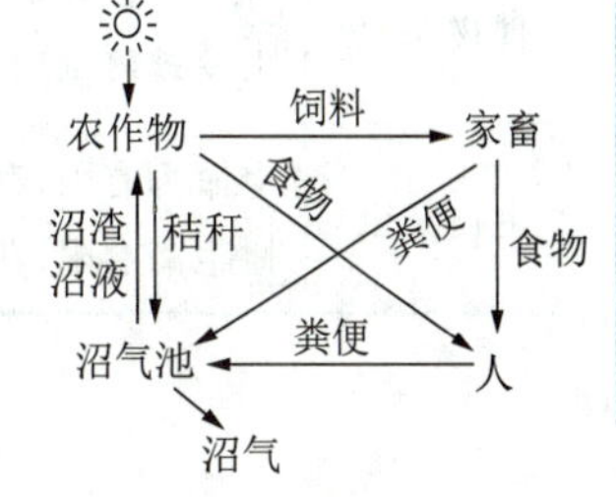

A. 微生物也能利用农作物通过光合作用储存的能量

B. 沼气池中的微生物也是该生态系统的分解者

C. 沼渣、沼液作为肥料还田，使能量能够循环利用

思维火花 Siweihuohua

D. 多途径利用农作物可提高该系统的能量利用效率

例 425 (2020・新课标Ⅱ・38)植树造林、"无废弃物农业"、污水净化是建设美丽中国的重要措施。回答下列有关生态工程的问题:

(1)在植树造林时,一般认为,全部种植一种植物的做法是不可取的。因为与混合种植方式所构建的生态系统相比,按照种植一种植物方式所构建的生态系统,其抵抗力稳定性________。抵抗力稳定性的含义是____。

(2)"无废弃物农业"是我国利用生态工程的原理进行农业生产的一种模式,其做法是收集有机物质,包括人畜粪便、枯枝落叶等,采用堆肥和沤肥等多种方式,把它们转变为有机肥料,再施用到农田中。施用有机肥料的优点是____(答出 3 点即可)。在有机肥料的形成过程中,微生物起到了重要作用,这些微生物属于生态系统组分中的________。

(3)在污水净化过程中,除发挥污水处理厂的作用外,若要利用生物来回收污水中的铜、镉等金属元素,请提供一个方案:____。

五、生物技术的安全性和伦理问题

1 转基因生物的安全性

(1)转基因成果

①工程菌:DNA 重组微生物。

②基因制药。

③转基因动物:生物反应器。

④转基因农作物。

(2)安全性问题

①食物安全:滞后效应;新的过敏原;营养成分改变。

②生物安全:形成生物入侵,破坏生物多样性。

③环境安全:破坏生态系统的稳定性和人类生活环境。

(3)转基因生物存在安全性问题的原因

①目前对基因的结构、调控机制及基因间的相互作用了解有限。

②目的基因往往是异种生物的基因。

③外源基因插入宿主基因组的部位往往是随机的。

(4)转基因生物的安全性辨析

关注焦点	正方观点	反方观点
食物安全	有安全性评估;科学家负责的态度;未发现转基因食物影响健康的实例	反对"实质性等同";担心出现滞后效应;担心出现新的过敏原;担心营养成分改变
生物安全	生命力有限;存在生殖隔离;花粉传播距离有限;花粉存活时间有限	扩散到种植区之外变成野生种类;成为外来入侵物种;重组出有害病原体;成为"超级杂草";有可能造成"基因污染"

思维火花 Siweihuohua

续表

关注焦点	正方观点	反方观点
环境安全	不改变生物原有的分类地位；减少农药使用；保护农田土壤环境	打破物种界限；二次污染；重组出有害的病原微生物；毒蛋白等可能通过食物链进入人体

(5)**理性看待转基因技术**

①转基因生物的优缺点实例分析

优点	缺点
解决粮食短缺问题；减少农药使用，减少环境污染；增加食物营养，提高附加值；增加食物种类，提升食物品质；提高生产效率，带动相关产业发展	可能产生新病毒或新过敏原；可能产生抗除草剂的杂草；可能使疾病的传播跨越物种障碍；可能会损害生物多样性；可能干扰生态系统的多样性

②对待转基因生物的正确态度

a. 需要正确的社会舆论导向，趋利避害，不能因噎废食。

b. 制定政策和法规，最大程度地保证转基因技术和产品的安全性。

2 关注生物技术的伦理问题

		反　对	支　持
克隆人	伦理方面	违反了人类的伦理道德观念，中国禁止生殖性克隆	中国不反对治疗性克隆
	技术方面	技术不成熟，流产率高、畸形率高、出生后死亡率高	可通过胚胎分级、基因诊断、染色体检查等方法解决技术问题
设计试管婴儿		胚胎也是生命，杀死胚胎无异于“谋杀”	提供骨髓造血干细胞并不会对试管婴儿造成损伤
基因检测	技术方面	很难用在具体医疗中	有一些遗传性疾病可以通过基因检测后在早期采取预防措施
	道德方面	可能引起基因歧视	通过正确的科学知识传播、伦理道德教育和立法，解决基因歧视现象

3 禁止生物武器

(1)**生物武器的种类**

种类	实例
致病菌、病毒	鼠疫菌、炭疽杆菌
生化毒剂	肉毒杆菌毒素
基因重组的致病菌	重组流感病毒、新型鼠痘病毒

(2)**我国政府观点**：在任何情况下不发展、不生产、不储存生物武器，并反对生物武器及其技术和设备的扩散。

思维火花
Siweihuohua

真题真练

例 426 (2014·重庆·2) 生物技术安全性和伦理问题是社会关注的热点。下列叙述,错误的是 ( )

A. 应严格选择转基因植物的目的基因,避免产生对人类有害的物质

B. 当今社会的普遍观点是禁止克隆人的实验,但不反对治疗性克隆

C. 反对设计试管婴儿的原因之一是有人滥用此技术选择性设计婴儿

D. 生物武器是用微生物、毒素、干扰素及重组致病菌等来形成杀伤力

例 427 (2013·江苏·15) 下列关于转基因生物安全性的叙述中,错误的是 ( )

A. 我国已经对转基因食品和转基因农产品强制实施了产品标识制度

B. 国际上大多数国家都在转基因食品标签上警示性注明可能的危害

C. 开展风险评估、预警跟踪和风险管理是保障转基因生物安全的前提

D. 目前对转基因生物安全性的争论主要集中在食用安全性和环境安全性上

the END

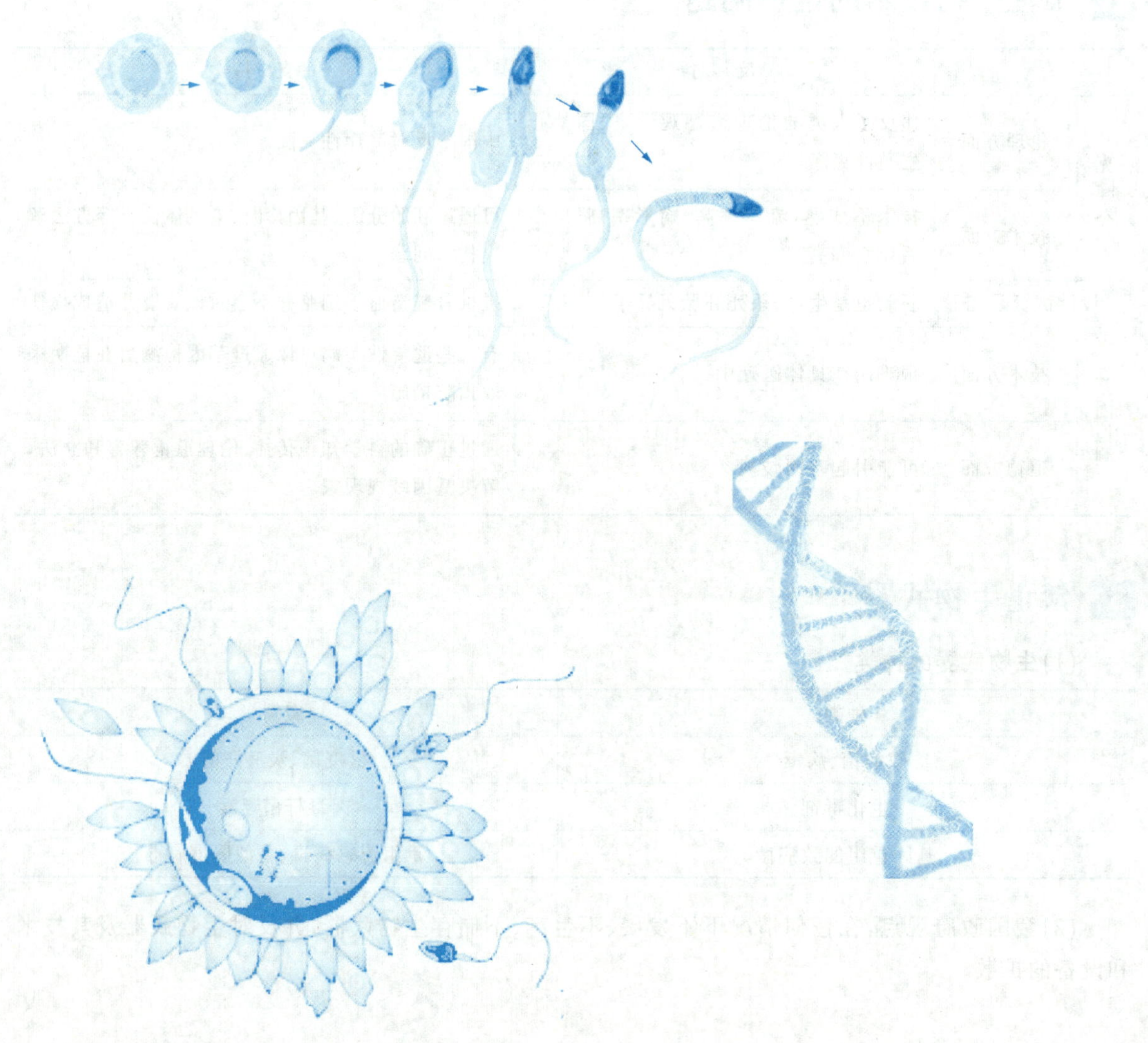

模块十三

基础实验

核心概要

1. 原考试大纲要求的 19 个重点实验
2. 原考试大纲未列出的 6 个重点实验

德叔寄语

德叔送你一个必过符：逢考必过

内容导读

致同学：

生物学是一门实验性学科，实验及实验设计是生物学的基础，也是高中生物的重点内容，可分为基础实验、实验分析和实验设计(含实验修正)三种类型内容和对应题型。在原《普通高等学校招生全国统一考试大纲》[1]中，列出了19个实验，同时要求"①能独立完成'生物知识内容表'所列的生物实验，包括理解实验目的、原理、方法和操作步骤，掌握相关的操作技能，并能将这些实验涉及的方法和技能进行综合运用。②具备验证简单生物学事实的能力，并能对实验现象和结果进行解释、分析和处理。③具有对一些生物学问题进行初步探究的能力，包括运用观察、实验与调查、假说演绎、建立模型与系统分析等科学研究方法。④能对一些简单的实验方案做出恰当的评价和修订。"[1]所以在考试中会出现各实验原理、材料、试剂、操作、实验现象、结果结论、注意事项等知识的相关考查、实验分析的考查以及实验设计的考查。本模块内容为必修实验内容的总结概括，包括19个考纲实验以及6个考纲未要求但在教材中出现且较为重要的实验。熟练掌握这些实验可以提高应对实验类题目的解题能力，解决基础实验问题。此外，需要注意每个实验所涉及的基本原则如对照原则、单一变量原则、重复原则等，对自变量、因变量和无关变量、如何设置实验条件和对照以形成单一变量要熟练掌握，同时还需要掌握实验设计和表格设计的能力。这些实验分析和实验设计的能力，主要是高三二轮复习进一步提升的，可通过图书《满分之路·实验和实验设计》进行深层次训练。

李林

注 [1]原考试大纲指的是2019年教育部文件《2019年普通高等学校招生全国统一考试大纲》，2020年开始教育部停止发布考试大纲，但原大纲的内容依然具有参考意义。

思维火花 Siweihuohua

核心重点实验列表

必修一 分子与细胞

(1)使用高倍显微镜观察几种细胞
(2)检测生物组织中还原糖、脂肪和蛋白质
(3)观察DNA和RNA在细胞中的分布
补充实验(1):体验制备细胞膜的方法
(4)用高倍显微镜观察叶绿体和线粒体
(5)通过模拟实验探究膜的透性
(6)观察植物细胞的质壁分离和复原(探究实验)
补充实验(2):比较过氧化氢在不同条件下的分解
(7)影响酶活性的条件(探究实验)
(8)探究酵母菌细胞呼吸的方式(探究实验)
(9)绿叶中色素的提取和分离
(10)模拟探究细胞表面积与体积的关系
(11)观察细胞的有丝分裂

必修二 遗传与进化

补充实验(3):性状分离的模拟
(12)观察细胞的减数分裂
(13)低温诱导染色体加倍
(14)调查常见的人类遗传病

必修三 稳态与环境

补充实验(4):生物体维持pH稳定的机制
(15)探究生长素类调节剂促进插条生根的最适浓度
(16)模拟尿糖的检测(浙科版)
补充实验(5):用样方法调查草地中某种双子叶植物的种群密度
(17)培养液中酵母菌种群数量的变化
(18)研究土壤中小动物类群的丰富度
补充实验(6):探究土壤微生物的分解作用
(19)设计并制作生态缸,观察其稳定性

知识详解

一、使用高倍显微镜观察几种细胞

1 实验原理和过程

(1)实验原理:利用高倍镜可以看到某些在低倍镜下无法看到的细胞结构,例如,叶绿体、线粒体等细胞器,从而能够区别不同的细胞。

(2)实验步骤

对光→低倍物镜观察(视野较亮)→移到视野中央(偏哪移哪)→高倍物镜观察(视野较暗)。使

思维火花 Siweihuohua

用高倍镜时要注意：①只能调节细准焦螺旋；②使用大光圈、凹面镜。

(3)实验的结果和结论

①真核细胞：具有成形的细胞核，不同细胞在形态、大小上千差万别，造成细胞之间产生差异的原因是这些细胞的位置和功能不同，其结构与功能相适应，这是个体发育过程中细胞分化的结果。

②原核细胞：大肠杆菌没有明显的细胞核，没有核膜，细胞外有鞭毛。

③结果：不同的细胞，其形态、大小千差万别。不同的真核细胞有共同的结构：细胞膜、细胞质、细胞核。

④结论：细胞既具有多样性又有统一性。

2 显微镜的相关问题分析

(1)结构

①光学结构：目镜、物镜、反光镜。

②调节视野亮度的结构：反光镜、光圈。

③调节视野清晰度的结构：粗准焦螺旋、细准焦螺旋。

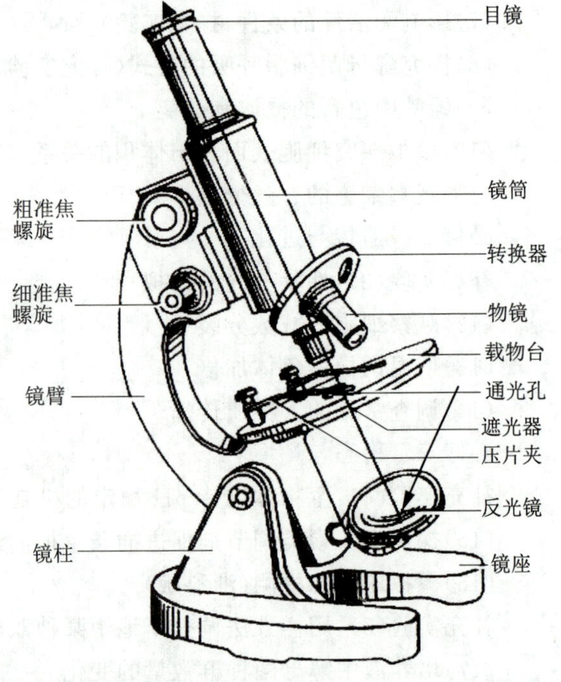

(2)显微镜的使用

①取镜与安放：从镜箱中取出，右手握镜臂，左手托镜座。把显微镜放在实验台前方稍偏左。

②对光

a. 转动转换器，使低倍物镜对准通光孔。

b. 调节光圈和反光镜，使视野变明亮。

③低倍镜观察

a. 把所要观察的玻片标本放在载物台上，用压片夹压住，标本要正对通光孔的中心。

b. 转动粗准焦螺旋，使镜筒缓缓下降，直到物镜接近玻片标本为止。

c. 左眼看目镜内，同时反向缓缓转动粗准焦螺旋，使镜筒上升，直到看到物像为止，再稍稍转动细准焦螺旋，使看到的物像更加清晰。

④高倍镜观察

a. 选好目标：在低倍镜下将需观察的目标移到视野中央。

b. 换高倍镜：转动转换器，移走低倍物镜，换上高倍物镜。

c. 调节亮度：调节光圈，使视野亮度适宜。

d. 调焦：缓慢调节细准焦螺旋，使物像清晰。

⑤复原：使用完毕后，使显微镜恢复原状。

(3)使用原则和相关分析

①用眼原则：左眼注视目镜，右眼睁开。这样，一可减轻左眼疲劳，二可方便绘图。

②物镜选用原则：先低倍后高倍。可以用低倍物镜观察清楚的就无需使用高倍物镜，如质壁分离实验。

③准焦螺旋使用原则：先粗准焦螺旋后细准焦螺旋，高倍镜下只能用细准焦螺旋。此外，光线强时用平面反光镜和较小光圈，光线弱时用凹面反光镜和较大光圈。

思维火花 Siweihuohua

④目镜与物镜的结构及其长短与放大倍数之间的关系

a. 目镜无螺纹，越长放大倍数越小，反之则放大倍数越大。

b. 物镜有螺纹，越长放大倍数越大，物像清晰时距装片距离越近。

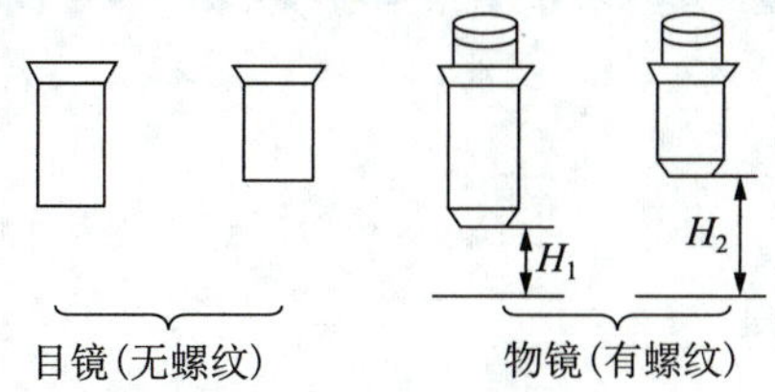

(4)高倍物镜与低倍物镜的比较

	物像大小	看到细胞数目	视野亮度	物镜与载玻片的距离	观察范围(视野)
高倍镜	大	少	暗	近	小
低倍镜	小	多	亮	远	大

(5)物像

①显微镜所成像为倒像，即上下、左右均颠倒，即将物像颠倒 180°。如观察“p”所成物像为“d”，但值得注意的是，顺时针方向的流动观察结果还是顺时针。

②将物像移动到视野中央时，玻片移动方向与物像偏离视野中央的方位相同，即在“左方”的向左方移，在“右下方”的向右下方移，此时需要注意的是题干描述为“偏向”，还是“要向”。

(6)污物位置分析

①污物可能存在的位置：物镜、目镜或装片。

②判断方法：按照难易程度，从易到难进行排除。先移动装片，如果污物移动，说明污物在装片上；如果污物不移动，再转动目镜；如果污物也转动，说明污物在目镜上；如果污物不转动，再转动转换器换用其他物镜，如果污物消失，说明污物在物镜上。此外，反光镜上的污点是看不到的。

(7)亮度分析：观察颜色深的材料，视野应适当调亮，反之则应适当调暗；若视野中出现一半亮一半暗，则可能是反光镜的调节角度不对；若观察切片材料时，一半清晰一半模糊不清，则可能是切片材料厚薄不均造成的。

(8)视野中细胞数目的相关计算

①显微镜的放大倍数指的是长度或宽度，若视野中细胞成单行，计算时只考虑长度，可根据看到的细胞数量与放大倍数成反比的规律进行计算。如，在显微镜放大倍数为 40 倍时看到 m 个细胞，放大倍数变成 400 倍时看到的细胞数目$=m\div\left(\frac{400}{40}\right)=\frac{m}{10}$(个)。

②若细胞均匀分布在整个视野中，可根据看到的细胞数目与放大倍数的平方成反比的规律进行计算。如，在显微镜放大倍数为 40 倍时看到 m 个均匀分布的细胞，放大倍数变为 400 倍时看到的细胞数目$=m\div\left(\frac{400}{40}\right)^2=\frac{m}{100}$(个)。

真题真练

例 428 (2018·海南·23)关于普通光学显微镜的使用，下列叙述正确的是 ( )

A. 在高倍镜下观察时，用粗准焦螺旋调整焦距

B. 高倍镜下无法观察到花生子叶中被染色的脂肪颗粒

C. 由低倍镜转到高倍镜前，将待观察目标移至视野中央

D. 高倍镜下可以观察到细胞膜清晰的暗—亮—暗三层结构

二、检测生物组织中还原糖、脂肪和蛋白质

1 实验原理和过程

(1)还原糖的检测

原理：新制 $Cu(OH)_2$ 与还原糖反应，被还原为 Cu_2O（砖红色）。

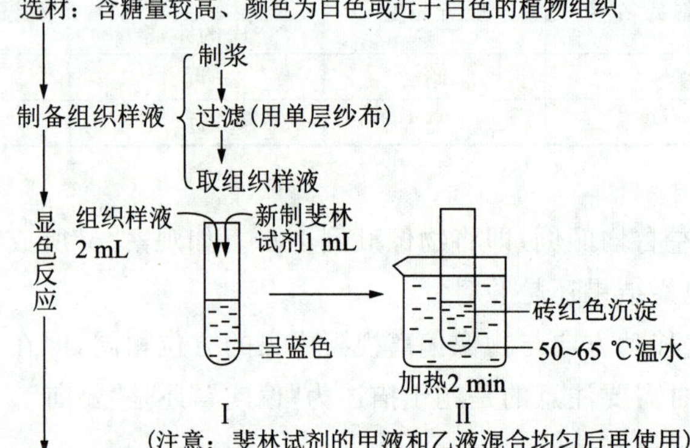

(2)脂肪的检测

原理：苏丹Ⅲ和苏丹Ⅳ是脂肪的特异性染色剂，可以把脂肪染成橘黄色或红色。

方法一：花生种子匀浆＋3 滴苏丹Ⅲ染液→橘黄色。

方法二：

取材：花生种子（浸泡 3～4 h），去皮，将子叶切成薄片

制片：
① 取最理想的薄片
② 染色：在薄片上滴 2～3 滴苏丹 Ⅲ 染液，染色 3 min
③ 去浮色：滴加 1～2 滴体积分数为 50% 的酒精溶液
④ 制成临时装片

观察：在低倍镜下寻找已着色的圆形小颗粒，再换用高倍镜观察

结论：脂肪能被苏丹 Ⅲ 染液染成橘黄色

(3)蛋白质的检测

原理：蛋白质的肽键在碱性环境中与 Cu^{2+} 反应产生紫色络合物，所以先滴加双缩脲试剂 A 液的目的是制造碱性环境。

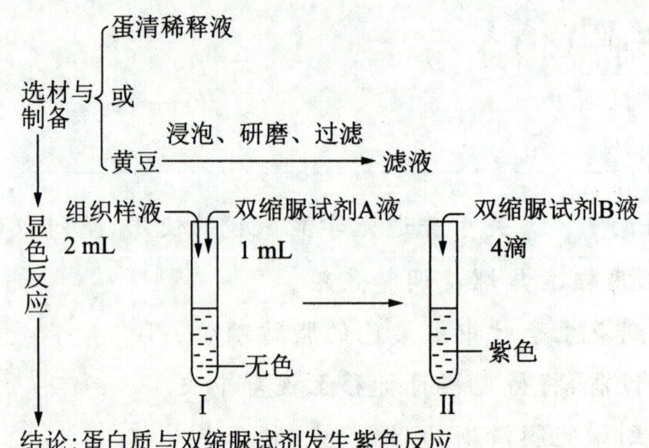

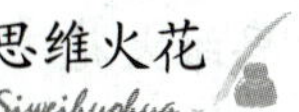

(4)淀粉的检测

①原理:碘液是淀粉的特异性染色剂,可以把淀粉染成蓝色或蓝紫色。

②选材:马铃薯匀浆。

③检测:在待测液中滴加两滴碘液,摇匀。

④显色反应:蓝色或蓝紫色反应。

⑤结论:淀粉能被碘液染成蓝色或蓝紫色。

2 总结

鉴定物质	试剂	颜色变化	注意事项
还原糖	斐林试剂	砖红色沉淀	现配现用,水浴加热
脂肪	苏丹Ⅲ染液	橘黄色	做切片观察脂肪颗粒需使用显微镜
	苏丹Ⅳ染液	红色	
蛋白质	双缩脲试剂	紫色	应先加试剂 A,造成碱性环境,再加试剂 B
淀粉	碘液	蓝色	若检验有色组织或器官,如绿叶,则需酒精脱色处理

3 考点提示

(1)实验材料的选择

①还原糖的检测:要选择还原糖含量较高、颜色较浅的材料,这样颜色反应才明显。通过实验比较,颜色反应的明显程度依次为苹果、梨、白色甘蓝叶、白萝卜,不适合的材料包括甘蔗、西瓜和绿叶等。

②脂肪的检测:要选择富含脂肪的材料,如花生种子、蓖麻种子等,提前浸泡 3~4 h,方便切片。如果是新鲜花生种子,可以不浸泡,否则切下的薄片不易成形。

③蛋白质的检测:最好的实验材料是鸡蛋清,其蛋白质含量相对较高,配制的提取液透明,与双缩脲试剂反应后,颜色反应明显,但蛋清液需要稀释,过于黏稠的蛋白质影响实验结果,且在碱性条件下变形后,易黏附在试管内壁上不易清洗。

(2)正确配制和使用斐林试剂与双缩脲试剂

配制这两种试剂时,都要用到 NaOH 溶液和 $CuSO_4$ 溶液,但配制时,溶液浓度不同,使用原理和方法也有明显区别,详见下表:

		斐林试剂	双缩脲试剂
配方	甲(A)液	0.1 g/ mL NaOH 溶液	0.1 g/ mL NaOH 溶液
	乙(B)液	0.05 g/ mL $CuSO_4$ 溶液	0.01 g/ mL $CuSO_4$ 溶液
使用方法		甲、乙液混合均匀,现配现用	先加 A 液后加 B 液,不能混用
反应原理及注意事项		斐林试剂中起实质作用的是生成的 $Cu(OH)_4^{2-}$ 络离子,放置时间过长就会形成 $Cu(OH)_2$ 沉淀,因而无法反应	双缩脲试剂中起作用的是碱性环境中 Cu^{2+} 与蛋白质结合形成紫色络合物,因而必须先后使用

(3)实验中重要操作归纳

①加热:只有检测还原糖时,需要在 50 ℃~65 ℃温水浴中加热才能出现砖红色沉淀,其余两个实验不需加热。注意在化学实验中加热往往是酒精灯外焰直接加热,但在生物实验中,只能认为是水浴加热。

思维火花 Siweihuohua

②用量：检测蛋白质时，如待测组织样液为 2 mL，则 A 液为 1 mL，B 液为 4 滴。注意 B 液不能过量，如果二者大量混合可能会反应生成 $Cu(OH)_2$ 蓝色沉淀，即使没有反应生成沉淀，也会因过量 $CuSO_4$ 造成蓝色过深过重，导致最终紫色反应不明显而干扰检测结果。

③显微镜：脂肪检测时可不用显微镜，但要观察橘黄色油滴，则一定要在显微镜下观察。

真题真练

例 429 （2019·海南·6）下列检测生物分子的实验中，关于颜色变化的叙述错误的是（　　）

A. 淀粉遇碘液可显蓝色　　B. 葡萄糖与斐林试剂反应呈砖红色

C. 蛋白质与双缩脲试剂反应显紫色　　D. 脂肪被苏丹Ⅳ染液染成橘黄色

三、观察 DNA 和 RNA 在细胞中的分布

1 实验原理和过程

(1)实验原理

①DNA 主要分布在细胞核中，RNA 主要存在于细胞质中。

②甲基绿和吡罗红对 DNA 和 RNA 的亲和力不同，DNA 可特异与甲基绿结合被染成绿色，RNA 可特异与吡罗红结合被染成红色。利用甲基绿、吡罗红混合染色剂将细胞染色，可以显示 DNA 和 RNA 在细胞中的分布。

③盐酸能够改变细胞膜的通透性，加速染色剂进入细胞，同时使染色质中的 DNA 与蛋白质分离，有利于 DNA 与染色剂结合。

(2)实验步骤和结果

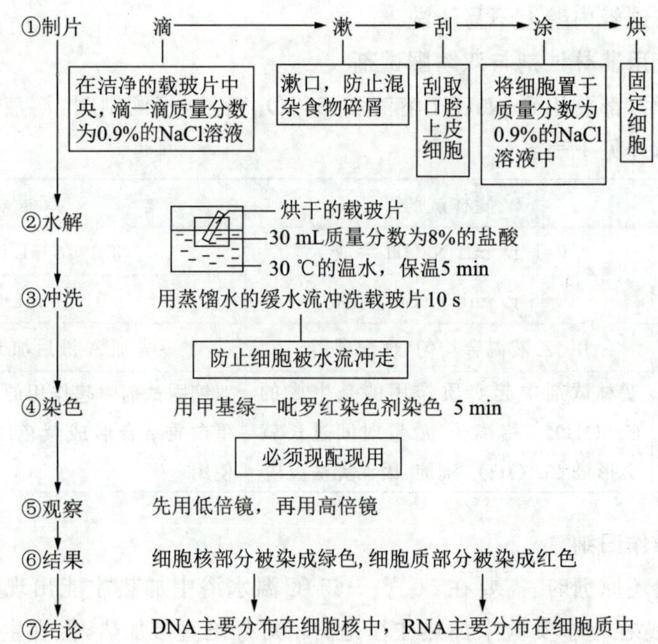

思维火花 Siweihuohua

2 总结:实验中的试剂

试　剂	作　用
质量分数为8%的盐酸	①改变细胞膜的通透性,加速染色剂进入细胞 ②使染色质中DNA与蛋白质分离,有利于DNA与染色剂结合
质量分数为0.9%的NaCl溶液(生理盐水)	保持口腔上皮细胞的正常形态
蒸馏水	①配制染色剂;②冲洗载玻片

3 考点提示

(1)甲基绿和吡罗红染色剂不是单独使用的,而是混合使用;与斐林试剂相似,甲基绿—吡罗红染色剂使用时需现配现用。

(2)0.9%的NaCl溶液能保持口腔上皮细胞的正常形态,蒸馏水中细胞会吸水涨破。

(3)水解过程要水浴保温,保温时间要严格控制,以确保水解充分而又不会破坏细胞结构。

真题真练

例430 (2012·安徽·1)某同学以新鲜洋葱鳞片叶内表皮为材料,经不同处理和染色剂染色,用高倍显微镜观察。下列描述正确的是　(　　)

A. 经吡罗红甲基绿染色,可观察到红色的细胞核

B. 经吡罗红甲基绿染色,可观察到绿色的细胞质

C. 经健那绿染色,可观察到蓝绿色颗粒状的线粒体

D. 经苏丹Ⅲ染色,可观察到橘黄色颗粒状的蛋白质

四、补充实验(1):体验制备细胞膜的方法

1 实验原理和过程

(1)实验原理

细胞膜的流动性和半透性。

(2)实验材料

猪(或牛、羊、人)的新鲜的红细胞稀释液,稀释使用生理盐水,并添加抗凝剂。

(3)实验用具

蒸馏水、滴管、吸水纸、载玻片、盖玻片、显微镜。

(4)方法步骤

①用滴管吸取少量红细胞稀释液,滴一小滴在载玻片上,盖上盖玻片,制成临时装片。

②在高倍镜下观察,待观察清晰时,在盖玻片的一侧滴一滴蒸馏水,同时在另一侧用吸水纸小心吸引,注意不要把细胞吸跑。上述操作均在载物台上进行,并持续观察细胞的变化。可以看到近水的部分红细胞发生变化:凹陷消失,细胞体积增大,很快细胞破裂,内容物流出。

2 考点提示

(1)选择哺乳动物成熟红细胞进行实验的原因

①动物细胞无细胞壁。

②哺乳动物成熟红细胞没有细胞核和众多细胞器,可以得到较为纯净的细胞膜。

(2)涨破的细胞溶液需要经过离心分离才能得到细胞膜。

(3)稀释时用生理盐水:稀释可以减少血液中的血浆蛋白等杂物,用生理盐水是为了保持渗透压,防止在稀释的时候就发生细胞破裂。

真题真练

例 431 (2011·新课标·1)将人的红细胞放入 4 ℃蒸馏水中,一段时间后红细胞破裂,主要原因是 ( )

A. 红细胞具有水溶性 B. 红细胞的液泡体积增大

C. 蒸馏水大量进入红细胞 D. 低温时红细胞膜流动性增大

五、用高倍显微镜观察叶绿体和线粒体

1 实验原理和过程

(1)实验原理

①叶绿体的观察:植物绿色部位的细胞中含有叶绿体。如果将叶片的横切片制成临时装片,就可以在显微镜下直接观察到叶绿体,无需染色,某些植物幼嫩的叶也可直接用于观察叶绿体。

②线粒体的观察:线粒体是细胞进行有氧呼吸的主要场所,内含细胞色素氧化酶系。健那绿是一种碱性染料,可以专一性地对活细胞线粒体进行染色。与线粒体内的细胞色素氧化酶系发生作用时,染料始终保持氧化状态,呈蓝绿色;而线粒体周围的细胞质中的染料被还原为无色的状态。通过染色可以在高倍显微镜下观察到呈现蓝绿色的线粒体。

(2)实验材料

叶绿体:藓类、菠菜或黑藻的叶。

线粒体:人的口腔上皮细胞,洋葱内表皮细胞。

(3)试剂及配制方法

①试剂:清水,健那绿染液。

②试剂的配制方法

a. 等渗溶液:称取 0.85 g NaCl、0.25 g KCl、0.03 g $CaCl_2$ 溶于 100 mL 蒸馏水中。

b. 健那绿染液:先称取 10 mg 健那绿溶于 1 mL 等渗溶液中,用滤纸过滤,再取滤液加入 49 mL等渗溶液中,即为染色液。

(4)实验步骤

①观察线粒体

a. 制作人的口腔上皮细胞临时装片:在洁净的载玻片中央滴一滴健那绿染液,用消毒牙签刮自己漱净的口腔内侧壁后涂抹于染液中,盖上盖玻片。

思维火花 Siweihuohua

b. 低倍显微镜下找到口腔上皮细胞。

c. 高倍显微镜下观察：线粒体被染成蓝绿色，细胞质接近无色。

②观察叶绿体

a. 制作藓类叶片临时装片：在洁净的载玻片中央滴一滴清水，用镊子取一片藓类的小叶，或取菠菜叶稍带些叶肉的下表皮，放在水滴中，盖上盖玻片。

b. 低倍显微镜下找到叶片细胞。

c. 高倍显微镜下观察叶绿体的形态和分布情况。

(5)实验现象

①叶肉细胞的细胞质中，散布有绿色叶绿体，呈扁平的椭球形或球形。

②染色的人的口腔上皮细胞临时装片中，可以看到蓝绿色线粒体，细胞质接近于无色。

(6)实验结论

叶肉细胞中有叶绿体；线粒体普遍存在于动植物细胞中。

2 考点提示

(1)叶绿体和线粒体是显微结构，但其内部结构为亚显微结构，因此用高倍镜可以观察到线粒体和叶绿体的形态和分布，但不能观察线粒体和叶绿体的结构。观察叶绿体的方法步骤中不需染色，而观察线粒体的操作中需要染色。

(2)实验过程中细胞均是活的，临时装片中的叶片要随时保持有水状态，以免影响细胞的活性。

(3)实验材料的选择应以取材方便、制片简单、观察效果好为原则。由于藓类植物的叶片薄而小，叶绿体清楚，可取整个小叶制片，作为观察叶绿体实验材料的首选对象。含线粒体但颜色鲜艳的植物叶片，不能用于观察线粒体，因为其原有的颜色会遮盖健那绿染色后的颜色变化，影响观察。

(4)要漱净口腔，防止杂质对观察物像的干扰。

(5)叶绿体的分布状态与光照强度的关系：叶绿体的运动使其在不同光照强度下改变方向，在强光下，以其侧面朝向光源，避免被强光灼伤；在弱光下，以其正面朝向光源，以接受充足的光照。

真题真练

例 432 (2021·浙江1月选考·6)在进行“观察叶绿体”的活动中，先将黑藻放在光照、温度等适宜条件下预处理培养，然后进行观察。下列叙述正确的是 ( )

A. 制作临时装片时，实验材料不需要染色

B. 黑藻是一种单细胞藻类，制作临时装片时不需切片

C. 预处理可减少黑藻细胞中叶绿体的数量，便于观察

D. 在高倍镜下可观察到叶绿体中的基粒由类囊体堆叠而成

六、通过模拟实验探究膜的透性

1 实验原理和过程

(1)实验原理

①半透膜是一类可以让小分子物质透过而大分子物质不能通过的薄膜的总称。小分子和大分

子的界定依据膜种类的不同而划分范围不同。如动物的膀胱膜、肠衣等，可以让某些物质透过，而另一些物质不能透过。

②可以用半透膜将不同浓度的溶液分隔开，然后通过观察溶液液面高低的变化，来观察半透膜的选择透过特性，进而类比分析得出生物膜的透性。

(2)实验流程

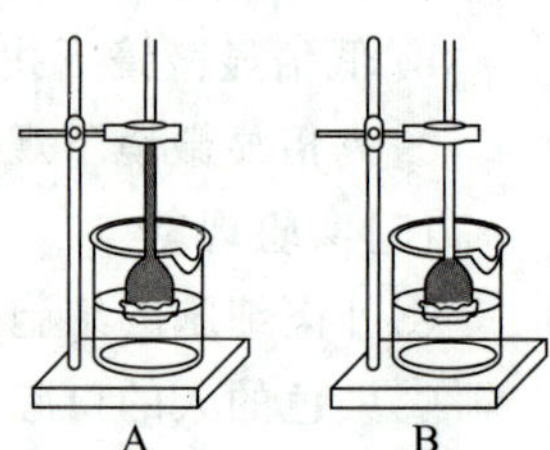

①取两个长颈漏斗，分别在漏斗口处封上一层玻璃纸，组装如图所示装置。

②在A漏斗中注入硫酸铜溶液，B漏斗中注入蔗糖溶液，并加入少许红墨水，使其略呈红色。

③将两个漏斗分别浸入盛有蒸馏水的烧杯中。

④观察烧杯中蒸馏水颜色的变化及长颈漏斗的液面变化，并将观察到的结果填入表中。

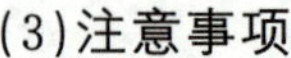

(3)注意事项

①在两漏斗的液面处做标记。

②观察前须先静置一段时间。

(4)实验结果

①A漏斗中液面下降，烧杯中的液体变蓝，说明长颈漏斗中的铜离子和水分子已经通过玻璃纸进入了烧杯内的蒸馏水中。

②B漏斗中的液面上升，说明水可以通过玻璃纸向漏斗内扩散，而漏斗中的蔗糖和红墨水的染料分子不能透过玻璃纸。

(5)实验结论

生物膜有选择透过性。

七、观察植物细胞的质壁分离和复原(探究实验)

1 探究实验

本实验是高中出现的第一个探究性实验，探究实验的一般步骤：①提出问题；②作出假设；③设计实验；④进行实验；⑤分析结果，得出结论；⑥表达和交流。

2 实验原理和过程

(1)实验原理：成熟的植物细胞构成渗透系统可发生渗透作用。

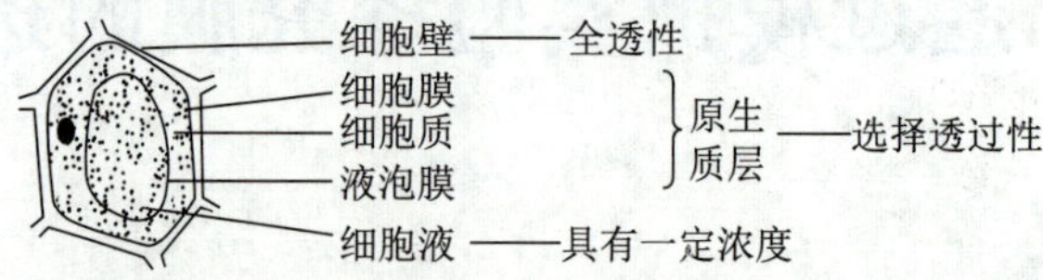

①当细胞液浓度<外界溶液浓度时，细胞失水，质壁分离。

②当细胞液浓度>外界溶液浓度时，细胞吸水，质壁分离复原。

思维火花 Siweihuohua

(2)实验材料:紫色的洋葱鳞片叶,质量浓度为0.3 g/mL的蔗糖溶液,清水。

①注意材料的选择:选择材料必须是活细胞,因为只有活细胞的原生质层才具有选择透过性,否则将不会出现质壁分离及其复原现象。除此之外还要用含有大型液泡的植物细胞,其中紫色洋葱鳞片叶外表皮细胞的细胞液为紫色,易于观察,是最佳的实验材料。

②使用蔗糖溶液的浓度要适宜:浓度过小,质壁分离现象不明显,影响观察;浓度过大,会使细胞在短时间内因失水过多而死亡,无法观察质壁分离的复原。

(3)实验步骤、实验结果

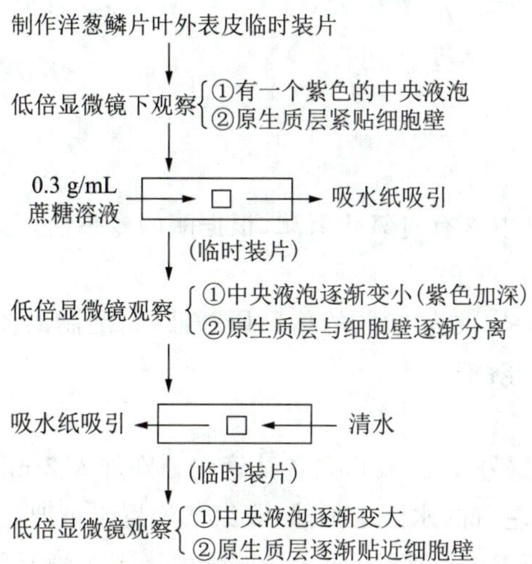

(4)实验结论:成熟植物细胞能与外界溶液发生渗透作用,当外界溶液浓度大于细胞液浓度时,细胞失水;当外界溶液浓度小于细胞液浓度时,细胞吸水。

3 考点提示

(1)用紫色洋葱外表皮作为实验材料:紫色洋葱外表皮细胞的细胞液中有花青素,使液泡中的细胞液呈紫色,有利于观察,此实验也可选用高度分化的叶肉细胞。用洋葱鳞叶内表皮亦可发生质壁分离现象,但由于其没有紫色液泡,所以不易观察,可在蔗糖溶液中滴加墨水解决这个问题。

(2)蔗糖溶液浓度过高或过低对实验的影响:选用0.3 g/mL的蔗糖溶液作试剂,既明显出现质壁分离,又不会杀死细胞。若浓度过高,质壁分离速度快,细胞会因失水过多而死亡,不能再进行质壁分离的复原;若浓度过低,不能引起质壁分离或质壁分离速度太慢。

(3)由于细胞壁是全透性的,洋葱表皮细胞原生质层与细胞壁之间是蔗糖溶液。

(4)用合适浓度的KNO_3溶液进行该实验,开始外界溶液浓度较大,细胞发生质壁分离;细胞主动吸收K^+和NO_3^-后,随着细胞液浓度增大,质壁分离又会自动复原。

(5)处在质壁分离状态的细胞,未必正在发生质壁分离,也可能在质壁分离复原过程中,需要继续观察,看液泡体积的变化。

①体积变大:外界溶液浓度<细胞液浓度。

②体积不变:外界溶液浓度=细胞液浓度,此时处于渗透平衡状态。

③体积变小:外界溶液浓度>细胞液浓度。

真题真练

例433 (2014·新课标Ⅰ·4)下列关于植物细胞质壁分离实验的叙述,错误的是 ( )

A.与白色花瓣相比,采用红色花瓣有利于实验现象的观察

思维火花 Siweihuohua

B. 用黑藻叶片进行实验时，叶绿体的存在会干扰实验现象的观察

C. 用紫色洋葱鳞片叶外表皮不同部位观察到的质壁分离程度可能不同

D. 紫色洋葱鳞片叶外表皮细胞的液泡中有色素，有利于实验现象的观察

八、补充实验（2）：比较过氧化氢在不同条件下的分解

1 实验原理和过程

(1)实验原理：新鲜的肝脏中含有过氧化氢酶，根据酶的专一性，可知其可以催化过氧化氢分解成水和氧气。

(2)实验材料：新鲜的质量分数为20%的猪肝研磨液，新配制的体积分数为3%的过氧化氢溶液，质量分数为3.5%的 $FeCl_3$ 溶液。

(3)方法步骤

①取4支洁净试管，分别编号1、2、3、4，向各试管内分别加入2 mL过氧化氢溶液。

②将2号试管放在90 ℃左右的水浴中加热，观察气泡冒出情况，并与1号试管作比较。

③向3号试管内滴入2滴 $FeCl_3$ 溶液，向4号试管内滴入2滴肝脏研磨液，观察哪支试管产生的气泡多。

④2～3 min后，将点燃的卫生香分别放入3号和4号试管内液面的上方，观察哪支试管中的卫生香燃烧更猛烈。

(4)实验结论

①加热能促进过氧化氢的分解，提高反应速率。

②酶有催化作用，与无机催化剂相比，酶具有高效性。

真题真练

例 434 (2020·北京·4) 用新鲜制备的含过氧化氢酶的马铃薯悬液进行分解 H_2O_2 的实验，两组实验结果如图。第1组曲线是在pH=7.0、20 ℃条件下，向5 mL 1%的 H_2O_2 溶液中加入0.5 mL酶悬液的结果。与第1组相比，第2组实验只做了一个改变。第2组实验提高了（　　）

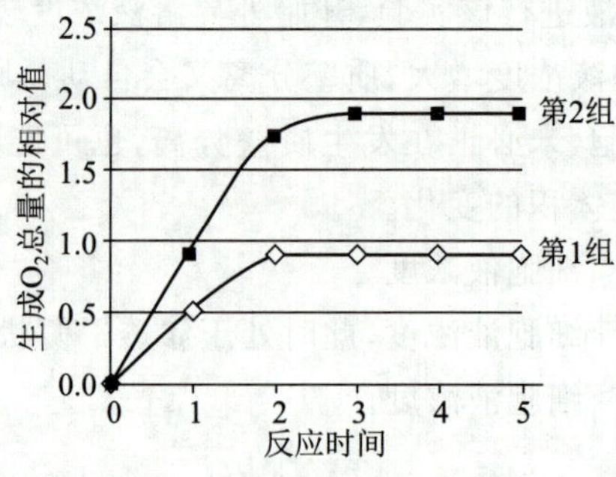

A. 悬液中酶的浓度　　B. H_2O_2 溶液的浓度

C. 反应体系的温度　　D. 反应体系的pH

九、影响酶活性的条件(探究实验)

1 实验原理和过程

(1)实验原理:淀粉遇碘后,形成紫蓝色的复合物。麦芽糖和葡萄糖遇碘后,不形成紫蓝色的复合物,但能与斐林试剂发生氧化还原反应,生成砖红色的氧化亚铜沉淀。

(2)实验材料

①质量分数为2%的新配制的淀粉酶溶液,新鲜的质量分数为20%的猪肝研磨液。

②质量分数为3%的可溶性淀粉溶液,体积分数为3%的过氧化氢溶液。

③质量分数为5%的盐酸,质量分数为5%的NaOH溶液,蒸馏水,冰水,热水,碘液,斐林试剂。

(3)方法步骤和结果

①温度对酶活性的影响

a. 取2支洁净的试管,编上1号和2号,并分别加入2 mL的质量分数为3%的淀粉溶液。

b. 另取2支洁净的试管,编上1′号和2′号,并分别加入2 mL的质量分数为2%的淀粉酶溶液。

c. 将1号和1′号试管放入60 ℃的水浴中保温5 min;2号和2′号试管放入100 ℃的水浴中保温5 min。

d. 将1′号试管中的淀粉酶溶液倒入1号试管中,轻轻振荡混合液,并将1号试管继续放在60 ℃的水浴中加热10 min;将2′号试管中的淀粉酶溶液倒入2号试管中,轻轻振荡混合液,并将2号试管继续放在100 ℃的水浴中加热10 min。

e. 待1号和2号试管冷却至常温后,在1号和2号试管中分别滴入2滴碘液,并轻轻振荡,观察颜色的变化。

试管号	试管内容物	条件	检验	现象
1	2 mL淀粉溶液+2 mL淀粉酶溶液	60 ℃	碘液	加入碘液不变蓝
2	2 mL淀粉溶液+2 mL淀粉酶溶液	100 ℃	碘液	加入碘液变蓝

②pH对酶活性的影响

a. 取3支洁净的试管,分别编上1、2、3号。

b. 在3支试管中分别加入2 mL的过氧化氢溶液。

c. 再另取3支试管,分别加入1 mL清水、1 mL盐酸和1 mL NaOH溶液,并在试管上分别写上1′、2′和3′。

d. 在1′号、2′号和3′号试管中分别滴入2滴新鲜的肝脏研磨液,并轻轻振荡,静置1 min。

e. 将1′号、2′号和3′号试管中的液体分别倒入1号、2号和3号试管中,并轻轻振荡,使试管内的液体混合均匀。

f. 观察1号、2号和3号三支试管内的变化,记录哪支试管产生的气泡多。

思维火花 Siweihuohua

试管号	加入的实验材料或试剂					现象
	过氧化氢溶液	清水	盐酸	NaOH 溶液	新鲜肝脏研磨液	
1	2 mL	1 mL	—	—	2 滴	有大量的气泡产生
2	2 mL	—	1 mL	—	2 滴	无气泡产生
3	2 mL	—	—	1 mL	2 滴	有少量的气泡产生

③操作重点

a. 温度实验中，应该将底物和酶分开保温，然后才混合在一起，pH 实验中的操作亦然。

b. 在实验室中常用的淀粉酶为α-淀粉酶，α-淀粉酶的适宜温度为 55～75 ℃，因此，本实验采用的温度为 60 ℃和 100 ℃。

c. 在 2 号试管中滴加碘液前应将试管及其内容物冷却至常温，否则碘液会挥发，导致溶液不变色。

(4)实验结论

①在最适宜的温度和最适宜的 pH 条件下，酶的活性最高。

②温度和 pH 偏高或偏低，酶的活性明显下降。

真题真练

例 435 (2020·浙江 7 月选考·10)为研究酶作用的影响因素，进行了“探究 pH 对过氧化氢酶的影响”的活动。下列叙述错误的是 ( )

A. 反应小室应保持在适宜水温的托盘中

B. 加入各组反应小室中含有酶的滤纸片的大小和数量应一致

C. 将 H_2O_2 加到反应小室中的滤纸片上后需迅速加入 pH 缓冲液

D. 比较各组量筒中收集的气体量可判断过氧化氢酶作用的适宜 pH 范围

十、探究酵母菌细胞呼吸的方式(探究实验)

1 实验原理和过程

(1)实验原理

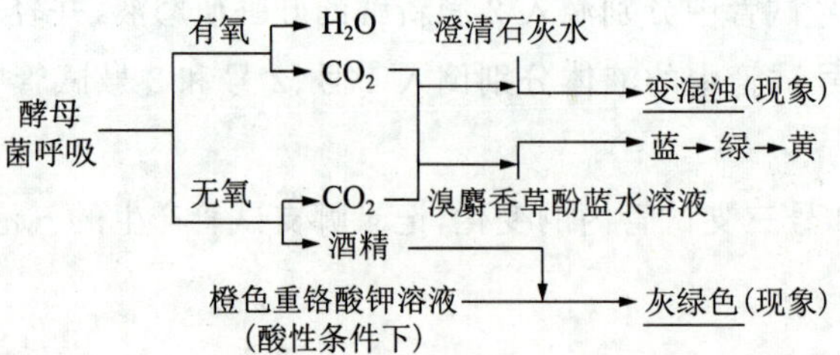

思维火花 Siweihuohua

(2)实验材料:酵母菌是一种单细胞真菌,在有氧和无氧条件下都能生存,属于兼性厌氧生物。

(3)实验步骤

①配制酵母菌培养液。

②检测 CO_2 的产生,装置如图所示。

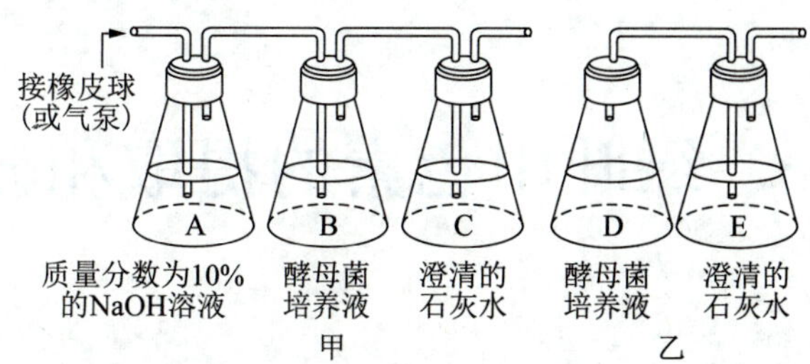

③检测酒精的产生:自 B、D 中各取 2 mL 酵母菌培养液的滤液分别注入编号为 1、2 的两支试管中,向试管中分别滴加 0.5 mL 溶有 0.1 g 重铬酸钾的浓硫酸溶液并轻轻振荡,使它们混合均匀,观察溶液的颜色变化。

(4)实验现象

	试剂	现象
CO_2	澄清的石灰水	变混浊
	溴麝香草酚蓝水溶液	蓝色→绿色→黄色
酒精	在酸性条件下,使用橙色的重铬酸钾溶液	橙色→灰绿色

(5)实验结论

①酵母菌在有氧和无氧条件下都能进行细胞呼吸。

②在有氧条件下产生 CO_2 多而快,在无氧条件下产生酒精,还产生少量 CO_2。

2 考点提示

(1)先将空气通过10%的 NaOH 溶液后,再进入酵母菌培养液中:10%的 NaOH 溶液用于吸收空气中的 CO_2,以保证用于检测产物的锥形瓶中澄清石灰水变混浊是由酵母菌有氧呼吸产生的 CO_2 导致的。

(2)用于测定无氧呼吸的装置中,需要先将酵母菌培养液封口放置一段时间后,再连通盛有澄清石灰水的锥形瓶:酵母菌将锥形瓶中的氧气消耗完毕后再进行检测,以确保通入澄清石灰水中的 CO_2 是由无氧呼吸产生的。

(3)此实验为对比实验,对比实验不设对照组,而是通过有氧和无氧条件下的两个实验组相互对比得出实验结论。

(4)实验所用的葡萄糖溶液需煮沸:煮沸的主要目的是灭菌,排除其他微生物的呼吸作用对实验结果造成干扰。

真题真练

例 436 (2021·广东·9)秸杆的纤维素经酶水解后可作为生产生物燃料乙醇的原料。生物兴趣小组利用自制的纤维素水解液(含5%葡萄糖)培养酵母菌并探究其细胞呼吸(如图)。下列叙述正确的是 ( )

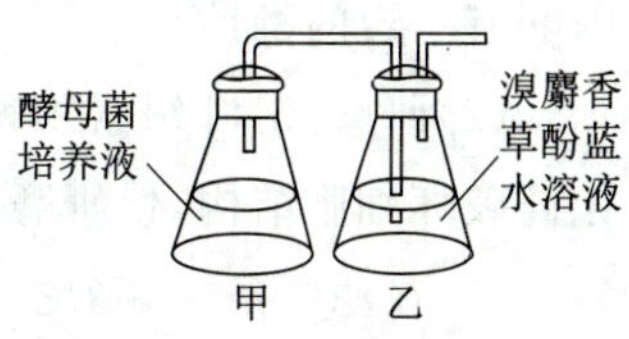

A. 培养开始时向甲瓶中加入重铬酸钾以便检测乙醇生成

B. 乙瓶的溶液由蓝色变成红色,表明酵母菌已产生了 CO_2

C. 用甲基绿溶液染色后可观察到酵母菌中线粒体的分布

D. 实验中增加甲瓶的酵母菌数量不能提高乙醇最大产量

十一、绿叶中色素的提取和分离

1 实验原理和过程

(1)实验原理

①提取:绿叶中的色素溶于有机溶剂无水乙醇而不溶于水,可用无水乙醇提取色素。

②分离:各种色素在层析液中溶解度不同,溶解度高的随层析液在滤纸上扩散得快,反之则慢,从而使各种色素相互分离。

(2)实验步骤

①提取色素:称取 5 g 绿叶→剪碎,放入研钵中→加入少量二氧化硅、碳酸钙和 10 mL 无水乙醇→研磨→过滤→收集到试管内并塞严试管口。

②制备滤纸条:将干燥的定性滤纸剪成略小于试管长与直径的滤纸条,将滤纸条一端剪去两角,在距离剪角一端 1 cm 处用铅笔画一条细的横线。

③画滤液细线:用毛细吸管吸取少量的滤液,沿铅笔线均匀地画一条细线,待滤液干后,再画一两次。

④分离色素:将适量的层析液倒入试管中,装置如图甲所示。

⑤观察结果:滤纸条上呈现四条颜色、宽度不同的色素带,如乙图所示。

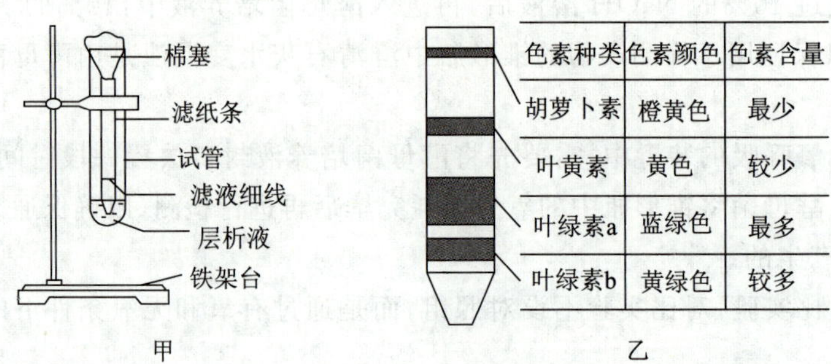

色素种类	色素颜色	色素含量
胡萝卜素	橙黄色	最少
叶黄素	黄色	较少
叶绿素a	蓝绿色	最多
叶绿素b	黄绿色	较多

2 考点提示

(1)提取液:色素是有机物,溶于有机溶剂,如无水乙醇,可作为提取液。也可以用丙酮代替,但丙酮有一定的毒性。

(2)研磨:①叶绿素不稳定,易被破坏,因此研磨要迅速、充分,以保证提取较多的色素;②二氧化硅破坏细胞结构,使研磨充分;③碳酸钙可防止研磨过程中色素被破坏。

(3)在滤纸条一端剪去两角的目的是防止层析液在滤纸条边缘扩散过快而形成弧形色素带。

(4)滤液线要重复画,且线要细、直:重复画线是为了增加色素的浓度;画线细、直是为了防止色

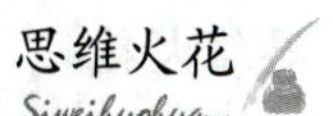

素带之间出现重叠。

(5)层析时不能让滤液细线触及层析液:滤纸条上的滤液细线触及或没入层析液,会使滤液中的色素溶解于层析液中,滤纸条上得不到色素带,使实验失败。

(6)分离色素时色素带颜色过浅可能的原因:①叶片颜色太浅;②叶片放置时间太久;③研磨不充分;④未加 $CaCO_3$;⑤加入提取液太多;⑥研磨时间太长。

真题真练

例 437 (2020·江苏·6)采用新鲜菠菜叶片开展"叶绿体色素的提取和分离"实验,下列叙述错误的是 ( )

A. 提取叶绿体色素时可用无水乙醇作为溶剂

B. 研磨时加入 CaO 可以防止叶绿素被氧化破坏

C. 研磨时添加石英砂有助于色素提取

D. 画滤液细线时应尽量减少样液扩散

十二、模拟探究细胞表面积与体积的关系

1 实验原理和过程

(1)实验原理:NaOH 和酚酞相遇,呈紫红色。

(2)实验材料:3 cm×3 cm×6 cm 的含酚酞的琼脂块,质量分数为 0.1%的 NaOH 溶液。

(3)方法步骤

①用塑料餐刀将琼脂块切成三块边长分别为 3 cm、2 cm、1 cm 的正方体。

②将三块琼脂块放在烧杯内,加入 NaOH 溶液,将琼脂块淹没,浸泡 10 min。用塑料勺不时翻动琼脂块。注意:不要用勺子将琼脂块切开或挖动其表面。

③戴上手套,用塑料勺将琼脂块从 NaOH 溶液中取出,用纸巾把它们吸干,用塑料刀把琼脂块切成两半。观察切面,测量每一块上 NaOH 扩散的深度。记录测量结果。注意:每两次操作之间必须把刀擦干。

④根据测量结果进行计算,并填写下表

琼脂块的边长/cm	表面积/cm^2	体积/cm^3	相对表面积	NaOH 扩散的深度	比值(NaOH 扩散的体积/整个琼脂块的体积)
1	6	1	6	0.5	0.875
2	24	8	3	0.5	0.578
3	54	27	2	0.5	0.421

(4)实验结论

琼脂块的表面积与体积之比随着琼脂块的增大而减小;NaOH 扩散的体积与整个琼脂块体积之比随着琼脂块的增大而减小。

2 考点提示

(1)细胞生长到一定程度,将停止生长,转而进行细胞的分裂,这就摆脱了细胞生长带来的相对表面积减小的困境,也是细胞增殖的原因之一;除此以外,限制细胞长大的因素还有核质比(细胞核与细胞质的体积比),外界的温度和营养物质的供应等条件。

(2)卵细胞较大的原因:卵细胞是一种特殊的细胞,其卵黄含有许多供胚胎发育的营养物质,而使细胞体积增大了许多倍。但卵细胞一般与外界交换物质少,故表面积与体积的比例特殊。

十三、观察细胞的有丝分裂

1 实验原理和过程

(1)实验原理

①高等植物的分生组织细胞有丝分裂较为旺盛。

②细胞的分裂是独立进行的,在同一分生组织中可以通过高倍显微镜观察细胞内染色体的存在状态,判断细胞处于不同的分裂时期。

③细胞核内的染色体容易被碱性染料,如龙胆紫溶液、醋酸洋红、改良苯酚品红染成深色。

(2)实验材料

洋葱(或葱、蒜等),质量分数为15%的盐酸,体积分数为95%的酒精,质量浓度为0.01 g/mL或0.02 g/mL的龙胆紫溶液(将龙胆紫溶解在质量分数2%的醋酸溶液中配制而成)或醋酸洋红液,洋葱根尖细胞有丝分裂固定装片。

(3)实验步骤

①洋葱根尖的培养:实验前3~4 d,待根长到约5 cm。

②装片的制作:制作流程为解离→漂洗→染色→制片。

过程	方法	时间	目的
解离	上午10时至下午2时,剪去洋葱根尖2~3 mm,立即放入盛有盐酸和酒精混合液(1∶1)的玻璃皿中,在温室下解离	3~5 min	用药液使组织中的细胞相互分离开来
漂洗	待根尖酥软后,用镊子取出,放入盛有清水的玻璃皿中漂洗	约10 min	洗去药液,防止解离过度
染色	把根尖放进盛有质量浓度为0.01 g/mL或0.02 g/mL的龙胆紫溶液(或醋酸洋红液)的玻璃皿中染色	3~5 min	染料能使染色体着色
制片	用镊子将这段根尖取出来,放在载玻片上,加一滴清水,并用镊子尖把根尖弄碎,盖上盖玻片,在盖玻片上再加一片载玻片。然后,用拇指轻轻地按压载玻片		使细胞分散开来,有利于观察

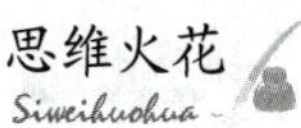

(4)观察

①低倍镜观察:找到分生区细胞,其特点是细胞呈正方形,排列紧密。

②高倍镜观察:在低倍镜观察的基础上换高倍镜,直到看清细胞的物像为止。

③仔细观察:先找到中期,再找其余各期,注意染色体的特点。

④移动观察:慢慢移动装片,完整地观察各个时期。

(5)绘图、记录

2 考点提示

(1)解离时间既不能太长,也不能太短:若解离时间过短,细胞在压片时不易分散;若解离时间过长,无法取出根尖进行染色和制片。

(2)先漂洗,后染色:漂洗目的是洗去根尖组织中的盐酸,有利于碱性染料着色。二者不能颠倒,否则解离液中盐酸会影响染色效果。

(3)载玻片作用:一次是放置根尖;另一次是在盖玻片上加一片载玻片,目的是使细胞均匀分散,防止盖玻片移动,同时,避免压碎盖玻片。

(4)如果观察到的组织细胞大多是破碎、不完整的,原因可能是压片时用力过大,细胞被破坏。

(5)在显微镜下观察到间期的细胞数目最多,因为间期历时最长。

(6)分生区的细胞特点:正方形,排列紧密。

真题真练

例 438 (2020·北京·5)为探究干旱对根尖细胞有丝分裂的影响,用聚乙二醇溶液模拟干旱条件,处理白刺花的根尖,制片(压片法)后用显微镜观察染色体变异(畸变)的情况,细胞图象如图。相关叙述正确的是 ( )

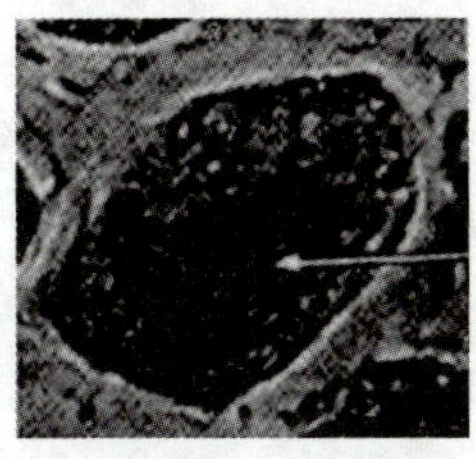

A. 制片需经龙胆紫染色→漂洗→盐酸解离等步骤

B. 直接使用高倍物镜寻找分生区细胞来观察染色体

C. 染色体的形态表明该细胞正处于细胞分裂的间期

D. 观察结果表明该细胞染色体发生了变异(畸变)

十四、补充实验(3):性状分离的模拟

1 实验原理和过程

(1)实验原理

进行有性生殖的生物,等位基因在减数分裂形成配子时会彼此分离,形成两种比例相等的配

思维火花 Siweihuohua

子。受精作用时,比例相等的两种雌配子与比例相等的两种雄配子随机结合,机会均等。随机结合的结果是后代的基因型有三种,其比为1∶2∶1,表现型有两种,其比为3∶1。由于此实验直接用研究对象进行不可能,就用模型代替研究对象进行实验,模拟研究对象的实际情况,获得对研究对象的认识。

(2)**实验用具**:小桶2个,分别标记甲、乙;两种大小相同、颜色不同的彩球各20个,一种彩球标记D,另一种彩球标记d;记录用的笔和纸。

(3)**方法步骤**

①分装、标记小球:在甲、乙两个小桶中放入两种彩球各10个。甲桶上标记雌配子,乙桶上标记雄配子,甲桶中的D小球与d小球,就分别代表含基因D和含基因d的雌配子;乙桶中的D小球与d小球,就分别代表含基因D和含基因d的雄配子。

②混合小球:分别摇动甲、乙小桶,使桶内小球充分混合。

③随机取球:找三个学生,一个记录,两个分别从两个小桶内随机抓取一个小球,组合在一起,记录下两个小球的字母组合,这表示雌配子与雄配子随机结合成合子的过程。

④重复实验:将抓取的小球放回原来的小桶,摇动小桶中的彩球,使小球充分混合后,再按上述方法重复做50～100次(重复次数越多,模拟效果越好)。记录时,可将三种基因型写好,以后每抓一次,在不同基因型后以“正”字形式记录,如下表所示:

基因型	DD	Dd	dd	总计
次数				
百分比				

⑤统计小球组合:统计小球组合为DD、Dd和dd的数量分别是多少,并记录下来。

⑥计算小球组合:计算小球组合为DD、Dd和dd之间的数量比值是多少,计算小球组合为DD和组合为dd的数量比值是多少,并记录下来。

⑦实验结论:分析实验结果,在实验误差允许的范围内,得出合理的结论;可将全班每一小组结果综合统计,进行对比。

2 考点提示

(1)选择小球大小要一致、质地要统一、抓摸时手感要相同,以避免人为误差。

(2)选择盛放小球的容器最好采用小桶或圆柱形容器,而不要采用方形容器,以便摇动小球时能充分混匀。

(3)桶内小球的数量必须相等,D、d基因的小球数量比必须为1∶1,且每次抓出的两个小球必须统计后各自放回各自的小桶,以保证几率的准确。

(4)不要看着桶内的小球抓,要随机去摸,且顺便搅拌一下,以增大其随机性,用双手同时去两个桶内各抓一个。

(5)记录时,可先将DD、Dd、dd三种基因型按竖排先写好,然后每抓一次在不同基因型后以“正”字形式记录。

思维火花 Siweihuohua

十五、观察细胞的减数分裂

1 实验用具和步骤

(1)实验用具:蝗虫精母细胞减数分裂固定装片,显微镜。

(2)方法步骤

①在低倍镜下观察蝗虫精母细胞减数分裂固定装片,识别初级精母细胞、次级精母细胞和精细胞。

②先在低倍镜下依次找到减数第一次分裂中期、后期和减数第二次分裂中期、后期的细胞,再在高倍镜下仔细观察染色体的形态、位置和数目。

③根据观察结果,尽可能多地绘制减数分裂不同时期的细胞简图。

2 实验要点

(1)实验材料的选取:宜选用雄性个体生殖器官,其原因如下。

①雄性个体产生精子数量多于雌性个体产生卵细胞数量。

②在动物卵巢内的减数分裂没有进行彻底,排卵时排出的仅仅是次级卵母细胞,只有和精子相遇后,在精子的刺激下,才继续完成减Ⅱ分裂。

(2)精巢内精原细胞既进行有丝分裂,又进行减数分裂,因此可以观察到染色体数为 N、$2N$、$4N$ 等不同的细胞分裂图像。

真题真练

例 439 (2013·江苏·9)一个班级分组进行减数分裂实验,下列操作及表述正确的是 ( )

A. 换用高倍镜时,从侧面观察,防止物镜与装片碰擦

B. 因观察材料较少,性母细胞较小,显微镜视野应适当调亮

C. 为观察染色体不同层面的精细结构,用粗准焦螺旋调节焦距

D. 一个视野中,用 10× 物镜看到 8 个细胞,用 40× 物镜则可看到 32 个细胞

十六、低温诱导染色体加倍

1 实验原理和过程

(1)实验原理

低温抑制纺锤体的形成,以至影响染色体被拉向两极,导致细胞不能分裂成两个子细胞,于是,染色体数目发生变化。

思维火花 Siweihuohua

(2)方法步骤

①把洋葱放在盛满清水的广口瓶上，让它的底部接触瓶内的水面。待洋葱根长到 1 cm 时，放入冰箱内 4 ℃低温下培养，诱导培养 36 h。

②剪取根尖约 0.5～1 cm，放入卡诺氏固定液中固定 30 min，然后用体积分数 95%酒精冲洗两次，用体积分数 70%酒精保存于低温处，贴好标签。

③取固定好的根尖，进行解离、漂洗、染色和制片 4 个步骤，具体操作方法与实验“观察细胞的有丝分裂”相同。

④先用低倍镜寻找染色体形态较好的分裂象，再换上高倍镜并调节细准焦螺旋和反光镜，使物像清晰，仔细观察，辨认哪些细胞发生染色体数目变化，找出处于细胞分裂中期的细胞，进行染色体计数。

2 考点提示

(1)试剂及用途

①改良苯酚品红染液：使染色体着色。

②卡诺氏固定液：杀死细胞，固定细胞形态，能观察到细胞在生活状态下的内部结构。

③解离液：质量分数为 15%的盐酸溶液和体积分数为 95%的酒精溶液 1∶1 混合液，使组织中的细胞相互分离开。

④固定液和解离液的区别：卡诺氏固定液主要是固定细胞形态并维持染色体结构的完整性，还能提高染色效果，但是并没有解离的作用。解离液的作用是使细胞分散开，便于观察。

(2)在进行实验的过程中，与“观察细胞的有丝分裂”一样，所观察的细胞已经被卡诺氏固定液杀死了，最终在显微镜下看到的是死细胞。

(3)选材的时候必须选用能够进行分裂的分生组织，不分裂的细胞染色体不复制，不会出现染色体数目加倍的情况。

十七、调查常见的人类遗传病

1 调查某种遗传病的发病率

(1)实验原理

不同类型的遗传疾病具有不同特点：显性遗传病具有世代相传的特点，隐性遗传病隔代出现。伴 X 染色体隐性遗传病的遗传特点是交叉遗传，隔代出现，患者男性多于女性。伴 X 染色体显性遗传病的遗传特点是世代相传，患者女性多于男性。通过随机取样，可以调查得知某种遗传疾病在某群体中的发病率。

(2)方法步骤

可以以小组为单位开展调查工作。其程序是组织问题调查小组→确定课题→分头调查研究→撰写调查报告→汇报交流调查结果(如右流程图)。

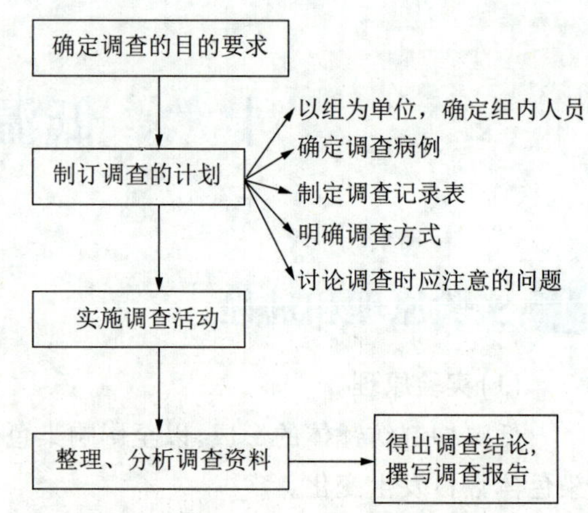

(3)注意事项

①计算公式:某种遗传病的发病率$=\frac{\text{某种遗传病的患病人数}}{\text{某种遗传病的被调查人数}}\times100\%$。

②调查时,最好选取群体中发病率较高的单基因遗传病,如红绿色盲、白化病、高度近视(600度以上)等。

③为保证调查的群体足够大,小组调查的数据应在班级和年级中进行汇总和统计。

2 调查某种遗传病的遗传方式

(1)**实验原理**:通过调查患者家系,可以得知某单基因遗传病的遗传方式。

(2)**调查对象**:某疾病的一个或几个患者家系。

(3)**方法步骤**

①确定课题:××遗传病的遗传方式。

②分组调查、记录:将班级分成多个小组,每组都调查一种疾病或一个家系中的患病情况,并做记录,完成后将其患病情况绘制成系谱图。

③撰写调查报告:只凭一个组的调查结果也许不能确定该种遗传病的遗传方式,必须将各小组调查结果进行汇总。如两小组分别得到某疾病的如下两个家庭的系谱图,其中任何一个家庭不能直接确定遗传方式,两个家庭相互印证可确定为常染色体隐性遗传。

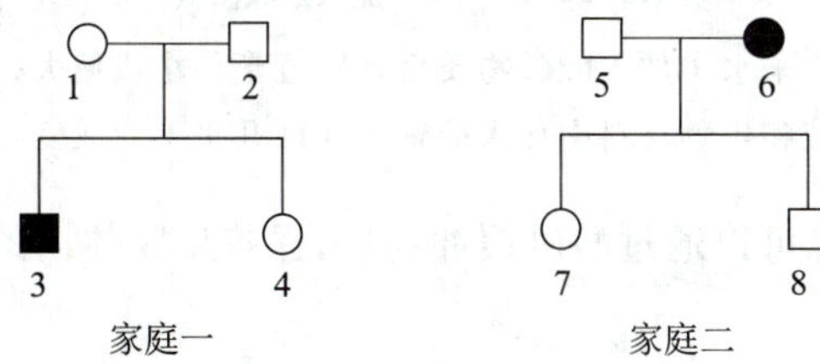

3 总结:发病率与遗传方式的调查

调查内容	调查对象及范围	注意事项	结果计算及分析
遗传病发病率	广大人群随机抽样	考虑年龄、性别等因素,群体足够大	$\frac{\text{某种遗传病的患病人数}}{\text{某种遗传病的被调查人数}}\times100\%$
遗传方式	患者家系	正常情况与患病情况	分析基因显隐性及所在的染色体类型

十八、补充实验(4):生物体维持 pH 稳定的机制

1 实验原理和过程

(1)**实验原理**:细胞代谢会产生许多酸性物质,如碳酸等;人和动物吃的食物消化吸收后经代谢会产生一些酸性或碱性物质,这些酸性或碱性物质进入内环境,常使 pH 发生偏移。但一般情况下,机体能通过缓冲物质使 pH 稳定在一定范围内。

(2)**实验材料**:生物材料包括肝匀浆、马铃薯匀浆、用水 5∶1 稀释的鸡蛋清、黄瓜匀浆;pH=7

思维火花 Siweihuohua

的磷酸缓冲液、0.1 mol/L HCl、0.1 mol/L NaOH。

(3)方法步骤

①将 25 mL 自来水倒入 50 mL 烧杯中。

②用 pH 计或 pH 试纸测试起始 pH,并做记录。

③一次加一滴 0.1 mol/L HCl,然后轻轻摇动。加入 5 滴后再测 pH。重复这一步骤直到加入了 30 滴为止。将 pH 测定结果记入表中。

④充分冲洗烧杯并向其中倒入 25 mL 自来水。测定并记录起始 pH。再如步骤③,一滴一滴地加入 0.1 mol/L 的 NaOH,测定并记录 pH。

⑤充分冲洗烧杯,用缓冲液代替自来水,重复步骤①至④,记录结果。

⑥充分冲洗烧杯,选两种生物材料分别代替自来水,重复步骤①至④记录结果。

(4)实验结果

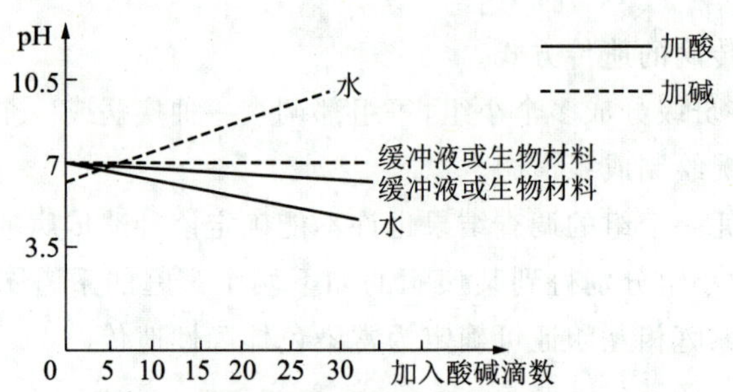

自来水中加入酸碱物质后,pH 逐渐偏小或偏大;
而缓冲液和生物材料中加入酸碱后,pH 几乎不变或变化不大。

(5)实验结论:生物内环境可以通过酸碱缓冲物质,保持生物体内的 pH 维持相对稳定。

2 考点提示

(1)第一次"充分冲洗烧杯"是为了避免酸性物质 HCl 与碱性物质 NaOH 发生中和反应,使实验现象不明显,减少误差。第二次和第三次"充分冲洗烧杯"是为了防止不同的生物材料混合,影响实验效果。

(2)HCl 和 NaOH 都有腐蚀性,应避免它与皮肤和眼睛接触,也不要入口。若有溅到皮肤上,要立即用水冲洗 15 min,并尽快告诉老师。

十九、探究生长素类调节剂促进插条生根的最适浓度

1 实验原理和过程

(1)实验原理:适宜浓度的生长素类调节剂促进插条生根,浓度过高或过低都不利于插条生根。

(2)实验材料:绿化树种或花卉(如月季、杨、加拿大杨等)生长旺盛的一年生枝条,常用的生长素类调节剂:α—萘乙酸(NAA)、2,4-D、IPA、IBA 和生根粉等。

(3)方法步骤

①设置生长素类调节剂的浓度梯度:用容量瓶将生长素类调节剂母液分别配成浓度为 0.2、0.4、0.6、0.8、1、2、3、4、5 mg/mL 的溶液,分别放入矿泉水瓶中,深约 3cm。再取一矿泉水瓶,加入

思维火花 Siweihuohua

等量的清水,作为对照,及时贴上相应标签。

②制作插条:将准备好的枝条剪成长约 5～7 cm 的插条,插条的形态学上端为平面,下端要削成斜面,这样在扦插后可增加吸收水分的面积,促进成活;每一枝条留 3～4 个芽,所选枝条的条件应尽量相同。

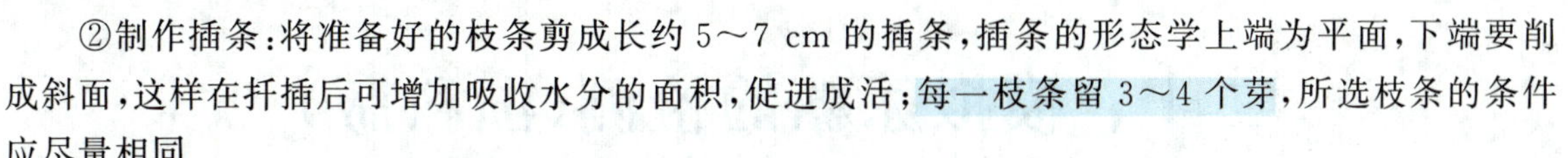

③分组处理:将制作好的插条,分成 10 组(每组不少于 3 个枝条),分别将其基部浸泡在盛有清水和浓度为 0.2、0.4、0.6、0.8、1、2、3、4、5 mg/mL 溶液的矿泉水瓶中,处理几小时至一天。

④进行实验:设置 10 个相同的水培装置,加入等量的完全营养液,在相同的外界条件下,分别培养经不同浓度生长素类调节剂及清水处理过的插条,注意保持温度为 25～30 ℃。

⑤定期观察每组实验材料的生根状况,并记录结果。

(4)实验结果、结论:经过 5 天观察,用浓度为 0.8 mg/mL 和 1 mg/mL 处理过的插条生根最早,生根数最多,所以对于月季或杨等植物来说,促进插条生根的这种生长素类调节剂 NAA 或 2,4-D 等的最适浓度是 0.9 mg/mL。在环境、材料等实验条件不同的情况下,取得的数据会有所不同,可按实际所得的实验数据作结论。

2 考点提示

(1)插条处理方法

①浸泡法:把插条的基部浸泡在配制好的溶液中,深约 3 cm,处理几小时至一天。要求的溶液浓度较低,并且最好是在遮阴和空气湿度较高的地方进行处理。

②沾蘸法:把插条基部在浓度较高的药液中蘸一下,约 5 s,深约 1.5 cm 即可。

(2)各组温度要一致、所用的植物材料条件相同、设置重复组,每组不能少于 3 个枝条。

(3)在本实验中,生长素类调节剂的功能是促进扦插枝条生根,与其促进生长的功能不是一回事。促进扦插枝条生根是指刺激枝条的一端生出许多不定根,而不只是刺激不定根的生长。

(4)在本实验中,若在适宜浓度范围内不能生出不定根,原因可能是枝条质量和规格不好(如没有芽)、枝条倒插等。

(5)预实验的作用

①为进一步的实验摸索条件。

②可以检验实验设计的科学性和可行性,以免由于设计不周,盲目开展实验,造成人力、物力和财力的浪费。

(6)留叶或留芽对实验的影响:凡是带芽或叶的插条,其扦插成活率都比不带芽或叶的插条生根成活率高,但二者并非越多越好。留叶过多,亦不利于生根,因叶片多,蒸腾作用失水多,插条易枯死;留芽过多,分泌较多的生长素,会影响实验的结果,导致结果不准确。所以本实验需要留适当数目的芽。

真题真练

例 440 (2018·浙江 4 月选考·9)某同学进行了 2,4-D 对插枝生根作用的实验,结果如图所示,其中丙是蒸馏水处理组。下列叙述正确的是 ( )

A. 图中纵坐标的名称只能用根数量表示

B. 2,4-D 的浓度是该实验的可变因素

C. 由图中可知甲组的 2,4-D 浓度高于乙组

D. 达到 a 点的生根效果,甲组处理时间比乙组长

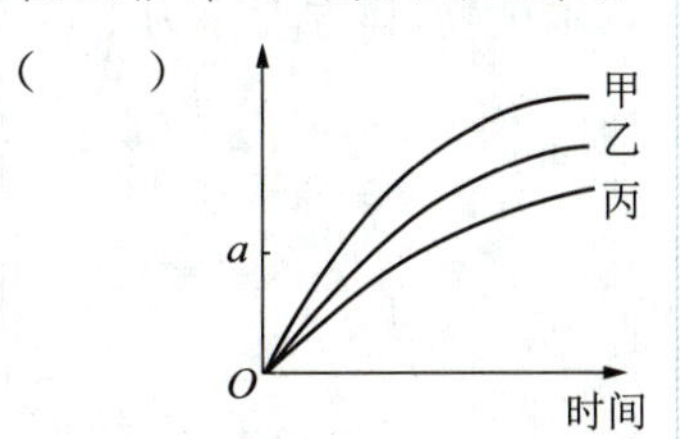

二十、模拟尿糖的检测(浙科版)

1 实验原理和过程

(1)实验原理

葡萄糖 $\xrightarrow{\text{葡萄糖氧化酶}}$ 葡萄糖酸+H_2O_2

H_2O_2 $\xrightarrow{\text{过氧化氢酶}}$ H_2O+O

无色化合物+O ⟶ 有色化合物

葡萄糖试纸是一种酶试纸,由葡萄糖氧化酶、过氧化氢酶和某种无色的化合物固定于滤纸上制成。当尿液滴加到酶试纸上时,尿液中的葡萄糖在葡萄糖氧化酶的催化作用下生成葡萄糖酸和过氧化氢,过氧化氢在酶的催化作用下形成水和原子氧,原子氧可以将试纸上无色的化合物氧化成有色化合物,使试纸呈现特定的颜色,再与标准比色卡比对,即可知道尿样中葡萄糖的含量。

(2)方法步骤

①将 5 个分别装有水、葡萄糖溶液、三份模拟“尿样”的滴瓶和 5 条葡萄糖试纸分别对应做好标记,并在记录本上设计好记录表格。

②分别用滴管从 5 个滴瓶中吸取溶液,在对应的葡萄糖试纸上各滴加 2 滴。

③观察试纸的颜色变化并与标准比色卡对比,判断出“尿糖”的含量。

④将实验结果记在记录表中。

实验记录表格

样品	水	葡萄糖溶液	模拟“尿样”1	模拟“尿样”2	模拟“尿样”3
颜色变化					

二十一、补充实验(5):用样方法调查草地中某种双子叶植物的种群密度

1 实验原理和过程

(1)实验原理:植物的种群密度调查方法为样方法,样方法有三点注意:①选用植物和活动能力弱的动物;②取样的关键是随机取样,常用取样方法:五点取样法、等距取样法;③一般选用双子叶草本植物,样方大小为 1 m×1 m。

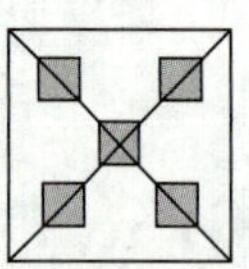
五点取样法

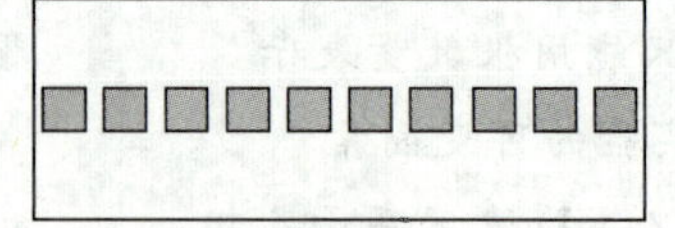
等距取样法

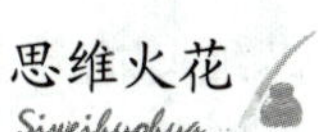

(2)方法步骤

①选定调查对象:某种双子叶植物,如蒲公英。

②选取若干样方:确定样方数量、大小、取样方法,随机取样。

③计数:计数每个样方内的个体数量,求得每个样方的种群密度。

④计算种群密度:计算各个样方种群密度的平均值,作为该种群的种群密度估计值。

2 考点提示

(1)影响种群密度的主要因素

①物种的个体大小:个体大的物种密度低。

②生存资源的供给能力:生存资源丰富的地方种群密度高。

③周期性变化:环境条件的周期性变化引起种群密度周期性变化。如,候鸟飞来时密度较高,飞走后密度为零;蚊子密度夏天高,冬天低。

④外来干扰:如,农田中洒农药后害虫因大量死亡而密度很快下降。

⑤天敌数量的变化:如,猫增多导致鼠密度下降,青蛙增多导致害虫减少。

⑥偶然因素:如,流行病、水灾、旱灾等。

(2)为了便于调查工作的进行,在选择调查对象时,一般选双子叶植物,因为双子叶植物的数量便于统计。

(3)在样方中统计植物数目时,若有植物正好长在边线上,只计算该样方相邻的两条边及其顶角上的植物的数目。记上不记下,记左不计右。

真题真练

例 441 (2016·新课标Ⅱ·5)如果采用样方法调查某地区(甲地)蒲公英的种群密度,下列做法中正确的是 ( )

A. 计数甲地内蒲公英的总数,再除以甲地面积,作为甲地蒲公英的种群密度

B. 计数所有样方内蒲公英的总数,除以甲地面积,作为甲地蒲公英的种群密度

C. 计算出每个样方中蒲公英的密度,求出所有样方蒲公英密度的平均值,作为甲地蒲公英的种群密度

D. 求出所有样方蒲公英的总数,除以所有样方的面积之和,再乘以甲地面积,作为甲地蒲公英的种群密度

二十二、培养液中酵母菌种群数量的变化

1 实验原理和过程

(1)实验原理

①酵母菌可以用液体培养基来培养,培养液中的酵母菌种群的增长情况与培养液中的成分、空间、pH、温度等因素有关,我们可以根据培养液中的酵母菌数量和时间为坐标轴作曲线,从而掌握

思维火花 Siweihuohua

酵母菌种群数量的变化情况。

②在理想的无限环境中，酵母菌种群呈“J”型增长；自然界中资源和空间总是有限的，酵母菌种群呈“S”型增长。

③利用血球计数板在显微镜下直接计数是一种常用的细胞计数法，这种方法可以直接测定样品中全部的细胞数目，所以一般用于单细胞微生物数量的测定。由于血球计数板上的计数室盖上盖玻片后的容积是一定的，所以可根据在显微镜下观察到的细胞数目来计算单位体积的细胞的总数目。

(2)实验材料：酵母菌菌种，无菌马铃薯培养液或肉汤培养液。

(3)方法步骤

①取相同试管若干支，分别加入 5 mL 肉汤培养液，塞上棉塞。

②用高压锅进行高压蒸汽灭菌后冷却至室温，标记甲、乙、丙等。

③将酵母菌母液分别加入试管各 5 mL，摇匀后用血球计数板计数起始酵母菌个数，做好记录。

④将各试管送进恒温箱，25 ℃下培养 7 天。

⑤每天同一时间，各组取出本组的试管，用血球计数板计数酵母菌个数，并做记录，连续观察 7 天。

(4)血球计数板的使用

①16 格×25 格计数板计算公式：$\frac{\text{酵母菌细胞数}}{\text{mL}}=\frac{\text{100 小格内酵母菌细胞个数}}{100}\times 4\times 10^{6}\times$稀释倍数

②25 格×16 格计数板计算公式：$\frac{\text{酵母菌细胞数}}{\text{mL}}=\frac{\text{80 小格内酵母菌细胞个数}}{80}\times 4\times 10^{6}\times$稀释倍数

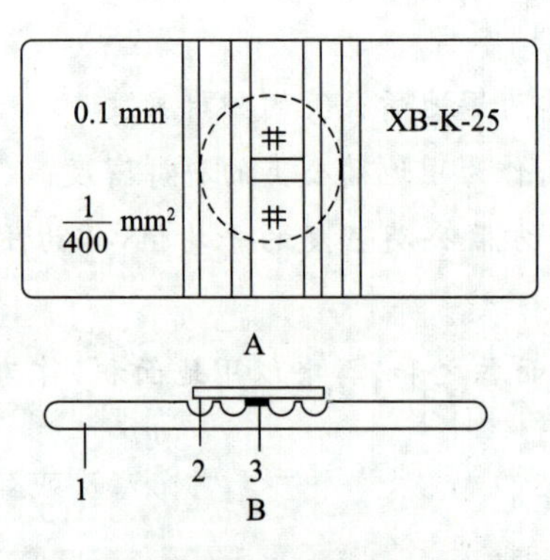

血细胞计数板构造(一)
A.正面图;B.纵切面图
1.血细胞计数板；2.盖玻片；3.计数室

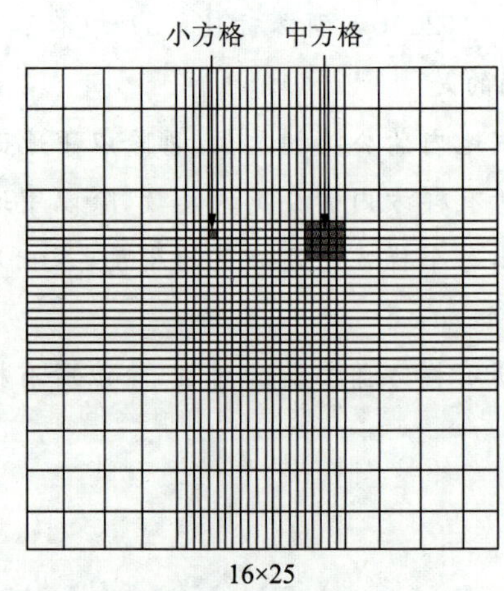

血细胞计数板构造(二)
放大后的方网格，中间大方格计数室

(5)实验结论：培养液酵母菌种群数量随时间呈“S”型增长变化。

2 考点提示

(1)显微计数时，对于压在小方格边线上的酵母菌，应只计固定的相邻两个边及其顶角的酵母菌。

(2)从试管中吸出培养液进行计数前，需将试管轻轻振荡几次，目的是使培养液中的酵母菌均

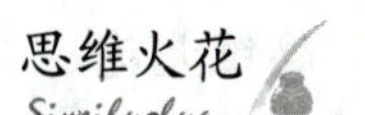

匀分布，减小误差。

(3)如果一个小方格内酵母菌过多，应摇匀试管取 1 mL 酵母菌培养液稀释几倍后，再用血球计数板计数，所得数值除以稀释倍数，即为 1 mL 酵母菌原液中酵母菌个数。

(4)本探究不需要设置对照组，本实验目的旨在探究培养液中酵母菌在一定条件下的种群数量变化，只要分组重复实验，获得平均数值，求得准确即可。

(5)结果记录最好用记录表，如下：

时间/天	1	2	3	4	5	6	……
数量/个							……

(6)每天计数酵母菌数量的时间要固定。

(7)培养和记录过程要尊重事实，不能主观臆造。

真题真练

例 442 (2020·江苏·10) 下列关于“探究培养液中酵母菌种群数量的动态变化”实验的叙述，错误的是 ( )

A. 将酵母菌接种到培养液中，并进行第一次计数

B. 从静置的培养液中取适量上清液，用血细胞计数板计数

C. 每天定时取样，测定酵母菌细胞数量，绘制种群数量动态变化曲线

D. 营养条件是影响酵母菌种群数量动态变化的因素之一

二十三、研究土壤中小动物类群的丰富度

1 实验原理和过程

(1)实验原理

①土壤不仅为植物提供水分和矿质元素，也是一些动物的良好栖息场所。研究土壤中动物类群的丰富度，操作简便，有助于理解群落的基本特征与结构。

②土壤动物的特点：有较强的活动能力，而且身体微小，因此不适于用样方法或标志重捕法进行调查。在进行这类研究时，常用取样器取样的方法进行采集、调查。

③丰富度的统计方法：记名计算法和目测估计法。

a. 记名计算法是指在一定面积的样地中，直接数出各个种群的个体数目，这一般用于个体较大、种群数量有限的物种。

b. 目测估计法是按预先确定的多度等级来估计单位面积中的种群数量。等级的划分和表示方法有非常多、多、较多、较少、少、很少，等等。

思维火花 Siweihuohua

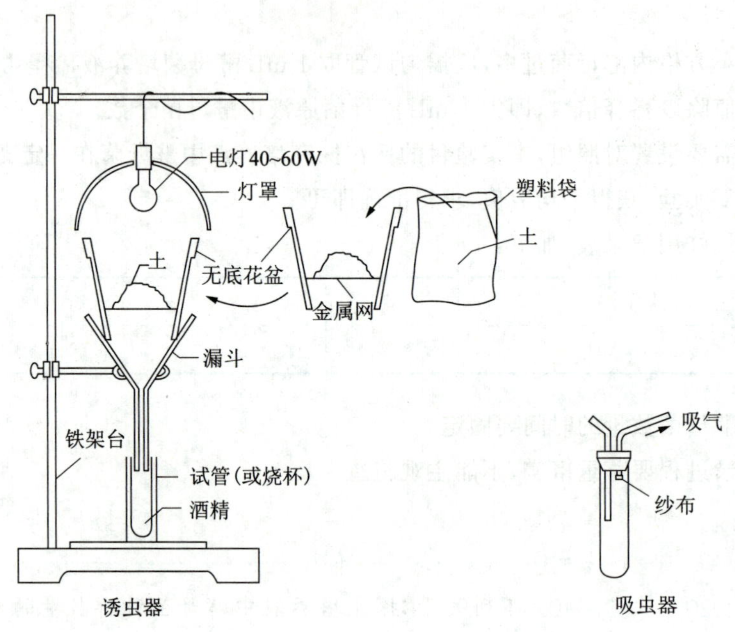

(2)方法步骤

①取样:取样可以在野外用取样器取样的方法进行采集、调查,即用一定规格的捕捉器,如,采集罐、吸虫器等进行取样,在实验室进行观察。

②采集小动物:使用诱虫器取样,比较方便,且效果较好,但时间可能要长一些。也可采用简易采集法:将采集到的土壤放在瓷盆内,用解剖针拨找小动物,同时用放大镜观察,发现体型较大的动物,可用包着纱布的镊子取出,体形较小的动物可用吸虫管采集。采集到的小动物可放入酒精中,也可将活着的小动物放入试管中。

③观察和分类:需要借助动物分类的专业知识。

④统计和分析:要求设计一个数据收集和统计表,并据此进行数据分析。

2 考点提示

(1)进行这类调查常采用取样器取样法,而不适用样方法和标志重捕法,原因是许多土壤动物有较强的活动能力,而且身体微小。

(2)对土样中的小动物进行采集时,在诱虫器上方通常要放置并打开 40~60 W 的电灯,这样做利用了土壤动物趋暗、趋湿、避高温的特性,使土壤动物从土样进入诱虫器下部的试管中,达到采集目的。

二十四、补充实验(6):探究土壤微生物的分解作用

1 实验设计

(1)将取自农田、林地或花盆等处的土壤放入里面垫有厚纱布的烧杯中,加水搅拌,然后将纱布连同土壤一起取出。将留在烧杯中的土壤浸出液静置一段时间备用。

思维火花 Siweihuohua

(2)另取两只烧杯,编号为A、B,放入等量淀粉糊。在A烧杯中加入30 mL土壤浸出液,B烧杯中加入30 mL蒸馏水。

(3)在室温(20 ℃左右)下放置7 d后,分别取A、B烧杯中的溶液20 mL,各放入两支试管中,分别编号为A_1、A_2,B_1、B_2。

(4)在A_1、B_1中加入碘液,在A_2、B_2中加入斐林试剂。

(5)观察试管中溶液的颜色变化,记录实验结果。

2 实验结果

<table>
<tr><th colspan="2"></th><th>案例1</th><th colspan="3">案例2</th></tr>
<tr><td colspan="2">实验假设</td><td>微生物能分解落叶使之腐烂</td><td colspan="3">微生物能分解淀粉</td></tr>
<tr><td rowspan="3">实验设计</td><td>实验组</td><td>对土壤高温处理</td><td colspan="3">A杯中加入30 mL土壤浸出液</td></tr>
<tr><td>对照组</td><td>对土壤不做任何处理</td><td colspan="3">B杯中加入30 mL蒸馏水</td></tr>
<tr><td>自变量</td><td>土壤中是否含微生物</td><td colspan="3">土壤中是否含有微生物</td></tr>
<tr><td colspan="2" rowspan="4">实验现象</td><td rowspan="4">在相同时间内实验组落叶腐烂程度小于对照组</td><td rowspan="2">A</td><td>A_1</td><td>不变蓝</td></tr>
<tr><td>A_2</td><td>产生砖红色沉淀</td></tr>
<tr><td rowspan="2">B</td><td>B_1</td><td>变蓝</td></tr>
<tr><td>B_2</td><td>不产生砖红色沉淀</td></tr>
<tr><td colspan="2">结论分析</td><td>微生物对落叶有分解作用</td><td colspan="3">土壤浸出液中微生物能分解淀粉</td></tr>
</table>

二十五、设计并制作生态缸,观察其稳定性

1 实验原理和过程

(1)实验原理:生态系统的稳定性与它的物种组成、营养结构和非生物因素都有着密切的关系。将少量植物,以这些植物为食的动物和其他非生物物质放入一个密封的玻璃缸中,便形成一个人工模拟的微型生态系统——生态缸。

(2)实验材料:蚯蚓8~10条,蜗牛5~7只,小乌龟2~3只,仙人掌或仙人球2~3株,浮萍,水草,蕨类植物和一些低矮杂草,粘胶足量,沙土8~10 kg,玻璃板4~5 m^2。

(3)方法步骤:

①按100 cm×70 cm×50 cm的标准制作生态缸框架。

②在生态缸内底部铺垫沙土和花土,花土在下,一边高,一边低;沙土在上,沙土层厚度为5~10 cm。在缸内低处倒进水。将收集或收购的动物和植物放在生态缸中,其中浮萍、水草与小乌龟放在水中,仙人掌或仙人球移植到沙土上,蕨类植物和杂草移植到花土上,蚯蚓和蜗牛也放置在花土上。

③封上生态缸盖。将生态缸放置于室内通风、光线良好的地方,但要避免阳光直接照射。

④每一个星期观察一次生态缸内的生物种类与数量变化,并且进行记录。

(4)结果记录:生态缸稳定性观察与分析

①观察稳定性,可通过观察动植物的生活情况、水质变化、基质变化等判断生态系统的稳定性。

②由于生态缸极为简单,自我调节能力极差,抵抗力稳定性极低,其稳定性易被破坏。因此,生态缸内的生物只能保持一定时间的活性。

2 总结:生态缸的设计要求及相关分析

设计要求	相关分析
生态缸是封闭的	防止外界生物或非生物因素的干扰
生态缸中投放的几种生物必须具有很强的生活力,成分齐全,包括生产者、消费者、分解者	生态缸中能够进行物质循环和能量流动,在一定时期内保持稳定
生态缸的材料必须透明	为光合作用提供光能;保持生态缸内温度;便于观察
生态缸宜小不宜大,缸中水量应占其容积的4/5,要留一定空间	便于操作,缸内储备一定量的空气
生态缸的采光用较强的散射光	防止水温过高,导致水生植物死亡
选择的动物不宜太多,个体不宜太大	减少对 O_2 的消耗,防止生产量<消耗量

真题真练

例 443 (2014·海南·9)将水生植物和小鱼放入盛有水的玻璃缸中,密闭后置于光照、温度等适宜条件下。下列相关叙述,错误的是 ( )

A. 植物为鱼的生存提供氧气

B. 鱼可为植物的光合作用生存提供 CO_2

C. 能量流动可以从植物到鱼,也可以由鱼到植物

D. 若该玻璃缸长期置于黑暗中,鱼和植物将会死亡

the END

答案及详解

德叔寄语

题目通常都有标准答案，但人生没有，你不用活成别人想要的样子，你有自己的目标，你有自己的方式，你有你的精彩人生，你就是你！

李德

模块一　细胞的结构

一、细胞中的元素和化合物

例1　答案：A

解析：

A. Si这个点是教材特别提到的实验案例，所以常考，水稻吸收Si特别多，而番茄几乎不需要。

B. 干重和鲜重的元素排序不同，但是含量最多的都是它们四个。

C. 主动运输需要消耗能量，一般的能量形式都是ATP，当然在协同运输中，主动运输消耗的不是ATP。

D. 豆科植物和根瘤菌的互利共生的建立基础是豆科为根瘤菌提供有机物，而根瘤菌固氮之后能够形成植物能用的含氮化合物，所以植物中豆科植物蛋白质含量高于其他植物，这件事告诉我们，多吃豆腐有利于生长发育。

例2　答案：C

解析：

B. 脱氧核苷酸由脱氧核糖、磷酸、含氮碱基组成，当然有氮元素。而脂肪酸，真的没有氮元素，仅有C、H、O。

C. 主动运输意味着通过耗能主动摄取或排出相关物质，主动调控细胞中元素与化合物的稳定。

Tips：含氮碱基、氨基均含有氮元素，故其组成的核苷酸、氨基酸含氮，相应的大分子核酸、蛋白质亦含氮。

例3　答案：D

解析：

A. 卡尔文利用^{14}C标记CO_2，从而探明光合作用中有机物的转化途径为$CO_2 \to C_3 \to (CH_2O)_n$。

B. 赫尔希和蔡斯利用^{35}S和^{32}P标记噬菌体，结果证明了噬菌体侵染细菌时DNA注入到细菌中，从而证明DNA是遗传物质。

C. 梅塞尔森的DNA半保留复制中，用^{15}N标记亲本链，^{14}N标记子代链，从而证明DNA的复制是半保留复制。

D. 温特的实验中没有用到同位素标记法。

例4　答案：A

解析：

A. DNA复制需要DNA做模板、脱氧核苷酸、ATP和DNA聚合酶。

B. mRNA与核糖体结合，核糖体开始翻译mRNA上的密码子，需要tRNA运输氨基酸，不需要脱氧核苷酸。

C. 分泌蛋白的运输需要内质网的加工，形成囊泡运到高尔基体，加工、分类和包装，形成分泌小泡，运到细胞膜，胞吐出去，与脱氧核苷酸无关。

D. 细胞膜脂质的流动与物质跨膜运输有关，无需脱氧核苷酸。

例5　答案：B

解析：

A. 脂肪酶的本质是蛋白质，元素组成是C、H、O、N，胆固醇和脂肪酸无N。

B. 淀粉、半乳糖、糖原属于糖类，元素组成相同，都是C、H、O。

C. 氨基酸是蛋白质的基本单位，元素组成是C、H、O、N，核苷酸是核酸的基本单位，元素组成是C、H、O、N、P，丙酮酸是糖酵解的产物，元素组成是C、H、O，三者元素组成不同。

D. 性激素属于固醇，元素组成是C、H、O，生长激素和胰岛素属于蛋白质类激素，其元素组成是C、H、O、N等，三者元素组成不同。

例6　答案：

(1)蛋白质　核酸　叶绿素

(2)Fe

(3)氮、磷　氮、磷　镁是叶绿素的组成元素，缺镁时植物合成叶绿素受阻，叶片呈类胡萝卜素的颜色即黄色

解析：

(1)核糖体是翻译的场所，即以mRNA为模板合成蛋白质；

细胞核中通过DNA复制合成DNA(脱氧核糖核酸)、通过转录过程合成RNA(核糖核酸)；

叶绿体内的光合色素包括叶绿素a(C、H、O、N、Mg)、叶绿素b(C、H、O、N、Mg)、胡萝卜素(C、H)和叶黄素(C、H、O)。

(2)固定元素搭配：铁——血红蛋白、镁——叶绿素、碘——甲状腺激素。

(3)直接能源物质：ATP，由腺苷(含氮碱基之一腺嘌呤＋核糖)和磷酸组成，故元素组成为C、H、O、N、P；

细胞膜由蛋白质、磷酸和少量的糖组成，故元素组成有C、H、O、N、P；

镁是叶绿素的组成元素，缺镁就变黄。

例7　答案：C

解析：

A. 水是植物细胞液的主要成分，细胞液主要存在于液泡中，充盈的液泡使植物细胞保持坚挺，故根系吸收的水有利于植物保持固有姿态。

B. 结合水与细胞内其他物质相结合，是植物细胞结构的重要组成成分。

C. 细胞的有氧呼吸第二阶段消耗水，第三阶段产生水。

D. 自由水参与细胞代谢活动，故自由水和结合水比值的改变会影响细胞的代谢活动，自由水与结合水比值越高，细胞代谢越旺盛，反之亦然。

例 8 答案：C

解析：种子风干过程中，失水，自由水含量降低，结合水相对含量升高；代谢减慢、细胞呼吸减弱、有机物的消耗减慢，抗逆性增强。

例 9 答案：D

解析：

A. 根细胞中的 K^+ 的运输需要载体，不能自由扩散。

B. 矿质元素离子在细胞内积累导致细胞内渗透压升高，吸水能力增强。

D. 细胞中的自由水参与化学反应。

例 10 答案：D

解析：

A. 自由水是生化反应的介质，可直接参与生化反应。

B. 结合水是细胞结构的重要组成成分，液泡中的水为自由水。

C. 无机盐参与维持细胞的酸碱平衡，也参与有机物的合成。

例 11 答案：C

解析：

A. 植物细胞壁的成分是纤维素和果胶。淀粉是储能物质。

B. 单糖、二糖、多糖的组成元素均为 C、H、O，淀粉和纤维素虽然名字不带“糖”，但化学本质属于多糖。

D. 高中生物学的三种多糖——淀粉、纤维素、糖原，均由葡萄糖聚合而成。

例 12 答案：D

解析：

A. 单糖不能进一步水解，但可以氧化分解为 CO_2。

B. 淀粉、糖原、纤维素均由葡萄糖组成。

例 13 答案：C

解析：

A. 组成脂肪与糖原的元素种类相同，都是 C、H、O。

B. 脂肪的水解产物是甘油和脂肪酸，磷脂的水解产物除甘油和脂肪酸外，还有磷酸等其他物质。

D. 维生素 D 不是构成骨骼的主要成分，但是，维生素 D 能促进小肠对钙、磷的吸收，缺乏维生素 D 会影响骨骼发育。

例 14 答案：B

解析：

B. 磷脂酶水解磷脂，不能水解膜蛋白。

例 15 答案：C

解析：

A. 苏丹Ⅲ→橘黄色，苏丹Ⅳ→红色。

B. 磷脂主要组成膜结构，脂类中性激素参与生命活动的调节。

C. 胆固醇镶嵌在细胞膜中，为细胞膜的结构提供稳定性，使膜具有刚性。

D. 植物蜡保护植物细胞，非膜组分。

例 16 答案：B

解析：

A. 脂质包括脂肪、磷脂、固醇，固醇包括胆固醇、性激素、维生素 D。

B. 脂质中有些物质含 P(如磷脂)，有些不含 P(如脂肪)；而糖原作为糖类，仅含 C、H、O。

高频考点：糖类仅含 C、H、O。

例 17 答案：D

解析：

A. 油菜种子储存了大量的营养物质，光合作用的产物是糖类，源源不断运输到油菜种子中，所以导致种子的质量不断增加。

B. 淀粉属于糖类物质，细胞代谢需要糖类物质，所以细胞代谢利用大量糖类，导致淀粉含量降低。

C. 根据图形的曲线分析可知，糖类物质不断地下降，而脂肪的含量却不断地上升，说明糖类不断转化为脂质，导致脂质含量持续增加。

D. 蛋白质是细胞结构成分，糖类可以转化为蛋白质，但是含氮物质含量不变，这是因为种子干重增加，所以蛋白质总量实际在增加，因此糖类能转化为蛋白质。

例 18 答案：

(1)苏丹Ⅲ(Ⅳ)　橘黄(红)

(2)O

(3)适宜的光照　所需的矿质元素

解析：

(1)种子的胚乳贮存营养物质，如果要观察胚乳中的脂肪，常用苏丹Ⅲ(Ⅳ)染液对种子胚乳切片染色，然后在显微镜下观察，可见橘黄色(红色)的脂肪微粒。

(2)种子萌发时首先必须进行大分子有机物的水解，这需要种子吸收大量的水分。干重增加应该是脂肪水解时加入的水的质量，故导致萌发种子干重增加的主要元素是氧。

(3)如果要使萌发种子(含幼苗)的干重增加，幼苗必须进行光合作用，提供的条件是适宜的光照、所需的矿质元素。

例 19 答案：

(1)结合水　自由水

(2)小于　大于

解析：

(2)据图示可知，在阶段Ⅱ，种子含水量没有多大变化，故种子吸水速率小于阶段Ⅰ；而随自由水含量的增加，代谢强度大大增加，故呼吸速率大于阶段Ⅰ。

例 20　答案：

(1)葡萄糖　呼吸(或生物氧化)

(2)72～96　26.5

(3)22

(4)下降　幼苗呼吸作用消耗有机物，且不能进行光合作用

解析：

(2)通过对图中"萌发种子直接烘干称重"那条曲线上各时间段的数据进行处理，可依次计算出 0～24 小时为 15.4 mg；24～48 小时为 0.6 mg；48～72 小时为 1.1 mg；72～96 小时为 204.2－177.7＝26.5 mg；96～120 小时为 5.0 mg。因此萌发过程中在 72～96 小时之间种子的呼吸速率最大。

(3)结合呼吸作用所消耗的有机物量＝胚乳减少的干重－转化成幼苗的组成物质，计算出 72～96 小时为 43.6－26.5＝17.1 mg，96～120 小时为 27－5＝22 mg，最大转化速率为 22 mg·粒$^{-1}$·d^{-1}。

例 21　答案：A

解析：

A. 血红蛋白属于蛋白质，它的单体是氨基酸，最多可有 21 种。

B. DNA 的单体是脱氧核糖核苷酸，有 4 种。

C. 淀粉属于多糖，它的单体是葡萄糖，有 1 种。

D. 纤维素属于多糖，它的单体是葡萄糖，有 1 种。

例 22　答案：C

解析：

C. Mg^{2+} 是叶绿素的组成成分，Fe^{2+} 参与组成血红蛋白。

例 23　答案：B

解析：

B. 激素与其相应受体结合，而不是载体。

C. 类囊体膜发生光反应，合成 ATP；叶绿体基质发生暗反应，水解 ATP。

D. 细胞癌变后，细胞膜成分发生变化，可引起机体特异性免疫反应。

Tips：激素、神经递质、淋巴因子等信息分子均与其受体结合。酶与其催化底物结合，如淀粉酶与淀粉，或启动相关过程，如 DNA 复制中解旋酶与 DNA 结合、转录过程中 RNA 聚合酶与 DNA 结合。抗原与抗体特异性结合。

例 24　答案：A

解析：

A. 细胞膜上负责转运氨基酸的载体是蛋白质，而细胞质基质中负责转运氨基酸的载体是 tRNA。

B. 脱水缩合是指一个氨基酸分子的羧基和另一个氨基酸分子的氨基相连接，同时脱出一分子水，所以脱去的水分子中的氢原子来自氨基和羧基。

C. 细胞内蛋白质发生水解时，通常需要水解酶的参与，而水解酶是另一种蛋白质。

D. 蛋白质的基本性质不仅与碳骨架有关，而且也与 R 基团相关。

例 25　答案：D

解析：该蛋白质的肽键数是 98，因此在氨基酸脱水缩合反应过程中脱去了 98 分子水，所以此蛋白质的相对分子质量减少了 98×18＝1 764。

例 26　答案：D

解析：

(1)已知该蛋白质有氨基酸 801 个，含有 2 条肽链，所以氨基酸脱水缩合反应过程中形成的肽键数＝脱去的水分子数＝氨基酸数目－肽链数目＝801－2＝799 个。

(2)该蛋白质中氨基总数为 811 个，说明 R 基团上有氨基 811－801＝10 个，则 801 个氨基酸形成的蛋白质的氨基数＝R 基团上氨基数＋肽链数＝10＋2＝12 个。

(3)该蛋白质中羧基总数为 809 个，说明 R 基团上有羧基 809－801＝8 个，则 801 个氨基酸形成的蛋白质的羧基数＝R 基团上羧基数＋肽链数＝8＋2＝10 个。

例 27　答案：D

解析：氨基酸的结构通式为 $NH_2—\overset{\displaystyle R}{\underset{\displaystyle H}{\overset{|}{\underset{|}{C}}}}—COOH$，已知丙氨酸的 R 基为$—CH_3$，谷氨酸的 R 基是$—CH_2—CH_2—COOH$，将其代入氨基酸的结构通式即可写出丙氨酸的分子结构式($C_3H_7O_2N$)和谷氨酸的分子结构式($C_5H_9O_4N$)。它们缩合形成的二肽的分子式为 $C_3H_7O_2N＋C_5H_9O_4N－H_2O＝C_8H_{14}O_5N_2$，其中 C、H、O 的原子比例为 8∶14∶5。

例 28　答案：C

解析：甘氨酸($C_2H_5O_2N$)、丙氨酸($C_3H_7O_2N$)、苯丙氨酸($C_9H_{11}O_2N$)、谷氨酸($C_5H_9O_4N$)，都只含有一个 N 原子，因此参与该"毒性肽"合成的氨基酸分子数为 10 个。该多肽是由 10 个氨基酸脱去 9 分子水形成的十肽化合物。

例 29 答案：D

解析：图示为某直链多肽(分子式为 $C_{22}H_{34}O_{13}N_6$)水解后产生的 3 种氨基酸，这 3 种氨基酸均只含有 1 个 N 原子，因此根据多肽中的 N 原子数目可知该多肽是由 6 个氨基酸脱水缩合形成的；这 3 种氨基酸中只有谷氨酸含有 2 个羧基，根据氧原子数目可知，多肽中的氧原子数＝谷氨酸×4＋(6－谷氨酸数)×2－5＝13，计算可知谷氨酸数目为 3 个，再根据碳原子数目可知，甘氨酸为 2 个、丙氨酸为 1 个。

A. 由以上分析知，该多肽为六肽，合成 1 分子该物质所产生的水分子数＝氨基酸数－肽链数＝6－1＝5 个。

B. 该化合物含有 3 种氨基酸，由于密码子具有简并性，因此 mRNA 上的密码子至少是 3 种，tRNA 上有与密码子互补配对的反密码子，因此 tRNA 至少是 3 种。

C. 构成该多肽的三种氨基酸的 R 基中均不含氨基，只有谷氨酸的 R 基中含有羧基(1 个)，所以该多肽分子含有的游离氨基数＝肽链数＝1 个、游离羧基数＝肽链数＋R 基中含有的羧基数＝1＋1×3＝4 个。

例 30 答案：C

解析：由题意可知，足量的甲、乙、丙三种氨基酸，它们能形成的三肽的种类由氨基酸的种类、排列顺序决定，即为 $3\times3\times3=3^3=27$ 种；由甲、乙、丙三种氨基酸形成的含有三种氨基酸的三肽的种类只由氨基酸的排列顺序决定，即为 $3\times2\times1=6$ 种。

例 31 答案：B

解析：

A. 如果丙氨酸在多肽链的氨基端，去掉丙氨酸，该多肽将减少一个肽键，肽键含有一个氧原子，因此氧原子数量减少 1。

B. 如果丙氨酸在多肽链的中间，去掉丙氨酸，该多肽少了两个肽键，但是多了一个羧基，因此氧原子数量不变。

C. 如果丙氨酸在多肽链的羧基端，去掉丙氨酸，该多肽将减少一个肽键，因此氧原子的数量减少 1。

D. 由 A、B、C 三项可得，剩余的产物中氧原子的数量减少 1 或 0。

例 32 答案：D

解析：

A. 在该过程中，脱去 4 个丙氨酸，需要断裂 7 个肽键，需要 7 分子水，增加 7 个氧原子，而每个丙氨酸含 2 个氧原子，共去掉 8 个氧原子，因此 O 原子数目减少 1 个。

B. 一条肽链至少含有一个氨基和一个羧基，脱去 4 个氨基酸形成 4 条短肽链后，至少含有 4 个氨基和 4 个羧基，因此氨基和羧基数目分别增加 3 个。

C. 一条肽链至少含有一个羧基，如果新生的 4 条肽链总共有 5 个羧基，那么其中必有 1 个羧基在 R 基上。

D. 在该过程中，脱去 8 号、18 号、27 号氨基酸时每脱去一个氨基酸需要水解 2 个肽键，脱去 39 号氨基酸时只脱去一个肽键，因此脱去 4 个丙氨酸需要水解 7 个肽键。

例 33 答案：D

解析：由题意中，该蛋白质是由环肽组成的，肽键数是 100，因此氨基酸数、脱去的水分子数都是 100，如果氨基酸的平均分子量是 128，则此蛋白质的分子量接近 $128\times100-18\times100=11\ 000$。

例 34 答案：B

解析：

A. 该环状多肽有 17 个氨基酸，又由于此环肽含 3 个谷氨酸残基，因此该多肽最多有 15 种氨基酸。

B. 环状多肽中氧原子数至少＝肽键数＋R 基中氧原子数＝17＋3×2＝23 个。

C. 由于此环肽含 3 个谷氨酸残基，因此至少含有 3 个游离的羧基。

D. 由于环状肽中只有 17 个氨基酸，因此最多有 17 种 tRNA 参与翻译。

例 35 答案：C

解析：

A. tRNA 为三叶草结构，亦有碱基互补配对的区域，含氢键。

B、C. 真核细胞与原核细胞的遗传物质均为 DNA，细胞内含有 DNA 和 RNA；病毒的遗传物质为 DNA 或 RNA，仅有一种核酸。

D. 叶绿体和线粒体均为半自主性细胞器，类似原核细胞，含有 DNA 和 RNA，可发生 DNA 复制、转录、翻译。核糖体由 rRNA 和蛋白质组成。

例 36 答案：B

解析：

A. 核酸与 ATP 的组成元素：C、H、O、N、P；蛋白质的组成元素：C、H、O、N、S；糖类的组成元素：C、H、O。

B. 细胞内 DNA(脱氧核糖核酸)的合成通过 DNA 复制完成，需要解旋酶和 DNA 聚合酶；RNA(核糖核酸)的合成通过转录过程，需要 RNA 聚合酶。

C. 蛋白质的分解需要蛋白酶，蛋白酶经过转录翻译合成，核酸间接参与。

D. 高温、过酸、过碱破坏蛋白质空间结构，并不是断裂肽键；核酸分子中有氢键、磷酸二酯键，无肽键，高温可破坏氢键。

例 37 答案：C

解析：

A. DNA和蛋白质都含有C、H、O、N元素。

B. 蛋白质的基本单位是氨基酸，DNA的基本单位是脱氧核苷酸。

C. DNA分子一般是规则的双螺旋结构，蛋白质结构具有多样性。

D. DNA合成以DNA的两条链为模板，需要解旋酶、DNA聚合酶等，需要能量；蛋白质合成以mRNA为模板，也需要酶和能量。

例 38 答案：C

解析：

A. DNA双链中A=T，C=G，故(A+C)/(T+G)恒等于1。

B、D. 根据碱基互补配对原则，一条链中A=互补链中T，故B项的横纵坐标互为倒数[即 $y=1/(x)$]，D项中横纵坐标值相等(即 $y=x$)。

C. 碱基占总链的比值，等于占每条链的平均值，单链中A+T占单链的比值=双链中A+T占双链的比值。

例 39 答案：B

解析：

A. 各种生物大分子的基本骨架是碳链。

B. 多糖、蛋白质和核酸等有机物都是生物大分子，而单糖、二糖和脂质不是生物大分子。

C. 种类繁多的生物大分子是由种类较少的单体脱水形成的。

D. 基本单位形成生物大分子需要酶的催化。

例 40 答案：C

解析：

A. 酶的化学本质是蛋白质或RNA，抗体的化学本质是蛋白质，激素的化学本质是有机物，如蛋白质、氨基酸的衍生物、脂质等，只有蛋白质才是由氨基酸通过肽键连接而成的。

B. 糖原是生物大分子，脂肪不是生物大分子，且激素不一定是大分子物质，如甲状腺激素是含碘的氨基酸。

C. 酶的化学本质是蛋白质或RNA，抗体的化学成分是蛋白质，蛋白质是由氨基酸连接而成的多聚体，核酸是由核苷酸连接而成的多聚体，氨基酸和核苷酸都含有氮元素。

D. 人体主要的能源物质是糖类，核酸是生物的遗传物质，脂肪是机体主要的储能物质。

二、细胞学基础

例 41 答案：C

解析：

C. 高频考点：生物的变异是不定向的。

例 42 答案：B

解析：

B. “结构相似”，故指向统一性。

例 43 答案：D

解析：

A. 原核细胞和真核细胞都有细胞膜，其基本结构都是脂双层。

B. 原核细胞和真核细胞的遗传物质都是DNA。

C. 原核细胞和真核细胞的蛋白质都是在其核糖体上合成的。

D. 原核细胞的分裂方式为二分裂。

例 44 答案：A

解析：

A. 线粒体是有氧呼吸的主要场所，根据细胞代谢需要，线粒体可在细胞质基质中移动和增殖。

B. 细胞质基质、线粒体基质和叶绿体基质所含核酸的种类不完全相同，则功能也不同。

C. 胰腺外分泌细胞能产生分泌蛋白，故内质网非常发达。

D. 高尔基体与分泌蛋白的加工、包装和膜泡运输紧密相关，而蛋白质合成场所是核糖体。

例 45 答案：C

解析：

A. 蓝藻属于原核生物，原核细胞中没有叶绿体，但含有藻蓝素和叶绿素，能够进行光合作用。

B. 酵母菌属于真核生物中的真菌，有细胞壁和核糖体。

C. 破伤风杆菌属于原核生物，原核细胞中没有线粒体。破伤风杆菌是厌氧微生物，只能进行无氧呼吸。

D. 支原体属于原核生物，没有核膜包被的细胞核，仅含有核糖体这一种细胞器，拟核内DNA裸露，无染色质。

例 46 答案：D

解析：

A. 原核生物仅含核糖体一种细胞器，真核生物含多种细胞器。

B. 活细胞对物质进出细胞都具有一定的选择性。

C. 拟核为大型环状DNA，质粒为小型环状DNA。

D. 原核生物无叶绿体、线粒体，但有些原核生物(如蓝藻)含有氧呼吸相关的酶，可进行有氧呼吸，含叶绿素和藻蓝素，可进行光合作用。

例 47 答案：B

解析：

A. 戴口罩可以减少病原微生物通过飞沫在人与人之间的传播。

B. 病毒无细胞结构，只能寄生于活细胞才能生存，不能在餐具上增殖。

C. 蛋白质在高温下容易变性，使得蛋白质的空间结构受到破坏，煮沸处理餐具可杀死病原体。

D. 生活中接触的物体表面可能存在病原微生物，勤洗手可将病原微生物冲走，降低感染风险。

例 48 答案：D

解析：

A. 新冠病毒进入宿主细胞的方式是胞吞。

B. 新冠病毒无核糖体，只能利用宿主细胞的核糖体进行蛋白质合成。

C. 新冠病毒的遗传物质是 RNA，肺炎双球菌的遗传物质是 DNA，两者含有的核苷酸不相同。

D. 新冠病毒或肺炎双球菌的某些蛋白质可作为抗原引起机体免疫反应。

例 49 答案：C

解析：

A. 有的病毒经灭活处理后，可用于细胞工程中介导动物细胞的融合，如灭活的病毒。

B. 适当增加机体内参与免疫的细胞数量与活性，可以参与免疫调节中的体液和细胞免疫，尽可能杀死更多的病毒，可提高对新型冠状病毒的抵御能力。

C. 在某人的分泌物中检测到新型冠状病毒，是因为病毒浸入细胞后大量繁殖，病毒从细胞中释放出来，不能说明该病毒的增殖不依赖于宿主细胞。

D. 用高温高压处理病毒使其失去感染能力，原因之一是病毒的蛋白质在高温高压下，空间结构发生变化，肽链松散，发生了变性。

例 50 答案：D

解析：

D. 消毒酒精的浓度为 75%，酒精进入人体后会被代谢，不可以使细胞内的病毒蛋白变性。

三、细胞的结构

例 51 答案：C

解析：

C. 甘油、乙醇、性激素均为脂溶性小分子，以自由扩散方式进出细胞。

例 52 答案：D

解析：激素的特点：微量高效、通过体液运输、作用于靶细胞（靶器官）、作用后被灭活。

细胞间信息传递方式：信息分子（激素、淋巴因子等）与受体结合、细胞间直接接触（如精子与卵细胞）、细胞间通道（如胞间连丝）。

例 53 答案：D

解析：

A. ①是糖蛋白，只存在细胞膜的外侧。

B. ②是磷脂分子，具有亲水性的头部和疏水性的尾部，因此其可自发形成双层结构，而核糖体的形成与核仁有关。

C. ③是胆固醇，不具有催化作用。

D. ④是蛋白质，有脂溶性和水溶性两部分，使得其在脂双层中存在的方式不同，有些蛋白质具有载体的功能，控制物质进出细胞。

例 54 答案：A

解析：

A. 线粒体具有双层膜结构，内、外膜上所含酶的种类不相同。

C. 溶酶体能分解衰老、损伤的细胞器，吞噬并杀死侵入细胞的病毒或病菌，因此细胞可通过溶酶体清除功能异常的线粒体。

例 55 答案：B

解析：

A、C、D. 溶酶体、内质网、高尔基体不能合成 ATP。

B. 线粒体是有氧呼吸第二阶段和第三阶段的场所，其中第三阶段能产生大量的 ATP。

例 56 答案：A

解析：

A. 叶绿体和线粒体均为半自主性细胞器，含 DNA、RNA。

B. 光反应合成 ATP，需要光照。

C. 有氧呼吸与无氧呼吸第一阶段发生在细胞质基质，释放少量能量，为生命活动提供 ATP。

D. 线粒体基质发生有氧呼吸第二阶段，叶绿体基质发生暗反应，不同的过程需要不同的酶催化。

例 57 答案：C

解析：

A. 线粒体内膜发生有氧呼吸第三阶段，需要较多酶催化。

B. 有氧呼吸第一阶段，葡萄糖分解为丙酮酸，发生在细胞质基质。

C. 心肌细胞频繁收缩耗能多，细胞内线粒体多。

D. 精子中的线粒体聚集在尾的基部，为摆动提供能量。

例58 答案：A

解析：细胞核合成DNA、RNA。内质网合成脂质。核糖体合成蛋白质。叶绿体合成(CH_2O)。

例59 答案：D

解析：内质网上的核糖体合成分泌蛋白、膜蛋白、溶酶体蛋白。游离的核糖体合成胞内蛋白。

例60 答案：D

解析：

B. 病毒或细菌进入细胞形成吞噬泡，吞噬泡的膜与溶酶体的膜融合，溶酶体内水解酶分解吞噬泡中的物质。

C. 溶酶体内呈酸性，H^+浓度高于细胞质基质，故细胞质基质中的H^+被转运到溶酶体为主动运输，需要载体与能量。

D. 正常生理状态下，溶酶体分解衰老、损伤的细胞器，且吞噬并杀死侵入细胞的病毒或细菌。

例61 答案：C

解析：

C. 液泡中含有糖类、无机盐、蛋白质、脂类等。

例62 答案：B

解析：

B. 核糖体由rRNA和蛋白质组成。

例63 答案：C

解析：

A. 高尔基体与细胞分泌物形成有关，高尔基体断裂后的囊泡形成溶酶体。

B. 中性粒细胞吞入的细菌可被溶酶体内的多种水解酶分解。

C. 溶酶体是单层膜细胞器。

D. 溶酶体中的液体pH在5左右，是溶酶体内的水解酶的最适pH，则大量碱性物质进入溶酶体可使溶酶体中酶的活性发生改变。

例64 答案：D

解析：

A. 植物细胞有丝分裂末期，高尔基体分泌囊泡至赤道板，形成细胞板，细胞板发展为新的细胞壁。

B. 光面内质网无核糖体附着，不能合成蛋白质。

C. 叶绿体内由类囊体堆叠成基粒，增加膜面积。

D. 糖酵解为有氧呼吸第一阶段，发生在细胞质基质。

Tips：线粒体内膜向内折叠，形成嵴，增大膜面积。内质网在细胞内由膜围成管状、泡状或扁平囊状结构，增大膜面积。神经细胞的树突可增大与其他神经细胞接触的面积。

例65 答案：B

解析：

B. 染色体由DNA（脱氧核糖核酸）和蛋白质组成。

C. 核糖体由rRNA（核糖核酸）和蛋白质组成。

D. 细胞骨架的化学本质是蛋白质。

例66 答案：B

解析：

A. 无膜细胞器仅核糖体、中心体。

B. 真核细胞与原核细胞内含有DNA和RNA（少量）两类核酸，病毒仅一种核酸。

C. 蓝藻是原核生物，没有线粒体，但是含有有氧呼吸酶，能进行有氧呼吸。

D. 在叶绿体的基质中可进行CO_2的固定，在叶绿体的类囊体薄膜上能合成ATP。

例67 答案：C

解析：

A. 大肠杆菌属于原核生物，只有核糖体这一种细胞器，没有线粒体。

B. 水稻叶肉细胞是成熟的植物细胞，含有叶绿体、液泡。

C. 酵母菌属于真菌，是真核生物，代谢类型为异养兼性厌氧，有线粒体但没有叶绿体。

D. 动物细胞具有线粒体和内质网。

例68 答案：C

解析：

A. 原核细胞和真核细胞都具有细胞膜，细胞膜一定具有磷脂双分子层。

B. 原核细胞没有细胞核，原核细胞和真核细胞的遗传物质都是DNA。

C. 所有活细胞都能进行细胞呼吸，但不一定发生在线粒体中，因为原核细胞没有线粒体，且真核细胞的无氧呼吸发生在细胞质基质。

D. 原核细胞和真核细胞都具有核糖体，都能合成蛋白质且合成场所都是核糖体。

例69 答案：C

解析：

A. 细胞核是遗传信息储存和复制转录的场所。

B. 线粒体是有氧呼吸的主要场所，是丙酮酸分解为二氧化碳的场所，也是ATP合成的场所。

C. 蛋白质的合成在核糖体上进行。

D. 溶酶体中含有多种水解酶,可以消化分解细胞内失去功能或损伤的细胞组分。

例70 答案:B

解析:

B. DNA复制与转录发生在细胞核(均以DNA为模板),翻译发生在核糖体。

D. 细胞内有机物的合成均需要能量。

例71 答案:A

解析:

①为染色质,由DNA、蛋白质和少量RNA构成。

②为核仁,与rRNA的合成及核糖体的形成有关。

③为核膜,由两层膜(4层磷脂分子)组成。

④为核孔,是大分子(如蛋白质、RNA)进出细胞核的通道。

Tips:DNA不能进出细胞核!

例72 答案:D

解析:

A. 光反应合成ATP,发生在类囊体膜。

B. 溶酶体内含水解酶,膜破裂后会破坏正常细胞结构。

D. 线粒体DNA位于线粒体基质。

例73 答案:C

解析:

A. 细胞内外离子浓度差的维持依赖主动运输。自由扩散与协助扩散均为顺浓度梯度,运输结果使浓度差减少。

C. 分泌蛋白的分泌,通过胞吐,需要囊泡膜与细胞膜的融合。

D. 磷脂分子由甘油、脂肪酸、磷酸组成。

例74 答案:

(1)④⑤

(2)①② 囊泡 ③

(3)核孔 选择

(4)④

解析:

①为核糖体,正在以mRNA为模板合成肽链。

②为内质网,附着有核糖体,进行蛋白质加工。

③为高尔基体,加工蛋白质,并形成囊泡。

④为线粒体,进行有氧呼吸二、三阶段,双层膜结构,内膜向内折叠为嵴。

⑤为叶绿体,内含多个由类囊体堆叠而成的基粒。

模块二 物质的跨膜运输

一、渗透作用

例75 答案:D

解析:

A. 在水分交换达到平衡期间,叶细胞和糖溶液之间没有溶质交换,只有溶剂(水)的交换,因此甲组叶细胞吸收了甲糖溶液中的水使甲糖溶液浓度升高。

B. 若测得乙糖溶液浓度不变,说明乙组叶细胞的净吸水量为零,净失水量为零。

C. 若测得乙糖溶液浓度降低,则乙组叶肉细胞失水,可能发生了质壁分离。

D. 若测得乙糖溶液浓度升高,则乙组叶肉细胞吸水,由于甲糖溶液的物质的量浓度小于乙糖溶液,故叶细胞的净吸水量甲组大于乙组。

例76 答案:

(1)$S_1>S_2$

(2)原生质层 原生质层能主动转运有关物质而半透膜不能

(3)①X ②标号 蒸馏水 ③质壁分离

(4)KNO_3溶液中的细胞质壁分离后会自动复原

解析:

(1)一般两侧溶液的浓度并不相等,因为液面高的一侧形成的静水压,会阻止溶剂由低浓度一侧向高浓度一侧扩散,故两者浓度关系仍是$S_1>S_2$。

(2)原生质层是选择透过性膜,靠能量和载体控制物质出入。

(3)①蔗糖分子不能通过半透膜,而KNO_3能够通过半透膜,渗透平衡时装置X能出现液面差,装置Y不能出现液面差。

②观察洋葱鳞片叶表皮细胞发生质壁分离和复原现象,选洁净的载玻片分别编号,在载玻片中央分别滴加蒸馏水,制作临时装片后观察洋葱表皮细胞的初始状态。

③KNO_3能被细胞吸收,导致细胞液和外界溶液的浓度差被消除,从而发生质壁分离自动复原的现象。

(4)由于原生质层能主动吸收K^+和NO_3^-,使细胞液浓度增加,当细胞液浓度大于外界溶液浓度时,细胞会通过渗透作用吸水,因此发生质壁分离复原的现象。

二、动物细胞的吸水和失水

例77 答案:C

解析:

A. 动物细胞无细胞壁,在高渗溶液中不发生质壁分离。

B. 在等渗溶液中,红细胞吸水速率等于失水速率,细胞形态不变。

C. 在低于 0.9% NaCl 溶液中,红细胞吸水,因无细胞壁有可能涨破。

D. 渗透作用是指水或者其他溶剂分子通过半透膜,从低浓度一侧向高浓度一侧扩散的现象。

例 78 答案:

(1)肠腔进入血液 血液进入肠腔 低 高 渗透作用

(2)Na^+ 载体蛋白

解析:

(1)甲组渗透压低于血浆渗透压,因此甲组肠腔中的水进入血液;而相反丙组血液中的水进入肠腔。

水或者其他溶剂分子通过半透膜,从低浓度一侧向高浓度一侧扩散的现象称为渗透。

(2)乙和丁的差异为是否加入"微量 Na^+ 载体蛋白的抑制剂",相比较对照组乙,丁中的溶液量基本没有减少,推测小肠在吸收 Na^+ 时,需要 Na^+ 载体蛋白的参与。

三、植物细胞的质壁分离和复原

例 79 答案:C

解析:

B、D. 由图可知,原生质体体积先降低后升高,说明 0~1 h 内细胞失水,液泡内渗透压低于细胞质基质渗透压,低于细胞外。由于原生质体伸缩性大于细胞壁,故两者体积变化不相等。

A、C. 2~3 h 内细胞吸水,说明 A 物质进入细胞,液泡内渗透压高于细胞质基质,高于细胞外 A 溶液。

例 80 答案:D

解析:

A、B、D. 本图纵坐标为"实验前长度/实验后长度",说明 a、b、c 组细胞吸水,d、e、f 组细胞失水,故 a 组液泡中溶质浓度最高。

C. 细胞吸水或失水均为水的自由扩散,不消耗 ATP。

例 81 答案:B

解析:

B. 植物细胞有 K^+ 和 NO_3^- 载体,一直有 K^+ 和 NO_3^- 的运输,6 h 后细胞内渗透压高于细胞外,细胞开始吸水。

C. 乙组幼苗持续失水,说明 KNO_3 溶液浓度过大,幼苗可能因为严重萎蔫最后死亡。

例 82 答案:D

解析:

A. 甲的浓度变小,说明甲蔗糖溶液浓度高于细胞液浓度,细胞失水,蔗糖溶液被稀释。反之丙蔗糖溶液浓度低于细胞液浓度,故实验前甲>乙>丙。

B. 乙的浓度不变是因为细胞液浓度与细胞外蔗糖浓度相等。

C. 细胞与蔗糖溶液间的水分移动属于自由扩散。

四、物质运输的方式

例 83 答案:B

解析:

A、C. 抗体的化学本质是蛋白质,蛋白质进出细胞通过胞吞、胞吐。

B. mRNA 通过核孔从细胞核运输到细胞质。

D. 神经递质的释放需要突触小泡与突触前膜融合,属于胞吐。

例 84 答案:C

解析:

A、B. 离子泵具有 ATP 水解酶活性,故运输过程消耗能量,属于主动运输,可以逆浓度梯度运输。

C. 动物一氧化碳中毒,有氧呼吸受限,减少能量的供应,进而会降低离子泵跨膜运输离子的速率。

D. 主动运输需要载体蛋白,因此加入蛋白质变性剂会降低离子泵跨膜运输离子的速率。

例 85 答案:A

解析:

A. 葡萄糖进入小肠上皮细胞的方式为主动运输,运出小肠上皮细胞的方式为协助扩散。

B. 由图示可知,Na^+ 主要以②主动运输的方式运出小肠上皮细胞。

C. 多肽以⑤胞吞的方式进入细胞,以胞吐方式离开细胞。

D. 维生素 D 属于固醇类,进入细胞的方式为④自由扩散。

例 86 答案:BCD

解析:

A. 分析图解,位于筛管分子的蔗糖水解后,使得此处的蔗糖浓度降低,有利于蔗糖顺浓度梯度运输。

B. 图中看出,筛管中单糖浓度高,薄壁细胞单糖浓度低,即单糖顺浓度梯度转运至薄壁细胞。

C. 图中蔗糖通过胞间连丝顺浓度梯度运进筛管细胞,不需要消耗能量。

D. 图中显示,蔗糖需要水解成单糖才可以通过单糖转运载体转运至薄壁细胞。

例 87 答案:D

解析:根据题意和图示:肾小管管腔中的氨基酸进入上皮细胞

为逆浓度的运输，属于主动运输(其动力来自于Na^+协同运输中的离子梯度)。

管腔中Na^+进入上皮细胞是由高浓度向低浓度一侧扩散，并且需要载体蛋白的协助，属于被动运输中的协助扩散。

上皮细胞中氨基酸进入组织液的过程中，是由高浓度向低浓度一侧扩散，并且需要载体蛋白的协助，属于被动运输中的协助扩散。

例 88 答案：C

解析：

A. 生物膜对水分子的通透性大于人工膜，说明生物膜上存在着协助H_2O通过的物质。

B. 图中看出，人工膜对三种离子的通透性相同，并且均处于较低值，而生物膜对三种离子的通透性不同，说明生物膜对K^+、Na^+、Cl^-的通透具有选择性。

C. 协助扩散需要载体蛋白的协助，而人工膜是由磷脂双分子层构成的，不含载体蛋白。

D. 图中人工膜对不同分子的通透性不同，可见分子的大小影响其通过人工膜的扩散速率。

例 89 答案：C

解析：分析坐标曲线，a 的运输速率与被转运分子的浓度成正比，为自由扩散。b 运输速率在被转运分子浓度到达一定值之后，有了其他限制因素，故为协助扩散(或主动运输)。

A. 脂溶性小分子物质通过自由扩散(即方式 a)运输。

B. 方式 a 与载体无关，只与浓度有关。

C. 方式 b 的最大的转运速率与载体的种类和数量有关。

D. 抑制细胞呼吸，能量供应不足，导致主动运输受阻，而与自由扩散(协助扩散)无关。

模块三　细胞代谢

二、降低化学反应活化能的酶

例 90 答案：C

解析：

A. DNA 的合成主要发生在细胞核中，此外在线粒体和叶绿体中也能合成，因此细胞核、线粒体和叶绿体中都有参与 DNA 合成的酶。

B. 只要给予适宜的温度、pH 等条件，由活细胞产生的酶在生物体外也具有催化活性。

C. 盐析可使蛋白质在水溶液中的溶解度降低，但不影响蛋白质的活性，而胃蛋白酶的化学本质是蛋白质，因此从胃蛋白酶的提取液中沉淀该酶可用盐析的方法。

D. 唾液淀粉酶催化反应最适温度是 37 ℃，但是 37 ℃不是保存该酶的最适温度，酶应该在低温条件下保存。

例 91 答案：A

解析：

A. 酶分子有一定的空间结构，能与特定的底物结合。

B. 绝大多数酶是蛋白质，少数是 RNA。

C. 酶具有专一性，麦芽糖酶能催化麦芽糖的水解，不能催化蔗糖的水解。

D. 胃蛋白酶在胃液中发挥作用，适宜 pH 为酸性环境，将胃蛋白酶加入到 pH=10 的溶液中，过碱环境会导致胃蛋白酶的空间结构破坏。

例 92 答案：B

解析：

A. 提高了悬液中酶的浓度，只是加速化学反应的进程，不改变最终产物的量。

B. 提高了H_2O_2溶液的浓度，提高了化学反应速率，且使最终的产物量增加。

C. 提高了反应体系的温度，只是改变酶的活性，改变到达化学平衡点所用的时间，但不改变最终产物的量。

D. 提高了反应体系的 pH，只是改变酶的活性，改变到达化学平衡点所用的时间，但不改变最终产物的量。

例 93 答案：D

解析：

A. 由曲线图可以看出，木瓜蛋白酶的活性在 pH 小于 4、大于 9 时不能确定，pH 在 4～9 时具有较高活性。

B. 由图可知，在胰蛋白酶最适宜的 pH 值两侧，两个不同的 pH 值，对应的酶活性可能相同。

C. pH=10 时，酶已经失活。

例 94 答案：

(1)B

(2)加快

(3)不变　60 ℃条件下，t_2 时酶已失活，即使增加底物，反应产物总量也不会增加

(4)蛋白质或 RNA　高效性、专一性

解析：

(1)在 B 组(40 ℃)，反应到达化学平衡所需要的时间最短。

(2)从曲线图来看，三个温度条件较适合的是 40 ℃，而 A 组是 20 ℃条件，故在时间 t_1 之前，反应尚未达到化学平衡之前，如果 A 组温度提高 10 ℃，那么 A 组酶催化反应的速度会加快。

(3)C 组为 60 ℃条件，酶失活。

例 95 答案：

(1)幽门盲囊蛋白酶

(2)①蛋白质 双缩脲

②2 和 8

③恒温箱 底物消耗量(或产物生成量)

④不能 在 15 ℃～18 ℃范围内，随着温度的升高，酶活性一直在增强，没有出现下降的拐点，所以不能得出大菱鲆蛋白酶的最适温度

(3)淀粉和脂肪

解析：

(1)分析题图甲曲线可知，在各自最适 pH 下幽门盲囊蛋白酶的活性最高，其催化效率最高。

(2)①实验中以干酪素为底物，说明干酪素的本质是蛋白质；由于双缩脲试剂与蛋白质发生反应呈现紫色，因此可以用双缩脲试剂检测干酪素的本质。

②分析题图甲可知，胃蛋白酶和幽门盲囊蛋白酶的最适 pH 分别是 2 和 8，探究酶的最适温度，pH 是无关变量，无关变量应保持一致且适宜，因此胃蛋白酶实验组和幽门盲囊蛋白酶实验组的 pH 应分别控制在 2 和 8。

③可以用单位时间内底物消耗量或产物生成量表示蛋白酶催化效率的高低。

(3)由于大菱鲆消化道淀粉酶和脂肪酶含量少、活性低，大菱鲆消化和吸收淀粉与脂肪的能力低，因此人工养殖投放的饲料成分中要注意降低淀粉和脂肪的含量，以减少对海洋的污染。

三、细胞的能量“通货”——ATP

例 96 答案：C

解析：

A. ATP 的产生途径包括光合作用和呼吸作用，淀粉水解成葡萄糖时没有 ATP 的生成。

B. 生命活动的能量主要来自糖类的有氧氧化。

C. 叶肉细胞通过光合作用合成葡萄糖，而光合作用的暗反应过程中，三碳化合物的还原过程需要能量。

D. 硝化细菌进行化能合成作用时需要的能量来自氨气氧化成亚硝酸盐和硝酸盐过程中释放的能量。

例 97 答案：

(1)γ

(2)α

(3)一个含 ^{32}P 标记的噬菌体双链 DNA 分子经半保留复制后，标记的两条单链只能分配到 2 个噬菌体的双链 DNA 分子中，因此得到的 n 个噬菌体中，只有 2 个带标记。

解析：

(1)ATP 分子中远离 A 的高能磷酸键容易断裂和重新生成，故某种酶可以催化 ATP 的一个磷酸基团转移到 DNA 末端上，同时产生 ADP，那么该酶作用的磷酸基团应在 ATP 的 γ 位上。

(2)合成 DNA 的原料应该是 4 种脱氧核苷酸，每个脱氧核苷酸都是由一分子磷酸、一分子脱氧核糖、一分子含氮碱基组成，其中磷酸和脱氧核糖之间的化学键是普通磷酸键，用带有 ^{32}P 标记的 dATP 作为 DNA 生物合成的原料，将 ^{32}P 标记到新合成的 DNA 分子上(合成过程中，dATP 要脱掉两个高能磷酸键)，则带有 ^{32}P 的磷酸基团应在 dATP 的 α 位上。

(3)一个含 ^{32}P 标记的噬菌体双链 DNA 分子经半保留复制后，标记的两条单链只能分配到 2 个噬菌体的双链 DNA 分子中，因此得到的 n 个噬菌体中，只有 2 个带标记。

四、细胞呼吸的过程

例 98 答案：B

解析：

①表示有氧呼吸和无氧呼吸第一阶段，发生在细胞质基质，将葡萄糖分解产生丙酮酸和[H]。

②表示有氧呼吸第二、三两个阶段，发生在线粒体基质和线粒体内膜，有氧呼吸第三阶段产生能量最多。

③表示无氧呼吸(乳酸发酵)第二阶段，将丙酮酸和[H]生成乳酸。动物和少数植物器官如马铃薯块茎和甜菜块根无氧呼吸的产物是乳酸。

④表示无氧呼吸(酒精发酵)第二阶段，将丙酮酸和[H]生成酒精和二氧化碳。大多数植物无氧呼吸能够产生酒精。

例 99 答案：BD

解析：

①是细胞质基质，是液态部分，没有膜结构，进行有氧呼吸的第一阶段。

②是线粒体基质，进行有氧呼吸的第二阶段。

③是线粒体内膜，具有 1 层生物膜，进行有氧呼吸的第三阶段，产生大量 ATP。

甲、乙分别代表丙酮酸、[H]。

例 100 答案：C

解析：

A. 厌氧呼吸过程是有机物不彻底的氧化分解过程，大部分能量储存在酒精或者乳酸中未被释放出来，所以只能产生少量 ATP。

B. 细胞的厌氧呼吸在细胞溶胶上进行。

C. 需氧呼吸和厌氧呼吸的第一阶段均在细胞溶胶中进行，都

是葡萄糖分解成丙酮酸。

D. 若适当提高苹果果实贮藏环境中的 O_2 浓度会抑制厌氧呼吸，则酒精的生成量减少。

例 101 答案：B

解析：

A. 由于无氧呼吸只能产生少量的 ATP，因此“瓦堡效应”导致癌细胞需要大量吸收葡萄糖。

B. 癌细胞中丙酮酸转化为乳酸的过程为无氧呼吸第二阶段，该阶段不会生成 ATP。

C. 癌细胞主要进行的是无氧呼吸，而无氧呼吸的场所是细胞质基质，因此癌细胞呼吸作用过程中丙酮酸主要在细胞质基质中被利用。

D. 癌细胞主要进行的是无氧呼吸，而无氧呼吸产生的 NADH 比有氧呼吸少得多，因此消耗等量的葡萄糖，癌细胞呼吸作用产生的 NADH 比正常细胞少。

五、细胞呼吸的影响因素和应用

例 102 答案：C

解析：

A. $t_1 \rightarrow t_2$，培养液中氧气含量下降，酵母菌的有氧呼吸速率不断下降。

B. t_3 时，氧气浓度较低，酵母菌主要进行无氧呼吸，释放能量少，需要消耗更多的葡萄糖维持生命活动。

C. 图中曲线表示的是最适温度下的反应，若降低10 ℃培养，有关酶的活性降低，O_2 相对含量达到稳定所需时间会延长。

D. 由于无氧呼吸产生酒精，滤液加入适量酸性重铬酸钾溶液后变成灰绿色。

例 103 答案：B

解析：

A. 糖酵解过程在细胞质基质中进行，是细胞呼吸第一阶段。

B. b—c 段，与细胞呼吸有关的酶发生热变性的速率加快，酶活性降低，因而细胞呼吸的相对速率下降，B 正确。

C. 氧在有氧呼吸第三阶段与[H]结合生成水。

D. 细胞呼吸产生的绝大部分能量以热能的形式散失掉。

六、有氧呼吸和无氧呼吸的相对强度计算

例 104 答案：D

解析：

A. 有氧呼吸产生 CO_2，不产生乙醇，若产生的 CO_2 与乙醇的分子数相等，则说明细胞只进行无氧呼吸。

B. 若细胞只进行有氧呼吸，则吸收 O_2 的分子数与释放 CO_2 的分子数相等。

C. 由分析可知：若细胞只进行无氧呼吸且产物是乳酸，则无 O_2 吸收也无 CO_2 释放。

D. 细胞同时进行有氧和无氧呼吸，若为有氧呼吸和酒精式无氧呼吸，则释放 CO_2 的分子数比吸收 O_2 的多；若为有氧呼吸和乳酸式无氧呼吸，则释放 CO_2 的分子数等于吸收 O_2 的分子数。

例 105 答案：A

解析：

A. 果蔬中利用的能源物质为糖类，储藏于充满氮气的密闭容器中，果蔬基本进行无氧呼吸，产生酒精和 CO_2，因此，CO_2 和 O_2 的比值大于 1。

B. 严重的糖尿病患者利用的葡萄糖会减少，产生 CO_2 的物质的量与消耗 O_2 的物质的量的比值相比正常时会降低。

C. 富含油脂的种子在萌发初期主要利用油脂为能源物质，故产生 CO_2 的物质的量与消耗 O_2 的物质的量的比值低于 1。

D. 某动物以草为食，则主要的能源物质为糖类，则产生 CO_2 的物质的量与消耗 O_2 的物质的量的比值接近。

七、光合作用过程

例 106 答案：C

解析：

A. 三碳化合物的还原实质上是将 ATP 中的化学能转变为 (CH_2O) 中的化学能。

B. C_3 可直接被[H]和 ATP 还原，再经过一系列的变化形成糖类。

D. 光照减弱时，ATP 和[H]合成减少，三碳化合物还原受阻，C_5 生成减少，短时间内 C_5 去路不变，最终导致 C_5 含量降低。

例 107 答案：D

解析：

A. 图中过程①表示有氧呼吸过程，发生在细胞质基质和线粒体中，少数原核生物也能进行有氧呼吸，但是没有线粒体；过程②表示光合作用，场所一般为叶绿体，但是蓝藻没有叶绿体也能进行光合作用。

B. 过程①产生的能量一部分储存在 ATP 中，其余部分以热能的形式散失掉。

C. 光合作用产生的 (CH_2O) 中的氧全部来自 CO_2，H_2O 中的氧变成 O_2。

D. 光合作用光反应阶段产生的[H]是 NADPH，用于暗反应中三碳化合物的还原；有氧呼吸第一、二阶段产生的[H]是 NADH，用于第三阶段中与 O_2 反应生成 H_2O。

例 108 **答案：**A

解析：

A. 类胡萝卜素只吸收蓝紫光，所以在蓝紫光区吸收的光能可用于光反应中 ATP 的合成。

C. 光合作用吸收 CO_2，释放 O_2，作用光谱也可用 CO_2 的吸收速率来表示。

D. 光反应包括水在光下分解为 O_2 和[H]、ATP 的合成，需要叶绿素的参与。

例 109 **答案：**

(1)O_2　$NADP^+$　ADP+Pi　C_5　NADH

(2)C 和 D

(3)在缺氧条件下进行无氧呼吸

解析：

(1)光合作用光反应阶段，H_2O 光解形成 NADPH 和 O_2，因此图中①是 O_2；②可形成 NADPH，应为 $NADP^+$；③可形成 ATP，应为 ADP+Pi；三碳化合物还原可形成有机物和五碳化合物，因此④表示 C_5。细胞呼吸过程中产生的[H]代表的物质主要是 NADH。

(2)图中 A 表示光反应阶段，B 表示暗反应阶段，C 代表细胞质基质(可发生细胞呼吸的第一阶段)，D 代表线粒体(可发生有氧呼吸的第二阶段和第三阶段)，其中光反应阶段、有氧呼吸的三个阶段都能合成 ATP，而暗反应阶段不但不能合成 ATP 还会消耗 ATP。因此，ATP 合成发生在 A 过程，还发生在 C 和 D。

(3)植物叶肉细胞中，有氧条件下，丙酮酸进入线粒体最终分解形成 CO_2 和 H_2O；在缺氧条件下，转化成酒精和 CO_2。

八、光合作用的影响因素

例 110 **答案：**B

解析：黑布迅速将培养瓶罩上使光反应停止，O_2 的产生停止，光反应产生的[H]和 ATP 减少，ATP/ADP 比值下降，$NADPH/NADP^+$ 比值下降。[H]和 ATP 参与 C_3 的还原，光反应停止后，C_3 的还原受抑制，C_5 减少，CO_2 的固定应减慢。

例 111 **答案：**D

解析：

A. t_1—t_2，由弱光转为充足光照，光合作用增强。水的光解、O_2 释放发生在叶绿体类囊体薄膜上，而不是叶绿体基质。

B. t_2—t_3，光照充足且恒定，若增加光照，光合速率不会提高，限制光合速率的因素为 CO_2 浓度。

C. t_3—t_4，暗反应增强，一定程度上加快 ATP 和 ADP 的转化，[H]和 ATP 不再积累，导致光反应速率加快。

D. t_4 突然停止光照，光反应减弱甚至停止，类囊体薄膜上 ATP 合成受阻，ATP 含量减少，ADP 和 Pi 含量升高，被还原的 C_3 化合物减少。

例 112 **答案：**

(1)C_3 化合物

(2)暗反应速率在该环境中已达到稳定，即 C_3 和 C_5 化合物的含量稳定。根据暗反应的特点，此时 C_3 化合物的分子数是 C_5 化合物的 2 倍

当 CO_2 浓度突然降低时，C_5 化合物的合成速率不变，消耗速率却减慢，导致 C_5 化合物积累

(3)高

(4)低　CO_2 浓度低时，暗反应的强度低，所需 ATP 和[H]少

解析：

(1)当降低 CO_2 的浓度时，CO_2 的固定受抑制，C_3 化合物的含量降低，C_5 化合物的含量上升。

(3)继续处于 CO_2 浓度为 0.003%的环境中，将重新达到平衡。

例 113 **答案：**

(1)光照强度

(2)CO_2 浓度

(3)乙组光合作用强度与甲组不同是由环境因素低光照引起的，而非遗传物质的改变造成的

解析：

(1)光照强度低于 a 时，甲组光合作用强度随光照强度的改变而改变，故限制因子是光照强度。

(2)O_2 是细胞呼吸的原料，CO_2 是光合作用的原料。

九、光合呼吸的综合计算

例 114 **答案：**D

解析：

A. 植物光合作用具有最适温度，在最适温度条件下净光合速率最高，高于或低于该温度净光合速率均有所下降，因此不能确定甲、乙两条曲线温度的高低。

B. 温度会影响酶活性，温度过高酶活性反而下降，净光合速率会降低，因此横轴不能表示温度。

C. 色素主要吸收红光和蓝紫光，即净光合速率与光波长没有正相关的关系，并且不能确定两条曲线的温度大小。

D. 横轴可以表示光照强度，CO_2 是光合作用的原料，甲可以表示较高 CO_2 浓度，乙可以表示较低 CO_2 浓度。

例 115 **答案：**D

解析：

真光合(总光合)=净光合+呼吸，植物正常生长需要真光合(总光合)>0。

A. 由题图可知，呼吸作用的最适温度为 50 ℃，总光合作用的最适温度为 30 ℃。

B. 由题图可知，植物体在 25 ℃时，净光合速率最高，说明该温度为净光合作用的最适温度。

C. 在 0～25 ℃范围内，光合作用的增大速率大于呼吸作用，说明温度变化对光合速率的影响比对呼吸速率的大。

D. 由题图可知，超过 45 ℃，净光合速率为负值，没有有机物的积累，不适合生长。

例 116 答案：

(1)0　A、B、C

(2)光强

(3)大于

(4)光强

解析：

(1)由图可知，当 CO_2 浓度为 a 时，高光强下该植物的净光合速率为 0。CO_2 浓度在 a～b 之间时，曲线 A、B、C 都表示了净光合速率随 CO_2 浓度的增高而增高。

(2)当 CO_2 浓度大于 c 时，随着 CO_2 浓度的上升，B、C 曲线净光合速率不变，而在不同光照强度下不同，所以限制因素是光照强度。

(3)当 CO_2 浓度小于 a 时，此时三条曲线的净光合速率均小于 0，由于净光合速率＝总光合速率－呼吸速率，因此在此区段内呼吸速率大于光合速率。

(4)图中研究的是 CO_2 浓度和光照强度共同作用的曲线，所以还要考虑光照强度。

例 117 答案：

(1)类囊体膜　蓝紫光和红光

(2)增加　群体光合速率不变，但群体呼吸速率仍在增加，故群体干物质积累速率降低

(3)低

解析：

(3)通常情况下，阳生植物的光补偿点与光饱和点都比阴生植物高，所以与阳生植物相比，阴生植物光合作用吸收与呼吸作用放出的 CO_2 量相等时所需要的光照强度低。

十、光合呼吸日变化问题

例 118 答案：D

解析：

A. 13:00 时胞间 CO_2 浓度低，CO_2 的固定减弱，C_3 的来源减少，含量相对较少。

B. 14:00 后叶片的 Pn 下降，有机物合成减少，但净光合速率大于 0，说明有机物还在积累。

C. 17:00 点后，叶片的 Ci 快速上升，是由于细胞呼吸速率大于光合速率，释放出 CO_2 在胞间积累。

D. 叶片的 Pn 先后两次下降，第一次下降主要原因是由于叶片气孔部分关闭，CO_2 供应不足，第二次下降是由于光照减弱引起。

例 119 答案：D

解析：

A. 由题图可知，a 点是光合速率和呼吸速率相等的点，在 a 点之前就进行光合作用。

B. CO_2 吸收速率代表净光合速率，CO_2 吸收速率大于 0，说明植物在积累有机物，6 时～18 时，植物一直在积累有机物，所以有机物积累量最多是在 18 时。

C. 曲线 bc 段的变化是由于气温高，蒸腾作用旺盛，植物为了减少水分的散失而关闭气孔，导致植物吸收的 CO_2 减少；de 段的变化是由于光照强度减弱引起的。

D. 在 bd 段，甲植株吸收 CO_2 速率没有下降，可能是某种原因导致其叶片的气孔无法关闭导致的。

十一、实验类问题

例 120 答案：

(1)

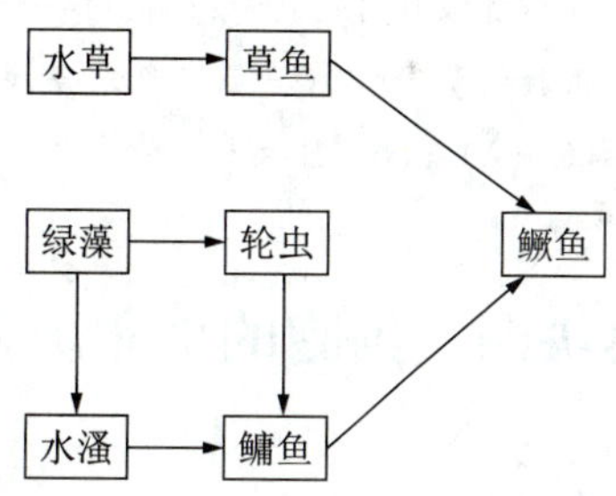

(2)竞争关系

(3)B－C　增加

(4)充分利用栖息空间和食物条件等资源　提高能量利用率，使生产者所固定的能量更多地流向对人类最有益的部分

解析：

(1)食物链从生产者开始，顶级消费者结束。又已知浮游动物以浮游植物为食，加上题中信息，可以将食物网绘制出来，如图：

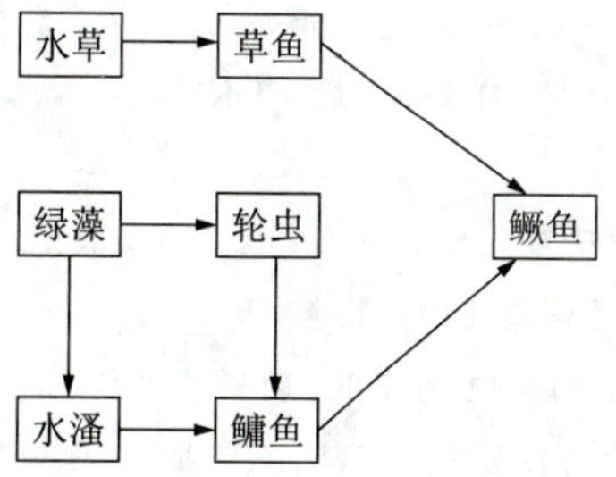

(2)轮虫和水蚤具有相同的食物，因此存在竞争关系。

(3)呼吸量为A—C，净光合作用的量为B—A，两者的和为总光合作用。水越深光照就越少，光反应产生的[H]和ATP减少，使C_3的还原减慢，而在短时间内，CO_2固定形成的C_3的速度几乎不变，因此C_3的量增加。

(4)立体养殖从群落结构的角度考虑，属于垂直结构，这就充分利用了栖息空间和食物条件等资源，帮助人们科学规划、设计人工生态系统，使能量得到最有效的利用。合理密养可以帮助人们合理调整生态系统中的能量流动关系，使能量持续高效地流向对人类最有益的部分。

例121 答案：

(1)太阳能　初级消费者、分解者

(2)生产者净光合作用的放氧量　生产者光合作用的总放氧量　生产者呼吸作用的耗氧量

解析：

(1)在森林生态系统中，生产者的能量来自于生产者通过光合作用固定的太阳能。生产者的能量可以直接随着初级消费者的摄食作用而流入初级消费者，也可以随残枝败叶流向分解者。

(2)甲、乙两瓶中只有生产者，A值表示甲、乙两瓶中水样的初始O_2含量；甲瓶O_2含量的变化反映的是呼吸作用耗氧量，因此A—B=呼吸作用耗氧量；乙瓶O_2含量变化反映的是净光合作用放氧量，所以C—A=净光合；总光合=净光合+呼吸=(C—A)+(A—B)=C—B。

模块四　细胞的生命历程

一、细胞增殖

例122 答案：C

解析：等位基因的分离发生在减数第一次分裂后期，减数分裂不具有细胞周期；染色体DNA高度螺旋化，不易解旋，因此染色质DNA更容易复制。

例123 答案：C

解析：

A. 由题干信息“在DNA复制开始后，CDK1发生磷酸化导致其活性被抑制”可知，此时CDK1的去磷酸化过程受到抑制。

B. 正常细胞中磷酸化的CDK1发生去磷酸化后，细胞进入分裂前期，染色质螺旋化形成染色体。

C. 感染BYDV的细胞中CDK1的磷酸化水平先升高至与正常细胞一样的高位后不再下降，故可推断，感染BYDV的细胞中，M蛋白通过抑制CDK1的去磷酸化而影响细胞周期。

D. M蛋白发挥作用后，CDK1的去磷酸化过程受到抑制，感染BYDV的细胞被阻滞在分裂间期。

二、有丝分裂

例124 答案：A

解析：胡萝卜不同组织的细胞处于不同时期，并不是同步的；即便是同一部位的不同细胞也不一定处于同一时期，因此使用DNA合成抑制剂处理后，处于G_1期和S期的细胞会被阻断，但处于其他时期的细胞可以正常进行，若经过完整的一个细胞周期时间，可以使所有细胞停留在S期。1条染色体上有两个染色单体，但仍然还是1条染色体。

例125 答案：A

解析：进入前期，核膜逐渐解体，染色质高度螺旋形成染色体，直到末期，染色体才再次解螺旋形成染色质，期间都不会有染色质的出现；细胞板是植物细胞末期才会出现的结构。

例126 答案：C

解析：二倍体细胞有丝分裂时也存在同源染色体，但不发生联会和分离；有丝分裂后期，着丝点分裂才会导致染色体数目加倍，但对DNA含量无影响。

例127 答案：B

解析：

A. 核糖体的增生发生在间期，环沟的形成发生在后期。

B. 染色体的出现和纺锤体的出现都在前期。

C. 染色单体的形成发生在间期，着丝粒的分裂发生在后期。

D. 中心体的复制发生在间期，染色体组数的加倍发生在后期。

四、受精作用

例128 答案：B

解析：同源染色体联会是减数分裂特有的过程；无论是减数分裂还是有丝分裂，DNA(或染色体)都只复制一次；有丝中和MⅡ中都是染色体整齐排列在赤道板上的时期；有丝后和MⅡ后都会发生姐妹染色单体的分离。

例129 答案：D

解析：非同源染色体上的非等位基因自由组合发生在减数第一次分裂后期。

例130 答案：C

解析：不同生物或同一生物不同组织细胞的细胞周期都不同；同源染色体进行配对时，仍然是两条染色体，四条染色单体；无论是何种分裂方式都不可能出现一条染色体含有四条染色单体的情况。

例 131 答案：D

解析：经过减数第一次分裂之后，减数第二次分裂中期(MⅡ中期)细胞与体细胞相比，染色体数目减半为12条，但是着丝点尚未分裂，因此每条染色体上仍有两条DNA，共24条DNA；G_2期已经完成DNA的复制，因此一个DNA分子片段缺失，不影响另一个DNA分子，所以有丝分裂产生的子细胞中仅1个子细胞含有该变异。

五、题型归纳

例 132 答案：C

解析：

B. 该细胞正在联会，故在减数第一次分裂前期。

C. 由于该细胞发生交叉互换，所以该细胞分裂完成后能产生4种基因型的精子。

D. A、a和D、d基因分别位于两对同源染色体上，它们的遗传遵循自由组合定律，D项正确。

例 133 答案：A

解析：该细胞中存在同源染色体，一定未发生同源染色体的分离，故而不可能位于减数第二次分裂任何时期；染色体①和染色体④为同源染色体，其上携带等位基因或相同基因，染色体②和染色体③为同源染色体，两者形态大小不同，若其中一个为X，另一个则为Y。

Tips：同源染色体形态大小不一致的往往是性染色体。

例 134 答案：B

解析：

A. 由于低温诱导可使二倍体草鱼卵原细胞在减数第一次分裂时不形成纺锤体，所以初级卵母细胞不发生同源染色体分离。

B. 由于低温诱导可使二倍体草鱼卵原细胞在减数第一次分裂时不形成纺锤体，同源染色体没有分离，所以次级卵母细胞中含有同源染色体，着丝点分裂后，移向细胞一极的染色体有同源染色体。

C. 由于产生染色体数目加倍的卵细胞，所以卵细胞中应含有4条染色体。

D. 由于染色体数目加倍的卵细胞与精子结合发育成三倍体草鱼胚胎，所以胚胎细胞中含有6条两种形态的染色体。

例 135 答案：D

解析：题图上所示为减数分裂产生的子细胞，减数第一次分裂之后的子细胞中不存在同源染色体，减数第二次分裂后子细胞中不存在相同的染色体(姐妹染色单体分离产生)。

例 136 答案：A

解析：题图中细胞依次处于减数第一次分裂前期、减数第一次分裂后期、减数第一次分裂末期、减数第二次分裂后期，复制只能发生在间期，同源染色体的分离、基因重组都只会出现在减数第一次分裂过程中。

例 137 答案：C

解析：题图中所示为染色体联会过程，此时细胞正处于减数第一次分裂前期，染色体数目与体细胞相同，减数第一次分裂后期，1与3、1与4可以自由组合，子代细胞的染色体组成并不是固定的。

例 138 答案：D

解析：配子经过花药离体培养后，再用秋水仙素处理，可以使染色体数目加倍，同时获得纯合子，但培养过程中细胞仍然进行的是有丝分裂，因此不会发生同源染色体的分离。

例 139 答案：A

解析：

A. DNA复制前需要合成rRNA参与氨基酸的运输，需要合成一些蛋白质，如DNA复制需要的酶等，A项正确。

B. 乙形成丙过程中，同源染色体消失且染色体组数为2，则必然伴随着丝粒的分裂，B项错误。

C. 丙图表示减数第二次分裂后期着丝粒断裂后，同源染色体消失，染色体组数暂时加倍的细胞，则性染色体应该是两条X染色体或两条Y染色体，C项错误。

D. 丙形成丁的过程中，为减数第二次分裂，已经不存在同源染色体，是由于细胞分裂成两个而导致的染色体组数减半，D项错误。

例 140 答案：B

解析：有丝分裂产生的子细胞是经过复制并平均分配后的产物，其产生的子细胞DNA含量和遗传信息均相同；但减数第一次分裂的重要活动是同源染色体的分离，随后细胞均等分裂，因此其DNA含量虽相同，但遗传信息却不同。

例 141 答案：B

解析：

A. 由图可知，基因b所在的片段发生了交叉互换，因此等位基因B和b的分离发生在初级精母细胞和次级精母细胞中，而等位基因A、a和D、d的分离只发生在初级精母细胞中，A项错误。

B. 若不发生交叉互换，该细胞将产生 AbD 和 aBd 两种精子，但由于基因 b 所在的片段发生过交叉互换，因此该细胞能产生 AbD、ABD、abd、aBd 四种精子，B 项正确。

C. 基因 B(b)与 D(d)位于同一对同源染色体上，它们之间的遗传不遵循基因自由组合定律，C 项错误。

D. 同源染色体的非姐妹染色单体发生交换导致了基因重组，D 项错误。

例 142 答案：A

解析：①②对于 2 号染色体，由于该配子含有基因 AA，说明 2 号染色体在减数第一次分裂时正常分离，而减数第二次分裂后期，着丝点分裂后，姐妹染色单体分开后移向同一极，①正确，②错误；③④对于性染色体，由于该配子不含性染色体，这说明减数第一次分裂后期，X 和 Y 染色体未分离，移向同一个次级精母细胞，也可能是减数第一次分裂正常，减数第二次分裂后期，性染色体上着丝点分裂后移向同一极，③正确，④错误。

例 143 答案：D

解析：从细胞的基因型来看，仍然存在姐妹染色单体或原来的两条姐妹染色单体形成的两条染色体尚未分离(即有两个 X，无 Y)，说明此细胞为次级精母细胞；原本两条 X 染色体中的 X 基因应该是复制而来，该个体中不存在 b 基因，所以 X^b 的出现是由于细胞发生了基因突变。

例 144 答案：B

解析：蚕豆根尖细胞在含 ^3H 标记的胸腺嘧啶脱氧核苷培养基中完成一个细胞周期后，子代 DNA 均是一条链带标记，一条链不带标记；然后转移至不含放射性标记的培养基中继续培养，同一 DNA 复制而来的两个子代 DNA，一个两条链均不带标记，一个只有一条链带标记，两个子代 DNA 形成姐妹染色单体，因此表现为每条染色体中都只有一条单体被标记。

例 145 答案：A

解析：若将处于 G_1 期的胡萝卜愈伤组织细胞置于含 ^3H 标记的胸腺嘧啶脱氧核苷培养液中，在间期的 S 期时 DNA 复制 1 次，所以第一次细胞分裂完成后得到的 2 个子细胞是每一条染色体的 DNA 只有 1 条链被标记，培养至第二次分裂中期，每条染色体中的两条染色单体均含 ^3H 标记。

例 146 答案：D

解析：假设该细胞具有 N 条 DNA，将细胞置于含 BrdU 的培养液中，复制三次后共合成 $8N$ 条 DNA，新合成的 DNA 单链都被 BrdU 标记，因此只有最初的模板链未被标记，此种单链共计 $2N$ 条，8N 条 DNA 共计 $16N$ 条单链，因此被标记的 DNA 单链占比为 $1-2N/16N=7/8$。其中只有含有模板链的 DNA 中单链被 BrdU 标记，发出明亮荧光，占比为 $2N/8N=1/4$，剩余的均为双链被 BrdU 标记。在细胞分裂中期，着丝点尚未分裂，$8N$ 条 DNA 共形成 $4N$ 条染色体，其中只有 $2N$ 条染色体的两条染色单体均为双链被标记，荧光被抑制。

例 147 答案：B

解析：

A. 根据染色体形态和颜色判断没有发生交叉互换，所以形成图中细胞的过程中发生了基因突变。

B. 该精原细胞至多形成 3 种基因型的精细胞，其中图中次级精母细胞产生两种，另一个次级精母细胞产生一种。

C. 图中细胞不含同源染色体，着丝点分裂，为处于减数第二次分裂后期的次级精母细胞。

D. 该精原细胞形成图中细胞的过程中至少经历了两次胞质分裂(有丝分裂和减数第一次分裂)。

例 148 答案：C

解析：加入促进细胞分裂的药物后，细胞周期中的各个时期都会变短；^3H-TdR 参与 DNA 复制，应当在 S 期大量进入细胞核，G_2 期已经完成 DNA 复制，需要与组蛋白结合形成染色体。

例 149 答案：C

解析：题图中的两个峰值，a 峰对应的 DNA 含量等于 b 峰对应的 DNA 含量的 2 倍，因此，b 峰代表的是完成复制后的时期(G_2、M 期)，处于 a 峰和 b 峰之间的 DNA 含量大于 40 小于 80，说明 DNA 正在进行复制；加入抗癌药物后，b 峰明显降低，可见该药物可以抑制 DNA 的复制。

例 150 答案：

(1)2.2

(2)M　12→24→12

(3)7.4

(4)甲

(5)动物肠上皮细胞膜凹陷，细胞缢裂；洋葱根尖细胞形成细胞板

解析：放射性胸苷作为合成 DNA 的原料，只有经过 DNA 复制过程才能标记 DNA，从而使细胞出现放射性标记，因此需要等 S 期细胞进入分裂期才行，最短需要 2.2 h；同样如果想要通过抑制 S 期细胞的方式使所有细胞停留在 S 期，必须使所有细胞到达 S 期，最长的时长为恰好 S 期结束到再次进入 S 期，即 7.4 h；因此为保证 M 期中被标记细胞数量比例最大，必须经过一个完整的 M 期；整个 M 期过程中，会经过着丝点的分裂(染色体数目加倍)和细胞分裂(染色体数目减半)两个过程，该细胞有 12 条染色体，因此变化情况为 12→24→12；为了方便观察有丝分裂“过程”，应当选择细胞周期较短的细胞。

例 151 **答案:**

(1)染色体数不变,核 DNA 数加倍

(2)染色体正确复制和平均分配　①②　检验点 5

(3)细胞无限增殖　2　纺锤体　4

解析:

(1)G_2 期细胞已完成 DNA 复制和组蛋白合成,其每条染色体含有两条染色单体,每个染色单体含有一个 DNA,染色体数目不变,DNA 加倍。

(2)细胞有丝分裂的重要意义在于通过间期的染色体正确复制和分裂期的平均分配,保证亲子代细胞的遗传物质保持一致,保持遗传的稳定性。图中检验点 1、2 和 3 依次处在间期的 G_1~S、S、G_2-M,其主要作用在于检验 DNA 分子是否损伤和修复,DNA 是否完成复制;检验点 5 主要检验发生分离的染色体是否正确到达细胞两极,从而决定胞质是否分裂。

(3)癌细胞的主要特征是细胞无限增殖,细胞表面糖蛋白减少,失去接触抑制;DNA 合成阻断法是用药物特异性抑制癌细胞的 DNA 合成,主要激活检验点 2,将癌细胞阻断在 S 期;分裂中期阻断法可用秋水仙碱抑制纺锤体的形成,染色体不能移向两极,故主要激活检验点 4,使癌细胞停滞于中期。

六、细胞的分化、衰老、凋亡、癌变

例 152 **答案:** B

解析:

A. 造血干细胞可以分化成红细胞、白细胞和血小板,胚胎干细胞可以分化为任何一种组织细胞,所以造血干细胞分化程度更高。

B. 造血干细胞分化产生的 T 细胞在胸腺中发育成熟,B 细胞在骨髓中成熟。

C. 骨髓中的造血干细胞可不断增殖和分化,不断产生红细胞、白细胞和血小板,补充到血液中去,所以捐献造血干细胞不影响人体健康。

D. 造血干细胞移植可以取代白血病患者病变的造血干细胞,是治疗白血病的有效手段。

例 153 **答案:** B

解析: 基因的选择性表达导致不同种类的体细胞中合成了特定的蛋白质,同样特定的蛋白质也是判断细胞是否发生分化的重要依据。

例 154 **答案:** ABC

解析: MSC 细胞的分裂能力和分化能力都很强,不容易衰老;其不同组织细胞中都已经发生了基因的选择性表达,其表达产物中的 RNA 肯定是不完全相同的。

Tips:细胞凋亡是基因指导的编程性死亡,没有基因表达的细胞死亡不能叫作细胞凋亡。

例 155 **答案:** D

解析:

A. 细胞分化具有不可逆性,因此这两种细胞不会脱分化到受精卵的状态。

B. 神经细胞与巨噬细胞是由同一个受精卵有丝分裂形成的,因此这两种细胞所含染色体数目相同。

C. 神经细胞与巨噬细胞所含遗传物质相同,但功能不同,原因是发生了细胞分化。

D. 功能差异是由于基因的选择性表达。

例 156 **答案:** A

解析: 衰老细胞的特点:酶活性降低、代谢减弱,线粒体自然是要减少的,细胞核的体积却是增大的。

例 157 **答案:** C

解析: 正常人细胞的每条染色体两端存在端粒 DNA,且随着分裂次数的增加而变短,当端粒 DNA 消失时,细胞不再分裂,这也是"神龟虽寿,犹有尽时"的原因;根据文中信息可知,端粒酶是催化"以 RNA 为模板合成 DNA"的反应,所以该酶应为逆转录酶。

例 158 **答案:** B

解析: 细胞凋亡不是细胞坏死,细胞坏死是受到外界不利因素的影响发生的细胞死亡,而凋亡则是为完成重要的发育过程和实现细胞自然更新而发生的。

例 159 **答案:** D

解析:

A. 被病毒感染的细胞凋亡后,丧失其功能且不可恢复,A 错误。

B. 细胞凋亡是由基因决定的细胞自动结束生命的过程,是程序性死亡,B 错误。

C. 细胞凋亡是由基因决定的细胞自动结束生命的过程,受基因控制,C 错误。

D. 由题意可知,激活蛋白激酶 PKR,可诱导被病毒感染的细胞发生凋亡,故 PKR 激活剂可作为潜在的抗病毒药物加以研究,D 正确。

例 160 **答案:** C

解析: 在生物体内,细胞分化都是不可逆的;牢记癌细胞的特点:无限增殖,糖蛋白减少、粘连性降低,形态、结构和功能发生改变。

例 161 答案：A

解析：

A. 癌变是细胞中的基因突变累加的效应，癌细胞间的黏着性下降，容易扩散和转移。

B. 癌变的细胞中可能发生多个基因突变，细胞的形态发生变化。

C. 在致癌因子的作用下，细胞中的染色体可能受到损伤，细胞的增殖失去控制，变为癌细胞。

D. 在致癌因子的作用下，细胞中遗传物质可能受到损伤，变为癌细胞，癌变细胞表面的糖蛋白减少。

模块五　经典遗传学

一、遗传学基本概念

例 162 答案：D

解析：

A. 表现型是具有特定基因型的个体所表现出的性状，是由基因型和环境共同决定的，所以两个个体的身高不相同，二者的基因型可能相同，也可能不相同。

C. O 型血夫妇的基因型为 ii，其子代都是 O 型血(ii)，说明该性状是由遗传因素决定的。

D. 高茎豌豆的子代出现高茎和矮茎，该高茎豌豆可能是杂合体，自交后代出现性状分离，说明相对性状可能由基因决定。

例 163 答案：C

解析：纯合子就是每一对配子都是一样的基因。

二、分离定律的发现和内容

例 164 答案：A

解析：

A. 验证孟德尔分离定律一般用测交的方法，即杂合子与隐性个体杂交。

B. 显隐性不容易区分，容易导致统计错误，影响实验结果。

C. 所选相对性状必须受一对等位基因的控制，如果受两对或多对等位基因控制，则会出现其他比例。

D. 不遵守操作流程和统计方法，实验结果很难准确。

例 165 答案：C

解析：

A. 显性基因应相对于隐性基因为完全显性，否则会出现 1∶2∶1 的性状分离比。

B. 子一代产生的雌配子中 2 种类型配子数目相等，为 1∶1，雄配子中也相等，也为 1∶1。

C. 若雄配子中 2 种类型配子活力有差异，则 F_2 性状分离比不符合 3∶1(举例：若 A 无活性，则 F_2 性状分离比为 1∶1)。

D. 举例：若 aa 个体不存活，则 F_2 性状分离比为 2∶1。

三、自由组合定律的发现和内容

例 166 答案：D

解析：

A. 非同源染色体上的非等位基因之间自由组合，也可能会存在相互作用。若不存在相互作用，则双杂合子自交，后代会出现 9∶3∶3∶1 的性状分离比；若存在相互作用，则双杂合子自交，后代会出现 9∶3∶3∶1 的性状分离比的变式，如 12∶3∶1、9∶6∶1、15∶1 等。

B. 杂合子与纯合子基因组成不同，性状表现可以相同，如豌豆的 Dd 与 DD 都表现为高茎。

C. 在实践中，测交也可用来鉴定某一显性个体的基因型和它形成的配子类型及其比例。

D. F_2 的 3∶1 性状分离比一定依赖于子一代形成的配子数相等，生活力相同，且雌雄配子随机结合。

例 167 答案：D

解析：

A. 豌豆是自花传粉且闭花受粉的二倍体植物，自然状态下一般是纯种。

B. 因豌豆雌雄同花，在进行豌豆杂交时，母本植株需要人工去雄，并进行套袋处理。

C. 杂合子中的等位基因在形成配子时随同源染色体的分开而分离。

D. 非同源染色体上的非等位基因在形成配子时能够自由组合，同源染色体上的非等位基因不能自由组合。

四、连锁交换定律概述

例 168 答案：A

解析：F_2 的表现型为 9∶3∶3∶1，说明两对相对性状符合基因的自由组合定律。

但是某一 F_1 植株自交，产生的 F_2 只有非糯非甜粒和糯性甜粒 2 种表现型，说明非糯与非甜连锁，糯与甜连锁，原因最可能是发生染色体易位，使原来位于非同源染色体上的基因位于一对同源染色体上。

例 169 答案：D

解析：

A. 基因突变的频率是很低的，即使有，也只会出现个别现象，而不会导致部分个体都出现红色性状。

B、C. 正常的减数第二次分裂时，姐妹染色单体 3 与 4 是自由分离的，但该染色体发生了缺失，后代无红色性状。即使非姐妹染色单体之间自由组合，带有缺失染色体的那个花粉还是不育的，后代也不会出现红色性状。

D. 基因 B 所在染色体缺失，形成的花粉不育，但测交后代中部分表现为红色性状，说明基因 B 所在片段被易位到其他染色体，即非姐妹染色单体之间的片段交换。

五、伴性遗传

例 170 答案：D

解析：雌火鸡(ZW)的卵细胞和 3 个极体有 2 种情况。

第一种情况是：Z(卵细胞)、Z(极体)、W(极体)、W(极体)，按题中所述方式形成的二倍体后代性别及比例是：ZZ(雄)：ZW(雌)=1：2。

第二种情况是：W(卵细胞)、W(极体)、Z(极体)、Z(极体)。按题中所述方式形成的二倍体后代性别及比例是：WW(不能存活)：ZW(雌性)=0：2。

两种情况概率相等，得雌：雄=(2+2)：(1+0)=4：1。

例 171 答案：D

解析：F_1 中雌：雄=2：1，且雌蝇有两种表现型，雄蝇有一种表现型，说明该相对性状的遗传与性别相关联。

由于亲本表现型不同，后代雌性又有两种表现型(X^GX^- 和 X^gX^g)，故亲本基因型为 X^GX^g、X^gY，子代基因型为 X^GX^g、X^gX^g、X^gY、X^GY；又"受精卵中不存在 G、g 中的某个特定基因时会致死"，说明雄蝇中 G 基因纯合致死。

六、遗传学基本解题方法

例 172 答案：D

解析：由题意知，子二代中黑色个体占 $\frac{9}{52+3+9}=\frac{9}{64}$，结合题干 3 对等位基因位于常染色体上且独立分配，说明符合基因的自由组合定律，而黑色个体的基因型为 A_B_dd，要出现 $\frac{9}{64}$ 的比例，可拆分为 $\frac{3}{4}\times\frac{3}{4}\times\frac{1}{4}$。$F_1$ 为黄色个体，基因型可能为 A_bbD_、A_B_D_、aabb_，同时需要符合子二代黑色个体的比例，说明 F_1 基因型为 AaBbDd。

例 173 答案：B

解析：

A. 根据杂交 2 中后代的表现型与性别相联系，由于两对基因独立遗传，因此可以确定其中有一对控制该性状的基因在 Z 染色体上。

B. 杂交 1 中后代雌雄表现型相同，且都与亲本不同，可见子代雌雄个体应是同时含 A 和 B 才表现为褐色眼，如果甲的基因型为 aaZ^BZ^B，乙的基因型为 AAZ^bW，则后代褐色眼的基因型为 AaZ^BZ^b 和 AaZ^BW；由此可知反交的杂交 2 中亲本基因型为 aaZ^BW 和 AAZ^bZ^b，后代雌性的基因型为 AaZ^bW(红色眼)、雄性的基因型为 AaZ^BZ^b(褐色眼)，这个结果符合杂交 2 的子代表现。

C. 如果甲为 AAZ^bZ^b，乙为 aaZ^BW，则子代 AaZ^BZ^b(褐色眼)、AaZ^bW(红眼)，杂交 1 后代表现型不同。

D. 鸟类的性别决定为 ZW 型，雄性为 ZZ，雌性为 ZW。

七、遗传类题基本题型和解题方法

例 174 答案：C

解析：丈夫的基因型是 X^BY，妻子的基因型是 X^BX^b。生育后代女儿正常，儿子中患红绿色盲的概率为 $\frac{1}{2}$。

例 175 答案：D

解析：表现型正常的夫妻生出了一个红绿色盲的儿子，由于儿子患色盲，所以母亲是携带者，说明该夫妇的基因型为 X^BX^b 和 X^BY，所以所生女儿携带色盲基因是 X^BX^b 的概率为 $\frac{1}{2}$，与正常男子结婚生出一个红绿色盲基因携带者即 X^BX^b 的概率为 $\frac{1}{2}\times\frac{1}{4}=\frac{1}{8}$。

例 176 答案：C

解析：由于两个种群的个体数相同，因此两个种群合成一个种群后，该种群的基因频率是 A=(80%+60%)÷2=70%，a=(20%+40%)÷2=30%。随机交配后，下一代中 Aa 的基因型频率是 Aa=2×A×a=2×70%×30%=42%。

例 177 答案：B

解析：根据基因型频率 RR 和 Rr 各占 $\frac{4}{9}$，rr 占 $\frac{1}{9}$，而"感病植株在开花前全部死亡"，则具有繁殖能力的亲本中 RR：Rr=1：1，R 的基因频率 $=\frac{3}{4}$，r 的基因频率 $=1-R=\frac{1}{4}$，又由于植物种群足够大，可以自由交配，所以子代中感病植株占 $rr=\frac{1}{4}\times\frac{1}{4}=\frac{1}{16}$。

例 178 答案：D

解析：

B. 如果亲代只含有杂合子，基因型是 Hh，自由交配子一代的基因型是 HH、Hh、hh，比例是 1∶2∶1，p＝b时符合该比例关系。

C. 当 H 的基因频率为 a 时，Hh 与 hh 的基因型频率相等，根据遗传平衡定律可得 $2a(1-a)=(1-a)^2$，解得 $a=\frac{1}{3}$，则显性纯合体在 F_1 中所占的比例为 $\frac{1}{3}\times\frac{1}{3}=\frac{1}{9}$。

D. 由题图可知，当 H 的基因频率为 c 时，Hh 与 HH 的基因型频率相等，根据遗传平衡定律可得 $2c(1-c)=c^2$，解得 $c=\frac{2}{3}$，F_1 的基因型及比例：$HH=\frac{2}{3}\times\frac{2}{3}=\frac{4}{9}$，$hh=\frac{1}{3}\times\frac{1}{3}=\frac{1}{9}$，$Hh=2\times\frac{2}{3}\times\frac{1}{3}=\frac{4}{9}$，子一代自交，子代中纯合体比例为 $1-\frac{1}{2}\times\frac{4}{9}=\frac{7}{9}$。

例 179 答案：C

解析：连续自交和随机交配的 F_1 的 Aa 的基因型频率都是$\frac{1}{2}$，所以Ⅰ和Ⅳ符合，但是连续自交的结果是纯合子所占的比例越来越大，杂合子所占的比例越来越小，所以Ⅰ是随机交配的结果，Ⅳ是自交的结果。

曲线Ⅱ和Ⅲ在 F_1 杂合子 Aa 所占的比例相同，这是由于自交和随机交配的结果是一样的，即 F_1 的基因型及其比例为：$\left(\frac{1}{4}AA+\frac{1}{2}Aa+\frac{1}{4}aa\right)$，淘汰掉其中的 aa 个体后，Aa 的比例变为$\frac{2}{3}$，AA 的比例为$\frac{1}{3}$，如果自交则其后代是$\frac{1}{3}AA+\frac{2}{3}\left(\frac{1}{4}AA+\frac{1}{2}Aa+\frac{1}{4}aa\right)$，淘汰掉 aa 以后，得到的后代 F_2 是$\frac{3}{5}AA+\frac{2}{5}Aa$，Aa 所占的比例是 0.4。如果随机交配，根据遗传平衡定律$\left(\frac{2}{3}A+\frac{1}{3}a\right)^2$，后代是$\left(\frac{4}{9}AA+\frac{4}{9}Aa+\frac{1}{9}aa\right)$，淘汰掉 aa，则 F_2 是$\frac{1}{2}AA+\frac{1}{2}Aa$，所以曲线Ⅱ是随机交配并淘汰 aa 的曲线，曲线Ⅲ是自交并淘汰 aa 的曲线。

A. 曲线Ⅱ是随机交配并淘汰 aa 的曲线，F_3 随机交配以后$\left(\frac{3}{4}A+\frac{1}{4}a\right)^2$，即$\frac{9}{16}AA+\frac{6}{16}Aa+\frac{1}{16}aa$，淘汰掉 aa 以后为$\frac{3}{5}AA+\frac{2}{5}Aa$，Aa 基因型频率为 0.4，$F_3$ 中 Aa 基因型频率为 0.4。

B. 由以上分析可知，曲线Ⅲ是自交并淘汰 aa 的曲线，F_2 中 Aa 基因型频率为 0.4。

C. 曲线Ⅳ是自交的结果，在 F_n 代纯合子的比例是$1-\left(\frac{1}{2}\right)^n$，则比上一代 F_{n-1} 增加的数值是 $1-\left(\frac{1}{2}\right)^n-\left(1-\left(\frac{1}{2}\right)^{n-1}\right)=\left(\frac{1}{2}\right)^n$。

D. 连续自交和随机交配这两者都不存在选择，所以不会发生进化，A 和 a 的基因频率都不会改变。

例 180 答案：D

解析：

A. 紫外线照射使果蝇基因结构发生了改变，产生了新的等位基因。

B. 亲本均为翻翅，后代出现直翅，故翻翅为显性基因。

C. 翻翅基因纯合致死，故 F_1 中 Aa 占$\frac{2}{3}$，aa 占$\frac{1}{3}$，A 的基因频率为$\frac{2}{3}\times\frac{1}{2}=\frac{1}{3}$。

D. F_1 中 Aa 占$\frac{2}{3}$，aa 占$\frac{1}{3}$，则产生 A 配子的概率为$\frac{2}{3}\times\frac{1}{2}=\frac{1}{3}$，a 配子概率为$\frac{2}{3}$，$F_2$ 中 aa 为$\frac{2}{3}\times\frac{2}{3}=\frac{4}{9}$，Aa 为$\frac{1}{3}\times\frac{2}{3}\times 2=\frac{4}{9}$，AA 为$\frac{1}{3}\times\frac{1}{3}=\frac{1}{9}$（死亡），因此直翅所占比例为$\frac{1}{2}$。

例 181 答案：C

解析：

A. 窄叶性状个体的基因型为 X^bX^b 或 X^bY，由于父本无法提供正常的 X^b 配子，故雌性后代中无基因型为 X^bX^b 的个体，窄叶性状只能出现在雄性植株中。

B. 宽叶雌株 X^BX^-，宽叶雄株 X^BY，雌株中可能有 X^b 配子，所以子代中可能出现窄叶雄株。

C. 宽叶雌株 X^BX^-，窄叶雄株 X^bY，由于雄株提供的配子中 X^b 不可育，只有 Y 配子可育，故后代中只有雄株。

D. 若杂交后代中雄株均为宽叶，故其母本只提供了 X^B 配子，由于母本的 X^b 是可育的，故该母本为宽叶纯合子。

例 182 答案：C

解析：F_2 比例为 9∶6∶1，说明扁盘形中含 A 和 B，圆形中含 A 或 B，而长圆形为 aabb，因此 F_1 的基因型只能是 AaBb。由于亲本是圆形南瓜，不可能同时含 A 和 B，所以亲代圆形南瓜植株的基因型分别是 AAbb 和 aaBB。

例 183　答案：D

解析：F_2红花：白花比例接近9：7，故两对基因遵循基因的自由组合定律，位于两对同源染色体上。F_1为AaBb，亲本基因型为AABB×aabb。

F_2中红花植株的基因型有AABB、AABb、AaBB、AaBb共4种，白花植株基因型有A_bb、aaB_、aabb共5种。

例 184　答案：B

解析：根据题图分析，Ⅰ1和Ⅰ2正常，Ⅱ4患甲病，说明甲病为常染色体隐性遗传病，乙病患者全为男性，且家系中无基因突变发生，且Ⅰ4无乙病基因，说明为伴Y染色体遗传病。

A. 若Ⅳ2的性染色体组成为XXY，则可能是Ⅲ4减Ⅰ未分同源或者Ⅲ5减Ⅱ未分姐妹。两者染色体畸变的可能性相近。

B. 设甲病的基因为A、a，乙病的基因为B、b，可得Ⅲ4的基因型为$aaXY^b$，人群中这两种病的发病率均为$\frac{1}{625}$，则a基因频率为$\frac{1}{25}$，所以Ⅲ5(基因型可能为AA、Aa)为Aa的概率为$2\times\frac{1}{25}\times\frac{4}{25}\div(2\times\frac{1}{25}\times\frac{4}{25}+\frac{24}{25}\times\frac{24}{25})=\frac{1}{13}$，故Ⅲ4与Ⅲ5再生1个孩子，患甲病的概率为$\frac{1}{13}\times\frac{1}{2}=\frac{1}{26}$，只患乙病的概率是$\left(1-\frac{1}{26}\right)\times\frac{1}{2}=\frac{25}{52}$。

C. 因为甲病为常染色体隐性遗传病，故Ⅰ1和Ⅰ2的基因型均为Aa，则Ⅱ1的基因型为AA的概率为$\frac{1}{3}$，为Aa的概率为$\frac{2}{3}$，而Ⅳ3的基因型为Aa，因此Ⅱ1与Ⅳ3基因型相同的概率是$\frac{2}{3}$，Ⅱ1与Ⅲ5基因型相同的概率为$\frac{2}{3}\times\frac{1}{13}+\frac{1}{3}\times\frac{12}{13}=\frac{14}{39}$。

D. Ⅱ1的基因型为AA的概率为$\frac{1}{3}$，为Aa的概率为$\frac{2}{3}$，与正常男性结合，子女只有可能患甲病，该正常男性基因型为Aa的概率为$2\times\frac{1}{25}\times\frac{24}{25}\div\left(2\times\frac{1}{25}\times\frac{4}{25}+\frac{24}{25}\times\frac{24}{25}\right)=\frac{1}{13}$，故子女患病的概率为$\frac{1}{13}\times\frac{2}{3}\times\frac{1}{4}=\frac{1}{78}$。

例 185　答案：ABC

解析：分析系谱图：Ⅱ7和Ⅱ8均患病，其后代中出现了正常女儿，说明该病为显性遗传病，Ⅱ8患病，但其女儿正常，可知致病基因位于常染色体上。

A. 由分析可知，该病为常染色体显性遗传病。

B. 显性遗传病的患者，其双亲中至少有一个为患者。

C. 已知纯合子患者出现概率为$\frac{1}{1\ 000\ 000}$，可知显性基因频率为$\frac{1}{1\ 000}$，则隐性基因频率为$\frac{999}{1\ 000}$，推知杂合子的概率为$2\times\frac{1}{1\ 000}\times\frac{999}{1\ 000}\approx\frac{1}{500}$。

D. Ⅲ6的基因型可能为显性纯合子或杂合子，故其患病基因可能由父母双方共同提供，也可能由一方提供。

例 186　答案：

(1)选择①×②、②×③、①×③三个杂交组合，分别得到F_1和F_2，若各杂交组合的F_2中均出现四种表现型，且比例为9：3：3：1，则可确定这三对等位基因分别位于三对染色体上；若出现其他结果，则可确定这三对等位基因不是分别位于三对染色体上。

(2)选择①×②杂交组合进行正反交，观察F_1雄性个体的表现型。若正交得到的F_1中雄性个体与反交得到的F_1中雄性个体有眼与无眼、正常刚毛与小刚毛这两对相对性状的表现均不同，则证明这两对等位基因都位于X染色体上。

解析：

(2)实验思路：将验证A/a和B/b这两对基因都位于X染色体上，拆分为对A/a位于X染色体上和B/b位于X染色体上分别进行验证。

如利用①和③进行杂交实验去验证A/a位于X染色体上：

若A/a位于X染色体上，则：

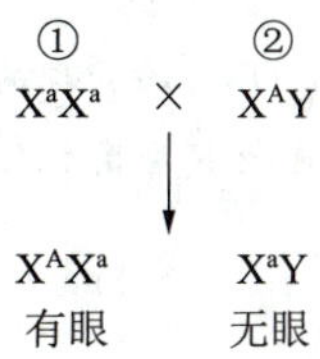

若A/a位于常染色体上，则：

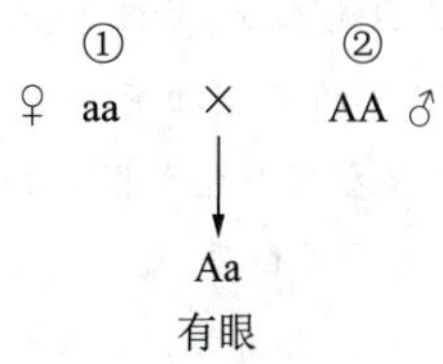

预期结果及结论：

若子一代中雌性全为有眼，雄性全为无眼，则A/a位于X染色体上。

若子一代中全为有眼，且雌雄个数相等，则A/a位于常染色体上。

例 187　答案：

(1)不能。

(2)实验1：杂交组合：♀黄体×♂灰体

预期结果：子一代中所有的雌性都表现为灰体，雄性都表现为黄体。

实验2:杂交组合:♀灰体×♂灰体

预期结果:子一代中所有的雌性都表现为灰体,雄性中一半表现为灰体,另一半表现为黄体。

解析:区分控制性状的基因位于常染色体上还是X染色体上最直观的方法就是根据子代表现型是否与性别相关联,若子代雌雄个体表现型与性别无关,说明位于常染色体上,反之则位于X染色体上。

(1)子代的表现型与性别无关,不能说明控制黄体的基因位于X染色体上。

模块六 现代遗传学

一、DNA是主要的遗传物质实验证明

例188 答案:D

解析:

A. 活体转化实验中,R型菌转化成S型菌的实质是发生了基因重组,属于可遗传变异,所以S型菌能稳定遗传。

B. 活体转化实验中,S型菌的荚膜物质不能使R型菌转化成有荚膜的S型菌。

C. 离体转化实验中,蛋白质不能使部分R型菌转化成S型菌,只有DNA能使部分R型菌转化成S型菌且可实现稳定遗传。

D. 离体转化实验中,经DNA酶处理的S型菌提取物中不含完整的DNA,所以不能使R型菌转化成S型菌。

例189 答案:C

解析:

A. 甲组培养皿中有S型菌落,推测加热不会破坏转化物质的活性,但也有未转化的R型细菌。

B. 乙组培养皿中有R型及S型菌落,由于加入了蛋白酶,所以可推测转化物质不是蛋白质。

C. 丙组培养皿中只有R型菌落,由于加入了DNA酶,所以可推测转化物质是DNA。

D. 该实验能证明肺炎双球菌的遗传物质是DNA,而不是主要遗传物质是DNA。

例190 答案:C

解析:T_2噬菌体侵染细菌的实验步骤:分别用^{35}S或^{32}P标记噬菌体→噬菌体与大肠杆菌混合培养→噬菌体侵染未被标记的细菌→在搅拌器中搅拌,然后离心,检测上清液和沉淀物中的放射性物质。结论:DNA是遗传物质。

A. N是蛋白质和DNA共有的元素,若用^{15}N代替^{32}P标记噬菌体的DNA,则其蛋白质也会被标记。

B. 噬菌体的蛋白质外壳是由噬菌体的DNA在大肠杆菌体内编码的。

C. 噬菌体的DNA合成的模板来自于噬菌体自身的DNA,而原料来自于大肠杆菌。

D. 该实验证明了噬菌体的遗传物质是DNA。

例191 答案:D

解析:

A. 噬菌体内不能合成mRNA,转录过程中原料均来自细菌。

B. 搅拌的目的是使噬菌体的蛋白质外壳与细菌分离。

C. 噬菌体与细菌混合培养的时间太长,会导致子代噬菌体从细菌中释放,影响实验效果。

D. 噬菌体侵染细菌后,产生许多遗传信息相同的子代噬菌体。

例192 答案:B

解析:DNA和蛋白质这两种物质中DNA是噬菌体的遗传物质,所以组成成分为甲的DNA和乙的蛋白质的“杂合”噬菌体感染大肠杆菌后得到的子代噬菌体的表现型与甲种一致;组成成分为乙的DNA和甲的蛋白质的“杂合”噬菌体感染大肠杆菌后得到的子代噬菌体的表现型与乙种一致。

三、DNA分子的复制、转录和翻译

例193 答案:C

解析:体内DNA进行复制时,需要一段RNA作为引物,启动DNA的复制过程;真核生物的DNA复制除了在细胞核中完成之外,叶绿体和线粒体中的DNA也会进行DNA的复制;在DNA分子上,基因与基因之间还存在非编码序列,因此,基因的碱基对数目不等同于DNA的碱基对数目。

例194 答案:D

解析:根据DNA的半保留复制的特点可以推测,第二次复制后新合成的子代DNA中必定有一条链为黑色,图中只有D项的每条DNA均具备1条黑色DNA单链。

例195 答案:D

解析:

①DNA分子的两条单链均只含有^{14}N,该大肠杆菌在含有^{15}N的培养基中繁殖两代,形成4个DNA,其中2个DNA为$^{15}N^{14}N$,另外2个DNA为$^{15}N^{15}N$。

②再转到含有^{14}N的培养基中繁殖一代,DNA为$^{15}N^{14}N$形成的子代DNA中,一个DNA为$^{15}N^{14}N$,另外1个DNA为$^{14}N^{14}N$;而DNA为$^{15}N^{15}N$形成的2个子代DNA都为$^{15}N^{14}N$;因此理论上DNA分子的组成类有$^{15}N^{14}N$和$^{14}N^{14}N$两种,其比例为

3∶1。

例 196 答案：B

解析：a、b、c管中的DNA密度由大到小依次为a>b>c。由此推知，a、b、c管中的DNA依次为：双链均为^{15}N标记、一条链为^{15}N与另一条链为^{14}N标记、双链都为^{14}N标记。

A. 由题意"培养大肠杆菌的唯一氮源是$^{14}NH_4Cl$或$^{15}NH_4Cl$"和"条带表示大肠杆菌DNA离心后在离心管中的分布位置"可知，本活动运用了同位素示踪法和密度梯度离心技术。

B. 分析题图可知，a管中的DNA密度最大，表明该管中的大肠杆菌是在含$^{15}NH_4Cl$的培养液中培养的。

C. b管中的DNA密度介于a、c管的之间，表明该管中的大肠杆菌的DNA都是^{14}N-^{15}N-DNA。

D. 实验结果说明DNA分子的复制是半保留复制。

例 197 答案：C

解析：噬菌体增殖所需原料由细菌提供，模板由噬菌体DNA提供，所以子代噬菌体没有^{35}S，含^{32}P的有2个。由于一个DNA分子中腺嘌呤占全部碱基的20%，则腺嘌呤为5 000×2×20%=2 000个，鸟嘌呤为5 000×2×30%=3 000个。

例 198 答案：D

解析：根据碱基互补配对原则，单链模板序列为GTACATACATC，其合成的子链为CATGTATGTAG。因为双脱氧核苷酸能使子链延伸终止，所以在胸腺嘧啶双脱氧核苷酸存在时，能形成CAT/GT/AT/GT/AG("/"表示子链延伸终止处)，由此可见，可以形成5种不同长度的子链。

例 199 答案：C

解析：真核细胞DNA转录的场所包括细胞核、线粒体和叶绿体。

例 200 答案：A

解析：根尖细胞不具有叶绿体，转录不可能发生在叶绿体中；转录时仅转录的基因解旋，转录后的RNA需要经过加工才能形成成熟的RNA。

例 201 答案：C

解析：tRNA既能识别密码子(碱基序列)又能运输氨基酸。

例 202 答案：C

解析：CTCTT重复6次，即增加30个碱基对，由于基因中碱基对数目与所编码氨基酸数目的比例关系为3∶1，则正好增加了10个氨基酸，重复序列后编码的氨基酸序列不变。

Tips：只要基因的碱基对数量和排列顺序发生改变，就一定会引起基因突变，与位置无关，但无论如何突变，一定是一个嘌呤配对一个嘧啶，两者的碱基比例不会发生改变，永远是1∶1。

例 203 答案：C

解析：mRNA、tRNA、rRNA三种RNA一般都为单链结构，虽然tRNA部分区域会自我折叠形成碱基互补的"双链"，但也改变不了它是一条链的本质。

Tips：密码子具有简并性，一种氨基酸可以对应多种密码子，故mRNA中的碱基改变不一定造成所编码氨基酸的改变，如图中的三种密码子都决定的是甘氨酸。

例 204 答案：

(1)rRNA、tRNA

(2)细胞核　细胞质　细胞质　细胞核

(3)酪氨酸—谷氨酸—组氨酸—色氨酸　UAUGAGCACUGG

解析：

(1)在大豆细胞中，以mRNA为模板合成蛋白质时，除mRNA外还需要其他种类的核酸分子参与，它们是rRNA(核糖体)、tRNA(转运RNA)。

(2)在大豆细胞中，mRNA在细胞核内以DNA为模板转录形成，在细胞质中翻译蛋白质。RNA聚合酶的本质是蛋白质，是在细胞质中被翻译出来，在细胞核中催化转录过程。

(3)根据密码子表可以写出对应的氨基酸序列；同时根据密码子的简并性，结合是"3处"密码改变前后氨基酸不变这一信息，自然是表格中具有两种密码子的氨基酸了。

例 205 答案：D

解析：题图甲表示DNA的复制过程，题图乙表示DNA的转录过程。

过程	复制	转录
酶	解旋酶、DNA聚合酶	RNA聚合酶
模板	DNA的两条链	DNA的一条链
场所	细胞核、线粒体、叶绿体	细胞核、线粒体、叶绿体
次数	一个周期内一次	一个周期内可多次，不定数
产物	一模一样的DNA	可能是不同的RNA

例 206 答案：A

解析：由图可知，当前进行的活动为边转录边翻译，此过程发生在原核细胞中；并且图中有多个核糖体与之结合，说明该

RNA可以合成多条肽链。

例207 答案：C

解析：

A. RNA病毒的蛋白质由病毒的遗传物质RNA编码合成。

B. DNA双链解开，RNA聚合酶与启动子结合进行转录，移动到终止子时停止转录。

C. 翻译过程中，核酸之间通过碱基互补配对相互识别保证了遗传信息传递的准确性。

D. 没有相应的反密码子与mRNA上的终止密码子配对，故tRNA不能读取mRNA上全部碱基序列信息。

例208 答案：B

解析：基因片段上有启动子、终止子、内含子、外显子结构，mRNA上才具备起始密码子、终止密码子；DNA复制时遵循A与T、C与G配对原则，转录时遵循A与U、T与A、C与G的配对原则，翻译时(两条互补的链均为RNA)遵循A与U、C与G的配对原则；而miRNA则是通过与W基因的mRNA互补形成双链结构，从而阻断翻译过程。

四、基因对性状的控制

例209 答案：D

解析：编码蛋白质的基因含两条单链，但其碱基序列互补。

例210 答案：C

解析：转录合成的是RNA，需要的反应物为核糖核苷酸；逆转录合成的是DNA，需要的反应物为脱氧核糖核苷酸。

例211 答案：B

解析：人类免疫缺陷病毒(HIV)属逆转录病毒的一种，主要攻击人体的淋巴细胞，在侵染过程中HIV整体进入T淋巴细胞内。

模块七　变异、育种和进化

二、基因突变

例212 答案：C

解析：基因突变具有随机性，可以发生在任意时期、任意部位，所以无论体细胞还是生殖细胞都可以发生基因突变，但体细胞发生的基因突变无法遗传给子代；另外基因突变后，碱基对的序列一定发生改变，但密码子具有简并性，对应的氨基酸序列不一定发生改变，其性状也不会发生变化。

例213 答案：C

解析：黄瓜开花阶段用2,4-D诱导产生更多雌花，属于植物激素类似物调节生命活动，没有发生基因突变。

例214 答案：A

解析：根据密码子GAG可推测基因原本为CTC，之后突变为CAC(对应的密码子为GUG)，因此其变化为T－A变为A－T，这对碱基配对时氢键数量始终为2，没有发生变化。

例215 答案：C

解析：

A. M基因突变后，由于mRNA中A碱基的增加，因而参与基因复制的嘧啶核苷酸数量增加，但由于嘌呤和嘧啶配对，均为50%，突变前后此比例不会发生变化，故嘌呤核苷酸比例不变。

B. 在M基因转录时，核糖核苷酸之间通过磷酸二酯键连接。

C. 由于插入了3个碱基，如果插在两个氨基酸之间，则突变前后编码的两条肽链，多了1个氨基酸；如果插在1个氨基酸对应的碱基内，则突变前后编码的两条肽链，有2个氨基酸不同。

D. 在突变基因的表达过程中，最多需要61种tRNA参与。

三、基因重组

例216 答案：ACD

解析：

A. DNA分子发生碱基对的增添、缺失或改变属于基因突变，可发生在细胞有丝分裂的间期和减数第一次分裂的间期。

B. 非同源染色体上非等位基因之间的自由组合属于基因重组，只有在减数第一次分裂后期，同源染色体分离的同时，非同源染色体之间发生自由组合。

C. 非同源染色体之间交换一部分片段属于染色体结构变异中的易位，可发生在有丝分裂和减数分裂过程中。

D. 着丝粒分开后形成的两条染色体不能移向两极，既可发生在有丝分裂后期，也可发生在减数第二次分裂后期。

例217 答案：B

解析：图中所示为同源染色体的非姐妹染色单体间的相应片段发生交叉互换，属于基因重组。

四、染色体变异

例218 答案：B

解析：由题图可见，异常联会后导致其中三条染色体无法正常联会，在减一后期同源分离必然会出现问题，导致配子中的染色体数目异常。

例 219 答案：C

解析：

A. 着丝点分裂发生在有丝分裂后期，所以可在分裂后期观察到“染色体桥”结构。

B. 由于在“染色体桥”的两着丝点间任一位置发生断裂，形成的两条子染色体能移到细胞两极，所以其子细胞中染色体的数目不会发生改变。

C. “染色体桥”结构是由姐妹染色单体连接在一起形成的，所以其子细胞中的染色体上不会连接非同源染色体片段。

D. 由于姐妹染色单体连接在一起形成“染色体桥”后，在两着丝点间任一位置发生断裂，所以该细胞基因型为 Aa 时，可能会产生基因型为 Aaa 的子细胞。

例 220 答案：C

解析：

A. 二倍体植物的体细胞含有两个染色体组，其配子含有一个染色体组。

B. 一个染色体组中无同源染色体，其形态和功能各不相同，均为非同源染色体。

C. 雌雄同株的植物细胞内没有性染色体，故其一个染色体组内也没有性染色体。

D. 每个染色体组中各染色体互为非同源染色体，其 DNA 的碱基序列不同。

例 221 答案：B

解析：很明显另外三个都和染色体有关，而 B 项是和基因有关。

例 222 答案：C

解析：雄峰是由未受精的卵细胞直接发育而来，子代雄蜂的基因型为 AD、Ad、aD、ad，可推测母本的基因型为 AaDd；雌蜂的四种基因型是由四种卵细胞与基因型为 AD 的雄配子结合形成的，因此父本的基因型为 AD。

五、育种

例 223 答案：CD

解析：对于高产、抗病这两种性状抑或包括早熟在内都可以通过杂交的方法获得，因为给出的材料中具备这三种性状的基因或等基因，但是抗旱性状不能通过杂交获得，因为三种材料都不具备此性状，因此可以通过诱变育种或者转基因的方式获得。

例 224 答案：A

解析：变异是不定向的，无法决定生物的进化方向；通过诱变后获得的植株可以采用连续自交的方法提高纯合子比例。

例 225 答案：C

解析：三种变异不一定引起生物性状的改变，但也不会一定不影响生物的性状；利用染色体数目变异的原理育种，保证染色体组数为偶数倍，联会不会发生紊乱，有利于育种，但加倍的倍数过多，也不利于育种，反而会导致生育性降低。

例 226 答案：

(1)在减数分裂过程中，随着非同源染色体的自由组合，非等位基因自由组合；同源染色体上的等位基因随着非姐妹染色单体的交换而发生交换，导致染色单体上的基因重组

(2)控制新性状的基因是杂合的　通过自交筛选性状能稳定遗传的子代

解析：

(1)基因重组是生物体进行有性生殖的过程中控制不同性状的基因的重新组合，基因重组有自由组合型和交叉互换型两类，前者发生在减数第一次分裂的后期(非同源染色体的自由组合)，后者发生在减数第一次分裂的四分体(同源染色体的非姐妹染色单体的交叉互换)。

(2)杂合子不能够稳定遗传，需要通过自交的方式筛选出纯合子才能保证性状的稳定遗传。

例 227 答案：

(1)无同源染色体，不能进行正常的减数分裂　42　营养物质含量高；茎干粗壮，叶片和果实都比较大

(2)秋水仙素处理(或低温诱导)

(3)让甲、乙两个品种杂交，F_1 自交，选取 F_2 中既抗病又抗倒伏，且自交后代不发生性状分离的植株

解析：

(1)在普通小麦的形成过程中，杂种一由于无同源染色体，不能进行正常的减数分裂，是高度不育的。由于 A、B、D 不同物种的一个染色体组均含 7 条染色体，而普通小麦属于二倍体，故普通小麦体细胞中有 $6\times7=42$ 条。

(2)若要用人工方法使植物细胞染色体加倍，可采用低温诱导或用秋水仙素处理幼苗，通过抑制有丝分裂中纺锤体的形成，导致染色体加倍。

六、人类遗传病

例 228 答案：A

解析：单基因遗传病是指由一对等位基因控制的遗传病，禁止近亲结婚可以有效降低隐性遗传病的概率，但是并不可以通过遗传咨询来进行治疗，母亲可以通过基因治疗或其他药物辅助

治疗。

例 229 答案：C

解析：从题图曲线看出，随着母亲年龄的增长，先天性愚型患者的发病率越来越高，因此需要提倡适龄生育，即在25～30岁之间，该年龄阶段所生子女多，但是该病的患病率很低。

例 230 答案：B

解析：红绿色盲是伴X染色体隐性遗传病，女患者的父亲和儿子都患病；抗维生素D佝偻病属于伴X染色体显性遗传病，其特点之一是女患者多于男患者；常染色体疾病男女患病概率相同，且隐性病概率较低。

例 231 答案：B

解析：

A. cfDNA是人体内一些正常或异常细胞脱落破碎后形成的游离DNA，所以可通过检测cfDNA中的相关基因，判断其来自正常或异常细胞，并进行癌症的筛查。

B. 提取cfDNA进行基因修改后可用于基因治疗，但不是直接输回血液。

C、D. cffDNA是胚胎在发育过程中细胞脱落破碎后形成的游离DNA，所以孕妇血液中的cffDNA可能来自于脱落后破碎的胎盘细胞，可以用于某些遗传病的产前诊断。

八、现代生物进化理论

例 232 答案：A

解析：人、大猩猩、黑猩猩和长臂猿是不同的物种，但都是由同一个祖先物种发展而来，遗传的力量使他们保持某种结构和功能的统一模式。

例 233 答案：D

解析：遗传漂变是由于在繁殖时雌雄配子的随机结合而发生的基因频率变化，在小种群中更易发生；并且对基因频率的改变影响很大，会打破遗传平衡。

例 234 答案：C

解析：人类与黑猩猩碱基相关0.99%，而进化速率是1%/百万年，则算出来是99万年。图示数据不足以用来评价大猩猩和人类的亲缘关系与大猩猩和非洲猴的亲缘关系的远近。

例 235 答案：C

解析：

A. 由题图可知，pen基因突变后，杀虫剂的靶位点发生变化形成了抗药靶位点。

B. 基因突变具有不定向性。

C. 基因突变为昆虫进化提供原材料。

D. 野生型昆虫和pen基因突变型昆虫属于同一物种，二者不存在生殖隔离。

例 236 答案：C

解析：

A. 青菜虫先发生抗药性变异，农药只是选择有利变异。

B. 青菜虫抗药性的增强是农药选择的结果。

D. 连续多年对青菜虫使用农药是造成青菜虫抗药性不断增强的动力。

例 237 答案：B

解析：只有长舌蝠能从长筒花狭长的花冠筒底部摄食花蜜，且为该植物的唯一传粉者。这是长舌蝠和长筒花相互选择、相互适应，共同进化的结果。同时通过这种生活方式也减弱了长舌蝠与其他蝙蝠的竞争。长舌蝠是长筒花的唯一传粉者，故必须在有长舌蝠生存的地方长筒花才能繁殖后代。

模块八　内环境的稳态和调节

一、内环境及其稳态

例 238 答案：D

解析：

A. 血浆中的葡萄糖→组织液→组织细胞。

B. 肝细胞直接生活在组织液中，因此其呼吸代谢产生的CO_2可以进入组织液中。

C. O_2为气体，通过自由扩散进入细胞中。

D. 丙酮酸转化成乳酸为无氧呼吸第二阶段，发生在细胞质基质中，而不是发生在组织液中。

Tips：细胞内发生——有氧呼吸、无氧呼吸、DNA的复制、转录、翻译和蛋白质的合成、加工、运输。

例 239 答案：D

解析：

A. 淋巴液是内环境的一部分，属于细胞外液。

B、C. 淋巴液通过淋巴循环进入左右锁骨下的静脉，汇入血浆参与血液循环。

D. 血浆中蛋白质高于淋巴液和组织液。

例 240 答案：A

解析：

A. 血液流经组织细胞时，氧气扩散到细胞用于有氧呼吸，血液中氧气含量降低。

C. 血浆中的氧气、小分子营养物质、离子、水分、激素等物质经毛细血管动脉端进入组织液。

D. 组织液中的二氧化碳、尿素、水分等代谢产物经毛细血管静脉端进入血液。

例 241 答案：C

解析：

A. 激素分泌后进入血浆，故血浆和组织液都有运输激素的作用。

B. 淋巴细胞位于血浆和淋巴中，故血浆和淋巴都是免疫细胞的生存环境。

C. 血红蛋白位于红细胞内，不属于细胞外液的成分。

D. 血浆和组织液的成分基本相同，只是血浆中含有较多的蛋白质。

Tips：典型细胞内成分包括血红蛋白、DNA、呼吸酶、载体蛋白（膜上）。

例 242 答案：B

解析：

A. 抗体主要分布在血清中，血清属于人体的内环境。

B. 糖原包括肝糖原和肌糖原，肝糖原存在于肝细胞中，肌糖原存在于肌细胞中，不属于内环境成分。

C. 胰岛素由胰岛 B 细胞分泌后进入血液中，属于内环境成分。

D. 氨基酸属于营养物质，属于人体内环境成分。

例 243 答案：A

解析：

1. 内环境中可以存在的物质：

①小肠吸收的物质在血浆、淋巴中运输：水、无机盐、糖、氨基酸、维生素、血浆蛋白、甘油、脂肪酸等。

②细胞分泌物：抗体、淋巴因子、神经递质、激素等。

③细胞代谢产物：CO_2、水、尿素等。

2. 内环境中不存在的物质：

血红蛋白、载体蛋白、H_2O_2 酶、细胞呼吸有关的酶、复制转录翻译酶等各种胞内酶、消化酶等。

B、C、D. 输尿管、汗腺导管、消化管内的液体都与外界环境相通，不属于内环境的成分。

例 244 答案：D

解析：

A. 抗体主要分布在血清、组织液等内环境中，所以抗原与抗体的特异性结合发生在内环境中。

B. 内环境成分中含有激素、CO_2、尿素、神经递质、血糖、抗体等。

C. 组织液渗回血浆的量很大，但组织液渗回淋巴的量较少，所以组织液渗回血浆和渗入淋巴的量相差较大。

D. 内环境稳态就是使内环境中各种成分保持相对稳定的状态，血浆只是其一部分，所以只要血浆的成分稳定时，机体达到稳态是错误的。

例 245 答案：D

解析：

A. 淋巴循环是对血液循环的补充，淋巴管阻塞，组织液不能顺利进入淋巴循环，组织液积累，引起下肢水肿。

B. 血浆中钙盐属于内环境的成分，正常情况下维持在相对稳定的状态，若血液中钙盐过多，钙盐稳态失调，引起肌无力。

C. 再次接触同种过敏原引起过敏反应，属于免疫失调。

D. 腹泻会引起体液中水和无机盐的大量丢失，不会引起蛋白质大量丢失。

Tips：免疫失调包括过敏（免疫过强）、自身免疫病（免疫过强）、免疫缺陷症。

例 246 答案：A

解析：细胞外液渗透压的 90% 来源于 Na^+ 和 Cl^-。

A. 输入的溶液进入血液，随血液运输，会从血浆通过毛细血管壁细胞，进入组织液。

B、C、D. 输入的 Na^+ 中大多数进入细胞外液，细胞内液 Na^+ 的增加小于细胞外液 Na^+ 的增加。

例 247 答案：D

解析：

A. 用双缩脲试剂检测蛋白尿时，无需水浴加热。

B. 血浆蛋白减少使血浆渗透压降低。

C. 链球菌是原核生物，只有核糖体一种细胞器。

例 248 答案：

(1)pH 过低，导致相关酶的空间结构遭到破坏，使酶失活　中和　由细胞外液构成的液体环境　组织液　淋巴液（淋巴）

(2)神经调节和激素

解析：

(2)受到惊吓时，肾上腺素分泌增多，该过程是神经调节；同时，肾上腺素发挥作用，调节生命活动属于激素调节。

例 249 答案：

(1)高于

(2)主动运输　载体、能量（ATP）

(3)渗透吸水　原尿中渗透压与肾小管上皮细胞内渗透压差值减小，重吸收水分减少，进而导致尿量增加

解析：

(1)由于肾小管上皮细胞中的葡萄糖通过被动运输的方式进入

组织液，因此肾小管上皮细胞中的葡萄糖浓度高于组织液中的。

(2)原尿中的葡萄糖进入肾小管上皮细胞的方式为逆浓度梯度，为主动运输，需要载体和能量(ATP)的参与。

二、通过神经系统的调节

例 250 答案：D

解析：

A. 题图中①属于树突，②属于神经末梢。

B. 该神经元有多个树突，但只有一个轴突。

C. 运动神经元为传出神经。

例 251 答案：B

解析：

A. 反射是机体对无机环境的刺激所做出的规律性应答。

B. 膝反射的效应器是伸肌。

例 252 答案：B

解析：

A. 不管脊髓是否受损，直接刺激传出神经，后伸肌也会收缩。

B. 刺激传入神经元，抑制性中间神经元会兴奋，抑制下一个神经元的活动。

D. 不管皮肤是否破损，刺激肌梭后都能发生膝反射。

例 253 答案：D

解析：

A. 效应器指传出神经末梢及其支配的肌肉或腺体，故效应器的活动包括腺体分泌和肌肉收缩。

D. 因兴奋在神经元之间的传递是单向的，因此同一反射弧中感受器先兴奋，效应器后兴奋。

例 254 答案：A

解析：a、b是两个神经元，③是a、b两神经元形成的突触结构。

A. 刺激必须达到一定强度才能产生兴奋。

B. ①处产生的兴奋可传导到②，如果③释放的神经递质是抑制性递质，则④不能产生兴奋。

C. 通过结构③，兴奋只能从a到b，不能从b到a。

D. 细胞外液的变化既可以影响①处兴奋的产生，也可以影响③处兴奋的传递。

例 255 答案：

(1)A　神经冲动的产生需要Na^+

(2)④⑤⑥　③②①

解析：

(1)钠离子内流产生动作电位，而海水中含有钠离子，所以放在海水中会产生兴奋。

(2)肌肉受到刺激，而后收缩，则神经冲动从肌肉出发，最后回到肌肉，④⑤⑥依次兴奋符合要求；大脑接收到刺激，兴奋需向上传递，⑦的传递方向向下，故只能为③②①。

例 256 答案：D

解析：神经细胞内K^+浓度明显高于膜外，而膜外Na^+浓度明显高于膜内。

Tips：静息时，由于膜主要对K^+有通透性，造成K^+外流，使膜外阳离子浓度多于膜内，外正内负。受到刺激时，细胞膜对Na^+的通透性增加，Na^+内流，使膜内侧的阳离子浓度高于膜外侧，表现为内正外负。

例 257 答案：A

解析：神经元上动作电位是由Na^+内流造成的，顺浓度梯度运输，没有消耗能量，为被动运输中的协助扩散；而恢复静息电位时，Na^+排出，逆浓度梯度运输，需要消耗能量，所以为主动运输。

例 258 答案：A

解析：

A. 由题意“位于纤毛膜上的K^+通道打开，K^+内流而产生兴奋”，说明静息状态时纤毛膜外的K^+浓度高于膜内。

B. 纤毛膜上的K^+内流过程属于协助扩散，不消耗能量。

D. 兴奋通过听毛细胞底部传递到听觉神经细胞，最终到达大脑皮层产生听觉，无相应传出神经和效应器，由于反射弧不完整，此过程不属于反射。

例 259 答案：A

解析：正常情况下，细胞内K^+浓度高于细胞外液，Na^+的浓度低于细胞外液，但当低温保存过程中神经元会受到损伤，造成K^+外流，且主动运输受到影响，故溶液中K^+浓度升高。

例 260 答案：C

解析：a点之前为静息电位。a～c段是因为Na^+内流所致。c～e段是因为K^+外流所致。

Tips：细胞内K^+浓度高，故K^+外流为协助扩散；细胞外Na^+浓度高，Na^+内流为协助扩散。二者均不消耗能量。

例 261 答案：C

解析：a点之前为静息电位，由K^+外流造成。a～c段是因为Na^+内流所致。c～e段是因为K^+外流所致。

D. 动作电位大小与有效刺激的强度无关。

Tips：细胞内K^+浓度高，故K^+外流为协助扩散；细胞外Na^+浓度高，Na^+内流为协助扩散。二者均不消耗能量。

例 262 **答案**：A

解析：

A. 神经细胞膜外 Na^+ 浓度高于细胞内，兴奋从神经元的细胞体传导至突触前膜，会引起 Na^+ 内流。

B. 突触前神经元兴奋可引起突触前膜释放神经递质，如乙酰胆碱。

C. 乙酰胆碱是一种兴奋性神经递质，在突触间隙中经扩散到达突触后膜，与后膜上的特异性受体相结合。

D. 乙酰胆碱与突触后膜受体结合，引起突触后膜电位变化，即引发一次新的神经冲动。

例 263 **答案**：A

解析：

A. 天冬氨酸只含有 C、H、O、N 四种元素。

B. 氨基酸分子既含有氨基也含有羧基，且有一个氨基和羧基连在同一个碳上。

C. 天冬氨酸作为神经递质，存在于突触囊泡内，当兴奋传导到突触小体时，可以批量释放至突触间隙。

D. 天冬氨酸是一种兴奋性递质，可以与突触后膜上的受体相结合，引起突触后膜对 Na^+ 的通透性增大，使 Na^+ 内流，产生兴奋。

例 264 **答案**：B

解析：

A. 乙酰胆碱分泌量和受体数量改变都会影响胆碱能敏感神经元的兴奋性。

B. 乙酰胆碱酯酶催化乙酰胆碱的分解，使用乙酰胆碱酯酶抑制剂可使胆碱能敏感神经元兴奋性增强。

C. 胆碱能敏感神经元参与学习与记忆等调节活动，其数量改变会影响学习与记忆等调节活动。

D. 阿托品能阻断乙酰胆碱与胆碱能敏感神经元的相应受体结合，最终影响胆碱能敏感神经元所引起的生理效应。

例 265 **答案**：B

解析：

A. 神经递质以胞吐的方式释放至突触间隙。

B. 神经递质与突触后膜特异性受体结合后发挥作用，不进入突触后神经元。

C. 食欲肽能使人保持清醒状态，所以食欲肽分泌不足时机体可能出现嗜睡症状。

D. 药物 M 与食欲肽竞争突触后膜上的受体，使食欲肽不能发挥作用，因此药物 M 可能有助于睡眠。

例 266 **答案**：D

解析：①是线粒体；②是突触小泡；③是突触前膜；④是突触后膜。

A. 神经递质与受体结合不消耗能量。

B. 当兴奋传导到③突触前膜时，膜电位由内负外正变为内正外负。

C. 递质经②的转运和③的胞吐作用释放至突触间隙。

D. 结构④膜电位的变化是由于离子通道打开，电位发生变化。

例 267 **答案**：

(1)C　能

(2)胞吐　突触间隙

(3)兴奋

解析：

(3)酶 D 能使乙酰胆碱失活，酶 D 失活，导致乙酰胆碱(兴奋性递质)持续起作用，突触后神经元持续兴奋。

例 268 **答案**：C

解析：

A. 根据题干“神经末梢与肌细胞的接触部位类似于突触”，说明神经纤维处相当于突触前膜，肌肉处相当于突触后膜，在突触前膜处发生电信号→化学信号的转变。

B. 刺激①产生的神经冲动可以双向传导，因此肌肉可以收缩，电流计指针可以发生偏转。

C. 刺激②处，肌肉收缩，但由于神经递质只能由突触前膜产生作用于突触后膜，不能反向传导，故电流计不会有变化。

D. 兴奋的传导方向是由兴奋部位向未兴奋部位传导，与膜内局部电流的方向相同。

例 269 **答案**：

(1)方法和现象：刺激电位计 b 与骨骼肌之间的传出神经。观察到电位计 b 有电位波动和左后肢屈腿，电位计 a 未出现电位波动。

(2)药物阻止神经递质的释放　药物与突触后膜上特异性受体结合，阻碍其与神经递质结合

解析：

(2)灌注某种药物后 a 电位计能记录到电位波动，在 b 电位计能记录到电位波动，说明该药物并非抑制神经纤维膜上电压门控钠离子通道，而是抑制突触兴奋的传递，因此该药物的作用可能是使突触前膜释放的递质不能与突触后膜上的特异性受体结合，也可能是使突触前膜不能释放递质。

例 270 **答案**：A

解析：

A. 甲是中央前回顶部，刺激它引起对侧下肢运动。

B. 乙是体觉区(中央后回)顶部，刺激它引起对侧下肢电麻样感觉。

C. 丙是体觉区(中央后回)底部,刺激它引起唇、舌、咽电麻样感觉。

D. 丁是中央前回底部,刺激它引起面部运动。

例 271 答案:D

解析:

A. 小脑中有维持身体平衡的中枢,因此小脑损伤可导致身体平衡失调。

D. 下丘脑可通过分泌神经递质参与神经调节,也能分泌激素参与体液调节。

三、通过激素的调节

例 272 答案:A

解析:

A. 肾上腺的分泌活动可受神经的直接支配,肾上腺属于效应器。

B. 胰岛素是蛋白质,合成需要 mRNA 和核糖体的参与。

C. 抗利尿激素的靶细胞是肾小管和集合管。

D. 胰岛素具有降血糖作用,胰高血糖素具有升高血糖的作用,两者是拮抗作用。

例 273 答案:C

解析:注射了一定量的甲状腺激素,合成甲状腺激素所用的碘消耗减少;由于甲状腺激素的作用,会使细胞代谢增强,糖被氧化分解增强,血糖被利用,导致血糖下降产生饥饿;由于负反馈调节,会引进促甲状腺激素释放激素和促甲状腺激素分泌过少。

例 274 答案:B

解析:

B. 与神经调节相比,体液调节缓慢,作用范围广泛,作用时间持久。

C. 激素分泌后,主要通过血液循环运输到全身各处,血液中某激素浓度可反映该激素的分泌量。

D. 激素的分泌量可随内、外环境的改变而变化,如当人体失水过多、饮水不足或吃的食物过咸时→细胞外液渗透压升高→下丘脑渗透压感受器受到刺激→垂体释放抗利尿激素增多。

例 275 答案:D

解析:

A. 促胰液素是人们发现的第一种激素,是小肠黏膜在稀盐酸(模拟胃酸)的刺激下产生的,作用是促进胰腺分泌胰液。

B. 胰液中含有多种消化酶,胰腺分泌的胰液进入小肠能消化食物。

C. 促胰液素由小肠黏膜产生后进入血液,由血液传送到胰腺,促进胰液分泌。

D. 稀盐酸刺激小肠黏膜产生促胰液素,激素通过血液运输到达胰腺,促进分泌胰液,属于体液调节。

例 276 答案:A

解析:性激素属于固醇类激素,促进生殖器官的发育和生殖细胞的形成,促进生殖器官如睾丸的发育;该哺乳动物是季节性繁殖动物,在其繁殖季节性激素合成较多,故性激素的合成受环境因素影响。

例 277 答案:D

解析:

A. 激素只具有调节功能,不能提供能量,不属于高能化合物。

B. 激素只有调节功能,不具有酶的催化活性。

C. 激素不能作为细胞的结构组分。

例 278 答案:B

解析:

A. 碘是合成甲状腺激素的原料,长期缺碘可导致机体甲状腺激素分泌减少,从而增加促甲状腺激素的分泌。

B. 用钠—钾泵抑制剂处理甲状腺滤泡上皮细胞,会使钠—钾泵的运输功能降低,从而减弱摄取碘的能力。

C. 抑制甲状腺过氧化物酶的活性,碘不能被活化,可使甲状腺激素的合成减少。

D. 使用促甲状腺激素受体阻断剂,可阻断促甲状腺激素对甲状腺的作用,从而使甲状腺激素分泌量减少。

例 279 答案:

(1)血糖低于正常水平

(2)胰高血糖素　葡萄糖

(3)C组:胰高血糖素能促进糖原分解和非糖物质转化为葡萄糖,使血糖水平升高;D组:葡萄糖直接使血糖水平升高

解析:

(1)胰岛素降血糖。

(2)由于胰高血糖素能促进非糖物质转化为糖类、促进肝糖原的分解,使血糖浓度升高,所以C组为胰高血糖素,D组注射的营养物质是葡萄糖,直接补充血糖,使体内血糖浓度升高。

四、神经调节和体液调节的关系及四大实例

例 280 答案:B

解析：

A. 反射结构的基础是反射弧。

B. 题图中M为促肾上腺皮质激素，该激素通过体液的运输，与肾上腺皮质细胞膜上的受体结合，促进肾上腺分泌皮质醇增加，该过程属于体液调节，不涉及神经调节。

C. 皮质醇可以通过负反馈作用于下丘脑细胞和垂体细胞。

D. 动物被运输过程中，先通过下丘脑和垂体促进皮质醇的分泌，皮质醇分泌过多又会抑制下丘脑和垂体的活动，因此体内皮质醇含量先升高后逐渐恢复。

例 281 答案：D

解析：

A. 由题图可知，寒冷信号直接刺激下丘脑。

B. 下丘脑通过释放TRH作用于垂体，间接调控甲状腺分泌T_3和T_4。

C. 由题图可知，甲状腺分泌的T_4经过脱碘作用转化为T_3后才能作用于垂体，抑制TSH的释放。

D. T_3和T_4均含碘，长期缺碘不利于二者的合成，体内T_3和T_4的含量减少会促进TSH和TRH的合成。

例 282 答案：C

解析：

B. 降血糖激素只有胰岛素一种，升血糖激素有胰高血糖素和肾上腺素。

C. 葡萄糖通过载体蛋白进入细胞内。

D. 胰岛素分泌不足或胰高血糖素分泌过多，都会导致血糖浓度升高，可能会导致糖尿病的发生。

例 283 答案：D

解析：

A. 健康人早餐食用馒头、面包和米粥等食物后，面食中含有淀粉，在消化道经淀粉酶分解成葡萄糖进入血液，血糖会升高。

B. 胰岛A细胞分泌增强，胰高血糖素水平上升，升高血糖。

C. 体内胰岛素水平正常，胰岛素受体活性降低，胰岛素需要与受体结合才能发挥降血糖的作用，故血糖不会降低。

D. 胰岛B细胞分泌胰岛素，胰岛素与其受体结合，降低血糖。

例 284 答案：C

解析：

A. ①血糖浓度升高直接作用于胰岛B细胞，促进胰岛B细胞分泌胰岛素增多；②血糖浓度升高作用于下丘脑，通过兴奋迷走神经支配胰岛B细胞分泌胰岛素增多。

B. ②是兴奋迷走神经释放的神经递质与胰岛B细胞上的受体结合支配胰岛B细胞，③兴奋的迷走神经促进相关胃肠激素释放，也是通过神经递质与胃肠上的相应受体结合进行调节的，二者都体现了神经细胞与内分泌细胞间的信息交流。

C. ①调节胰岛素水平的方式是体液调节，③调节胰岛素水平的方式是神经—体液调节。

D. 在血糖调节过程中，胰岛素的作用结果会使血糖水平下降到正常水平，此时血糖水平会反过来抑制胰岛素的进一步分泌，防止血糖过度下降；胰高血糖素也是如此，故在血糖调节过程中存在负反馈调节。

例 285 答案：

(1)胰岛B

(2)高　增加

(3)胰岛素分泌不足，葡萄糖进入细胞代谢受阻，细胞本身缺乏能量，导致脂肪、蛋白质加速分解供能，满足机体需要，导致机体蛋白质、脂肪含量分解，体重减轻(甲组大鼠胰岛素缺乏，使机体不能充分利用葡萄糖来获得能量，导致机体脂肪和蛋白质的分解增加)

(4)可以利用药物W人工制造病因为胰岛B细胞受损的糖尿病大鼠，用于相应病因糖尿病药物治疗(获得了因胰岛素缺乏而患糖尿病的动物，这种动物可以作为实验材料用于研发治疗这类糖尿病的药物)

解析：这个题用的是胰岛素和糖尿病的基本原理，通过前面的知识就很容易解决啦。

例 286 答案：A

解析：

A. 骨骼肌不自主战栗增加产热。

B. 外界温度高时，皮肤血管舒张，血流量增加，利于人体散热。

D. 酒精挥发带走热量利于人体散热。

例 287 答案：B

解析：

A. 寒冷环境下，骨骼肌受下丘脑有关神经的支配，不由自主战栗。

B. 35 ℃以上时，除了出汗有效的散热外，其他排泄器官(如肾)借排泄活动只能散发少部分热量，所以最有效的散热方式是出汗。

C. 通常机体的传导散热主要发生在体外。

D. 只有在人体体温相对稳定时，机体的产热量才与散热量相等。

例 288 答案：C

解析：

C. 体温的调节需要神经调节和体液调节(涉及甲状腺激素、肾上腺素等)共同维持。

例 289 答案:

(1)促甲状腺激素释放激素　体液运输

(2)上升到已上调的体温调定点(上升到38.5 ℃)　神经调节,体液调节

(3)等于　重吸收水的能力增强(重吸收水量增加)

(4)汗腺分泌增加,皮肤毛细血管舒张

(5)心脏血液输出量增加,外周血管收缩

解析:

(1)体液调节特点:微量和高效、通过体液运输、作用于靶器官靶细胞。

(2)题图中“传出神经”是神经调节的范畴,激素调节是体液调节的范畴。

(3)抗利尿激素促进肾小管和集合管对水的重吸收。

(5)体温上升期,由于调定点提高,造成心率加快,心脏血液输出量增加,同时外周毛细血管收缩,这样导致血压升高。

例 290 答案:B

解析:

A. 细胞外液渗透压的升高可促进垂体释放抗利尿激素的调节。

B. 抗利尿激素能促进肾小管和集合管对水分子的重吸收,但水分进出细胞的方式为被动运输。

C. 摄盐过多后,渗透压升高,饮水量增加有利于维持细胞外液渗透压相对恒定。

D. 饮水增加导致细胞外液渗透压降低,尿生成增加,有利于维持细胞外液渗透压相对恒定。

例 291 答案:B

解析:

A、C. 生理盐水与人体体液是等渗溶液,饮用1 L生理盐水后,血浆渗透压没有明显变化,曲线为b;由于人体排出增多的钠盐,排尿量增多,曲线应为d。

B. 饮用大量生理盐水后,进入血浆,导致循环血量出现暂时性增加。

D. 抗利尿激素由下丘脑合成,垂体释放。

例 292 答案:

(1)血浆

(2)增加　降低

(3)细胞与外界环境进行物质交换的媒介

例 293 答案:

(1)垂体提取物中含有抗利尿激素,抗利尿激素作用于肾小管和集合管,使之重吸收的水增多,从而使尿量减少

(2)增多　还原糖(葡萄糖)

(3)下丘脑

解析:

(2)肾小管腔内液体的渗透压升高,使得肾小管细胞重吸水困难,大部分水分不能被重吸收,随尿液排出,实验兔的尿量会增多;斐林试剂与还原糖在水浴加热的条件下会产生砖红色沉淀。

例 294 答案:B

解析:

A、C. 下丘脑是水盐平衡调节中枢,同时也具有渗透压感受器,来感知细胞外液渗透压的变化。

B. 下丘脑能分泌促甲状腺激素释放激素、抗利尿激素等,具有内分泌功能,促甲状腺激素是由垂体分泌。

D. 下丘脑内有是维持体温相对恒定的体温调节中枢,能感受体温变化,能调节产热和散热。

例 295 答案:C

解析:

A. 体温调节中枢位于下丘脑。

B. 渗透压感受器位于下丘脑。

C. 促甲状腺激素是垂体分泌的。

D. 下丘脑与生物节律的控制有关。

五、免疫调节

例 296 答案:A

解析:

A. 非特异性免疫是先天的。

B. 过敏反应是由特异性免疫异常引起的。

C. 机体能够通过特异性免疫产生记忆细胞,非特异性免疫过程中不能产生记忆细胞。

D. 非特异性免疫不针对哪一种病原体,对多种病原体都有防御作用。

例 297 答案:D

解析:

A. 唾液中的溶菌酶可杀死病原菌,属于人体的第一道防线。

B. 口腔黏膜对病原菌有一定的屏障作用,属于人体的第一道防线。

C. 吞噬细胞对多种病原菌具有吞噬作用,属于人体的第二道防线。

D. B细胞对病原菌的免疫应答属于体液免疫。

例 298 答案:B

解析：

A. 吞噬细胞具有吞噬功能，但不具有特异性选择。

B. 题图中内吞泡和溶酶体融合，将抗原处理成片段，所以溶酶体参与抗原的加工处理过程。

C. 加工处理后的抗原呈递给T细胞。

D. 特异性免疫的第一阶段都是对抗原的处理、呈递和识别阶段，存在于体液免疫和细胞免疫。

Tips：特异性识别抗原的细胞有B细胞、T细胞、记忆细胞。

例 299 答案：D

解析：

B. 感染早期，可检测到病毒的核酸，但人体免疫系统尚未制造出特定的抗体，故抗体检测无效。

C. 患者康复后，体内病毒被清除，故检测不出核酸，但体内抗体可存在一段时间。

D. 感染该病毒但无症状者，说明其体内产生了抗体，抑制了病毒引起的反应，故适用抗体检测法检测。

例 300 答案：C

解析：

A. 初次给正常小鼠注射一定量的胰岛素溶液后，正常小鼠会出现头晕、心慌、出冷汗、四肢无力等低血糖症状。

B. 乙酰胆碱属于兴奋型的神经递质，给正常小鼠注射一定量乙酰胆碱，神经就处于兴奋状态。

C. 机体初次接触过敏原时，会经过体液免疫，产生抗体消灭过敏原，维持机体内环境稳态，小鼠未出现明显的异常表现。但机体再次接触相同的过敏原时，会发生过敏反应，出现过敏现象，如呼吸困难等症状。

D. 给正常小鼠初次注射一定量呼吸抑制剂，会抑制小鼠呼吸，但题干中未显示小鼠出现明显的异常表现。

例 301 答案：A

解析：

A. 流感病毒的种类很多，注射某种流感疫苗后只会对该种流感病毒产生免疫力，仍可能感染其他流感病毒。

B. 接种脊髓灰质炎疫苗后，疫苗作为抗原可使机体产生免疫反应，通过体液免疫产生相应的抗体。

C. 接种破伤风疫苗属于主动免疫，可使机体产生相应的效应细胞和记忆细胞，这些细胞能在体内长期留存，提供抵抗破伤风的长期保护，而注射抗破伤风血清是利用其中的抗体获得免疫力，注射的抗体在机体内不能长期留存。

D. 感染过新型冠状病毒且已完全恢复者血清中含有针对新型冠状病毒的抗体，可用于治疗新冠肺炎患者。

例 302 答案：B

解析：

A. 艾滋病是由艾滋病病毒引起的免疫功能缺失的获得性免疫缺陷综合症。

B. 类风湿性关节炎为自身免疫反应对自身组织和器官造成损伤，属于自身免疫病。

C. 动物毛屑接触性鼻炎是由于免疫系统对过敏原（毛屑）过度敏感引起的过敏反应。

D. 抗维生素D佝偻病是由显性致病基因控制的单基因遗传病。

Tips：免疫过强包括过敏反应、自身免疫病。
免疫过弱包括免疫缺陷症。

例 303 答案：B

解析：

A. 由题意可知，通过基因工程制备天花病毒蛋白的亚单位，可作为疫苗。

B. 病毒的遗传物质是核酸。

C. 疫苗是天花病毒蛋白的亚单位，不会在机体内增殖。

D. 疫苗属于抗原，天花病毒蛋白的亚单位是疫苗中的抗原物质。

例 304 答案：B

解析：

A. 免疫系统与神经调节、体液调节相互影响，共同组成完整的调节网络。

C. 类风湿性关节炎是自身免疫疾病，获得性免疫缺陷综合症是免疫缺陷病。

D. 免疫系统的监控和清除功能是监控和清除人体内的衰老、损伤细胞及癌变细胞。

例 305 答案：

(1)抗体

(2)A、D　迅速增殖分化，快速产生大量抗体

(3)抗原与抗体特异性结合

(4)发作迅速、反应强烈、消退较快；一般不会破坏组织细胞，也不会引起组织损伤；有明显的遗传倾向和个性差异（答出2点即可）

解析：

(2)初次注射抗原后，机体能产生记忆细胞，再次注射同种抗原后这些记忆能够迅速增殖分化，快速产生大量抗体。

(3)抗原与抗体特异性结合会出现沉淀。

模块九　植物的激素调节

一、植物生长素的发现

例306　答案：D

解析：生长素的不均匀分布引起植物的向光生长。

例307　答案：B

解析：胚芽鞘尖端在单侧光的照射下，先发生横向运输，然后纵向运输到尖端以下的不同的琼脂块中，再通过测定不同琼脂块中生长素含量的大小，即可验证单侧光照射会导致燕麦胚芽鞘中生长素分布不均匀。

二、生长素及其功能

例308　答案：C

解析：顶芽合成的生长素通过主动运输方式运输到侧芽。

例309　答案：B

解析：单侧光引起的是植物的向光性生长，而植物本身的生长与单侧光无关；植物生长素是一种小分子有机物，是在细胞内由色氨酸合成的；由于生长素的作用具有两重性，故位于最适浓度两侧的不同浓度的生长素对同一植物的同一器官可能具有相同的促进作用。

例310　答案：A

解析：同一植株中不同器官对生长素的敏感程度不同，根最敏感，其次是芽，最不敏感的是茎，因此同一植株的幼芽对生长素的反应敏感程度低于幼根。

例311　答案：C

解析：幼嫩的植物细胞与成熟植物细胞对生长素的敏感度不同，根更加敏感。

例312　答案：

(1)从形态学上端到形态学下端

(2)琼脂块中的生长素进入胚芽鞘切段的左侧，使胚芽鞘左侧的生长素浓度高于右侧，引起胚芽鞘左侧生长快于右侧，形成α角

(3)乙左右两侧琼脂块中的生长素含量基本相同，但小于甲琼脂块中生长素的含量

解析：

(3)由题表中信息显示：乙组左、右两侧琼脂块中生长素的含量基本相同，但小于甲组琼脂块中生长素的含量，导致乙组琼脂块左、右部分中的生长素进入胚芽鞘切段左侧的量几乎相同，但明显小于甲组琼脂块中的生长素进入胚芽鞘切段左侧的量，所以乙组左、右两侧的琼脂块所引起的α角基本相同，但小于甲组琼脂块所引起的α角。

三、生长素类似物及其在农业中的应用

例313　答案：B

解析：同一植株根和芽生长所需的最适生长素浓度不同，根对生长素浓度敏感些。

例314　答案：D

解析：

A、B. 顶端优势产生的原因是顶芽产生的生长素向下运输，枝条上部的侧芽部位生长素浓度较高，侧芽对生长素浓度比较敏感，因而使侧芽的发育受到抑制，可以通过摘除顶芽的方式解除植株顶端优势。

C. 生物的性状是由基因控制的，生长素能引起生物性状的改变，是通过调控某些基因的表达来影响植物生长的。

D. 根、茎两种器官对生长素的反应敏感程度有明显差异，其中根对生长素最敏感。

例315　答案：C

解析：将图中IAA溶液浓度为0时的侧根数作为对照，将未施用IAA的植株除去部分芽和幼叶，会导致地上向根部运输的IAA量减少，侧根数量减少。

例316　答案：C

解析：用适宜浓度的IAA处理未受粉番茄雌蕊，可促进子房发育成果实，但因为未经过受精作用，因此得到的是无子番茄。

四、生长素拓展分析

例317　答案：D

解析：由于苗尖端中央插入了云母片，虽然有单侧光照，但生长素无法在尖端发生横向运输，从而使苗尖端下部的生长素分布均匀，因此D组苗不发生弯曲生长。

例318　答案：C

解析：①②的结果证明苗尖端含有促进幼苗生长的化学物质，②③④的结果证明幼苗弯曲生长是由于化学物质分布不均匀导致的。

例319　答案：D

解析：根据弯曲度或者不弯曲，可判断a中无IAA，a′中有IAA，因此到达b和b′的IAA含量也不相同；琼脂块a′中的生长素在发挥促进胚芽鞘的生长的作用后被利用，只有部分运输

到琼脂块d′。

例320 答案：D

解析：由于生长素在胚芽鞘中的运输只能从形态学上端运输到形态学下端，a′组尖端的生长素能向胚芽鞘基部运输，b′组尖端的生长素不能，导致a′组胚芽鞘向光弯曲生长，b′组胚芽鞘不生长也不弯曲。

例321 答案：B

解析：从题干信息可知，玉米幼苗固定在支架上，支架固定在暗室内，三者合为一体，而光源随它们同步缓慢匀速旋转。因缓慢匀速旋转各方向受重力影响相同，所以植物的茎和根的生长素分布不受重力的影响。结合图可知单侧光只照射茎，所以根部生长素的分布也不受单侧光影响，即均匀分布，因此根自然水平生长。茎受到的是一个单侧光，因此茎弯曲生长的方向与光照方向一致，即茎向下弯曲生长。

五、其他植物激素

例322 答案：A

解析：提高培养基中细胞分裂素与生长素间含量的比值可促进愈伤组织分化出芽。

例323 答案：A

解析：

A. 脱落酸有促进种子休眠的作用，基因突变导致脱落酸受体与脱落酸亲和力降低时，种子休眠时间比野生型缩短。

B. 赤霉素能促进大麦种子产生α-淀粉酶，进而催化淀粉分解，大麦种子的赤霉素受体表达量增加，有利于赤霉素发挥作用，能产生更多的α-淀粉酶，胚乳中淀粉分解速度比野生型更快。

C. 细胞分裂素能促进细胞分裂，故细胞分裂素受体表达量增加的植株，其生长速度比野生型更快。

D. NAA是生长素类似物，能促进插条生根，生长素受体活性减弱的株系对生长素不敏感，所以野生型比生长素受体活性低的株系更易生根。

例324 答案：C

解析：赤霉素的生理作用是促进细胞伸长，从而引起茎秆伸长和植物增高，对果实的发育没有抑制作用。

例325 答案：D

解析：喷洒细胞分裂素能延长绿色叶菜类蔬菜的保鲜时间，脱落酸则不可以。

六、环境因素对植物生命活动的调节

例326 答案：

(1)X基因和Y基因　X基因、Y基因和反义X基因

(2)A　乙烯具有促进果实成熟的作用，该组果实的乙烯含量高于其他组　B

解析：

(1)B组、C组乙烯释放量均低于A组，可见A组乙烯的合成和X基因和Y基因都有关，而B组中与乙烯含量有关的基因有X基因、Y基因和反义X基因。

(2)三组果实中，成熟最早的是A组，因为乙烯具有促进果实成熟的作用，该组果实中乙烯含量高于其他组，如果在35天时采摘A组与B组果实，在常温下储存时间较长的应是B组，原因是B组乙烯释放量低，成熟晚，耐储存。

模块十　生态学

二、种群的数量特征

例327 答案：B

解析：黑光灯传递给趋光性昆虫的信息属于物理信息。

例328 答案：B

解析：进行种群密度的调查要随机取样，由于陆生植物种群的个体数量减少，所以需要适当扩大样方的面积，使样本数量足够多，以保证所测得数据更加接近真实值。

例329 答案：D

解析：大量诱杀雄性个体会导致种群的性别比例失衡，从而影响出生率，进而影响种群的密度。

例330 答案：B

解析：根据数据可计算出出生率是20%，死亡率是10%，自然增长率是10%；性成熟推迟，会降低出生率；三种年龄结构类型的种群，增长型的出生率最高。

例331 答案：B

解析：农田的存在，将松鼠分隔在若干森林斑块中，会减少松鼠的活动空间；不同森林斑块中的松鼠属于不同种群，存在地理隔离，但不足以形成生殖隔离；松鼠的种群密度与林木的密度和天敌的数量等均有关。

例332 答案：A

解析：蝉在地下生存多年，夏季羽化后只能生存较短的时间，

繁殖后快速死亡，因此夏季蝉种群中生殖前期所占的比例大，几乎不存在生殖后期。

四、种群数量的变化

例 333 答案：B

解析：同一群落中的不同种群有自己的生长规律和摄食习惯，对环境的适应能力也各不相同，因此它们的环境容纳量肯定是不同的。

例 334 答案：D

解析：种群数量越接近 K 值，种群密度越大，种内斗争加剧，密度对其增长的制约越强。

例 335 答案：B

解析：从图中分析，最终的 K 值是相同的，说明两种培养条件是相同的，那么消耗后剩余的营养物质也是相同的；两者的指数增长期不同，最有可能的是初始数量不同，即接种量。

例 336 答案：D

解析：由图可知，三种间隔方式的培养仍然表现为持续增长，尚未出现 $K/2$ 的拐角，因此时间间隔为 23 h 时，仍然可以实现"J"型增长。

例 337 答案：B

解析：混合培养在 10～12 天时，乙藻数量基本接近零，营养物质减少、种内斗争等是导致甲藻种群数量增长缓慢的主要原因。

例 338 答案：D

解析：丁点时增长速率虽然下降，但增长速率仍然大于 0，种群数量仍然在增加，在该点时开始捕获，使得种群数量降低到 $K/2$ 时，种群增长率达到最大，可实现持续发展。

例 339 答案：

(1)J

(2)苗圃中山鼠种群中个体的迁出

(3)捕食

(4)种群中各年龄期的个体在种群中所占的比例

解析：

(1)在食物充足、无限空间、无天敌的理想条件下，即在资源不受限制的理想条件下，种群数量的增长曲线呈"J"型增长，因此，此时山鼠种群呈"J"型增长。

(2)出生率、死亡率、迁入率和迁出率直接影响种群密度，进而影响种群数量的变化。在苗圃进行了药物灭鼠后，如果出现种群数量下降，除了考虑药物引起的死亡率升高这一因素外，还应考虑的因素是苗圃中山鼠种群中个体的迁出，即迁出率上升也是引起种群数量下降的因素。

(4)种群的年龄结构是指种群中各年龄期个体数在种群中所占的比例，根据种群的年龄结构可以预测未来一段时间内种群数量的变化。

例 340 答案：

(1)S　$a/2$

(2)减小　不变　K 值是由环境资源量决定的，与接种量无关

解析：

(1)以"S"型曲线增长的种群内个体数量达到环境条件所允许的最大值(K 值)时，种群个体数量将不再增加，而种群数量为 $a/2$ 时，种群增长最快。

(2)该种菌接种量不变，培养基由 10 mL 变成 5 mL，资源空间、营养物质减少，该种菌的环境容纳量(K 值)减小，若在 5 mL 培养基 M 中接种该菌的量增加一倍，则与增加前相比，由于营养物质、资源、空间相同，K 值不变。

五、群落的丰富度

例 341 答案：D

解析：

C. 贝类是活动能力极弱的动物，可以用样方法研究固着在岩礁上贝类的种群关系，方法与研究目的相符。

D. 用标志重捕法调查种群密度，不是调查物种的丰富度，物种丰富度是群落中物种数目的多少，达乌尔黄鼠是一个种群，不是群落，不能研究其丰富度，该方法与研究目的不相符。

例 342 答案：C

解析：甲类群共有 7 个物种，乙类群共有 9 个物种；就物种 2 的种群密度而言，甲类群小于乙类群；就物种 4 的种群密度而言，甲类群小于乙类群；就物种 7 的种群密度而言，甲类群大于乙类群；就物种 10 的种群密度而言，甲类群小于乙类群。

六、群落的种间关系

例 343 答案：D

解析：乙作为农作物不会和作为消费者的害虫 A 形成竞争关系。

例 344 答案：B

解析：疟原虫和按蚊也是寄生关系；鱼类与藻类竞争生活空间，因此存在竞争关系。

例 345 答案：C

解析：金合欢蚁可以驱逐其他以金合欢树为食的植食动物，属

于去除竞争者。

例 346 答案：A

解析：水稻和病毒是寄生关系，稻飞虱和水稻是捕食关系，青蛙和稻飞虱是捕食关系。

例 347 答案：D

解析：因为捕食者主要捕食甲和丙，所以随捕食者数量增加，甲和丙数量减少，与乙的竞争减弱，乙可获得的资源增多。

例 348 答案：C

解析：此培养液中仅以铵盐作为唯一氮源，导致大肠杆菌无法生活，而硝化细菌是自养型生物，可以自己合成有机物继续生活。

七、群落的空间结构

例 349 答案：D

解析：乔木层的疏密程度影响下层的光照强度，从而影响草本植物的水平结构。

例 350 答案：D

解析：不同垂直带的植被类型差异是气候不同引起的结果，不同的植被类型属于不同的群落，随着海拔的升高，体现的是不同群落的垂直分布；蝶类属于消费者，其生存离不开生产者，因此一定会受到植被类型的影响。

八、群落的演替

例 351 答案：B

解析：弃耕农田恢复到森林属于次生演替；演替过程中群落结构明显发生改变；弃耕农田是人为的，所以人为因素引发了该演替。

例 352 答案：C

解析：多年生草本因为在争夺阳光和空间方面比一年生草本群落更有优势，因此多年生草本替代了一年生草本；灌木植物比草本植物更加高大，拥有更为复杂的垂直结构；多年生灌木群落里有草本和灌木，生物种类和空间结构更为复杂，自我调节能力更强；该沙地演替最后主要为多年生灌木，因为根系发达，有很好的抗风能力和吸水能力，更加适合在沙地生存。

例 353 答案：B

解析：淡水湖泊中出现水华现象的主要原因是生活污水、工业废水排入，导致水体中氮、磷等无机盐含量过高。

例 354 答案：A

解析：此处原为海滩，逐渐演化为陆地，因此演替的过程也是由海生生物到陆生生物。

例 355 答案：C

解析：

A. 人类活动可以影响群落演替的方向和速度，退湖还田、封山育林、改造沙漠、生态农业等相关措施都能促进群落良性发展，A 正确。

B、C. 发生在裸岩上的演替是初生演替，依次经过：地衣阶段→苔藓阶段→草本阶段→灌木阶段→森林阶段，弃耕农田的演替为次生演替，自然演替方向为草本阶段→灌木阶段→乔木阶段，B 正确，C 错误。

D. 一般情况下，演替过程中生物生存的环境逐渐改善，群落的营养结构越来越复杂，抵抗力稳定性越来越高，恢复力稳定性越来越低，D 正确。

例 356 答案：

(1)光裸岩石上的演替属于初生演替，从森林全部砍伐的地方开始的演替，属于次生演替。

(2)次生演替所需时间短的原因是原有土壤条件基本保存，甚至保留了植物的种子或其他繁殖体。

(3)变快　未发生改变

解析：

(1)初生演替发生在一个从来没有被植物覆盖的地面，或者是原来存在过植被、但被彻底消灭了的地方；而次生演替发生在原有植被虽已不存在，但原有土壤条件基本保留，甚至还保留了植物的种子或其他繁殖体的地方。

(3)群落之外的环境条件，诸如气候、地貌、土壤和火等，常可成为引起演替的重要条件。由于人类过度开垦，破坏了土壤表土层及耕作层的结构，导致局部灌丛出现了荒漠化，使得该地区群落的演替速度变快，演替的方向未发生改变。

九、生态系统的结构

例 357 答案：D

解析：硝化细菌属于自养型微生物，在生态系统中属于生产者。

Tips：自养型生物在生态系统中充当生产者的角色，主要包括绿色植物和自养型微生物。

例 358 答案：D

解析：植物一般都属于生产者，属于第一营养级，因此以植物为食的植食动物都属于第二营养级；陆地生态系统通常以腐生食物链为主，海洋生态系统以捕食食物链为主，前者包括分解者，后者只有生产者和消费者。

例 359 答案：B

解析：营养级是指处于食物链同一环节上的所有生物的总和，能量流动具有逐级递减的特点，因此营养级位置越高，能量越低；一般从上一营养级传递到下一营养级的传递效率介于10%～20%之间，并不固定。

例 360　答案：A

解析：引入鲈鱼后，鲈鱼会捕食两种小型土著鱼，导致两种土著鱼数量减少，因此两种浮游动物得以大量繁殖，数量增加，进而导致浮游植物被大量捕食，数量减少。根据能量逐级递减的特点，可知下一营养级的数量一般少于上一营养级；鲈鱼与小型土著鱼不存在相同的食物，不存在竞争关系。

例 361　答案：

(1)有机物　将动植物遗体及动物排遗物中的有机物分解为无机物

(2)分解者的分解效率，生活垃圾的成分，分解者的培养条件

解析：

(1)蚯蚓是异养型生物，不能自己合成有机物，只能通过分解现成的有机物来获得能量。

十、生态系统的功能

例 362　答案：A

解析：如果食物链上各营养级均以生物个体的数量来表示，并以食物链起点的生物个体数作底层来绘制数量金字塔，则可能出现正金字塔形，也可能出现倒金字塔形。只有两个营养级的夏季草原生态系统（假设第一营养级是牧草，第二营养级是羊），则牧草的数量比羊多，绘制的数量金字塔为正金字塔形；森林生态系统（假设第一营养级是乔木，第二营养级是昆虫），一棵树上可以有很多昆虫，因此，昆虫的数目比乔木的数量多，绘制的数量金字塔为倒金字塔形。综上分析，前者为金字塔形，后者为倒金字塔形。

例 363　答案：D

解析：能量流动是逐级递减的，藻类固定的能量大于流入次级消费者的能量。

例 364　答案：C

解析：与变温动物相比，恒温动物需要消耗更多的能量维持体温，所以细胞呼吸消耗的能量多，有机物的积累量④较少，④/③值一般低于变温动物；能量的传递效率是该营养级同化量与上一营养级同化量的比值，不是同化量与获取量的比值；植物中含有很多哺乳动物不能利用的物质，因此食草哺乳动物利用植物性食物的利用率低，动物中含有不能被哺乳动物利用的物质很少，因此食肉哺乳动物对肉食性食物的利用率高，即食肉哺乳动物的③/②值一般高于食草哺乳动物；圈养动物生长量的提高主要依赖于同化量的提高，即③/②值的提高。

例 365　答案：B

解析：该食物网中最高营养级是鲈鱼，鲈鱼在食物链“浮游植物→浮游动物→幽蚊幼虫→太阳鱼→鲈鱼”中为第五营养级；该食物网中第一到第二营养级的能量传递效率为(3 780＋4 200)÷31 920×100%＝25%；太阳鱼呼吸消耗的能量等于同化量减去生长发育繁殖的能量，但图中仅有同化量和流入下一营养级的能量，不能得出呼吸作用消耗的能量；食物网中不包含无机环境，不能组成生态系统。

例 366　答案：A

解析：玉米地的太阳能利用率高于荒地，而玉米地的净初级生产效率却低于荒地；玉米地的太阳能利用率最高。

例 367　答案：

(1)水草→甲→丁

(2)丙和丁　捕食和竞争

(3)传递给丙、自身呼吸作用以热能形式散失

(4)大于

(5)丁

(6)河流生态系统自我调节(自我修复)能力有限

解析：

(1)水鸟以各种鱼类为食，因此图1食物网遗漏了水草→甲→丁这条食物链。

(2)图1所示食物网中，第三营养级就是次级消费者，即次级消费者包括丙和丁；丁与丙之间既存在捕食关系，同时两者又共同竞争乙。

(3)除顶级消费者以外，各营养级的能量去向包括：自身呼吸作用消耗、流向下一营养级、被分解者分解。

(4)营养级之间能量传递效率是指第二营养级所有生物同化的能量与第一营养级所有个体同化能量的比例。图2中，水草、藻类流向乙的能量有1 900÷25 000×100%＝7.6%，而第二营养级还包括甲，因此图1所示食物网中第一营养级到第二营养级能量的传递效率大于7.6%。

(5)在生态系统中，有害物质会通过食物链不断积累，在食物链中，营养级别越高，体内积累的有毒物质越多，由此推测此农药含量最高的物种是丁。

(6)从生态学角度解释，污染物排放导致水质恶化的主要原因是河流生态系统自我调节(自我修复)能力有限。

例 368　答案：A

解析：碳循环过程为：无机环境中的碳通过光合作用和化能合成作用进入生物群落，生物群落中的碳通过呼吸作用、微生物

的分解作用、燃烧进入无机环境。作为生物群落中的一分子，消费者不仅参与了碳循环过程，并且能够加速物质循环和能量流动。

例 369 答案：A

解析：许多土壤小动物有较强的活动能力，且身体微小，因此不适于用样方法和标记重捕法调查，常用取样器取样的方法进行采集、调查。

例 370 答案：C

解析：由表中数据分析可知，植物 a 和 c 对 N 和 P 的吸收量最高，因此应选用植物 a、c；两种植物吸收足够的 N、P 后，有利于植物的生长、发育和繁殖，两者的种群密度会增加。

例 371 答案：BD

解析：该生态系统中的蚯蚓和部分微生物属于分解者，有少数微生物属于消费者（如营寄生生活的细菌）或生产者（如化能合成型细菌）；该生态工程实现了废弃物的资源化，突出体现了物质循环再生的原理；农作物、果树等植物获取的物质主要来自有机肥，但能量来自太阳能；温度的改变、含水量的变化都会影响蚯蚓的活动和生活，进而影响蚯蚓的分解处理效率等。

例 372 答案：D

解析：激怒小鸟的信息是直接来自非生物的物理信息。

例 373 答案：

(1)化学信息

(2)正确

(3)不正确

解析：

(1)化学物质的信息自然就是化学信息。

(2)猎物的气味信息属于化学信息，可以为狼追捕猎物提供依据。

(3)两只雄孔雀为吸引异性争相开屏，不能说明行为信息能够影响种间关系，因为两只雄孔雀属于同一物种。

十二、环境保护

例 374 答案：A

解析：生物多样性包括遗传多样性、物种多样性和生态系统多样性，其中生态系统多样性是物种多样性的保证，遗传多样性是生物多样性的根本原因；各种中药材的药用功能体现了生物多样性的直接价值，间接价值体现在生物对生态的保护作用；大量引进国外物种可能造成生物入侵，使生物多样性降低；混合树种的天然林比单一树种的人工林生物种类多，稳定性高，自我调节能力强，更不容易被病虫害毁灭。

例 375 答案：C

解析：生物多样性包括生态系统的多样性，与其栖息的环境具有关联性；生物与环境的相互适应有利于提高生物多样性，否则可能会被自然选择淘汰；生物的遗传多样性指数越高，子代适应环境的能力越强；群落在演替的过程中生物多样性增加还是减少与演替的方向有关。

例 376 答案：A

解析：臭氧层被破坏的原因是：空气中的氟利昂等物质的大量排放。因此，防止大气圈臭氧减少的措施是减少氟利昂的使用。

例 377 答案：B

解析：臭氧层吸收日光中的紫外线，对地球生物具有保护作用；人类活动是造成大量野生生物灭绝的主要原因；煤、石油等化石燃料的大量燃烧，导致硫和氮的氧化物溶于雨水而降落至土壤或水体中，形成酸雨，限制二氧化硫和一氧化氮的排放量是防治酸雨的有效措施；化石燃料的大量燃烧，产生大量二氧化碳，使二氧化碳的全球平衡受到严重干扰。

模块十一　选修一：生物技术实践

一、传统发酵技术的应用

例 378 答案：ABC

解析：改变通入气体种类（氧气或氮气），可以研究呼吸作用类型对发酵的影响；果酒发酵中期通入氮气，酵母菌因缺氧将从有氧呼吸转变为无氧呼吸，产生酒精；由于温度能影响微生物酶的活性，所以果醋的发酵周期与实验设定的温度密切相关；由于气体入口的导管长，能伸到培养液中，而气体出口的导管短，没有伸到培养液中，所以气体入口与气体出口不可以交换使用。

例 379 答案：B

解析：将葡萄汁灌入已消过毒的发酵瓶中并留有 1/3 空间，目的是有利于酵母菌有氧呼吸从而快速繁殖，防止发酵过程中产生的二氧化碳造成酵母液溢出。

例 380 答案：

(1)菌种　发酵时间

(2)好氧菌

(3)延长发酵时间，观测发酵效果，最好的发酵效果所对应的时间即为最佳发酵时间

(4)肽和氨基酸　甘油和脂肪酸

解析：

(1)找出题目中添加的变量或组别间处理上的差异，即为自变量。

(2)容器内上层为有氧环境，底层为无氧环境，若发酵容器内上层大豆的发酵效果比底层的好，则说明该发酵菌是好氧菌。

(3)如果在实验后，发现 32 h 内的发酵效果越来越好，且随发酵时间呈直线上升关系，则无法确定发酵的最佳时间；若要确定最佳发酵时间，还需延长发酵时间继续进行实验。

(4)从大豆到豆豉的过程中，蛋白质被蛋白酶分解成小分子肽和氨基酸，脂肪被脂肪酶分解成甘油和脂肪酸。

例 381 答案：

(1)杀灭杂菌　增加乳酸菌数量

(2)无氧呼吸　细胞质

(3)温度　腌制时间　食盐用量

(4)乳酸菌数量增多，杂菌数量减少　乳酸菌比杂菌更耐酸

解析：

(1)泡菜制作的原理是乳酸菌无氧呼吸产生乳酸，在制作泡菜时所配制的泡菜盐水需煮沸，以杀灭盐水中的微生物，防止杂菌污染，由于陈泡菜水中含有乳酸菌，在盐水中加入陈泡菜水的目的是加进乳酸菌的菌种，使乳酸菌的种群数量快速增加。

(2)泡菜中乳酸的发酵过程即是乳酸菌进行无氧呼吸产生乳酸的过程，乳酸菌的无氧呼吸的场所是细胞质。

(3)发酵温度、食盐的用量、腌制时间等都会影响泡菜中亚硝酸盐的含量。

(4)泡菜制作过程中，由于乳酸菌进行无氧呼吸产生乳酸，泡菜液逐渐变酸，随乳酸菌的数量增加，泡菜液的酸性增强，不耐酸的杂菌数量逐渐减少。

二、微生物的培养和应用

例 382 答案：A

解析：接种室、接种箱等常用紫外线消毒法处理，接种环等常用灼烧灭菌法处理，吸管、培养皿等常用干热灭菌法处理，培养基及多种器材用高压蒸汽灭菌法处理。

例 383 答案：

(1)蛋白胨　不同细菌生长繁殖所需的最适 pH 不同

能够　硝化细菌可以利用空气中的二氧化碳作为碳源

(2)倒置

(3)在一定的培养条件下，不同种微生物表现出各自稳定的菌落特征

(4)灭菌

解析：

(1)蛋白胨中既有碳元素，也有氮元素，故既可以做碳源，也可以做氮源。

(2)用平板培养细菌时一般需要将平板倒置，既可以防止皿盖上的水珠落入培养基，又可以避免培养基中的水分过快挥发。

(4)使用后的培养基在丢弃前需要经过灭菌处理，避免丢弃物中的微生物污染环境。

例 384 答案：

(1)检测培养基平板灭菌是否合格　3.8×10^7

(2)灼烧　将聚集的菌体逐步稀释以便获得单个菌落

(3)B

(4)溶解氧　营养物质

解析：

(1)微生物培养过程应该进行无菌操作，配制的培养基要进行高压蒸汽灭菌，可以将灭菌后的空白平板进行培养以检测培养基灭菌是否彻底；由题意知 1 mL 水样中的菌落数是 $(39+38+37)\div3\div0.1\times100=3.8\times10^4$ 个，每升水样中的活菌数为 $3.8\times10^4\times10^3=3.8\times10^7$。

(3)从菌落形成痕迹来看，A 培养皿采用的接种方法是平板划线法，B 培养皿采用的接种方法是稀释涂布平板法。

(4)由题意可知，振荡培养比静置培养的细菌生长速度快，由此可以说明该细菌是需氧菌，由于振荡培养提高培养液中溶解氧的含量，同时可使菌体与培养液充分接触，提高营养物质的利用率，细菌生长速度加快。

例 385 答案：

(1)可以

(2)既可以杀死病菌，又能保持物品中营养物质风味不变

(3)破坏 DNA 结构　消毒液

(4)氯气

(5)冷空气没有排除充分

解析：

(1)在实验室中，玻璃和金属材质的实验器具可以放入干热灭菌箱中进行干热灭菌，并且金属材质的也可以用灼烧灭菌。

(5)高压蒸汽灭菌锅中的冷空气没有排除充分会影响锅内的温度。

例 386 答案：A

解析：只有纤维素分解菌能够分解纤维素，利用其作为碳源，从而能够在以纤维素为唯一碳源的培养基中存活。

例 387 答案：

(1)脲酶　分解尿素的细菌是异养型生物，不能利用 CO_2 来合

成有机物　为细胞生物生命活动提供能量,为其他有机物的合成提供原料

(2)尿素　其他两组都含有 NH_4NO_3,能分解尿素的细菌和不能分解尿素的细菌都能利用 NH_4NO_3,不能起到筛选作用

(3)为细菌生长提供无机营养,作为缓冲剂保持细胞生长过程中 pH 稳定

解析:

(1)只有能合成脲酶的微生物才能分解尿素,以尿素作为氮源。能分解尿素的细菌是一种分解者,属于异养型生物,不能以尿素的分解产物 CO_2 作为碳源。

(2)为了筛选可分解尿素的细菌,在配制培养基时,应选择以尿素作为唯一氮源的选择培养基,而其他两组都含有含氮物质 NH_4NO_3,因此不能选其他两组。

(3)KH_2PO_4 和 Na_2HPO_4 构成缓冲液,可维持培养基的 pH 相对稳定;同时 KH_2PO_4 和 Na_2HPO_4 能为微生物生长提供无机营养。

例 388　**答案:**

(1)高压蒸汽灭菌　琼脂　选择

(2)10^4

(3)细菌细胞由于渗透作用失水过多,丧失活性(S 的浓度超过某一值时会抑制菌株的生长)

(4)淤泥中取样,然后进行梯度稀释,微生物的培养与观察,计数[取淤泥加入无菌水,涂布(或稀释涂布)到乙培养基上,培养后计数]

(5)水、无机盐、碳源、氮源

解析:

(1)培养基一般使用高压蒸汽灭菌,微生物的分离和筛选一般使用选择培养基,常用固体培养基,需要加入物质 Y(琼脂)。

(2)利用稀释涂布平板法对细菌进行计数,要保证每个平板上长出的菌落数不超过 200,假设稀释倍数为 a,在每个平板上涂布 100 μL(0.1 mL)稀释后的菌液,则有 $200\times a\div 0.1=2\times 10^7$,则稀释倍数 $a=10^4$。

(4)若要测定淤泥中能降解 S 的细菌细胞数,主要实验步骤包括取样、梯度稀释、培养与观察、计数。

例 389　**答案:**

(1)W

(2)乙　乙菌落周围出现透明圈,说明乙菌能降解 W

(3)将甲、乙菌分别接种在无氮源培养基上,若细菌能生长,则说明该细菌能利用空气中的氮气作为氮源

(4)①缓冲液

②缓冲液不能降解 W　酶 E 与天然酶降解 W 的能力相近

解析:

(1)该研究小组的目标菌是能够降解物质 W 的细菌,而物质 W 是一种含氮有机物,故可作筛选培养基中的氮源。

(2)研究小组的目标菌,是能够降解物质 W 的细菌,培养基中乙菌落的周围出现透明圈,说明乙菌落能够降解物质 W,故乙菌落为该小组的目标细菌。

(3)目标菌能够利用空气中的氮气作为氮源,答案用的筛选培养基不添加氮源,能够在无氮源的培养基上生存的细菌便是目的细菌,故实验操作为:将甲、乙菌分别接种在无氮源培养基上,若细菌能生长,则说明该细菌能利用空气中的氮气作为氮源。

(4)①C 处作为空白对照,要排除作为溶剂的缓冲液对实验可能造成的影响,故需要在 C 处滴加缓冲液,且保持滴加量相同;②培养基中的透明圈表示物质 W 被降解的情况,若 C 处不出现透明圈,则说明缓冲液不能降解物质 W;若 A、B 处形成的透明圈直径大小相近,说明物质 W 被降解的程度相近,即酶 E 与天然酶降解物质 W 的能力相近。

例 390　**答案:**

(1)细菌　选择

(2)碳源、无机盐　蛋白质、核酸

(3)碘液　淀粉遇碘液显蓝色,产淀粉酶的菌落周围淀粉被水解,形成透明圈

(4)乙同学的结果中,1 个平板的计数结果与另 2 个相差悬殊,结果的重复性差

解析:

(1)M 培养基若用于真菌的筛选,抗生素能够杀菌,因此培养基中应加入链霉素以抑制细菌的生长,加入了链霉素的培养基属于选择培养基。

(2)M 培养基中的马铃薯浸出液为微生物生长提供了多种营养物质,包括水、无机盐、碳源、氮源等。生物大分子包括蛋白质、核酸、多糖,由于糖类的元素组成中只有 C、H、O,因此氮源进入细胞后可参与蛋白质、核酸等的合成。

(3)淀粉可以用碘液鉴定产生蓝色,产淀粉酶的菌落周围淀粉被水解,形成透明圈,因此可通过加入显色剂选出能产淀粉酶的微生物。

(4)乙同学的结果中,1 个平板的计数结果与另 2 个相差悬殊,结果的重复性差,因此其可信度差。

三、酶的研究和应用

例 391　**答案:** B

解析: 感冒发烧时,食欲减退是因为唾液淀粉酶的活性降低,不是失去活性;胰蛋白酶的适宜 pH 为 7.2~7.4,而胃液为酸性环境,因此口服的多酶片中的胰蛋白酶不可在胃中发挥作用,

但可在小肠中发挥作用;用果胶酶澄清果汁时,温度由低温适当地提高后澄清速度越快;洗衣时,加少许白醋后 pH 值降低,这会使加酶洗衣粉中酶的活性降低。

例 392 答案:A

解析:加酶洗衣粉中应用最广泛、效果最明显的是碱性蛋白酶和碱性脂肪酶。

例 393 答案:A

解析:活化酵母时,将适量干酵母与蒸馏水混合并搅拌成糊状,使酵母菌从休眠状态转变为正常状态;配制海藻酸钠溶液时,溶化海藻酸钠应采用酒精灯小火或间断加热并搅拌,防止海藻酸钠焦糊;$CaCl_2$ 溶液使酵母细胞形成稳定的结构,固定在凝胶珠中,需要一段时间,所以时间不宜过长或过短;海藻酸钠溶液浓度过高时凝胶珠呈蝌蚪状,过低时凝胶珠易呈白色。

例 394 答案:

(1)果胶酯酶、果胶分解酶　细胞壁

(2)温度是影响果胶酶活性的因素之一,在最适温度下,果胶酶的活性最高,出汁率最高

(3)在一定条件下,单位时间内、单位体积中反应物的消耗量或产物的增加量

(4)酵母　促进酵母菌进行有氧呼吸,大量繁殖　好氧

解析:

(1)果胶酶是分解果胶的一类酶的总称,包括多聚半乳糖醛酸酶、果胶酯酶、果胶分解酶,酶具有专一性,纤维素酶能分解植物细胞壁中的纤维素。

(2)温度是影响果胶酶活性的因素之一,为了提高出汁率,需要将温度控制在果胶酶的最适温度,使得果胶酶活性最高,从而提高出汁率。

(3)酶活性是指酶催化一定化学反应的能力,酶活性的高低可以用在一定条件下,酶所催化某一化学反应的速度来表示,在该实验中可通过比较在一定条件下,单位时间内、单位体积中反应物的消耗量或产物的增加量来表示。

(4)制作果酒需要酵母菌,这一过程中也需要 O_2,O_2 的作用是促进酵母菌有氧呼吸,大量繁殖,制作果醋需要醋酸菌,醋酸菌属于好氧细菌。

四、DNA 和蛋白质技术

例 395 答案:A

解析:羊的成熟红细胞不含细胞核,不能作为提取 DNA 的材料。

Tips:提取 DNA 的材料动物细胞常用鸡血细胞,植物细胞常用菜花和香蕉;另外羊(哺乳动物)的成熟红细胞无细胞核、细胞器,因此常用于制备纯净的细胞膜。

例 396 答案:A

解析:兔属于哺乳动物,其红细胞没有细胞核及各种细胞器,提取不到 DNA,而鸡属于鸟类,其红细胞内含有细胞核与各种细胞器,DNA 含量较多。

例 397 答案:D

解析:洗涤红细胞时,洗涤的目的是去除杂蛋白,以有利于后续步骤的分离纯化,加入的是生理盐水,可防止红细胞破裂;哺乳动物成熟的红细胞没有细胞核与众多的细胞器,提纯时杂蛋白较少;血红蛋白是有色蛋白,因此在凝胶色谱分离时可以通过观察颜色来判断什么时候应该收集洗脱液(如果操作都正确);在凝胶色谱法分离过程中,血红蛋白的分子量比杂蛋白大,质量越大的,通过凝胶色谱柱的速度越快。

例 398 答案:

(1)碘液　还原糖(或答:葡萄糖)

(2)消除蛋白质所带负电荷对迁移率的影响　使蛋白质发生变性

(3)在 pH 相同时,不同缓冲系统条件下所测得的相对酶活性不同

(4)酶分子体积小,很容易从包埋材料中漏出

解析:

(1)在以淀粉为底物测定 A_3 酶活性时,淀粉会被 A_3 水解为葡萄糖,在底物淀粉没有完全被水解时,反应液中含有淀粉和葡萄糖,检测淀粉可用碘液,淀粉遇碘液颜色会变为蓝色,而葡萄糖是还原性糖,其与斐林试剂在 50～60 ℃水浴加热条件下会形成砖红色沉淀,故在以淀粉为底物测定 A_3 酶活性时,既可检测淀粉的减少,检测应采用的试剂是碘液,也可采用斐林试剂检测葡萄糖的增加。

(2)蛋白质在聚丙烯酰胺凝胶电泳中的迁移率取决于它所带负电荷的多少以及分子的大小等因素。为了消除静电荷对迁移率的影响,可以在凝胶中加入 SDS。SDS 能使蛋白质发生变性,故在 A_3 的分离过程中可采用聚丙烯酰胺凝胶电泳检测其纯度,通常会在凝胶中添加 SDS,SDS 的作用是消除蛋白质所带负电荷对迁移率的影响和使蛋白质发生变性。

(3)结合曲线图分析可知,三组缓冲系统在 pH 不同时,酶的活性不同,且在 pH 相同时,其酶的活性也不同。故能够推断出缓冲系统的组分对酶活性有影响,其判断依据是在 pH 相同时,不同缓冲系统条件下所测得的相对酶活性不同。

(4)在细胞固定化方法选择时,一般来说酶更适合采用化学结合法和物理吸附法固定化,而细胞多采用包埋法固定化。这是因为细胞体积大,而酶分子很小;体积大的细胞难以被吸附或结合,而体积小的酶容易从包埋材料中漏出。故在

制备 A_3 的固定化酶时，一般不宜采用包埋法，原因是酶分子体积小，很容易从包埋材料中漏出。

五、植物有效成分的提取

例 399 答案：

(1)鲜　薄荷油是挥发性物质，鲜薄荷叶才含薄荷油

(2)有机溶剂　薄荷油易溶于有机溶剂

(3)使溶液分层　分液漏斗　除水　过滤

解析：

(1)由于薄荷油是挥发性物质，干燥的薄荷叶中的薄荷油由于挥发而含量极少，鲜薄荷叶中薄荷油的含量高，因此提取薄荷油时应选用鲜薄荷叶作原料。

(2)由于薄荷油易溶于有机溶剂，因此提取薄荷油可以用萃取法，萃取时可以有机溶剂作为萃取剂。

(3)用水蒸气蒸馏法提取薄荷油时，在油水混合物中加入氯化钠的作用是促进油水混合物分层，使油水分离；常用于分离油层和水层的器皿是分液漏斗；分离出的油层中含有少量水分，可以加入无水硫酸钠吸去水分；然后用过滤的方法除去固体硫酸钠。

例 400 答案：

(1)β-胡萝卜素　维生素A　夜盲症　非挥发性

(2)需要

(3)乙酸乙酯　萃取胡萝卜素的有机溶剂不与水混溶，而乙醇虽为有机溶剂但和水混溶

解析：

(1)胡萝卜含有的胡萝卜素中，最主要的是β-胡萝卜素，该胡萝卜素在人体内可以转变成两分子维生素A，后者缺乏会引起人在弱光下视物不清的病症，该疾病称为夜盲症，胡萝卜素是非挥发性物质。

(2)工业生产上，用养殖的岩藻作为原料提取胡萝卜素时，需要将新鲜的岩藻干燥。

(3)萃取胡萝卜素的有机溶剂应该能够充分溶解胡萝卜素，并且不与水混溶，故对于乙醇和乙酸乙酯两种溶剂，应选用其中的乙酸乙酯作为胡萝卜素的萃取剂。

例 401 答案：

(1)晾干　高温烘干过程中，植物甲中的物质W易被破坏；新鲜的植物甲含水量高，用于提取的极性有机溶剂会被稀释，进而降低对物质W的提取效果

(2)使原料和溶剂充分混匀

(3)去除提取液中的色素

(4)丙酮沸点低于乙醇，蒸馏时物质W分解较少

(5)在温度较低的情况下操作，防火

解析：

(2)振荡的作用可以使溶液混匀。

(3)活性炭具有很强的吸附能力，可以去除提取液中的色素。

(4)由于丙酮沸点相对较低，而温度过高会导致物质W分解，所以在提取物质W时，应选用丙酮作为提取剂。

模块十二　选修三：现代生物技术

一、基因工程

例 402 答案：C

解析：限制酶切位点能不能插入目的基因(ada)，取决于限制酶切割后的黏性末端是否与目的基因的黏性末端相同。

例 403 答案：C

解析：标记基因明明是潮霉素抗性基因，不知道为何要添加卡那霉素。

例 404 答案：A

解析：限制酶的酶切位点有限，因此必须确保基因B两侧存在合适的限制酶酶切位点才可以使用；连接目的基因和运载体需要DNA连接酶；然后通过农杆菌转化法导入玫瑰细胞。

例 405 答案：D

解析：重组质粒的构建需要限制性核酸内切酶和DNA连接酶参与，利用农杆菌转化法可将重组Ti质粒上的T-DNA整合到植物细胞的染色体上，但能否出现抗虫性状取决于导入的基因在细胞中能否正常表达。

例 406 答案：D

解析：若受体大肠杆菌含有构建重组质粒时用到的限制性核酸内切酶，则该酶会对进入受体的重组质粒进行切割，不利于其保持结构稳定；抗除草剂基因转入抗盐植物后，可能会插入到抗盐基因内，也可能不破坏抗盐基因，因而不同的品系表现出不同的性状；转入抗除草剂而表现为不抗除草剂，可能是抗除草剂基因未转录出mRNA，或转录出的mRNA未能翻译成蛋白质。

例 407 答案：

(1)限制性核酸内切(或限制)　核苷酸序列

(2)磷酸二酯键　DNA单链　以DNA为模板的DNA链的延伸

(3)②④

(4)B

解析：

(1)步骤Ⅰ用的 *EcoR* 是一种限制酶，它能够识别双链 DNA 分子的某种特定核苷酸序列，并且使每一条链中特定部位的两个核苷酸之间的磷酸二酯键断裂。

(2)DNA 连接酶催化形成的是磷酸二酯键；PCR 循环中，升温到 95 ℃是为了使 DNA 变性解旋，进而获得 DNA 单链；*Taq*DNA 聚合酶的作用是催化以 DNA 为模板的 DNA 链的延伸。

(3)由于 DNA 聚合酶只能从 $5'\to3'$ 方向催化子链延伸，再根据步骤Ⅲ中引物引导子链延伸的方向可知，应该选择引物②④(左侧选择引物④，右侧选择引物②)。

(4)以下选项中，A、C、D 都是已知序列，而要测定的是未知序列，选 B。

例 408 答案：

(1)6

(2)ABCD

(3)3

(4)核糖体、细胞质基质、细胞膜、细胞壁

(5)AB

解析：

(1)从图示可知，改造前后人胰岛素 B 链编码序列的起始 30 个核苷酸序列有 7 个核苷酸发生了替换，则其转录形成的 mRNA 中，也会有 7 个核苷酸发生改变，一个密码子由 mRNA 上三个连续的碱基组成，由此可知，该段序列所对应的片段内存在碱基替换的密码子数有 6 个。

(2)要确保等比例表达 A、B 肽链，则需 A、B 肽链一起合成，即启动子和终止子在人胰岛素 A、B 链编码序列两端，在其中间加入一段短肽编码序列后，序列中间不能出现终止子，所转录得到的 mRNA 中间也不能出现终止密码子，同时不能改变肽链的氨基酸序列和它的功能。

(3)在重组表达载体中，*Sac* Ⅰ和 *Xba* Ⅰ限制酶切位点分别有 2 个和 1 个，当将重组表达载体用 *Sac* Ⅰ和 *Xba* Ⅰ限制酶充分酶切后，会形成 3 个缺口，得到 3 种不同的 DNA 片段。

(4)乳酸菌属于原核细胞，其细胞壁上的信号肽在核糖体上合成后，到细胞质基质中加工，再将其运输到细胞膜上，进而转移到细胞壁。

(5)在特异性免疫过程中，B 细胞和 T 细胞能特异性识别抗原，而吞噬细胞能识别抗原，但不是特异性识别，浆细胞不能识别抗原。

例 409 答案：

(1)限制性核酸内切酶和 DNA 连接酶　转化

(2)RNA 聚合酶与启动子的识别和结合　不发生　编码直链淀粉合成酶的碱基序列中不含启动子

(3)逆转录(反转录)　引物是根据 *Wx* 基因的一段已知序列设计合成的(引物能与 *Wx* 基因的 cDNA 特异性结合)

(4)品系 3　品系 3 的 *Wx* mRNA 最少，控制合成的直链淀粉合成酶最少，直链淀粉合成量最少，糯性最强

解析：

(2)启动子是 RNA 聚合酶识别并结合的位点。编码区中不包括启动子序列，因此直链淀粉合成酶的基因碱基序列中不含有启动子，因此 3 个突变品系中 *Wx* 基因控制合成直链淀粉酶的氨基酸序列不发生改变。

(3)以 mRNA 为模板合成 cDNA 的过程为逆转录，利用 PCR 技术扩增 *Wx* 基因的 cDNA，需要以 *Wx* 基因合成的引物，这样引物能够在总 cDNA 中与 *Wx* 基因的 cDNA 特异性结合，从而利用 PCR 扩增技术转移性扩增出 *Wx* 基因的 cDNA。

(4)识图分析可知，图中品系 3 的 *Wx* 基因的 mRNA 的含量最少，那么合成的直链淀粉酶最少，直链淀粉合成量最少，因此该水稻胚乳中含有的直链淀粉比例最小，糯性最强。

二、细胞工程

例 410 答案：A

解析：过程①应使用纤维素酶和果胶酶处理。

例 411 答案：C

解析：过程③中常用物理法或化学法(PEG)处理诱导原生质体融合，灭活的病毒只能诱导动物细胞融合。

例 412 答案：

(1)全能性

(2)形成层容易诱导形成愈伤组织

(3)随培养时间的增加培养基中营养物质减少、有害代谢产物的积累会抑制愈伤组织的分裂、分化；形成愈伤组织后，需要调整培养基中生长素与细胞分裂素用量的比例，以影响植物细胞的发育方向　再分化

(4)诱导叶绿素的形成，使试管苗能够进行光合作用

(5)遗传特性　无性

解析：

(1)由已分化的细胞发育成完整的植株，体现了细胞的全能性。

(2)形成层分化程度低，易于脱分化，全能性较高。

(5)植物组培是由一些同类细胞或一个细胞经过脱分化、再分化形成，细胞中的遗传物质未发生改变，因此可保持原品种的遗传特性，这种繁殖方式属于无性繁殖。

例 413 答案：

(1)绿色叶片和白色花瓣的细胞具有全能性，在一定条件下能

发育成完整的植株

(2)葡萄糖、果糖　具有完整的细胞核

(3)细胞分裂素、生长素　脱分化

(4)不能　对杂合体的植株来说,其体细胞的基因型相同,而花粉粒的基因型与体细胞的基因型不同。用花粉粒进行组织培养得到的花卉基因型不同于原植株

解析:

(1)绿色叶片和白色花瓣是细胞分化的结果,遗传物质并没有改变,所以以该植物的绿色叶片和白色花瓣作为外植体,在一定条件下进行组织培养,均能获得试管苗,其原理是绿色叶片和白色花瓣的细胞具有全能性。

(2)蔗糖是由一分子的葡萄糖和一分子的果糖组成,所以蔗糖水解后可得到葡萄糖和果糖。若要用细胞作为材料进行培养获得幼苗,该细胞应满足的条件是具有完整的细胞核。

(3)图中A、B、C所示的是不同的培养结果,该不同结果的出现主要是由于培养基中两种激素用量的不同造成的,这两种激素是细胞分裂素、生长素。A中的愈伤组织是叶肉细胞经脱分化形成的。

(4)若该种植物是一种杂合体的名贵花卉,要快速获得与原植株基因型和表现型都相同的该种花卉,可用组织培养方法繁殖。在培养时,不能采用经减数分裂得到的花粉粒作为外植体,原因是对杂合体的植株来说,其体细胞的基因型相同,通过减数分裂形成花粉粒,可以导致等位基因分离,非同源染色体上的非等位基因自由组合等,花粉粒的基因型与体细胞的基因型不同,后代会出现性状分离,用花粉粒进行组织培养得到的花卉基因型不同于原植株。

例414　**答案:**A

解析:该单抗是蛋白质,不能直接用于新冠病毒的核酸检测,应使用核酸分子杂交技术或PCR技术。

例415　**答案:**D

解析:植物细胞需要先去除细胞壁形成原生质体才能融合;制备人工种子,需要用完整植物细胞,借助于植物组织培养技术来实现,不需用原生质体;骨髓瘤细胞不能产生抗体,也不能发生免疫应答。

例416　**答案:**

(1)注射抗原,促进小鼠产生具有特异性的B淋巴细胞(诱导小鼠甲产生能够分泌抗病毒A抗体的B淋巴细胞)

(2)从小鼠甲体内取出脾脏,剪碎,用胰蛋白酶或胶原蛋白酶处理一段时间(取小鼠甲脾脏剪碎,用胰蛋白酶处理使其分散成单个细胞,加入培养液制成单细胞悬液)

(3)选择培养基　筛选出由B淋巴细胞和骨髓瘤细胞融合的杂交瘤细胞(只有杂交瘤细胞能够生存)　抗体与抗原特异性结合

(4)将杂交瘤细胞注入小鼠腹腔进行培养或在体外进行大规模培养

解析:

(1)上述实验前必须给小鼠甲注射病毒A,目的是注射抗原,促进小鼠产生具有特异性的B淋巴细胞。

(2)要制备单细胞悬液,主要步骤为从小鼠甲体内取出脾脏,剪碎,用胰蛋白酶或胶原蛋白酶处理一段时间,使培养的细胞分散开来。

(3)为了得到能产生抗病毒A的单克隆抗体的杂交瘤细胞,需要进行筛选。图中筛选1所采用的培养基属于选择培养基,从而筛选出由B淋巴细胞和骨髓瘤细胞融合的杂交瘤细胞,图中筛选2含多次筛选得到能产生单克隆抗体的杂交瘤细胞,筛选所依据的基本原理是抗体—抗原特异性结合。

(4)若要使能产生抗病毒A的单克隆抗体的杂交瘤细胞大量增殖,可将杂交瘤细胞注入小鼠腹腔进行培养或在体外进行大规模培养。

例417　**答案:**

(1)T

(2)增殖、分化　浆细胞和记忆

(3)核酸　抗新型冠状病毒抗体

(4)刺突蛋白(或S蛋白)　杂交瘤　多种B

解析:

(1)据题图1可知,人体内抗原递呈细胞吞噬新冠病毒,并将新冠病毒的抗原暴露,呈递给T细胞,被T细胞表面的受体识别后激活T细胞。

(2)激活的T细胞释放淋巴因子,并将抗原呈递给B细胞,B细胞识别入侵的病毒后,迅速增殖分化成浆细胞和记忆细胞。

(3)病原学检查,主要检测是否有病毒的核酸,血清学检查用于检测血清中是否产生抗体。

(4)据题中图2所示,结合单克隆抗体制备方法,要研制抗刺突蛋白单克隆抗体,需先注射新冠病毒的刺突蛋白(或S蛋白),以激活小鼠的免疫细胞。利用HAT筛选培养基培养,未融合的B细胞因不能长期生存而死亡,未融合的骨髓瘤细胞因不能合成DNA而死亡,只有杂交瘤细胞能成活。由于同一种抗原可能激活多种B细胞,筛选出的融合的骨髓瘤细胞就可能分泌多种抗体,还需继续筛选才能获得分泌单克隆抗体的细胞。

三、胚胎工程

例418　**答案:**B

解析:哺乳动物的胚胎干细胞简称ES或EK细胞,来源于早

期胚胎或从原始性腺中分离出来；移植前，患病小鼠胰岛素分泌不足，而不是体内靶细胞缺失胰岛素受体；将胰岛样细胞移植给患糖尿病小鼠，可使患病小鼠血糖恢复正常水平，说明胰岛素会加速组织细胞摄取、利用和储存葡萄糖，进而降低血糖；血糖浓度低促进胰高血糖素的分泌，进而升高血糖，血糖浓度升高时促进胰岛素的分泌，进而降低血糖，属于反馈调节。

例 419 答案：ABC

解析：采用激素（促性腺激素）注射促进雌鼠产生更多的卵母细胞（超数排卵），再通过人工授精获得受精卵，进而发育成囊胚；细胞 a 为内细胞团细胞，细胞 b 为滋养层细胞，它们是同一个受精卵分裂和分化形成的，所含的核基因相同；用胰蛋白酶处理的目的是分解细胞间的蛋白质，而不是细胞上的膜蛋白。

例 420 答案：C

解析：通常情况下，哺乳动物体内卵原细胞分裂到减数第二次分裂中期就会停止，受精后再继续完成分裂，因此我们通常取到的是次级卵母细胞。

例 421 答案：C

解析：胚胎移植前要检查胚胎质量并在桑椹胚或囊胚阶段移植。

例 422 答案：

(1)将供体细胞核移入除去核的卵母细胞中，使其重组并发育成一个新的胚胎，这个新的胚胎最终发育为动物个体　不变

(2)小于　胚胎细胞分化程度低，恢复其全能性更容易

(3)相同　不相同

解析：

(1)克隆猴的大部分遗传物质与移植的细胞核一致。

(3)哺乳动物核移植的过程中，分别以同种生物的雌性个体和雄性个体的体细胞作为核供体，所得的两个克隆动物体细胞核中除了性染色体组成不同外，常染色体的组成是相同的。

例 423 答案：

(1)(体细胞)核移植　(早期)胚胎培养

(2)pH(或酸碱度)

(3)限制性核酸内切酶(或限制酶)　DNA 连接酶　标记

(4)内细胞团　B

解析：

(3)在构建基因表达载体(重组载体)时必须使用限制性核酸内切酶和 DNA 连接酶两种工具酶。基因表达载体上除目的基因外，还需有标记基因以便选出成功导入基因表达载体的细胞。

(4)胚胎干细胞可以来自于囊胚中的内细胞团，若将图中获得的组织器官移植给个体 B 不会发生免疫排斥反应。因为 B 是供核的一方，克隆的组织和器官的绝大多数遗传物质和 B 相同。

四、生态工程

例 424 答案：C

解析：该生态农业充分利用了废弃物中的能量，提高该系统的能量利用效率，但能量只能单向流动，逐级递减，而不能循环利用。

例 425 答案：

(1)低　生态系统抵抗外界干扰并使自身的结构与功能保持原状或不受损害的能力

(2)改善了土壤结构；培育了土壤微生物；实现了土壤养分的循环利用　分解者

(3)种植能够吸收这些金属元素的水生植物，再从植物中回收金属

解析：

(1)全部种植一种植物，该生态系统的成分越单纯，营养结构越简单，自我调节能力就越弱，抵抗力稳定性就越低。

五、生物技术的安全性和伦理问题

例 426 答案：D

解析：干扰素属于免疫活性物质，不能发挥“杀伤性”的威力。

例 427 答案：B

解析：为了加强对转基因生物的标识管理，保护消费者的知情权，我国对农业转基因生物实行了标识制度；转基因食品上只标明原料来自转基因生物，并未标明其危害；为了保障现代生物技术的安全性，需要开展风险评估、预警跟踪等措施；目前对转基因生物安全性的争论主要是食物安全和环境安全，另外还有生物安全问题。

模块十三　基础实验

一、使用高倍显微镜观察几种细胞

例 428 答案：C

解析：

A. 在高倍镜下观察时，只能用细准焦螺旋调整焦距。

B. 可以观察到花生子叶中被染色的脂肪颗粒。

D. 不能看到细胞膜的暗—亮—暗结构，需要通过电子显微镜观察。

二、检测生物组织中还原糖、脂肪和蛋白质

例 429 答案：D

解析：脂肪被苏丹Ⅳ染液染成红色。

三、观察 DNA 和 RNA 在细胞中的分布

例 430 答案：C

解析：

A、B. 甲基绿和吡罗红两种染色剂对 DNA 和 RNA 的亲和力不同，甲基绿能将 DNA 染成绿色，而 DNA 主要分布在细胞核中，吡罗红能将 RNA 染成红色，而 RNA 主要分布在细胞质中，所以可观察到绿色的细胞核、红色的细胞质。

C. 健那绿是将活细胞中线粒体专一性染色的染料，能将线粒体染成蓝绿色。

D. 经苏丹Ⅲ染色，可观察到橘黄色颗粒状的脂肪。

四、补充实验(1)：体验制备细胞膜的方法

例 431 答案：C

解析：

A. 细胞膜的基本骨架是磷脂双分子层，而磷脂分子的头部具有亲水性。

B. 人的红细胞属于动物细胞，没有像成熟植物细胞那样的大液泡。

C. 由于细胞膜具有选择透过性，放在蒸馏水中，由于外界浓度低于细胞内浓度，导致吸水涨破。

D. 温度降低时，细胞膜的流动性减弱。

五、用高倍显微镜观察叶绿体和线粒体

例 432 答案：A

解析：

A. 叶绿体呈现绿色，用显微镜可以直接观察到，因此制作临时装片时，实验材料不需要染色，A 正确。

B. 黑藻是一种多细胞藻类，只是叶片是由单层细胞组成，可以直接制作成临时装片，B 错误。

C. 先将黑藻放在光照、温度等适宜条件下预处理培养，有利于叶绿体进行光合作用，保持细胞的活性，更有利于观察叶绿体的形态，C 错误。

D. 电子显微镜下才能观察到叶绿体中的基粒和类囊体，高倍镜下观察不到，D 错误。

七、观察植物细胞的质壁分离和复原(探究实验)

例 433 答案：B

解析：叶片的叶肉细胞中液泡呈无色，叶绿体的存在使原生质层呈绿色，有利于实验现象的观察。

八、补充实验(2)：比较过氧化氢在不同条件下的分解

例 434 答案：B

解析：

A. 提高悬液中酶的浓度，只是加快化学反应速率，不改变最终产物的量。

B. 提高 H_2O_2 溶液的浓度，加快化学反应速率，且使最终的产物量增加。

C. 提高反应体系的温度，只是改变酶的活性，改变到达化学平衡点所用的时间，但不改变最终产物的量。

D. 提高反应体系的 pH，只是改变酶的活性，改变到达化学平衡点所用的时间，但不改变最终产物的量。

九、影响酶活性的条件(探究实验)

例 435 答案：C

解析：应当先加入 pH 缓冲液使 pH 达到相应目标后，再加入 H_2O_2 溶液，且保证此时混合液不与滤纸片接触。

十、探究酵母菌细胞呼吸的方式(探究实验)

例 436 答案：D

解析：

A. 检测乙醇的生成，应取甲瓶中的滤液 2 mL 注入到试管中，再向试管中加入 0.5 mL 溶有 0.1 g 重铬酸钾的浓硫酸溶液，使它们混合均匀，观察试管中溶液颜色的变化，A 错误。

B. CO_2 可以使溴麝香草酚蓝水溶液由蓝变绿再变黄，因此乙瓶的溶液不会变成红色，B 错误。

C. 健那绿染液是专一性染线粒体的活细胞染料，可使活细胞中的线粒体呈现蓝绿色，而细胞质接近无色，因此用健那绿染液染色后可观察到酵母菌中线粒体的分布，C 错误。

D. 乙醇最大产量与甲瓶中葡萄糖的量有关，因甲瓶中葡萄糖的量是一定的，因此实验中增加甲瓶的酵母菌数量不能提高乙醇最大产量，D 正确。

十一、绿叶中色素的提取和分离

例 437 答案：B

解析：加入 SiO_2 可促进研磨。

十三、观察细胞的有丝分裂

例 438 答案：D

解析：有丝分裂实验基本流程为解离、漂洗、染色和制片；进行观察时，先使用低倍镜寻找分生区细胞，再利用高倍镜观察；据图分析，细胞中染色体排列在细胞中央的赤道板上，处于有丝分裂的中期。

十五、观察细胞的减数分裂

例 439 答案：A

解析：显微镜的放大倍数越高（高倍镜），镜头透光直径越小，造成通光量变小，照在细胞单位面积上的光能就越少，感觉就是视野变暗，所以将视野调亮的原因是本实验要换用高倍镜观察，而不是因观察材料较少，性母细胞较小；为观察染色体不同层面的精细结构使用的是高倍显微镜，所以要用细准焦螺旋调节焦距，而不能用粗准焦螺旋调节焦距；显微镜的放大倍数越大，视野的范围越小，观察到的细胞的个体就越大，细胞的数目就越少。由 10× 物镜换为 40×，显微镜的放大倍数扩大了 4 倍，因此视野中看到的细胞数目是原来的 1/4，所以在视野中可以看到的细胞数是 2 个。

十九、探究生长素类调节剂促进插条生根的最适浓度

例 440 答案：B

解析：本实验的因变量可以是生根的数量，也可以是根的长度；由图中可知甲组促进生根的效果最好，但生长素类调节剂的作用具有两重性，因此不能确定甲组的 2,4-D 浓度是否高于乙组；由图可知，达到 a 点的生根效果，甲组处理时间比乙组短。

二十一、补充实验(5)：用样方法调查草地中某种双子叶植物的种群密度

例 441 答案：C

解析：根据分析可知，种群密度＝所有样方内种群密度合计/样方数，故应计算出每个样方中蒲公英的密度，求出所有样方蒲公英密度的平均值，作为甲地蒲公英的种群密度。

二十二、培养液中酵母菌种群数量的变化

例 442 答案：B

解析：从试管中吸出培养液进行计数前，需将试管轻轻振荡数次，目的是使培养液中的酵母菌均匀分布，然后随机取样。

二十五、设计并制作生态缸，观察其稳定性

例 443 答案：C

解析：能量流动的特点是单向流动，逐级递减，即能量流动可以从植物到鱼，但不能从鱼流向植物。